공간적 사유

Thinking Space

공간적 사유

초판 1쇄 인쇄일 2013년 5월 15일   초판 1쇄 발행일 2013년 5월 20일

엮은이 마이크 크랭·나이절 스리프트 | 옮긴이 최병두
펴낸이 박재환 | 편집 유은재 이정아 | 관리 조영란
펴낸곳 에코리브르 | 주소 서울시 마포구 서교동 468-15 3층(121-842) | 전화 702-2530 | 팩스 702-2532
이메일 ecolivres@hanmail.net | 출판등록 2001년 5월 7일 제10-2147호
종이 세종페이퍼 | 인쇄·제본 상지사

ISBN 978-89-6263-095-4 94300
ISBN 978-89-6263-033-6 (세트)

책값은 뒤표지에 있습니다.   잘못된 책은 구입한 곳에서 바꿔드립니다.

부산대학교 한국민족문화연구소
로컬리티 번역총서 L10

Thinking Space | Mike Crang · Nigel Thrift

마이크 크랭 · 나이절 스리프트 엮음 | 최병두 옮김

공간적 사유

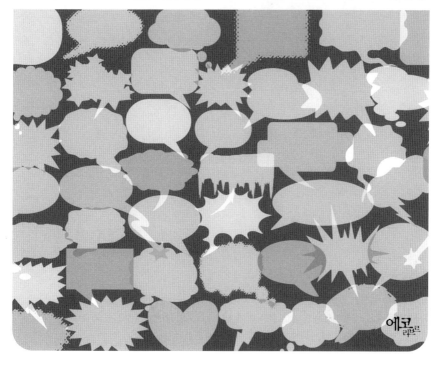

에코리브르

이 번역 총서는 2007년도 정부 재원(교육과학기술부 인문학진흥방안 인문한국지원
사업비)으로 한국연구재단의 지원을 받아 연구되었음(NRF-2007-361-AL0001).

최근 샌프란시스코의 유명한 서점인 시티 라이츠 북스(City Lights Books) 1층
서가를 살펴보던 중 찰리는 '상품 미학'에 관한 섹션 맞은편에서 '장소학
(topographies)'이라는 새로운 섹션을 보았다. 이 섹션은 아직 완전히 채워지
지 않았지만, 문화지리학의 전통적 '영역'뿐만 아니라 젠더 연구부터 가상
현실 연구에 이르기까지 공간과 장소에 관한 사유에 우선 관심을 두는 덜
알려진 영역의 책을 포함할 것임이 분명했다. 그곳에 있는 모든 책의 공통
점은 사실적이든 은유적이든 현대 생활의 여러 측면을 '지도화'하고자 한
다는 점이다. 많은 사람이 말하고 있는 것처럼 "공간이 열띤 관심을 끌고
있다".

(Bertsch and Sterne, 1994)

이 책은 공간과 이론 사이의 관계에 관한 연구로, 지리학 내에서 그리
고 이를 넘어서 이루어진 학문적 발전에 의해 고취되었다. 지리학자들
은 자신의 학문 내에서 도출한 영향력을 확대하고 다원화한 사회사상에
대한 관심을 키워왔다. 이 학문을 넘어서 사회사상은 주변, 공간, 경계
등과 같은 지리적 관용구에 점점 더 열중하게 된 것처럼 보인다. 그러나

이러한 공간적 전환(spatial turn)은 다른 학문이 지리학으로 전환하고 있음을 주장하는 학문적 승리를 의미하는 것은 아니었다. 왜냐하면 다른 학문 가운데 많은 부분은 여전히 지리학자와 지리학이라는 학문 분야를 단호히 무시하는 것처럼 보이기 때문이다. 사실, 공간적 전환은 여러 번에 걸쳐 지리학을 의도적으로 무시했고, 다른 한편으로는―지리학의 주장이 지나치게 맹목적 또는 독점적이 되지 않도록―많은 지리학적 사상이 얼마나 제한적이었는지를 보여주었다.

그러나 우리는 여전히 공간적 용어에 대한 지리학적 민감성이 사회사상에는 많이 누락되고 있음을 우려한다. 때로 공간화한 어휘는 이론적으로 다양하고 잡다한 역할을 유지하고 수행하기 위해 자연적 바탕에 그림을 그리는 방법처럼 보였다. 그렇지만 지리학이 갖고 있는 현대적 사회사상의 이론적 민감성을 보여주는 것은 이런 용어와 바탕 가운데 많은 부분을 문제시하고 탈자연화하는 것이었다. 그리고 때로 지리학은 이론의 힘을 보증하고 새로운 탐구 영역을 제공할 수 있는 지도와 지명에 관한 진정한 학문으로 간주되는 어떤 지위; 즉 학문의 신데렐라로 기능하는 것처럼 보였다. 그렇지만 또한 동시에 최고의 지리적 서술―이러한 서술 모두가 지리학 안에 필수적으로 내재한 것은 아니지만―은 경험적 (그리고 제국적) 학문의 프로젝트에 관한 잠재적이고 억압된 이론적 전제를 밝혀주었고(예를 들어 Matless, 1999; Carter, 1987; Naylor and Jones, 1997; Ryan, 1994; Pratt, 1992), 과학적 지리학에 관한 수사적 주장을 밝혀주었다(예를 들어 Livingstone, 1992; Barnes, 1996; Gibson-Graham, 1996). 아울러 정체성에 관한 현대적 이슈에서 공간적 상상의 작동을 설정해주었고(예를 들어 Keith and Pile, 1991; Pile and Thrift, 1997; Carter, Donald and Squires, 1993), 체현된 실천의 추동과 같은 비재현적(non-representational) 이슈에 점점 더 많은 관심(예를 들어 Thrift, 1996)을 갖도록 했다.

이런 점에서 이 편집서는 사회 이론에서 공간이 갖는 유의성을 밝히고자 한다. 이는 지리학자를 위해 공간적 성격을 의례적으로 드러내는 것처럼 보이는 이론을 논의할 뿐만 아니라, 사상의 특정 학파에서 공간이 수행하는 역할을 고찰하도록 지리학자에게 요구하는 것이기도 하다. 우리는 각 장에서 특정한 저자나 사상가를 다루는 필자들에게 공간을 아무런 문제없이 소개하는 것이 아니라 공간을 활용하는 이들의 접근 방법을 밝히도록 요구했다. 요컨대 관련된 사고를 함께 여행하듯 다루도록 부탁했다.

이제 우리는 거론된 저자와 사상을 어떻게 선별했는지 밝혀야 할 것 같다. 선별은 불가피하게 부분적이며, 의심할 바 없이 유의하게 논의할 수 있었던 많은 사상가의 사고를 빠뜨릴 수밖에 없었다. 우리는 매우 보편화된 저작을 펴낸 학자부터 별로 잘 알려지지 않은 학자에 이르기까지 일련의 사상가들을 함께 다루고자 했다. 선정한 저자 모두가 지리에 관해 동일한 관심을 가졌던 것은 아니지만, 이들은 모두 지리에 관해 말하고자 하는 어떤 관심사를 가졌다. 우리는 이들이 페렉(Perec, 1996)에 의해 명명된 "공간의 종(species of spaces)"이 만들어지는 지점과 관련이 있으며, 아울러 이러한 지점을 제시한다고 생각한다. ('머리말'에 인용한 저서는 '서론'의 참고문헌에 있음—옮긴이.)

이 책은 오랫동안 구상되었으며, 저술 부분 외에도 많은 사람이 기여를 했다. 우리는 또한 필자들의 인내력과 제안 그리고 사고의 큰 발전에 감사하고자 한다. 아울러 이 편저를 집필하는 과정에서 애쓴 모든 사람, 특히 안나 패스코비츠(Anna Paskowicz)에게 참으로 고맙다는 말을 하고 싶다. 지원과 격려를 해준 루틀리지(Routledge) 출판사의 전·현직 편집자, 특히 트리스턴 팔머(Tristan Palmer), 사라 로이드(Sarah Lloyd), 사라 카티(Sarah Carty)에게 감사를 전한다. 더불어《사회와 공간(Society and Space)》에 실린 크리스 필로(Chris Philo), 데릭 그레고리(Derek Gregory) 그리고 마이크 새비지(Mike Savage)의 논문을 재수록할 수 있도록 허락해준 파이온(Pion) 출판사에도 감사한다.

차례

1부   원본과 시작점

2부   재구성된 공간: 탈식민화, 1968년 혁명의 발발

3부   현재 공간의 재구성

서론

1 도입

공간은 근대 사상의 모든 장소이다. 공간은 이론의 뼈대를 돋보이게 하는 살이다. 공간은 사물이 어색하게 보일 때면 언제나 적용하는 다목적 처방이다. 공간은 저자가 너무 많은 것을 소진하지 않도록 적절해야 함을 암시하는 주문(呪文)이다. 공간은 설명을 부드럽게 한다. 요컨대 다시금 가무(歌舞)를 공연할 수 있도록 가장자리에서 준비하고 기다리는 용어다.

　문제는 공간이 매우 상이한 것을 의미한다는 점ㅡ개념은 그럴 수밖에 없다ㅡ이라기보다 이와 같이 임의적으로 사용함으로써 그 의미를 적절히 고찰하기도 전에 서로에게 영향을 미친다는 점이다. 이를테면 문학에서는 '현실' 세계에서 진행되는 것(예컨대, 지리적 거리의 여러 유형을 절충했음을 의미하는 의사소통 공간에서의 변화), 이론적 공간에서 진행되는 것(예컨대, 이동성이라는 모든 형태에 관한 가정) 그리고 실제 공간에서 진행되는 것(예컨대, 오늘날 일상적 대화에서 대표적으로 거론되는 파리, 베를린 또는 나폴리 같은 3개 도시)을 혼합하는 것이 일반적이다. 그리고 학문마다 공간을 다르게 정의한다. 예를 들어, 문예 이론에서 공간은 흔히 문체를 바꾸기 위해 사용하는 일종의 텍스트 조작자(operator)이다. 인류학에서 공간은 갈수록 심화하는 코즈모폴리턴 세계에서 공동체를 어떻게 구성해야 하는지 질문하기 위한 수단이다. 매체 이론에서 공간은 우선적으로 시각적 매체를 구조화하기 위한 서사적—그리고 시간적—양식으로부터 미학적 이행을 드러내게끔 하는 경향이 있다. 지리학과 사회학에서 공간은 물질성을 탐구하는 수단이다. 예를 들어, '경험'에 좀더 가깝게 접근하기 위해 공간을 사용할 수 있다. 이처럼 모든 학문마다 공간의 개념은 각기 다르다. 아울러 모든 학문에서 공간은 재현적 전략이다.

그리고 한 가지 문제가 더 있다. 요컨대 시간과의 관계를 무시한 채 공간을 서술하기는 매우 어렵다. 많은 학문 분야에서 공간적 전환이 이루어진 이유 가운데 하나는 역사주의와 발전주의라는 전제로부터 벗어나고자 하는 충동 때문이다. 그러나 시간 없는 공간은 공간 없는 시간만큼이나 있을 법하지 않다는 사실은 여전히 남는다. 따라서 공간의 시대가 시간의 시대를 이어가게 되었다는 미셸 푸코의 유명한 선언은 다소 신중하게 이해할 필요가 있다. '시간의 공간화'—그리고 공간과 시간에 관한 우리의 가정—에 대한 앙리 베르그송의 경고는 우리가 지도 그리기라는 은유—그리고 지도학이 포함하는 모든 특정한 가정 및 실천—를 오늘날 명백히 드러난 도시 해체와 재게토화(reghettoisation) 시대에 적용할 경우 주의를 기울여야 한다는 점을 강조한 것이며, 이는 지금도 여전히 타당하다(Jameson, 1992: 2-3). 또한 다시간주의(pluritemporalism)와 병렬(juxtaposition)이 세계를 동시적으로 이용 가능한 양식의 박물관으로 전환시키는 지구적 문화의 지배적 동기라고 주장할 경우에도 비슷한 주의가 필요하다(Roberts, 1988). 세계는 의심할 바 없이 "그 배경, 인접국과의 끝없는 격렬한 분쟁 속에서 전진과 후퇴를 거듭하는 톱니 모양의 경계선, 단지 다시 충돌하기 위해 맹렬하게 부딪쳤다 흩어지는 뒤얽힌 시간으로부터 뜯겨 나간 파편들로 구성된…… 영원히 움직이는 원격-이미지적인(teleimagistic) 지구적 콜라주"(Burgin, 1996: 185)로 재현된다. 그러나 이러한 재현 자체는 공감을 얻기 위해 특정한 이론적 공간과 시간이라는 창의력을 요구한다.

그렇다면 온후하고 순화된 공통 기반을 만들지 않거나 또는 반대로 단지 까마귀 떼만 남은 황량한 전쟁터를 만들지 않고 어떻게 서로 모순적인 해석들로 쌓은 바벨탑을 이해할 것인가? 이 책에서 우리는—어떤 유의미한 것을 말하기에 충분한—많은 제약 내에서 공간을 주요 주제로 다루기 위해 노력했다. 이러한 제약은 일부 근대 철학자와 사회이론가의 저술에 의거한 것이다. 이들 저자 중 몇몇은 명백히 공간적 지향을 드러낸다. 즉 자신의 이론을 설명하면서 공간을 위한 공간을 만들어낸다. 이들의 저작 일부(예를 들면, 르페브르)에서 공간은 확실히 중심을 이룬다. 하지만 이들 저자의 다른 설명에 따르면, 공간은 밝혀서 골라내야 할 만큼 암묵적으로 작동한다. 그러나 우리는 이런 서로 다른 저자들의 저작을 통해 공간이 왜 그리고 어떻게 중요한지를 더욱 미묘하게 설명할 수 있다고 믿는다.

매우 분명한 것은 이들 저자 가운데 어느 누구도 공간을 사회적 실천의 영역 바깥에 있는 것으로 고찰하지 않았다는 점이다. 마찬가지로 사상의 생태학은 결코 공간적인 것 바깥에 있는 것으로 이해할 수 없다. 지리학도 같은 길을 택했다. 즉 행위의 활동력이 결여된 컨테이너(container)라는 공간의 의미에서 사회적으로 생산된 다중성의 집합이라는 공간의 의미로 전환했다. 전자와 같은 공간의 의미는 두 가지 움직임과 결부되었으며, 이것이 문제를 불러일으켰다. 첫째, 지리학에서는 추상적 모형과 사상에 대해 오래전부터 비평이 제기되었고, 이러한 비평은 세계를 무공간적 추상으로 환원하고자 하는 이론적 모형이 매우 제한적인 유용성을 갖고 있음을 거듭해서 보여주고 있다. 그뿐만 아니라 이런 모형은 흔히 계몽적 사유의 가장 나쁜 측면 가운데 일부를 고취했던 순수성과 추상적 이성에 관한 의문을 은폐해버린다(Sibley, 1998). 이론적 모형의 공간은 하나의 순수화된 공간이며, 그 과정에서 지리적 입지나 범위 없이도 작동할 수 있는 것처럼 보이는 사상적 공간을 창조하는 한편 실제 공간성을 제거한다. 이런 견해에 따르면, 지리학은 이론의 본래 영역을 위협하는 오염 물질이 된다.[1] 둘째, 방법론적 및 인식론적 실천으로서 추상화한 관찰 공간에 대한 비판을 제기할 수 있다. 이러한 비판은 키클롭스 (Cyclops: 그리스 신화에 나오는 외눈박이—옮긴이)의 눈처럼 세계와 분리해 존재하는 이론은 있을 수 없으며(Hetherington, 1998), 지식은 항상 일정한 장소에서 구현되고 국지화한다는 것을 분명하게 보여준다(Harding, 1991; Haraway, 1989). 마찬가지로 지식의 실천은 알고 있는 것과 알려진 것의 번잡한 혼란 속에 빠진다(Cook and Crang, 1995).[2] 이론은 저자가 묘사한 것 바깥에 존재하며, 따라서 저작 행위는—공간뿐만 아니라 시간 바깥에 존재하기 때문에—외적이며 우월한 위상을 가진다는 주장을 더 이상 할 수 없다(Curry, 1996: 179-183).

만약 공간이 그것을 인식하는 방식 바깥에 존재하는 중립적 매개물이 아니라면, 우리는 상이한 형태의 지식과 사회 제도에 따라 이루어지는 공간 조직에서 여러 가지 변화를 추적하고 논박할 수 있다. 예를 들어 르페브르(Lefebvre, 1991)는 제국적 팽창과 자본 축적 과정을 유지하게끔 하는 무제한적이고 계량 가능한 공간의 도래를 주시했다. 하이데거는 근대적 주체성을 세계로부터의 이탈과 관련시키고, 세계의 퇴락을 회화적 객체(pictorial object)와 관련시켰다. 이러한 유형의 도해적 역사는 시각 기술 (tech-niques of vision)에 관한 모든 역사를 제공하도록 변형할 수 있다. 여기서 시각 기술은 공간이란 결코 주어진 것이 아니며 앎의 방식 속에 제한되고 지식의 상이한 대상을 창출하는 역사를 가진다는 점을 보여준다 (Burgin, 1996; Crary, 1990; Curry, 1996).

따라서 이 책을 통해 우리는 여러 의미에서 이론의 공간성을 지적하고자 한다. 분명 어떠한 사회적 과정도 지리적 범위와 역사적 기간 바깥에 존재할 수 없다는 의미에서, 우리는 세계 속에 행위의 뿌리내림을 고찰할 필요가 있다. 모든 이론적 노력은 또한 지리적, 역사적, 제도적으로 위치가 정해진다. 이런 의미에서 이론이 진화하고 지구를 순환함에 따라 그리고 이론을 번역하고, 전환하고, 유통하고, 재생산함에 따라 우리는 사실상 이론의 여행과 고통(travels and travails: 여행을 뜻하는 travel은 고통, 고생을 의미하는 travail에서 유래함—옮긴이)을 해독하는 작업을 할 수 있다. 그러나 여기서 더 나아가 이론을 공간적으로 분포하는 세계에 응용하는 방식에서뿐만 아니라 사상으로 하여금 특정한 효과성과 집약성을 발전시킬 수 있도록 해주는 공간성에서도, 우리는 이론 구성에서 공간의 역할이 그 자체로도 중요하다는 것을 주장하고자 한다.

2 공간의 종

아래에서 우리는 공간이 최근 철학적·사회 이론적 저술의 층위에서 나타나는 방법을 설명하고자 한다. 우리는 포괄적인 종합을 의도하지는 않는다. 이는 불가능한 작업일 것이다. 그러나 이러한 작업은 오늘날 공간에 관한 저술에서 주요 통과점을 표시한다는 점에서 의미를 가진다. 이들 모두는 여러 가지 방법으로 공간에 관한 칸트적 견해—절대적 범주로서의 공간—에서 과정으로서의 공간 그리고 과정 중에 있는 공간(즉 생성 속에서 결합된 공간과 시간)을 향해 나아간다.

그렇다면 우리는 어떤 공간의 종을 선정하고자 했는가? 우리는 현대 이론의 많은 작업이 다뤄온 두 가지 종의 공간, 즉 언어의 공간과 자아 및 타자의 공간에서 시작하고자 한다. 그리고 좀더 '구체적'으로 사유할 수 있는 '근대성' 공간의 두 가지 종, 즉 장소의 공간과 요동(agitation)의 공간을 고찰하고자 한다. 그런 다음 이러한 구체적 공간의 성취를 통해 활기를 띠면서 앞선 공간의 이력에 반향하고 이를 확장하고자 하는 두 가지 종의 공간, 즉 경험의 공간과 저술의 공간으로 끝을 맺고자 한다.

2.1 언어의 공간

공간에 관한 사유는 언어 매체를 통해 이루어진다. 언어의 매개가 필요 없는 세계에 관한 본원적 '사유'란 존재하지 않으며, 역으로 이미 말하지 않았거나 서술하지 않은 세계란 존재하지 않는다. 이처럼 우리는 공간과 언어의 관련성을 고찰할 필요가 있다. '텍스트적' 은유를 응용할 경우, 해석과 관련해 언어 모형이 매우 탁월할 경우, 공간-시간과 언어 사이의 관련성에 더 많은 주의를 기울일 필요가 있는 것처럼 보인다. 흔히 언어는 선(先)존재론적인 것처럼, 다시 말해 공간과 시간에서 행위의 세계적 범주에 앞서는 것처럼 보인다. 그럼에도 불구하고 탁월한 언어 모형은 실제로 언어 내에서 특정한 공간과 시간의 모형에 기반을 둔다. 결국 공간은 언어적으로, 언어는 공간적으로 이해할 수 있다는 얘기다.

우리는 페르디낭 드 소쉬르의 매우 영향력 있는 저작과 그가 이룩한 구조언어학의 발달에 관한 고찰에서 시작하고자 한다. 소쉬르의 저작은 시간과 문화적 공간을 통한 언어의 변형과 이행을 추적하면서, 진화적 및 발달적 접근을 취하는 역사주의적 언어 모형과 대립하고 경쟁하는 과정에서 이루어졌다. 대조적으로, 구조언어학은 언어의 통시적·발달적 견해를 포기하고, 인식 가능한 공시적 유형(synchronic pattern)을 위한 분석적 공간을 창출했다. 따라서 구조언어학은 비시간성을 통해 규정된 언어적 공간, 즉 말하기 행위—'파롤(parole)'—만 남아 있는 사건이 되는 '랑그(langue)'의 체계적 공간을 창출했다. 어떤 이론에서는 이 둘 사이의 분리를 핵심으로 간주하며(6장 참조), 다른 이론(3장 참조)에서는 새롭게 조명한다. 이러한 체계적 공간은 기호적 격차로 구성되며, 이를 통해 언어의 요소는 시간 밖에서 서로 관계를 맺는다. 기의(signified) 및 지시 대상(referent)과 상반적인 기표(signifier) 간 상호 관련성은 일련의 대립, 이항 그리고 부재를 통해 언어를 구조화한다. 체계적 영역에서 기표는 상호 부재의 사슬 속에서 서로 관련을 맺는다. 정태적인 분석적 공간은 순환을 완결하기 위해 이러한 상호 준거적 연쇄를 허용할 뿐만 아니라 준거로부터 그 자신을 자유롭게 하는 언어의 공간을 허용함으로써 수많은 논란을 촉발한 이른바 폐쇄된 감옥을 만들어낸다. 언어는 시간이 아니라 공간에서 의미를 지연시키도록 작동하는 일련의 공시적인 공간적 관계이다. 즉 언어는 체험한 공간성을 의미화하지 않음으로써 해석을 압도하는 정신적 공간이 된다(Lefebvre, 1991: 133). 이 책 뒷장에서 주장하듯 이는 공간이 무엇을 의미하는지에 대한 매우 특정하고 제한된 개념이다. 아울러 이는 진화하는 또는 생성하는 체계라기보다 폐쇄된 체계로서 작동하는 정태적 언어 모형을 만들어낸다. 배치와 공간 구조라는 의미에서, 전체는 부분의 작업을 결정한다(De Landa, 1998 참조).

　이 모형은 형식적인 언어학을 넘어서는 영향력을 갖고 있다. 구조주의적 모형을 해체하면서 데리다가 사용한 주요 기법은 공간 구조를 탈안정화하는 것(또는 어쨌거나 공간 구조가 얼마나 불안정한지를 보여주는 것)이었다. 이러한 작업 사례는 장르의 법칙(law of the genre)에 대한 그의 비판에서 찾아볼 수 있다(Derrida, 1980). 여기서 데리다는 폐쇄된 기호적 구조를 그 구성적 외부—체계 내에 포함되지 않은 근본적 법칙—를 통해 풀어냈다. 의미의 지연, 언어의 결정 불가능성은 언어의 시간적 발전 또는 전개에서 비롯된 것이 아니라 공간적 구성에서 비롯된 것이라고 할 수 있다.

언어에 의해 제시된 설명적 보편자의 이러한 한계는 라캉을 매혹시켰다(9장 참조). 라캉의 저작은 이러한 구조적 보편자의 생성에 대해 살펴보며 주인-기표(master-signifier), 즉 법칙 제정과 배치 원리[라캉의 탈프로이트적 견해에 따르면, 아버지 이름의 법칙(Law of the Name of the Father)]의 도입이 필요하다고 결론짓는다. 이 주인-기표는 다른 요소와의 상호 교환 가능성을 보장하며, 그 응용 가능성의 한계는 일관성과 의미 영역의 경계를 규정한다. 슬라보예 지젝(Slavoj Zizek, 1989, 1991a, 1991b)의 견해를 따라 라캉의 저작에 공감할 경우, 경계성(boundedness)과 관통화(perforation)에 관한 이런 의미는 언어의 한계에 대한 그의 관심과 관련해 핵심을 형성한다. 그러나 라캉은 또한 상징체계가 내적으로 관련이 있다 할지라도 그것 자체를 설명하거나 지지하기 위해 그 내적 논리를 이용할 수는 없다고 주장했다. 비합리적인(또는 최소한 비교할 수 없는) 출발점이 있어야 한다. 그러면 이 모형에 신뢰의 도약, 즉 일단 취하면 다른 규칙을 완전히 논리적으로 응용할 수 있도록 하는—내적 일관성뿐만 아니라 체계의 경계를 제공함으로써—비합리적인 이동이 존재한다. 일단 상징계에 진입하면 거기에 사용한 사다리는 필요 없다.

그러나 우리는 이러한 계기를 다른 방법, 즉 소급적(retroactive) 방법으로 생각하고자 한다. 요컨대 우리는 이러한 한계를 어떤 경계—상징계의 순환적 일관성은 우리가 결코 경계에 이를 수 없음을 의미한다—라기보다 어떤 구멍 또는 틈새로 이해할 수 있을 것이다(Gasché, 1986). 또는 지젝(Zizek, 1991b)이 설명했듯 절벽 경계까지 달려간 코요테가 공중에 뜬 채 아래를 내려다보며 그 밑에 아무것도 없는 것을 발견하는 만화와 같다고 할 수 있다. 마찬가지로 상징계는 기반을 갖추고 있다는 믿음을 통해 기

능한다―그리고 트라우마는 예기치 않은 곳에서 나타난다. 이런 의미에
서 '실재(Real)'와 언어의 관련성은 상징적 보편자 내에서는 접합 불가능
한 트라우마적이고 불분명한 외부성으로 이해할 수 있다(Gregory, 1996).
따라서 라캉은 상징계 · 상상계 · 실재계의 서로 다른 등록소(register) 사
이에 복잡한 관련성을 갖고 있는, 뒤얽혀서 매듭진 공간으로서 언어라는
사고를 제공하기 위해 애썼다.

이들 모두는 여전히 시간과 공간에 대한 의미를 형식적 관련성이 장
소의 정태적 유형을 이루는 언어 속에 남겨두는 경향이 있다. 그렇지만
활동성이라는 의미에서, 시간성은 이러한 점과 관련해 재조합 · 활성
화 · 유동화에 적합하다. 사회적 서사라는 수준에서, 언어에 관한 이런
견해는 민속 이야기에 대한 블라디미르 프로프(Vladimir Propp)의 러시아
형식주의 저작에 반영된다. 그의 비교 연구는 대부분의 민속 이야기 이
면에 극소수의 기본적 이야기 또는 줄거리가 있다는 사실을 보여주었
다. 일반적 수준에서 이러한 이야기는 특정 행위(탈안정화하기, 속죄하기, 집
떠나기)와 특정 현장(특히 집과 야외) 그리고 특정 인물(영웅, 악당, 동료)을 포
함한다. 이와 같은 기본적 매개 변수는 행위가 뒤따르는 지침을 제공한
다. 제한된 수의 지침, 이러한 지침 속에서 사건을 구성하는 방법 그리고
사람들이 어떻게 경험적으로 배정된 역할을 하는지는 언어가 사회적 행
위의 담론적 형성을 분석하는 데 유용한 도구가 되게끔 한다(Shotter and
Gergen, 1989). 그러나 행위는 여전히 고정된 요소를 둘러싸고 편성된다.

따라서 행위와 실천 그리고 언어의 공간을 재사유하기 위해 제기되는
가능성을 논의하는 것이 중요하다고 하겠다(Threadgold, 1997). 예를 들어,
질 들뢰즈(Gilles Deleuze)의 저작(5장 참조)은 수행성(performativity) 또는 실천
으로서 언어를 이해하기 위해 재현이라는 사고로부터 벗어나고자 했다
(Curry, 1996: 190, 4장 참조). 이는 지침을 이행하기로서의 수행이 아니라 효

과를 창출하기로서의 수행이다. 또한 이는 들뢰즈의 언어 모형에서 일종의 초월적 경험주의(Boundas, 1996)라고 할 수 있다. 이 모형에서, 구조는 언어의 '단위'이고 언어 이면에 놓여 있다는 사고는 폐기된다(예를 들어 Taylor and Cameron, 1987). 도널드(Donald, 1997: 183)가 서술한 바와 같이 "공간은 이러한 이야기를 위해 이미 존재하는 무대라기보다 장소 취하기를 통한, 즉 서술 행위를 통한 공간의 생산이다". 여기서 도널드는 공간을 독특하고 많은 사건의 발생으로 이해하는 문예비평가 J. 힐리스 밀러(J. Hillis Miller, 1995: 7)의 '아토피칼(atopical: 어디에나 있지만 어디에도 없는 장소—옮긴이)'이라는 개념에 의존한다. 하이데거의 경계(boundary)처럼 공간은 한계라기보다 그것이 에워싸는 그 무엇에 대한 창조이며, 아는 것(knowing)보다는 하는 것(doing)에 더 가깝고, '이것은 얼마나 정확한가?'라는 문제라기보다는 '내가 그것을 할 경우 어떤 일이 일어날까?'와 관련이 있다.

이런 많은 사건이 발생하는 공간은 의사소통의 지반이 될 수 있지만, 발음된 것(enunciated)과 그 발음을 한 장소 사이의 관련성은 어려운 문제를 남긴다. 발음을 통해 사유하기 위한 좀더 지속적인 시도 가운데 하나는 발화(發話, utterance)에 관한 바흐친의 사고이다(3장 참조). 그의 이론은 특정 언어 형태가 우월성을 갖는 역사적 영역으로서 크로노토프〔chronotope: 그리스어 chronos(시간)와 topos(공간)를 결합한 단어—옮긴이〕를 통해 언어를 공간과 시간 양자 속에 기초한다. 게다가 이질 언어(異質言語), 즉 헤테로글로시아(heteroglossia)라는 사고—언어는 항상 복수적으로 기능하며 또한 사람과 장소 사이에서 기능한다는 사고—는 언어가 진화하도록 하는 언어의 다양성을 뒷받침한다(De Landa, 1998). 바흐친은 화자(speaker), 수신자(addressee) 그리고 이들 사이의 관련성이라는 세 가지 용어를 통해 모든 언어를 발화의 맥락에 끼워 넣는다. 또한 그는 상징체계의 불완전성을 사회적 행위—여기서 두 화자는 동일한 견해를 갖지 않으며, 화자와 청자는 서로 다른 위상에서 동일한 대화의 실제를 이해한다—와 연계시킨다. 지식과 위상의 이러한 비대칭성은 언어가 대화적 과정임을 암시한다. 이런 방식으로 이해하면, 언어는 공간적 체계로서 시간 바깥에 위치하지 않으며, 행위라는 시간과 공간에 한정된다.

한 가지 수준에서, 이 책은 우리에게 공간이라는 개념이 사상과 언어를 구조화할 때 담당하는 역할에 관심을 갖도록 요구한다. 우리가 이론과 실천을 관련지으려 하는 상이한 이론들에서 어떤 어려움이나 평가 불능의 상태에 봉착할 때, 또는 언어학적 이론의 공간화한 어휘에 유혹당할 때, 공간은 무엇을 펼쳐놓고 어떤 효과를 갖는가를 사유하는 것이 중요하다. 이는 자아와 타자의 공간 그리고 내부와 외부의 공간적 범주가 사회-공간적 사상을 구조화하는 방식을 고찰할 때 가장 중요하다.

2.2 자아와 타자의 공간, 내부성과 외부성

자아와 타자 간 이원론 그리고 이들의 윤리적 규정은 흔히 공간적 컨테이너에 관한 언어를 통해 해석된다. 이곳과 저곳 사이의 정성화된 출현(qualified presence)이라는 사고 대신, 우리는 일련의 규모(scale)와 역사-지리적 편성에서 작용하는 내부와 외부 그리고 출현과 부재의 이항을 가진다. 개인 수준에서 의식과 존재를 구분하는 것은 서구 사상에서 오랫동안 이어졌으며, 지속적인 비판을 받아왔다. 이러한 구분은 다양한 등록소에서 명백히 드러난다. 예를 들면, 육체적 컨테이너 내부에 있는 자아라는 상식적 사고도 그러하다. 이에 따라 누군가가 신경적 손상을 받아 고통당할 때, 친구와 친척은 자신들이 사랑하는 사람이 '여전히 그곳에 있는지' 논의하는 것으로 끝을 맺는 경우가 아주 흔하다. 또 사람들을 성적, 범죄적 또는 인종적 행태와 관련시켜서 소문난 인물로 가시적 분류를 하면서 외모로 등장인물을 판독하고자 하는 19세기의 대중적 (그리고 과학적) 설명에서도 이러한 구분을 찾아볼 수 있다(Gilman, 1985).

이런 투박한 사회생물학 그리고 이후에 이루어진 생물학적 진화 유형의 지배에 관한 결정론적 주장에 대한 반작용으로, 일부 사회과학은 생물학적 사실에 관한 많은 주장의 허위적 본성을 밝히는 구성주의적 접근을 채택하게 되었다. 하지만 이에 따른 편향된 효과로, 신체로부터 정신의 자율성을 강조하는 암묵적 경향이 생겼다. 우리가 유기체와 사회적 페르소나(persona: 다른 사람 눈에 비치는 한 개인의 성격―옮긴이)를 단순히 서로에게 종속시키지 않으면서 관련짓고자 하는 자아·정신(psyche) 그리고 신체에 관한 모형, 또는 두 가지 영역이라는 사고가 완전히 중단되는 것을 피하고자 하는 모형을 접하게 될 때, 이러한 반전의 부적절성은 명백해진다. 따라서 우리는 '생기론적(vitalist)' 또는 생물학적 철학(De Landa, 1998: 67; Deleuze, 1991), 신경정신병학(예를 들면 Sacks, 1985) 그리고 루리아의 저작(예를 들면 Luria, 1968) 등에 대해 새로운 관심을 갖게 된다. 이들 모두는 정신의 육화(embodiedness)를 재천명하는 접근법이다. 이러한 접근법은 우리로 하여금 단순히 체현된 지향(Lakoff and Johnson, 1980)에서 나아가 육화의 일부로서 정신의 기능을 고찰하도록 한다. 그러나 또한 생물학적 신체를 이해하는 방법을 재사회화하고자 하는 시도도 있다(Moore, 1994). 이런 점에서 그로스(Grosz, 1995: 103)는 신체란 사회문화적 가공물이며 "신체성(corporeality)은 그 자체로서 정신적으로, 사회적으로, 성적으로 그리고 재현적으로 재생산된다"고 주장한다.

여기서 우리는 신체에 대한 푸코적 개념, 즉 어떻게 신체가 되는지에 대해 훈련받고, 관리받고, 교육받기 전까지 신체는 조직화되지 않은 가능성의 자리(site)라는 개념을 얻는다. [사실 프로이트는 모든 형태의 외적 흥분에 노출된 개방적인 생명체에서 정신적 방어 체계라는 성곽으로의 이동을 의미하는

'진화' 모형을 유산으로 남겨두었다(Mandarini, 1998: 94).) 신체는 실천적 행위—신체를 육체적 표식과 인종적 정체성으로 만드는 순수한 금기(taboo)를 통해서든 또는 성적 지위를 이용한 페루 매춘부의 다양한 여성적 및 남성적 역할의 구현을 통해서든—를 통한 의사소통의 기본적인 자리이다(Palmer, 1998). 또 다른 관점에서, 신체의 역사화를 통해 생물학의 자연성과 소여성(givenness)은 경쟁적으로 "문화가 그 자신의 이미지에 따라 생물학적 질서를 구축한다"(Grosz, 1995: 104)는 점을 주장하기도 한다. 생물학이 무엇을 의미하는지 우리에게 말해주는 과학적 학문의 변화와 진화를 통해, 생물학적 질서 자체는 문화적으로 이해할 수 있다(Moore, 1994). 우리가 생물학 위에 세워진 문화적인 것을 더 이상 이해할 수 없고, 신체를 컨테이너로 더 이상 이해할 수 없고, 마니교적 안팎 구분을 더 이상 이해할 수 없다면, 자아의 공간에 관한 우리의 분석은 사실상 복합적일 수밖에 없다. 그로스(Grosz, 1995: 103)가 주장했듯 우리는 이제 외부에서 정신의 지도를 그릴 수 있으며, 또한 사실상 정신 위에 신체 표면의 지도를 그릴 수도 있다.

공간화한 자아성(selfhood)을 역사-지리적으로 신중하게 고찰해보면, 신체와 개인의 관련성은 사실 복합적이고 사회적으로 특이하다는 점을 분명하게 알 수 있다. 이런 점에서 근대적 개인의 등장은 자아의 텍스트화(textualisation), 특히 근대 초기의 법적 페르소나와 더불어 일기 및 자서전의 등장과 관련이 있다(Stone, 1991). 다른 한편, 가정에서는 사생활의 진화를 통해 자아를 위한 공간이 역사적으로 발전하게 되었다(Ariès and Duby, 1988). 이에 따라 인격은 시간과 공간 속에서 재형성되며, 존재의 특정한 공간성을 통해 한 개인으로 규정된다. 컨테이너로서 신체라는 사고와 결합한 이런 기술은 규율적 경계 그리고 통제와 자기관리 과정을 통해 규정된 자아를 창출한다. 따라서 반 덴 압비르(van den Abbeele, 1991)

는—산책하는 철학자(칸트의 정기적인 산책이든 또는 루소의 자유로운 방랑이든)의 자기 통제 속에서 그리고 몽테스키외가 승마를 하며 사유한 경관을 통한 권력의 제어와 순화에서—사상의 상이한 공간성과 사유의 실천을 추적하면서 철학적 신체의 여정을 추적한다. 기술은 자아로 하여금 한 단계에서는 더욱 예측 가능하고 더욱 자기-억제적이도록 하지만, 다른 단계에서는 더욱 확장적이고 분산적이게끔 한다. 예를 들어, 텍스트적 매체의 확장을 통해 분산된 시간과 장소에 있는 사람들을 연계함으로써 더욱 먼 거리에서도 대화가 이루어지게끔 되었다. 달리 말해, 근대적 자아는 매개 기술 그리고 자아-출현 없이도 창조된다(Kittler, 1999). 따라서 자아는 텍스트적 형태를 통해—행위자에 관해 매우 특정한 의미를 만들어내는 생생한 이야기의 서사적 형태 속에서—형상화될 수 있다(Somers, 1992, 1994).

다른 등록소에서, 세계는 자아감을 창출하기 위해 취합하고 이용할 수 있는 모든 종류의 사물 및 대상으로 가득 차게 되었다. 예를 들어, 대상의 집합은 (대부분의 경우) 가변적이고 불완전한 프로젝트로 함께 묶임으로써 우리 자신의 의미를 형상화하기 위해 다른 시간과 장소에 연계되는 방법을 제공한다. 이러한 개인적이고 물질적인 지도(map), 이러한 "자서전"(Gonzalez, 1995)은 자아를 세계와 묶어준다. 자아는 수행한 대로 이루어지지 않을 뿐만 아니라, 자아와 세계가 가장자리에서 서로 부딪치는 기존의 실체처럼 세계와 '상호 작용'하지도 않는다. 오히려 하이데거가 그랬던 것처럼 자아는 '세계-속의-존재(being-in-the-world)'를 통해 창조된다. 경계는 자아의 한계가 아니라, 자아감을 창출한다.

그렇다면 우리는 실천과 공간화한 자아성에 관한 이런 렌즈를 통해 근대의 공간적 자아의 진화를 살펴볼 수 있을 것이다. 새로운 교통, 통신, 매체 그리고 기술을 통한 자아의 통일화와 파편화—짐멜이 묘사한 도시 경험의 브리콜러(bricoleur: 손에 닿는 아무것이나 이용해 만드는 일을 하는 사람—옮긴이) 속에서(2장) 또는 발터 벤야민이나 지그프리트 크라카우어 (Siegfried Kracauer)에서 찾아볼 수 있는 괴로운 산책자 속에서(Crary, 1992)— 는 공간적 자아에 관한 사유에 또 다른 이슈를 제기한다. 우리는 세계로 부터의 분리와 고립이 결합의 속성을 재형상화하는 경험 양식을 식별할 수 있을 것이다. 여기서 우리는 개인에게 쏟아지는 정보의 속도뿐만 아 니라 정보 공간을 통해 이동하는 개인과 개인적 공간을 통해 이동하는 정보 간의 이행에 주목해야 할 것이다. 따라서 비릴리오(Virilio, 1997)는 사 람들의 대량 이동을 통해 형성된 근대적 메트로폴리스로부터의 증후적 (symptomatic) 이행 그리고 세계가 이미 만들어놓은 게으른 사람들(couch potatoes: 소파에 앉아 감자 칩을 먹으면서 텔레비전만 보는 사람에서 유래한 용어—옮 긴이)의 포스트모던 환경을 지적한다(16장 참조). 다른 이들이 진술한 것처 럼 이는 우리의 자아가 점점 더 스크린—자동차 창문의 유리판, 컴퓨터 단말기 또는 텔레비전—을 통해 세계와 연결되는 (또는 이로부터 분리되는) 정보의 세계이다(Virilio, 1997; Friedberg, 1993).

그렇지만 공간적 자아에 관한 이런 이야기는 또한 다른 기능과 규모 를 함의한다. 한편으로는 이동—그리고 공간의 통제—의 자유에 관한 이슈가 있다. 상상적 공간의 확장성은 젠더, 계급 그리고 역사적 상황에 의해 굴절되었다는 것이 거듭 밝혀졌다(hooks, 1991). 우리는 자아감이 세 계적인 힘의 상이한 편성을 통해 위치 지어지고 가능해지는 방법을 우리 자신에게 상기시키기 위해 제국주의적 소설(예를 들면 Phillips, 1996) 속에서 백인 소년에게 제시된 행위의 의미를 간략하게 성찰해볼 필요가 있다. 공간적 자아성의 이러한 과정은 내부와 외부에 관한 일련의 영토적 상상 을 뒷받침하고 또한 이들에 의해 강화된 '자아'와 '타자'의 이원론적 모 형을 통해 확대되었다. 우리는 급진적이고 외래적인 타자성(alterity)에 반대해 설정한 자아 정체성의 영토에 관한 사고를 유지하면서, 이러한 상상을 지리적 판타지로 유형화할 수 있을 것이다.

이러한 공간성은 많은 사회사상에서 억압된 요소였다. 따라서 보편주의적 권리와 이론에 관한 주장은 서구 내에서 유지될 수 있었지만, 그들은 물질적 및 상징적 지원의 무대로서 비서구에 의존했다. 해방을 담보하는 계몽적 프로젝트라는 주장은 당초 다수에 대한 지배를 불러온 제국적 팽창의 어둠 속에서 제기되었다. 특정한 도구적 이성을 풀어놓음으로써 해방의 도구가 결국 지배의 형태를 띠게 되었다는 것뿐만 아니라 (프랑크푸르트학파에게는 미안하지만), 이들이 대조항 및 대립점으로 사용 가능한 외부성에 바탕을 둔 체계 내에서—순환적 시간 속에 갇힌 것으로 묘사된 사람들과의 관계에서 설정한 진보의 모형 그리고 역사가 없는 사람들에게 반대해 수립한 역사와 행위의 모형을 허용하면서—기능했다는 것은 사실이다(Chakrabarty, 1992; Kalpagam, 1999).

여기서 우리의 목적은 근대화 이론을 평론하거나 이러한 모형이 요구하는 전통적 사회에 관한 굴절된 사고를 검토하는 것이 아니다. 우리의 목적은 서구 이론이 그것 자체를 위해 정체성과 이질성의 공간을 요구했음을 지적하는 데 있다. 카스토리아디스(Castoriadis, 1987)의 말에 의하면, 이론(theoria)의 시선은 동일한 관점에서 쓰인 것만을 읽을 수 있을 뿐 타자성의 공간을 허용하지 않는다. 그렇다면 우리는 한편으로는 비서구적 사회를 법치 가능하고 질서 잡히고 통제 가능하게 만드는 일단의 서구적 범주와 관련해 그 결과 나타난 폐해를 검토하면서(Edney, 1997), 다른 한편으로는 근본적으로 알 수 없는 타자성의 창출을 검토해볼 수 있을 것이다. 마찬가지라고 하겠지만, 우리는 억압된 외부를 통해 서구 사상의 범주를 내적으로 나타내는 것을 허용할 필요가 있다. 12장과 15장에서는 현대 이론에서 이 점이 창출하는 어려운 위상과 항상 완전히 성공적이라고만 할 수 없는 반응에 대해 탐구한다. 특히 위의 두 장에서는 과거 서구 권력에 의해 통치받은 사람들의 자아 정체성을 탈식민화시키기 위한 시도에서 나아가 서구 사상의 범주에서 식민적 유산을 파헤치고자 하는 탈식민적 사상의 영향력 증대를 보여주고자 한다. 프랑크푸르트학파가 근대화의 내적 및 필수적 부분으로서 계몽의 어두운 그림자를 드러내며 홀로코스트가 관리된 근대성 내에 놓여 있다고 주장했다면(Bauman, 1989), 탈식민적 비판은 근대성이라는 이러한 사고가 그것들을 창조하기 위한 식민적 분위기와 관련이 있다는 점을 규명하고자 했다고 할 수 있다. 아주 많은 이론의 특권화하고 합리적인 주인 주체(Master subject)가 비참하게 식민화된 주체에 대한 차별적 반대 속에서 발전한 것은 분명 우연이라고 할 수 없다. 따라서 '근대' 서구 사상의 범주와 사고는 지리적으로 국지화할 필요가 있다. 즉 보편성에 대한 그들의 주장을 제한하고 정확하게 위치 지어줄 필요가 있다.

그렇다면 이런 고리를 통해, 우리는 초월적으로 인식하는 주체의 모형—식민적 실천을 이론적 궤도 속으로 가져가(Bondi and Domosh, 1992) 지배의 논리에 고정시켜 만들어낸 것과 같은—을 비판해온 접근으로 관심을 돌릴 수 있다. 지리의 주체가 이러한 제국적 지식에 한정되었다는 것은 결코 새로운 사실이 아니지만, 여전히 되풀이할 필요가 있다. 승화된 남성성을 통해 지리를 체현하고자 하는 탐험가의 예식(cult)에서부터(Riffenburgh, 1993; Driver, 1991 참조) 통치하는 영토의 창출에 이르기까지(Edney, 1997) 이러한 식민화 지식의 가정을 밝히기 위해서는 지리의 실천과 전망을 탐색해야만 할 것이다(Avery, 1995; Ó Tuathail, 1997).

이러한 비판은 이론을 탈위치화하는 효과, 또는 더 적절하게 말해 이론적 공간을 재장소화하는 효과를 가져왔다. 그로스(Grosz, 1995: 97)가 서술한 것처럼 "공간(그리고 관련성은 적지만, 시간)이 재현되는 방식과 주체성이 그 자체를 재현하는 방식 간에는 역사적 상호 관계가 있다". 콘리(Conley, 1996)가 훌륭하게 묘사했듯이 지도적(地圖的) 실천에서 놀라운 전환은 이러한 관계의 한 가지 사례를 제시한다. 이 사례에서 우리는 신체와 세계의 인간주의적 유추에 기반을 둔 심장형 지도로부터, 일관되고 잘 알려진 고전적 세계의 포스트콜럼버스적(post-Columbian) 분리를 가져온 새로운 땅들의 분열적(isolatio) 묘사〔베네데토 보르도네(Benedetto Bordone)에 의해 고안된 지도의 한 유형—옮긴이〕—여기서 세계는 조립해야 할 많은 조각이 된다—로의 전환을 살펴볼 수 있다. 따라서 "미시적 자아는 거시적 세계의 거울이라는 견해에서부터, 독자 및 등장인물 양자 모두가 모든 사람이 수많은 타자 사이에서 고립된 실체로 간주된다는 것을 발견하는 견해로 전환된다"(Conley, 1996: 177). 이를 통해 콘리는 지식의 전환적 질서뿐만 아니라 이론에 의해 창조된 공간의 유형에도 관심을 기울인다. 따라서 냉정(self-possession)에 관한 데카르트적인 근원적 판타지는 강하게 각인된 지리적 의식과의 결합에 의존한다(14쪽). 사실 데카르트 〈굴절광학 (Dioptrics)〉의 인식론적 유의성은 냉정이 "권력의 복합적 기법이며, 관찰자를 위해 지각적 진리의 구성을 제정하는 수단이었다"(Crary, 1988: 31)는 점에 있다. 카메라 옵스큐라(camera obscura)의 출현에서 한 가지 사례를 찾아볼 수 있다. 요컨대 만들어낸 공간, 즉 격리된 관찰자가 외부 세계의 투사(또는 투입)를 볼 수 있도록 어둡게 만든 방을 고려해보자. 카메라 옵스큐라는 부분적으로 주체에 관한 데카르트의 개념화—정신이 내부 공간으로 기능하고, 지각과 사상을 의사(疑似) 관찰적 활동으로서 이해하는—의 중심에 있는 공간적 모습으로 기능했다(Bailey, 1989; Conley, 1996; Ihde, 1995: 150). "이는 명목상 자유로운 주권적 개인이지만, 공적 외부 세계로부터 분리된 의사 가정적(quasi-domestic) 공간에 둘러싸여 고립된 사적 주체로서 관찰자를 위한 모습이었다"(Crary, 1988: 33).

크래리(Crary, 1990; 1998: 47)에 따르면, 이론적 시선의 대상을 고찰하기보다 관찰의 실천을 고찰하라는 권유는 우리에게 사상의 공간에 관해 사유해보게끔 한다. 어두운 방 안에서 창문을 통해 쏟아져 들어오는 빛이 드리운 지도 위에 웅크린 지리학자를 묘사한 얀 페르메이르(Jan Vermeer)의 그림에서 알 수 있는 것처럼 사유에 있어 이러한 내부성과 괴리 감각은 그 사유의 결과로 만들어진 산물의 탈착근화와 더불어 지리적 노력을 특징짓는다. 우리는 그 모형을 이분법적 유형이라고 묘사할 수 있는데, 이러한 이분법적 유형은 '광경(spectacle)'과 '배경(receptacle)'의 유형을 제시하는 시각과 사회에 관한 비판에서 여전히 반복된다(Jenks, 1995). 이론화를 위한 이러한 입지 또는―미셸 드 세르토(6장 참조)의 해석에 따르면―이러한 지리적 작동은 사실이 진리가 되는 장소를 만든다(1984: 11). 이는 지식의 부수적 재현 형태와 진리의 조응 이론으로 이루어진 관찰 모형, 즉 롤랑 바르트(Roland Barthes)의 기호학에서 여전히 지속되는 분석적 공간―지식이 시각의 원뿔체 정점에서 보는 사람의 입장을 통해 세계를 객관화하는 시각적 재현의 모형을 따르는―의 형태를 만들어낸다(Burgin 1996: 39). 이러한 시각적 공간 형태는 지배를 위한 강력한 심리적 공간 모형을 줄곧 형성해왔다. 그러나 추상적 세계―또는 사실상 하나의 그림으로서 세계―를 생산하는 효과에 대한 비판은 바로 그러한 주체의 위상(Burgin, 1996: 47), 즉 우리가 주장하는 바와 같이 지식과 욕망의 공간에 관해 사유하는 다른 방법을 통해 더 잘 문제화될 수 있는 위상을 채택할 위험을 무릅쓰게 된다.

따라서 우리는 이러한 해석의 공간과 다른 한편으로는 행위자―네트워크 이론(12장 참조), 실천 이론(11장), 수행적 지식(4장)에 기초한 앎의 비재현적 양식(Thrift 1996, 1999a) 및 대화 속 이론의 공간(3장)을 대비할 수 있을 것이다. 특히 사상가들은 이론을 위한 윤리적 기반을 형성하기 위해 타자의 역할에 관심을 가졌으며, 이는 불가피하게 공간을 재편성하는 것을 의미한다. 이에 따라 에마뉘엘 레비나스(Emmanuel Levinas)는 절대적 타자에 관해 윤리적 관심을 가졌는데, 이는 바흐친의 대화적 작동을 재구성했으며 세르토가 제안한 타자와의 계약 양식에도 반영되었다(Godzich, 1986). 그렇지만 레비나스가 어떤 성애적 특이성으로부터도 깨끗한 타자와의 대화를 중심으로 지식의 윤리적 원리—예를 들면 정신분석학적으로 '영감을 받은' 뤼스 이리가라이(Luce Irigaray) 또는 엘렌 식수의 저작에서, 말할 수 없는(unsayable) 차이에 대한 접근과 비교할 수 있는 다소 상이한 계략—를 발전시켰음을 상기하는 것이 더 좋을 것이다(Grosz, 1995: 74-75).

그러나 근대적 시각 기술이 관찰자를 대신하고 탈특권화함에 따라—근대 메트로폴리스가 주체를 도시의 공간 속으로 동화시키듯(Grosz, 1995: 90), 이러한 기술이 관찰자를 시각적 현장의 일부로 만들어버림에 따라(Crary, 1990)—대화적 상호 행위라는 개념은 고전적 주체의 중심화된 공간으로부터의 전환과 더불어 주체의 장소 착근성에 관심을 돌리게 되었다. 이러한 분별은 펠릭스 가타리(Félix Guattari)가 주체를 "기계적 이형 구조(machinic heterogenesis)"—이는 상이한(예를 들면 인식적, 정서적, 물질적, 사회적) 질서의 일부를 행위를 통해 접촉하도록 한다—로 이루어진 "특정한 언명적 일관성"(1992: 34)이라고 명명한 것을 만들어낸다. 그렇다면,

절단, 결핍 또는 봉합에 기초한 일의적(univocal) 주체성은 존재하지 않으며, 존재론적으로 이질적인 주체성의 양식, 즉 타자성의 다중적 영역, 더 정확히 말해 타자화(alterification) 영역에 있는 부분적 언명자(enunciator) 지위를 갖춘 준거의 무형적 우주의 편성이 존재한다.

(Guattari, 1992: 45)

따라서 지식의 공간은 자기-유지적이 아니라 차이-발생적이다. 상이한 질서의 뒤얽힘은 구체적 공간에서 풀리며, 우리는 이제 '근대성'의 그 구체적 공간으로 관심을 돌리고자 한다.

2.3 환유적 공간

사회 이론을 배회하는 유령이 있다. 그 유령은 19세기 파리이다. 19세기 전반부에 재발견한 사회 이론의 많은 부분은 파리 같은 대도시의 역사에 기반을 둔 논쟁에 둘러싸여 전개되었으며, 이런 논쟁으로 제자리를 잡고, 이런 논쟁에 의해 편성되었다. 그리고 현대 도시 이론은 이제는 잃어버린 이 도시에 많은 빚을 지고 있다. 가장 단순한 차원에서, 우리는 파리를 배경으로 도시 생활에 관해 서술한 벤야민(1장 참조) 같은 학자들의 저작에서 많은 도시적 사유의 뿌리를 찾을 수 있다. 만약 근대성이 정신의 도시화를 의미한다면(Schlör, 1998: 16), 이는 흔히 파리가 도시 생활, 즉 도시성과 근대성 양자를 위한 일종의 환유어(metonym)가 되는 특정한 도시적 경험을 함의한다. 사회 이론이 도시화함에 따라, 파리의 도시 공간은 일반화되었다. 예를 들어, 일부 이론가는 파리를 근대성을 위한 환유어로, 로스앤젤레스를 탈근대성의 환유어로 다루었다(예를 들어 Soja, 1989, 1996). 이런 종류의 전형적 선택과 시대적 지도 그리기는 요점을 놓친 것처럼 보인다. 흔히 사회 이론은 설정한 모형을 유지하기 위해 실제 작동하는 사회성의 공간을 불안하게 떠돌아다닌다. 이를테면 하버마스의 의사소통적 이성은 일단 도시의 역사적 지리로부터 추상화하고 단절되지만, 카페나 살롱에서의 도시적 사회성의 특정 형태를 깊게 암시한다(Howell, 1993). 벤야민과 마르쿠제가 창출한 상품에 관한 일반 이론은 각각 파리의 소매 공간과 캘리포니아의 교외 소비로 특징지을 수 있다. 달리 말해, 사회 이론은 그 자체의 관심을 활성화하기 위해 숨겨진 도시의 '어두운 문제'에 흔히 의존한다.

그렇지만 파리는 상상과 이론의 도시로서—또는 최소한 이론적 상상으로서—특권적 요소를 유지하고 있는 것처럼 보인다. 부분적으로 이 요소는 집중화하고 메트로폴리스적인 프랑스의 지적 문화와 결합한 프랑스어권 사상의 등장으로까지 소급할 수 있을 것이다(Bourdieu, 1988). 우리가 얼마나 많은 영향력 있는 이론가들—이 편집서에서 라캉, 들뢰즈, 르페브르, 벤야민, 세르토, 부르디외 그리고 비릴리오—이 그곳에서 자기 자신을 찾고 수많은 저술 작업을 했는지 고려해보면, 파리는 분명 사회사상의 역사적 지리와 긴밀한 관련이 있다. 그러나 우리는 파리가 더 나아가 자연화한 (또는 더 적절한 표현으로, 도시화한) 가정들을 제공한다고 생각한다. 이 편집서에서 반복하는 주제는 사상을 그 발생 장소로 환원하지 않으면서, 이론을 창출한 장소를 통해 그리고 장소의 상상력을 통해 사유하는 것이다. 따라서 우리는 생생하고 구체적인 공간으로서 파리를 사회 이론과 연계시키는 세 가지 주제를 도출할 수 있다. 첫째는 예술적 생산이라는 현장에서 비롯된 그리고 그에 따라 더욱 넓게 다른 문화 형태를 가로지르는 파리의 위상이다. 둘째는 도시 자체를 상호 텍스트적(intertextual: 텍스트를 매개로 상호 인용하고 차용하는 관계—옮긴이) 현장으로 만드는 파리적 신화의 자동 생산적(autopoietic) 순환이다. 셋째는 도시 경험의 특정한 굴곡에서 생산된 도시성이라는 개념이다.

첫 번째 주제를 살펴보면, 파리는 예술의 수도(Millan, Rigby and Forbes, 1995: 15)이다. 이는 단지 여러 다른 학파의 임의적 등장뿐 아니라 기술적 및 여가적 메트로폴리스가 되고자 하는 지속적 노력에도 일부 기인한다(Herbert, 1988). 19세기의 수도로서 파리에 대한 벤야민의 찬사를 회상하면, 파리는 근대 생활의 원본(ur-texts)을 제공했다고 알려진 일련의 예술 운동의 보금자리이다. 사실 이 도시가 없었다면, 이러한 운동의 대부분은 상상조차 할 수 없었을 것이다. 그러나 이론이 위고와 졸라의 문학에 관심을 갖거나, 보들레르나 랭보의 시에 관심을 갖거나, 마네 · 쇠라 · 로댕 또는 오거스터스 존의 예술에 관심을 갖게 되면, 그 이론은 또한 파리에 관심을 갖게 되는 셈이다(예를 들면 Harvey, 1985; Clark, 1985; Buck-Morss, 1989; Ross, 1988). 이러한 예술적 탁월함은 이 도시가 문화 활동의 장으로서 그 특이성을 갖추지 못했다면 불가능했을 것이다(Bourdieu, 1995). 특히 우리는 성애성(sexuality)과 도시 공간이라는 특정한 상호 결합의 예술적 경험이 갖는 연관성을 지적할 수 있다. 파리는 또한 공적 영역의 성애화(sexualisation)를 둘러싼 논쟁이 전개된 도시 중 하나로 묘사된다. 따라서 예술에서의 성적 욕망 그리고 이 욕망과 거리의 관련성에 관한 이슈는 흔히 특정한 파리적 경험에 의해 굴절된다(Wolff, 1985; Pollock, 1988; Millan, Rigby and Forbes, 1995: 44). 이러한 경향의 일부는 보들레르의 성애화하고 양면적인 〈지나가는 여인에게〉에서처럼(Wilson, 1992)─여전히 주요 주제로 설정해 재고해야 할 남성적 시각, 시각적 소비, 상품화한 (그리고 성애화한 공적 영역에서 여성화한) 대상이라는 유산을 지닌(Buck-Morss, 1986; Shields, 1989; Friedberg, 1993; Wilson, 1997: 136)─예술적, 지성적, 도시적 실천(Tester, 1994)의 수사(修辭) 어구로서 게으름뱅이의 모습과 밀접한 관계를 맺고 있다. 이런 의미에서 고급 이론(high theory)에 관한 논쟁은 도시적 영역뿐만 아니라 파리에 대한 성적 규제의 특정한 역사와 밀접한 관계를 가지며, 또한 이것들에 의해 지속되었다. '밤의 유흥'의 규제에 관한 연구는 19세기 유럽의 대도시들─성애화한 공간에 대한 관심은 특히 베를린이나 런던 그리고 파리 사이에 차이를 드러낸다(Schlör, 1998)─의 일치점과 모순점을 지적한다.

우리가 이러한 예술적 및 심미적 실천의 재작업을 통해 얻을 수 있는 두 번째 주제는 텍스트화한 도시로서 파리의 문제성이다. 프렌더개스트

(Prendergast, 1992: 22, 205)가 지적한 것처럼 텍스트 페이지의 풍경(paysage)에 관한 지도 그리기는 흥미로우면서도 문제성을 지닌다. 왜냐하면 "'파리' 그 자체가 위대한 촉수적(tentacular) 신화를 만드는 기계"이기 때문이다. 이 도시의 위치적 불안정성과 과도한 투지가 최소한 부분적으로 과거의 이론적 및 문화적 투자 규모와 관련이 있는 것처럼 보이는 상호 텍스트적 현장이 된다는 점에서, 이 도시에 관한 서술은 매우 많다. 그리고 여행 이론(travelling theory)뿐만 아니라 특정한 전기(傳記)와 지리를 갖춘 망명 작가들을 생각해보면, 이러한 투자 자체가 탈입지화의 실천 일부를 형성하고 있다. 이에 더해 하나의 도시는 이미 다른 도시와 상관관계를 맺은 현장이다. 따라서 글래스고와 에든버러의 관계는 스파르타와 아테네의 관계를 연상케 한다(McArthur, 1997). 제2제정 시대의 파리는 로마에 대항하는 유럽의 문화 수도라는 명성을 가질 수 있도록 건립되었다. 또한 크라카우어가 베를린은 거리에 아무런 기억도 갖지 못한 도시라고 묘사한 것처럼 파리는 흔히 베를린과 대비된다(Wilson, 1997: 128). 세르토에게, 파리는 "우연적 창조"의 공간을 더욱 명확하게 해독 가능하고 "의식적으로 형성된" 공간과 대비시키는 수단이었다(Prendergast, 1992: 210). 벤야민에게, 파리의 거리는 근대성의 몰락 및 베를린에서의 어린 시절과 관련해 "과거의 이미지를 현재로 가져오는"(Friedberg, 1993: 73) 연상 체계로 기여했다. 달리 말해, 파리는 "폐허의 틈새에서 위대함이 솟아나는 도시들"(Olalquiaga, 1992: xxi; Réda, 1996도 참조) 가운데 하나였다.

이러한 기호적 소용돌이에서 세 번째 주제, 요컨대 특정한 도시성의 주제, 즉 문화생활의 실천 속에 그리고 이러한 실천이 보편적인 것으로 탈영토화하고 좋은 도시로서 성찰적으로 재영토화하는 방식 속에서 재반영된 도시성이 도출된다. 심지어 하버마스의 세련된 이론에서도 우리는 1716년경 600개, 혁명기에는 여기에 두 배(Hetherington, 1997: 15) 그리고

19세기 말경에는 무려 2만 4000개의 카페를 자랑했던 이 도시의 흔적을 찾아볼 수 있다(Millan, Rigby and Forbes, 1995: 15). 19세기 동안, 미로로 이루어진 야행성 도시는 특정 활동과 관련이 있도록 계획한 장소들로 구성된 야행성 도시로 바뀌었다(Schlör, 1998). 그러나 도시 생활의 이러한 장소는 더욱 특권화한—이들 장소를 도시 외곽과 기능적으로 관련짓는 방법에서 특권적인—이론적 핵심을 형성한다. 19세기의 퇴락 지구들(넝마주이가 성곽 주변을 점거했던 지구들)이 순환 도로에 의해 도시 순환 지구로 바뀜에 따라, 파리는 동심원적 경계의 역사를 통해 도시 이야기를 만들어내는 중심적인 도시가 되었다(Forbes, 1995: 254). 1859년의 성곽 내 구(區) 경계 너머에 있는 교외는 광역급행전철(RER) 선으로 이들을 재통합하고자 하는 시도에도 불구하고 배제되었다. 사실상 바로 이런 박탈된 근교 도시는 도시의 진부한 신화를 벗어나 독해 불가능한 변덕스러운 도시를 형성한다. 이러한 지구는 도시의 천국을 둘러싼 연옥이다(Maspero, 1994: 16). 마스페로(Maspero, 1994)는 파리 생활의 파편을 바로 이 RER 선을 따라 함께 묶어낸 민족지적 여행담으로 서술했다. 마스페로와 오제(Maspero and Augé, 1986)의 소요적(逍遙的) 민족지는 모든 통행인을 내려놓고 이제는 오랫동안 정박한 정기 여객선처럼 보이는 교외 지역에 관한 다른 장면을 제공한다(Maspero, 1994: 37; Forbes, 1995). 움직임이 장소에 포함된 이러한 주변적 위치는 이론 및 예술에서 점차 상징성을 띠게 되었다.

그렇지만 파리를 독해 불가능한 도시라 일컫는 것은 이 도시에서의 생활과 밀접한 관계가 있는 것처럼 보인다. '미지의 파리(Paris-inconnu)'는 일련의 '파리풍(Parisianisme)' 전체를 낳는 (오래된 그리고 새로운) 인류학적 도시 산책(Prendergast, 1992: 3) 또는 도시의 고고학적 상투어(clichés)를 위한 기본적 동기를 부여한다(Rifkin, 1993: 24). 사실 도시 외곽에서 주민들의 앞뒤 맞지 않는 생각—프리바 당글몽(Privat d'Anglemont)이 "불가능한 지구(faubourg impossible)"(Prendergast, 1992: 85)라고 일컬었던 것—을 표현하는 문제는 간단히 말해, 재현의 문제화를 능가하는 추동력 가운데 하나다. 예를 들어 보들레르는 '탈형상화', 즉 "시적 은유의 통일적 힘으로부터 '전체성'의 의미가 결여된 배경 속에서 전체를 향해 헛되게 손짓하는 이질적 환유 언어로의 이행"(Ibid., 130. Cappetti, 1993: 35 참조)에 관심을 두었다. 장소학적 해석 가능성(Cappetti, 1993: 54)을 제공하는 '부동적 경관'을 창출하기 위해, 도시 지구의 인류학 및 시카고학파의 인류학으로 이러한 탈형상화를 지도화해 도시와 여타 지역 이국화(exoticisation) 사이의 연계를 규명할 수도 있을 것이다(Cappetti, 1993: 54). 그러나 우리는 대신 "밝혀질 미스터리로서가 아니라 꿈의 실질적인 내용으로서 '바닥(underside)'이 우선된다는 점에서 연구"(Rifkin, 1993: 9)하고자 한다. 그 결과, 도시에서 지식의 다원성—세르토가 "이종학(heterology)"이라고 명명한 것—에 대처하기 위해, 심미성에 바탕을 둔 노력이 이루어질 수 있을 것이다(Sheringham, 1996).

이에 따라 파리는 근대성의 상징으로 사용되며, 근대 생활은 일단의 심미적 실천에서 나타나는 공간적 지향을 분쇄하는 속도에 관한 설명을 통해 이해할 수 있다(Kern, 1982; Lefebvre, 1991). 파리가 순환과 빛에 관한 계획 및 정치와 긴밀한 관련성을 갖고 있는 것은 분명하지만, 이는 장소를 점령하는 흐름이라는 단순한 계기 이상의 뉘앙스를 포함한다(Evenson, 1999; Schlör, 1998 참조).[3] 파리는 "이미지의 시각적·사회적 다원화에 대한 열광, 시각적 세계 전체의 지리적 영역의 단순한 순환뿐만 아니라 이것들의 확장"(Friedberg, 1993: 22)으로서 근대성을 위한 환유어가 되었다. 영화 촬영과 사진학 같은 현시적 실천과 관련한 일련의 기술은 기차 및 자동차 같은 새로운 교통 기술과 연계해 도시를 앎의 새로운 형태에 점차 개방되게끔 했다. 이러한 기술이 시선을 점점 더 이동적이며 점점 더 시각적이 되도록 함으로써 새로운 관점을 열게 되었다는 주장도 제기할 수 있다. 따라서 도시는 앉아 있으되 움직이는 관찰자의 창문을 통해 회전하거나, 또는 움직이지 않는 관객이 움직이는 도시를 구경하는 영화 같은 새로운 매체에 반영되었다(Friedberg, 1993).

2.4 요동치는 공간

이제 "요동치는 공간"(Latour, 1997)이라는 양상, 즉 관련 문헌에서 점차 상식화되고 있는 근대성의 어떤 양상이긴 하지만 단지 몇몇 주요 서사와의 동일화를 통해 그 차원이 근본적으로 환원되는―그러면서 이들 서사는 모든 행동을 규정한다―비유로서의 어떤 양상으로 시선을 돌려보자. 이러한 서사 가운데 하나가 특히 여기서 밀접한 관련이 있다. 바우만, 하비, 제임슨 그리고 비릴리오 같은 저자들에 의해 널리 알려진 시공간 압축(time-space compression)에 관한 서사가 바로 그것이다. 어떤 의미에서 이는 두 가지 상호 배타적인 것을 주장한다. 즉 공간은 점점 덜 중요해짐에 따라 점점 더 중요해진다. 이런 신기한 이야기는 유럽의 대부분 국가에서 정보가 여행과 통신에서 빠른 속도로 전달되기 시작한 18세기로 소급되며, 이에 따라 장소들이 시간적으로 점점 더 가까워지게 되었다는 단순한 사실에 기초한다. 시공간 압축의 과정이 촉진됨으로써(특히 Kern, 1982; Harvey, 1989; Studeny, 1995 참조), 전통적인 사회의 공간성과 이들의 제한적인 결합은 신체적 여행과 더욱 신속한 의사소통을 가능케 하고, 이에 따라 공간에 관한 사고를 포함해 경험의 지평을 다시금 서술하도록 하는 상호 매개적 기계로 가득 찬 새로운 세계에 의해 점차 대체되었다. 이로써 공간은 새로운 조직 양식, 특히 국가―이러한 상호 매개체(그리고 이것들이 가능케 만든 '사실')에 의해 부여받은 권력을 통해 이때까지는 꿈꿀 수 없었던 방식으로 영토를 구획하고 통치할 수 있게끔 된 국가―조직을 위한 운동장이 된다.

그렇지만 이런 과정이 지속되어 새로운 천년기까지 뻗치게 되었으며, 이는 특히 사회 이론에서 '지옥의 묵시록(apocalypse now)'이라는 학파의 학자들에게 매력적인 주제가 되었다. 특히 새로운 전자 통신 매체에 의해 뒷받침된 가속화 과정은 여행이 점차 거의 즉각적인 통신의 부산물―그 역이라기보다―이 되는 새로운 상황에 도달했다. 이는 카스텔(Castells, 1997)의 저작에서 쉼 없는 "흐름의 공간"과 같은 것을 만들어내거나 또는 공간의 완전한 해체, 등시적 평면으로서의 공간, 빙점의 공간, "잃어버린 차원"(Virilio, 1991)의 공간 같은 것을 만들어냈다. 오래된 영토적 공간 위에 새로운 사이버 공간이 드러나고 있으며, 이는

> 공간적 차원을 갖고 있지 않지만 즉각적 의사 결정의 단일 시간성에 각인된다. 여기서부터 사람들은 물리적 장애물이나 시간적 거리에 의해 분리되지 않는다. 컴퓨터 화면과 비디오 모니터의 접속으로, 이곳과 저곳의 구분은 더 이상 아무런 의미도 없게 되었다
>
> (Virilio, 1991: 13)

지적할 점은 이와 같은 묘사―그리고 사이버 공간 같은 사고를 둘러싼 여타 유사한 독해―가 거의 아무런 비판도 받지 않는다는 점이다. 사실 많은 학술 문헌에서 이것들은 단순히 주어진 것, 즉 오늘날―또는 조만간―믿을 만한 해석으로 여겨진다. 제시한 설명이 기본적 오류로 가득찬 것처럼 보임에도 불구하고 그러하다. 이러한 오류는 인간 주체에 기계의 특성을 항상적으로 부가하는 기술 결정론에 의해 초래되거나(Thrift, 1995, 1996), 기계적 규정력과 이식(transplantation)에 의해 침범당한 신성한 인간 실체를 가정하는 인간주의에 의해 초래된 것이다. 이들은 즉각적

원격 통신을 유지하기 위해 매체와 중간 매개물에 의해 요구되는 항상적인 지원 작업, 특히 구체화한 작업(컴퓨터 화면 앞에 허리가 아프도록 앉아 있는 것에서부터 시스템을 수선하는 일에 이르기까지)과는 상관없다. 그리고 이러한 오류는 메커니즘이 분리된 어떤 것이 아니라 기획된 공동체—"다른 '상태'의 인간성, 즉 물·수증기·얼음이 동일한 실체의 다른 상태가 되는 방법"(Latour and Powers, 1998: 188)—의 요소임을 이해하지 못한다. 모든 문제 가운데 가장 심각한 것은 이러한 설명으로는 가속(speed-up)을 전형적으로 드러내는 활동(설명들을 포함해)을 완만하게 조정하는 지속적 과정 그리고 기술에 의한 단순한 공간적 전달이라는 사고를 부정하는 새로운 문화적 층위가 부가되는 지속적 과정을 감지하지 못한다는 점이다.

그렇지만 동시에, 우리가 가속화 세계—'한층 빠르고', '한층 이동적인' 세계—속에 살고 있다는 사고는 서구 문화를 위한 원천이 되었고, 정체성을 만들 뿐만 아니라 새로운 은유를 만드는 수단이 되었다(Heise, 1997). 라투르(Latour, 1993) 같은 비결정론적 실재론자조차 새로운 사유 양식을 케이블 텔레비전의 네트워크에 비유하는 시대에, 이런 점은 분명하다. 이런 방식에서 보면, 비릴리오 같은 저자들은 현실로부터 되돌려 서술하는 것이 아니라 적극적으로 공간의 새로운 의미를 만들어내고 있다. 이러한 새로운 공간 의미는 어떤 점에서 강화된 근대성의 비유로서 이들의 문화적 지배력을 새롭게 하고, 이 과정에 관한 우리의 공간적 민감성을 바꾸어놓는다. 어떤 의미에서 미래주의 같은 초기의 근대주의적 운동은 사이버 공간과 같은 사고를 통해 서구가 그 자체 및 다른 세계를 이해하기 위해 이용하는 일상적 용어의 일부가 되었다.

또한 가속의 서사는 또 다른 서사, 즉 세계가 '지구화' 단계의 한가운데에 있다는 서사를 부양하고 또한 이에 의해 부양되고 있다. 여기에도 서구 국가들이 시대의 첨단에서 살아가는 과정, 즉 이는 역사적으로 불

가피한 과정이며 그 자체의 무한한 공간적 복제를 생산해야만 하는 과정이라는 동일한 의미가 담겨 있다. 그러나 지구화의 서사는 이를 둘러싸고 저항적 기억과 소수자적(minoritarian) 주제를 끌어 모으기가 좀더 쉬운 서사라고 할 수 있다. 여기에는 네 가지 이유가 있다. 첫째, 지구화는 차이를 이용하고 또 차이와 더불어 작동하는 훨씬 더 큰 성향을 만들어낸다. 지구화한 세계에서 국경은 매우 자주 관통되기 때문에, 정체성과 같은 이슈는 덜 중요해지기보다 오히려 더 중요해지며, 상상력은 이러한 이슈를 뒷받침하기 위해 작동한다. "현대 생활에서 점점 더 강력해진 양상은 한 사회에서 문화의 다양성이라기보다 사회의 문화적 다양성이다. 문화적 형태의 채택과 거부는 더 이상(만약 과거에 그러했다면) 일괄적으로 결정되지 않는다"(Bauman, 1999: xliii). 둘째, 지구화는 총체적인 지리적 개조가 아니라는 점을 이해하는 것이 훨씬 더 쉽다. 지구화는 단지 네트워크상에서만 아주 멀리, 아주 빨리 진행된 과정이다(Thrift, 1995). 문화는 정지하고, 마주치고, 혼합되고, 회오리치고, 다시 시작된다. 지구화는 점점 더 떠돌아다닐 것 같은 문화가 배회하는 공간이다. 셋째, 지구화는 고정된 '민족' 문화에 관한 의문의 증대를 초래한다(예를 들어 Beck, 1999). 일련의 거친 민족주의적 전쟁을 살펴보면 분명히 알 수 있는 것처럼—이런 점을 매우 중시할 수도 있지만—동시에 문화는 연금술적이지 않다는 것(역사적 및 현대적 증거에서)이 점점 더 분명해졌다. 특히 지구적 매체의 세계에서,

문화적 정체성은 그 자신이 만들었다고 거의 볼 수 없는 문화적 요소를 받아들이기나 빼앗기기를 지속하면서, 자체의 독특한 정체성을 존속시킨다. 정체성의 구성은 그 자체의 특성에 대한 감명에 의존하는 것이 아니라 모두에게 공통적인 문화적 요소를 선택하고, 재순환하고, 재편성하는 독특한

방법에 점점 더 의존한다. 정체성의 지속성을 보장하는 것은 변화를 향한 운동과 능력이지, 일단 형성된 형태와 내용을 고수하는 능력이 아니다.

(Bauman, 1999: xiv)

그렇다면 넷째, 지구화가 일단의 공간적 은유를 만들어냈다는 사실은 놀랄 일이 아니다. 열망과 소속감이라는 은유는 '접촉점', '접속 지대', '국경 지대', '혼종성' 등에 기반을 두고 '개방'되는 경향이 있다. 그리고 이러한 은유는 낯설음과 친숙함 또는 동양과 서양의 인간주의적 변증법과 더불어 오랫동안 유지되어온 문화의 영토적 개념으로부터, 문화적 혼합의 실행을 실천적 · 민족지학적 · 이론적으로 추적할 수 있는 다소 이국적인 어떤 개념으로 이동하기 위해 노력하는 인류학 같은 학문에서 매우 공통적이다.

2.5 경험의 공간

사물로 뻗어나가고 접촉하는 것에 관한 이러한 사고는 우리에게 상이한 체현 방식의 경험이라는 개념을 통해 자기표현의 함의를 가지고 공간을 사유하는 또 다른 수단을 가져다준다. 오늘날 특히 현상학적 전통에서 그러하지만 그 밖의 전통 속에서도 재현되고 있는 이러한 일련의 연구는 중심, 기반 또는 자아의 의미를 훼손하는 문제를 안고 있는 것처럼 보인다. 많은 공동체가 점차 덜 국지화함에 따라, 경험의 바탕은 더 이상 필수적으로 근거를 두지 못한 채 분명 이동하고 변화하며, 더 이상 자아가 바로 신체라고 볼 수 없게 되었다.[4]

따라서 자명하게 '개체성'으로서의 경험이라는 사고는 분명 좀더 분산된 것으로 변해야 한다. 근대 철학 및 사회 이론에서 '개체성'에 대한 결정적인 비난을 구성하는 많은 사상의 조류가 만들어졌으며, 흥미롭게도 이들 모두는 '이동성'이라는 이슈와 이러저러한 관련이 있다. 이러한 조류 가운데 하나는 '신체'에 관한 사고, 특히 인지의 특권적 중심이라는 신체의 사고에서 '체화(embodiment)'에 관한 사고로의 이동이다. 이런 체화 속에서 육체화(carnality)는 세계에 관해 단지 부분적으로만 파악할 수 있는 분야가 되며, 이 분야는 항상적으로 다른 분야와 전형적인 방식으로 또는 여타 방식으로 상호 작용한다. 두 번째 조류는 객체 세계에 대한 관심의 증대이다. 예를 들어 행위자-네트워크 이론 같은 전통 속에서, 사상 자체는 항상 우발적이라기보다 일련의 매개적 이행을 통해 그 자신의 객체를 생산하는 고안물과 매트릭스의 방대한 장치로 두텁게 설비되어 있거나 둘러싸여 있다. 세 번째 조류는 여행에 대한 관심이다. 대체로 사상은 흔히 고요함과 연관되지만 경험을 통한 서술은 그 경험을 제공하는 수단일 뿐만 아니라 이를 사유하는 수단으로서 여행을 포함하는 것으로 점차 간주되었다. 그리고 넷째, 경험은 흔적과 지연(deferral), 자기 현시의 환상, 여행하는 이곳저곳 그리고 어떤 다른 것을 할 수 있는 모형을 생산할 필요성에 관한 데리다적 사고를 통해 가장 잘 표현할 수 있는 명문화의 양식으로서 서술의 모형을 점차 포함하게 되었다.

어떤 의미에서 이런 문헌은 제각기 '실천'—일련의 운동과 반(反)운동으로 묘사되는 공간에서 연계를 통해 활력이 생기고, 분산되고, 산란해지는 실천—을 더 많이 강조한다(Thrift, 1996).[5] 3명의 주요 저자가 이런 종류의 공간—운동이자 그 운동들의 합으로 이루어진 공간—모형을 만들어내고자 했다.

물론 이들 가운데 한 사람은 데리다로서, 그는 글쓰기의 일반화된 모형, 즉 명문화가 자연 그 자체의 속성이 되는 글쓰기의 모형을 만들었다. 따라서 데리다는 "살아 있는 세포 내의 가장 초보적인 과정"(Kirby, 1997: 63에서 인용)일지라도 글쓰기로서 고려해야 한다고 주장한다. 그리고 이

러한 "일반적 의미에서 글쓰기"는

> 공간/시간의 차이, 인과성을 재서술하는 재현과 본질 간의 불가분성을 접
> 합한다. 본질의 교직(tissue), 존재의 근거는 상호 텍스트―자연과 문화의 관
> 례적 구분을 제한할 뿐만 아니라 이를 능가하는 '서술'―이다.
>
> (Kirby, 1997: 61)

그렇지만 글쓰기와 관련한 데리다 모형은 흔히 허공중에 글쓰기인 것
처럼 보인다. 데리다는 이런 성질의 글쓰기를 하고자 했지만, 그의 글쓰
기는 흔히 생명의 끈끈한 점성 및 운동 그 자체뿐만 아니라 운동과 관련
한 마찰의 의미가 결여된 것처럼 보인다.[6]

이런 점에서 우리는 다른 2명의 저자에게 관심을 돌릴 필요가 있다.
그중 한 사람은 들뢰즈이다. 들뢰즈에게, 생명은 체현된 어떠한 경험도
능가하는 비인격적인 비유기체적 힘이다. 생명은 수많은 상이한 차원에
서 작동하며 넘쳐흐르는 전환적 성질을 갖고, 이러한 성질은 만남을 통
해 새로운 가능성을 항상적으로 열어나간다. 그의 전면적 목적은 생명
의 형태를 다원화하는 데 있다.[7]

따라서 들뢰즈에게 공간은 중요한 차원이다. 그의 '지철학(geophiloso-
phy)'은 새로운 개념적 공간의 창출에 관한 것이지만, 또한 다른 영토―
새로운 지각적 및 감정적 공간(예술가와 배우), 새로운 이미지 공간(화가와
영화 제작자), 새로운 음향 공간(음악가) 따위―도 인지하고자 한다. 그리고
그의 감수성은 상상적이고 신중하기보다는 피상적인 의미에서 본연적
으로 지적이다. 따라서 무의식에 관한 서술에서 들뢰즈(Deleuze, 1997: 63-
64)는 다음과 같이 지적한다.

지도는 …… 각각의 지도가 그 이전의 지도에서 기원을 찾는 것이 아니라 그다음 지도에서 수정되는 방식으로 중첩된다. 한 지도에서 다음 지도로의 전환은 어떤 기원에 대한 추적의 문제가 아니라 진화적 전개의 문제이다. 모든 지도는 필히 아래에서 위로 나아가야 할 막다름과 돌파, 탈출구와 폐쇄의 반복적 재배치이다. 방향의 변경뿐만 아니라 속성의 차이가 존재한다. 무의식적인 것은 사람과 사물을 다루는 것이 아니라, '궤적'과 '생성'을 다룬다. 지도는 더 이상 기념의 무의식이 아니라 동원의 무의식, 그 대상이 땅속에 묻혀 있는 것이 아니라 날아오르는 무의식이다. 〔그러나〕 …… 지도는 연장, 즉 궤적에 의해 구축된 공간과의 관계로만 이해해서는 안 되며, 공간을 채우는 것, 즉 궤적에 내접하는 것과 관련한 농담(濃淡, intensity)의 지도도 있다. ……효과의 열거 또는 배열로서 농담적 지도는 생성이다.

공간에 관한 이런 종류의 유동적 의미는 어떤 방식에서는 미셸 세르가 제안한 의미와 유사하다. 세르와 그의 후계자 브뤼노 라투르에게 경험은 시간과 공간이 의사소통적 작동자의 작업에 의해 서로 간단하게 조정되는 유동적 성질이다.[8] 따라서 시간과 공간은 "다중적으로 중첩될 수 있는 다양성"이다. "만약 당신이 그것에 관해 2분 동안 생각한다면, 이 직관은 이동하는 대상물 사이의 일정한 거리에 부여되는 직관보다 한층 분명할 것이며, 이는 더 많은 것을 설명할 것이다"(Serres and Latour, 1995: 59). 이러한 중첩 사이의 통과 양식에 관한 기본 문법을 만들 수는 있겠지만,

공간적 이미지에 대해서는 신중해야 한다. 만약 당신이 명목적 추적 양식이라는 사고를 더하고자 한다면, 네트워크는 지나치게 너무 안정적인 공간에 이미지를 버려두게 될 것이다. 그러나 만약 당신이 이를 시간 속에 묻는다면, 네트워크는 변동할 것이며 매우 불안정하고 끝없이 갈라질 것이다.

······이것이 내가 유동적 교란의 사례를 이용하는 이유이다.

(Serres and Latour, 1995: 109)

그렇지만 분명 세르(Serres and Latour, 1995: 111-112)는 종합(synthesis)을 갈구했고, 어떤 공간적 이미지, 즉 지도를 기꺼이 이용하고자 했다.

당신이 과정 속에 있는 관련성에 관한 작업을 한다면, 당신은 툴루즈에서 마드리드까지 비행기를 타고 가는 사람, 제네바에서 로잔까지 차로 여행하는 사람, 파리에서 슈브뢰즈(Chevreuse) 계곡을 향해 가거나 또는 체르비나(Cervina)에서 마터호른의 정상까지 (신발 스파이크, 밧줄, 피켈을 가지고) 걸어가는 사람, 르아브르에서 뉴욕까지 보트를 타고 가는 사람, 칼레에서 도버 해협으로 헤엄치는 사람, 달까지 로켓으로 여행하는 사람, 수신호기나 전화 또는 팩스로 정보를 전달하는 사람, 유년 시절부터 노년까지 일기를 쓰거나 고대에서 현대까지 기념비를 세우는 사람, 사랑할 때 번개와 같은 사람과 같다. "도대체 이 사람은 무엇을 하고 있는가?"라고 물어볼 수 있을 것이다.
여행의 양식, 이동의 이유, 출발지와 목적지, 통과 장소에 관한 딜레마가 존재한다. 속도, 수단, 차량, 극복해야 할 장애는 공간을 활성적이게끔 만든다. 그리고 나는 다양한 방법을 사용하곤 했기 때문에 내 기획에 관한 일관성은 의문스럽다. 사실 나는 항상 장소 간 이동을 위한 여행의 양식을 분석했다. 움직임과 작동의 차이는 분명 사물을 다르게 만들 수 있을 뿐이라고할 수 있지만, 그 차이는 사실 관계를 설정하고 구성하며 세밀하게 조정하는 문제였다. 그리고 일단 여기, 저기, 모든 곳에서 수많은 관계를 설정하면, 잠시 후 당신이 뒤로 물러서서 쳐다볼 경우 어떤 그림이 떠오른다. 또는 최소한 어떤 지도가 드러난다. 당신은 일종의 피라미드처럼 그 구성에 초점을 맞추거나 이를 입체화하는 요소 없이 관계에 관한 일반 이론을 이해하게 된다. 난기류는 계속 움직이고, 흐름은 계속 춤을 춘다.

결국, 어떤 부분적이고 유동적인 종합에 대한 야망은 르페브르에 의해 가장 잘 이루어졌다고 할 수 있다. 그는 근대 사회에서 드러나는 것처럼 때로는 조화롭고 때로는 혼란스럽지만 항상 유동적이고—마주치고—생동적이며, 상이한 공간과 시간의 혼합에서 발생하는 경험의 질을 전하고자 했다. 르페브르는 이러한 경험의 질은 다양하며 '리듬 분석(rhythman-alysis)' 방법을 통해 명명할 수 있다고 믿었다. 그는 옳든 그르든 간에 아마 명문화의 체현된, 비인간적인, 여행적 수단의 의미를 만들어내는 데 가장 근접했다고 할 수 있다. 그의 모형은 결코 아주 근접하지 못했지만, 어떤 의미에서 그 가치는—이 연구에서 바로 그러한 것처럼—목적지에 있는 것이 아니라 여행 과정에 있었다.

2.6 글쓰기의 공간

아마 문제는 글쓰기 자체와 관련이 있을 것이다. 이는 오늘날 사회과학과 인문학을 가로지르는 '수행(performance)'으로의 전환을 설명하는 것일지도 모른다(Thrift, 1999a). 수행은 모든 의미를 등록할 수 있으며, 효과에 더욱 근접하게 작동할 수 있으며, '현재'와 의사소통할 수 있다. 글쓰기의 시대에 수행을 서술하지 않는 한 이들은 평범한 것이라고 할지라도 신비로운 것처럼 보일 수 있다. 또는 어쩌면 필요한 것은 글쓰기의 공간 자체에 더 많이 주목하는 것일 수 있다. '수행적 글쓰기'에 흥미를 갖는 저자들이 사회과학 및 인문학에 집중되어 있다는 점은 우연의 일치가 아니다. 최근 '수행적 글쓰기'에 관해 많은 연구가 이루어졌다. 이를 촉진한 데는 세 가지 원천이 있다. 그중 가장 잘 알려진 것은 데리다의 작업이다. 그의 수많은 "글쓰기 수행"(Derrida and Wolfreys, 1998)은 상호 텍스트의 의사소통적 힘을 통한 기호현상학적 '유희(play)'의 촉진에 기초하며, 전반적인 생산적 뒤얽힘 이후의 궤적과 추적을 함께 서술하고자 한다. 이러한 글쓰기 수행은 언어의 공간적-시간적 내용 전반에 도전했다. 부분적으로 바르트에게서 영감을 얻은 그의 악명 높은 삭제, 삽입구, 생략 그리고 그 밖의 단어 유희는 쉴 없는 병렬, 무서울 정도의 정교함—또는 조밀하고 가차 없는 형식주의(academicism)—을 생산했다. 그다음으로 담론적 수행성에 관한 주디스 버틀러(Judith Butler)의 저작이 있다. 버틀러는 담론의 유동화에 몰두했다. 그에 따르면 담론의 유동화는

> 대체의 유희로서, 기호가 채우고자 하는 창립적 부재(founding absence)에 의해 가능해진다. 달리 말해, 기호는 그 자체라기보다 다른 무엇에 '관한 기호(sign)' 또는 다른 무엇을 '위한 대체'이다. ……버틀러는 이러한 부재 또는 상실을 언어가 수선할 수 없는 기원적 차이로 이해한다. 버틀러에 의하면, 차이를 극복하거나 정정하고자 하는 반복적인 시도는 정치적으로 유의한 것으로 간주된다. 왜냐하면 이는 전환적—다른 가능성을 수행하는 기회—일 수 있기 때문이다.
>
> (Kirby, 1997: 109)

세 번째 원천은 좀더 일반적인 문학이다. 로렌스 스턴(Laurence Sterne)에서 제임스 조이스(James Joyce), 사뮈엘 베케트(Samuel Beckett)에 이르기까지 작가들은 언어를 하나의 수행으로 옮기기를 원했다. 이와 같은 충동은 최근의 시〔예를 들면 로버트 크릴리(Robert Creeley), 론 실리먼(Ron Silliman), 로즈메리 월드롭(Rosemary Waldrop), 린 헤지니언(Lyn Hejinian) 같은 미국의 '언어 시(language poet)'(Perloff, 1996 참조)〕, 니체와 비트겐슈타인(매우 다른 방법으로)

을 포함해 일종의 경구적 철학의 형태에서도 찾아볼 수 있다.

이런 수행성을 위한 추진력은 부분적으로 글쓰기를 어떤 공간, 여행할 수 있고 타협할 수 있는 공간으로 사유하고자 하는 욕망임에 분명하다.[9] 무엇보다도 일단 글쓰기를 공간적 구성으로 이해하면, 다른 공간적 구성, 즉 글쓰기 또는 과학의 공간과 자유롭게 혼합할 수 있는 의사소통과 정보 기술의 네트워크, 여행과 교통, 그 밖의 다른 명문 장치(다이어그램 또는 스크린) 같은 모든 종류와 병행할 수 있다는 게 분명해진다. 한 가지 예를 들면, 혼돈과 복잡성이라는 공간은 많은 근대적 글쓰기에서 해석적 장치로서, 의사소통의 수단으로서, 문제에 관한 좀더 일반적 이해의 일부로서, 중요한 매개적 장치—과학적이며 또한 좀더 일반적으로 문화적인 일종의 의문부호—가 되었다. 이들은 "우리에게 문제의 지도를 국지적 탐험의 설명, 그 자체를 넘어서 아무것도 없으며 일반화도 방법론도 허용하지 않는 통로의 가능성이라는 발견에 관한 설명으로 생각하게끔 한다"(Latour, 1997: 9). 따라서 예를 들어 리빙스턴(Livingston, 1997)은 서술의 굽이치는 공간을 설명함으로써, 가로-세로 편지(crossed letter: 절약하기 위해 가로 세로로 글씨를 쓴 편지—옮긴이)나 시적 열거 등에서처럼 낭만주의와 포스트모더니티의 역사적·문화적 형성에서 작동하는 논리로서 혼돈에 관한 연구를 창출하고자 했다. 그리고 박스, 다이어그램, 텍스트적 유희와 더불어 그의 텍스트 자체는 이런 추진력에 대한 존경을 명시화했다. 둘째, 그렇다면 텍스트는 일종의 유형적 지리로 이해할 수 있다. 예를 들어 제네트(Genette, 1997)는 저작권의 텍스트-보조 장치—표지, 저자 이름, 제목, 헌사, 제사(題詞), 서문, 각주, 개념 정의, 용례 등—에 집중해 근대 서적의 해부 구조를 제시한다.[10] 제네트(Genette, 1997: 4)가 지적한 것처럼 이러한 텍스트-보조 요소는 텍스트 내에서 필수적으로 하나의 '입지'를 갖게 된다. 셋째, 텍스트의 공간은 이미 명백해진 바와 같이 텍스트성의 현재 형태를 능가해 서술하고자 하는 항상적 실험의 공간이다. 수행적 실천으로서 글쓰기는 폴록(Pollock, 1998)에 의하면, 여섯 가지 원칙―환기 작용(부재한 것이 출현하도록 은유적으로 작동하는), 환유(자의식적으로 부분적이거나 불완전한 표현), 주관성(일단의 주체 사이에서 실행된 관계로서), 신경성(초조와 불안의 일반적 조정), 인용(인용과 재인용의 혼합), 일관성(생산적으로 강력한)―을 일반적으로 따르는 명문화와 전개의 새로운 형태를 위한 확장을 포함해야만 한다. 이에 따라 우리는 일종의 가독성의 정치에 도달하며, 이 점은 페미니스트적 글쓰기에서(예를 들면 Kristeva, 1986; Sedgwick, 1993 참조), '형상-변화(shape-shifting)'의 실천으로 인종성에 관한 글쓰기에서(Pollock, 1997), 장소에 관한 글쓰기에서(Shephard, 1996) '수행적 글쓰기'가 왜 그렇게 중요한지에 대한 이유이다. 그리고 넷째, 지도처럼 문학적 지도를 실제 서술하는 것이 가능해진다. 예를 들어 모레티(Moretti, 1998: 65)는 글쓰기의 공간에 관한 지도 그리기를 본질적이고 자연적인 방법으로 고려해야 한다고 주장했다.

문학적 지도는 우리에게 무엇을 이해할 수 있도록 해주는가? 기본적으로 두 가지다. 첫째, 이들은 '장소 제약성(ortgebunden)', 즉 문학적 형태의 장소 제약적 속성을 드러내며, 이들 각각은 독특한 기하학・경계・공간적 타부(taboo) 그리고 선호하는 경로를 가진다. 그러고 나면 지도는 서사의 내적 논리, 즉 줄거리를 합치고 자기 조정을 하는 의미론적 영역을 조명하게 된다.

3 결론

의심할 바 없이, 위에서 논의한 것은 공간과 사상을 철저히 사유할 수 있도록 하는 '공간의 종'들 가운데 일부에 불과하다. 외래적이고 새로운 혼종이 계속 생산되고 있다. 예를 들면 복잡성 이론의 초월성에서 발견할 수 있는 초인간에 관한 최근의 강조(Thrift, 1999b), 행동생물학의 생산적 생성(Ansell-Pearson, 1997, 1999) 그리고 디지털적 사유의 "보완적 유행(redeeming epidemics)"(Plant, 1997) 등이 있다. 우리가 말할 수 있는 바로, '어디'는 이제 철학과 사회 이론에서 대체로 동일한 정도로 '누구', '무엇' 그리고 '왜'와 결합하고 있으며, 이는 다시 "긴장의 복잡성 속에서 알고 실천하기 위해 살아가고자"(Law, 1999: 12) 하는 자발성을 제공한다. 달리 말해, 분포(distribution)는 모든 것은 아니지만, 모든 것은 분포이다.

주

1. 필연적 관계와 개연적 관계의 구분을 통해 공간적 민감성의 결여를 우회하고자 하는 실재론적 방법(Sayer, 1985)은 상당히 매력적이라는 것이 증명되었다. 그렇지만 논쟁에서 드러난 것처럼 사회적 법칙을 공간적으로 개연적인 상황과 지리적으로 착근된 역사에 의해 수정되는 것으로 고려하는 경향—이는 공간을 이론적인 사회적 관계 밖에 버려두는 위험을 지니고 있는 것처럼 보인다—이 있었다.

2. 우리는 사실상 추상적이고 순수화한 지식을 위한 욕망에 묻혀 있는 지식의 욕망과 애욕(erotics)을 살펴볼 수 있을 것이다(Certeau, 1984). 대안적으로, 제도로서 학계—이론을 만들고 유통하는 지식 생산과 실천의 노동—에 대한 구체적이고 장소-착근적인 관심을 연구할 수도 있을 것이다(Clifford, 1989; Thrift, 1999b; Law, 1999; Latour, 1993). 지리학은 현장 연구에 대한 좀더 열렬한 옹호와 함께, 현장에 관한 방법론 재편 그리고 현장 연구의 외래적 유산의 일부에 대한 도전을 이해했지만, 현장 연구의 함정에 초점을 맞추는 것은 학계의 명백한 투명성과 추론 가능성에 관한 인상을 재강화하도록 작동하는 것처럼 보인다.

3. 따라서 우리는 하천 제방을 고속도로로 전환하고자 한 오스망의 도시 계획에는 순환을 선호하는 가정이 있었다는 점을 지적할 수 있지만, 또한 이루어지지 않은 것—

비거주자들을 유입하기 위해 도시의 240헥타르를 개발하는 '300만 도시'에 관한 코르뷔지에(Corbusier)의 계획처럼-에 대한 고려도 해야 할 것이다(Evenson, 1999).
4. 따라서 세르(Serres and Latour, 1995: 131-132)에 의하면,

> 내가 젊었을 때, 나는 모리스 메를로퐁티(Maurice Merleau-Ponty)의 《인식의 현상학(Phenomenology of Perception)》을 읽으면서 많이 웃었다. 그는 이 책을 이런 말로 시작했다. "인식에 관한 연구를 시작하면서, 우리는 언어에서 감각에 관한 사고를 발견한다." 이는 비정상적 도입이 아닌가? 같은 맥락에서 그토록 엄격하고 무미건조한 사례의 집합은 이에 따르는 서술을 고취시킨다. 저자는 창문 너머로 항상 꽃이 핀 나무들을 보고, 붉은 잉크 자국이 가끔씩 보이는 책상을 뒤죽박죽 어질러놓았다-이는 인용문이다. 당신이 이 책에서 해독할 수 있는 것은 도시 거주자, 즉 초기술화하고(hyper-technicalised), 지성화하고, 도서관 의자에 묶인 채 현실적 경험을 비참하게 박탈당한 도시 거주자들의 깔끔한 인종학이다. 현상학의 과잉과 감각(sensation)의 부재-모든 것은 언어이다.

육신적인 것에 대한 메를로퐁티의 반플라톤적 주장을 고려하면, 이는 실제로 다소 가혹한 것이다.
5. 역설적으로, 다른 학문에서 중심적인 비재현적 비판의 힘은 인문지리학에서 여전히 재현의 꿈 그리고 이런 꿈과 함께하는 무기력한 정치적 환상에 여전히 매우 흔히 사로 잡혀 있는 주제 속에 기록해야만 한다.
6. 특히 이에 대한 반대로 Irigaray(1999) 참조.
7. 들뢰즈에게 생명은 어떤 체험된 경험을 넘어서는 비인격적이고 비유기적인 힘이다. 이는 니체('힘에 대한 의지'로서 생명), 베르그송(활력적 열정) 그리고 근대 진화론적 생물학('변종'과 '선택'으로서 생명) 등 다양한 근원에서 도출한 존재론적 생명 개념이다(Smith, 1997: xiv).
8. 따라서 라투르에게 시간과 공간을 함께 묶는 것은 네트워크에 의해 이루어지고, 의사소통적 작동자는 불변적 유동자(immutable mobile)이다. 전체적으로 세르는 라투르보다 한층 장기적인 견해를 가진다.
9. 해럴드 이니스(Harold Innis)와 잭 구디(Jack Goody) 그리고 다른 이들의 저서에서처럼 공간과 시간을 생산하는 수단으로서 서술에 기반을 둔 문헌은 많다.
10. 유사하게, 근대적인 책의 실천에 관한 지리적 역사는 오늘날 샤르티에(Roger Chartier)와 여타 학자들의 저술에서 나타난다.

참고문헌

Abbeele, G. van den (1991) *Travel as Metaphor: from Montaigne to Rousseau*. Minneapolis, University of Minnesota Press.

Ansell-Pearson, K. (1997) *Viroid Life: Perspectives on Nietzsche and the Transhuman Condition*. London, Routledge.

Ansell-Pearson, K. (1999) *Germinal Life. Deleuze*. London, Routledge.

Ariès, P. and Duby, G. [general eds] (1988) *A History of Private Life*. Cambridge, Mass., Belknap.

Augé, M. (1986) *Un Ethnologue dans le Métro*. Paris, Hachette.

Avery, B. (1995) 'The subject of imperial geography', in Brahm, G. and Driscoll, M. (eds) *Prosthetic Territories: Politics and Hypertechnologies*. Boulder, CO., Westview Press: 55-70.

Bailey, L. (1989) 'The skull's darkroom: The camera obscura and subjectivity', in *Philosophy of Technology*. Dordrecht, Kluwer Academic Publishers.

Barnes, T. (1996) *Logics of Dislocation: Models, Metaphors and Meanings of Economic Space*. New York, Guilford Press.

Bauman, Z. (1989) *Modernity and the Holocaust*. Ithaca, NY, Cornell University Press.

Bauman, Z. (1999) *Culture as Praxis*. London, Sage.

Beck, U. (1999) 'A cosmopolitical manifesto', *Dissent* 46 (1): 53-55 WIN 1999.

Bertsch, C. and Sterne J. (1994) 'Personal space', *Bad Subjects* 17, November.

Bondi, L. and Domosh, M. (1992) 'Other figures in other places: on feminism, post-modernism and geography', *Society and Space* 10: 199-213.

Bouchet, D. (1998) 'Information technology, the social bond and the city: Georg Simmel updated', *Built Environment* 24 (2/3): 104-33.

Boundas, C. (1996) 'Deleuze-Bergson: an ontology of the virtual', in Patton, P. (ed.) *Deleuze: a Critical Reader*. Oxford, Blackwell: 81-106.

Bourdieu, P. (1988) *Homo Academicus*. Cambridge, Polity Press.

Bourdieu, P. (1995) *The Field of Cultural Production*. London, Polity Press.

Buck-Morss, S. (1986) 'The Flâneur, the Sandwichman and the Whore: the politics of loitering', *New German Critique* 39: 99-139.

Buck-Morss, S. (1989) *The Dialectics of Seeing: Walter Benjamin and the Arcades Project*. Cambridge, Mass., MIT Press.

Burgin, V. (1996) *In/Different Spaces: Place and Memory in Visual Culture*. Berkeley, California University Press.

Cappetti, C. (1993) *Writing Chicago: Modernism Ethnography and the Novel*. NY, Columbia University Press.

Carter E., Donald J., and Squires J. (eds) (1993) *Space and Place: Theories of Identity and Location*. London, Lawrence & Wishart.

Carter, P. (1987) *The Road to Botany Bay: An Essay in Spatial History*. London, Faber & Faber.

Castells, M (1997) *The Network Society*. Oxford, Blackwell.

Castoriadis, C. (1987) *The Imaginary Institution of Society*. Cambridge, Polity Press.

Certeau, M. De (1984) *The Practice of Everyday Life*. Berkeley, California University Press.

Chakrabarty, D. (1992) 'Provincialising Europe: Postcoloniality and the critique of history', *Cultural Studies* 6 (2): 337-57

Clark, T. J. (1985) *The Painting of Modern Life. Paris in the Art of Manet and His Followers*. London, Thames and Hudson.

Clifford, J. (1989) 'Notes on theory and travel', *Inscriptions* 5: 177-188.

Conley, T. (1996) *The Self-Made Map: Cartographic Writing in Early Modern France*. Minneapolis, University of Minnesota Press.

Cook, I. and Crang, M. (1995) *Doing Ethnographies*. Catmog 58, Norwich Geobooks.

Crary, J. (1988) 'Modernizing VISION', in Foster, H. (ed.) *Vision and Visuality*. Seattle, Bay Press: 29-49.

Crary, J. (1990) *Techniques of the Observer*. Cambridge, Mass., MIT Press.

Crary, J. (1992) 'Spectacle, attention, counter-memory', *October* 50: 97-107.

Curry, M. (1996) *The Work in the World: Geographical Practice and the Written Word*. Minneapolis, University of Minnesota Press.

Deleuze, G. (1991) *Bergsonism*. New York, Zone Books.

Deleuze, G. (1997) *Essays Critical and Clinical*. Minneapolis, University of Minnesota Press.

Derrida, J. (1980) 'The law of the genre', *Critical Inquiry* 7 (1): 55-81.

Derrida, J. (1998) (ed. Wolfreys, J.) *Writing Performances. A Derrida Reader*. Edinburgh, Edinburgh University Press.

Donald, J. (1997) 'This, here, now: Imagining the modern city', in Westwood, S. and Williams, J. (eds) *Imagining Cities: Scripts, Signs, Memory*. London, Routledge: 181-201.

Driver F. (1991) 'Henry Morton Stanley and his critics: Geography, exploration and Empire', *Past and Present* 133: 134-66.

Edney, M. (1997) *Mapping an Empire: the Geographical Construction of British India, 1765-1843*. Chicago, University of Chicago Press.

Evenson, N. (1999) 'Paris and the automobile', in Goodman, D. (ed.) *The European Cities and Technology Reader: Industrial to Post-Industrial City*. London, Routledge: 175-185.

Forbes, J. (1995) 'Popular culture and cultural politics', in Forbes, J. and Kelly, M. (eds) *French Cultural Studies: an Introduction*. Oxford, Oxford University Press: 232-263.

Friedberg, A. (1993) *Window Shopping: Cinema and the Postmodern*. Berkeley, University of California Press.

Gasché, R. (1986) *The Tain of the Mirror. Derrida and the Philosophy of Reflection*. Cambridge, Mass., Harvard University Press.

Genette, G. (1997) *Paratexts. Thresholds of Interpretation*. Cambridge, Cambridge University Press.

Gibson-Graham, J.-K. (1996) *The End of Capitalism (as we knew it)*. Oxford, Blackwell.

Gilman S. (1985) 'Black bodies, white bodies: toward an iconography of female sexuality in late nineteenth century art, medicine and literature', *Critical Inquiry* 12 (1): 223-262.

Godzich, W. (1986) 'The further possibilities of knowledge', Foreword to Certeau, M. De *Heterologies: Discourse on the Other*. Manchester, Manchester University Press.

Gonzalez, J. (1995) 'Autotopographies', in Brahm, G. and Driscoll, M. (eds) *Prosthetic Territories: Politics and Hypertechnologies*. Boulder, CO., Westview Press: 133-150.

Gregory, D. (1996) 'Lacan', in Benko, G. and Strohmayer, U. (eds) *Space and Social Theory*. Oxford, Blackwell.

Grosz, E. (1995) *Space, Time and Perversion: Essays on the Politics of Bodies*. London,

Routledge.

Guattari, F. (1992) *Chaosmosis: a New Ethico-aesthetic Paradigm*. Sydney, Power Publications.

Haraway, D. (1989) *Primate Visions: Gender, Race and Nature in the World Of Modern Science*. New York, Routledge.

Harding, S. (1991) *Whose Science? Whose Knowledge?: Thinking from Women's Lives*. Ithaca, NY, Cornell University Press.

Harvey, D. (1985) *Consciousness and the Urban Experience: Studies in the History and Theory of Capitalist Urbanization*. Baltimore, Md,, Johns Hopkins University Press.

Harvey, D. (1989) *The Condition of Postmodernity*. Oxford, Blackwell.

Heise, U. K. (1997) *Chronoschisms. The Narrative and Postmodernism*. Cambridge, Cambridge University Press.

Herbert, R. L. (1988) *Impressionism. Art, Leisure and Parisian Society*. New Haven, Yale University Press.

Hetherington, K. (1997) *The Badlands of Modernity. Heterotopia and Social Ordering*. London, Sage.

Hetherington, K. (1998) *Expressions of Identity: Space, Performance, Politics*. London, Sage.

hooks, b. (1991) *Yearning: Race, Gender, and Cultural Politics*. London, Turnaround.

Howell, P. (1993) 'Public space and the public sphere: political theory and the historical geography of modernity', *Society and Space* 11: 303-322.

Ihde, D. (1995) 'Image technologies and traditional culture', in Feenberg, A. and Hannay, A. (eds) *Technology and the Politics of Knowledge*. Bloomington, Indiana University Press: 147-158.

Irigaray, L. (1999) *The Forgetting of Air*. London, Athlone Press.

Jameson, F. (1992) *The Global Aesthetic: Cinema and Space in the World System*. Bloomington, Indiana University Press.

Jenks, C. (1995) 'The centrality of the eye in western culture', in Jenks, C. (ed.) *Visual Culture*. London, Routledge: 1-25.

Kalpagam, U. (1999) 'Temporalities, histories and routines of rule in colonial India', *Time and Society* 8 (1): 141-160.

Keith, M. and Pile, S. (eds) (1991) *Place and the Politics of Identity*. London, Routledge.

Kern, S. (1982) *The Culture of Time and Space 1880-1918*. Cambridge, Mass., Harvard University Press.

Kirby, V. (1997) *Telling Flesh, The Substance of the Corporeal*. London, Routledge.

Kittler, F. (1999) *Gramophone, Film, Typewriter*. Stanford, CA, Stanford University Press.

Kristeva, J. (1986) *The Kristeva Reader*. New York, Columbia University Press.

Lakoff, G. and Johnson, M. (1980) *Metaphors We Live By*. Chicago, University of Chicago Press.

Landa, M. De (1998) 'Virtual environments and the emergence of synthetic reason', in Broadhurst Dixon, J. and Cassidy E. (eds) *Virtual Futures: Cyberotics, Technology and Post-human Pragmatism*. London, Routledge: 65-76.

Latour, B. (1993) *We Have Never Been Modern*. Hassocks, Harvester.

Latour, B. (1997) 'Trains of thought. Piaget, formalism and the fifth dimension', *Common Knowledge* 6: 170-191.

Latour, B. and Powers, R. (1998) 'Two writers face one Turing teat: a dialogue in honour of HAL', *Common Knowledge* 7: 177-191.

Law, J. (1999) 'After ANT: complexity, naming and topology', in Law, J. and Hassard, J. (eds) *Actor Network Theory and After*. Oxford, Blackwell: 1-14.

Lefebvre, H. (1991) *The Production of Space*. Oxford, Blackwell.

Livingston, I. (1997) *Arrow of Chaos. Romanticism and Postmodernity*. Minneapolis, University of Minnesota Press.

Livingstone, D. (1992) *The Geographical Tradition: Episodes in the History of a Contested Enterprise*. Oxford, Blackwell.

Luria, A. (1968) *The Mind of the Mnemonist: a Little Book about a Vast Memory*. Cambridge, Mass., Harvard University Press.

Mandarini, M. (1998) 'From epidermal history to speed politics', in Broadhurst Dixon, J. and Cassidy E. (eds) *Virtual Futures: Cyberotics, Technology and Post-human Pragmatism*. London, Routledge: 88-99.

Maspero, F. (1994) *Roissy Express: a Journey through the Paris Suburbs*. London, Verso.

Matless, D. (1999) 'The uses of cartographic literacy: mapping surveying and citizenship in twentieth-century Britain', in Cosgrove D. (ed.) *Mappings*. London, Reaktion.

McArthur, C. (1997) 'Chinese boxes and Russian dolls: tracking the elusive cinematic city', in Clarke, D. (ed.) *The Cinematic City*. London, Routledge: 19-45.

Millan, G., Rigby, B., and Forbes J. (1995) 'Industrialisation and its discontents (1870-1914)', in Forbes, J. and Kelly, M. (eds) *French Cultural Studies: an Introduction*. Oxford, Oxford University Press: 11-53.

Miller, J. H. (1995) *Topographies*. Stanford, CA, Stanford University Press.

Moore H. (1994) 'Divided we stand: sex, gender and sexual difference', *Feminist Review* 47: 78-95.

Moretti, F. (1998) *Atlas of the European Novel 1800-1900*. London, Verso.

Naylor S. and Jones G. (1997) 'Writing orderly geographies of distant places: the regional survey movement and Latin America', *Ecumene* 4 (3): 273-299.

Ó Tuathail, G. (1997) *Critical Geopolitics*. London, Routledge.

Olalquiaga, C. (1992) *Megalopolis: Contemporary Cultural Sensibilities*. Minneapolis, University of Minnesota Press.

Palmer, C. (1998) 'From theory to practice: experiencing the nation in everyday life', *Journal of Material Culture* 3 (2): 175-99.

Perec, G. (1996) *Species of Spaces*. Harmondsworth, Penguin.

Perloff, M. (1996) *Wittgenstein's Ladder. Poetic Language and the Strangeness of the Ordinary*. Chicago, University of Chicago Press.

Phillips, R. (1996) *Masculinity and Adventure Fiction*. New York, Guilford Press.

Pile, S. and Thrift, N. (eds) (1997) *Mapping the Subject*. London, Routledge.

Plant, S. (1997) *Zeros and Ones*. London.

Pollock, D. (ed.) (1997) *Exceptional Spaces. Essays in Performance and History*. Chapel Hill, University of North Carolina Press.

Pollock, D. (1998). 'Performative writing', in Phelan, P. and Lane, J. (eds) *The Ends of Performance*. New York, New York University Press: 73-103.

Pollock, G. (1988) *Vision and Difference: Femininity, Feminism and the Histories of Art*. London, Routledge.

Pratt, M. (1992) *Imperial Eyes. Travel Writing and Transculturation*. London, Routledge.

Prendergast, C. (1992) *Paris and the Nineteenth Century*. Oxford, Blackwell.

Réda, J. (1996) *The Ruins of Paris*. London, Reaktion.

Riffenburgh, B. (1993) *The Myth of the Explorer*. Oxford, Oxford University Press.

Rifkin, A. (1993) *Street Noises: Parisian Pleasure, 1900-40*. Manchester, Manchester

University Press.

Roberts, D. (1988) 'Beyond progress: The museum and the montage', *Theory, Culture and Society* 5: 543-57.

Ross, K. (1988) *The Emergence of Social Space: Rimbaud and the Paris Commune.* Minneapolis, University of Minnesota Press.

Ryan, J. (1994) 'Visualising imperial geography', *Ecumene* 1: 157-176.

Sacks, O. (1985) *The Man who Mistook his Wife for a Hat.* London, Picador.

Sayer, A. (1985) *Method in Social Science.* London, Hutchinson.

Schlör, J. (1998) *Nights in the Big City: Paris, Berlin, London, 1840-1930.* London, Reaktion.

Sedgwick, E. K. (1993) *Tendencies.* Durham, NC, Duke University Press.

Serres, M. and Latour, B. (1995) *Conversations on Science, Culture and Tine.* Ann Arbor, University of Michigan Press.

Shephard, K. (1996) Princeton, Princeton University Press.

Sheringham, M. (ed.) (1996) *Parisian Fields.* London, Reaktion.

Shields, R. (1989) 'Social spatialisation and the built environment: the West Edmonton Mall', *Society and Space* 7: 147-164.

Shotter, J. and Gergen, K. (eds) (1989) *Texts of Identity.* London, Sage.

Sibley, D. (1998) 'Sensations and spatial science: gratification and anxiety in the production of ordered landscapes', *Environment and Planning A* 30 (2): 235-46.

Smith, D. W. (1997) '"A life of pure immanence" Deleuze's Critique et Clinique project', in Deleuze, G. *Essays Critical and Clinical.* Minneapolis, University of Minnesota Press: xi-xiii.

Soja, E. (1989) *Postmodern Geographies.* London, Verso.

Soja, E. (1996) *Thirdspace.* Oxford, Blackwell.

Somers, M. (1992) 'Narrative, narrative identity and social action: rethinking English working-class formation', *Social Science History* 16 (4): 591-630.

Somers, M. (1994) 'The narrative constitution of identity: a relational and network approach', *Theory and Society* 23: 605-49.

Stone, A. R. (1991) 'Will the real body please stand up?: boundary stories about virtual cultures', in Benedikt, M. (ed.) *Cyberspace: First Steps.* Cambridge, Mass., MIT Press: 81-119.

Studeny, C. (1995) *L'Invention de la Vitesse, France XVIII-XX Siècle*. Paris, Gallimard.

Taylor, T. and Cameron, D. (1987) *Analysing Conversation: Rules and Units in the Structure of Talk*. Oxford, Pergamon Press.

Tester, K. (ed.) (1994) *The Flâneur*. London, Routledge.

Threadgold, T. (1997) *Feminist Poetics. Poiesis, Performance, Histories*. London, Routledge.

Thrift, N. J. (1995) 'A hyperactive world', in Johnston, R. J., Taylor, P. J., and Watts, M. (eds) Oxford, Blackwell.

Thrift, N. J. (1996) *Spatial Formations*. London, Sage.

Thrift, N. J. (1999a) 'Afterwords', *Environment and Planning D. Society and Space*. (forthcoming).

Thrift, N. J. (1999b) 'The place of complexity', *Theory, Culture and Society* 16: 31-70.

Virilio, P. (1991) *The Lost Dimension*. New York, Semiotext(e).

Virilio, P. (1997) *Open Sky*. London, Verso.

Wilson, E. (1992) The Invisible Flâneur. *New Left Review* 191: 90-110.

Wilson, E. (1997) 'Looking backward: nostalgia and the city', in Westwood, S. and Williams, J. (eds) *Imagining Cities: Scripts, Signs, Memory*. London, Routledge: 127-139.

Wolff, J. (1985) 'The Invisible Flâneuse', *Theory Culture and Society* 2 (3): 37-48.

Zizek, S. (1989) *The Sublime Object of Ideology*. London, Verso.

Zizek, S. (1991a) *For They Know Not What They Do: Enjoyment as a Political Factor*. London, Verso.

Zizek, S. (1991b) *Looking Awry: An Introduction to Jacques Lacan through Popular Culture*. Cambridge, Mass., MIT Press.

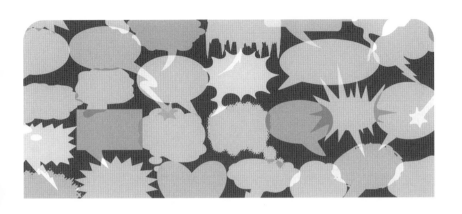

1부 원본과 시작점

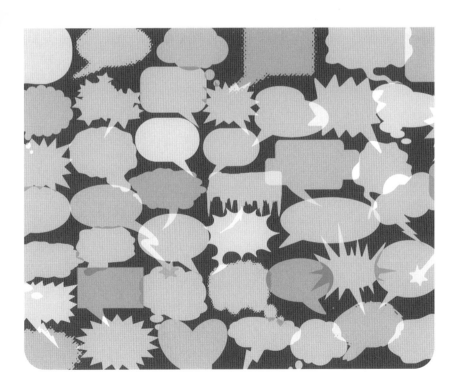

발터 벤야민의 도시 사상:
비판적 분석

1 서론

최근 독일 문화비평가 발터 벤야민(Walter Benjamin, 1892~1940)의 저작에 대

한 관심이 고조되고 있다. 관심은 특히 문예 비평(예를 들면, Eagleton, 1981;

Jennings, 1987), 철학(예를 들면, Benjamin and Osborne, 1993; Roberts, 1982), 사회

이론(예를 들면, Buci-Glucksmann, 1994; Buck-Morss, 1989; Frisby, 1985) 그리고 문

화 이론(Lury, 1992; McRobbie, 1992)에 대한 벤야민 저술들의 적실성에 관한

것이다. 대조적으로 도시성에 관한 연구에서 벤야민의 사고와 관련한 직

접적 유의성은 최근 들어 약간 변화하는 것 같지만(Buci-Glucksmann, 1994;

Burgin, 1993; Cohen, 1993; Gregory, 1994; Wolff, 1993) 거의 관심을 끌지 못했다

(이에 관한 주요한 예외로는 Szondi, 1988; Frisby, 1985도 참조). 이 논문에서 나는

벤야민이 자신의 저작에서 '도시'를 탐구한 방법을 비판적으로 고찰해,

이 분야에 대한 그의 저술의 특이성과 독창성을 강조하고자 한다. 내 목

적은 벤야민의 학풍에 관한 최근의 상당한 성과에 새로운 기여를 하기

위함이 아니라,[1] 그의 사고를 위치 지음으로써 이러한 사고가 도시 연구

및 관련 분야에서 작업하는 사람들에게 유익한 영향을 미칠 수 있도록 하기 위함이다.

　내가 내 입장에서 벤야민의 저작에 대해 질의하고자 하는 원칙적 이슈는 최근 괄목할 정도로 부활하고 있는 도시성에 관한 '문화주의적' 접근의 가치에 관한 것이다. 1970년대 후반과 1980년대 초, 선진 자본주의 국가들에서 도시와 시골 사이의 구분이 무너지고, 그 결과 한때 도시가 지녔던 문화적 특이성을 상실함에 따라 '도시 문화'라는 개념이 지속될 수 없을 것이라는 인식이 널리 퍼졌다(Giddens, 1981; Mellor, 1977; Saunders, 1981; Smith, 1981 참조). 대신 정치경제학의 여러 견해가 특정한 도시적 위상을 창출하는 다양한 과정을 탐구할 수 있도록 한다는 점에서 옹호를 받았다(예를 들면, Harvey, 1982). 그러나 10년 후, 상황은 바뀌었다. 주로 탈구조주의적 영향의 결과, 문화적 인공물의 '텍스트적' 독해에 대한 관심이 증대했으며, 도시도 이런 상황에서 예외는 아니었다. 케이스와 크로스(Keith and Cross, 1993: 9)는 "도시적 서사는 그 도시가 사회의 상징이며 소우주로 읽히는 하나의 장르로서 성공적으로 재부상했다"고 주장했는데, 이러한 주장은 최근의 많은 연구에 의해 뒷받침되고 있다.[2] 도시의 재현에 관한 연구는 예술사(예를 들면, Clark, 1985; Seed and Wolff, 1988)와 문학(예를 들면, Tanner, 1990; Williams, 1973)에서 상당히 관심을 끄는 주제가 되었으며, 토지 경관을 독해하기 위한 문화지리학자들의 노력이 도시 무대에 점점 더 많이 적용되고 있다(예를 들면, Duncan, 1990; Zukin, 1991). 그러나 여전히 불확실하게 남아 있는 것은 이들 저작에서 '도시적인 것'의 위상이다. '도시적인 것'은 단지 다른 것('농촌' 같은 것)에 반대되는 담론적 용어인가? 올슨(Olssen, 1986)이 건축적 형태와 관련해 도시를 어떻게 '예술작품'으로 이해할 수 있는지를 설명하면서 제안한 것처럼 '도시적인 것'은 건조(建造) 환경과 같은 뜻을 갖는가? 그렇지 않다면, 도시의 사회적 ·

문화적 관계의 독특한 형태가 존재하는가? '도시적인 것'은 단지 [새비지와 워드(Savage and Warde, 1993)가 제시한 것처럼] 다양한 사회적 또는 문화적 과정을—대체로 '도시적인 것'을 코드화하는 다양한 텍스트적 과정과 서사를 포함해—탐구할 수 있는 관례적 장소인가? 도시 연구가 '도시적인 것'이 실제로 의미하는 것을 정의하는 데 따른 의문을 결코 해결할 수 없었던 것처럼(Saunders, 1981 참조) 도시 연구에서 최근의 문화적 경향은 이러한 기본적 이슈를 얼버무리는 경향이 있었다. 이 논문에서, 나는 발터 벤야민의 저작이 이러한 유형의 이슈에 포함된 난점을 고찰하는 데 유익한 방법을 제공한다고 주장할 것이다. 그러나 벤야민은 도시적인 것에 관해 매우 다른 방법으로 말하며, 그의 견해를 설명하기란 쉬운 문제가 아니다. 아래에서 나는 가장 잘 알려진 그의 에세이 가운데 하나인 〈보들레르의 몇 가지 모티프에 관해〉(1968b)—여기서 그는 특이한 근대적 경험의 장소로서 도시라는 매우 관례적인 견해를 피력한다—에서 제시한 그의 사고가 가장 좋은 출발점은 아니라고 주장할 것이다. 나는 이 에세이가 '도시적인 것'에 관한 그의 좀더 복잡한 관심을 반영하지 못한다고 주장하며, 좀더 흥미로운 접근 각도는 벤야민이 역사·경험·기억 그리고 건조 환경 사이의 관련성을 어떻게 고찰했는지를 살펴보는 것이라고 제안한다. 이러한 관심은 도시를 텍스트적으로 재현할 수 있는 (그리고 그렇게 할 수 없는) 방법에 관한 그의 매력과 긴밀한 관련이 있다. 나는 벤야민의 도시 사상에 관한 이런 측면에 주목하는 것이 그의 사고의 다른 측면을 밝혀주는 것이라고 주장한다.

나는 2절에서 도시에 관한 벤야민 저술의 복잡성과 이 저술이 그의 후기 저술에서 중심 역할을 한다는 점을 강조하기 위해 그의 도시적 글쓰기(urban writing)를 간략히 소개하는 것으로 시작하고자 한다. 그리고 나는 벤야민의 도시적 글쓰기가 고취시키고자 했던 핵심적 이슈 가운데 몇 가지를 주제별로 논의하고자 한다. 3절에서는 벤야민이 어떻게 사회학적으로 자신의 후기 저작에서 도시적 '경험'에 관한 특성을 이해했는지 논하면서, 그의 관심은 근대적 경험에 관한 서술이 아니라 근대적 경험이 어떻게 되살아나게 되었는지 제안하기 위한 것임을 강조하고자 한다. 4절에서는 벤야민이 서사적 의미를 혼란시키기 위한 장치로서 도시적 글쓰기를 어떻게 비판적으로 이용했는지 고찰하고자 한다. 마지막으로 5절에서는 벤야민의 도시적 글쓰기를 그의 역사철학이라는 맥락에 위치 지우고자 하며, 그에게 도시가 왜 그렇게 강박적이었는지를 설명하기 위해 '아우라(aura)'■에 관한 그의 사고와 도시적 글쓰기를 관련짓고자 한다. 그리고 결론에서, 나는 벤야민에 대한 이 연구가 도시 문화에 관한 현대적 접근을 위해 갖는 몇 가지 함의를 도출하고자 한다.

2 도시에 관한 벤야민의 저술

도시에 관한 벤야민의 관심은 대체로 1920년대에 걸쳐 발달했는데, 특히 이 시기에 《독일 비극의 기원(The Origins of German Tragic Drama)》(1977b)이라는 그의 저서가 결론에 도달했고, 이어서 그는 좀더 직접적으로 정치 문제에 관한 비판적 이슈로 관심을 돌린다. 1920년대 후반, 벤야민은 자신의 연구를 틀 지우기 위해 도시를 항상 이용했다고 주장할 수 있다. 그러나 재현적 과정의 복잡성에 대해 잘 알고 있던 그는 일관된 접근법 없이 다양한 방법으로 도시에 관해 서술했으며, 따라서 그의 저작에서는

■ 어원은 공기를 뜻하는 라틴어(áuçrá)에서 비롯된 것으로 부드러운 바람, 공기, 숨결, 호흡 등을 뜻한다. 벤야민은 과거의 전통적인 예술 작품에서 풍기는 현상적 아름다움을 '아우라'라고 명명했다—옮긴이.

도시화에 관한 어떤 단일한 견해도 확인할 수 없다. 출발점으로서, 그의 도시 텍스트에 관한 상이한 성격을 요약해보는 것이 유용하다. 최소한 다섯 가지 서로 다른 유형의 도시에 관한 서술을 예로 들 수 있다.

1. 나폴리(1924), 모스크바(1927) 그리고 마르세유(1928)에 관한 벤야민의 도시 초상(이것들은 전부 Benjamin, 1979a에 포함되어 있다)은 모두 접근 가능한 단편 에세이로서 저널리스트적이고, 주로 서술적 스타일로 기술했으며, 각각의 도시에서 도시 생활과 문화에 관해 성찰한다. 이 에세이들에 대한 관심은 부분적으로 그것들이 도시에 관한 벤야민의 직접적 관심을 드러낸 첫 번째 저작이라는 점에서 비롯된다.

2. 《일방통행로(One Way Street)》(1925~1926)(Benjamin, 1979a)는 가장 잘 알려진 벤야민의 저작 가운데 하나로, 이것 역시 마르크스주의와 초현실주의에 관한 그의 관심이 늘어났던 1920년대 중반에 저술되었다. 도시에 관한 저작으로서 이 글의 위상은 정당하게 평가받을 필요가 있다. 일련의 경구들로 이루어졌으며, 그중 많은 것은 '주유소', '지하 작업', '계단 주의' 등과 같이 전형적인 도시적 풍경으로 제목을 붙였다. 그는 도시 산책을 도시 건조 환경의 여러 현상에 의해 촉발될 수 있는 일련의 성찰을 유도하는 장치로 활용한다.

3. 벤야민의 자전적 스케치인 〈베를린 연대기(A Berlin chronicle)〉(1932)—이 글은 자신의 유년기 기억을 베를린과 파리에 관한 설명에 편입시키면서, 자신의 유년에 관한 '사진술적(photographic)' 회상을 포함해 복잡한 서사적 형태를 활용한다—는 자신의 경험을 직접 논한 몇 안 되는 저작 가운데 하나로 특징지을 수 있다(Witte, 1991 참조). 동일한 범주에 속하는 〈모스크바 일기〉는 1927~1928년에 걸쳐 2개월간 모스크바에 체류하며 쓴 것이다(Benjamin, 1990).

4. 자신의 생애 마지막 10년 동안 벤야민을 사로잡은 파사젠베르크(Passagen-werk)〔또는 아케이드 프로젝트(Arcades project)〕는 '19세기의 수도' 파리에 관한 연구였다. 이 연구는 완성되지 않은 상태, 즉 출판된 형태의 수많은 에세이(예를 들면 Benjamin, 1968b, 1968d, 1968e), 《샤를 보들레르: 전성기 자본주의의 서정시(Charles Baudelaire: A Lyric Poet in the Era of High Capitalism)》(1973a)로 번역된 일련의 저술 그리고 대부분 아직 영어로 번역되지 않은 일련의 상세한 노트(그러나 Benjamin, 1985를 참조할 수는 있다)로 남겨졌다. 벤야민의 목적은 보들레르, 도시화 그리고 자본주의 발달 사이의 관련성을 탐구하기 위해 몽타주 기법을 활용하는 것이었다. 벤야민에 관해 연구하는 많은 현대 학자들은 이 작품의 목적 · 방법 · 사고를 재구성하는 데 사로잡혀 있지만(Buck-Morss, 1989; Tiedmann, 1988), 도시 차원에 대한 관심은 비교적 적었다. (그러나 Cohen, 1993을 참조할 수는 있다.)

5. 벤야민의 이론적 및 철학적 성찰과 관련한 많은 내용 가운데 파사젠베르크에서 도출한 것 일부는 건축, 건조 환경 그리고 여타 도시 현상에 관한 많은 관찰과 준거를 갖고 있다. 《계시들(Illuminations)》(1968a)과 《일방통행로》(1979a)에 실린 에세이는 그렇지 않았을 경우 이질적일 수도 있었던 도시에 관한 중요한 측면을 담고 있다.

이러한 간략한 서술은 1920년대 중반 이후 벤야민이 도시 현상을 자신의 생애 전반에 걸쳐 고군분투했던 지적 문제—오래된 탐구 수단으로는 적절하게 풀 수 없었던 문제—를 탐구하기 위한 장치로 항상 활용했음을 보여준다. 이런 점은 그의 사유에서 중요한 이행을 보여주는 것처럼 보인다. 벤야민에 관한 많은 비판적 논의는 그의 메시아적이고 낭만적인 초기 사상이 어떻게 1920년대 중반 한층 비판적인 (그러나 결코 교조적이지 않은) 마르크스주의로 대체되었는지(Roberts, 1982) 또는 그가 자신의 생애 전반에 걸쳐 동일한 유형의 지적 딜레마에 빠져 있었던지(McCole, 1993 참조)를 고찰하는 것이었다. 흥미롭게도 이 논쟁의 배경으로, 최소한 방법론적으로 벤야민은 자신의 초기 저술(가장 저명한 것으로는 《독일 비극의 기원》)을 특징짓는 문예 비평과 추상적인 철학적-윤리적 논의를 일종의 도시 비평으로 바꾼 것처럼 보인다는 점을 지적할 수 있다(Cohen, 1993 참조). 그러나 다양한 도시 저술들로 보면, 벤야민은 자신의 텍스트적 접근에서 저널리스트적 서술, 전기, 경구, 에세이, 몽타주 사이를 오가며 실험한 것이 확실하다. 비슷하게, '대상'으로서 도시도 끊임없이 변화했다. 건조 환경의 일반적 속성부터 특정 건축물, 도시적 '경험'의 속성, 특정 도시와 그 도시의 역사 그리고 도시를 '묘사할' 수 있는 특정 형태의 재현(예를 들면 사진술) 능력으로의 전환이 이루어진 것이다. 벤야민의 저서에서 도시에 관한 복잡하고 다중적 의미는 바로 이러한 동시대적 관심을 작동하도록 만든다.

3 벤야민의 사상에서 근대 도시 경험

벤야민의 저술에 관한 많은 설명에서는, 그가 도시를 특징적으로 근대적—프리스비(Frisby, 1985: 224)의 표현에 따르면, "근대성의 결정적인 견본"—이라고 이해한 방식을 강조한다(예를 들면 Turner, 1994: 표지 25). 여기서 벤야민은 사회 이론에서 오래된 정통적 전통을 따르는 것처럼 보인다. 독특하게도 근대 도시적 경험 또는 '생활양식'이라는 사고는 게오르크 짐멜과 루이스 워스(Louis Wirth)의 시기부터 도시 문화의 사회학적 논의에서 중심적인 초점이었다(Savage and Warde, 1993 참조). 근대성이라는 전통은 사회적 관계의 속성과 질에 심대한 변화를 초래한 것으로 이해되며, 퇴니스(Tonnies, 1988)와 짐멜(Simmel, 1950) 두 사람은 이러한 변화를 근대성이 가장 발달한 도시에서 가장 분명하게 이해할 수 있다고 주장했다. 소규모 공동체와 반대로, 도시는 새로운 비인격적 사회관계·화폐경제 그리고 사회적 조직 해체를 관찰할 수 있는 주요 현장이었다. 이는 또한 모더니스트 소설가들이 도시를 새롭고 근대적인 것의 징후로 인식하면서, 자신들의 작품에서 고취하고자 했던 신념이기도 하다(Anderson, 1988; Berman, 1983; Bradbury and MacFarlane, 1976; Williams, 1989).

1920년대 후반과 1930년대 초, 벤야민은 이러한 설명과 유사한 역사 이론을 분명하게 드러냈다(Honneth, 1993; Roberts, 1982). 이 역사 이론은 도구적 반작용(instrumental reaction; Erlebnis)에 의한 '경험(experience; Erfahrung)'의 대체를 상세히 설명했다.[*] 산업 사회 이전에 수립된 과거 국가에서, 경험은 의식적인 의도 없이 이루어지는 습관과 행위의 반복에 기초했다. 이러한 경험은 전통, 즉 사회적으로 구성되고 정당화된 행위 방식에 매여 있으며, 그 경험의 독창성과 특이성을 통해 권위를 획득했다. 근대 산업 사회에서 수립된 최근 국가에서, 상품과 상징의 대량 재생산이 전통을 해체함에 따라, 개인은 환경의 자극에 단순히 반작용하고 이런 변화한 환경에 대처하기 위한 도구적 사고방식을 발전시켰다(이에 관한 논의로는 Roberts, 1982: 157-195 참조).

그러나 벤야민의 전체적인 사상에서 이 역사 이론이 갖는 위상에 관한 해석에는 상당한 차이가 있다. 일부 논평가(Bauman, 1993)는 이 이론이

---

[*] 벤야민은 사회적으로 일반적인 '경험'이라고 번역할 수 있는 Erfahrung과 개인적으로 지각적인 '체험'으로 번역할 수 있는 Erlebnis를 구분한다. 그에 의하면, 근대 도시는 지혜로운 경험이 사라지고 충격적인 요인이 더 크게 작용하는 체험이 지배한다. 이런 점에서, 벤야민은 근대 도시 공간에서 체험할 수 있는 즉발적이고 일시적인 경험을 강조하며 '충격 경험(Chokerlebnis)'이라는 용어를 사용한다. 이 논문의 필자인 새비지는 이것을 구분해 각각 'experience'와 'instrumental reaction'으로 영역한다. 이 영어 단어는 '충격 경험'이라는 점에서 나름대로 의미를 가지며 한글 번역에서도 그대로 직역을 했지만, 완전히 적절한 영역이라고 할 수는 없다—옮긴이.

벤야민의 사상 일반, 특히 그의 〈역사철학에 관한 논제〉(Benjamin, 1968e 참조)에서 나타난 매우 비결정론적이고 구원적인(redemptive) 성격에 반한다고 주장한다. 여기서 벤야민은 역사 속에서의 진보와 경향에 관한 역사주의적 사고를 비판함으로써, 구원적 행동의 가능성이 항상 열려 있도록 했다. 이 견해는 도구적 '반작용'에 의한 '경험'의 대체에 관한 그 자신의 정형화와 모순되는 것처럼 보인다. 그리고 이러한 견해의 연장선에서, 도시 경험에 관한 벤야민의 설명은 짐멜이나 워스의 설명보다 한층 복잡하다는 것이 드러난다. 그의 에세이 〈보들레르의 몇 가지 모티프에 관해〉(1968b)를 통해 '도시 경험'에 관한 벤야민의 유명한 설명을 고찰해 보자. 여기서 그는 근대 도시와 '충격 경험' 발달 사이의 관계를 설정하고자 했던 것처럼 보인다. 벤야민은 여러 가지 충격에 의해 사람들의 감각에 가해지는 일상적이고 반복적인 폭격은 그들에게 자신을 보호하기 위한 여과 장치로 의식을 이용하게끔 강제한다고 주장하며, 근대 공장 노동자뿐만 아니라 도시 대중과의 관계 속에서 이를 논의했다. 벤야민은 보들레르를 "메트로폴리탄 대중"의 시인, 즉 도시 대중에 관해 편견 없이 서술하기 위해서 도시 대중으로부터 분리되기를 거부하고 대중의 경험 속에 침잠한 첫 번째 작가로 이해했다.

이 에세이에서 그는 자신의 주장을 개진하기 위해 주로 프루스트와 프로이트를 참조했지만, 주장의 정형화는 30년 전에 쓴 유명한 에세이 《메트로폴리스와 정신생활(The Metropolis and Mental Life)》(Wolff, 1950에서 인용)에서 짐멜이 개발한 것과 처음부터 매우 가까운 것처럼 보인다. 그렇지만 이 에세이는 해석하기 어렵다. 〈보들레르의 몇 가지 모티프에 관해〉의 출판본은 초기 논문에 대한 테오도르 아도르노(Theodor Adorno)의 비평에 답하기 위해 쓰였고, 벤야민의 정형화 가운데 일부(특히 보통 때와 다르게, 프로이트에 관한 참조)만이 출판으로 채택될 가능성을 높이기 위해 포함되었다(Jennings, 1987 참조). 그러나 현재 상태 그대로일지라도, 이 에세이는 '근대 도시 경험'에 관한 짐멜적 사고를 전적으로 승인하지는 않는다. 도시 거주자에 대한 준거는 단지 그의 주장에 대해서만 중요했다. 왜냐하면 이들 준거는 예술가(즉 보들레르)가 군중과 직접 접촉하도록 허용하고, 아울러 보들레르의 예술을 통해서 근대 충격 경험의 구원을 허용하기 때문이다. 벤야민이 도시 경험을 환기한 것은 도시의 전형적 특성 때문이 아니라 예술을 통해 도시의 구원적 가능성을 제안하기 위해서였다. 벤야민의 주장에서 도시가 중요한 이유는 도시가 근대적 경험—여기서 공장은 그의 목적에 한층 잘 기여했다—의 우선적 장소이기 때문이 아니라 구원 가능성을 가장 잘 탐구할 수 있는 장소이기 때문이다(현대와 대조하기 위해 Berman, 1983 참조). 이는 벤야민의 목적이 짐멜의 목적과 다소 달랐음을 암시한다. 벤야민이 아도르노에게 알려준 바와 같이 그의 초점은 대중적 도시 경험의 사회학적 설명을 서술하는 것이 아니었다. "나는 산책자 이론에서 이 에세이의 핵심을 보았다. ……이 책의 핵심과 관련해 나는 근대 메트로폴리스에 의해 드러난 대중의 개념에 대해 비판해야 했다"(Adorno and Scholem, 1994: 589). 벤야민은 메트로폴리스만이 자신의 주요 관심사를 체현한다기보다 '드러내도록' 한다고 주장한다. 그의 주요 초점은 산책자(flâneur: 대도시 파리의 거리를 천천히 음미하듯 걷는 보행자에서 비롯된 개념이며, 보들레르와 관련한 용어로 벤야민의 작품에서 중요하게 취급된다—옮긴이), 즉 의례적인 의미와 가치를 뒤엎을 수 있고, 이를 통해 '대중'의 비인격적 사고에 대한 비판을 제공할 수 있는 거리의 산책자이다. 나아가 산책자와 관련해, 벤야민은 특정한 도시 역사적 배경에 존재하는 실제적 사회 유형으로서가 아니라, 대중의 사고에 대한 이론적이고 비판적인 반대, 즉 지속적으로 존재하는 비판을 위한 일종의 잠재성을 지적하기 위한 시도로서 산책자를 묘사하는 데 우선적인 흥미를 두었다.

따라서 핵심적인 저서에서조차 벤야민은 근대적 도시 경험을 묘사하는 데 우선적 관심을 두지 않았다. 다른 저서들에서, 프로젝트에 대한 그의 흥미는 더욱 얄팍하다. 나폴리, 마르세유, 모스크바에 관한 설명처럼 도시에 대한 묘사에서 벤야민은 근대성 못지않게 퇴행성(backwardness)이 도시 생활에서 확연하다는 점을 강조했다. 모스크바의 경우, 그는 촌락 생활이 모스크바 자체에서 재생산되는 상황을 지적했다(Benjamin, 1979a: 202). 그리고 사실상 다른 저서에서, 근대 도시에서 팽창 역할을 담당하는 도로 체계는 실제 농촌적 현상이라고 지적한 것과 같이(Benjamin, 1979a: 59) 벤야민은 도시보다는 시골을 근대화 경향이 이루어지는 장소로 이해한 것처럼 보인다. 다른 저서들에서, 벤야민은 자신이 이 단어에 무게를 두었다고 주장하기에는 너무나 느슨한 방법으로 도시 거주자의 사고를 활용한다. 그 사례는 1938년 숄렘(Scholem)에게 보낸 편지에서 찾아볼 수 있다. 여기서 벤야민은 카프카의 작품이 "서로 상당히 떨어져 있는 초점들, 즉 한편으로는 신비적 경험에 의해 결정된 초점, ……다른 한편으로는 근대 도시 거주자의 경험으로 이루어진 초점을 가진 타원이라고 주장한다" (Adorno and Scholem, 1994: 563). 이어서 그는 다음과 같이 적었다(563-564).

내가 도시 거주자의 경험에 관해 말할 때, 나는 이 사고 속에 다양한 사물을 포함한다. 한편으로는 스스로 거대한 관료적 기계에 의해 좌우된다는 점을 알고 있는 근대적 시민에 관해 나는 말한다. ……다른 한편으로는 근대 도시 거주자와 관련해 나는 오늘날의 물리학자와 동시대 사람들에 대해 말한다.[3] ……(만약) 내가 방금 말한 바와 같이, 오늘날의 물리학에 상응하는 카프카의 경험과 그의 신비적 경험 사이에 엄청난 긴장이 있다고 말한다면, 이는 단지 절반의 진실에 해당할 것이다.

벤야민은 도시적 경험(신비적 경험과 대조되는)에 관한 주요 주장을 하는 것처럼 하면서 시작했지만, 후기에는 관료적 경험과 '물리학자'의 사고 방식이라는 두 개의 서로 다른 요점으로 이 주장을 분해한다. 그리고 카프카의 사상을 다시금 다루면서 벤야민은 아마도 주의를 기울이지 않은 채 도시 거주자의 사고를 물리학자의 사고로 대체함으로써, 도시 거주자라는 용어를 여분으로 버려두었다. 이는 벤야민이 근대 도시 경험을 설명하기 위해 힘쓰는 데 흥미를 갖지 않았으며, 이 용어를 다소 느슨하게 사용했다는 주장을 뒷받침한다. 특히 그는 이 용어를 산책자의 모습에 내재된 구원적 가능성을 위한 일종의 박편(foil)으로 주로 이용했다.

벤야민의 설명은 따라서 짐멜이나 또는 시카고학파 같은 현대 도시사회학자들의 설명을 무시하게끔 하는 유형의 설명은 아니었다. 프리스비가 주장하는 것처럼 짐멜과 달리, 도시에 대한 벤야민의 관심은 '미로'로서 도시의 역할과 연결된다. 벤야민에게 이 미로는 좀더 최근의 유행과 개발에 의해 사라진 모든 종류의 잃어버린 꿈, 희망 그리고 인공물이 깃든 곳이다. 그렇지만 이는 또한 도시 연구자가 우연히 발을 헛디뎌 '근대성의 전(前) 역사'에 접근하도록 함으로써, 현재가 과거보다 더 진보된 위상을 갖는다는 소박한 진화적 믿음을 깨뜨릴 수 있게끔 한다. 따라서 도시적 경험은 진보가 아니라 '항상적 동일성'이라는 마지막 에피소드로서 근대성을 보여준다. 이런 점을 밝히기 전에, 나는 도시성에 대한 벤야민의 '텍스트적' 접근을 고찰하고자 한다.

4 비판으로서 도시의 텍스트성

만약 벤야민이 도시적 경험을 서술하기 위해 도시를 환기시키지 않았다면, 그는 왜 도시를 활용했을까? 한 가지 대안적 가능성은 그가 기존의 관례적 가치에 의문을 제기하기 위한 비판적 장치로서 도시적 글쓰기를 이해했다는 점이다. 이런 점은 우리가 여태까지 고찰했던 것보다 훨씬 더 근본적인 '텍스트적' 접근을 제시하는 것처럼 보인다. 이를 통해 벤야민은 도시 또는 도시적 경험을 서술하는 것이 아니라, 비판적 방안으로서 도시적 글쓰기를 이용하며 '우화(allegory)'가 어떻게 논리 중심적 형태의 이성을 압도할 수 있는지에 관한 자신의 관심을 개발하는 데 흥미를 가졌다(Buci-Glucksmann, 1994). 이는 도시에 관한 벤야민의 흥미는 "서사성에 관한 그의 비판"과 관련이 있다고 지적한 그레고리(Gregory, 1994)가 채택한 논점이다. 관례적 서사는 역사적 진보에 관한 선형적 설명을 촉진하며, 서사의 파괴는 이러한 관례의 파기를 함의한다. 따라서 벤야민은 시간을 '공간화했으며', "계기들이 자석같이 함께 끌려드는 역사기록적(historiographic) 사슬을 분쇄할 수 있는 텍스트적 실천을 통해 역사의 서사적 코드화를 밀어내고자"(Gregory, 1994: 234) 했다. '도시'를 환기함으로써 그는 서로 연계되지 않은 채 부딪치는 도시의 여러 장소처럼 단어를 연계되지 않은 방법으로 서로 병렬시켜 의미를 단절하고 뒤엎을 수 있는 글쓰기 방식을 고안했다.

벤야민의 저작 대부분이 관례적 서사를 피하고, 가시적 이미지와 도해적 장치의 활용 같은 다른 기법을 이용한 실험을 시도했다는 점은 분명 사실이다. 가장 유명하게, 그는 《파사젠베르크》에서 상이하고 명백히 연계되지 않은 표제를 둘러싸고 조직된 인용과 경구의 몽타주를 선호하며, 서사를 신중하게 삼갔다. 벅-모스(Buck-Morss, 1989)는 구조 전체를 식별할 수 있다면, 《파사젠베르크》는 도해적 형태로 '깨어나기'를 '꿈꾸기'에 대비시키고, '덧없는 것'을 '굳건한 것'에 대비시키는 일련의 대립과 관련한 것으로 가장 잘 이해할 수 있다고 주장했다. 가시적 재현 방법을 찾아내기 위한 이 같은 노력은 "나는 오랫동안, 사실 수년 동안, 지도 위에 그래프처럼 삶의 영역—경력(bios)—을 설정하려는 사고를 실현하고자 했다"(1979a: 295)는 벤야민의 발언으로도 설명이 된다. 이는 또한 산책자, 즉 그의 정처 없는 산책이 합목적적인 선형적 목적이라는 의도에 감춰진 것들을 밝혀줄 수 있는 인물에 대한 벤야민의 매혹을 설명하는 데 도움을 준다.[4]

벤야민의 전략은 따라서 과거와 현재 사이의 경계에 의문을 제기함으로써 서사적 형태로 유지되는 선형적인 역사적 시간의 사고를 대체하는 것이었다. 자신의 도시적 글쓰기에서, 벤야민은 사물들을 같은 시간대로 함께 가져오기 위해 공통된 공간적 준거를 활용할 수 있었다. 이에 따라 도시는 새로운 것과 오래된 것이라는 사고를 허무는 데 사용될 수 있었고, 그 결과 "고대성은 근대성에서 나타나며, 근대성은 고대성에서 나타난다"(Adorno and Scholem, 1994: 557)는 주장이 제기되었다. 그의 에세이 〈센트럴 파크(Central Park)〉(1985: 34)에서 표현한 것처럼 "근대적인 것은 고대적인 것에 대립해 존재하며, 새로운 것은 항상 동일한 것(always-the-same)에 대립해 존재한다(근대: 대중, 고대: 파리)". 버긴(Burgin, 1993)은 또한 나폴리에 관한 벤야민과 라시스(Lacis, 1979a)의 설명에 특히 초점을 맞춰 벤야민이 어떻게 도시적인 것을 '내부'와 '외부'에 관한 전형적 구분을 문제시하는 것으로 이해했는지 그리고 어떻게 도시를 기존의 관례적 이원론을 제거하는 것으로 이해했는지에 관해 서술했다.

여러 측면에서, 벤야민은 여기에 초현실주의적 조류를 끌어들였다. 1920년대 중반부터 벤야민은 초현실주의자, 특히 앙드레 브르통(André Breton)과 루이 아라공(Louis Aragon)이 활용한 아방가르드 기법에 흥미를 갖게 되었다. 초현실주의자들 자신은 도시, 특히 파리—아라공의 《파리의 시골뜨기(Payson de Paris)》 그리고 브르통의 소설 《나자(Nadja)》의 주제一에 사로잡혀 있었다(Cohen, 1993 참조). 초현실주의자들은 전통과 질서를 파괴하기 위해 도시 경험의 혼란과 다양성을 이용했다. 벤야민은 이러한 초현실주의적 접근이 도시에 의존한다고 지적했다. "도시의 진정한 모습보다도 더 초현실주의적 모습을 찾아볼 수 없다"(1979b: 230). 초현실주의자들의 저작에 관한 벤야민의 흥미는 경험에 대한 그들의 관심에서 비롯되었다. "〔그들의〕 저술은 이론에 관한 것이 아니며, 환상에 관한 것도 아니고, 문학적으로 경험한 것에 관한 것이다"(1979b: 227). 초현실주의자들이 고취한 경험은 벤야민이 "세속적 계시(profane illuminations)"라고 부른 것을 환기시켰다. 파괴적·충격적·예술적 기법의 활용은 인지된 지혜와 전통에 의문을 제기하며, 이를 통해 "과거에 대한 역사적 견해를 정치적 견해로 대체하는"(1979b: 230) 비판적 관점을 발전시켰다.

그러나 벤야민의 도시적 글쓰기를 단순히 초현실주의에 대한 메아리로만 이해하는 것은 잘못이다. 많은 저자들이 지적한 바와 같이(Cohen, 1993: 7장; Tiedmann, 1988), 초현실주의에 대한 벤야민의 태도는 무비판적인 것이 아니었다. 그는 초현실주의자들이 추구한 "세속적 계시"는 정치적 목적에 대한 수단이라기보다 그 자체로서 목적이 되었다고 생각했다. 초현실주의적 관심이 '현실'을 혼란시키는 것에 있듯 이는 모든 역사적 감각을 부정하면서 '예술을 위한 예술'에 대한 관심으로 확산된 상징주의로 나아갈 수 있었다. 아방가르드 기법에 대한 초현실주의적 선동은 기존 의미의 혼란이 낭만적 나르시시즘의 형태로 빠져들도록 했으며, 그 속에서 아방가르드는 스스로 더 많은 가치를 부여받았다(또한 Wolin, 1982 참조). 결과적으로, 티드만(Tiedmann, 1988)은 1930년대 이전 초기의《파사젠베르크》는 초현실주의에 영향을 받았지만, 그 이후 이러한 영향은 부분적으로 마르크스주의에 대한 벤야민의 새로운 흥미로 인해 점차 엷어졌다고 주장한다. 전형적인 도피 방식으로, 1929년 숄렘에게 보낸 편지에서 벤야민은 초현실주의에 대한 자신의 에세이는 "《파리 아케이드(Paris Arcades)》 앞에 놓인 장막"(Adorno and Scholem, 1994: 348)이라고 썼다. 이 인용문은 초현실주의의 중요성과 더불어 벤야민이 이를 허울 이면에 비밀스러운 무엇인가를 제안하기 위한 '장막으로' 이용했다는 사실을 보여준다.[5]

여기서 중요한 이슈는 벤야민이 의미를 교란하는 것뿐만 아니라 이를 회복하는 것에도 관심을 가졌다는 점이며, 이것이 그를 적어도 초현실주의 내 일부 흐름과 구분 짓도록 해준다.

언어는 기억이 과거를 탐색하기 위한 도구가 아니라 무대임을 분명히 보여준다. 땅이 죽은 도시를 매장한 매체인 것처럼, 언어는 과거 경험의 매체이다. 자기 자신의 묻어둔 과거에 접근하고자 하는 사람은 땅을 파는 사람처럼 행동해야 한다. ……무익한 조사도 성공적인 조사만큼이나 이런 행동의 일부이다. 결과적으로, 기억은 서사의 방식으로 진행되어서는 안 되며, 보고서의 방식으로 진행되어서도 안 된다. 기억은 가장 엄격한 서사시적(epic), 음송시적(rhapsodic) 방식이어야만 하며, 모든 새로운 장소에 삽질을 할 뿐만 아니라 오래된 장소에서 더욱 깊은 수준으로 파고들어야만 한다.

(Benjamin, 1979a: 314)

복원을 위한 벤야민의 접근은 기억과 관련이 있다. 그러나 기억에 대한 벤야민의 접근은 개념적·이론적·서사적 지식에 대한 그의 비판과 관련이 있다. 벤야민은 진리는 의도적 지적 과정에 의해 개념적으로 파악할 수 없다는 견해를 승인했다. 대신 진리란 "자기-재현이며, 따라서 그 형태 속에 내재한다"(1977b, 30)고 주장했다. 사람들은 밖으로 나아가서 진리를 찾을 수 없지만, 진리는 사람들에게 그 자체를 드러내야 한다.

이런 점은 초현실주의에 관한 그의 주장과 상응한다. 그러나 초현실주의자들과 달리, 벤야민은 또한 인격적인 것이 상실된 의미를 회복하는 데 어떻게 부분적 역할을 담당할 수 있는지에 매료되었다. 이는 그가 '비자발적 기억'이라는 프루스트의 사고에서 매력을 발견한 데서 비롯되었다. 프루스트(Proust, 1978)는 사람들이 과거 사건을 상기하기 위해 의식적으로 노력하는 '자발적 기억'은 특정한 우연적 자극에 의해 격발되는 기억과 다른 성질을 가진다고 주장했다. 이러한 자발적 기억은 그 사람을 과거의 장소로부터 에워싸 과거와 현재 사이의 명백한 경계를 허물고 상실된 희망과 꿈을 가슴에 가져다주는 것처럼 보인다.

프루스트에게 이런 종류의 기억은 사람들이 살았던 특정한 장소에 깃들어 있다. 이 장소들은 과거 경험의 흔적을 계속 담고 있다. 따라서 이 장소들을 재방문함으로써 때로 과거를 환기하고, 이를 계기로 시간의 경과로 인해 이전에는 지나친―그리고 좌절된―것처럼 보였던 과거의 희망과 욕망을 풀어주는 것이 가능하다(Szondi, 1988). 이는 서사와 역사에 대한 벤야민의 접근을 명확하게 밝혀준다. 그는 프루스트의 "진정한 관심은 가장 실질적인―즉 공간적으로 제약된―형태에서 시간의 경과에 있었다"(Benjamin, 1968c: 213)고 주장한다. 그리고 그는 프루스트의 사고가 "도시로 그의 삶을 전환"시켜 그 속에서 "그의 전기를 도시 지도" 위에 투영시키고자 했던 알퐁스 도데의 시도를 어떻게 지지했는지를 참고했다(Benjamin, 1968c: 208). 따라서 도시에 대한 벤야민의 환기는 단순히 텍스트적 장치가 아니라 일상생활 속에서 사람들에 의해 수행될 수 있는 실천적인 것이었다.

벤야민의 경우, 이것은 특히 자신의 유년 시절 초상에서 그의 도시 산책에 관한 성찰을 유도했다.

나는 어떤 계시의 힘으로 섬광처럼 다가오는 삶에 대한 통찰력을 얻게 된 파리의 어느 오후를 생각한다. ……나는 벽과 방파제, 휴식을 위한 장소, 퇴적물과 쓰레기, 철도와 광장, 아케이드와 키오스크 등이 그토록 특이한 언어를 가르쳐준 곳이 바로 파리였다고 독백했다.

(Benjamin, 1979a: 318)

요약하면, 서사성에 대한 벤야민의 비판은 또한 구성적 계기를 포함하는 비판적 장치였다. 비판은 단순히 기존 의미의 교란만을 포함하는 것이 아니라, 과거와 현재를 새로운 배열로 함께 가져와 구원의 가능성을 만들어내는 것을 포함한다. 벤야민은 '생활양식'으로서 도시 경험의 사회학적 사고에 동의하지 않았을 뿐만 아니라 도시적 글쓰기가 관례적 지혜를 무너뜨리기 위한 파괴적 전략이라고 주장하지도 않았다. 오히려 그는 도시가 현재 행동을 위한 자원이 될 수도 있는 특정 유형의 경험을 복원하고, 이 과정에서 새로운 관련성 속에 과거와 현재를 위치 지우는 것을 허용하도록 고취하는 것으로 이해했다. 나는 이제 이러한 관점이 도시 및 도시성에 관한 그의 이해에 어떠한 빛을 비춰주었는지 고찰하고자 한다.

5 역사, 아우라, 도시

나는 벤야민이 도시성에 관해 변증법적 관점을 가졌다고 주장해왔다. 도시를 새로운 것이라는 장소로 해석함으로써 벤야민은 또한 도시를 옛 것으로 이해했다. 나는 이제 벤야민의 사상에서 가장 잘 알려져 있고 또한 논쟁적 요소 가운데 하나인 '아우라'에 관한 그의 이론을 통해 도시에 관한 이러한 견해를 발전시키는 가장 좋은 방법을 보여주고자 한다(예를 들면 Mattick, 1993 참조). 아우라라는 개념은 그의 에세이 〈기술 복제 시대의 예술 작품(The work of art in the age of mechanical reproducibility)〉(1968d)에 가장 잘 제시되어 있지만, 지나치게 환원론적이며 기술적으로 결정론적이라는 비판을 받아왔다. 그러나 이는 도시성에 관한 벤야민의 이중적 개념화를 발전시킨 유용한 방식을 제공한 것으로 이해할 수 있다. 벤야민에 의하면, 작품(object)은 관찰자로부터 거리를 두고 그 관찰자의 시선을 되돌릴 수 있을 때 아우라를 갖게 된다. 벤야민은 대상이 특이하게 시간과 공간 속에서 구성될 때—즉 대상이 독특하고 재생산될 수 없을 때—이것이 가능하다고 주장한다. 이런 경우, 특이한 예술 작품은 그것을 성스럽게 하는 전통과 불가분의 관련성을 갖는다. 인쇄와 사진술 같은 기법의 발달은 특이한 예술 작품을 재생산할 수 있도록 하며, 작품의 아우라—시간과 장소에서의 독특한 입지—를 상실하도록 하고, 이와 더불어 전통 자체의 역할에 의문을 제기하도록 한다. 아우라의 와해는 '대중' 사이의 진정성을 위한 욕망의 창출과 손을 맞잡고 진행된다. 이에 따라 '실질적' 아우라를 회복하고자 하는 시도—관광, 문화생활 등등에서—는 근대 사회에서 중요한 힘이 된다. 단지 아우라가 쇠퇴할 때에만 아우라를 인식할 수 있으며, 그것 자체를 올바르게 갈망할 수 있다(Hansen, 1987).

자신의 에세이 일부에서 벤야민은 아우라의 쇠퇴를 환영하는 것처럼 보이지만〔그리고 이런 점은 분명 다른 학자들—특히 아도르노(Adorno, 1977)—이 벤야민의 견해를 재현하는 방식이기도 하다〕, 이 문제에 관한 그의 견해는 양면적이다(예를 들면, 아도르노의 비판에 대한 벤야민의 답변으로 Benjamin, 1977a: 140 참조. 또한 Hansen, 1987; McCole, 1993 참조). 〈기술 복제 시대의 예술 작품〉에서, 벤야민은 아우라의 상실은 예술 작품이 의식이나 예식에서 담당하는 역할을 면제해주고, 예술 형태가 처음으로 특정한 정치적 명분을 발전시키는 데 사용되는 것을 허용한다고 주장했다. 따라서 벤야민은 아우라의 쇠퇴를 환영한 것처럼 보이며, 특히 아도르노는 그가 전통, 즉 '고급' 예술의 지속적인 비판적 잠재력을 인정하기를 거부했다고 비판했다. 아도르노의 견해에 동감하며 벅-모스(Buck-Morss, 1992)가 주장한 것처럼 벤야민의 관점에서 문제는 그가 예술을 선전(propaganda)과 구분하지 못했다는 점이다. 왜냐하면 예술은 오늘날 파시스트건 공산주의자건 정치적 활동가들이 어떤 이유에서든 바람직한 것으로 여기는 것을 고양시키기 위해 사용되기 때문이다. 결과적으로, 예술은 벤야민이 다른 맥락에서 정확히 '체험'이라는 비판적 양상으로 이해했던 것처럼 도구적이고 계산적인 방식으로 이용된다. 그러나 한센(Hansen, 1987)은 사실 벤야민이 아우라의 쇠퇴를 진심으로 승인하지 않았으며, 여러 측면에서 아우라적 경험을 어떻게 저항의 형태로 재구성할 수 있는지를 탐구하고자 했음을 보여주었다. 예를 들어, 한센은 벤야민이 영화가 비아우라적 문화 형태를 어떻게 유발하는지에 관해서뿐만 아니라 영화가 아우라적 예술을 어떻게 유지하는지에 관해서도 흥미를 가졌음을 보여준다.

아우라 문제에 관한 바로 이런 양면성은 도시에 대한 벤야민의 매혹을 이해하는 데 결정적이다. 〈기술 복제 시대의 예술 작품〉에서 벤야민은 아우라의 사고를 개발하기 위해 마르크스주의적 형태를 취하지만, 이는 그의 사상에서 다른 요소, 특히 젊은 시절에 영향을 미쳤던 낭만적 주제들에서 도출된 것이다(McCole, 1993). 이상주의적 독일 청년 운동의 낭만적 에토스에 빠져 있던 젊은 벤야민은 이 운동을 특징짓는 농촌과 '자연'의 낭만화를 공유했으며, 근대적 도시 생활의 인위성에 대해서는 대체로 적대적이었다.[6] 시골에 관한 이러한 낭만적 견해의 중심은 시골의 '숭고한' 속성, 즉 두려움과 무서움을 유발하는 시골의 능력에 대한 찬양이었다. 아우라의 사고는 벤야민으로 하여금 이러한 낭만적 개념화—

이는 특정 대상을 '자연화'함으로써 이들의 숭고함을 초역사적으로 고정시키는 효과를 갖는다—의 이데올로기적이며 이상주의적인 요소를 제거해 '숭고함' 자체를 역사적으로 고찰할 수 있게끔 했다.

한편, 벤야민은 바로 이런 '숭고한' 아우라적 사고를 도시에 적용하고자 했다. 도시적 '만남'에 관한 벤야민의 준거는 매우 유사한 용어들로 표현된다. 《베를린 연대기》의 많은 부분은 새로운 도시에서 그가 어린 시절 겪은 경험의 낯설음과 무서움을 환기하는 것과 관련이 있다. 1926년 모스크바 방문 이후, 그는 친구 숄렘에게 보낸 편지에서 "내가 이 도시 속에서 그리고 이 도시와 분투하고자 했던 …… 두 달은 나에게 다른 어떤 방법으로도 이룰 수 없었던 사물에 대한 어떤 이해를 가져다주었다"(Adorno and Scholem, 1994: 312)고 썼다. 벤야민은 또한 마르세유에 관한 그의 에세이가 자신에게 소중했다고 썼는데, 그 이유는 "나는 달리 어떤 방법도 없이 이 도시와 전쟁을 치러야만 했기"(Adorno and Scholem, 1994: 352) 때문이었다. 어떤 경우, 도시의 '타자성'에 관한 이런 개념화는 젠더적 색조를 띠고 있었다(좀더 개괄적인 내용은 Buci-Glucksmann, 1994 참조). 파리에 관해 그는 "나는 이 도시의 끊임없는 구애의 효력을 테스트하고 싶었다"(Adorno and Scholem, 1994: 298)고 적었다. 파사젠베르크에서는 파리를 "여신", "그녀의 내실에서 몽롱하게 휴식을 취하고 있는, 프랑스 수도의 여신"(Witte, 1991: 180에서 인용)으로 묘사했다. 이러한 인용에서 인상적인 것은 그가 자신이 서술하고자 한 도시의 특이성(사실 그들의 비기계적 복제)을 주장했다는 점 그리고 일종의 위험스러운 또는 불확실한 연계 속에서 도시와의 전쟁이나 구애를 다루기 위해 도시를 소원한 대상으로 구성했다는 점이다. 이 점을 아우라에 관한 그의 이론과 관련해 표현하면, 도시는 일정한 거리를 유지하고 "우리를 다시 쳐다보는 능력"(Benjamin, 1968a: 190)을 가졌다. 사실 파리는 "거울의 도시"(Witte, 1991: 181에서 인용)였다.

손디(Szondi, 1988)는 벤야민의 도시 표현에서 핵심적인 것은 바로 이러한 특이성을 보유하는 도시들의 성격이라고 강조한다. 낯선 도시를 방문하는 것은 기존의 반복과 습관을 교란하며, 기존의 관례를 의문에 처하도록 만들고 어린 시절의 호기심·두려움·희망에 대한 경험을 복원할 수 있도록 한다. 이런 견해는 도시성에 관한 벤야민의 분석에 다소 다른 관점, 즉 도시가 탈아우라화한 근대적 생활에 관한 그의 견해에 쉽게 편입될 수 없음을 강조하는 관점을 가져다주었다. 벤야민은 도시성에서 근대적인 것에 대해 많은 것을 분명하게 잘 알고 있었고, 특히 철제 건축 기법의 고안과 도시 근대화에서 오스망화(Hausmannisation: 1853년 파리 지사로 임명된 오스망 남작에 의한 대대적인 파리 개조 사업—옮긴이)의 역할 이후 건축물의 대량 복제에 관해 서술했다(Buck-Morss, 1989: 89ff 참조). 그러나 그는 또한 그 도시들의 오래되고 아우라적인 성질에 대해서도 잘 알고 있었다. 따라서 그는 새로운 기술적 매체를 통한 도시의 재현이 왜 도시 자체로부터 아우라를 완전히 제거할 수 없었는지에 주의를 기울였다. 〈보들레르에게 제2제정의 파리(The Paris of the Second Empire in Baudelaire)〉(1973b)에서 벤야민은 19세기의 많은 문화적 혁신은 새로운 도시 환경과 맞붙어 싸우기 위한 시도로 이해할 수 있다고 제안한다. 그가 인용한 사례는 보들레르의 서사시와 사진술에 관한 잘 알려진 사례뿐만 아니라 추리소설, '파노라마 문학', 석판화(lithograph) 그리고 새로운 미술 형태를 포함한다. 보들레르의 시는 중요하다. 왜냐하면 근대 도시를 적절하게 재현하는 과정은 도시의 과거에 관한 검색을 포함한다는 점을 보여주었기 때문이다. "근대적인 것은 그의 시에서 주요 강조점이지만 …… 정확히 이런 근대적인 것이 항상 전-역사(pre-history: 역사적 배경과 성장 과정—옮긴이)를 상기시킨다"(Benjamin, 1973b: 171).

도시성과 사진술에 관한 벤야민의 진술은 특히 흥미롭다. 이전의 특이한 광경, 경치 그리고 작품의 복제를 허용하는 사진술의 능력은 벤야민을 매료시켰다. 초기 사진은 "침몰한 배에서 물을 퍼내는 것처럼 현실로부터 아우라를 퍼낸다"(1979c: 250)고 그는 진술했다. 이로 인해 독특한 건축물과 풍경이 복제됨에 따라 도시 풍경은 그 자체의 아우라를 박탈당했다. (여기서 다시 한 번, 벤야민 어법의 미묘함을 지적할 필요가 있다. 왜냐하면 아우라는 침몰하는 배에서 퍼낼 수 있지만, 이는 아마도 새로운 아우라적 물로 대체되는 것이기 때문이다.) 따라서 사진은 "도시의 이국적이고 낭만적으로 울려 퍼지는 이름에 반대로 작동하는"(1979c: 250) 경향이 있었다. 그럼에도 불구하고, 벤야민은 또한 사진술이 도시 도로 체계에 의해 급속하게 대체되던 철도역 같은 고풍적인 도시의 장소를 기록할 수 있을 뿐이라고 주장하면서, 사진술의 한계를 지적했다(1979c).

도시와 아우라 관계의 복잡성은 또한 예술 작품의 평가에서 정신 집중과 분산 상태에 관한 벤야민의 잘 알려진 구분을 도입함으로써 드러난다. 아우라적 예술은 헌신적 추종자에 의해 집중의 상태에서 가시적으로 고찰되며, 그 결과 "예술 작품 앞에서 정신을 집중하는 사람은 그 작품에 빠져든다"(1968d: 241)고 그는 주장한다. 그러나 정신 착란 상태에서 예술의 평가는 "몰입적인 주목을 〔끌지 못하고〕 우발적 형식으로 대상을 인지한다"(1968d: 242). 여기서 시각은 해당 작품에 대한 감촉보다 덜 중요하다. 벤야민은 건축은 통행인들에 의해 착란적으로 인지되는 예술 형태의 대표적 사례를 제공한다는 점을 분명히 했다(또한 Savage and Warde, 1993 참조). 착란적인 통행인들이 단지 지나치면서 건축물을 응시함에 따라 건축적 의미의 해석은 아우라의 분산을 가져온다.

이런 정형화는 도시에 관한 벤야민의 다른 관찰과 모순적인 것처럼 보인다는 점에서 흥미롭다. 〈보들레르의 몇 가지 모티프에 관해〉에서, 벤야민은 '충격 경험'이 어떻게 개인으로 하여금 기억을 보존할 수 있는 자신에게 어느 정도의 적대적 의식을 발달시키도록 하는가에 초점을 두었다. 그러나 건조 환경 자체가 착란 상태에 흡수될 수 있음을 제안함으로써 벤야민은 이미지와 기억은 의식적 과정의 개입 없이도 흡수될 수 있으며, 그에 따라 이것들이 개인적 경험의 일부가 되는 것을 가능케 한다는 점을 암시한다. 이는 아우라와 도시성에 관한 벤야민의 이론에서 어떤 역설을 유발한다. 벤야민 자신의 진술은 그가 도시를 아우라적인 것, 숭고한 것으로 이해했다는 것을 보여준다. 그러나 그는 또한 아우라적 대상은 보통 정신 집중 상태에서 수용되며, 반면 건조 환경은 정신 착란의 상태에서 경험되는 경향이 있다고 주장했다. 그러나 바로 이런 역설이 도시적 경관에 대한 벤야민의 매료를 설명해준다. 건조 환경으로서 도시는 구원의 핵심 요소인 기억을 복원하기 위한 잠재력을 보유하지만, 일반적으로 아우라적 대상을 감싸고 있는 보수적·의식적·예식적 요소를 회피한다.

따라서 《일방통행로》에서, 벤야민은 파리의 콩코드 광장에 있는 오벨리스크에 관해 다음과 같이 서술한다.

> 4000년 전에 조각된 것이 오늘날 도시의 가장 위대한 광장 중심에 서 있다. 그것은 무엇을 예언하는가—파라오를 위한 승리! 위대한 서구 문화 제국은 언젠가 그 중심에 그 지배의 기념비를 세울 것이다. 이러한 신격화(apotheosis)는 현실에서 어떻게 나타나는가? 수만 명 가운데 잠시 멈추었다 지나치는 사람은 아무도 없다. 잠시 멈춘다 해도 수만 명 가운데 그 비명(碑銘)을 읽을 수 있는 사람은 아무도 없다.
>
> (Benjamin, 1979a: 70)

다른 곳에서, 벤야민은 "문화적 보물"은 지배 계급에 봉사하고 그것을 기념한다는 이유만으로 역사적으로 존재했다는 점에서, "전율"을 가지고 찬찬히 관찰할 수 있다고 적었다(1968e: 248). 그렇지만 도시적 맥락에 놓인 이러한 문화적 보물—이것은 또한 '야만성의 기록'이기도 하다—은 통행인에게 그 의미를 잃는다. 도시 환경에서 분리되어 박물관에 안치했다면, 이 오벨리스크는 전통의 서사 속에 편입되었을 것이다. 이런 배경에서 오벨리스크를 분리시켜 도시 속에서 자유롭게 하자. 도시적 경관에서 풀려난 품목들은 아우라적이지만 신성한 전통으로부터 분리된다. 이것들은 과거를 현재와 비선형적 관련성 속에서 위치 짓도록 한다. 아울러 근대성에 대한 의문과 도전을 위한 독특한 자원을 제공한다.

6 결론

이제 벤야민이 건조 환경, 개인적 및 집단적 기억 그리고 역사 사이의 관련성을 강조하면서 도시성에 관한 독특한 견해를 제공했다는 점이 분명해졌다. 벤야민은 도시 건조 환경이 거기에 특정한—따라서 문학이나 영화같이 다른 유형의 문화적 미디어에 관한 연구에서 도출한 사고를 응용하는 것으로는 유용하게 이해할 수 없는—방식으로 의미를 부호화하고 또 해독할 수 있도록 하는 수많은 성질을 갖고 있다는 사실을 통찰했다. 이 논문 후반부에 나는 이러한 속성의 특이성은 도시 건조 환경이 아우라에 관한 벤야민의 개념화와 어떻게 관련되는지를 고찰함으로써 가장 잘 드러난다고 주장했다. 도시는 기계적 복제에 관한 그의 설명에 쉽게 편입될 수 없으며, 이러한 사실은 도시의 독특한 속성과 성질에 대한 그의 매료를 설명해준다.

　아우라에 관한 벤야민의 개념화는 흥미롭다고 나는 주장한다. 왜냐하면 이는 상관관계를 맺고 있으며, 문화적 인공물의 생산과 수용 모두에 관심을 갖도록 하기 때문이다. 문화를 연구하는 사람들이 텍스트의 암호화와 해독의 탐구 필요성을 오랫동안 강조해온 것처럼(특히 Hall, 1980), 아우라 자체는 평범한 진술처럼 보인다. 그러나 도시 및 도시성에 대한 응용에서 벤야민의 주장은 여러 가지 독특한 함의를 가진다. 첫째, 벤야민의 주장은 도시 건설을 단지 건조 환경에 암호화된 의미와 가치를 통한 텍스트로서 고찰하고자 하는 작업의 한계를 제시한다. 이 작업은 파리(Harvey, 1985)나 스리랑카 중부에 있는 옛 도시 칸디(Duncan, 1990) 건설처럼 건조물의 생산에 포함된 권력 관계를 섬세하게 분석하지만, 도시 경관을 인식하는 방식에 대해서는 큰 관심을 거의 보이지 않는다. 학자는 나아가 정신 집중의 상태—대부분의 사람은 공감하지 못할 것 같은 태도—에서 텍스트로서 도시를 분석해야 한다는 주장도 제기할 수 있다.

따라서 벤야민은 인식된 것으로서 도시 건조물을 강조한다. 이 연구 방식 역시 점차 관심을 끌고 있지만, 벤야민의 위상은 다시 한 번 특이하다. 그는 바슐라르(Bachelard, 1958)나 린치(Lynch, 1960)의 저작에서 드러난 것처럼 도시 경관과 건조 환경에 관한 인본주의적 독해를 분명 반대한다. 후자의 연구는 공간 조직이 어떻게 도시에 속하게 되고 또한 도시를 독해할 인간의 필요에 부응하도록 설계되었는지에 관심의 초점을 둔다. 벤야민의 중요한 통찰력은 인지 자체는 역사적으로 특정적이며, 초역사적으로 유용한 도시 인지 양식을 밝히고자 하는 시도는 결국 실패하게 마련이라는 데 있다. 오히려 벤야민의 접근은 제임슨(Jameson, 1988)이 간략하게 논의한 인지적 지도 그리기라는 사고와 훨씬 더 가까운 것처럼 보인다. 벤야민의 분석은 또한 초현실주의의 영향을 받은 세르토(Certeau, 1984)와 르페브르(Lefebvre, 1991) 같은 도시적 저자들과—특히 공간적 실천이 어떻게 권력 및 저항이라는 이슈와 관련되는가를 고찰하고자 했다는 점에서—훨씬 더 가깝다. 벤야민은 르페브르의 분석에 스며들었던 형식주의를 적절히 피할 수 있었으며(공간적 실천 및 공간의 재현과 재현 공간 사이 그리고 지배된 공간과 전유된 공간 사이에 대한 그의 구분에는 물신화 경향이 항상적으로 존재한다), 또한 상이한 지각 양식이 건조 환경의 정치적 의미에 어떤 영향을 미치는지를 좀더 구체적으로 제시했다.

끝으로 역사에 관한 벤야민의 분석은 도시에 관한 그의 이해에서 중심적이다. 목적론을 와해시키고자 하는 그의 관심과 연대기적(한 시기가 다른 시기를 '대체하는') 역사 이론을 교란시키고자 하는 그의 결정은 '포스트모던' 도시의 등장에 관한 최근의 설명을 조심스럽게 다룰 필요가 있음을 암시한다. 인정하건대, 도시 자체는 점점 더 교환 가능해지고 있다는 점을 제안하기 위해 기계적 복제에 관한 벤야민의 설명을 활용하는 것이 가능하며, 나아가 도시성에 관한 그의 낭만적인 아우라적 개념화는 포스트모던화한 도시 경관의 시대에 그 반향을 상실했다고 주장할 수 있다. 벅-모스(Buck-Morss, 1989: 330)는 이러한 견해를 명쾌하게 표현한다.

이 행성의 메트로폴리탄 인구는 지금보다 많았던 적이 없다. 이 행성의 도시들이 현재보다 비슷하게 보인 적도 없다. 그러나 벤야민이 파리의 도시 역사를 기록했던 의미에서 보면, 20세기 후반의 '수도(Capital City)'란 존재할 수 없다. 파사젠베르크는 저자가 전혀 의도하지 않았던 방법으로 도시적 꿈의 세계의 시대가 끝났음을 기록하고 있다.

교환 가능한 패스트푸드 음식점, 도로 체계, 공항, 호텔, 상점 등으로 이루어진 기계적으로 복제 가능한 도시의 등장은 벤야민이 도시적 영역에서 탐색했던 아우라가 사라졌음을 의미한다. 아마 항상적인 여행과 이동성의 시대(Lash and Urry, 1994 참조)에, 도시를 방문하는 경험은 놀라움을 느끼게끔 하는 능력을 상실했다. 그리고 많은 현대 관광과 "장소 마케팅" 활동은 "사물을 대중에게 좀더 가까이" 가져가기 위해 조심스럽게 복원되고 시장화한 관광 스펙터클을 통해 "도시적 진정성"을 재구성하고자 하는 시도라고 할 수 있다(Benjamin, 1979a: 250; 일반적으로 Urry, 1990 참조). 도시들이 점점 더 유사해짐에 따라 사람들은 진정한 도시적 특성을 찾기가 더 어렵게 되었으며, 그에 따라 도시의 특이성은 투기적 및 홍보적 관심에 의해 인위적으로 구축되었다(또한 Lefebvre, 1991 참조). 이러한 발전이 심지어 도시 지각의 본성 자체를 변화시켰다는 점은 사실일 것이다. 주의 깊은 관광객은 정신 집중의 상태로, 따라서 보수적인 방법으로 건축물을 이해한다고 벤야민은 주장한다(1968d: 233). 착란된 관광과 사업 방문의 시대에, 이러한 기질을 거슬러 도시를 읽는 가능성은 실제로 향상된 것처럼 보인다. 가지런히 정돈된 포스트모던 도시 공간은 벤야민이 근대 도시에서 탐지했던 충격 경험을 줄이는 안전한 공간에 방문자를 감싸버린다.

그러나 이 이야기에는 또 다른 측면이 있다. 라이트(Wright, 1991)가 해크니(런던 북동부에 위치한 자치구 가운데 하나로, 과거 런던으로 이주해온 다양한 지역의 사람들이 모여 살았으며 런던에서도 경제적으로 낙후된 곳으로 손꼽혔다—옮긴이)에 관해 쓴 에세이에서 보여준 것처럼 도시가 한때 체현했던 희망을 드러내는 방식으로 근대 도시의 폐허를 읽는 것도 가능하다. 새로운 포스트모던 소비주의적 도시 문화는 자본주의적 근대성을 특징짓는 '항상적 동일성'의 가장 최근 에피소드로 이해할 수도 있다. 포스트모던 개발은 여행자와 주민이 다 같이 불확실성 및 예기치 못한 만남과 마주치도록 하는 기존의 도시적 무대에 자리를 잡고 있다. '안전한' 그리고 '불안전한' 지역, 즉 위험의 지리에 대한 새로운 감수성은 좀더 새로운 개발을 다른 관점으로 진행하는 것을 위협한다. 현대의 산책자는 여전히 소비자 중심의 포스트모던 도시가 불안한 기반에 근거하고 있다고 사색할지도 모를 일이다.

감사의 글

익명 심사자 2명과 케빈 헤서링턴(Kevin Hetherington), 고든 파이페(Gordon Fyfe) 그리고 특히 초기의 초안에 대해 평을 해준 헬렌 힐스(Helen Hills)에게 감사한다.

주

1. 나는 여기서 내가 독일어를 하지 못하며 따라서 번역된 벤야민의 저작만을 독해하는 데 한정했다는 것을 밝히고자 한다.
2. 다음의 연구는 내용과 접근 방법에서 차이가 있지만, 모두가 특정 도시의 이야기를 말하기 위해 여러 종류의 서사를 이용했다. 로스앤젤레스에 관해서는 Davis(1990), Soja(1989), Lynell(1992); 런던과 다른 '세계 도시'에 관해서는 Sassen(1991), King (1990), Wright(1991), Zukin(1991); 그리고 마이애미에 관해서는 Portes and Stepick (1993). 또한 Donald(1992) 참조. 이 논문에 앞서 '새로운 도시적 글쓰기'에 관한 긴 논의가 있었다(Savage, 1993 참조).
3. 벤야민은 모든 사건에 내포된 혼돈과 우연을 지적하는 긴 인용으로 이런 점을 설명하면서 물리학 언어로 서술했다.
4. 우리는 민족주의에 관해 앤더슨(Anderson, 1983)의 잘 알려진 설명을 참조함으로써 벤야민이 회피하고자 했던 것을 이해할 수 있다. 벤야민의 사고를 사용하면서, 앤더슨은―단지 소수의 공동 시민(co-citizen)만이 알려질 것이라는 점에서―민족주의가 상상된 공동체를 환기할 것을 북돋운다고 주장한다. 서사체의 소설적 방안이 사람들로 하여금 저자가 구축하고 독자가 이해 가능한 '플롯'에서 이들이 담당

하는 특정한 역할에 의해 함께 결합될 수 있도록(내재적 상호 연계 없이) 한다는 점에서, 앤더슨은 이러한 방안이 상상된 공동체를 구축하는 데 중요한 역할을 담당한다고 주장한다. 앤더슨이 주장하는 관점에서 보면, 서사를 부인함으로써 벤야민은 개연성을 열어놓도록 했다.

5. 최근 코헨(Cohen, 1993)은 주체성에 관한 심리학적 관점을 공유한다는 점에서 벤야민과 초현실주의 사이의 공통적 유사성을 제안했다. 그러나 사실 벤야민이 심리학에 관심을 가졌다는 증거는 거의 없다. 코헨(Cohen, 1993: 38ff)은 "모방 능력"(Benjamin, 1979a)에 대한 벤야민의 중요한 사고는 인과성에 관한 정신분석적 사고에서 도출되었지만, 벤야민 자신은 프로이트와의 상호 관계를 알고 "놀랐다"(Adorno and Scholem, 1994: 521)는 점을 그 이후의 편지에서 아주 분명히 했다. 벤야민은 다른 곳에서, 이를테면 아도르노에게 보낸 편지에서 프로이트에 대해 별로 친숙하지 않다고 밝혔다(Cohen, 1993: 25 참조).

6. 이와 관련해 일찍이 파리에 매료되었다는 점은 예외이다(Adorno and Scholem, 1994: 26ff).

참고문헌

Adorno, T. (1977) 'Letter to Walter Benjamin', in *Aesthetics and Politics*. London, New Left Books: 110-133.

Adorno, T. and Scholem, G. (eds) (1994) *The Correspondence of Walter Benjamin*. Chicago, IL, University of Chicago Press.

Anderson, B. (1983) *Imagined Communities*. London, Verso.

Anderson, P. (1988) 'Modernity and revolution', in Nelson, C. and Grossberg, L. (eds) *Marxism and the Interpretation of Cultures*. Basingstoke, Hants, Macmillan Education: 194-211.

Bachelard, G. (1958) *The Poetics of Space*. Boston, MA, Beacon Press.

Bauman, Z. (1993) 'Benjamin the intellectual', *New Formations* 20: 47-58.

Benjamin, A. and Osborne, P. (eds) (1993) *Walter Benjamin's Philosophy: Destruction and Experience*. London, Routledge.

Benjamin, W. (1968a) *Illuminations*. New York, Schocken.

Benjamin, W. (1968b) 'On some motifs in Baudelaire', in *Illuminations*. New York, Schocken: 155-200.

Benjamin, W. (1968c) 'The image of Proust', in *Illuminations*. New York, Schocken: 201-216.

Benjamin, W. (1968d) 'The work of art in the age of mechanical reproduction', in *Illuminations*. New York, Schocken: 217-252.

Benjamin, W. (1968e) 'Theses on the philosophy of history', in *Illuminations*. New York, Schocken: 253-64.

Benjamin, W. (1973a) *Charles Baudelaire: A Lyric Poet in the Era of High Capitalism*. London, New Left Books.

Benjamin, W. (1973b) 'The Paris of the Second Empire in Baudelaire', in *Charles Baudelaire: A Lyric Poet in the Era of High Capitalism*. London, New Left Books: 9-106.

Benjamin, W. (1977a) 'Reply', in *Aesthetics and Politics*. London, New Left Books: 134-41.

Benjamin, W. (1977b) *The Origins of German Tragic Drama*. London, New Left Books.

Benjamin, W. (1979a) *One Way Street and Other Writings*. London, New Left Books.

Benjamin, W. (1979b) 'Surrealism', in *One Way Street and Other Writings*. London, New Left Books: 225-39.

Benjamin, W. (1979c) 'A short history of photography', in *One Way Street and Other Writings*. London, New Left Books: 240-57.

Benjamin, W. (1985) 'Central Park', *New German Critique* 34: 32-58.

Benjamin, W. (1990) *Moscow Diaries*. Cambridge, MA, Harvard University Press.

Berman, W. (1983) *All That is Solid Melts into Air*. London, Verso.

Bradbury, R. and MacFarlane, J. (eds) (1976) *Modernism 1890-1930*. Harmondsworth, Penguin Books.

Buci-Glucksmann, C. (1994) *Baroque Reason*. London, Sage.

Buck-Morss, S. (1989) *The Dialectics of Seeing: Walter Benjamin and the Arcades Project*. Cambridge, MA, MIT Press.

Buck-Morss, S. (1992) 'Aesthetics and anaesthetics: Walter Benjamin's Artwork essay reconsidered', *October* 62 (Fall): 3-41.

Burgin, Z. (1993) 'The city in pieces', *New Formations* 20: 123-44.

Clark, T. J. (1985) *The Painting of Modern Life: Paris in the Art of Manet and his Followers*. London, Thames and Hudson.

Cohen, M. (1993) *Profane Illuminations: Walter Benjamin and the Paris of the Surrealist Revolution*. Berkeley, CA, University of California Press.

Davis, M. (1990) *City of Quartz*. London, New Left Books.

de Certeau, M. (1984) *The Practice of Everyday Life*. Berkeley, CA, University of California Press.

Donald, J. (1992) 'Metropolis: the city as text', in Bocock, R. and Thompson, K. (eds) *Social and Cultural Forms of Modernity*. Cambridge, Polity Press: 220-46.

Duncan, J. S. (1990) *The City as Text*. Oxford, Clarendon Press.

Eagleton, T. (1981) *Walter Benjamin*. London, Verso.

Frisby, D. (1985) *Fragments of Modernity*. Oxford, Basil Blackwell.

Giddens, A. (1981) *A Contemporary Critique of Historical Materialism*. London, Macmillan.

Gregory, D. (1994) *Geographical Imaginations*. Oxford, Basil Blackwell.

Hall, S. (1980) *Culture, Language and Practice*. London, Century Hutchinson.

Hansen, M. (1987) 'Benjamin, cinema and experience: "the blue flower in the land of technology"', *New German Critique* 40: 179-224.

Harvey, D. (1982) *The Limits to Capital*. Oxford, Basil Blackwell.

Harvey, D. (1985) *The Urbanisation of Capital*. Oxford, Basil Blackwell.

Honneth, A. (1993) 'A communicative disclosure of the past: on the relation between anthropology and philosophy of history in Walter Benjamin', *New Formations* 20: 83-92.

Jameson, F. (1988) 'Cognitive mapping', in Nelson, C. and Grossberg, L. (eds) *Marxism and the Interpretation of Cultures*. Basingstoke, Hants, Macmillan Education: 347-57.

Jennings, M. (1987) *Dialectical Images: Walter Benjamin's Theory of Literary Criticism*. Ithaca, NY, Cornell University Press.

Keith, M. and Cross, M. (1993) 'Racism and the postmodern city', in Cross, M. and Keith, M. (eds) *Racism, the City and the State*. London, Routledge: 1-19.

King, A. D. (1990) *Global Cities*. London, Routledge.

Lash, S. and Urry, J. (1994) *Economies of Signs and Spaces*. London, Sage.

Lefebvre, H. (1991) *The Production of Space*. Oxford, Basil Blackwell.

Lury, C. (1992) *Cultural Rights: Technology, Legality and Personalty*. London, Routledge.

Lynch, K. (1960) *The Image of the City*. Cambridge, MA, MIT Press.

Lynell, G. (1992) *No Crystal Stair: African-Americans in the City of Angels*. London, Verso.

McCole, J. (1993) *Walter Benjamin and Antinomies of Experience*. Ithaca, NY, Cornell University Press.

McRobbie, A. (1992) 'The Passagenwerk and the place of Walter Benjamin in cultural studies: Benjamin, cultural studies, Marxist theories of art', *Cultural Studies* 6: 147-69.

Mattick, P. (1993) 'Mechanical reproduction in the age of art', *Theory, Culture and Society* 10: 127-148.

Mellor, R. (1977) *Urban Sociology in an Urbanised Society*. London, Routledge.

Olsen, D. (1986) *The City as a Work of Art: London, Paris, Vienna*. New Haven, CT, Yale University Press.

Portes, A. and Stepick, A. (1993) *City on the Edge: The Transformation of Miami*. Berkeley, CA, University of California Press.

Proust, M. (1978) *In Remembrance of Things Past*. Harmondsworth, Penguin Books.

Roberts, J. (1982) *Walter Benjamin*. London, Macmillan.

Sassen, S. (1991) *The Global City: New York, London, Tokyo*. Princeton, NJ, Princeton University Press.

Saunders, P. (1981) *Social Theory and the Urban Question*. London, Century Hutchinson.

Savage, M. (1993) 'Walter Benjamin and urban writing', WP-3, Department of Sociology and Social Anthropology, Keele, University of Keele.

Savage, M. and Warde, A. (1993) *Urban Sociology, Capitalism and Modernity*. London, Macmillan.

Seed, J. and Wolff, J. (1988) *The Culture of Capital: Art, Power and Nineteenth Century Middle Class*. Manchester, Manchester University Press.

Simmel, G. (1950) 'The metropolis and mental life', in Wolff, K. (ed.) *The Sociology of Georg Simmel*. New York, The Free Press: 409-26.

Smith, M. (1981) *The City and Social Theory*. Oxford, Basil Blackwell.

Soja, E. (1989) *Postmodern Geographies: The Reassertion of Space in Critical Social Theory*. London, Verso.

Szondi, P. (1988) 'Walter Benjamin's city portraits', in Smith, G. (ed.) *On Walter Benjamin: Critical Essays and Reflections*. Cambridge, MA, MIT Press: 18-32.

Tanner, D. (1990) *Venice Desired*. Oxford, Basil Blackwell.

Tiedmann, R. (1988) 'Dialectics at a standstill: approaches to the *Passagenwerk*', in Smith, G. (ed.) *On Walter Benjamin: Critical Essays and Reflections*. Cambridge, MA, MIT Press: 260-291.

Tonnies, F. (1988) *Community and Society*. New York, Transaction Books.

Turner, B. (1994) 'Introduction', in *Baroque Reason* C. Buci-Glucksmann, London, Sage: 1-36

Urry, J. (1990) *The Tourist Gaze*. London, Sage.

Williams, R. (1973) *The Country and the City*. London, Chatto and Windus.

Williams, R. (1989) *The Politics of Modernism*. London, Verso.

Witte, B. (1991) *Walter Benjamin: An Intellectual Biography*. Detroit, MI, Wayne State University Press.

Wolff, J. (1993) 'Memoirs and micrologies: Walter Benjamin, feminism and cultural analysis', *New Formations* 20: 111-22.

Wolff, K. (ed.) (1950) *The Sociology of Georg Simmel*. New York, The Free Press.

Wolin, R. (1982) *Walter Benjamin: An Aesthetic of Redemption*. New York, Columbia University Press.

Wright, P. (1991) *A Journey Amidst the Ruins*. London, Radius.

Zukin, S. (1991) *Landscapes of Power: From Detroit to Disneyworld*. Berkeley, CA, University of California Press.

게오르크 짐멜에 관해: 근접성, 거리, 이동

1 서론: 공간의 사회학?

사실 게오르크 짐멜(Georg Simmel, 1858~1918)이 공간의 사회적 유의성에 관해 한두 가지 알고 있었음은 언급할 가치가 거의 없는 것처럼 보인다. 아무튼 젠더, 유행, 스타일, 지배, 비밀 또는 더 잘 알려진 이방인의 원격성(remoteness) 또는 도시 생활의 분주함 같은 다양한 주제와 관련 있는 그의 사상에서 공간적 유의성을 분리해내고자 하는 것은 아니다. 사회를 사회적 상호 작용의 합으로 이해하는 짐멜 같은 사회학자에게 이러한 상호 작용이 즉각적이든 거리를 두고 있든, 투명하든 불투명하든, 사회화의 공간적 전제 조건은 공간의 이용과 더불어 사회적 형식에 관한 연구에 중요한 부분으로 포함된다. 사실 데이비드 프리스비(David Frisby, 1985, 1992, 1997)와 존 어리(John Urry, 1994, 1995(Scott Lash와 공저)]는—짐멜에게는—바로 이러한 사회적 상호 작용의 수많은 형식이 공간에 생명을 불어넣고 여기에 의미를 부여한다고 일관되게 지적한다.

　공간의 '사회학'에 관한 짐멜의 실제 관심은 상당 부분 오히려 사회화의 형식적 전제 조건을 이루는 것과 관련한 공간의 추상적 속성이라고 말할 수 있다. 특히 그의 에세이 〈공간의 사회학〉〔이 에세이는 수정된 형태로 또 다른 에세이 〈사회적 형식의 공간적 투영에 관해〉와 함께 1908년 짐멜이 출판한 《사회학(Soziologie)》에 포함되었다[1]〕은 공간의 다양한 성질이 어떻게 사회적 상호 작용이라는 특정 형식의 가능성을 조건 짓는가를 지리적으로 탐구한다. 예를 들어, 공간에 그려진 경계선의 형식적 유의성은 이 선이 경계의 양측으로 공간을 나누는 만큼 공간을 연계시킨다는 통찰력—에드워드 사이드를 비롯한 다른 학자들이 탈식민주의적 맥락에서 서술한 저작을 통해 매우 중요한 의미를 갖게 된 관찰—을 통해 탐구할 수 있다. 마찬가지로, 일상적 기반에서 당연히 주어진 것으로 여겨지는 것을 이해하기 위한 범주로서 이동과 고정성에 관한 짐멜의 분석은 역사에서 두드러진 도시의 양면성에 관한 루이스 멈퍼드(Lewis Momford)의 관심을 예견한다. 그리고 프리스비(Frisby, 1997)가 지적한 것처럼 공간의 사회학에서 선구적 노력을 보여준 사회적 상호 행동을 위한 근접성(proximity)의 유의성에 관한 짐멜의 분석적 연구도 마찬가지로 중요하다. 그럼에도 불구하고 모든 분석적 세련됨과 함축적 상술(詳述)을 위해, 또는 사실 아마 이러한 것들 때문에, 공간에 관한 짐멜의 형식적 에세이들은 예시적인 교과서 사회학으로 읽힐 수 있다. 이와 같은 설명에서 공간성을 살아 있도록 하는 것은 거의 없다. 이런 점에서, 우리는 근대성에 관한 짐멜의 실체적 설명, 특히 메트로폴리스의 리듬 그리고 근대 문화에 미치는 성숙한 화폐 경제의 충격에 관한 그의 설명을 살펴보아야만 한다. 짐멜의 저술들에서 공간은 근대 문화에 관한 그리고 도시 생활의 속성에 관한 문제이다. 왜냐하면 분명 근대성 자체는 공간적으로 구성되기 때문이다.

이와 같은 주장은 공간이 차이를 만든다고 말하는 것 이상을 설명한다. 요컨대 짐멜에게 근대적 시간은 대체로 '근접성과 거리의 관계의 변

화'를 통해, 나아가 더 광의적으로 '이동과 이동성의 문화'를 통해 경험
된다는 것을 암시한다. 이런 관계는 근대성에 관한 분석에 느슨하게 덧
붙여 취급되는 것을 의미하는 것이 아니다. 반대로 근대 세계에서 생활
을 어떻게 경험하고 영위하는가에 대한 근간을 이루는 것으로 여겨진
다. 또는 더 정확히, 이런 관계는 짐멜이 그의 통찰력과 영감의 많은 부
분을 끌어냈던 19세기 말 베를린 도시 생활을 어떻게 경험하고 영위했
는가에 관한 그의 이해를 반영한다. 따라서 이 장에서는 공간에 관한 짐
멜의 형식사회학〔이는 프리스비(Frisby, 1992, 1997)가 지적한 것처럼 수, 규모, 크
기, 시간 등의 전제 조건과 함께 사회적 상호 작용을 위한 추상적 전제 조건에 관한 그
의 미완성 연구의 일부로서 가장 잘 이해할 수 있다〕에서 근대성에 관한 좀더 표
현적인 설명을 통해 제시한 많은 분석적 통찰력을 발전시키고자 한다.
특히 근대적 일상생활의 문화적 경험과 사회적 상호 작용의 다양한 양식
을 통해 사유하기 위해 짐멜이 채택했던 공간적 이론화에 초점을 두고자
한다. 이 설명은 두 부분으로 나뉜다. 첫 부분에서는 짐멜이 사회적 상호
작용의 근대적 형식을 해명하기 위해 거리와 거리화에 관한 의문을 사용
한 방법을 고찰할 것이다. 사회적 관련성에서 원격성과 근접성의 정도,
공적 및 사적 세계의 구축 그리고 '이방인'과 함께함을 이러한 포괄적
주제와 관련해 탐구할 것이다. 이어서 우리는 근대 문화에 관한 짐멜의
설명에서 이동과 순환이 담당한 중심적 역할을 특히 사회화 형식의 무상
함(fleeting)과 추상적 속성 증대에 관한 주장과 관련시켜 다루고자 한다.

　짐멜의 사유 및 실체적 분석에서 공간성의 유의성을 설명—여기에 대
한 많은 부분은 그의 주요 저서《돈의 철학(The Philosophy of Money)》〔1990
(1900)〕을 비롯해서《메트로폴리스와 정신생활》〔1950a(1903)〕같이 잘 알려
진 에세이에서 도출했다—함과 더불어 이 장은 또한 근접성, 거리, 이동
에 관한 짐멜의 사유가 사람들이 어떻게 현대 도시 생활에서 그리고 이

를 넘어서 오늘날같이 복잡한 사회적 상호 작용의 네트워크를 이해하는 지에 관한 의문을 다루는 과정을 밝히고자 한다.

2 거리를 둔 생활

시작하면서, 짐멜의 글쓰기 양식이 모든 사람의 취향에 맞는 것은 아님을 지적하는 것이 아마 좋을 것이다. 특히 짐멜의 에세이에서 일단 형식사회학의 근거를 제외하면, 그의 표현 양식에는 체계나 일관성이 거의 없다. 1918년경 죄르지 루카치(György Lukács)는 짐멜의 인상주의적 사고방식을 언급—짐멜의 저작이 비체계적인 파편적 양식으로 이루어져 있다는 프리스비(Frisby, 1985)의 평가에 궁극적으로 근거를 제공한 관찰—했다. 그러나 짐멜의 접근을 이해하는 관건은 그의 제자 가운데 한 사람인 지그프리트 크라카우어의 공감적 인식에서 찾아볼 수 있을 것이다.

현상은 연계의 복합체로서 그들의 능력을 통해 표출된다. ……현상 사이에 짜인 갈래의 유일한 유의성은 숨겨진 연계를 가시화하는 것이기 때문에, 이들의 경로는 매우 불규칙적이고 임의적이다. 이들은 거의 체계적으로 비체계적이다. 어디에선가 끝내야 하겠지만, 현상을 밖으로 끌어올려서 함께 묶는 것으로 끝내는 것은 매우 무의미하다. 이 망(web)은 확고하게 수립된 사상 체계 같은 어떤 계획에 따라 구축된 것이 아니다. 대신 이 망은 다른 목적이 있는 것이 아니라 그곳에 존재함으로써 바로 그 존재를 통해 사물의 상호 연계의 증거가 되는 것이 유일한 목적이다. 이 망은 헐겁고 가볍게, 멀리 그리고 넓게 확장되며 진기하게 가물거리는 빛을 발하는 세계라는 인상을 준다. 이는 대상의 단단한 윤곽이 해체되고 이제는 단지 개별적인 사물을 숨긴 채 깜빡거리는 빛의 단일 파동이 된 밝은 경관과 같다.

(Kracauer, 1995: 251-252)

크라카우어에 따르면, 이질적으로 보이는 사물의 많은 측면을 예시하기 위한 생각이나 관심에 대한 명확한 계획은 없지만, 그럼에도 불구하고 짐멜의 산만한 접근은 많은 것을 제시한다.

우리가 이러한 정찰 활동으로부터 얻는 성과는 다중적 요소의 상호 얽힘에 대한 민감성을 향상시킬 수 있다는 점이다. 우리는 모든 현상이 다른 모든 현상에 반영되고, 기본 곡조를 다원화해서 많은 다른 장소에서도 소리를 내도록 하는 것을 느낀다.

(Ibid.)

짐멜 사상의 불연속적 연관은 수많은 방향으로 움직일 수 있는 그의 능력과 결합되어 있다. 이는 이방인, 화폐 유통, 도시 생활 등에 관한 연구와 관련해—특정한 순서 없이—사회적 거리에 대한 그의 고찰에서 유용하게 드러난다. 사회적 거리화, 근접성, 원격성이라는 이슈에서 공통된 지향을 확인하는 것은 가능하지만, 그의 특정한 연구에서 이들 용어에 대한 확고한 의미를 획득할 가능성은 "완전히 충만한 세계"[2]가 이들 용어에 쏟아지는 순간 사라진다. 그렇다면 우리가 아래에서 알 수 있는 것처럼 거리를 둔 삶은 현대적인 그러나 그렇게 현대적이지 않은 모든 종류의 논쟁으로 우리를 안내한다.

2.1 차이와 타협하기 또는 이방인 되기

1908년 출판된 《이방인(The Stranger)》에 관한 고전적 에세이에서, 짐멜은 이 인물을 통해 차이와 타협하는 활동에서 종종 출몰하는 일련의 양면성을 전달하고자 노력했다. 그러나 1920년대 미국 사회학에서 처음 도입한 '이방인'이라는 인물은 불행하게도 '주변적' 성격—전형적으로, 미국에 온 이민자, '오래된' 문화와 '새로운' 문화 사이에 위치한 어떤 사람—으로 너무 안이하게 묘사되었다. 이 인물 자체는 독자적이고 선명한 이미지로 바로 환원되었다.[3] 그러나 이방인에 관한 서술에서 짐멜의 본래 의도는 다소 달랐던 것처럼 보인다. 접근의 완전성을 유지하면서, 짐멜은 공간적 의미에서는 가깝지만 사회적 의미에서는 멀리 떨어진 누군가와의 사회적 상호 작용을 의미하는 모순적 경험을 예시 또는 포착하기 위해 이방인이라는 인물을 채택했다. 짐멜이 이러한 딜레마를 표현한 것처럼

> 모든 인간관계에 내포된 인접성과 원격성의 통합은 이방인이라는 현상을 표현하는 방법, 즉 거리란 가까이 있지만 멀리 떨어져 있음을 의미하고, 이방성(strangeness)은 그가 역시 멀리 떨어져 있지만 실제 가까이 있음을 의미한다고 말함으로써 가장 간략하게 정형화할 수 있는 방법으로 조직된다. 왜냐하면 이방인이 되는 것은 응당 매우 적극적인 관계이기 때문이다. 이는 상호 작용의 한 특정 형태이다.
>
> (Simmel, 1950b: 402-403)

그리고 우리가 여기서 사회적 공동체와 분리된 또는 괴리된 특성을 논하는 것이 아님을 강력하게 지적하기 위해 그는 계속해서 주장한다.

시리우스(밤하늘에서 가장 밝은 별—옮긴이)의 거주자들은 실제 우리에게 이방인이 아니며, 사회학적으로 어떤 유관한 의미도 갖지 않는다. 그들은 우리를 위해 존재하는 것이 전혀 아니다. 그들은 멀고 가까움 너머에 있다. 빈민이나 그 밖의 잡다한 '내부 적들' 같은 이방인은 집단 자체의 한 요소이다. 충분한 자격을 갖춘 구성원으로서 그의 위상은 집단 밖에 있음 및 집단과 대면함 양자 모두를 포함한다.

(Ibid.)

따라서 이방인은 포함되지만 포함되지 않은 어떤 사람, 우리와 가까이 있지만 어딘가 다른 곳에 있는 어떤 사람이다. 좀더 자세히 말하면, 짐멜은 집단에 대한 '국외자(outsider)'라는 인물에 맞는 관계뿐만 아니라 모든 종류의 관계에는 '이방성'의 흔적 또는 정도(degree)가 존재한다고 주장하는 것처럼 보인다. 짐멜이 예로 제시한 것처럼 이방성의 흔적은 처음의 열애는 매우 친밀한 관계를 가져오지만 그 후 소원함이 거부를 불러오는 관계에서도 명백하다.[4] 이는 혼잡한 지하철이나 분주한 역의 군중 속에서 발생하는 사람들 사이의 스쳐가는 만남에서 나타나며, 마찬가지로 모든 사람이 소속되었다고 느끼지만 또한 서로 차이를 말해야 한다고 느끼는 도시 생활에서도 나타난다. 이런 의미에서, 이방인이라는 인물을 모든 종류의 사회적·공간적 긴장이 이루어지는 상징 또는 아이콘으로 이해하는 것이 가장 좋을 것 같다. 예를 들어 사회적 공동체의 경우, 가까움과 소원함 사이의 긴장은 필수적으로 해소되기보다는 '체현된' 어떤 것이다. 이는 도시 생활의 사실로서 경험하는 어떤 것이지, 대면해야 하고 해소해야 할 지루한 문제로서 나타나는 어떤 것은 아니다.

그렇지 않다면 롭 실즈(Rob Shields, 1992)가 주장한 것처럼 이러한 이중적 딜레마는 아마 특이하게 근대적 상상의 상투적 수단일 것이다. 이런 해석에서 보면, 짐멜은 우리에게 가까이 있는 것과 멀리 있는 것, 속하는 사람과 속하지 않는 사람에 대한 구분을 확신시켜주는 문화적 지도 그리기에 대해 우리가 갖고 있는 친숙한 관계를 무너뜨리는 민감한 신경을 건드린다. 이방인은 멀리 떨어진 모든 것을 대표하지만, 또한 소속을 통해 그 자신을 드러내고 그렇게 자신을 경험할 것이다. 실즈의 서술에 의하면,

차이의 체현으로서, 이방인은 공간적으로 나타나지 않으며 직접적으로 검증할 수 없는 의문스러운 존재와 미심쩍은 진리를 재현한다. 그렇지만 이방인은 그럼에도 불구하고 '여기'에 있으며, 나타나서, 부재와 비존재의 의문스럽고 불확실한 성질을 국지적 공동체의 내부자 면전에 밀어 넣으며, 출현의 신성함을 의문스럽게 한다.

(Shields, 1992: 189)

여기서 실즈의 관심 가운데 하나는 우리가 근접성과 출현 사이에 갖고 있는 고정된 사고를 깨는 것이라는 걸 지적해야 할 것이다. 누군가와 사회적으로 가까운 것은 물리적 근접성을 필히 요구하지 않는다. 앤서니 기든스(Anthony Giddens, 1984, 1990)가 서술한 바와 같이 유리된 메커니즘과 거리화한(distanciated) 관계의 세계에서 주체의 즉각적인 동시 출현은 더 이상 공동체적 관계의 필수적 기반으로 간주되지 않는다. 이런 견해에서, 한때 국지적 관계의 한계를 설정했던 경계—사회적이며 또한 물리적인—는 이제 의사소통과 다른 형식의 거리화한 상호 작용이 이루어질 수 있는 문지방 같은 역할을 하게 되었다.

그러나 원격자의 출현을 인정한다고 해서, 사회적 상호 작용의 형식 속에 각인된 가까움과 멀리 있음 간의 긴장을 '내포된' 차이로 체험할

것이라는 짐멜의 주장을 훼손하는 것은 아니다. 만약 우리가 다른 각도에서 이것에 접근해 모든 사람이 서로에게 '이방인'이 되는 장소로서 현대 도시를 고찰해본다면, '초대' 집단이라고 말할 수 있는 집단이 존재하지 않음을 깨닫는 것은 어렵지 않다. 요컨대 누구나 다 어딘가에 속하지만, 그것이 누구나 다 동일하거나 편안한 사회적 거리를 갖도록 하지는 않는다.

이 점에 관한 유용한 사례는 소설 《르와시 익스프레스(Roissy Express)》 출판에서 찾아볼 수 있다. 이 책은 프랑수아 마스페로(François Maspero, 1994)가 사진작가 아낙 프란츠(Anaïk Frantz)와 함께 파리 교외 지역을 여행하며 이를 직접 설명한 것이다. 이 두 사람뿐만 아니라 독자에게 이 여행이 드러내고자 한 것은 자신들이 여행에서 만난 말리인 또는 포르투갈인 주민에게 매우 낯선 이방인이었다는 점이다. 또한 역으로 여행에서 만난 주민은 그들에게 낯선 이방인이었고, 아마 서로 그러했을 것이다. 상호 작용의 특정한 형식을 통해, 즉 이 경우 주로 사진을 통해 여행을 기록할 필요에 따라 마스페로와 프란츠가 그들 '자신'의 도시 사람들과 갖는 관련성은 그들이 재현하고 사실상 투사했던 문화적 오해와 이해 모두를 드러냈다. 예를 들어, 끼어들기식 사진 찍기로 존경이라는 예법을 무너뜨림으로써 이 두 '이방인'은 말리인 집단으로부터 사회적 행동의 도덕성과 존엄성에 관해 정중하지만 단호한 훈계를 들어야 했다. 특히 오네(Aulnay) 인근에 있는 파리 교외의 말리인들에게 그들 사이의 차이는 인정되지 않았을 뿐만 아니라 존중받지도 않았다.

당신이 누군가의 사진을 찍을 때는 먼저 그의 허락을 청해야 한다. 주제는 생활을 위한 하나의 원칙, 즉 '먼저 존중하라'는 원칙에 이른다. 녹색 셔츠를 입은 첫 번째 키 큰 말리인이 말한다. "만약 당신이 먼저 부탁했다면 내

기분이 좋았을 겁니다." 아낙이 대답한다. "그럼 당신께 지금 부탁할까요?" "너무 늦었군요. 지금은 좀 그렇습니다. 언제가 다른 시간이 좋겠네요." 그 키 큰 말리인은 학생이었다. 그가 자신의 형을 소개한다. 그리고 또다른 형제를 소개한다. 방금 도착한 다른 노인이 자신의 언어로 이것저것묻고는 프랑수아를 한쪽으로 데려가 이전에 비해 더욱 진지하고 정중하게교훈을 반복한다. 자신은 그들이 경찰이나 기자가 아니고 친구일 수도 있다고 생각하고 싶지만, 친구는 그와 같이 행동하지 않는다는 것이다. "여기엔말리인들이 많아요." 파리에서 일하고 있는 앞의 학생이 말한다. "말리에서사람들은 프랑스를 항상 존중했습니다. 그러나 오늘날 프랑스는 그렇지 않습니다. 다른 사람들을 존중하지 않죠. 그렇지만 나의 아버지는 프랑스를위해 싸웠습니다. 기자들이 말리에 와서 사진을 찍고, 구역질나는 기사를썼습니다." "죄송하지만, 당신들은 이 주변에서 무엇을 하고 있죠?" 그들은자신들이 파리에서 왔으며, 루주몽(Rougemont)에서 한 친구를 만나 수로를따라 걷는 중이라고 설명한다. 그냥 기쁜 마음에. "그런데 다시 한 번 죄송하지만, 당신들의 직업은 무엇인지요?" 아낙은 자신이 슈퍼마켓에서 상품의 사용법을 설명해주는 사람이라고 대답한다. "당신은 나를 놀라게 하지않았습니다. 미소 짓고 걷는 것을 보면, 당신은 매우 매력적인 여성입니다."프랑수아는 자신의 직업을 번역가라고 말하기로 마음먹었다. 그렇지 않을경우, 이 더위 속에서 작가와 기자의 차이를 설명해야 한다. 그가 말한 전문직은 다른 모든 것처럼 정중하게 받아들여졌다. 미소와 함께. 아낙이 졸랐다. "그렇다면, 이제 우리에 대해 설명했는데, 여전히 사진을 찍을 수 없나요?" 안 된단다. 그러나 언젠가 그들이 파리에서 만나게 된다면 …… 이라고 그는 약속한다. 둘러선 사람들이 흩어진다. 그들은 악수를 한다. 키 큰말리인이 손을 자기 가슴에 얹고 아낙에게 말한다. "신의 가호가 있기를."

(Maspero, 1994: 100)

좀더 추상적인 각도에서 보면, 이와 같은 사회화의 형식은 "주관적이고 즉각적인 의미에서 서로를 이해하지 못하는 이방인들 사이의 관계—시간과 거리에 걸친 관계—로 인지되는" 도시 생활의 정치에 관한 아이리스 매리언 영(Iris Marion Young, 1990: 234)의 이상적 서술과 관련한 긴장과 많은 연관이 있다.

영의 견해에 따르면, 대부분의 사람이 오늘날 갖고 있는 다중적 집단 동일화는 도시 생활에서 포함과 차이 사이의 긴장을 해소하기 위한 탐구를 우습게 만든다. 그녀의 용어로, 상호 동일화와 공통성을 추구하는 불필요한 긴장 없이 공존을 위해 차이와 소속을 허용하는 인정(recognition)의 정치는 "이방인과 함께하는 것"으로 정의되는 사회적 관계 형식에 상응한다. 짐멜에게 이방인이라는 인물은 영이 이러한 정의에 도달했을 때 마음속에 품고 있던 철학적 선례인 것 같지는 않지만, 그럼에도 불구하고 거리를 두고 살아가는 삶에 대한 민감성은 분명 그 기본 멜로디의 일부일 것이다.

2.2 도시와 협상하기 또는 가면 뒤로 숨기

거리를 두고 살아가는 삶에 관한—같은 성향이지만 다소 달리 혼합된—사고는 도시에 기반을 둔 화폐 경제가 도시의 인격성에 미치는 영향에 대한 짐멜의 설명에서도 찾아볼 수 있다. 〈근대 문화에서 돈(Money in Modern Culture)〉〔1991a(1896)〕, 〈스타일의 문제(The Problem of Style)〉〔1991b(1908)〕 그리고 무엇보다 1903년 첫 출간한 《메트로폴리스와 정신생활》(1950a) 같은 고전적 에세이에서, 짐멜은 근대 사람들, 특히 이들 가운데 도시에서 분주하게 행동하는 많은 사람 간 상호 작용의 다양하고 일시적인 속성에 관한 자신의 관심을 묘사했다. 그는 근대 도시인들이 극단적인 메트로폴리스적 생활에서의 고립, 자제, 무덤덤한 무관심 등 극단적 반응을 만들어내는 데 책임이 있다고 생각했다. 그의 사유의 핵심에는 도시 혼잡 (mêlée)—항상적이고 변화하는 인상(impression)의 흐름, 속도와 작동의 어리둥절케 하는 변화 그리고 완전한 '이방인들'과의 예상치 못하고 대본에 없는 많은 상호 작용—이 단순히 도시 인구의 집괴(集塊) 이상이라는 가정이 놓여 있다. 요컨대 도시에는 지나가고 스쳐가는 많은 것들이 있으며, 신경질적이거나 안절부절못하는 성격이 되지 않고서는 이러한 차이나 환경 모두와 타협하는 것이 불가능하다.

짐멜이 언급한 것처럼 사건의 메트로폴리탄적 리듬이 이러한 동요 상태의 원인이라면, 이것을 푸는 해법 또는 대처 전략으로 사람들은 자신과 타자 간의 거리 또는 더 광의적으로 도시 자체의 리듬으로부터 거리를 두고자 할 것이다. 도시 생활을 계속하려면, 감정의 자제 또는 고립 같은 것들이 필요하다. 짐멜의 사유에 의하면, 도시의 압도적 리듬에 대한 반응으로 이루어진 수행은 최소한 세 가지 관련된 방식으로 도시의 인격성을 특징짓는다.[5]

짐멜이 서술한 바에 의하면, 거리두기 행동의 가장 두드러진 형태 가운데 하나는 사람 및 사물에게 똑같이 무미건조한(matter-of-fact) 태도를 채택하는 것이다. 성숙한 화폐 경제의 발달과 밀접해지는 것, 즉 경제적 상호 작용의 계산적이고 추상적이며 무미건조한 속성은 사람들로 하여금 경제생활에서 일련의 도구적 실행과 합리적 성향을 만들어내는 방식을 따르게끔 하는 것으로 이해된다. 이러한 형태의 고립은 사회적 교류의 순환에서 크게 후퇴한 감정을 갖게 되며, 엄격히 말해 가슴으로 느끼는 일이 아니라 머리로 알게 되는 일로 여겨진다. 무엇보다도, 계산 문화와 무형성의 문화가 거리를 둔 소외된 방식으로 표현적 주체와 대면하는 한 화폐 매체는 사회적 관계의 대상화를 주도하는 원인이라고 짐멜은 믿었다. 그러나 긍정적 측면에서, 비인격성의 고조된 형식은 사람들이 도시 생활에서 탈피하기 위해, 즉 감정적 교류를 벗어나기 위해 공간을 창출하는 수단으로 이해된다. 이에 따라 인격적 공간, 즉 무미건조한 기반 위에서 접근할 수 있는 사물 자체를 위한 공간이 점차 객관화된 문화 내에서 개방된다. 가장 기본적으로, 인격적 공간은 아침에 멈춰 서서 길에 있는 모든 사람과 이야기해야 한다는 의무감 없이 버스나 전차 정류장까지 갈 수 있도록 만든다.

유사한 종류의 거리화 효과는 도시 생활의 복잡한 리듬에 대한 반응으로서 무덤덤한 태도의 형성에 관한 짐멜의 여러 서술에서 명확히 나타난다. 감정의 포만을 통해 나타나는 무차별감, 새로운 모든 사물에 의해서도 흔들리지 않는 능력, 사물이나 사람 사이의 많은 차이에 대한 평범한 반응 등은 거리를 둔 도시를 유지하는 여러 가지 방법으로 간주된다. 짐멜에 의하면, 사회적 자제의 함양을 도시 생활양식의 근본적인 성분으로 생각하는 한 이런 모든 함정 및 이동과 차이에서 도시와 타협하는 것은 불가능하다.

어느 정도의 익명성을 유지하기 위해서라도 내부로 후퇴할 필요는 짐멜이 "시대의 과장된 주관주의"라고 서술한 것에서 다소 역설적으로 표현되어 있다. 흥미로운 전환으로, 짐멜은 사람들이 유행하는 생활양식과 스타일리스트적 표현 양식을 채택하도록 유도하는 것은 개인적인 것의 은폐가 아니라 노출이라고 주장하기 위해 '스타일'의 상식적 의미를 반전시킨다.

근대인을 이토록 강하게 스타일로 몰고 가는 것은 개성적인 것의 풀어놓기와 감추기이다. 이는 스타일의 본질이다. 주관주의와 개체성은 파열점까지 고조되며 행태의 설계부터 집 가구의 설계에 이르기까지 스타일화한 설계에서, 이런 예리한 개성은 일반화와 그 법칙으로 완화되고 유연해진 것이다. 마치 에고가 그 자신을 더 이상 추구할 수 없으며, 최소한 더 이상 그 자신을 보여주기를 원하지 않으며, 따라서 좀더 일반적이고 좀더 전형적이며, 요컨대 스타일화한 습관인 체한다. ……스타일화한 표현, 생활 형태, 취향, 이들 모두는 거리를 두고 창조하기의 한계이며 그 방식으로, 그 속에서 시대의 과장된 주관주의는 균형과 은폐를 찾는다.

(Simmel, 1991b: 69)

그렇다면 이러한 견해에서, 유행에 대한 순응과 성행하는 사물이나 겉치레의 채택은 자아 표현의 수단이라기보다 자아감을 유지하기 위한 수단이다. 제임스 도널드(James Donald, 1996)는 이런 맥락에서 자아 스타일화하기는 사회적 가면을 쓰는 것과 같다고 주장한다. 더 널리 채택된 취향의 표준에 순응함으로써 자아는 더 많이 드러나는 것이 아니라 더 적게 드러난다. 짐멜의 입장에서 가면은 "근대 메트로폴리스의 초활동성과 과잉 자극에 대한 공포스러운 반응을 나타낸다"고 도널드는 주장한다. 달리 말해, 이는 특이하게 거리두기의 도시 전략—전적으로 개인적이지만 동시에 더 깊은 사적 생활을 숨기는 순응의 공적 표현—이다. 군중에 관한 저서에서 엘리아스 카네티(Elias Canetti, 1973)는 밀도가 가장 높은 곳에서 안도감을 나타내는 군중을 언급하며, 이러한 잠재적으로 해방적인 공간을 상기시켰다. 자유가 개방성, 즉 인정 가능한 사회성으로 인해 많이 상실되지는 않는 것처럼 이런 설명에서 집단적 정체성에 대한 항복은 개인적 정체성의 상실을 그렇게 많이 수반하는 것은 아니다.

그러나 어떤 종류의 분열된 정체성이 실제 사회적 가면 이면에 있는지는 짐멜의 저작에서 전혀 분명하지 않으며, 이는 그 자체로 논쟁의 주제가 된다. 예를 들어, 도널드는 짐멜이 좀더 깊고 복잡한 인격성의 출현을 가정했다고 추론한다. 그러나 리처드 세네트(Richard Sennett, 1969)는 시민들의 공적 세계와 사적 세계 간 연계가 필수적으로 한쪽이 다른 한쪽으로 환원 가능함을 함의하는 것은 아니라는 짐멜의 인식에 더 동의하는 것처럼 보인다. 짐멜에게 주관성의 복잡한 내면세계란 없는 것처럼 보이며, 반면 사람들이 일상적 기반에서 타협하는 객관화되고 비인격적인 메트로폴리스는 존재한다. 니콜라스 로즈(Nikolas Rose, 1996)의 용어로 말하면, 바로 이런 외적 타협이 우리의 주관적 자아 속으로 접혀 들어오며, 그것이 도시에 '존재하는 것'의 허약한 기반을 형성한다.[6]

메트로폴리스에 관한 짐멜의 에세이가 출판되고 거의 한 세기가 지난 후, 정보 도시 또는 네트워크 도시를 가로지르는 상호 작용의 양식을 모양 짓는 오늘날의 거리화 과정을 이런 맥락에서 사유하는 것은 흥미로운 일이다. 의사소통 기술이 만남과 동시 출현의 새로운 형태를 만들어가고 있는 이른바 '실시간' 도시에서, 전자적(electronic) 가면 뒤로 숨기에 대한 논의는 과잉 자극과 즉각성의 새로운 근원에 직면하면서 무덤덤함(blasé)의 의미를 고찰한 짐멜의 설명보다도 더 많은 것을 드러낼 것 같지 않다. 만약 오늘날 우리가 마누엘 카스텔(Manuel Castell, 1996)의 용어로, 도시가 "흐름의 공간"의 일부가 되는 네트워크 사회를 실제 목격하고 있다면, 도시들 사이의 관계—도시 내부의 관계와 마찬가지로—는 이동성과 유동성의 새로운 형식이 명백한 상황 속에서 타협을 해야만 한다. 만약 사건의 가시적 자극성이 바버라 애덤(Barbara Adam, 1995)이 명명한 "지구적 현재"를 유도한다면, 이것들을 경험하고 객관화하는 방식은 사회적 상호 작용의 복잡한 형식을 소진시키는 속력과 속도에 대해 무관한 태도를 만들어낼 것이다. 어떤 확실성을 가지고 말하기는 어렵지만, "사회적 거리의 새로운 형식은 이동성이라는 제한된 맥락 내에서 학습해야만 할 것"이라고 주장한 스콧 래시와 존 어리(Scott Lash and John Urry, 1994: 255)의 예언보다도 점점 더 많은 사람이 매개되거나 또는 매개되지 않은 접촉을 통해 순환의 세계 속으로 빠져들고 있다.

달리 말해, 많은 사람들은 이 세계에서 무엇이 진행되고 있는지 알고 있다고 느낄―거의 대부분 그렇게 발생하는 것처럼―것이며, 이 세계에서 사람들은 세상 실정에 대한 그들의 실제 지식이 얼마나 부분적인지와 관계없이 하나의 대처 수단으로 이러한 발생에 무덤덤하게 되었다. 이런 점에서 짐멜을 현대적 맥락에서 이해하면, 도시 내에 복잡한 리듬이 존재함에 따라, 오늘날 관계성의 '지구적' 강도 그리고 거리를 둔 그 관계성의 효과를 생활화할 필요가 많다.

3 이동과 이동성의 문화

이제까지, 짐멜이 성숙한 화폐 경제의 작동과 결부시켰던 유의성을 단지 상호 작용의 근대적 형식의 증후군이라는 의미에서 스쳐가듯 다루었다. 사실 그의 저작으로부터 우리는 상호 작용의 많은 근대적 형식의 공허하고 계산적인 속성과 마찬가지로, 메트로폴리스 생활의 즉각성과 속도는 성숙된 화폐 경제의 특징에서 직접적으로 추출 가능하다는 주장을 끌어낼 수 있다. 예를 들어 그의 에세이 《돈과 근대 문화》에서, 어떻게 돈이 문화적 관계를 형성하고, 그에 따라 돈의 비결정성을 아무 성질도 없는 무형식적 문화에 반영되는 매체로 고려할 수 있는지를 쉽게 이해할 수 있다. 짐멜에 의하면, 색깔이 바랜 화폐 경제의 추상적 성격은 계산의 문화와 모든 사물의 평준화―질이 아니라 양의 문제로서―를 초래하는 것으로 이해된다.

뒤늦은 고찰의 이점으로, 이러한 개관에 함의된 잠재적 문화 결정론에 관심을 기울이고, 특히 보편적 문화 경험이라는 사고로부터 물러나는 것이 좋겠다. 그러나 이러한 비판과 무관하게 돈의 순환과 일상 세계 간 일련의 조응보다 많은 것을 짐멜의 주장에서 찾아볼 수 있다. 특히 나이절 도드(Nigel Dodd, 1994)는 돈에 대한 짐멜의 선입관은 근대 경제의 기술적 측면으로서 화폐가 아니라 돈에 관한 사고—즉 돈이 만들어내는 문화적 관계 그리고 사람들이 그 돈의 이동 및 유통과 관련해 자신을 위치 지우는 방식—와 관련이 있다고 주장한다.

3.1. 이동감 느끼기 또는 일정 속도로 생활 경험하기

성숙한 화폐 경제의 동요가 사람과 사물에 대해 냉정하고 무미건조한 태도를 만들어냈다는 짐멜의 믿음에 대해서는 이미 언급했다. 그러나 도시 경제생활의 압도적인 리듬을 감수하기 위한 수단으로서 이러한 실천은 일상생활에서 돈의 이동과 이동성에 관한 특정한 해석에 의해서만 이해할 수 있다.[7] 무엇보다도, 이런 해석에 의하면 사람들이 교환 거래를 할 때 여기에 참여하고 있다고 상상하는 것이 실제 리듬과 이동의 객관화한 사고에 의미를 부여한다고 주장한다. 예를 들어 나이절 스리프트 (Thrift, 1996)가 주장한 것처럼 사용자에게 어떻게 해서든 부여되는 속도의 어떤 근본적 속성이 존재하는 것이 아니라, 이동을 의미 있게 만드는 상이한 느낌만 있을 뿐이다.

유사한 의미에서, 짐멜이 금세기 시작 시기에 출판한 주요 저작 《돈의 철학》에서 예시하고자 한 관심 가운데 하나는 바로 이동의 문화적 사고가 돈의 매개를 통해 어떻게 객관화되는지에 관한 것이었다. 만약 돈이라는 매개가 실제 문화의 복잡성, 특히 도시 문화의 복잡성을 증대시킨다면 사람들이 경험하고, 그들의 주변 환경 및 타자와의 관계에 의미를 부여하는 방식에 대한 돈의 영향을 명백히 밝혀야 한다. 그리고 사실 《돈의 철학》 1부가 화폐의 역할과 교환 관계에 부여된 의미에 대한 통찰력을 제공한다면, 2부는 짐멜이 화폐 경제의 문화적 결과라고 고찰한 것을 서술한다. 짐멜의 글쓰기 스타일에 걸맞게 이 책의 앞뒤는 뚜렷이 구분되지 않으며, 한 부분에서 제기한 주제가 다른 부분에서도 임의적으로 재등장해 중첩되기도 한다. 그러나 이 책의 마지막 장은 공간과 시간에 관한 우리의 인상이 성숙한 화폐 경제의 작동에 의해 형성되는 여러 가지 방식에 관심을 기울이고 있다.[8]

이 장은 거리를 극복하고 장소를 더 가까이 함께 가져올 수 있는 돈의 능력에 관심을 기울이는 다른 유형의 관련성도 예시하고 있지만, 여기서 다루는 방식 가운데 하나는 우리가 이미 고찰한 거리화에 관한 폭넓은 이슈와 관련이 있다. 물론 이 이슈는 자본이 촉진하는 "시간에 의한 공간의 절멸(annihilation)" 과정과 그 결과로 기호, 이미지, 여타 감각적 자극의 (탈근대적인) 문화적 과잉 부담으로 나타난다고 할 수 있는 순환의 가속화에 관한 데이비드 하비(David Harvey, 1985, 1989)의 주장과 가깝다. 그러나 짐멜의 생각에 의하면, 근대 문화생활에서 과잉 혼잡된 근접성과 마찰은 또한 무엇이 가깝고 무엇이 먼지에 관한 우리의 감각을 재구성하는 효과를 갖는다. 가까이 있는 이방인에 관한 그의 (후기 저서에서 나타난) 분석의 연장선에서, 화폐의 추상적이고 무색적 속성은 매우 가까운 관계 사이의 사회적 거리를 확대하고, 멀리 있는 것을 가깝게 끌어오는 것으로 여겨진다. 이런 맥락에서 무덤덤한 반응은 모든 새로운 자극에 대한 탐색에서 멀리 떨어진 것을 포용하고, 동시에 가까이 있는 관계를 차단한다.

그러나 이동에 관한 우리의 민감성이 화폐의 유통에 영향을 받는 방식에 관해 짐멜이 제시한 가장 탁월한 예시는 근대 생활의 가속적 속도와 리듬에 관한 설명이라고 할 수 있다. 돈이 도시 경제를 둘러싸고 유통되는 속도가 변함에 따라 짐멜은 생활의 속도─그리고 이와 더불어 공간과 시간에 관한 우리의 경험—도 그렇게 변한다고 믿었다. 그러나 이러한 주장에서, 짐멜은 인간 활동에서 나타날 수 있는 잠재적 가속화에 대해 단지 가시적으로만 관심을 가졌을 뿐이다. 즉 그에 의하면, 돈은 특정 시점에 특정 사회의 문화적 성격을 상징적으로 재현하며, 어떠한 일방적인 이해관계로부터도 분리된 유순하고 무형적인 실체이고, "인상과 자극을 받아들이고 변경시키는 횟수 및 다양성과 비교해 그 자체를 평가한다".[9] 그리고 바로 이런 의미에서 삶의 속도가 증가했다고 말할 수 있다. 문화적 경제에서 경험할 일은 훨씬 많이 있으며, 그 가운데 많은 것은 강도가 좀더 세고, 사람은 이것들의 흐름과 이동을 통해 타협해야만 했다. 짐멜이 서술한 것처럼

돈은 삶의 내용의 형식과 질서를 결정하는 데 기여한다. 이는 삶의 내용의 발전 **'속도'**와 관련이 있으며, 이 속도는 역사의 여러 시기, 어떤 한 시기에서 세계의 다른 지역 그리고 한 집단 내에서도 개인에 따라 상이하다. 우리의 내부 세계는 마치 이차원 위에 있는 것처럼 확대되며, 그 확대 범위는 삶의 속도를 결정한다. 어떤 한 시점에 우리가 상상한 내용 사이에—개념화의 횟수가 동일하다 할지라도—차이가 클수록 삶의 경험은 더 집약적이고, 우리가 지나온 삶의 범위는 더 커진다. 우리가 삶의 속도로 경험하는 것은 이러한 변화의 총합 및 깊이의 산물이다. 어떤 주어진 시기에 삶의 속도를 결정하는 돈의 유의성은 무엇보다도 화폐 유통에서의 **'변화'**가 삶의 속도의 **'변화'**를 유발한다는 사실로 예증된다.

(Simmel, 1990: 499, 강조는 원문)

따라서 이 인용구에서 삶의 가속화한 속도와 관련해, 짐멜은 돈을 사용하는 사람들에게 이동성의 속성을 부여한 일단의 금융적 기술을 생각

하지는 않았음이 분명하다. 반대로 객관화한 형식으로 개인과 대면하게 되었다고 할 수 있는 문화의 속도는 사람을 이것의 흐름 및 이동과 관련해 어떻게 위치 짓는가에 따라서 다른 방식으로 경험되고 해석된다. 이에 따라, 오늘날 국제 금융의 신속한 속사(quick-fire) 공간에 참여하는 금융 취급자들이 갖는 '지구적 현재'의 의미는 갑작스러운 위험 및 손쉬운 이익과 아무런 관련성도 맺지 않는 사람들이 갖는 의미와 아주 다를 것이다. 후자, 예를 들어 약간의 주식과 채권을 가진 연금 생활자에게 세계는 느려진 것처럼 보이겠지만, 가속화한 속도와 강도에 관한 이들의 해석이 더 큰 문제이다.[10]

사실, 짐멜이 돈의 사례를 통해 전할 수 있었던 것은 사회적 관계의 객관화―즉 이러한 관계를 구성하는 사람들로부터의 독립성―뿐만 아니라 이들의 다양한 주관적 해석 '모두'이다. 그러나 돈을 사례로 선정함으로써 그는 또한 사물이 일상생활에서 흐르는 리듬과 속도를 객관화했을 뿐만 아니라 사람들이 화폐에 대한 생각과 그것의 이동 및 이동성을 어떻게 경험하고 여기에 어떻게 의미를 부여하는지를 묘사했다. 사실, 그는 이것들의 공간-시간 측면을 발전시켰다고 할 수는 없지만, 그럼에도 불구하고 그는 우리가 어떻게 형식적 방식이 아니라 구성적 방식으로 문화적 형식을 공간화하게 되었는가에 관한 통찰력을 유산으로 물려주었다. 이 유산은 매우 다양한 맥락에서 채택될 수 있으며, 1970년대 나이지리아 오일 머니의 상징적 의미에 관한 마이클 와츠(Michael Watts, 1994)의 설명에서 그 사례를 찾아볼 수 있다. 19세기의 베를린과는 전혀 다른 시나리오에서, 와츠는 다음과 같이 설명한다.

산업화하고 있는 아프리카의 자본주의 국가에서 오일 머니의 유입은 돈이 사회적 통합 및 와해가 동시적으로 작동하는 방식에 기여하고 또 이를 어떻게 반영하는지를 보여줄 수 있는 유리한 관점을 제공한다. 이런 관점에서, 나이지리아의 돈에 대한 상징적·문화적·사회정치적 표현 가운데 일부는 일정한 한계 내에서 돈의 작동을 묶어두기 위해 노력하는 것처럼 보인다. 다른 측면에서, 오일 머니―사회적 권력으로서, 국가의 부패와 타락으로서, 맹목적 야망과 환상으로서―는 사회성을 잠식하고, 이것이 접촉하는 모든 것을 똥―악취를 제거하고 반짝거리도록 만든 배설물로서 오일 머니―으로 전환시킨다. 오일 머니는 사회의 블랙박스를 비집어 여는 수단을 제공하는 한편, 사회 구조는 화폐가 사회적 관계를 매개하고 동시에 그 관계를 경험하는 근본적 수단을 제공하는 복잡한 방법을 이해하는 출발점을 제공한다.

(Watts, 1994: 442-443)

나이지리아에서 오일 머니의 순환이 어떻게 사회성 전반을 침식시킨 객관화한 문화의 발달을 가져왔는지 설명하기 위해 와츠는 짐멜을 끌어들여 오일 머니의 물신화한 속성, 오일 머니의 불가해한 형식이 어떻게 여러 사회적 집단화를 악화시키고, 또한 무슬림 및 다른 내부 집단에 의해 서로 다르게 이해되었는가를 보여줄 수 있었다. 예를 들어, 무슬림 공동체 사람들은 오일 머니의 순환에 의해 초래된 근대 생활의 가속화된 속도에 사로잡혀 있는 자신을 발견했을 때, 돈의 '특정한' 리듬과 이동―모든 것을 원색적 도덕 수준으로 낮추어버린 나이지리아의 페트로-나이라(petro-naira: 나이지리아의 화폐 단위―옮긴이)에 의해 상징화되는 것처럼―을 거부하게 되었다. 짐멜처럼 와츠에게도, 돈은 그것을 통해 사회적 관계를 경험하고 또한 객관적 출현이 문화적 경제를 모양 짓는 하나의 매체이다.

4 결론

이 장을 시작하면서 언급한 것처럼 짐멜의 글쓰기는 특이한 취향을 가진다. 사회적 상호 작용에 관한 세밀한 상술, 모든 미묘한 형식에 대한 그의 주목은 우리가 역사적 맥락의 많은 부분을 간과했음을 깨닫기 전까지는 단순한 기쁨 정도였다. 게다가 우리가 그의 사유의 선(線)을 파악하고 유추를 짜 맞추었다고 생각하는 순간, 그는 의미의 틀이 우리의 통제로부터 빠져나가도록 함으로써 그 틀이 유도하는 장소에서 우리가 방황하도록 하는 능력을 갖고 있다. 크라카우어가 짐멜은 체계적 분석 또는 개념적 정확성을 능가한다고 말한 점은 분명 옳다.

그러나 그가 짐멜이 가장 단순한 현상, 충만하고 다양하며 가장 상식적인 상호 작용에 관한 이해를 제시했음을 강조한 점 역시 옳다. 표면적으로 자명한 그의 관심의 폭은 어떻게 보더라도 놀랄 만하다. 초기에는 젠더, 유행, 지배 같은 주제에 관한 문헌들이 있으며, 여기에 감각(시각, 청각, 후각 등의 양식)의 역할, 식사의 현상학, 모험의 경험, 장식품의 의미, 전시의 스타일, 충성의 사회적 역할 등에 대한 관심을 더할 수 있다. 그런데 이는 그의 '문화적' 관심과 출판물을 표면적으로만 드러낸 것에 불과하다. 좀더 최근 들어 많은 논평가들이 그의 저작에 문화 연구라는 이름을 붙이며 미학·철학·역사학·형이상학·사회심리학 그리고 사회학 등으로 분류하지만, 짐멜의 저술들은 분명 학문적 용어로 쉽게 분류할 수 없다. 그러나 솔직히 말해서 그의 저술을 "영혼, 개인주의, 사회의 철학"(Kracauer, 1995: 225)이라고 쉽게 칭할 수는 있겠지만, 이 또한 여전히 그의 저작의 분량과 범위를 전달하지는 못한다. 그의 흥미와 관심을 학문적으로 어떻게 분류할지라도, 아마 반복되는 한 가지 주제는 그가 관심의 초점을 두었던 사회적 상호 작용(또는 사회화), 특히 상식적이고 외관상 추상적인 형식에서의 상호 작용의 속성이라고 할 수 있다.

그런데 사실상 흔히 언급하지 않고 지나치는 것은 그와 같은 초점의 주요한 이점은 사람들이 어떻게 그들의 삶을 공간적으로—근접해서, 가깝게, 떨어져, 분리되어, 이동 중에, 특정한 속도로—영위하는가 그리고 그들이 어떻게 경험을 이해하는가에 대해 정당하게 주목했다는 점이다. 1890년대 베를린이든, 1990년대 파리 교외든, 1970년대 라고스든, 또는 어떤 다른 곳이든 일상생활 문화를 공간적으로 사유할 수 있는 능력은 분명 매력적이다. 이 장에 기초해서, 두 가지, 즉 근접성과 거리, 이동과 이동성의 함의를 통해 오늘날의 상호 작용에 대한 양식의 많은 부분을 사유할 필요가 있다. 예를 들어, 세계의 도시들이 규모 면에서 엄청나게 성장하고, 다양한 범위의 인종이 만나는 장소로서 그 역할을 설정하고 있는 현재 상황에서, 문화와 사람은 상이함이 도시에서 어떻게 타협되는가에 관한 유의성, 아울러 근접성은 어떻게 경험되며 우리 자신과 타자 사이의 거리는 어떻게 이해되고 해석되는가에 대한 중요성을 보여준다. 일반적으로 어색해 보이는 감정의 병렬, 특정 맥락에서 매우 긴밀한 강도의 관련성은 짐멜의 끊임없이 변하는 상상력을 검증할 수 있는 거리화 효과를 부추긴다.

마찬가지로, 만약 우리가 근대적 삶의 속도가 가속화하고 있다는 견해, 사회적 관계에 즉각성의 정도가 커지기 때문에 타협하고 수용해야할 것이 늘어난다는 견해를 (최소한 특정 도시들에서) 받아들인다면, 어떤 결론이 도출된다. 이런 시나리오에는 어떤 과장된 요소가 있겠지만, 내포된 상이한 리듬과 강도의 효과를 통해 사유하는 것은 우리의 의무이다. 요점을 강조하자면, 의무적으로 주어진 과제는 빠른 속도 및 그 속도를 높이는 사회적 관계라는 이슈가 아니라, 사람들이 사건과 경험 사이의 간극이 줄어들었다고 느낀다는 사실과 어떻게 타협하는지를 밝히고자 하는 관심이다. 그러나 짐멜이 그러했던 것처럼 사람들이 이러한 즉각성 및 다양성과 어떻게 타협하는지가 그들의 일상적 행동과 사회적 상호 작용을 모양 짓는다는 사실을 이해하기 위해, 이러한 이동의 문화를 화폐의 역동성과 필수적으로 결합시켜야 하는 것은 아니다. 그렇지만 당분간 우리가 할 수 있는 것은 일상적인 익살스러운 행동—무덤덤함 또는 그렇지 않은 행동—에 내포되어 있는 것이 무엇인가를 곰곰이 숙고하는 것이다.

감사의 글

조 푸르드(Jo Foord), 스티브 파일(Steve Pile), 마이클 프리케(Michael Pryke), 나이절 스리프트는 이 장의 초기 초안을 읽고 논평을 해주었다. 현재의 수정본은 이들의 통찰력에 많은 힘을 입었다.

주

1. 전자의 에세이는 문화에 관한 짐멜의 저술을 최근 편집한 Frisby and Featherstone (1997)에 재게재되었다. Frisby(1992)와 마찬가지로 이 책 서론에서, 후자의 에세이는 경계, 전선, 입지 등의 유의성에 관한 짐멜의 한층 형식적인 관심을 평하고 있다. 흥미롭게(Frisby, 1992에 따르면), 그는 또한 짐멜의 '공간적 기하학'에 대한 에밀 뒤르켐(Emile Durkheim)의 비판에 주목하고 있는데, 뒤르켐은 짐멜의 공간적 정형화보다 정치지리학자 프리드리히 라첼(Friedrich Ratzel)의 좀더 앞선 공간적 정형화를 선호한 것으로 밝혀졌다. 또한 Frisby(1994)에 있는 뒤르켐의 에세이 〈과학으로서 사회학의 영역〉 참조.
2. Kracauer(1995: 257).

3. 1920년대 시카고학파, 특히 로버트 파크(Robert Park)의 저술은 이런 일차원적 방법으로 '이방인'이라는 인물을 묘사하는 데 영향을 미쳤다. 평론과 비판을 위해서는 Levine(1977) 참조. 또한 매우 흡사하게, '사회적 거리' 개념은 '관리 가능한'으로 변화했고, 당시의 실증주의적 방식으로 측정할 수 있는 일단의 변수로 전환했다. Levine, Carter and Miller Gorman(1976) 참조.

4. Simmel(1950b: 406). 이런 의미에서 이방성은 쉽게 가장 친밀한 관련성으로 들어간다. 첫 열애 단계에서, 성적 관계는 이상하게도 어떤 일반화한 사고조차 거부한다. 연인은 그들과 같은 사람이 결코 없고, 어떤 것도 사랑하는 사람 또는 그 사람을 위하는 감정과 비교할 수 없다고 생각한다. 소원함―원인인지 또는 결과인지 결정하기는 어렵지만―은 보통 이런 독특한 감정이 관계에서 소멸될 때 생긴다.

5. 세 가지 방법 각각은 또한《돈의 철학》에서 나타나며―근대 문화 일반과 분명하게 관련됨에 따라―사회적 거리화가 특히 도시적 현상인지는 완전히 분명하지 않다. 그러나《메트로폴리스와 정신생활》에서, 짐멜은 이 에세이의 내용을 어떤 인용 가능한 문헌에서 도출한 것이 아니라《돈의 철학》에서 발전한 주장과 사고에서 도출한 것이라고 독자에게 알려준다. 그렇다면 최소한 돈과 도시 생활은 사회적 거리화의 원인이며 또한 결과라고 말할 수―사회적 거리화가 도시-제한적인 사회적 수행이라고 말하는 것은 아니지만―있다.

6. Rose(1996: 142). 주름(fold) 또는 접힘(pleat)이라는 개념은 어떤 근본적인 내부성(interiority)을 가정하지 않고, 따라서 우리 자신을 이런 내부성의 법칙―우리가 그 역사를 혼란시키고 진단하고자 하는―이라는 특정 견해에 묶어두지 않더라도 인간을 생각할 수 있는 방법을 제안한다. 주름은 근본적인 내부가 없는 관계, 즉 '내부적'인 것이 단지 외부의 '안으로 접히는 것(infolding)'인 관계를 말한다. 주름 개념은 질 들뢰즈(Deleuze, 1988, 1993)의 저작에서 빌려왔다.

7. 이 주장은 Allen and Pryke(1999)에서 좀더 발전했다.

8. '생활양식'이라는 제목이 붙어 있는《돈의 철학》마지막 장은―Habermas(1996)에 따르면―문화를 개념화하는 데 있어 표현적이고 주관적인 차원에서 물질적이고 객관적인 과정으로의 전환을 가져오는 데 중요한 영향을 미친 것으로 인정받는다.

9. Simmel(1990: 505).

10. 이에 관한 연구로는 Pryke and Allen(2000), "Monetized time-space: Derivative-money's 'new imaginary'?" 참조.

참고문헌

Allen, J. and Pryke, M. (1999) 'Money Cultures after Georg Simmel: Mobility, Movement and Identity', *Environment and Planning D: Society and Space* 17 (1): 51-68.

Adam, B. (1995) *Timewatch: The Analysis of Social Time*. Cambridge, Polity press.

Castells, M. (1996) *The Rise of the Network Society*. Oxford, Blackwell.

Canetti, E. (1973) *Crowds and Power*. Harmondsworth, Penguin Books.

Deleuze, G. (1988) *Foucault*. London, Athlone press.

Deleuze, G. (1993) *The Fold: Leibniz and The Baroque*. Minneapolis, University of Minnesota Press.

Dodd, N. (1994) *The Sociology of Money: Economics Reason and Contemporary Society*. Cambridge, Polity press.

Donald, J. (1996) 'The citizen and the man about town', in Hall, S. and du Gay, P. (eds) *Questions of Cultural Identity*. London, Sage.

Frisby, D. (1985) *Fragments of Modernity: Theories of Modernity in the Works of Simmel, Kracauer, and Benjamin*. Cambridge, Polity press.

Frisby, D. (1992) *Simmel and Since: Essays on Georg Simmel's Social Theory*. London, Routledge.

Frisby, D. (1994) *Georg Simmel: Critical Assessments*. London and New York, Routledge.

Frisby D. (1997) 'Introduction to the texts', in Frisby, D. and Featherstone, M. (eds) *Simmel on Culture: Selected Writings*. London and New Delhi, Sage.

Frisby, D. and Featherstone, M. (eds) (1997) *Simmel on Culture: Selected Writings*. London and New Delhi, Sage.

Giddens, A. (1984) *The Constitution of Society: Outline of a Theory of Structuration*. Cambridge, Polity press.

Giddens, A. (1990) *The Consequences of Modernity*. Cambridge, Polity press.

Habermas, J. (1996) 'Georg Simmel on Philosophy and Culture: Postscript to a Collection of Essays', *Critical Inquiry* 22: 403-14.

Harvey, D. (1985) *Consciousness and the Urban Experience*. Oxford, Basil Blackwell.

Harvey, D. (1989) *The Condition of Postmodernity*. Oxford, Basil Blackwell.

Kracauer, S. (1995) *The Mass Ornament: Weimar Essays*. Cambridge, Mass., Harvard University Press.

Lash, S. and Urry, J. (1994) *Economies of Signs and Space*. London, Sage.

Levine, D. (1977) 'Simmel at a Distance: On the History and Systematics of the Sociology of the Stranger', *Sociological Focus* 10 (1): 15-29.

Levine, D., Carter, E. B., and Miller Gorman, E. (1976) 'Simmel's Influence on American Sociology', *American Journal of Sociology* 81: 813-845, 1112-1132.

Maspero, F. (1994) *Roissy Express: A Journey Through the Paris Suburbs.* London and New York, Verso.

Pryke, M. and Allen, J. (2000) 'Monetized time-spaces: Derivatives—money's "new imaginary"?' *Economy and Society* 29: 2.

Rose, N. (1996) 'Identity, Genealogy, History', in Hall, S. and du Gay, P. (eds) *Questions of Cultural Identity.* London, Sage.

Sennet, R. (1969) *Classic Essays on the Culture of Cities.* New York, Appleton-Century-Crofts.

Shields, R. (1992) 'A Truant Proximity: Presence and Absence in the Space of Modernity', *Environment and Planning D: Society and Space* 10 (2): 181-198.

Simmel, G. (1950a) 'The Metropolis and Mental Life', in Wolff K. H. (ed.) *The Sociology of Georg Simmel.* New York, The Free Press.

Simmel, G. (1950b) 'The Stranger', in Wolff, K. H. (ed.) *The Sociology of Georg Simmel.* New York, The Free Press.

Simmel, G. (1990) *The Philosophy of Money.* Frisby, D. (ed.) London and New York, Routledge.

Simmel, G. (1991a) 'Money in Modern Culture', *Theory, Culture and Society* 8 (3): 17-31.

Simmel, G. (1991b) 'The Problem of Style', *Theory, Culture and Society* 8 (3): 63-71.

Thrift, N. (1996) 'New Urban Eras and Old Technological Fears. Reconfiguring The Goodwill of Electronic Things', *Urban Studies* 33 (8): 1463-1493.

Urry, J. (1995) *Consuming Places.* London and New York, Routledge.

Watts, M. (1994) 'Oil as Money: The Devil's Excrement and the Spectacle of Black Gold', in Corbridge, S., Martin, R., and Thrift, N. (eds) *Money, Power and Space.* Oxford, Basil Blackwell.

Young, I. M. (1990) *Justice and the Politics of Difference.* Princeton, New Jersey, Princeton University Press.

미하일 바흐친:
공간의 대화 이론

1 서론

이 장의 목적은 두 가지이다. 첫째, 우리는 러시아 사상가 미하일 바흐친 (Mikhail Bakhtin, 1895~1975)의 공간 '사유' 방식을 한정짓고 그것에 대해 서 술하고자 한다. 즉 우리는 그가 공간과 공간적 관계에 관해 이해하고 서 술한 방식을 알아내고 예증하고자 한다. 이 장의 두 번째 목적은 바흐친 의 '지리적 상상력'에 관한 묘사를 통해 달성할 수 있다. 특히 이는 순수 하게 '대화적 공간 이론(dialogical theory of space)'을 향한 수순 밟기를 포함 한다. 잠정적으로 이러한 목적을 향해 연구를 착수한 결과, 우리는 이 길 로 나아가는 것이 어렵다는 걸 알게 되었다. 특히 공간의 대화론을 향한 여행은 '맥락'에 관한 바흐친의 상이한 사고에서 유발된 어려움과 마주 쳤다. 맥락에 관한 사고는 이 장에서 제기하는 주장과 그 구성을 구조화 한다는 점에서, 이에 관한 다양한 개념화를 인정할 필요가 있다. 달리 말 해, 이 장은 바흐친의 저작에서 맥락에 관한 유물론적 및 현상학적 사고 부터 좀더 포괄적인 사회적 사고에 이르는 경로를 여행할 것이며, 그렇게 함으로써 우리는 대화적 공간 이론을 향해 나아갈 것이다.

그렇지만 엄격하게 말해서, 여기서 제시한 여행은 미리 정한 목적지에 도달하고자 하는 것은 아니다. 이 장의 한정된 분량 내에서, 그러한 목적지에 도달해 그 지형을 완전히 파악하기란 아주 기적 같은 일일 것이다. 둘째, 그러한 장소에 도달한다는 것은 바흐친적 사상의 근본적 교의를 포기한다는 것을 의미한다. 우리가 알고 있듯이 바흐친의 철학은 끝이 없고 항상 새롭다. 여행을 계속할 기회, 또는 더 정확히 말해 대화를 계속할 적절한 곳에 도달하기는 바흐친의 사상에서 존재하지 않는 지점을 찾는 것과 같다.

유용한 출발점은 주목할 만한 미하일 바흐친의 일대기이다. 왜냐하면 그의 생애에 관한 짧은 서술은 대화주의(dialogism)와 관련해 무엇보다 중요한 사고 가운데 일부의 윤곽을 보여주기 때문이다. 예를 들어, 그가 대학 입학 전에 생활했던 빌니우스와 오데사라는 러시아 도시는 홀퀴스트 (Holquist, 1990: 1)가 지적한 것처럼 "문화와 언어의 혼합으로 몹시 이질적이었으며", 그에 따라 다어성(many-languagedness) 또는 그의 용어로 말하면 이어성(異語性: 또는 이질 언어성. 한 개인의 발화 속에 내포된 의미들 간의 충돌 또는 갈등을 뜻하며, 바흐친의 대화 이론에서 중요한 개념이다—옮긴이)에 관한 바흐친의 흥미를 반영하고 고취시켰다. 러시아 혁명이 끝난 1918년 상트페테르부르크 대학교를 떠난 후, 그는 1924년까지 네벨과 비텝스크라는 도시에 정착했다. 이 시기는 흔히 바흐친의 전 작품에서 첫 번째로 의미 있는 시기로 지목되며, 신칸트주의와 그에 따른 한층 (전통적인) 철학적 저서들에 집착한 것으로 특징지을 수 있다. 이 당시 저서 가운데 많은 것들〔예를 들어 《행동철학을 향하여(Toward a Philosophy of the Act)》(1993)〕은 사후에 출판되었다.

여기서 바흐친은 많은 좌담, 논쟁, 대화를 나눈 한 지식인 집단의 일원이 되었다. '바흐친 서클'로 알려진 집단에는 발렌틴 볼로시노프(Valentin Voloshinov)와 파벨 메드베데프(Pavel Medvedev) 등도 있었다. 이 두 인물은 바흐친의 일대기와 작품에서 매우 중요한데, 이는 그들과 상호 교류했다는 점에서뿐만 아니라 두 저서, 즉 《마르크스주의와 언어철학(Marxism and the Philosophy of Language)》(MPL, 1973; 1929년 초판) 및 《문예학에서 형식적 방법(The Formal Method in Literary Scholarship)》(FMLS, 1985; 1928년 초판)이 각각 이 두 인물의 것으로 추정되기 때문이다. 이 저서들은 본래 초고에 쓰인 이름의 저자들 작품이 아니라 바흐친 자신의 것으로 간주되었다. 흔히 알려진 '저자 논쟁'처럼 이 논란은 계속되고 있으며, 아직 해결된 것처럼 보이지는 않는다. 바흐친은 자신이 '논쟁에 싸인 저서들'에 대한 저자임을 긍정도, 부정도 전혀 하지 않았다. 우리의 견해로는, 원저자가 누구이며 그 저서들의 단어를 누가 소유하는지를 둘러싼 논쟁은 바흐친 대화주의의 전형적인 사례라고 할 수 있다. 요컨대 이 저서들은 바흐친, 메드베데프, 볼로시노프 그리고 '바흐친 서클'의 다른 구성원 사이의 대화적 만남과 상호 교류의 산물로 이해할 수 있다.

1929년 바흐친은 카자흐스탄에서 체포되어 유형(流刑)을 받았다. 이는 그의 연구가 문화사와 소설의 진화에 관심을 갖도록 변화하는 신호가 되었다. 그렇지만 초년에 가졌던 그의 형이상학적 의문은 여전히 마음속에 많이 남아 있었다. 바흐친의 잘 알려진 저서 가운데 많은 것들, 특히 프랑수아 라블레(François Rabelais: 프랑스의 작가, 의사, 인본주의자. 프랑스 르네상스 최대의 걸작으로 알려진 익살스럽고 풍자적인 《팡타그뤼엘(Pantagruel)》(1532)과 《가르강튀아(Gargantua)》(1534)의 저자이다―옮긴이)에 관한 논문은 이 유형 시기 및 그 직후에 쓴 것이며, 그중 일부는 분실되고, 찢어지거나 또는 심지어 지급품 부족으로 저자 자신이 담배 말이 종이로 사용했다. 전쟁 이후, 바흐친은 1960년대에 모스크바로 이주하기 전까지 사란스크 대학교에서 가르쳤다. 그곳에서 사상가로서 그의 명성은 《도스토옙스키 시학의 문제(Problems of Dostoevsky's Poetics)》(PDP, 1984a; 본래는 1929년에 저술한 것임)의 재판을 출간하고, 고리키 연구소(Gorky Institute)의 세 학자들이 그를 '발견'하고 장려함으로써 급등하게 되었다. 말년에 바흐친의 저술은 그의 초기 저작에서 보였던 철학적 관점으로 되돌아왔다. 이러한 관점은 과거 원고들의 재집필 및 편집 작업과 함께 그의 생애에서 세 번째 시기에 해당한다.

이 시기부터 바흐친의 사상은 여러 가지 서로 다른 영역과 학문에 도입 또는 활용되거나 확장되었다.[1] 그렇지만 바흐친의 개념과 사고가 그토록 많은 분야에서 응용 가능하고 활용되었다는 점은 그의 저작을 설명하려는 노력을 상당히 어려운 일로 만든다. 따라서 그의 사상을 재현하고 그 사상에 내재된 지리학을 설명하기 위해, 우리는 엄청난 폭과 다양성을 갖고 있는 한 사상가와의 대화뿐만 아니라 사회과학과 인문학에 걸친 일단의 번역가들과도 대화를 해야만 한다. 우리는 바흐친 '같은' 사람은 존재하지 않으며, 따라서 그의 저작을 하나의 지배적 서술 범주로 억지로 밀어 넣으려는 시도는 그가 규명하고 옹호하고자 했던 다양성과 이질성의 원심력과 반대로 그가 도전하고자 했던 구심력에 대해 서술하는 것임을 끊임없이 인식하고 있다. 그리고 다시 한 번 이 장의 목적은 바흐친 자신이 제시했던 주장을 거스를 수도 있는 항상적인 위험을 무릅쓰고 있다.

우리가 '다성성(多聲性, polyphony)'을 가진 가수(singer)를 '단일 목소리로 말하는' 이러한 위험은 사회과학과 인문학에서 많은 사람들이 경고한 바 있다(Clark and Holquist, 1984: 4). 우리는 아주 흔히 바흐친을 단지 문학이론가, 민속학자, 또는 사회비평가로 규정해왔다. 이를테면, "최근 몇 년 동안 우리는 바흐친의 정치적 열정을 둘러싼 사후적 논쟁을 ……

경험했다"(Stam, 1988: 117). 따라서 바흐친의 저작 자체뿐만 아니라 그를 활용하고 해석한 학자들의 분석적 및 이론적 대화에 들어감에 있어, 우리는 바흐친적 사상의 한 유형을 물신화시키는 또 다른 위험을 안게 된다. 이러한 함정을 마음속에 간직하고, 우리는 우리 주장에 핵심적인 그의 사상의 두 가지 (서구적) 변형을 택하게 되었음을 전적으로 인정하고자 한다. 이 장의 전반부는 홀퀴스트(Holquist, 1990)가 제시한 개관에 의존한다. 그의 개관은 자아와 타자에 관한 윤리적, 인식론적 주제들을 통해 이해한 바흐친의 자유로운 독해이지만, 페체이(Pechey, 1989)에 의하면 이는 그의 저작의 사회정치적 주제와 효과를 부정하고 있다. 후자를 편입시키기 위해, 이 장의 후반부는 현상학적인 것에서부터 사회적인 것으로 옮겨가면서, 사회적 스피치 장르(speech genre)와 카니발에 관한 그의 사고를 우선적으로 살펴볼 것이다. 여기서 좀더 좌파적인 바흐친주의, 특히 히르치코프(Hirschkop, 1989)의 견해가 유용하다. 게다가 이러한 두 바흐친들 간 상호 접합 또는 더 정확히 말해 대화는 대화적 공간 이론의 가능성 또는 최소한 이러한 여행의 첫 단계를 제공한다. 여기서 우리의 여행은 바흐친이 그의 여행을 시작했던 지점, 즉 자아와 타자에 관한 사고에서 시작한다.

2 바흐친의 자아와 타자

바흐친의 저작에서 자아와 타자의 철학은 그의 사상에서 핵심적 유의성을 가진다. 이 논제에 관한 가장 간결하고 뜻 깊은 진술 가운데 하나는 《도스토옙스키 시학의 문제》에서 찾아볼 수 있다.

나는 타인을 위해, 타인을 통해 그리고 타인의 도움으로 나 자신을 드러낼 때에만 나 자신에 대해 의식적이며, 나 자신이 된다. 자의식을 구성하는 가장 중요한 행동은 다른 의식에 대한 (너에 대한) 관련성을 통해 결정된다. ……인간의 (외면적 및 내면적) 존재는 **가장 깊은 친교**이다. **존재하기란 의사소통하기**를 의미한다. ……존재하기는 타자를 위해 그리고 그 자신을 위한 타자를 통해 존재하기이다. 사람은 내적으로 주권적 영토를 갖지 않으며, 완전히 그리고 항상 경계 위에 있다. 자신의 내면을 보면서, 그는 **다른 사람의 눈속**을 보거나 또는 **다른 사람의 눈으로** 보게 된다. ……나는 다른 사람 없이 살아갈 수 없으며, 다른 사람 없이 나 자신이 될 수 없다.

(Bakhtin, 1984a: 287, 강조는 원문)

여기서 시각성(visuality)과 시야(sight)에 대한 강조는 바흐친이 공간을 사유하는 첫 번째 방식을 드러낸다. 바흐친에 의하면, 물리학에서 신칸트주의와 뉴턴 이후의 발견, 특히 아인슈타인의 상대성 이론에 의존할 경우, 시간과 공간의 범주는 세계에 관한 우리의 지각에 필수적이다. 나는 나 자신이라는 존재의 유일한 장소로부터 시간과 공간 범주를 통해 세계를 조직한다. 공간과 시간의 범주를 통한 이러한 세계 조직은 나에게 유일하며, 내가 거주하는 (물리적) 공간에 다른 어느 누구도 거주할 수 없도록 한다. 어떠한 두 신체도 같은 공간을 점유할 수 없다. 이는 '장소화의 법칙(law of placement)'으로 알려져 있다. 그러나 존재 속에서 내가 갖는 유일한 장소화는 공유된다. 왜냐하면 다른 모든 사람 또한 존재의 유일한 장소를 갖기 때문이다. 달리 말해, 우리는 '동시성에서의 차이'라는 역설적이고 매우 모순적인 사고에 직면한다. 이는 바흐친의 문장, "존재의 유일하고 통일된 사건"으로 요약할 수 있다. 홀퀴스트(Holquist, 1985: 227)가 서술한 것처럼 "우리 모두가 유일성을 공유한다는 것은 역설을 초래한다".

장소화의 법칙을 좀더 설명하기 위해, 우리는 서로 마주 보고 있는 두 사람에 관한 바흐친의 구체적 사례를 활용할 수 있다. 위의 인용문에서 제시한 것처럼 이런 점은 보기(seeing)와 시각(vision)에 대한 강조가 우리에게 자아와 타자 사이의 관계를 접합할 수 있도록 허용한다. 즉 만약 내가 당신과 마주 보고 있다면, 당신은 볼 수 없지만 나는 볼 수 있는 어떤 사물들(당신 등 뒤에 있는 벽, 하늘의 구름, 당신 자신의 이마)이 존재하며, 그 역도 성립한다. 우리 양자는 '보기의 잉여물'을 갖는다. 따라서 나는 당신 전체를 공간상의 어떤 지점에 위치 지울 수 있으며, 당신도 나에게 그렇게 한다. 그러나 내가 나 자신 전체를 볼 수 없는 것처럼(나는 나 자신의 이마를 볼 수 없다), 나는 당신 시야의 도움 없이 나 자신을 위치 지울 수 없다. 이런 예시는 자아/타자 관계에 관한 바흐친의 사고를 구성한다. 간략히 말해, 나는 자아감을 창출하기 위해 타자를 필요로 한다. 따라서 자아는 그 자체 속에 존재하지 않는다. 자아는 타자에 의해 제시된 타자성 또는 외부성일 따름이다. "나는 다른 사람이 없으면 나 자신이 될 수 없다." 바흐친의 사상에서 존재는 결국 공존재(co-Being)이다. 역으로 이것은 자아의 단자적(單子的, monadic)·특권적 중심의 가능성을 거부하고 정적·불변적, 특히 초월적 본질의 가능성을 부정한다. 자아에게 "내적으로 주권적인 영토는 존재하지 않는다". 그렇지만 이 점은 헤겔적인 변증법적 종합의 어떤 변형처럼 자아가 타자와 융합되는 것을 의미하지 않는다. 장소화의 법칙은 이 점을 배제한다. 존재는 유일하며 또한 통일적이고, 차이적이며 또한 동시적이다. 자아와 타자 간에는 근본적인 불일치가 존재하며, 따라서 이 둘은 결코 융합할 수 없다.

(인간주의적) 중심 또는 내부성의 형태를 바흐친적 자아에 잠재적으로 위치 지울 수 있도록 하는 것은 자아가 공간과 시간상에서 갖는 독특한

지각적 장소 때문이며, 이 장소에서는 어떠한 타자도 존재할 수 없다. 그러나 다시 말해서, 나는 이 위치에서 모든 것을 볼 수 없다. 이런 점 때문에, 우리는 항상 이 외부성에 민감하고 쉽게 반응한다. 바흐친이 서술한 것처럼 "존재의 현장 부재 증명(alibi)은 불가능하다". 타자성은 '내 안의 나 아님(not-I-in-me)'에 필수적이다. 이와 관련한 함의는 자아는 '내 안의 나 아님'을 발견할 수 있도록 외부성을 통해 이루어지는 자기-근원(self-authorship)을 위해 어떻게 해서든 타자를 완성해야만 한다는 것이다. 달리 말해, 자아는 시간과 공간상에서 타자를 고정시키거나 더 적절하게는 대상화해야 한다. 바흐친에게 자아는 타자의 '건축론(architectonics)(전체 속으로의 질서화)을 시도한다. 위에서 언급한 바와 같이, 우리는 다른 사람과 다른 대상과의 관계 속에서 그들을 보고, 전체적으로 그들을 시간적으로 공간적으로 위치 지운다.

이와 같은 건축론 수행을 통한 차이의 인식은 정확히 타자성과 외부성의 유의성을 이해하는 것이다. 그렇지만 자아는 타자를 완전하게 하는 한편, 결코 정지와 고착으로 이끌리지 않는다. 자아는 타자성으로부터 필수적으로 도출되는 것을 항상 초과할 것이다. 왜냐하면 그 존재에서 자아의 장소는 특이하기 때문이다. 게다가 이 장소는 하나의 사건이다. 바흐친적 자아의 존재론은 특징적으로 항상 개방적이며, 끊임없는 생성 상태에 있다. 달리 표현하면, 자아는 한계를 알 수 없다. 요컨대 자아는 결국 원초적 의미의 장소가 아니며, "현장 부재 증명을 할 수 없다".[2] 개관해보면, 우리는 바흐친의 자아를 "본질적으로 세 가지 요소의 다원적 현상(즉 이원적이지 않으며, 최소한 삼원적인), 요컨대 중심·비중심 그리고 이들 사이의 관계"(Holquist, 1990: 29)로 이해해야 한다. 따라서 바흐친의 접근은 특히 존재론 및 철학에 대한 '관련적' 접근이다. 우리는 이제 이 접근을 더욱 구체화하고자 한다.

3 (대화적) 발화

위에서 인용한 것처럼 바흐친은 "'존재하기'란 '의사소통하기'를 의미한다"고 서술했다. 달리 말해, 우리가 세계에 대한 반응을 일단 멈추고, 우리 주변의 환경과 다른 것들에 의해서 언급되는 것을 중단한다면, 우리는 정말 존재하기를 중단하게 된다.[3] 이런 점에서 우리는 이러한 (공)존재가 어떻게 그 자신을 드러내는지 의문을 제기해야 한다. 우리의 존재론에 그렇게 중심적인 소통은 어떤 형태로 이루어지는가? 바흐친은 기호에 중심적이고 압도적인 중요성을 부여함으로써 이 질문에 답하고자 한다. **"의식 자체는 기호의 물질적 체현 속에서만 발생하고, 실행적 사실이 된다"**(Voloshinov, 1973: 11, 강조는 원문).

의식, 사유('내적 담화'), 경험과 이해, 이들 모두는 세계에 대한 (무한한) 언급 가능성(addressivity) 및 책임성과 관련이 있으며, 이들은 단지 기호의 의미론적 소재를 통해서만 존재한다. 부단한 언급 가능성의 진행적 사건에서 표현 또는 이해를 외적으로 드러내기 위해, 우리는 이를 기호로 객체화해야 한다. 따라서 "표현의 잠재성"은 기호의 잠재성이며, 이러한 표현이 취하게 되는 "가능한 경로와 방향"은 그것들의 형태상 "항상 사회적"이다(Voloshinov, 1973: 91). 바흐친에게, '구체적인 사회-역사적 맥락' 속에서 의사소통 또는 언어를 구사하는 것은 결정적이다. 언어학은 상황적이고 구체적인 담화 수행(speech performance), 즉 일단의 가설적 자기 동일적(self-identical) 규범이라기보다 일상적 담론의 역사적 생성 과정을 강조해야 한다.[4] 달리 말해, 스튜어트(Stewart, 1986: 43)가 명명한 바흐친의 "반언어학(anti-linguistics)"에서, 언어는 역동성과 상호 가능성으로 이루어져야 하며, 이것이 언어의 "생동적 추진력"이다.

이런 점에서, 바흐친의 사회적 기호학은 분석의 기본 단위로 발화(utterance)**■**를 채택한다. 발화의 경계는 "말하는 주체의 변화, 즉 화자(speaker)의 변화"(Bakhtin, 1986: 71)로 한정된다. '발언권의 포기'는 다양한 규모('한 단어 응답'에서 '과학적 논술'에 이르기까지)의 발화에 시작과 끝을 부여한다. 그렇지만 바로 그 상황성 때문에 발화는 그 자체 속에 결코 있지 않고, 따라서 결코 고립된 채 분석하거나 이해할 수 없다. 발화는 항상 관계 속에 처하며, 항상 다른 발화와의 관련성에 의해 형성된다. 그 경계는 인지 가능하지만, 결코 통과할 수 없는 것은 아니다. 따라서 유의화 또는 의미화 작업은 항상 (최소한) 두 가지 발화 간 대화의 일부로 발생한다.

우리는 이 점을 두 가지 방법으로 예시하고자 한다. 이 두 가지 방법은 각각 앞서 논의한 것을 발전시키고, 또한 바흐친의 사상에 다른 측면을 도입한다. 첫째, 대화적 발화는 2명의 상황적 상호 대담자로서 자아와 타자 간의 의사소통적 행동을 통해 예시할 수 있다. 시작 단계부터 자아의 접합된 발화는 항상 타자의 과거 · 현재 그리고 잠재적 미래 발화에 관해 준거하기, 이해하기, 인지하기를 통해 타자의 접합된 발화와의 관계 속에서 자리매김한다. 발화는 자아와 타자의 음성이 발화에 침투한다는 의미에서 '이중–음성적(double-voiced)'이다. 발화는 따라서 '내적으로 대화가 이루어진 것'이다. 주체의 자기 발화는 타자의 (소외된) 단어를 만나며, 후자는 항상 예상되고 그리고/또는 전자 속으로 편입된다(Danow, 1991). "어떠한 발화든—완성된 또는 쓰여진 발화도 예외는 아니다—어떤 것에 대한 반응을 보이며, 다시 반응되어질 것으로 계산된다. 이는 단지 담화 수행이라는 연쇄 고리의 한 연계에 불과하다"(Voloshinov, 1973: 72).

■ 바흐친 저작의 번역서나 관련 논문에서 utterance와 speech를 흔히 모두 발화(發話)로 번역하는 경우도 있다. 이 장의 필자가 utterance를 'speech communication의 기본 단위'로 이해한다는 점에서, 이것들을 구분해 utterance를 '발화', speech를 '담화' 또는 '스피치'로 번역했다—옮긴이.

대화적 발화를 예시하는 두 번째 유용한 방법은 소설성(novelness)이라는 바흐친 개념의 도입을 통해 이루어진다. 소설성은 모든 예술에 내재해 있지만 특히 소설의 특정 사례에서 매우 흔히 찾아볼 수 있는 대화를 위한 잠재력과 관련이 있다. 바흐친에게, 도스토엡스키와 라블레의 작품(여기서 우리는 전자에 초점을 두고자 한다)은 '소설성'을 풍부하게 보유하고 있다. 왜냐하면 이들의 작품은 대화에 열려 있으며(저자가 마무리를 짓는 독백 소설처럼 폐쇄된 것이 아님), 그 자체로서 자아-타자 관계의 텍스트화로 이해할 수 있기 때문이다. 따라서 도스토엡스키의 소설은 "동등한 권리와 각자 자기 세계를 갖는 개인으로 …… 융합되지 않은 채"(Bakhtin, 1984a: 6) 남아 있는 다양한 의식(저자와 주인공, 한 인물과 다른 인물) 사이의 관계를 담고 있다. 게다가 이러한 서로 다른 의식 사이의 의사소통은 대화를 통한 발화의 형태를 취한다. 따라서 바흐친은 다른 사람에게 답하는 발화, 다른 관점을 취해 전환시키는 발화, '이중적-음성'을 내거나 또는 타자의 위치에서 '곁눈질(sideward glance)'을 담고 있는 발화를 추적한다. 도스토엡스키의 《가난한 사람들(Poor Folk)》을 사례로 들면서, 바흐친은 다음과 같이 서술한다.

여기서 담론은 이중-음성적이다. ……이러한 자기-발화의 음조나 스타일뿐만 아니라 내적인 의미론적 구조는 다른 사람들의 단어에 대한 예상으로 규정된다. ……《가난한 사람들》에서 도스토엡스키는 '퇴락한' 다양한 스타일—타자의 가능한 반응에 대해 두렵고 부끄러운 곁눈질로 비굴해지지만 그래도 둔감한 도전을 담고 있는 담론—을 만들어내기 시작한다.

(Bakhtin, 1984a: 205)

서로 다르고 다중적으로 공존하는 음성의 '오케스트라화'를 통해, 도스토옙스키는 다성성을 만들어내고, 소설성을 달성한다. 따라서 다성적 소설은 비융합적으로 남아 있는 많은 음성의 접합으로 특징지을 수 있다. 그렇지만 대화적 발화를 통해 이러한 음성은 서로 곁눈질하며, 의미의 생산에서 타자의 음성이 필요함을 인지한다.

4 스피치 장르

대화적 발화에 관한 논의에서, 타자의 음성(또는 더 정확히 그들의 과거, 현재, 미래의 발화)이 어떻게 인지되고 발화에 등록되는지를 이해하는 방법을 고찰할 필요가 생긴다. 이에 대한 답은 위에서 암시했지만, 이를 완전하게 하기 위해 한 단계 물러서보자. 담화적 의사소통의 기본 단위로서 발화는 항상 사회적 시간과 공간의 맥락 속에 처한다. "얼마나 간단하고 갑작스럽든지 간에, 각 응대자(rejoinder)는 화자의 특정한 **위치**를 표현하는 특정한 완전성을 가지며, 이에 대해 다른 사람은 반응을 보이거나 또는 이를 고려해 반응적 **위치**를 가정한다"(Bakhtin, 1986: 72, 강조는 필자).

　여기서 위치는 이데올로기적 영역에서 화자의 장소 지우기와 관련이 있다. 달리 말해, 화자는 특정한 세계관이나 사회적 관심, 즉 우리가 위치성(positionality)이라고 명명하는 것을 체현하는 발화를 열거한다. 이런 상이한 관점이나 이념의 다양성 및 다원성을 헤테로글로시아(다성성)라 일컫는다. 그러나 이제 우리는 이러한 사회적 관심과 위치성이 발화에 어떻게 드러나는지에 관한 의문에 봉착한다. 바흐친은 '스피치 장르'라는 개념을 통해 여기에 답한다. 말하기의 어떤 '방식'의 전개를 통해, 발음자(enunciator)의 위치(헤테로글로시아의 경쟁적 이데올로기 지형 속에서)가 드러난다. 스피치 장르는 "내용, 언어적 스타일, 작문 구조"(Gardiner, 1992: 81)

의 (상대적으로) 안정되고 관례적인 형태를 말한다. 담화 수행에서, 사회적 관심과 화자의 위치는 이런 인지 가능한 담화 형태의 발음에 의해 등록된다. 따라서 사회적 세계의 많은 음성, 즉 다성성은 헤테로글로시아의 많은 언어, 즉 많은 스피치 장르에 한정된다. 바흐친은 일차적 스피치 장르와 이차적 스피치 장르의 구분을 통해 스피치 장르에 관한 서술에서 한 단계 더 나아간다. 이 구분은 "근본적 차이로서"(Bakhtin, 1986: 61-62)가 아니라 복합성의 하나로 이해된다. 일차적 스피치 장르는 "조정되지 않은 담화 친교"의 일상적 영역에서 수행되며, 이차적 장르는 "소설, 드라마, 모든 유형의 과학적 연구, 논평의 주요 장르"(Bakhtin, 1986: 61-62)같이 한층 복잡하고 조직화한 형태로 구성된다.

우리는 이제 발화가 어떻게 '이중-음성적'인지를 이해할 수 있다. 담화 수행은 상이한 스피치 장르의 이용을 통해 알게 되는 타자의 화술적 위치에 대한 '평가' 과정이다. 발음자는 타자의 발화가 취하는 장르의 형태를 인지하고, 이에 관한 이해를 그 자신의 발화에 편입시킨다. 달리 표현하면, 화자의 음성은 말하는 방법의 평가를 통해 다른 대담자(inter-locutor)의 (과거, 현재, 또는 잠재적) 음성을 담거나 또는 이에 의해 침투된다. 스피치 장르를 사회적 언어와 동일시하는 것은 내적으로 발화를 대화화하는 것이다. 그러나 이러한 평가 과정과 이중-음성적 발화를 치밀하게 조사해보면, 바흐친 서클의 저작에 어떤 어려움이 발생한다. 특히 이러한 어려움은 '맥락'에 관한 사고를 둘러싸고 있다.

히르치코프(Hirschkop, 1989)가 주장하는 것처럼 바흐친의 저작에서 맥락은 두 가지로 개념화된다. 첫째는 대화적 상호 행동에서 두 화자의 구체적인 언어적 상황이다. 이는 자아와 타자의 현상학적 맥락이며, 앞서 언급한 장소화의 법칙에 따라 조직된다. 그렇지만 맥락은 또한 바흐친의 저작에서 헤테로글로시아에 관한 '광의적' 의미로 나타난다. 여기서 우리는 경쟁하는 이념과 관심, 더 정확히 말해 "발화가 이에 거슬러 '그 자신을 규정해야만' 하는 다른 언어"(Hirschkop, 1989: 15)로 가득 찬 사회적 맥락을 갖는다. 그러면 바흐친의 저작에서 맥락의 현상학적 의미와 사회적 의미 사이엔 일종의 간극이 존재한다. "우리는 곤란한 분석적 선택에 봉착한다. 즉 우리는 맥락을 직접적인 물질적 상황으로 규정해야 하는가 …… 또는 이를 헤테로글로시아—즉 더 공간적 개념이지만, 맥락을 언어의 소재에만 한정하는 개념—로 규정해야 하는가?"(Hirschkop, 1989: 16).

게다가 바흐친은 흔히 대화의 물질적 맥락의 특이성과 그 안에서 발음되는 구체적 발화에 호소한다. 구체적 상황은 반복 불가능하며 특이한 것으로 묘사된다. 그렇지만 이질 언어적 맥락이라는 사고는 반복 가능성의 어떤 형태를 전제로 한다. 왜냐하면 가능한 발화가 되기 위한 평가와 '이중적 음성'은 발생적 형태를 취하며, 이에 따라 발화는 "그 속에서 그것이 사회적으로 격렬한 자신의 생명을 살려내는 맥락과 맥락"(Bakhtin, 1981: 293)의 맛을 드러내기 때문이다. 따라서 헤테로글로시아의 다양한 스피치 장르는 발화의 가치를 결정하는 초언어적(extra-verbal) 구조를 닮은 어떤 것을 형성한다. 그러므로 만약 우리가 어떤 유일한 언어적 맥락, 즉 비반복적 발화의 의미를 유지하고자 한다면, 우리는 결국 언어에서 구조와 행위의 잘 연습된 문제들에 직면한다. 구조는 헤테로글로시아적 맥락이 되며, 행위는 대화에서 자아와 타자의 물질적/구체적 맥락이 된다. 여기서 맥락을 "발전된-발전하는(developed-developing)" 사건으로 이해해야 한다고 제안함으로써 이 이슈를 부분적으로 해결(또는 아마 더 정확히 말해, 공간의 부족을 핑계로 뻔뻔스럽게 회피)해보자(Shotter, 1993). 이런 제안으로 우리가 의미하는 것은, 헤테로글로시아적 맥락은 사회적으로 위치 지어진 세계라는 관점에서 이를 강조함으로써 발화를 제한하지만, 물질적/구체적 발화를 결코 완전하게 결정할 수 없으며, 이 발화는 다시 바로 그와 동일한 제한적 헤테로글로시아적 맥락을 재규정하고 재발전시킬 가능성을 부여받는다는 점이다. 바흐친은 "장르를 재강조하는" 가능성을 유지하며, 그렇게 함으로써 이 가능성은 '맥락'에 관한 바흐친의 분명하고도 다양한 개념화의 범위 안에 여전히 존재한다(Bakhtin, 1986: 79). 따라서 이질 언어적 맥락은 물질적/구체적 맥락에 위치 지어진 자아와 타자 사이에 존재하는 사회적 또는 '제삼의' 요소가 된다.

사실 이런 개념화는 아래의 논의로 옮겨가기 위한 정보를 제공한다. 왜냐하면 바로 이런 점에서, 헤테로글로시아의 사회적 영역은 '사회-공간적' 경관이 된다는 주장을 할 수 있기 때문이다. 달리 말해, 스피치 장르가 사회적인 것을 분할한다면, 스피치 장르는 또한 공간을 분할하는 것으로 이해할 수 있다.

5 카니발의 '이차적 세계': 공간과 스피치 장르

이제 맥락에 관해 좀더 넓은 사회적 사고를 논의할 차례다. 이제까지 우리의 논의는 바흐친의 사상이 관계적 위치로서 자아-타자 관련성이라는 점에서 공간적 차원을 포함하는 방법들을 논의했다. 앞 절에서, 우리는 이러한 발화는 더 넓은 사회-언어적 맥락(스피치 장르) 안에서 발생하며 이를 전환시킨다는 점을 지적했다. 우리는 이제 이러한 스피치 장르의 공간적 측면으로 관심을 돌리고자 한다. 이는 카니발(Carnival)에 관한 바흐친의 저술에서 가장 분명하게 탐구한 것이다. 바흐친은 카니발을 거듭거듭 다루었다. 《라블레와 그의 세계(Rabelais and his World)》(1984b) 외에도 《도스토옙스키 시학의 문제》 제2판(1984a)의 주요 부분과 〔《대화적 상상력(Dialogical Imagination)》(1981)에 있는〕〈소설 속의 시간과 크로노토프의 형식〉에서도 역시 카니발 및 문학과 카니발의 관계를 고찰하고 있다. 여기서 우리는 공간과 스피치 장르 사이의 관련성을 강조하는 카니발의 이러한 측면에 초점을 두고자 한다.

카니발은 라블레와 다른 사람들의 저술에서 반복적으로 나타나는 일단의 이미지로 표현되지만, 바흐친은 초기 근대 대중문화의 사회적 및 언어적 '실천'에 관심을 가진다. 바흐친은 카니발이 "관료주의(officialdom) 밖에서 두 번째 세계 및 두 번째 삶"(Bakhtin, 1984b: 6)을 창출하고 유발한다고 서술했다. 관료주의는 독백적 발화의 불가피한 응대자로, '마지막 말(last word)'을 함으로써 대화를 부정하고자 한다.[5] "어떠한 독단, 어떠한 권위주의, 어떠한 편협한 심각성도 라블레적 이미지와 공존할 수 없다. 이러한 이미지는 완결되고 품위 있는 모든 것, 모든 건방짐, 사상과 세계관의 영역에서 모든 기성적 해법에 반대된다"(Bakhtin, 1984b: 3).

우리는 대화가 카니발이 '공식 문화'의 발화에 도전하는 방식으로 권력 관계의 비대칭성을 어떻게 언급하는지 이해할 수 있다.

> 카니발은 우세한 진리로부터 그리고 기존 질서로부터 일시적인 해방을 찬양한다. 이는 모든 계층적인 등급, 특권, 규범, 억제를 중단시킨다. 카니발은 진정한 시간의 잔치, 생성·변화·재생의 잔치이다. 이는 모든 불멸적이고 완결된 것에 대해 적대적이다.
>
> (Bakhtin, 1984b: 10)

이러한 '이차적 세계'의 속성을 추가적으로 묘사하면서, 바흐친은 카니발의 특이한 형식과 실천이 퇴락을 통한 재생을 강조한다는 점에서 이것들을 '그로테스크한 실재론'의 측면으로 서술했다. 이것들은 우주론적 철학, 죽음과 재탄생의 순환—이는 항상 미래를 지향하고 있기 때문에 유토피아적이다—을 표현하는 방식으로 공식적 문화의 계층성을 전복한다.[6] 그 결과, 이러한 형식과 실천은 사람들 간의 통일성을 성취하고, 더 자유로운 사회적 관계를 위한 무대를 조성한다.

물질적 신체는 이러한 이차적 세계에서 중요하다. 왜냐하면 카니발의 모든 실천은 "주체를 육신으로 전환시키며", 고급문화를 "분해할 수 없는 통일체로 존재하는 땅과 신체의 영역"으로 끌어내리기 때문이다(Bakhtin, 1984b: 21, 19-20). 이런 재생 과정은 그 속성을 생성의 신체라고 강조한다. 매우 중요하게, 이런 그로테스크한 신체는 구멍과 돌기, 특히 "물질적으로 저급한 신체적 층"—성기, 궁둥이, 항문, 배꼽, 가슴—을 통해 "외부 세계에 열려 있다"(Bakhtin, 1984b: 26).[7] 이것들은 사회적 세계와 접촉하는 지점이며, 신체를 대화적 관계에 열려 있는 신체로 특징짓는다. 이는 이미 지적했듯 자아는 타자의 단어들에 열려 있다는 것과 같다. "〔신체는〕폐쇄된, 완전한 단위가 아니다. 이는 미완이며, 과잉 성장이며, 그 자신의 한계를 넘어선다"(Bakhtin, 1984b: 27). 대조적으로, 르네상스에 의해 찬양된 고전적 신체는 부드럽고, 폐쇄적이고, 완성된 것이다.[8] 이는 그 자신의 구성에서 타자의 역할을 독백적으로 부정하고자 한다. 그로테스크한 신체는 열려 있기 때문에, 이는 항상 한 가지 이상의 여러 가지 의미를 갖는 사람들의 신체이다. "〔신체는〕 다른 생활 영역과 단절된 사적·이기주의적 형태로 표현되는 것이 아니라 보편적이며, 모든 사람 …… 끊임없이 성장하고 갱신되는 사람들을 재현한다"(Bakhtin, 1984b: 19).

카니발의 이차적 세계는 이러한 방법으로 대화적 사회관계에 기초한다. 그러나 이는 단지 은유적 공간 이상의 의미를 가진다. 시장, 거리 그리고 사람들의 공적 공간에 대한 담화 실천과 관련한 바흐친의 문장에 의하면, "시장의 언어"는 문자 그대로 공간에 뿌리를 둔다. 엘렌 이스볼스키(Hélène Iswolsky)에 의해 "빌링스게이트(Billingsgate: 런던의 수산물 시장—옮긴이)"로 번역된 이 언어는 특정한 사회적 공간에 위치 지어지고 (또한 이를 생산하는) 중요한 스피치 장르이며, 또한 엘리트의 독백에 대한 대화적 답변이다. 이러한 담화 실천은 카니발 참여자 간의 중요한 통일성을 이룬다. 잘 알려진 문장으로, 바흐친은 "카니발은 사람들이 보는 스펙터클이 아니다. 카니발이라는 사고 자체가 모든 사람을 포용하기 때문에, 사람들은 그 속에서 살아가며, 모든 사람이 여기에 참여한다. 카니발은 지속되며, 그 바깥에 다른 어떤 생활도 존재하지 않는다"(Bakhtin, 1984b: 7)고 서술했다.

이런 의미에서 카니발은 언어와 상호 행동의 특정한 세계를 창조하며 "서로 접촉하고자 하는 사람들 사이에 어떠한 거리도 허용하지 않는다" (Bakhtin, 1984b: 10). 빌링스게이트의 원조로서 시장은 "세계 그 자체, **하나로 통일된 세계였다**"(Bakhtin, 1984b: 10, 153, 강조는 필자). 왜냐하면 "귀한 사람과 천한 사람, 성인과 속인이 동등해지고, 모든 사람이 동일한 춤에 빠져들기"(Bakhtin, 1984b: 60) 때문이다. 바로 이러한 개방감과 통일성이 카니발의 진보적 힘을 창출한다.

여기서 카니발의 정치적 효율성을 논의할 여지는 없지만, 이는《라블레와 그의 세계》를 1984년 영어로 출판한 이래 광범위하게 논의되었다. 우리는 이 문제를 다른 곳에서 언급하기를 바라지만, 카니발의 공간적 독해가 다른 사람들(예를 들면 Bristol, 1985; Burke, 1994; Darnton, 1984; Davis, 1987; Le Roy Ladurie, 1980)에 의해 확인된 문제의 일부를 피할 수 있기를 바란다. 우리는 카니발은 추상적 '힘'이 아니라 그 결과를 결정하지 않는 일단의 실천이며, 이러한 실천은 특정한 맥락 아래 자리매김된다는 것을 강조하고자 한다. 그리고 만약 우리가 카니발을 질서의 '전복'으로 보는 경향에서 벗어난다면(Davis, 1987; Sibley, 1995), 문화 정치에 관한 에피소드적 관점—이 관점에 의하면, 무질서와 위반(transgression)은 대중적 감정의 희소한 대규모 폭발에 한정된다—을 피할 수 있을 것이다.

바흐친은 카니발을 단순히 술 마시고 떠들기나 방탕한 소동에서만 찾을 수 있는 것이 아니라 일상적 담화나 신체의 개념화 등에서도 찾을 수 있음을 알기 쉽게 밝혔다. 공식 문화의 대화적 타자로서, 카니발은 항상 나타나야 한다. 요컨대 카니발은 강자의 독백적 발화를 오염시키는 것으로 추정된다. 카니발은 약한 힘이지만, 그 흐름은 대중문화를 관통해 흐른다. 이런 의미에서, 소설성이 카니발화한 문학과 관련되는 것처럼 우리는 일상생활에서 '카니발화'할 수 있는 요소, 즉 '마지막 말'에 저항하면서 대화의 유희에 열려 있는 요소를 찾아보아야 한다.

일단 빌링스게이트를 공간화한 사회적 관계(언어적 관계를 포함해)의 수행으로 이해한다면, 우리는 공간과 스피치 장르는 상호 구성적임을 이해할 수 있다. 빌링스게이트의 담화 수행은 시장의 대화적 사회관계에 의존한다. 소설에서처럼 이러한 스피치 장르는 언어와 사회적 공간을 재서술할 수 있는 잠재력을 가진다. 즉 구심력적인 것에 대한 원심력적 반대를 나타내며, 독백의 시도를 규제한다. 결과적으로, 우리는 계층성의 임시적 또는 역적(閾的, liminal) 전복이 아니라, 카니발이 모든 공간에서 이러한 독백을 와해시키고자 항상적으로 시도하는 방식을 찾아내야 한다.[9]

6 크로노토프

우리는 바흐친이 제시한 가장 명백한 공간적 개념, 즉 크로노토프에 관한 논의로 끝을 맺고자 한다. 이는 소설에서 시간과 공간의 재현을 지배하는 문학의 수사 어구이다.

우리는 문학에서 예술적으로 표현된 시간적 및 공간적 관련성의 본연적 연계성을 크로노토프(직역하면, 시공간)라고 명명할 수 있다. ……문학의 예술적 크로노토프, 즉 공간적 및 시간적 지시자(indicator)는 조심스럽게 사유한 하나의 구체적 전체로 융합된다. 말하자면 시간은 두터워지고, 형태를 갖게 되며, 예술적으로 가시화된다. 마찬가지로 공간은 시간, 플롯, 역사의 운동으로 충만하고 여기에 반응한다.

(Bakhtin, 1981: 84)

크로노토프는 포괄적 형식을 취하며, 이에 따라 각 장르는 시간과 공간 사이의 관계에 관한 서로 다른 개념화를 드러내지만, 바흐친은 이런 관행의 역사를 강조하는 데 열중했다. 2~6세기의 그리스 로맨스(romance)에서부터 플로베르, 스탕달, 발작의 소설에 이르기까지 바흐친의 사례는 일련의 시간과 공간의 크로노토프적 배열을 보여주며, 이는 개방적 자아의 폐쇄(사적, 내적 공간을 재현하는 방식에 대한 관심을 유도하는) 및 개인적 시간의 개념 변화와 원칙적으로 결부된다. 따라서 '크로노토프적 분석'은 소설적 공간의 구성에 관심을 갖는 지리학자들에게 넓은 시야를 제공한다.[10]

지리학자들이 크로노토프 개념을 이용하는 방법에는 두 가지가 있다. 미레야 폴치-세라(Mireya Folch-Serra, 1990)는 크로노토프가 문학을 넘어서 공간의 구성을 분석하기 위한 도구를 제공한다는 점을 통찰력 있게 지적한다. 폴치-세라는 궁극적으로 경관, 지역, 장소 등을 연구하기 위한 대화적 방법을 제안하기 위해 언어와 소설에 관한 바흐친의 사고를 결합한다. 공간은 다원적 음성의 항상적인 대화적 상호 작용으로 구축된다. 공간과 시간상의 어떤 지점에서든, 경쟁적인 구심력적(독백적) 힘과 원심력적(대화적) 힘의 크기에 따라 어느 정도 고정된 크로노토프를 이해하는 것이 가능하다.

바흐친의 개념적 경관은 지리학자를 자연 조건의 해설자로 만드는 가시적 기준을 능가한다. 이는 의미들 간의 항상적 상호 작용을 통해 주어진 지역의 '자연적 조화'를 번갈아가며 고정시키고 또한 탈안정화하는 역사적 발전 과정을 위해 분투한다. 이러한 의미는 물론 회화(conversation)에 의해 생겨난다. 대화적 경관은 그 결과가 결코 중립적 교환이 될 수 없는 대화의 역사적 계기와 상황(시간과 공간)을 암시한다. 경관은 공간상에서 '지리적으로 가시적'이 될 뿐만 아니라 시간상에 '서사적으로 가시적'이게 된다. 담론의 영역에서 이들 모두는 인간의 경험을 설명한다.

(Folch-Serra, 1990: 258)

이러한 사고의 개발은 야심찬 시도이며, 대화와 크로노토프에 관한 바흐친의 사고에 신중한 관심을 기울이도록 하는 시도이다. 그 가치는 담론이나 고정된 재현을 특권화하는 운영 방식에 있는 것 같지만, 오히려 대화에서 이러한 담론이나 재현의 상대적 무게의 인식에 좌우된다.

끝으로 크로노토프에 관한 에세이는 또한 자아의 공간화되고 시간화된 구성을 추적하는 가능성을 제공한다. 이미 지적한 것처럼 바흐친의 '역사적 시학'은 시간과 공간에 관한 서구적 의미에 변화를 예시한다.[11] 이러한 광의적 문화사는 물질적 및 헤테로글로시아적 맥락 양자 내에서의 위치를 통해 '공간화됐을' 뿐만 아니라 '시간화된' 자아의 크로노토프를 탐구하기 위해 이용할 수 있다.

7 결론

이 장에서 우리는 자아와 타자 사이의 관계부터 더 큰 규모의 크로노토

프에 이르기까지 바흐친의 저작에서 나타나는 공간적 측면을 도출하고
자 했다. 이는 이러한 저작과의 지리학적 대화의 시작을 나타내는 데 불
과하며, 우리는 다른 사람—지리학자를 포함해—이 택한 한층 흥미로운
경로 가운데 몇 가지 주요한 것들을 묘사함으로써 끝을 맺고자 한다. 만
약 여기서 한 가지 일반적 논평을 한다면, 가장 넓은 의미에서 대화를 바
흐친 저작의 핵심으로 인식할 필요가 있다는 점이다.[12]

관심의 첫 번째 경로는 정체성과 장소의 혼종성(hybridity)에 관한 것이
다. 디아스포라(diaspora)에 관한 탈식민지적 저술들은 두 세계 사이에 있
는 이민자나 추방자라는 인물을 통해 문화적 정체성의 다원적 구성을 강
조한다. 우리가 백인 여행자의 다중적 정체성은 추방자의 정체성과 매
우 상이하다고 기억할지라도 이는 전적으로 대화적 사고이다(Cresswell,
1997). 이동과 전위(轉位)는 중요한 주제이며, 이런 점에서 대서양 흑인(Black
Atlantic)의 '이중적 의식'에 관한 폴 길로이(Paul Gilroy)의 연구는 특별한 의
미가 있다. 그의 연구는 "잉글랜드 항구들의 불연속적 역사의 접합, 즉
좀더 넓은 세계와의 접속을 탐구하는 기회"(Gilroy, 1993: 17)로서 선박의
크로노토프에 관한 확인을 통해 이뤄진다. 선박은 우리에게 많은 이슈,
예컨대 대서양의 시간-공간적 재현, 해양을 가로지르는 개별적 이동에
의해 형성된 공간과 정체성 사이의 관련성, 선박 자체의 혼종적 공동체,
선박이 촉진하는 유럽·아프리카·아메리카인 간의 비대칭적 대화 등을
조사할 수 있도록 한다. 실제로 선박을 움직이는 발화로 생각한다면, 바
흐친의 사고를 이러한 '회화(會話)'가 장소를 형성하는 방식에 응용해볼
수 있을 것이다. 대화적으로 사유하는 것은 사회적 공간을 만들어내는
복잡한 과정을 강조하며, 이는 상이한 장소에서 상이한 형태로 지방적인
것과 지구적인 것을 묶어준다. 여기서 다른 사례로 뉴욕에 있는 푸에르
토리코식 카시타 데 마데라(casita de madera: 미국 남서부에서 멕시코인들이 사

는 오두막집—옮긴이)에 관한 조셉 시오라(Joseph Sciorra, 1996)의 연구를 들 수 있다. 그의 연구는 기억과 국가적 정체성의 크로노토프로서 그것들을 이해하고, 정체성과 공동체를 공간상에 위치 지운다. 카시타는 또한 '누에바 요크(Nueva York)의 카리브화'의 일부로 브리콜뢰르(bricoleur: 레비 스트로스가 《야생의 사고》에서 사용한 개념으로, 자질구레한 도구와 재료로 여러 가지 일을 할 수 있는 손재주꾼 또는 솜씨꾼을 의미한다—옮긴이)에 의해 만들어진 전(前) 식민지적 및 탈식민지적 형식의 혼종 또는 혼합이다(Sciorra, 1996: 66).

연구의 두 번째 영역은 공간 및 위반의 사고와 관련이 있다. 이는 역사적 카니발의 정치적 의미에 관한 논의와 더불어 카니발의 공간에 관해 서술한 지리학자나 다른 저자들에 의해 상당한 관심을 받았던 영역이다 (Cresswell, 1996; Jackson, 1988; Lewis and Pile, 1996; Shields, 1991; Stallybrass and White, 1986). 이 작업은 문화 정치에 대한 이해를 높이는 큰 잠재력을 갖고 있지만, 우리는 지리학자들이 《라블레와 그의 세계》를 전복된 계층성과 '안전장치'에 관한 연구로 해석하기보다는 대화 이론의 광의적 원칙으로 좀더 민감하게 이해할 필요가 있다고 생각한다.

셋째로, 연구의 중요한 영역은 바흐친의 사고, 특히 카니발의 그로테스크한 신체의 젠더에 관한 페미니스트적 연계와 비평에 의해 개척된 것이다. 《라블레와 그의 세계》의 여성혐오증에 관한 초기 비난에서부터(Booth, 1986; Russo, 1986 참조), 페미니스트는 그로테스크한 신체 같은 바흐친적 개념의 양면성을 연구해왔다. 이러한 연구의 가장 좋은 사례 가운데 많은 것들(예를 들면 Ginsburg, 1993)은 또한 정신분석에 의존했는데, 이는 지리학적 연구를 위해 잠재적으로 흥미로운 또 다른 영역이다.[13]

끝으로 우리가 대화주의를 하나의 방법으로 받아들인다면, 지리학을 서술하고 수행하는 전략에 관해 생각해볼 수 있다. 데이비드 매틀리스 (David Matless, 1995b)는 글쓰기에서 유머의 사용을 간략하지만 철저하게 고찰했다. 그의 연구는 "계보학은 합주된(concerted) 카니발의 형식으로 된 역사"(1986: 94)라는 푸코의 관찰을 출발점으로 삼는다. 바흐친을 언급하지는 않았지만, 유머러스한 비평의 정치에 관한 매틀리스의 고찰은 "세계사의 모든 행동은 우스꽝스러운 합창을 동반한다"(1984b: 474)는 바흐친의 주장과 비슷하다.[14] 여기에는 분명 좁은 개념의 다성적 저술을 능가하는 카니발화한 지리학을 위한 여지가 있으며(Crang, 1992), 특히 매틀리스의 저작은 이를 위해 어떤 흥미로운 사례를 제공한다(1995a: 114-118). 유사하게 바흐친에 관한 마르크 브로소(Marc Brosseau, 1995)의 지리학적 고찰은 소설의 지리에 관한 연구를 통해 지리학과 문학 간의 대화적 관련성을 제안하고 발전시키고자 했다. 대화적으로 고찰함으로써, 지리학과 문학은 "과정 속에 있는 양쪽의 정체성을 융합하지 않더라도"(Brosseau, 1995: 92) 상호 접합할 수 있다. 이 점은 바흐친의 관계적 접근의 방법론적 활용 이상의 의의를 지니며, 여기서 두 가지 재현 양식을 환원이나 차이의 소멸 없이 함께 실현할 수 있다. 브로소는 또한 예를 들어 소설이 대화적 만남을 통해 어떻게 도시 공간 (재)생산의 덧없고 우연적인 과정을 표현하는가를 밝힘으로써 공간의 대화적 이론을 암시한다.

바흐친에 관한 이번 장의 간략한 평론이 대화적 공간 연구가 취할 수 있는 많은 가능한 방향이 존재한다는 것을 보여주기를 희망한다. 우리는 바흐친 이외의 다른 많은 저자와의 대화를 통해 이 평론을 서술했다. 우리는 진행 중인 이런 논의에 우리가 기여했기를 바란다. 그리고 대화에서 마지막 말을 하는 것은 불가능하기 때문에 이 발화가 다른 발화를 자극하기를 기대한다.

주

1. 유용한 전기로는 Holquist, 1990: 195-200 참조.

2. 자아가 자신을 죽음과 같은 정지(stasis)로 인도하는 것을 경험하는 데 있어 자아는 어떤 한계를 알지 못한다. 즉 나는 나 자신의 죽음을 경험하지 못하며, 단지 타자들만이 경험할 수 있다.

3. 이는 바흐친이《행동철학에 대하여》에서 깊이 있게 고찰한 윤리적 측면이다. Gardiner (1996), Morson and Emerson(1993) 참조.

4. 대부분 '부가적'이며 '임의적'인 소쉬르의 파롤(parole)과 비교해보라. "순수하게 개인적인 행동"은 "순전히 사회적이며 개인에 대해 명령적인 현상으로서 언어 체계와 병렬된다"(Bakhtin, 1986: 81. 또한 FMLS 참조).

5. 따라서 '공식 문화'는 단일체적 집단(monolithic mass)이라기보다 혼종적이며, 타자를 대하는 과정에서 '전파된다'.

6. 바흐친은 '유토피아적'이라는 용어를 문학적 유토피아(토머스 모어 이후)와 관련한 합리 사상의 독백적(monological) 폐쇄 체계 및 근대적 계획의 유토피아적 청사진에 대한 안티테제로 사용한다. 소설에 관한 바흐친의 개념은 반유토피아적이다. 왜냐하면 소설은 최종적 단언과 진리를 받아들이기를 거부하기 때문이다(Vice, 1997: 78). 카니발은 유토피아적이다. 왜냐하면 카니발은 이런 독백적 확실성을 능가하는 미래를 감히 상상하고자 하기 때문이다.

7. 그로테스크한 육체의 젠더화는 여기서 완전히 고찰할 수 없는 복잡한 이슈이다. 이 주제에 관한 논의의 마지막 절에 있는 문헌 참조.

8. "미완의 세계에 관한 모든 속성은 내적 생활의 자취와 더불어 〔신체로부터〕 조심스럽게 제거되고 있다"(1984b: 320).

9. 이런 점에서 연구하기 위한 유용한 방법은 세르토의 '전술(tactic)'을 유쾌하지만 끔찍하리만큼 심각한 카니발의 수행과 비교하는 것이다.

10. 많은 논평가들은, 특히 홀퀴스트(Holquist, 1990)는 크로노토프의 시간적 측면을 강조하는 경향이 있다. 이는 아마 소설에서 시간의 중요성을 반영한 것이다. 바흐친의 에세이는 스토리(story; fabula)와 플롯(plot; sjuzhet)에 관한 러시아 형식주의자들의 관심을 급진적으로 발전시킨 것이다. 어떤 크로노토프에서, 공간은 시간에 종속되는 것처럼 보이지만(그리스 로맨스가 가장 확실한 사례이다), 심지어 여기서도 바흐친의 저술은 문예 이론이 소설 속 공간의 텍스트화와 완전히 결합되어 있음을 보여준다.

11. 고전적 전기와 자서전에서, 시간에 관한 절(1981: 130-146) 또는 예를 들어, 기사

도적 로맨스(chivalric romance)의 시공간에 관한 절(151-158) 참조.

12. 예를 들어, 데이비드 하비가 시간과 공간의 변증법적/관련적 견해에 대한 프로젝트의 일부로서 바흐친을 활용한 것은 역설적으로 홀퀴스트(1990)가 제시한 문예적 독해와 유사하게 자아와 타자의 철학자로서 후자를 전유한 것이다. 특히 자아와 타자의 '원근법적' 상황성('perspectival' situatedness)은—비록 이런 '관점'이 사회적으로 외삽(外揷)되는 방식은 지적을 받긴 하지만—바흐친에 관한 이런 독해에서 우월성을 가진다.

> 그러면 원근법적 관점은 '나'와 '타자들' 간 특정한 공간-시간 연계의 창출을 통해 이들 양자 모두에게 가치를 부여하는 사회적 실천의 연속적인 이행에 따라 공간과 시간에 관한 좀더 일반적인 관련적 견해로 융합된다(Harvey, 1997: 271).

우리의 노력과 유사하게, 여기서 하비는 물질적/현상학적 맥락으로부터 문맥에 관한 좀더 사회적인 '공간적' 개념화로 옮겨가고자 한다.

13. 바흐친 서클은 프로이트주의를 명시적으로 반대했지만(Voloshinov, 1976), 바흐친과 라캉의 만남은 훨씬 더 생산적일 수 있었다는 점이 제시되었다.

14. 그러나 우리는 또한 유머는 다른 많은 목적에 기여할 수 있다는 매틀리스의 경고를 주목해야만 한다. 라블레 카니발에서 여성은 흔히 남성적 조롱의 대상이 된다.

참고문헌

Bakhtin, M. M. (1981) *The Diallogical imagination*, edited and translated C. Emerson and M. Holquist, Austin, University of Texas Press.

Bakhtin, M. M. (1984a) *Problems of Dostoevsky's Poetics*, edited and translated C. Emerson, Minneapolis, University of Minnesota Press.

Bakhtin, M. M. (1984b) *Rabelais and his World*, translated H. Iswolsky, Bloomington, Indiana University Press.

Bakhtin, M. M. (1986) *Speech Genres and Other Late Essays*, edited C. Emerson and M. Holquist, translated V. W. McGee, Austin, University of Texas Press.

Bakhtin, M. M. (1993) *Toward a Philosophy of the Act*, edited V. Liapunov and M. Holquist, translated V. Liapunov, Austin, University of Texas Press.

Booth, W. C. (1986) 'Freedom of interpretation: Bakhtin and the challenge of feminist criticism', in Morson, G. S. (ed.) *Bakhtin: Essays and Dialogues on his Work.* Chicago and London, University of Chicago Press.

Bristol, M. (1985) *Carnival and Theater: Plebeian Culture and the Structure of Authority in Renaissance England.* New York, Methuen.

Brosseau, M. (1995) 'The city in textual form: Manhattan Transfer's New York', *Ecumeme* 2 (1): 89-114.

Burke P. (1994) *Popular Culture in Early Modern Europe.* Aldershot, Scolar Press.

Clark, K. and Holquist, M. (1984) *Mikhail Bakhtin.* London, Harvard university Press.

Crang, P. (1992) 'Politics and polyphony: Reconfigurations of geographical authority', *Environment and Planning D: Society and Space* 10: 527-549.

Cresswell, T. (1996) *In Place/Out of Place: Geography, Ideology and Transgression.* Minneapolis, University of Minnesota Press.

Cresswell, T. (1997) 'Imagining the nomad: Mobility and the postmodern primitive', in Benko, G. and Strohmayer, U. (eds) *Space and Social Theory: Interpreting Modernity and Postmodernity.* Oxford, Blackwell.

Danow, D. K. (1991) *The Thought of Mikhail Bakhtin: From Word to Culture.* London, Macmillan.

Darnton, R. (1984) *The Great Cat Massacre, and Other Episodes in French Cultural History.* New York, Vintage.

Davis, N. Z. (1987) *Society and Culture in Early Modern France.* Cambridge, Polity press.

De Certeau, M. (1984) *The Practice of Everyday Life*, translated Rendall, S., Berkeley, University of California Press.

Folch-Serra, M. (1990) 'Place, voice, space: Mikhail Bakhtin's dialogical landscape', *Environment and Planning D: Society and Space* 8: 255-74.

Foucault, M. (1986) 'Nietzsche, genealogy, history', in Rabinow, P., *The Foucault Reader.* Harmondsworth, Penguin.

Gardiner, M. (1992) *The Dialogics of Critique: M. M. Bakhtin and the Theory of Ideology.* London, Routledge.

Gardiner, M. (1996) 'Alterity and ethics: A dialogical perspective', *Theory, Culture And Society* 13 (2): 121-143.

Gilroy, P. (1993) *The Black Atlantic: Modernity and Double Consciousness.* London and New York, Verso.

Ginsburg, R. (1993) 'The pregnant text. Bakhtin's ur-chronotope: the womb', in Shepherd, D., *Bakhtin: Carnival and Other Subjects.* Amsterdam and Atlanta, Georgia, Rodopi.

Harvey, D. (1997) *Justice, Nature, and the Geography of Difference.* Oxford, Blackwell.

Hirschkop, K. (1989) 'Introduction: Bakhtin and cultural theory', in Hirschkop, K. and Shepherd, D. (eds) *Bakhtin and Cultural Theory.* Manchester, Manchester University Press.

Holquist, M. (1985) 'The carnival of discourse: Bakhtin and simultaneity', *Canadian Review of Comparative Literature* 12 (2): 220-34.

Holquist, M. (1990) *Dialogism: Bakhtin and His World.* London, Routledge.

Jackson, P. (1988) 'Street life: the politics of carnival', *Environment and Planning D: Society and Space* 6: 213-27.

Le Roy Ladurie, E. (1980) *Carnival: A People's Uprising at Romans, 1579-1580*, translated M. Feeney, London, Scolar Press.

Lewis, C. and Pile, S. (1996) 'Woman, body, space: Rio carnival and the politics of performance', *Gender, Place and Culture* 3 (1): 23-41.

Matless, D. (1995a) 'The art of right living: landscape and citizenship, 1918-39', in Pile, S. and Thrift, N. (eds) *Mapping the Subject: Geographies of Cultural Transformation.* London, Routledge.

Matless, D. (1995b) 'Effects of history', *Transactions of the Institute of British Geographers* 20 (4): 405-9.

Medvedev, P. N. (1985) *The Formal Method in Literary Scholarship: A Critical Introduction to Sociological Poetics*, translated A. J. Wehrle, Cambridge, MA and London, Harvard University Press.

Morson, G. S. and Emerson, C. (1993) 'Imputations and amputations: reply to Wall and Thomson', *Diacritics* 24 (4): 93-9.

Pechey, G. (1989) 'On the borders of Bakhtin: dialogisation, Ddecolonisation', in Hirschkop, K. and Shepherd, D. (eds) *Bakhtin and Cultural Theory.* Manchester, Manchester University Press.

Russo, M. (1986) 'Female grotesques: carnival and theory', in de Lauretis, T. (ed.) *Feminist Studies/Critical Studies.* Bloomington, Indian University Press.

Sciorra, J. (1996) 'Return to the future: Puerto Rican vernacular architecture in New

York city', in King, A. (ed.) *Re-Presenting the City: Ethnicity, Capital and Culture in the 21st Century Metropolis.* Basingstoke, Macmillan.

Shields, R. (1991) *Places on the Margin: Alternative Geographies of Modernity.* London and New York, Routledge.

Shotter, J. (1993) *Conversational Realities: Constructing Life Through Language.* London, Sage.

Sibley, D. (1995) *Geographies of Exclusion: Society and Difference in the West.* London and New York, Routledge.

Stallybrass, P. and White, A. (1986) *The Politics and Poetics of Transgression.* London, Methuen.

Stam, R. (1988) 'Mikhail Bakhtin and left cultural critique', in Kaplan, E. A. (ed.) *Postmodernism and its Discontents: Theories, Practices.* London, Verso.

Stewart, S. (1986) 'Shouts on the street: Bakhtin's anti-linguistics', in Morson, G. S. (ed.) *Bakhtin: Essays and Dialogues on his Work.* Chicago, University of Chicago Press.

Vice, S. (1997) *Introducing Bakhtin.* Manchester and New York, Manchester University Press.

Voloshinov, V. N. (1973) *Marxism and the Philosophy of Language,* translated L. Matejka and I. R. Titunik, London, Harvard University Press.

Voloshinov, V. N. (1976) *Freudianism: A Marxist Critique,* translated I. R. Titunik, New York, Academic Press.

비트겐슈타인과 일상생활의 얼개

새로운 철학적 세련됨을 매우 탐욕적으로 갈구하는 것처럼 보이는 한 학
문 분야〔즉 지리학〕에는 오래된 비밀—또는 나에게는 그렇게 보이는 비
밀—이 있다. 그 비밀이란 이 학문 분야가 루트비히 비트겐슈타인(Ludwig
Wittgenstein, 1889~1951)의 저작에 대해서는 실질적 관심이 없다는 점이다.
몇몇 예외를 제외하고,[1] 지리학자들이 그의 저작에 관해 논의한 연구는
전혀 없었다. 그렇지만 이 점은 다른 학문 분야의 상황과는 상당히 대조
적이다. 철학에서 그의 저작은 광범위하게 논의되고 있다. 지난 10년간만
하더라도 그의 저작에 전념한 책이 100권 이상 출판되었으며, 약 800편
의 논문이 발표되었다. 게다가 지리학자들이 흔히 인용하는 다른 저작
의 저자들은 비트겐슈타인을 중심적인 인물로 이해했다. 사회학에서 기
든스(Giddens, 1979)는 자신의 저작에서 비트겐슈타인의 저작을 주춧돌로
의존했으며, 부르디외는 자신의 《성찰적 사회학에의 초대(An Invitation to
Reflexive Sociology)》(1992)의 제사(epigraph)로 비트겐슈타인의 《잡다한 소견
들(Vermischte Bemerkungen)》(1977)에서 한 구절을 인용했다. 사실 스리프트
(Thrift, 1996)가 지적한 것처럼 사회이론가들이 1장에서 비트겐슈타인의

저작을 그 기초라고 주장했다면, 지리학자들은 2장부터 이를 활용하기 시작하는 경향이 있다.

1 비가시적 인간

물론 지리학자들 입장에서는 이러한 침묵에 관해 여러 가지 설명을 할 수 있을 것이다. 아마 당사자인 사회이론가들은 단지 철학자의 환심을 끌려는 것일 수도 있다. 또는 아마 비트겐슈타인 저작 자체의 속성이 문제일 수도 있다. 어쨌든 그의 저작은 요약하기 매우 어렵다. 만약 대부분의 철학자처럼 각주를 편애하지 않았다면, 다른 사람들의 저작에 비해 비트겐슈타인 저작의 경우는 그가 다룬 철학적 영역에 관해 처음부터 강한 의미를 지닐 필요가 있을 것이다. 요컨대 그의 위상을 특정짓기는 어렵다. 비트겐슈타인은 현실주의자인가? 이상주의자인가? 해설자들은 무수한 견해를 가질 수 있다.

그렇지만 이들의 견해가 어떠하든 언어에 관한 비트겐슈타인의 탁월한 관심은 '물질적 조건' 등에 관심을 갖는 사람들 사이에서 그의 저작을 의문스러운 것으로 여기게끔 만들었다. 실제로 혹자는 그를 '단지' 이상주의자, 즉 상부 구조 차원에서 작업하는 사람으로 간주할 수 있다고 주장할 것이다. 여기서 비트겐슈타인이 "언어놀이(language game)"라고 일컬은 것에 관한 그의 관심은 그의 저작이 근본적으로 상대주의적이라는 것을 시사한다. 그리고 사실 피터 윈치(Peter Winch, 1990(1958년 초판), 1964, 1959), 리처드 로티(Richard Rorty, 1979, 1982, 1983) 같은 상대주의자들이 그의 저작을 활용한 방식은 이러한 해석에 정당성을 부여했다. 동시에—아마도 역설적으로—어떤 사람들은 그의 저작을 상대주의적인 것이 아니라 오히려 위험한 보수적인 것으로 이해한다. 여기서 "받아들여진 것, 주어진 것은 삶의 형식(form of life)이라고 말할 수 있을 것이다"(PI, II: 226)[2] 같은 주장은 일부 논평가들로 하여금 그의 저작을 마이클 오크숏(Michael Oakeshott) 같은 일종의 전통주의로 이해하게끔 했다(Nyìri, 1982; Wheeler, 1988). 물론 끝으로 그의 저작—그리고 특히 후기 저작—은 지리학과 거의 관계가 없는 것으로 이해할 수 있다. 어쨌든 "사고(thought)는 말하자면 '날' 수 있다. 사고는 걸어갈 필요가 없다"(Z § 273) 같은 진술이 지리학과 무슨 관계가 있겠는가? 아마도 결국에는 부르디외와 기든스에 관한 제2장으로 뛰어넘은 지리학자들이 옳을 것이다. 비트겐슈타인의 저작은 어떤 차이를 만들기에는 매우 추상적이고, 지리학의 일상적 실행에서 너무 떨어져 있다.

그러나 이런 점과는 상당히 대조적으로, 나는 비트겐슈타인을 지리적 철학자로 이해하고자 한다. 사실 다른 학자들의 시도에도 불구하고, 특히 나는 이런 점에서 푸코의 순진한 〈다른 공간들에 관하여(Of Other Spaces)〉(1986)를 마음속으로 생각해본다. 그러나 비트겐슈타인은 금세기 지리학자들을 훈련시키는 매우 심오하고 인상적으로 논의된 문제를 내포한 저작을 쓴 철학자라고 할 수 있다. 그리고 그는 이러한 문제—철학, 사회이론, 상식에서 공간의 역할, 장소의 중요성, 자연적인 것의 속성에 관한 문제—를 진실로 근본적인 방법, 즉 문제의 근원에 도달할 수 있는 방법으로 다루었다. 그러나 그의 저작은 세계—그리고 인간성—의 바깥에서 있으면서 전체를 포괄하기 위해 새롭고 더 좋은 체계를 제정하는 전통적인 올림피아적 · 건축론적 철학자의 저작으로 가장 잘 이해할 수 있는 것은 아니다. 오히려 중요한 의미에서, 그의 저작은 철학적 문제들이 일반인의 일상적 활동에서 생겨난다는 사실의 증거를 번번이 찾아내는 경험적 연구자의 산물로 이해할 필요가 있다. 사실 비트겐슈타인에 의하면, 서양 철학의 역사는 자신의 사회적 맥락—행동과 언술을 이해할 수 있는 맥락—을 능가하기 위한, 바깥에 서기 위한, 관점이 아닌 관점으로부터 세계를 이해하기 위한 그리고 대중들이 할 수 있는 것보다 더 분명히 이해하기 위한 올림피아적 충동의 결과로 이해할 수 있다. 대조적으로 비트겐슈타인은 대중—남녀, 어린이, 어른, 노인, 현명한 자와 정신박약자—에게서 들어야만 한다는 견해를 고취시킨다.

2 추기(追記)

내가 방금 전에 무슨 말을 했든, 지리학자들이 비트겐슈타인의 저작을 거의 이해하지 못했다고 말하는 것은 지리학자들을 추려내기 위한 것이 아니다. 그의 저작이 어렵기 때문이다. 사실 지난 80년 동안 비트겐슈타인의 저작에 대한 해석이 한두 번 완전히 변했다는 점은 그의 저작이 얼마나 어려운지를 보여준다. 철학 및 사회 이론의 역사에서, 장기적 경향이라는 점과 관련해 이러한 변화를 생각해보는 것은 의미 있을 것이다. 플라톤까지 소급되는 철학에서 하나의 매우 중요한 경향은 담론을 명료화하는 것이 중요한 과제라는 믿음에 기초한다. 이런 관점에서 우리가 '철학적'이라고 생각하는 많은—또는 아마도 모든—문제는 사유하기의 혼돈에서 비롯된다. 그리고 변증법적인 것과 대화적인 것은 진리에 대한 우리의 '보기(seeing)'를 방해하는 이러한 혼돈, 신화, 편견을 제거하기 위한 중요한 수단이 되었다.[3] 동시에《형이상학(Metaphysics)》의 아리스토텔레스에서부터《현상학(Phenomenology)》의 헤겔을 거쳐 오늘날에 이르기까지 많은 철학자들은 더 많은 게 필요하다는 것, 즉 철학자는 체계를 구축해야 한다는 것을 믿었다. 이런 점에서 철학은 과학, 즉 연구 주제로

'실재' 세계가 아니라 그 이면에 있는 사상과 사고의 세계를 다루는 매우 특수한 종류의 과학으로 이해할 수 있다.

처음부터, 철학을 이해하는 이러한 방법은 비트겐슈타인의 저작에 관한 이해에 영향을 미친다. 한편으로, 비트겐슈타인의 《논리-철학 논고 (Tractatus Logico-Philosophicus)》 서문에서 버트란트 러셀(Bertrand Russell)은 이 저작을 이상적 언어가 무엇인지를 서술하기 위한 시도로 이해했다. 이런 견해에서 비트겐슈타인은 《형이상학》의 아리스토텔레스, '메르센 (Mersenne)에게 보낸 편지'의 데카르트, 포트-로열 문법과 논리(Arnauld and Lancelot, 1975; Lancelot, Arnauld, and Nicole, 1816) 그리고 철학적 언어의 윌킨스(Wilkins, 1668) 같은 학자들의 전통 아래에서 작업을 했다.

잘 알려진 바와 같이, 비트겐슈타인은 《논리-철학 논고》를 출판하지 않으려 했다. (당시 그는 박사 학위가 없었고 학계 지위도 없었던 반면, 러셀은 경력의 최고점에 있었다.) 왜냐하면 러셀이 이 저작을 매우 나쁘게 잘못 평가할 것이라고 믿었기 때문이다. 실제로 그는 자신이 《논리-철학 논고》에서 한 작업은 사실적 언설의 본질과 그 언설이 이치에 맞는 이유를 규명하기 위한 것이었다고 믿었다. 동시에 그는 그 자신의 저작에서 언설은 엄격히 말해 감각의 영역을 넘어서는 것이라고 믿었다.

내 명제들은 다음과 같은 점에서 하나의 주해(elucidation) 작업이다. 즉 나를 이해하는 사람이 내 명제들을 넘어 올라가기 위해 그 명제들을 발판으로 이용하고자 한다면, 그는 궁극적으로 그 명제들을 무의미한 것으로 인식할 것이다. (말하자면 그는 사다리를 딛고 올라간 후에는 그 사다리를 걷어차버려야 한다.)

(TLP § 6.54)

전통적인 담론적 구조 안에서 비트겐슈타인이 저술한 《논리-철학 논고》의 의미와 목적에 관한 논쟁이 있었던 것처럼 1930년대에 《청색 책, 갈색 책(Blue and Brown Books)》(1958)부터 시작해 《철학적 탐구(Philosophical Investigations)》(1968)에서 정점에 달한 그의 후기 저작에 관해서도 그러한 주장이 있었다. 이 논쟁과 더불어 철학의 명확화 기능과 체계-구축 또는 건축론 간 구분의 형식화를 둘러싼 논쟁도 있다. 구술 설명과 비공식적 강의 노트 필기 형태로 전해지는 비트겐슈타인 자신의 저작에 부분적으로 의존해, 1940년대 그리고 특히 1950년대와 1960년대 초 영미 철학은 철학의 진정한 목적은 철저히 언어 이용을 명확하게 하는 것이며, 모든 형이상학은 단지 언어적 실책(miscue)으로 이루어진다는 견해와 점차 연관을 갖게 되었다. 영미 철학은 문제에 직면한 철학자의 우선적 과제는 사전(辭典)에 의존하는 것이라고 말한 존 L. 오스틴(John L. Austin, 1975, 1970)의 저작에 의해 관념화되면서, 건축론적 프로젝트와의 결합으로부터 상당히 분리되었다.

그렇지만 이 프로젝트는 두 곳에서 살아남았다. 한편으로, 이 프로젝트는 초기의 논리적 원자론자들, 그다음엔 논리적 실증주의자들, 끝으로 논리적 경험주의자들에 의해 만들어진—지금은 과학철학에 중점을 둔—전통 하의 영미 학계에 남아 있었다(Frege, 1952; Ayer, 1952; Russell, 1956). 러셀 이후 이 전통에 속하는 많은 철학자들은 자신을 비트겐슈타인 《논리-철학 논고》의 지적 상속자로 이해했으며, 이런 점에서 구스타프 버그만(Gustav Bergmann)은 《논리-철학 논고》는 비트겐슈타인의 '영광'이요, 《철학적 탐구》는 그의 '불행'이라고 지적한 바 있다. 다른 한편, 이 프로젝트는 영미 철학자들 사이에서 이해 불가능한 신화 만들기로 이해된 대륙 철학에서도 살아남았다.

비트겐슈타인의 저작에 관한 분석은 1950년대에 걸쳐 영미 학계의 이러한 분화(分化) 속에서 이어진 헤게모니에 속박된 채 남아 있었다. 프로젝트 명료화로서의 철학을 주창하는 사람들은《철학적 탐구》를 선호했으며, 다른 사람들은《논리-철학 논고》에 충실한 건축론적 논리-경험주의자들로서 남아 있었다. 그렇지만 양자는 공통적으로 영미의 주류 안에서 굳건하지 못했던 비트겐슈타인 저작의 요소를 이해하는 것이 불가능했다. 그러나 이런 공통점은 같은 해에 출판한 피터 윈치의《사회과학의 이념(The Idea of a Social Science)》(1990; 1958년 초판)과 노우드 러셀 핸슨(Norwood Russell Hanson)의《발견의 유형(Patterns of Discovery)》(1958)과 더불어 1950년대 후반에 와해되기 시작했다. 전자는 비트겐슈타인의 후기 저작을 사회과학에 응용한 것이고, 후자는 이러한 사고를 자연과학에 응용한 것이다. 위의 두 저서에 이어 이 장르에서 매우 오랫동안 명성을 유지했던 토머스 쿤(Thomas Kuhn)의《과학 혁명의 구조(The Structure of Scientific Revolution)》(1970; 1963년 초판)가 출판되었다. 결과적으로 이러한 저작들은 각각 비트겐슈타인의 후기 프로젝트를 과학적 정설의 핵심으로 가져갔다. 이들은 각각 무장소(nowhere)로부터 도출된 탈이해적(disinterested) 관점으로서의 과학, 마찬가지로 탈이해적 철학에 사로잡히거나 속박된 과학의 가능성을 공격했다. 여전히 비트겐슈타인의《철학적 탐구》에 관한 연구는 대체로 그의 프로젝트가 비판적이라는 견해와 결합되어 있었다(Pitcher, 1964).

그러나 1973년에 형세가 변했다. 재닉과 툴민(Janik and Toulmin, 1973)은 그들의 탁월한 저서에서 비트겐슈타인을 이방인으로 추방당한 빈(Wien) 사람 그리고 그의 철학적 근원이 고틀롭 프레게(Gottlob Frege)보다도 쇼펜하우어와 훨씬 더 가까운 인물로 재고찰했다. 그리고 이제는 정설이 된 이러한 해석을 지지하는 사람들은 비트겐슈타인의《철학적 탐구》를 유럽 대륙의 해석학적—그리고 건축론적—프로젝트의 강력한 반향이라고 이해하게 되었다(Chew, 1982; Gadamer, 1976). 이러한 흐름은 다시 전환되어 비트겐슈타인의 저작이 수많은 프로젝트의 지지물로서, 특히 그의 저작을 폭넓게 인용하는 과학사회학에서 아마도 가장 뛰어난 지지물로 이용되게끔 이끌었다. 이와 관련해 일부 학자들은 이 작업, 즉 대륙적으로 고취된 건축론적 프로젝트는 한 방향의 견해, 요컨대 모든 것은 대화이며, 대화는 영구적이며, 모든 기준은 동일하고(Rorty, 1979, 1983), 과학적 지식은 다른 어떤 것보다도 더 좋지 않다(Bloor, 1981, 1983)는 견해만을 이끌 수 있는 것으로 간주했다.

그러나 만약 비트겐슈타인의 저작, 특히 그의 후기 저작에 관한 문헌이 그의 저작을 단순히 명료화를 위한 프로젝트가 아니라 건축론적 프로젝트로 점차 이해했다면, 이는 그다지 크게 개선된 것이라고 할 수 없다. 사실 철학은 이것 또는 저것이라는 견해에 잠겨버리면, 그의 저작이 실제 이 두 가지 모두가 아니며 오히려 매우 다른 프로젝트가 될 수도 있는 방법을 이해하지 못하게끔 한다. 다음에서 나는 공간, 규칙, 삶의 형태의 속성에 관한 일련의 핵심적 의문를 고찰함으로써 이러한 견해의 윤곽을 묘사하고자 한다.

3 공간에 관하여

《논리-철학 논고》에서 비트겐슈타인은 명제와 세계 간의 관련성에 관한 개념화, 즉 전적으로 공간적인 개념화를 제시했다.

그림의 요소가 특정한 방식으로 서로 관계를 맺고 있다는 것은 실물이 서로 그렇게 관계를 맺고 있다는 것을 표상한다.

그림 요소의 이러한 연관은 그림의 구조라고 일컬으며, 그 구조의 가능성
은 그림의 모사 형식(pictorial form)이라고 일컫는다.

(TLP § 2.15)

모사 형식은 실물이 그림의 요소처럼 서로 관계를 맺고 있을 가능성이다.

그림은 현실과 그렇게 연결된다. 그것은 현실에까지 다다른다.

(TLP §§ 2.151-2.1511)

노먼 맬컴(Norman Malcolm)에 따르면, 비트겐슈타인은

동부 전선의 참호 속에서, 자동차 사고로 발생한 사건의 가능한 연쇄적 장
면을 묘사하는 도식적 그림이 있는 잡지를 읽고 있다. 거기서 그림은 명제,
즉 사물의 가능한 상태에 관한 서술로서 기여한다. 그림은 그 부분과 현실
속 사물 간의 조응으로 인해 이러한 기능을 가진다.

(Malcolm, 1966: 7-8)

만약 여기서 재현이 세계 위에 펼쳐진 명제의 지도 그리기와 같은 것
을 포함한다면, 명제와 세계는 일종의 공간을 점유하는 것으로 이해할
수 있다. "논리적 공간 속의 사실이 세계이다. ……모든 사물은 말하자
면 가능한 상태의 공간 속에 있다. 나는 이 공간을 텅 비었다고 생각할
수 있지만, 사물을 그 공간 없이는 생각할 수 없다"(TLP § 1.13, § 2.013).
이제 만약 "참 명제의 총체성이 자연과학 전체 또는 자연과학의 전체
집합"(TLP § 4.11)이라면 그리고 만약 "논리가 세계에 넘쳐흐른다면, 세계
의 한계가 또한 논리의 한계라면"(TLP § 5.61), 비트겐슈타인은 무한하며,

사전적으로 존재하는 공간, 일종의 뉴턴적 공간이라는 견해를 촉진하는 것처럼 보인다. 즉 비트겐슈타인에 의하면, 우리는 원자들의 우주—구성물이 그것들을 거울처럼 비추는 명제의 포섭에 의해 다시금 갇히는 우주—에 고착되는 것처럼 보인다.

그리고 사실 그에 앞선 데이비드 흄(David Hume)처럼 비트겐슈타인은 다음과 같은 어떤 작업에 대해 말하고 싶어 하는 것처럼 보인다. "이는 양이나 수에 관한 어떤 추상적 추론을 포함하는가? 아니요. 이는 사실과 존재의 사물에 관한 어떤 경험적 추론을 포함하는가? 아니요. 그렇다면 이를 불 속에 던져버려라. 이는 궤변 외에 아무런 것도 담을 수 없기 때문이다"[Hume, 1975(1777): 165]. 이런 견해는 "내 언어의 한계는 내 세계의 한계를 의미한다"(TLP § 5.6)는 그의 단언에 의해 지지받는다고 주장할 수 있을 것이다. 예를 들어, 올슨은 이를 다음과 같은 방식으로 서술한다.

> 내 언어가 바뀜에 따라, 세계에 대한 내 견해도 바뀐다. 왜냐하면 하이데거 (Heidegger, 1968: 277)[4]가 올바르게 주장한 바와 같이, 인간의 존재는 그의 언어에서 발견되기 때문이다. 역으로 현실에 관한 내 견해가 바뀌면, 내 표현 양식도 바뀐다. 따라서 생각하는 것은 사실에 관한 개념화와 또한 그 사실 자체 양자 모두이다. 왜냐하면 사실은 개념화의 바깥에 존재할 수 없으며, 내 개념화는 내가 사용하는 특정 언어를 반영하기 때문이다. 언어는 정신이 작동하는 매체이기 때문에, 논점은 사실의 집합이 아니라 이러한 사실들이 정신 속에서 어떻게 정돈되는가에 관한 의사소통이다.
>
> (Olsson, 1980: 6b)

그러나 《논리-철학 논고》에서 공간의 논점에 관한 비트겐슈타인의 접근은 이것보다 훨씬 복잡한데, 그의 후기 저작을 예시하는 방식으로—

《논리-철학 논고》에 관한 좀더 현대적인 독해에서도 그러한 것처럼—나는 이런 점이 장소에 관한 풍부하고 가치 있는 개념이라고 주장하고자 한다. 사실 여기서 단언은 "언어의 한계가 내 세계의 한계이다"는 점이 아니라, 이러한 "한계는 내 세계의 한계를 의미한다"는 점이며, 비트겐슈타인에게 "의미 있는"이라는 용어를 올바르게 적용한 언어는 사실적인 언어이기 때문이다. 사실 《논리-철학 논고》에 의하면, 우리의 삶에는 사실의 언어—그리고 과학의 언어—로 표현할 수 없는 것들이 많다. 왜냐하면 "사물이 세계에서 어떻게 존재하는가는 무엇이 더 높은가라는 의문과는 완전히 무관한 문제"(TLP § 6.432)이기 때문이다. 사실 "세계에 관한 전반적인 근대적 개념화는 이른바 자연 법칙이 자연 현상에 관한 설명이라는 환상에서 찾을 수 있다"(TLP § 6.371).

그래서 오늘날 사람들은 어떤 범할 수 없는 것 앞에서처럼 자연 법칙 앞에서 멈춰 선다. 마치 고대인들이 신과 운명 앞에서 멈춰 섰던 것처럼.

그리고 사실 그들은 둘 다 옳기도 하고 그르기도 하다. 그렇지만 근대적 체계가 마치 모든 것이 설명되어 있는 것처럼 보이게 하려는 데 반해, 고대인들은 분명한 종점(terminus)을 인정한다는 점에서 그들이 더 분명하다.

(TLP § 6.372)

그리고 또한

내 명제들은 다음과 같은 점에서 하나의 주해 작업이다. 즉 나를 이해하는 사람이 내 명제들을 넘어 올라가기 위해 그 명제들을 발판으로 이용하고자 한다면, 그는 궁극적으로 그 명제들을 무의미한 것으로 인식할 것이다. (말하자면 그는 사다리를 딛고 올라간 후에는 그 사다리를 걷어차버려야 한다.)

그는 이 명제들을 극복해야 한다. 그러면 그는 세계를 올바로 보게 될 것이다.

(TLP § 6.54)

그렇다면 여기서 우리는 《논리-철학 논고》의 끝부분에서 비트겐슈타인이 마음속으로 공간에 관해 매우 다른 방법으로 사유했다는 점을 알 수 있다. 이때 공간은 뉴턴의 무한 공간이 아니라 한계가 있고 한정된 공간이다. 그리고 비트겐슈타인은 《논리-철학 논고》의 바로 이러한 견해를 《철학적 탐구》에서 상술하기 시작한다. 이 저작 앞부분에서 그는 약간의 매우 기본적 언어들을 서술하는데, 그중 하나는 예를 들어 "돌덩이", "널빤지" 등과 같이 몇 가지 낱말들로만 구성되며 이는 건축가와 그의 보조자가 사용하는 언어이다.

언어 (2)와 (8)[즉 건축가의 언어]이 오직 명령만으로 이루어져 있다는 점 때문에 당혹해하지 말라. 이 언어들이 그 때문에 완전하지 않다고 말하고 싶다면, 우리의 언어는 완전한지 자문해보라. 즉 우리의 언어가 화학의 기호 체계와 미적분 표기법을 합병하기 전에는 완전했는지 당신 자신에게 물어보라. 왜냐하면 이것들은 말하자면, 우리 언어의 변두리이기 때문이다. (그리고 얼마나 많은 집과 거리가 있어야 한 도시가 도시이기 시작하는가?) 우리의 언어는 하나의 오래된 도시로 간주할 수 있다. 즉 골목길과 광장, 낡은 집과 새 집 그리고 상이한 시기에 증축한 부분을 가진 집들로 이루어진 하나의 미로. 그리고 이것을 둘러싼 곧고 규칙적인 거리와 획일적인 집을 가진 수많은 새로운 변두리.

(PI § 18)

이제 우리는 공간의 이미지를 넘어 장소의 이미지로 나아간다. 그리고 바로 이러한 이미지 속에서 언어가 사실적 단언으로서의 기능을 능가해 다른 많은 기능을 정당하게 지니게끔 된다. 맬컴에 따르면, 이러한 정신의 변화에서 결정적 계기는 다음과 같다.

비트겐슈타인과 케임브리지 경제학과 교수인 P. 스라파(P. Sraffa)는 함께 《논리-철학 논고》의 사고들에 관해 많은 논쟁을 했다. 하루는 (나는 이들이 기차를 타고 있었다고 생각한다) 비트겐슈타인이 명제 및 이것이 서술하는 것은 같은 '논리적 형식', 같은 '논리적 다양성'을 가져야만 한다고 주장하자, 스라파는 한쪽 손의 손가락들을 바깥쪽으로 내밀어 그의 턱 밑을 털어내는 행동을 했는데, 이러한 몸짓은 혐오와 경멸 같은 것을 의미하는 것으로 나폴리 사람들에게 익숙한 것이었다. 그리고 그는 물었다. "'저것'의 논리적 형식은 무엇이지요?" 스라파의 사례는 비트겐슈타인으로 하여금 명제와 이것이 서술하는 것은 동일한 '형식'을 가져야만 한다는 주장이 어리석다는 기분을 느끼게끔 만들었다. 이는 그에게 명제가 명목상 그것이 서술하는 현실의 '그림'이어야 한다는 신념을 떨쳐버리도록 했다.

(Malcolm, 1966: 69)

이유야 어떻든, 다음 몇 년 동안 비트겐슈타인은 철학과 철학적 문제에 관해 사유하는 매우 다른 방법을 개발했다. 그리고 이 견해의 핵심은 맬컴이 "명제"—이를 '이미지'라고 부르는 것이 더 좋은 것 같지만—라고 지칭한 것, 즉 "명제는 현실의 그림"이라는 명제를 부정하는 것이었다. 이 견해와 더불어 민족지학적 시각에 노출된 언어·논리 심지어 수학을 재고찰하고, 이것들이 실제 장소에서 실제 사람들의 행동에서 체현될 때만 가능하다는 것을 진정으로 이해함에 따라, 논리적 공간이라는 순수한 사고도 그렇게 이해하게끔 되었다. 《논리-철학 논고》에서의 낡은 견해를 무장소(nowhere)로부터의 견해라기보다는 매우 특정한 장소, 즉 학계의 견해로 이해하게끔 된 것이다. 그리고 여기서 알다시피 비트겐슈타인은 《휠덜린과 시의 본질(Hölderlin and the Essence of Poetry)》에서 제기한 하이데거의 주장에 동의한다. 올슨의 해석에도 불구하고, 그 책에서 하이데거는 다음과 같이 확언한다.

> 우리—인류—는 회화(conversation)이다. 인간의 존재는 언어 속에서 발견된다. 그러나 이는 단지 **회화** 속에서만 실제가 된다(강조는 원문). 그렇지만 후자는 단지 언어가 그 효과를 지니게 되는 방식뿐 아니라, 언어가 본질적인 회화로서 그러하다. 우리가 흔히 언어로 의미하는 것, 즉 낱말과 통어법(統語法)의 저장(stock)으로서 언어는 단지 언어의 출발점에 불과하다.
>
> (Heidegger, 1965: 277)

우리는 '그대로의 언어(just language)', 즉 글로 쓰이거나 말한 것이 아니라 순수한 체계인 일단의 낱말과 규칙으로서 언어를 생각할 수 있을 것이라고 하이데거는 주장한다. 하지만 이는 그저 상상일 뿐이다.

4 규칙을 따름에 관하여

하이데거처럼 비트겐슈타인은 언어에 관해 생각할 때 우리는 전형적으로 이를 어떤 체계, 그것도 어떤 단순한 체계로 상상한다고 서술한다. 우리는 이런 언어관이 근대적 견해라고 생각하는 경향이 있지만, 비트겐슈타인은 사실 이 견해가 아우구스티누스에게까지 멀리 소급된다고 주장한다. 《고백(Confessions)》에서 아우구스티누스는 이렇게 이야기했다.

그들(어른들)이 어떤 대상을 명명하면서 동시에 그 대상 쪽으로 몸을 돌렸을 때, 나는 이것을 보고 그 대상이 그들이 그것을 지시할 때 낸 소리에 의해 지칭된다는 것을 파악했다. ……그렇게 해서 나는 여러 문장 속의 정해진 자리에서 되풀이 사용되는 낱말이 어떤 사물을 지칭하는지 이해하는 법을 점차 배웠다. 그리고 내 입이 이런 기호에 익숙해졌을 때, 나는 내 소망을 표현하기 위해 그것들을 사용했다.

(PI § 1에서 인용)

비트겐슈타인은 다음과 같이 서술한다.

내가 보기에, 우리는 이러한 말 속에서 인간 언어의 본질에 대한 어떤 특수한 그림을 얻는다. 즉 언어의 낱말은 대상을 명명한다―문장은 그러한 명칭의 결합이다. 언어에 대한 이런 그림 속에서 우리는 다음과 같은 생각의 뿌리를 발견한다. 즉 모든 낱말엔 의미가 있다. 이 의미는 낱말에 부가된다. 그것은 그 낱말이 나타내는 대상이다.

(PI § 1)

그러나 사실 언어에 관한 이런 견해는 많은 것을 가정하고 또한 방치한다. 그것은 하나의 언어 모형을 가정한다. 그리고 언어로서 고려해야 할 많은 것을 버려둔다. 게다가 언어를 불가능한 것이 되도록 한다. 시작부터―그리고 이는 물론 우리를 기차에서의 사건으로 되돌아가게끔 한다―비트겐슈타인은 흄[Hume, 1975(1777)]이나 에이어(Ayer, 1952) 같은 경험주의자들이 제안한 이미지와 대조적으로 언어는 사실상 복합적이라고 서술한다.

그러나 얼마나 많은 종류의 문장이 존재하는가? 가령 주장, 질문 그리고 명령?—이런 종류는 무수히 많다. 즉 우리가 '부호', '낱말', '문장'이라고 부르는 모든 것을 사용하는 무수히 많은 서로 다른 종류…….

언어의 도구와 그것을 사용하는 방식의 다양성, 즉 낱말과 문장 종류의 다양성을 논리학자들이 언어의 구조에 관해 설명해온 것과 비교하는 것은 흥미롭다. (그 비교 대상에는 《논리-철학 논고》의 저자도 역시 포함된다.)

(PI § 23)

사실 우리는 낱말과 문장의 종류의 다양성을 이해할 필요가 있을 뿐만 아니라 이와 같이 다양한 종류를 분리해 취급할 수 있음을 이해할 필요가 있다고 그는 주장한다. 아울러 우리가 이것들을 놀이, 즉 그가 "언어놀이"라고 명명한 것처럼 이해할 수 있다고 주장한다.

다음과 같은 예에서 그리고 다른 예에서 언어놀이의 다양성을 검토해보라.

명령하기 그리고 명령에 따라 행동하기
대상을 그 외관에 따라 또는 측정한 바에 따라 서술하기
서술(소묘)에 따라 대상을 구성하기
사건을 보고하기
사건에 관해 추측하기
가설을 세우고 검증하기
실험 결과를 표와 그림으로 나타내기

이야기 만들기; 그리고 그것을 읽기

연극하기

돌림노래 부르기

수수께끼 알아맞히기

농담하기; 허튼소리하기

응용 계산 문제 풀기

한 언어를 다른 언어로 번역하기

부탁하기, 감사하기, 저주하기, 인사하기, 기도하기

(PI § 23)

이제 우리가 전통적인 방법, 즉 아리스토텔레스를 통해 플라톤으로부터 물려받은 방법—그리고 과학에 관해 상식적으로 사유하는 방식으로 짜인 방법—으로 개념을 사유한다면, 우리는 그 주어진 개념을 일단의 한정적 특징 또는 본질로 정의하는 것이 가능하다고 상상한다. 이는 언어놀이, 또는 더 일반적으로 언어에서 사실인가? 비트겐슈타인은 그렇다는 것을 부정한다.

왜냐하면 나에게 다음과 같은 이의를 제기할 수 있을 것이기 때문이다. "당신 이야기는 경솔해 보인다! 당신은 가능한 모든 언어놀이에 관해서 이야기하지만, 도대체 무엇이 언어놀이의 본질인지 그리고 따라서 무엇이 언어의 본질인지에 대해서는 어디에서도 말하지 않았다. 무엇이 이 모든 활동에 공통적인 것이며, 그것들을 언어로 또는 언어의 부분으로 만드는지를……"

그리고 그것은 사실이다—우리가 언어라고 부르는 모든 것에 공통적인 어떤 것을 진술하는 대신, 나는 이런 현상에는 우리로 하여금 그 모두에 대해 같은 낱말을 사용하도록 만드는 어떤 일자(一者)가 공통적으로 있는 것은 결코 아니라는 점을 언급하고자 한다―하지만 그것들은 매우 다양한 방식으로 서로 관련되어 있다.

(PI §65)

여기서 그는 민족지학적 입장을 취한다.

예를 들어 우리가 '놀이'라고 일컫는 과정을 한번 고찰해보라. 보드게임, 카드놀이, 공놀이, 올림픽 경기 등이 그것이다. 무엇이 이 모든 것들에 공통적인가?―"거기엔 뭔가 공통적인 것이 '있어야만' 한다. 그렇지 않으면 그것들은 '놀이'라고 일컬어지지 않을 것이다"고 말하지 말라―그것들 모두에 어떤 공통적인 것이 있는지 여부를 '살펴보라'―왜냐하면 그것들을 살펴본다면, 당신은 '모든 것'에 공통적인 어떤 것을 볼 수는 없겠지만 유사성, 관련성을 볼 것이기 때문이다. 그것도 매우 많이. 반복해서 말하지만 생각하지 말고, 살펴보라!

(PI §66)

여기서 다시 우리는 《논리-철학 논고》를 지배했던 일종의 공간적 상상에 의해 잘못 이끌리지 말아야 할 중요성을 확인한다.

도대체 놀이의 개념을 어떻게 한정할 수 있는가? 놀이로 무엇을 설명할 수 있으며, 또 무엇을 더 이상 설명할 수 없는가? 당신은 그 한계를 그을 수 있는가? 그렇게 할 수 없다. ······"하지만 그렇다면 실로 낱말의 적용은 규칙적이지 않다. 우리가 그 낱말을 가지고 하는 '놀이'는 규칙적이지 않다"―놀이는 어디에서나 규칙으로 둘러싸여 있는 것은 아니다. 그러나 예컨대 테니스에서 얼마나 높게 또는 얼마나 강하게 공을 쳐도 되는지에 대한 규칙 역시 없다. 그럼에도 불구하고 테니스는 하나의 놀이이며, 또 규칙을 갖고 있다.

우리는 놀이가 무엇인지를 누군가에게 도대체 어떻게 설명해야 할까? 내 생각으로는 그에게 놀이에 대해 묘사하고, 그 묘사에 "이것 그리고 비슷한 것들을 우리는 '놀이'라고 일컫는다"고 덧붙일 수 있을 것이다. 그리고 대체 우리는 그것에 대해 얼마나 많이 알고 있는가? 우리는 단지 다른 사람에게만 놀이가 무엇인지를 정확히 말하지 못하는가?―그러나 이는 무지가 아니다. 우리가 그 한계를 알지 못하는 것은 아무런 한계도 그어져 있지 않기 때문이다. 이미 말했다시피 우리는―어떤 특별한 목적을 위해―어떤 한계를 그을 수는 있다. 우리는 그렇게 함으로써 비로소 그 개념을 사용 가능하게끔 만드는가? 전혀 그렇지 않다! (그 특정한 목적을 위한 경우를 제외하고는.) 이는 1보(步)=75센티미터라고 정의 내린 사람이 '1보'라는 척도를 사용 가능하게끔 만드는 것이 아닌 것과 마찬가지이다. 그런데 당신이 "그러나 전에는 아무튼 그게 정확한 척도가 아니었다"고 말하고자 한다면 나는 이렇게 대답할 것이다. 그래, 그때 그것은 부정확한 것이었다고. 비록 당신은 나에게 여전히 정확성의 정의에 관해 제대로 설명하지 못했지만.

(PI §§ 68-69)

결국, "우리는 서로 겹치고 교차하는 유사성의 복잡한 네트워크를 본다. 즉 때로는 전면적인 유사성을 때로는 세세한 부분에서의 유사성을"(PI § 66). 이에 따라 비트겐슈타인은 세계 위에 추상적 체계를 지도화하는 문제를 떠나 사실 언어는 일단의 실천―말해진 실천과 그렇지 않은 실천―으로 구성된다고 주장한다. 피자 주문하기, 학술적 강연하기, 배우자와 다투기 등에는 언어놀이가 있다. 사실 문화 획득하기 또는 문명화되기란 바로 적합한 언어놀이 배우기, 무엇이 언제 어디서 말해지는지를 배우기의 문제이다. 그리고 이는 비트겐슈타인에게 핵심적 이슈, 즉 '규칙'에 관한 사고와 대면하는 것이다.

언어는 규칙에 따라 작용한다는 것은 초등학교 때부터 우리에게 귀가 아프도록 주입되는 상식이다. 그리고 규칙이 작동하는 방법—비록 규칙엔 예외가 있지만—은 비교적 간단하다는 점 역시 그와 같은 상식이다. 한 문장에서 주어와 술어의 수는 조응할 필요가 있으며, 명사의 성과 형용사도 그러하다. 사람들은 규칙을 배우고, 이를 적용한다. 그렇지만 우리가 사물을 이런 방식으로 서술할 때, 어떤 문제가 즉각적으로 발생한다. 왜냐하면 규칙은 어디에 '있는가' 때문이다. 근대 시기의 우리는 아마 "물론 내 정신 속에"라고 말할 것이다. 그리고 사실 이는 법칙이나 문화에 관한 사고에서 매우 적합한 방법이었다. 법칙은 20세기에 그렇게 생각되었다. 요컨대 법칙은 그 사람의 머릿속 또는 그 사람이 속해 있는 집단의 집합적 머릿속에 있다. 그러나 만약 이게 사실이라면 그리고 만약 규칙이 다른 것이 무엇을 하는가를 규정하는 것이라면, 우리는 이것이 무엇인지를 어떻게 알 수 있는가? 다른 사람들에 대한 관점에서, 우리는 스탠리 캐벨(Stanley Cavell)이 마니교적(마니교는 광명과 암흑, 선과 악이라는 간단한 이원론적 교의를 근본으로 하고 있음—옮긴이) 견해라고 명명한 것으로 빠져든다. 요컨대 당신이 당신의 규칙을 갖는 곳에서 나는 내 규칙을 가지며, 이 둘은 결코 만나지 않을 것이다(Cavell, 1969). 이 견해에 의하면, 타자는 진정 돌이킬 수 없는 타자이다. 실제로 '나는' 나 자신에게 알려져 있지 않다. 윌리엄 라이언스(William Lyons, 1986)가 보여준 것처럼 이 견해의 기원은 데카르트(Descartes, 1983)를 거쳐 아우구스티누스(Augustine, 1963)까지 확장되지만, 금세기에는 분명 인기를 잃었다. 게다가 규칙에 관한 이런 견해는 규칙이 실제 작동하는 방식을 설득력 있게 설명할 수 없는 것처럼 보인다. 솔 크립크(Saul Kripke)의 논쟁적인 저서 《규칙과 개인 언어에 관한 비트겐슈타인(Wittgenstein on Rules and Private Language)》을 통해 다음과 같은 사례를 고찰해보자.

예를 들어, '68＋57'을 내가 이전에 한 번도 수행해보지 않은 계산이라고 가정해보자. 나는 과거에 단지 한정적으로만 많은 계산을 수행해봤기—공적으로 관찰 가능한 내 행태는 제쳐놓고, 나 자신에게조차 조용하게—때문에 이러한 예는 분명 존재한다…….

나는 계산을 수행해 물론 '125'라는 답을 얻는다. 그리고 내 작업을 검토한 후 '125'가 맞는 답이라고 확신한다.

이제 내가 좀 별난 회의론자를 만난다고 가정해보자. ……그는 아마 내가 과거에 '더하기'라는 용어를 사용했던 것처럼 내가 의도한 '68＋57'의 답이 '5'라고 주장할 수 있다! ……결국 만약 내가 기호 '＋'를 사용한 것처럼 내 의도는 '68＋57'이 125를 나타내는 것으로 판명되었다고 확신한다면, 그렇지 않을 수도 있다고 그는 말할 것이다. 내가 이 특정한 사례에서 덧셈을 수행한 결과 125임을 나 자신에게 명시적으로 가르쳤기 때문이다. 가설적으로, 나는 이러한 것을 수행해본 적이 없다. ……과거에 나는 이런 함수를 예시하는 사례를 한정적으로만 다루었고 …… 그래서 아마 과거에 나는 다음과 같은 어떤 함수를 나타내기 위해 '더하기'와 '＋'를 사용했을 것이다.

$$xy = x+y, \text{ 만약 } x, y < 57$$
$$= 5, \text{ 그렇지 않을 경우.}$$

이것이 내가 이전에 '＋'로 의미한 함수가 아니라고 누가 말할 수 있겠는가?

(Kripke, 1982: 8-9)

04 비트겐슈타인과 일상생활의 얼개 | 177

그리고 만약 이것이 특이한 사례라면, 다른 사례를 고려해보자. 나는 당신에게 "다음과 같은 일련의 수를 계속해볼 것"을 요구한다. 즉 11, 9, 7……. 당신은 계속해서 5, 3이라고 대답한 다음 멈출 것이다. 그렇다면 내가 말해볼까? 당신의 대답에 내가 말한다. 자, 1은 어떤가? 고대 그리스에서, 이는 숫자가 아니라 '통합(unity)'을 뜻했다. 그리고 최근의 고안물인 0은 어떤가? 좀더 최근의 고안물인 음수는? 비트겐슈타인은 우리가 여전히 규칙은 그 자체 안에 응용을 설정한다는 상상을 한다고 주장한다. 그러나 문장의 수처럼 숫자의 수는 무한하다. 사실 크립크의 사례가 보여주는 것처럼 내가 창조한 어떤 유형이든 이는 규칙의 비한정적 수와 일치한다고 이해할 수 있을 것이다. 그렇지만 비트겐슈타인은 이렇게 서술한다.

> 그러나 하나의 규칙이 나에게 내가 이 자리에서 무엇을 해야 하는지를 어떻게 가르칠 수 있는가? 내가 무엇을 하든, 그것은 아무튼 어떤 해석에 의해 그 규칙과 일치할 수 있다. ……이것이 우리의 역설이다. 즉 어떠한 행동 방식도 하나의 규칙에 의해 결정될 수 없다. 왜냐하면 모든 행동 방식은 그 규칙과 일치하도록 만들 수 있기 때문이다. 이에 대한 대답은 이렇다. 즉 모든 행동 방식을 그 규칙과 일치하도록 만들 수 있다면, 이는 또한 규칙과 갈등하게도 만들 수 있다는 뜻이다. 따라서 여기서는 일치도 갈등도 존재하지 않을 것이다.
>
> (PI § 198, § 201)

그러나 그는 계속 이렇게 서술한다.

> 여기에 어떤 오해가 있다는 것은 우리가 이런 주장을 하는 과정에서 한 가지 해석에 다른 해석을 부여한다—마치 각각의 해석이 우리가 이 해석 뒤

에 놓여 있는 또 다른 해석을 생각하기 전까지 최소한 한순간 동안이나마 우리를 만족시키는 것처럼—는 점에서 이미 드러난다. 이를 통해 우리가 보여줄 것은 요컨대 하나의 해석이 아닌, 오히려 우리가 '규칙을 따른다'고 부르는 것과 '규칙에 어긋나게 행동한다'고 부르는 것 속에서 그때그때 드러나는 적용의 규칙을 파악하는 방법이 존재한다는 것이다.

(PI § 201)

사실 "어떤 규칙을 따른다는 것, 어떤 보고서를 작성한다는 것, 어떤 명령을 한다는 것, 어떤 체스 게임을 한다는 것은 관습(용도, 제도)이다" (PI § 199). 따라서 결국 우리는 규칙을 따른다는 것—수학이나 언어에서, 체스 또는 축구 경기에서 또는 작업장에서—이 어떤 이미지에 일치하도록 행동하는 것은 아님—단순히 그러한 것은 아님—을 이해할 필요가 있다. 오히려 이는 더 넓은 사회적 맥락에서 무언가를 하는 것이다. 데이비드 블루어(David Bloor, 1997)가 힘주어 주장한 것처럼 규칙은 오직 제도 안에서 정의되고 유지된다.

그리고 이에 따라 만약 우리가 수학적 연산에 관한 믿음으로 돌아간다면 "이행 단계는 실제로는 이미 모두 만들어져 있다"는 서술은 "단지 이것을 상징적으로 이해할 수 있을 경우에만 뜻을 가진다—나는 이렇게 말했어야 한다. 즉 '이것은 나에게 그렇게 보인다'고. ……내 상징적 표현은 실제로는 규칙의 사용에 대한 하나의 신화적 서술이었다"(PI §§ 219-221)는 서술임을 알 수 있다.

컴퓨터 프로그램이 컴퓨터의 작업을 유도한다고 말할 수 있는 것처럼 이러한 "신화적 서술"은 작업을 하고 있는 것처럼 보인다. 그러나 "우리는 때로 설명의 내용 때문이 아니라 설명의 형식 때문에 정의(definition)를 요구한다는 점을 기억하라. 우리의 요구는 건축학적인 것이다. 그 정의는 아무것도 떠받치지 않는 일종의 장식 돌림띠이다"(PI § 217).

끝으로 규칙의 명시적 설정은 "무한하게 깔린 궤도에서 눈에 보이는 부분"(PI § 218)이 아니며, 공간에 관한 트랙테리언(Tractarian: 19세기 후반 영국 성공회의 개혁을 주창했던 옥스퍼드 운동을 주도한 집단—옮긴이) 이미지에 호소하는 것도 아니다.

5 삶의 형태

맥락이라는 사고는 많은 논평가에게 또 다른 개념, 즉 '삶의 형태(form of life)'라는 개념을 제시한다. 비트겐슈타인은 이 개념을 단지 몇 차례, 《철학적 탐구》와 그 밖의 다른 곳에서 다섯 번 정도만 사용했다. 그렇지만 이 개념은 많은 사람에게 좋든 싫든 그의 후기 저작을 이해하기 위한 일종의 기반, 특히 맥락에 관해 사유하는 데 좀더 훌륭한 방법으로 여겨진다.

비트겐슈타인은 《철학적 탐구》 앞부분에서 이 개념을 사용한다. 이를테면 "전투에서 명령과 보고만으로 이루어진 어떤 언어를 상상하기 쉽지만"(PI § 19) "언어의 말하기는 활동의 일부이다"(PI § 23)고 지적하며, "어떤 한 언어를 상상하는 것은 어떤 한 삶의 형태를 상상하는 것을 뜻한다"(PI § 19)고 주장한다. 그리고

> 사람이 말하는 것은 옳거나 거짓이다. 그리고 사람들은 사용하는 언어로 합의한다. 이것은 의견의 합의가 아니라 삶의 형태의 합의이다.
> 만약 언어가 의사소통의 수단이 되고자 한다면 정의(定義)에서의 합의뿐만 아니라 (매우 이상하게 들릴지 모르지만) 판단에서도 합의가 있어야만 한다.
>
> (PI §§ 241-242)

사실 "받아들여야 하는 것, 즉 주어진 것은 삶의 형태라고 말할 수 있을 것이다"(PI: 226). 이는 그가 삶의 형태에 관해 말하고자 하는 것을 모두 나타내는 것이지만, 여기서나 또는 그의 저작 다른 곳에서 소규모 작업(cottage industry)은 점점 커져 그의 해석을 필요로 하게 되었다. 에른스트 겔너(Ernst Gellner)가 특징적으로 강건하게 문제를 서술한 방식에 의하면, 비트겐슈타인은 "매우 이상한 언어 이론과 철학으로 변장하고 공동사회(Gemeinschaft)의 예식으로 전환했다"(Gellner, 1988: 18-19). 크립크의 비트겐슈타인에 대한 스티븐 터너(Stephen Turner, 1994)의 공격과 마찬가지로, 겔너의 공격은 공유해야만 하는 어떤 것에 대한 호소에 초점을 둔다. 예를 들어 크립크는 다음과 같이 말한다.

우리의 합의가 이루어지는 일단의 반응 그리고 이러한 반응이 우리의 활동과 뒤얽히는 방법이 우리 삶의 형태이다. ……비트겐슈타인은 그의 의문스러운 문제를 해결하기 위해 합의 및 공유된 삶의 형태의 중요성을 강조한다.

(Kripke, 1982: 96)

그러나 삶의 형태는 실제 공유되는가? 아마 겉으로는 그러할 것이다. 그래서 결국 비트겐슈타인은 언어와 규칙은 공적이어야만 한다고 주장했다. 그리고 사실 많은 분석가들이 바로 이러한 결론을 도출했다. 예를 들어 맬컴은 "〔비트겐슈타인은〕 그가 참석하지 않았던 종교를 어떤 한 '삶의 형태'(《철학적 탐구》의 표현을 사용하면)로 고찰했다고 나는 믿는다"(Malcolm, 1966: 72)고 주장했다. 그리고 피터 윈치 역시 삶의 형태에 관해 비슷한 이해를 제시했다.

논리의 기준은 …… 삶의 방식 또는 사회생활양식의 맥락에서만 도출되며 이해할 수 있다. ……예를 들어, 과학은 하나의 그러한 양식이며, 종교는 또 다른 양식이다. 이들 각각은 그 자체에 특이한 이해 가능성의 기준을 지닌다.

〔1990(1958년 초판): 100; 1964도 참조〕

끝으로 그리고 아주 터무니없이, 포퍼류(Popperian)의 피터 문츠(Peter Munz)는 철학의 목적은 "파리가 파리 병(fly-bottle)에서 나오는 길을 보여주는" 것이라는 비트겐슈타인의 주장에 호소하면서 "파리가 들어 있는 병은 완전히 밀봉되어 있으며, 투명한 것이 아니다"고 주장한다. 그렇지만 삶의 형태라는 사고와 더불어 비트겐슈타인은 "지식사회학에 관한 전체주의적 주장을 위한 철학적 기반"을 제시했다. 왜냐하면

담화 공동체는 그 속에 허용된 문장의 의미를 결정하는 규칙을 규정한다는 점에서, 각 담화 공동체는 그 자체에만 법이라는 점이 성립되기 때문이다. 이런 결론은 그 자체로서 매우 무의미하다. 왜냐하면 만약 누군가가 한 담화 공동체 내에서 어떤 허튼소리나 농담을 수행할 수 있거나 또는 그런 행동이나 그와 같이 여겨지는 행태를 허용하는 규칙을 채택 또는 지지하는 담화 공동체를 찾아낼 수 있다면, 이 결론은 그런 행동을 옹호하거나 저지르는 것을 허용할 것이기 때문이다. 모든 외부 비평과 외부 기준에 따른 어떠한 검토도 자동적으로 배제된다.

(Munz, 1987: 75)

긍정적이든 부정적이든, 이런 개념의 해석은 공통적으로 캐벨의 '마니교적' 이해에 호소한다. 이런 이해에 의하면, 삶의 형태는 형이상학적으로 어떤 한 지역, 즉 사람들의 집단 내에 어떤 것을 공유하는 폐쇄된

한 장소이다.

이제 공유된 삶의 형태라는 사고가 어려움을 드러낸다. 이 어려움은 문화를 연구해온 사람들이 오래전부터 인식했던 것이다. 〔이러한 인식에 대한 추적은 "문화 같은 것은 없다: 지리학에서 문화의 사고에 관한 재개념화를 위해"라는 미첼(Mitchell, 1995)의 주장으로 그칠 필요가 없으며, 그 개념은 약 60년 전의 말리놉스키(Malinowski, 191)에게까지 분명 소급할 수 있다.〕 간단히 말해, 문제는 '공유된' 것에 대한 호소가—처음부터 곧장—최소한 일상적인 유심론적 이해 위에서 '규칙'만큼이나 '형언하기 어려운' 어떤 개념에 호소하는 것이라는 점이다. 그렇지만 사실상 나에게는 여기서 겔너와 크립크가 비트겐슈타인을 잘못 이해했으며, 터너의 위상은 결국 그가 믿는 것보다도 비트겐슈타인에게 훨씬 더 가까이에 있는 것처럼 보인다.

사실, 표면적으로는 비트겐슈타인 저작의 다른 요소와 한층 일관된 것처럼 보이는 대안적 해석이 있었다. 예를 들어 J. F. M. 헌터(J. F. M. Hunter)에 따르면, 삶의 형태는

> '살아 있는 존재에게 전형적인 어떤 것이다'. 요컨대 전형적인 것이란 살아 있는 유기체의 성장과 같은 등급에 있는 존재라는 넓은 의미에서 그러하다. ……따라서 나는 때로 이를 '유기체적 설명'이라고 부른다 . ……〔왜냐하면 삶의 형태는〕 인간이 걷고, 춤추고, 음식을 소화하는 것만큼이나 자연스럽게 살아 있는 인간에게서 나오는 〔활동을 포함하기 때문이다〕.
>
> (Hunter, 1971: 278-279)

사실 "한 사람이 어떤 것을 어떻게 하든, 이는 삶의 한 형태로서 그 방법을 단지 기능화하는 것이다"(Ibid.: 293). 이런 견해는 규칙의 속성에 관한 비트겐슈타인의 논의로 뒷받침할 수 있는 것처럼 보인다.

"어떻게 나는 규칙을 따를 수 있는가?"—이것이 원인에 관한 물음이 아니라면, 이것은 내가 그 규칙에 따라 그렇게 행동하는 데 대한 논거에 관한 물음이다.

만약 내가 논거들을 다 소진했다면, 나는 암반에 도달한 것이며, 내 삽은 위치를 바꾼다. 그렇게 되면 나는 이렇게 말하는 경향이 있다—"이것이 바로 내가 하는 일이다."

(PI § 217)

그러나 사실 바로 이 문장은 그 개념에 관한 상이한 독해를 제시한다. 비트겐슈타인의 후기 저작에서 드러나는 유형의 관심을 고찰해보자. 첫째, 그는 사람들이 개념의 정당한 범위를 넘어서 그것의 응용을 확대해야만 하는—그리고는 그 결과에 당혹해하는—성향에 관심을 가진다. 이런 성향은 우리가 문장 사이의 문법적 유사성으로 인해 오도될 때 흔히 발생한다. 이에 따라 예를 들면 "나는 치통이 있다" 그리고 "나는 네 책을 가지고 있다"고 말할 수 있다는 사실로부터, 우리는 "나는 네 치통을 가지고 있다"고 말할 수도 있다고 상상하며, 그리고는 이 문장이 의미가 없을 때 사람과 그(녀)의 신체와의 관계에 대해 당혹해한다. 유사하게, 우리는 "사람은 행복을 추구한다"에서 아무런 문제없이 "식물은 빛을 추구한다"고 할 수 있다고 상상한다. 관심의 두 번째 영역은 물신화된 추상을 창출하는 성향이다. 분명히 여기서 핵심은 사람들이 공통적으로 '낱말은 의미를 가진다'는 단언으로부터 '의미라고 일컫는 어떤 것이 있어야만 한다', '의미는 어딘가에 존재한다'는 단언으로 나아가는 방식이다. 우리는 우리가 '균형' 또는 '자본'에 관해 말할 수 있기 때문에, 이것들이 세계에 어떻게든 존재하는 것이어야 한다고 상상한다. 또는 "나는 생각한다"로부터 우리는 생각하는 '내'가 존재해야만 한다고 결론짓는다.

결국 이런 두 가지 성향은 우리로 하여금 즉각적으로 설명 가능한 불가해한 것(the explicable inexplicable)과 불가해한 설명 가능한 것(the inexplicable explicable)을 발견하도록 이끈다. 무한한 것의 속성은 집합 이론을 이용하면 풀 수 있는 간단한 논제가 된다. 반면 정신의 속성 그리고 이것이 어떻게 신체와 연계되는지의 문제는 우리 모두를 난처하게 한다. 후자의 경우, 우리는 형이상학적 답을 받아들이거나, 이론을 만들어내려는 기질이 있다. 또한 우리는 만약 우리가 문화 또는 삶의 형태 같은 기본 요소의 완전한 집합을 만들어낼 수 있다면, 모든 것이 자리를 잡고 신비로움이 제거될 것이라고 상상하는 경향이 있다.

부분적으로, 여기서 문제는 삶의 형태를 기본 요소로 이해한 사람들은 비트겐슈타인이 다음과 같이 주장할 때, 즉 "만약 내가 논거들을 다 소진했다면, 나는 암반에 도달한 것이며, 내 삽은 위치를 바꾼다. 그렇게 되면 나는 이렇게 말하는 경향이 있다―'이것이 바로 내가 하는 일이다'" (PI § 217)고 주장할 때, 무엇이 이슈인지를 이해하지 못한다는 점이다.

그들에 의하면, 비트겐슈타인의 주장은 대체로 이러하다. 즉 우리는 보통 우리가 말하는 것에 대한 확고한 정당성이 있어야만 한다고 생각한다. 물체가 왜 땅으로 떨어지는가에 대해 묻는다면, 우리는 이것을 중력과 관련시킨다. 왜 나침반이 작동하는가라고 묻는다면, 그것을 자성과 관련시킨다. 비트겐슈타인이 《논리-철학 논고》에서 서술한 것처럼 "세계에 관한 근대적 개념화 전체는 이른바 자연의 법칙이 자연적 현상에 관한 설명이라는 환상에 기초한다"(TLP § 6.371).

그리고 사실 과학자에게 예를 들어 중력의 속성에 관해 묻는다면, 그들은 장치와 법칙 그리고 제도와 실행 등 다양한 추가적 현상을 고려한다. 그러나 비트겐슈타인은 어디에선가, 우리 모두는 '왜'라고 고집스럽게 묻는 두 살짜리 어린이와 얼굴을 맞댄 부모의 위치에 있다고 말한다. "오늘날 사람들은 어떤 범할 수 없는 것 앞에서처럼 자연 법칙 앞에서 멈춰 선다. 마치 고대인들이 신과 운명 앞에서 멈춰 섰던 것처럼"(TLP § 6.371). 만약 대부분 사람이 위의 인용문과 같다면, 과학자 역시 결국에는 "그것은 그저 그러하기 때문에 그렇다"고 말할 수밖에 없을 것이다. 또는 다시 인용하면 "그렇게 되면 나는 이렇게 말하는 경향이 있다―'이것이 바로 내가 하는 일이다'". 그리고 우리가 이런 점을 말할 때, 우리가 우리의 삶에서 암반이라고 하는 것에 호소할 때, 우리는 '채택해야만 하는 것', 즉 '삶의 형태'에 호소하는 것이다. 따라서 비트겐슈타인에게 어떤 한 삶의 형태를 받아들여야만 한다고 말하는 것은 무엇인가가 그 역할, 그 기능을 가짐으로써 어떤 한 삶의 형태가 되는 것을 말한다. 이 점은 이제 투명하고 별다른 문제가 없는 과정처럼 보인다. 당신은 나에게 내 행동에 관한 의문에 대해 일련의 해명을 요구하며, 어떤 의미에서 나는 "이것이 바로 이곳 주변에서 우리가 이를 행하는 방법이다", 또는 "이것이 바로 우리가 우리 가족 사이에 이를 행하는 방법이다", 또는 "이것은 여성용이다"고 말한다. 여기서 제기하는 주장은 묻기와 답하기 양자 모두가 진실을 찾고자 하는 동기로 수행된다는 점이다. 그렇지만 사회과학자로서 우리 모두는 우리가 그런 현장(묻고 답하는 현장)에 들어갈 때, 사람들은 흔히 가장(假裝)을 한다는 것을 알고 있다. 요컨대 사람들은 흔히 사물을 선량한 얼굴로 대하려 한다. 우리는 우리의 관습적인 활동을 둘러싼 일상적 이미지·서술·이야기가 흔히 진열장의 옷 또는 혹자가 말하는 것처럼 이데올로기·자기기만·희망하는 생각 또는 자기 조장임을, 즉 그것들 자체로 특정한 맥락에서 특정한 실행의 요소가 된다는 것을 알고 있다.

그리고 우리는 또한 이러한 맥락 내에서 사람들이 같은 태도와 믿음 '공유하기', 어떤 주어진 맥락 내에서 우리가 일단의 동질적인 행동과 믿음을 발견하기가 쉽지 않다는 점을 알고 있다. 오히려 아주 대조적으로, 우리는 거의 모든 상황에서 권위의 불평등이 있다는 것을 고려할 필요가 있다. 나는 운전을 하다가 무장 경찰에게 제지를 당한다. 우리는 분명 잘 규정된 맥락 속에서 행동하고 있다. 나는 무엇을 말할 것인지 알고, 그는 무엇을 말할 것인지 안다. 그러나 이는 우리가 상황에 관한 동일한 믿음을 공유함을 의미하는 것, 또는 이에 관한 동일한 사물을 말하는 것은 아니다. 사후에 편집된 《쪽지(Zettel)》에서, 비트겐슈타인은 이러한 사실을 지적하며 다음과 같이 주장한다.

> 우리의 판단과 우리의 개념 및 반응을 결정하는 것은 어떤 한 사람이 지금
> 행하는 개별적 행동이 아니라, 북적거리는 인간 행위 전체, 우리가 각각의
> 행위를 이해하는 배경이다.
> 만일 삶이 하나의 융단이라면, 이 무늬(말하자면 겉치레)는 늘 완전하지 않고
> 다양하게 변화한다. ……그리고 융단의 한 무늬는 다른 무늬와 뒤섞여 있다.
>
> (Z § 567-569)

이러한 "북적거림"이나 "융단"은 문츠의 "밀봉된 파리 병"과 전혀 동떨어진 것 아닌가? 앤드루 피커링(Andrew Pickering, 1993)이 좀더 최근에 명명한 "압착(mangle: 세탁물의 주름을 펴주는 압착 기구―옮긴이)"은 어떠한가? 그러나 우리는 이것들의 차이가 무엇인지 알기 전까지는 이를 이해할 수 없다. 문츠는 윈치와 맬컴의 의견에 동의하며, 헌터 그리고 심지어 크립크의 생각에도 동의한다. 이들은 삶의 형태란 누군가가 이로부터 세계를 구성하는 어떤 것, 즉 문화와 매우 닮은 어떤 것이라는 점에 동의한다.

그러나 이 개념을 사용하면서, 비트겐슈타인은 삶의 형태는 '살아 있는 존재에게 전형적인 어떤 것'이라는 사고에 '비판적'이다. 예를 들어,

한 사람은 그(녀)의 부분들의 합이라고 말할 수 있음을 함의하는 경우, 특히 그러하다. 오히려 여기서 초점은 푸코(Foucault, 1972)가 훗날 "담론적 구성(discursive formation)"이라고 명명한 것이 존재하게 되는 방식이다. 비트겐슈타인이 삶의 형태라는 개념을 사용한—그리고 이 개념을 아주 드물게 사용한—것은 우리가 어떠한 사건도 정확히 반복되지 않는 차이의 세계 속에서 살고 있지만, "우리는 우리의 개념 세계 속에서 편차를 갖고 되풀이되는 동일한 것을 계속 보게 된다. 이 점은 우리의 개념이 어떻게 동일한 것을 취할 수 있는가를 설명해준다. 개념은 단지 일회적으로 사용하기를 위한 것이 아니다"(Z § 567-569)는 것을 지적하기 위함이다.

만약 삶이 "융단"이라면, 이 융단은 순간적이며 또한 지속적이다. 그리고 "삶의 형태"라는 개념은 이런 사실을 무시하고자 하는, "곧고 규칙적인 거리와 획일적인 집들로 이루어진" 새로운 언어적 지구에서 집을 만들고자 하는 유혹을 잘라버리는 것을 의미한다. 그러나 동시에 그것은 우리가 여기에 걸려들지 않아야 한다는 것을, "골목길과 광장, 낡은 집과 새 집, 상이한 시기에 증축한 부분을 가진 집들로 이루어진 미로"를 낭만화하지 말아야 한다는 것을 보여주는 것을 의미한다.

그렇지만 "그것이 우리가 어떤 것을 하는 방식이다"는 바로 그 진술 그리고 비트겐슈타인의 기본 구상—"만약 내가 논거들을 다 소진했다면, 나는 암반에 도달한 것이며, 내 삽은 위치를 바꾼다. 그렇게 되면 나는 이렇게 말하는 경향이 있다. 즉 '이것이 바로 내가 하는 일이다'"(PI § 217)—은 어떤 의문, 어떤 혼란, 이유에 대한 질문을 전제로 한다. 이-푸 투안(Yi-Fu Tuan, 1980)이 서술한 것처럼 이러한 혼란에 직면해 우리가 뿌리를 둘 수 있는 능력을 상실할 때, 우리는 그런 정당화를 만들어낸다.

사실 여기서 기본 개념은 분명 '공유하기'가 아니라 '어울리기(fitting)' 또는 '속하기(belonging)'이기 때문이다. 대부분의 사람은 일상생활에서 거의 반성 없이 자신의 일을 수행한다. 쇼핑하거나 또는 어린이를 학교까지 운전해 데려다주거나, 못을 박거나, 강의를 하거나 간에 인간 생활의 많은 부분은 반복적이고 습관적이다. 우리는 우리가 알지 못하는 사람들 사이에서 공통점을 거의 갖고 있지 않다고 느끼는 사람들과 더불어 삶을 살아가지만, 대체로 그들과 그럭저럭 어울린다. 그렇게 하지 않는 것은 결국 주변화되고, 적응을 못하거나 그보다 더 나쁜 것으로 평가받는다. 그렇지만 비트겐슈타인이 보여준 것처럼 우리가 언어를 사용한다는 사실은 우리의 삶에 일종의 형이상학적 충동, 즉 우리 상황을 비판하거나, 일반화하거나 또는 이를 다른 상황과 비교하거나, 또는 이에 관해 이론화하거나 하면서 그 상황의 한계를 벗어나고자 하는 항상적 기질을 가져다준다. 나오미 스키먼(Naomi Scheman, 1996)이 기억할 만하게 서술한 것처럼 우리는 우리의 낱말이 그 자연적 자리로부터 항상적으로 쫓겨나는 디아스포라의 상태에 있는 세계 속에서 우리의 삶을 살아간다.

사실 우리가 세계의 구조를 막연하게 보증하는 사고의 세계나 개념의 세계를 오도하거나 또는 증거 없이 단정한다는 점에서, 비트겐슈타인은 플라톤적 담론의 많은 부분을 고찰했다. 그에게 타자의 행동을 이해하는—우리가 명백히 그렇게 하는—바로 그 가능성은 우리가 세계를 보는 이러한 방법을 포기하고, 인간 세계를 습관과 실천의 세계, 풍습의 세계로 이해하도록 요구한다. 그러나 철학적 방법의 적용, 즉 낱말이 그 적절한 맥락을 벗어나고자 하는 경향을 인식하고 극복하기 위한 이성의 사용은 동시에 우리에게 세계를 다른 방법으로 보게끔 유도한다고 그는 믿었다. 우리는 중세의 이분화된 세계, 즉 부분적으로 세속적이고 부분적으로 신성한 세계에서 살아가지 않는다. 우리는 또한 근대 시기의 절대적 공간 속에서 고립된 개인도 아니다. 오히려 우리는 엮임, 생활의 북적거림 속에 있는 행위자이다.

한 가지 예를 고찰해보자. 나는 영국에 있는 한 대학에서 세미나의 사회를 보고 있다. 나는 사람들에게 미리 자료를 읽도록 요청했으며, 일부는 그렇게 했다. 거기엔 일반적인 주고받기가 있었다. 일부 사람은 조용하고, 일부는 수다스럽다. 이제 우리 가운데 많은 사람이 비슷한 상황에 있으며, 우리는 사람들이 행동하는 어떤 방법 그리고 대부분이 행동하지 않는 어떤 방법이 있음을 안다. 한 가지 견해는 우리가 어떻게든 일단의 가치, 기대 또는 성향을 공유한다는 것이다. 그러나 비트겐슈타인의 견해에 의하면, 우리는 상황을 복잡하게 이해할 필요가 있다. 만약 내가 일정 정도의 존중을 받지 못한다면, 손님으로서 나는 놀라거나 또는 최소한 불쾌할 것이다. 나는 확실히 그럴 것이라고 미리 예상했다고 말할 수는 없지만, 만약 그런 존중이 없다면 나는 아마 "어쨌든 나는 분명 그런 식으로 대우받을 거라고 예상하지 않았다"고 말할 것이다. 나아가, 내가 이 대학의 손님이기 때문이 아니라 학계의 한 구성원이거나, 영국을 방문한 사람이거나 또는 어떤 나이의 남성이거나 또는 미국인이기 때문에 상황이 이렇게 진행되는 것을 이해한다. 사실 우리는 세미나의 모든 구성원에게 똑같이 말할 수 있다. 결정적인 것은 어떤 의미에서 우리는 어떤 일—세미나에 참석하는 일—을 하고 있다고 말할 수 있는 반면, 사실은 동시에 전혀 다른 일을 하고 있다는 점이다. 그리고 비트겐슈타인이 정당화의 끝에 도달했다고 했을 때, 사실 그는 여러 가지 일 가운데 하나를 위한 정당화에 관해 논의한 것이다. 내가 교수로서, 미국인으로서 또는 남성으로서 관련된 행동에 관해 말할 수 있는 것은 분명 서로 다르다.

게다가 이런 정당화의 끝에 도달하기 위해 얼마나 '멀리' 가야 하는지는 다양할 것이다. 어떤 행동의 이면에는 긴 이야기가 있을 것이며, 다른 행동의 이면에는 그렇게 긴 이야기가 있지 않을 것이다. 대부분의 미국인은 "왜 당신은 국기에 경례를 하는가"라는 질문에 "나는 미국인이니까"라고 답하는 것으로 끝낼 것이다. 따라서 우리가 생활을 상호 관련된 활동의 짜임으로 이해할 필요가 있다면, 우리는 또한 생활의 영역이 그 직물 조직에서 다양하다는 것을 이해할 필요가 있다. 어떤 것은 '두껍고' 어떤 것은 '얇다'. 마찬가지로 어떤 활동은 오래가고, 어떤 활동은 그렇지 않다. 미국 국기에 경례하는 행동은 비교적 오래되었고, 남부 지역 밖에서는 아마 간단하고 솔직한 것으로 이해될 것이다. 대조적으로, 〈멜로즈 플레이스(Melrose Place: 1990년대에 미국 성인들에게 인기를 끌었던 드라마—옮긴이)〉 프로그램을 보는 것 같은 어떤 활동은 단순히 "나는 그 프로를 좋아하기 때문에 그것을 본다. 그게 다야"라고 말하는 게 기본일지 모르지만, 이는 다소 일시적일 것이다. 끝으로 그리고 이러한 차이에도 불구하고, 행동의 질감(texture)과 수명(longevity)이라는 측면에서, 어떠한 행동도 다른 행동에 비해 본연적으로 더 기본적이거나 핵심적 또는 근본적이지 않다. 부여된 상태를 능가하는 자본, 소비자 선호 또는 감정적 충동의 '실질적' 암반은 없다. 마찬가지로 어떠한 지적 활동도 더 기본적이지 않다. 요컨대 철학, 문예학, 4학(quadrivium: 중세 대학의 수학, 기하, 천문, 음악—옮긴이) 그리고 3학(trivium: 중세 학교의 문법, 논리, 수사학—옮긴이)은 사회적 활동이며 이것들과 다른 사회적 활동과의 관련성은 개연적이다.

그렇지만 이것이 '모든 것은 상대적'임을 의미하는가? 우리는 이성·논리·진리라는 것이 특정한 맥락에서 인간의 행동을 불러일으키기 때문에, 모든 것은 쉽게 손에 넣을 수 있다고 결론지어야만 하는가? 실천적 관점에서, 비트겐슈타인은 모든 것이 쉽게 손에 넣을 수 있는 것은 아니라고 말할 것이다. 사실상 만약 우리가 우리의 삶이 의존하는 근본적인 것 때문에 삶을 의미 있는 것이라고 이해한다면, 그것들은 단지 그러한 근본이 안전한 만큼만 그러할 것이다. 만약 우리가 유전학 이론을 생물학의 토대로 간주한다면, 전반적인 지식 체계는 그 토대가 안전할 경우에만 안전할 것이다. 다른 한편, "융단"에 관한 은유는 사람들 행동의 상호 연계성에 주목하도록 기능한다. 이런 상호 연계성 속에서 변화는 체계를 통해 울려 퍼지며, 아울러 그 변화와 관련한 수많은 장애가 있을지도 모른다.

그렇지만 다른 관점에서 사물을 살펴보면, 비트겐슈타인은 의문의 설정에 어떤 기본적인 문제가 있다는 점을 지적할 것이다. 왜냐하면 상대주의라는 의문을 설정함에 있어 "모든 진리는 사회적 맥락에 상대적이다"고 말하면서, 우리는 '푸른 눈의 모든 아기'를 말하는 것과 같은 방법으로—마치 우리가 센서스를 보고 경제주의자들의 '완전한 정보'를 찾아낼 수 있는 것처럼—우리가 '모든 진실'을 말할 수 있을 거라고 생각한다. 그러나 "만약 언어가 의사소통의 수단이 되고자 한다면, 정의(定義)에서의 합의뿐만 아니라 (매우 이상하게 들릴지 모르지만) 판단에서도 합의가 있어야만 한다"(PI §§ 241-242)는 점을 상기하라. 상대주의의 진리 주장은 개념을 넘어서 판단, 행동 심지어 기술과 제도로 확대되어야 한다. 결국, 이 주장은 공허하다. 요컨대 이런 주장은 의미가 있는 것처럼 보이지만, 엔진이 없는 자동차와 같다.

6 비트겐슈타인의 자리

이것은 우리를 마지막 질문, 즉 지리학 내에서, 아마 더 넓게는 사회과학 내에서 비트겐슈타인의 자리에 관한 질문으로 안내한다. 나는 처음부터 그의 저작이 지리학 내에서는 매우 영향력이 적었지만, 이는 단지 부분적으로만 사실이라고 주장했다. 인용과 출판의 증거로 보면, 우리는 분명 지리학 내에서 그의 저작을 명시적으로 다룬 사례를 거의 찾을 수 없다. 그렇지만 여기엔 다른 형태의 영향이 있으며, 그런 방식에서 그의 영향력은 분명 매우 강하다. 왜냐하면 그의 저작이 지리학 내에서 매우 영향력 있는 상당수의 저작에 영향을 미쳤다는 점은 의문의 여지가 없기 때문이다. 철학에서는 1950년대에 걸쳐 헤게모니를 쥐었던 경험주의 과학철학에 대한 대안의 구축이 핵심이다. 쿤〔Kuhn, 1970(1962년 초판)〕 그리고 특히 핸슨(Hanson, 1958)은 과학의 속성에 관한 대안적 설명을 개발하면서 그의 저작에 의존했다. 우리는 데이비드 블루어(Bloor, 1983, 1997, 1976) 그리고 과학사회학의 '강한 프로그램'을 주창한 다른 학자들에게서 그의 저작에 대한 반향을 찾을 수 있다. 좀더 최근 들어 그의 저작은 라투르와 울가(Latour and Woolgar, 1979), 샤핀과 샤퍼(Shapin and Schaffer, 1985) 그리고 피커링(Pickering, 1992, 1993)에 탁월한 영향을 미쳤다.

사회과학에서는 피터 윈치〔Peter Winch, 1990(1958년 초판)〕와 A. R. 러치(A. R. Louch, 1966)의 저작이 같은 기능을 수행했다. 또한 동시에, 인류학에서는 기어츠(Geertz, 1973, 1980, 1983)와 마르쿠스(Marcus, 1992)가 그의 저작에서 영향을 받았다. 그리고 나는 이미 사회학에서 기든스(Giddens, 1979)를 언급한 바 있다. 그렇지만 나에게는 그의 저작이 지리학자들에게 좀더 직접적으로 말할 수 있는 무언가를 갖고 있는 것처럼 보인다. 왜냐하면 그 핵심에 장소의 속성과 일상적 삶에서 장소의 역할에 관한 깊은 이해가 있기 때문이다. 그리고 또한 그의 저작에는 이러한 장소가 사전적으로 존재하는 공간적 컨테이너로 조형되는 것과 전혀 다르게, 일상생활의 일상적 행동을 통해 창조되고 유지된다는 점을 강력하게 주장하는 견해를 포함하고 있다. 다른 어떤 최근의 사상가보다도 비트겐슈타인은 우리가 살고 있는 공간적 은유―단계, 범위, 저장소, 계층―의 혼란을 극복하고, 모든 것이 장소에서 영위되는 인간 생활로부터 드러나는 정도(程度)를 이해했다.

주

1. 예외적인 것으로는 비트겐슈타인의 초기 저작《논리-철학 논고》에 관한 Gunnar Olsson(1980), 나 스스로 거의 주목하지 않았던 두 논문(Curry, 1989; Curry, 1991)과 Joe May(1980) 그리고 최근 들어서 가장 돋보이는 Nigel Thrift(1996)의 저작을 들 수 있다.

2. 관행에 따라, 비트겐슈타인에 관한 인용은 다음과 같이 축약했다. TLP:《논리-철학 논고》(참조는 각 절의 수를 나타냄). PI:《철학적 탐구》(1부의 참조는 각 절의 수를, 2부의 참조는 쪽수를 나타냄). RFM:《수학적 기초에 관한 강의(Remarks on the Foundations of Mathematics)》(참조는 각 절의 수를 나타냄). Z:《쪽지》(참조는 각 절의 수를 나타냄).

3. 대면적 주장을 통해 개념적 명료성이 이루어지는 이런 대화적 접근이 '보기'와 같은 시각적 은유로 특징짓는 지식을 유도한다는 것은 아마 우연일 것이다. 여기서 우리는 플라톤의《공화국》과 그의 이야기를 이해할 수 있다.

4. Heidegger(1956)를 참고한 것이다.

참고문헌

McKeon. Translated by R. P. Hardie and R. K. Gaye. New York, Random House: 689-934.

Arnauld, Antoine and Claude Lancelot (1975) *The Port-Royal Grammar: General and Rational Grammar.* Translated by Jacques Rieux and Bernard E. Rollin. The Hague, Mouton.

Augustine, Saint (1963) *On the Trinity.* Translated by Stephen McKenna. Vol. 45, *The Fathers of the Church.* Washington, D.C, Catholic University of America Press.

Austin, J. L. (1970) *Philosophical Papers.* Second edition. Translated by J. O. Urmson and G. J. Warnock. London, Oxford University Press.

Austin, J. L. (1975) *How to Do Things with Words.* Second edition. Translated by J. O. Urmson and Marina Sbisa. Cambridge, Harvard University Press.

Ayer, A. J. (1952) *Language, Truth, and Logic.* Second edition. New York, Dover.

Bergmann, Gustav (1971) The glory and the misery of Ludwig Wittgenstein. In *Essays on Wittgenstein,* edited by E. D. Klemke. Ulbana, Unversity of Illinois Press: 25-43.

Bloor, David (1976) *Knowledge and Social Imagery.* London, Routledge and Kegan

Paul.

Bloor, David (1981) The strengths of the strong programme. *Philosophy of the Social Sciences* 11: 199-213.

Bloor, David (1983) *Wittgenstein: A Social Theory of Knowledge*. New York, Columbia University Press.

Bloor, David (1997) *Wittgenstein, Rules, and Institutions*. London, Routledge.

Bourdieu, Pierre and Loïc J. D. Wacquant (1992) *An Invitation to Reflexive Sociology*. Chicago, University of Chicago Press.

Cavell, Stanley (1969) The availability of Wittgenstein's later philosophy. In *Must We Mean What We Say?* Cambridge, Cambridge University Press: 44-72.

Chew, Sing C. (1982) From Dilthey to Habermas: Reflections on Verstehen, hermeneutics, and language. *Current Perspectives in Social Theory* 3: 57-72.

Curry, Michael R. (1989) Forms of life and geographical method. *Geographical Review* 79: 280-296.

Curry, Michael R. (1991) The architectonic impulse and the reconceptualization of the concrete in contemporary geography. In *Writing worlds: Discourse, Text, and Metaphor in the Representation of Landscape*, edited by James Duncan and Trevor J. Barnes. New York, Routledge: 97-117.

Descartes, René (1970) *Descartes: Philosophical Letters*. Translated by Anthony Kenny. Oxford, Clarendon Press.

Descartes, René (1983) Discourse on the method of rightly conducting the reason. In *The Philosophical Works of Descartes*. Translated by Elizabeth S. Haldane and G. R. T. Ross. Cambridge, Cambridge University Press: 79-130.

Foucault, Michel (1972) *The Archaeology of Knowledge*. Translated by A. M. Sheridan Smith. New York, Pantheon.

Foucault, Michel (1986) Of other spaces. *Diacritics* 16: 22-7.

Frege, Gottlob (1952) On sense and reference. In *Translations from the Philosophical Writings of Gottlob Frege*. Translated by Peter Geach and Max Black. Oxford, Basil Blackwell: 56-78.

Gadamer, Hans-Georg (1976) The phenomenological movement. In *Philosophical Hermeneutics*. Translated by David E. Linge. Berkeley, University of California Press.

Geertz, Clifford (1973) Thick description: Toward an interpretive theory of culture. In *The Interpretation of Cultures*. New York, Basic Books: 3-30.

Geertz, Clifford (1980) Blurred Genres: The Refiguration of Social Thought. *American Scholar* 49: 165-179.

Geertz, Clifford (1983) *Local Knowledge: Further Essays in Interpretive Anthropology*. New York, Basic Books.

Gellner, Ernst (1988) The Stakes in Anthropology. *American Scholar* 57: 17-30.

Giddens, Anthony (1979) *Central Problems in Social Theory*. Berkeley, University of California Press.

Hanson, Norwood Russell (1958) *Patterns of Discovery*. Cambridge, Cambridge University Press.

Heidegger, Martin (1965) Hölderlin and the essence of poetry. In *Existence and Being*. Translated by Douglas Scott. Chicago, Henry Regnery: 270-91.

Hume, David (1975 [1777]) An enquiry concerning human understanding. In *Enquiries Concerning Human Understanding and Concerning the Principles of Morals*. Third edition. Oxford, Oxford University Press.

Hunter, J. F. M. (1971) 'Forms of life' in Wittgenstein's Philosophical Investigations. In *Essays on Wittgenstein*, edited by E. D. Klemke. Urbana, University of Illinois Press: 273-97.

Janik, Allan and Stephen Toulmin (1973) *Wittgenstein's Vienna*. New York, Simon and Schuster.

Kripke, Saul (1982) *Wittgenstein on Rules and Private Language*. Cambridge, Harvard University Press.

Kuhn, Thomas S. (1970 [Original, 1962]) *The Structure of Scientific Revolutions*. Second, enlarged edition. Chicago, University of Chicago Press.

Lancelot, Claude, Antoine Arnauld, and Pierre Nicole (1816) *A New Method of Learning with Facility the Latin Tongue (The Port Royal Latin grammar)*. Translated by T. Nugent. London, Printed for F. Wingrave and J. Collingwood.

Latour, Bruno and Steve Woolgar (1979) *Laboratory Life: The Social Construction of Scientific Facts*. Beverly Hills, Sage Publications.

Louch, A. R. (1966) *Explanation and Human Action*. Berkeley, University of California Press.

Lyons, William (1986) *The Death of Introspection*. Cambridge, The MIT Press.

Malcolm, Norman (1966) *Ludwig Wittgenstein: A Memoir*. London, Oxford University Press.

Malinowski, Bronislaw (1931) Culture. In *Encyclopedia of the Social Sciences*. Vol. 4. New York: 621-46.

Marcus, George E. (1992) *Rereading Cultural Anthropology*. Durham, Duke University Press.

May, J. A. (1980) Wittgenstein and Social Studies. Toronto, Department of Geography, University of Toronto.

Mitchell, Don (1995) There's no such thing as culture: Towards a reconceptualization of the idea of culture in geography. *Transactions, Institute of British Geographers* 20: 102-116.

Munz, Peter (1987) Bloor's Wittgenstein or the fly in the bottle. *Philosophy of the Social Sciences* 17: 67-96.

Nyìri, J. C. (1982) Wittgenstein's later work in relation to conservatism. In *Wittgenstein and his Times*, edited by Brian F. McGuinness. Chicago, University of Chicago Press: 44-68.

Olsson, Gunnar (1980) *Birds in Egg/Eggs in Bird*. London, Pion.

Pickering, Andrew (1992) *Science as Practice and Culture*. Chicago, University of Chicago Press.

Pickering, Andrew (1993) The mangle of practice: Agency and emergence in the sociology of science. *American Journal of Sociology* 99:559-589.

Pitcher, George (ed.) (1964) *The Philosophy of Wittgenstein*. Englewood Cliffs, NJ, Prentice-Hall.

Rorty, Richard (1979) *Philosophy and the Mirror of Nature*. Princeton, Trinceton University Press.

Rorty, Richard (1982) *The Consequences of Pragmatism (Essays: 1972-80)*. Minneapolis, University of Minnesota Press.

Rorty, Richard (1983) Postmodernist bourgeois liberalism. *The Journal of Philosophy* 80: 583-588.

Russell, Bertrand (1956) Logical atomism. In *Logic and Knowledge: Essays 1901-1950*, edited by Robert C. Marsh. London, George Allen And Unwin: 175-182.

Scheman, Naomi (1996) Forms of life: Mapping the rough ground. In *The Cambridge Companion to Wittgenstein*, edited by Hans D. Sluga and David G. Stern. Cambridge, New York, Cambridge University Press: 383-410.

Shapin, Steven and Simon Schaffer (1985) *Leviathan and the Air Pump: Hobbes, Boyle, and the Experimental Life*. Princeton, Princeton University Press.

Thrift, Nigel (1996) *Spatial Formations*. London, Sage.

Tuan, Yi-Fu (1980) Rootedness versus sense of place. *Landscape* 24: 3-8.

Turner, Stephen P. (1994) *The Social Theory of Practices*. Chicago, University of Chicago Press.

Wheeler, Samuel C. III. (1988) Wittgenstein as conservative deconstructor. *New Literary History* 19: 239-58.

Wilkins, John (1668) *An Essay Towards a Real Character, and a Philosophical Language*. Menston, Yorkshire, Scolar Press.

Winch, Peter (1959) Nature and convention. *Proceedings of the Aristotelian Society*: 231-52.

Winch, Peter (1964) Understanding a primitive society. *American Philosophical Quarterly* 1: 307-24.

Winch, Peter (1990 [Original, 1958]) *The Idea of a Social Science and its Relation to Philosophy*. Second edition. New York, Humanities Press.

Wittgenstein, Ludwig (1958) *The Blue and Brown Books: Preliminary Studies for the 'Philosophical Investigations'*, New York, Harper and Bros.

Wittgenstein, Ludwig (1961) *Tractatus Logico-Philosophicus*. Translated by D. F. Pears and Brian F. McGuinness. London, Routledge and Kegan Paul.

Wittgenstein, Ludwig (1967) *Zettel*. Translated by G. E. M. Anscombe and Georg Henrik Von Wright. Oxford, Basil Blackwell.

Wittgenstein, Ludwig (1968) *Philosophical Investigations*. Third edition. Translated by G. E. M. Anscombe. New York, Macmillan.

Wittgenstein, Ludwig (1977) *Vermischte Bemerkungen*. Frankfurt, Suhrkamp Verlag.

Wittgenstein, Ludwig (1983) *Remarks on the Foundations of Mathematics*. Revised edition. Translated by Georg Henrik Von Wright, Rush Rhees, and G. E. M. Anscombe. Cambridge, MA, MIT Press.

2부 재구성된 공간:
탈식민화, 1968년 혁명의 발발

지리학에서 글렁크 없애기:
닥터 수스와 질 들뢰즈 이후의 공간과학

잠겨 있지 않지만 안쪽으로 열도록 되어 있는 문이 있는 방에서, 어떤 사람

이 문을 밀기만 하고 당기지 않는다면 그는 그 방 속에 갇히게 될 것이다.

— 비트겐슈타인,《문화와 가치(Culture and Value)》

1 그동안—고양이, 글렁크, 늑대 인간, 그 밖의 탈구조주의자

그녀는 혼자서 글렁크를 지워버릴(un-thunk)▪ 수 있을까? ……

그렇게 할 수 있을지 참 의문스럽다.

그래서 나도 상상 지우기(Un-thinker)를 작동했다.

우리는 함께 글렁크를 상상에서 지워버렸다.

(Dr Seuss, 1969: 쪽수 없음)

질 들뢰즈(Gilles Delluze, 1925~1995)는 철학자, 개념의 창조자였다. 일부
논자들은 그를 '차이의 철학자', 철저한 '수평적 사상가'라고 일컬었다.

닥터 수스는 작가, 특히 아동 도서 창작자로 '어린이들'을 위해 글을 썼다. 모자 쓴 고양이는 닥터 수스의 가장 잘 알려진 주인공 중 하나다. 그는 또한 놀랄 만큼 들뢰즈적이다.《모자 쓴 고양이(The Cat in the Hat)》,《돌아온 모자 쓴 고양이(The Cat in the Hat Comes Back)》(각각 Dr Seuss, 1957, 1958)에서, 우리는 그가 유목적 사고, 정신 분열 분석, 리좀학(rhizomatics), 모든 확신의 생성 그리고 카오스모스〔chaosmos: 무질서(chaos) 속에 질서(cosmos)가 있는 공간을 뜻함—옮긴이〕를 실행하는 것을 볼 수 있다. 신선한 공기의 돌풍처럼 모자 쓴 고양이의 익살맞은 짓은 순화된 진부함이 자리 잡고 있는 장면, 오이디푸스화한 장면을 단번에 사라지도록 한다. 발을 한 번 휘두르면, 한때 장소에 정착해 고정된 것처럼 보였던 모든 것이 또다시 내재적이고 표현주의적인 창조의 열광적 운동 속에서 작동하는 요소가 된다. 기존에 주어진 모든 것—배, 고기, 삽, 케이크, 옷, 눈, 분홍빛 물건, 땅, 모든 잡동사니—은 습관화된 실제로부터 탈영토화하고, 수만 가지 탈주선에 따라 끊임없이 이행하는 재생산과 재접합의 맥락을 통해 중첩된다. 그러나 모자 쓴 고양이는 결코 혼자 작업하지 않는다. 그는 샐리와 나, 고기와 접시, 사물 1과 사물 2 그리고 그의 모자 속에 얼굴을 내밀고 있는 일단(A에서 Z까지 이름이 붙어 있는)의 작은 고양이들과 함께 논다. 요컨대 모자 쓴 고양이는 우리가 세계라고 부를 수 있는 더 넓은 카오스모스

■ '20세기의 안데르센'으로 일컬어지기도 하는 닥터 수스〔Dr. Seuss: 본명은 시어도어 수스 가이젤(Theodor Seuss Geisel)〕의 동화 가운데〈상상력을 가져가버린 글렁크(The Glunk That Got Thunk)〉라는 작품이 있다. (이 작품은《나는 오늘 30마리 호랑이를 이길 수 있어(I can Lick 30 Tigers Today)》라는 동화책의 세 번째 이야기로 출판되었으며, 한글로도 번역되어 있다.) 이 동화는 그의 다른 동화에 비해 잘 알려져 있지 않지만, 어린 소녀가 어떻게 난처한 일에 빠져 오빠의 도움 없이는 빠져나올 수 없게 되는지를 보여준다. 이 동화에서, 사소한 일에 싫증을 느낀 어린 소녀(모자 쓴 고양이의 여동생)가 '상상하기 도구(Thinker-Upper, 즉 자신의 상상력)'를 이용해 글렁크(초록색이며, 지저분한 괴물)를 생각하게 되는데, 이 글렁크가 상상에서 지워지지 않은 채 현실에 등장하면서 많은 문제를 일으킨다. 이 소녀는 혼자서 글렁크를 상상에서 지워버리지 못하고, 결국 오빠의 도움을 받는다—옮긴이.

에서 지속적으로 변화하는 작은 지역이다. 〔그렇지만 미스터 마구(Mr. Magoo: 1949년에 발표된 만화 캐릭터―옮긴이)처럼 닥터 수스는 정착하고 길들여진 진부함을 보여주는 장면을 자연화하는 것을 좋아한다.〕아무것도 모자 쓴 고양이의 어지럽히는 힘―그와 그의 고양이들이 분홍색으로 칠하는 세계―을 막지 못한다. 하지만 그다음에 우리는 글렁크―불변적 합일, 정체성, 현존재 출현(presence that just is)의 완전한 수행―와 마주친다.**■** 그리고 모든 이들이 아는 것처럼 현존(presence)의 형이상학과 존재(being)의 존재론은 글렁크 없애버리기(un-glunked) 또는 상상에서 지워버리기(un-thunked)가 될 수 없다. 차이의 철학은 무엇을 하고자 하는가?

적어도 닥터 수스에 따르면, 여기 어떻게 이런 일이 발생했는지에 대한 이유가 있다. 옛날, 그렇게 오래되지 않은 과거에 모자 쓴 고양이의 작은 여동생은 달콤하고 복슬복슬한 털을 가진 귀엽고 작은 것들을 생각해내는 것이 지겨웠다. 그래서 그 여동생은 가능한 한 재빨리 자신의 상상하기 도구(Thinker-Upper: 즉 그녀 자신의 상상력―옮긴이)를 작동해 글렁크가 나타나도록 했다. ……말할 필요도 없이, 글렁크의 행동은 한 가정의 순화된 기쁨을 재난으로 바꾸어놓았다. 더욱 나쁘게도, 모든 사람이 아는 것처럼 글렁크는 상상에서 지우기가 되질 않는다. 일단 상상하면, 영원히 지워지지 않고 남아 있을 것이다. 그렇지만 파멸 직전에 글렁크는 없어졌다. 기적적으로 모자 쓴 고양이가 가까스로 글렁크를 상상에서 지워버린 것이다. 글렁크 없애기를 달성한 것은 모자 쓴 고양이도 아니

■ 이 장의 번역 초안을 꼼꼼히 읽고 교정해준 박지웅 박사는 원문에서 'presence that just is' 는 '단지 이기인 현존'으로 그리고 'ontology of being'은 '이기의 존재론'으로 번역한 것을 조언했다. 이 조언에 따르면, 'is' 또는 'being'은 '이기' 그리고 이에 따라 'becoming'은 '되기' 로 번역하는 것(특히 들뢰즈의 저서를 번역함에 있어)이 적절하다고 하겠다. 그러나 기존의 번역 관행과 다른 장에서 이뤄진 이 용어의 번역을 고려해, 이 책 전반에 걸쳐 'is'와 'being'은 '존재'로, 'becoming'은 '생성'으로 번역했다―옮긴이.

고 그의 여동생만도 아니었으며, 탈주선으로서 이들의 계기적인 협력과 공동 행동이었다. "이 둘 사이에 그리고(AND)가 있으며, 이는 한쪽도 아니고 다른 한쪽도 아니며, 다른 한쪽이 되는 한쪽도 아니라, 다원성을 구성하는 한쪽이다"(Deleuze and Parnet, 1987: 34-35). 순서에 따라 조만간 이 다양성의 함의를 서술하겠지만, 여기서는 양도 불가능성(inalienability)과 변경 불가능성(immutability)이 어쩔 수 없는 것처럼 나타나도록 하는 분절적 목표를 지적하는 것으로 충분할 것이다. 왜냐하면 "이러한 탈주선을 따라 사물이 변화하고, 생성이 이루어지며, 혁명이 자리를 잡기 때문이다. ……매번 새로운 문지방, 불연속선의 새로운 방향, 경계를 위한 새로운 진로를 나타내는 그리고, 그리고, 그리고(AND, AND, AND)"(Deleuze, 1995: 45). 요컨대 글렁크 없애기, 상상에서 지우기에 다가감에 따라, 활동적인 "인물(figure)은 결코 하나가 아니다"(Derrida, 1989: 5). 활동적인 인물은 개념 정의상 사물을 벌어지게 하는 성질을 갖고 있는 간격(interval)이다. 이것이 들뢰즈와 가타리(Deleuze and Guattari, 1988: 478)가 완강하게 "간격은 모든 것을 취하며, 간격이 본질이다"고 주장한 이유이다. 예를 들어, 라이프니치적 주름(fold)은 이제 이음(joint)에 반대하는 오래된 아리스토텔레스적 편견, 즉 사이를 접합하며 그 사이에서 나오는 모든 것에 반대하는 편견을 일소할 수 있다. 그리고 이음-행동(joint-action)의 변용적 힘에 대한 새로운 강조를 제시함으로써 우리는 이미 지리학적 및 공간적 과학, 즉 공간과 공간화의 변용적 힘의 영역에 있다.

이제 만약 닥터 수스가 순수하고 단순한 존재의 실재론적이며 유물론적인 양도 불가능성을 예시한다면[이는 점(spot)에 뿌리를 두고 '있으며', 이를 움직이는 데 이상론적 상상 지우기는 전혀 필요하지 않을 것이다], 모자 쓴 고양이들을 함께 결합하는 간격(즉 '그리고')은 그것의 분리와 해체를 일으킨다. 이들 사이에서, 본질주의의 힘은 내재적 일관성(consistency)의 계기적 변동 속으로 사라진다. 이러한 것은 존재론적 구성주의와 표현주의의 말더 듬기, 즉 더 이상 주어진 것이 아니라 모양을 변형시켜가는 존재의 방식 이다. 여기서부터 정체성은 단지 습관 또는 버릇이다. 즉 착근 또는 결합 의 효과이다. "필연성이라기보다 우연성의 결과로서, 기원이라기보다 주 변 또는 환경의 결과로서, 역사라기보다 생성으로서, 역사기록학(historio-graphy)이라기보다 지리학으로서, 본성(nature)이라기보다 품성(grace)으로 서"(Deleuze and Guattari, 1994: 96-97) 무언가가 변화한다. 게다가 쉼 없는 조형 성, 생성, 변형을 향한 이러한 손짓으로 마법, 연금술, 낭광병(lycanthropy: 늑대가 되었다고 믿는 정신병—옮긴이)이 문 앞에 와 있음을 확신할 수 있다. 들 뢰즈와 가타리(Deleuze and Guattari, 1988: 275)는 무심결에 "물론 늑대 인간과 흡혈귀들이 있으며, 우리는 모든 진심으로 이를 말한다"고 지적한다.

2 지리학과 이름 없는 글렁크

더 이상 확실성이 없으며, 더 이상 지속성도 없다. 우리는 소재뿐만 아니라 에너지도 점들(points)의 불연속적 구조라고 듣고 있다. 반점(punctum), 수 량(quantum). 질문: 유일한 확실성은 점일 수 있는가?

(Tschumi, 1994: 219)

나는 점들(points)을 좋아하지 않는다.

(Deleuze, 1995: 161)

그동안 공간과학의 기예(art)로서 지리학은 그 자신의 상상력을 가능한 한 빠르게 회전시켰으며, 일단의 글렁크를 상상했음을 알게 되었다. 마르크스주의적 글렁크, 인간주의적 글렁크, 실증주의적 글렁크, 페미니스트적 글렁크, 탈식민주의적 글렁크, 포스트모던 글렁크, 급진적 글렁크 등등이 그것이다. 이런 글렁크들은 많은 이름을 가지고 있으며 상대주의, 허무주의, 관점주의, 성찰성, 의문 마비(doubt paralysis), 비결정 가능성, 이상주의 등을 포함한다. 이들 각각은 그 나름의 방식으로 까다롭고 교활하며, 어느 것도 글렁크 없애기에 대한 힌트를 보여주지 않는다. 지리학 대부분은 이들과 마주쳐 (탈)곤경에 처했다. 그러나 다음 서술에서 나는 무서운 마귀 같은 한 글렁크, 즉 이름 없는 글렁크(The Glunk with No Name)에 다가서고자 한다. 크렐(Krell, 1997: 66)이 어떤 "거북스러운 요정(Punctilious spirit)"이라고 적당히 언급하긴 했지만, 최소한 내가 알기로는 아무도 이것에 이름을 부여하지 않았다. 의심할 바 없이, 적절한 이름이 없다는 것은 순화와 오이디푸스화를 회피했다는 분명한 증거이다. 말하자면 상대주의 · 관점주의 등과 달리, 이것은 그 이름에 대한 주인의 호명에 순종적으로 반응하지 않을 것이다. 편의적으로, 나는 낙서 예술가가 말하는 것처럼 이름 없는 글렁크라는 꼬리표를 붙이고자 한다. 〔'tag(꼬리표)'라는 단어는 기원이 알려져 있지 않다. 이름 없는 글렁크의 기원 및 배경과 마찬가지로, 이는 공 · 시간의 주름 속에서 사라졌다. 꼬리표는 정체 확인의 표식일 뿐만 아니라 중계 또는 자국, 흔적 또는 부착, 출고하기 또는 따라가기이다. 꼬리표는 끝이 없고 점점 늘어가는 추적을 벌려나간다.〕

내가 다루고자 하는 글렁크는 없앨 수 없는, 상상에서 지워버릴 수 없는, 순화할 수 없는 글렁크로서 점묘주의(pointillism)라는 꼬리표를 가질 수 있다. 바라보는 어디에서나 지리학과 지리학자들은 점에 열중한다. 이러한 점은 위치, 장소, 결절, 적분 함수, 피적분 함수, 정수(整數), 숫자(digit), 정체성, 차이, 자아, 동일성, 타자, 입장(position), 반대-입장, 이열(二裂, bifid), 삼렬(三裂, trifid) 등등을 포함한다. 선은 점들 사이를 잇는다.

표면은 선들에서 확장된다. 부피는 표면들로부터 펼쳐진다. 그리고 혼종화(hybridization), 타자성, 삼자성 …… 기타 갖가지 것들은 말할 필요도 없고, 네트워킹도 존재한다. 요컨대 공간과학자들은 모든 방식의 점 사이에 집착했으며, 이는 다시 그들에 의해 취소된다. 한편, 이는 점묘주의를 파멸시키고 무효화했으며, 현존의 형이상학으로서 이러한 점묘주의는 항상 언제나—심지어 시작부터, 떨어져 나올 때부터—설치되어 있다. 다른 한편 점묘주의의 취소는 점묘주의가 억누르고자 했던 것, 즉 표현주의의 차별적 관계를 헐겁게 하고, 풀어놓고, 벌려놓는다. 탈구조주의적 지리학이 입증하고자 하는 것은 가장 우선적으로 억압된 것들의 복원이다.

극단적으로 단순하게 말하면, 탈구조주의적 지리학은 지리학에서 점묘주의를 없애버리기—즉 점들처럼 보이는 것들의 강제된 안정화와 자기 정체성을 열어놓는 모든 분절적 간격을 방면시키기—이고자 한다. 따라서 질 들뢰즈와 펠릭스 가타리는 자크 데리다와 장 프랑수아 리오타르(Jean-François Lyotard)와 마찬가지로 존재를, 현존의 형이상학을, 존재의 본질주의적 존재론을 없애버리고자 하는 모범적인 학자들이다. 수많은 탈조정된, 탈접합된 '그리고들(ands)'은 '현존재들(iss)'의 열어놓음으로부터 탈주한다. 점묘주의에서 표현주의로, 정체성의 논리에서 차이-생산적 반복의 리듬으로의 전환에서, 공간과 공간화는 벌어지게 된다. 끊임없는 전위(轉位), 비틀림, 일그러짐으로서 탈구조주의적 지리학. 이는 존재와는 다른 생성에 영향을 미친다(Doel, 1996, 1999).

3 들뢰즈의 지철학

항상 지리학자처럼 말하라.

(Deleuze, 1983: 83)

결합의 효과(그리고 그것이 세계이다).

(Derrida, 1994: 18)

질 들뢰즈는 철학자였으며, 철학만을 서술했다. 그는 베르그송, 흄, 칸트, 라이프니츠, 니체, 스피노자 등 철학사에서 일단의 인물의 배경에 관해 서술했다. 그는 프랜시스 베이컨, 루이스 캐럴(Lewis Carroll), 카프카, 프루스트, 마르키 드 사드(Marquis de Sade) 같은 예술가와 작가들의 배경에 관해서도 서술했다. 또한 영화 같은 다른 창작적 실천과 비교하면서 서술했으며, 그의 친구들, 가장 유명하게는 펠릭스 가타리와 함께 저술한 것 못지않게 자신의 이름으로 많은 저술을 했다. 공간과학자들에게 그는 아마 가타리와 함께 저술한 《자본주의와 분열증(Capitalism and Schizophrenia)》이라는 두 권의 저서, 즉 각각 《안티-오이디푸스(Anti-Oedipus)》와 《천 개의 고원(A Thousand Plateaus)》(Deleuze and Guattari, 1984, 1988)이라는 타이틀을 붙인 저서로 가장 잘 알려져 있을 것이다.

들뢰즈에 대해 파고들기 전에, 두 가지 점을 분명히 해두자. 들뢰즈는 (그의) 철학에 관해 '어려운' 점은 없다고 주장한다—이는 "대중적(pop) 철학"이다. 또 그는 열광적인 이야기만으로 충분하지 않다고 주장한다. 〔특정한 맥락과 독자의 질에 따라, 단순히 수천 개의 '그리고들……'을 서술해야 충분할 것이다. 어떤 의미에서, 그렇게 하는 것이 진정 세계의 유희다.〕 이제 그의 철학을 창조함에 있어 장소의 모든 곳으로부터 당황스러울 만큼 많은 조각과 부분이 들뢰즈의 궤도 속으로 들어온다. 아마 분류학으로는 이것들을 통제할 수 없을 것이다. 보르헤스에 의해 전달된 것과 같이 쓸모없는 것처럼 보이는 "어떤 중국 백과사전"의 분류를 읽으면서, 푸코가 "'그것을' 생각하기가 완전히 불가능함"에 관해 논평했을 때, 나는 흔히 푸코의 "터져 나오는 웃음"을 떠올린다(Foucault, 1970: xv). 이런 다양성을 위해 그리고 어렴풋한 지리학적 주제를 위해 《천 개의 고원》 색인에 나오는—매우 폭넓게 제시한 여러 저자는 생략하고—처음 몇 개의 항목을 간략히 열거해보자.

미학(Aesthetics): ~과 매끈한 공간 및 홈이 파진 공간. 또한 예술, 인식론 참조

변용(Affect): ~과 동물 되기, ~과 신체, ~의 개념, ~과 이것임(haecceity), ~과 전쟁 기계

아프리칸스(Afrikaans: 남아프리카의 공용 네덜란드어—옮긴이): 주요 언어로서 ~

농업(Agriculture): 서양의 ~

달랑베르 방정식(d'Alembert equation)

아메리카: 흐름으로서 ~, 리좀으로서 ~

유비(Analogy): ~와 재현적 사유, ~와 유사성. 또한 재현 참조

'그리고(And)': ~와 언어적 변화, ~ 대 '존재하기'

경구(Aphorism): 고원(plateau)으로서 ~

수목적(Arborescent) 도식: ~과 생성, ~에 대한 비판, 진화에 관한 ~, 계층으로서 ~, 언어의 ~, ~과 선 및 점, ~과 리좀, ~과 절편성(segmentarity), ~과 영토적 배치(assemblage), 사상의 ~, ~과 추적하기, ~과 글쓰기. 또한 리좀, 국가 장치, 층화(Stratification) 참조

아르키메데스(Archimedes): ~와 유목민적 과학

건축(Architecture): ~과 일관성, ~과 국가 과학. 또한 기하학, 과학 참조

(Deleuze and Guattari, 1988: 589)

다른 방향에서, 그러나 유사하게 목차에서 처음의 항목 몇 개를 열거해보자.

1. 서론: 리좀

    뿌리, 수염뿌리 그리고 리좀—책의 문제—하나와 여럿—나무와 리좀—지리적 방향, 동양, 서양, 아메리카—나무의 폐해—고원이란 무엇인가?

2. 1914년: 늑대는 한 마리인가 여러 마리인가?

    신경증과 정신병—다양체 이론을 위하여—무리—무의식과 분자적인 것

3. 기원전 1만 년: 도덕의 지질학(지구는 자신을 무엇이라고 생각하는가?)

    지층—이중 분절(절편성)—지층의 통일성을 구성하는 것—환경—한 지층 내 다양성—형식과 본질, 겉지층(epistrata)과 곁지층(parastrata)—내용과 표현—지층 간 다양성—몰(mole)과 분자—추상적 기계와 배치: 그것들의 상관적 상태—메타지층(metastrata)

(Deleuze and Guattari, 1988: v)

만약 이러한 열거가 예비 독자를 당황스럽고 안절부절못하는 상태로 남겨두고 떠나기에 충분하지 않다면, 들뢰즈와 가타리는 그들의 책이 마치 지도인 것처럼 접근하도록 고무시킨다. 어디에나 입구와 출구는 있다. 어떠한 이유에서든 당신이 원한다면, 책을 펼쳐보라. 당신의 상상력, 온갖 잡동사니가 어떤 궤적을 취하든 그 궤적을 따라가라. 책을 마치 지도인 것처럼 또는 음반, 연장통 또는 기계인 것처럼 다루라. 책을 당신이 할 수 있는 어떠한 방법으로든 다루라. (이것이 어떤 저작에 접근하기 좋은 방법이다.) 그것은 여전히 철학이다. 책, 저작, 사건, 이들 모두는 그 자체 내에서 그리고 그 자체적으로 다양하다. 각기 새로운 맥락은 카오스모스적 실제에 일관성을 부여하는 다른 맥락을 요구한다. 따라서 다원체, 리좀, 분열

(schizo)에 대한 고려. 따라서 '존재(be)'하는 것처럼 보이지만, 아무런 것도 단순히 '현존(is)'하지 않는다. 따라서 정주하는 것이 항상적으로 야단법석을 떠는 장소에서 변수 '그리고'를 돋보이게 하는 것은 정체성-차이, 자아-타자, 존재-무 등등'이며', 또한 이들 '이지 않다'. 모든 '하나(one)', 모든 '각각(each)', 모든 '어떤 것(a)'은 신선한 공기의 호흡, 바깥의 정취, 공원 산책을 위해 참을 수 없이 나아가고자 하는 수많은 타자로 가득 차 있다. 이 이후부터 점들의 안정성을 계산하는 지리학자는 조심해야 한다. 지리학자는 그들의 현존 상태가 될 수 없을 것이다. 왜냐하면 지리학자는 항상 이미 타자 되기, 결정 불가능한 것 되기, 감지할 수 없는 것 되기이기 때문이다. 어슴푸레한 것으로 흐려진다: 시작도 끝도 없는 변형.

  단도직입적으로 말하면, 탈구조주의적 지리학은 공간·시간·장소의 점묘주의적 분절의 해체로부터 등장하며, 단지 일관성 없는 일자(一者)의 즐거운 실현과 함께한다. 이러한 사상의 이미지에 따라서, 장 보드리야르(Jean Baudrillard), 엘렌 식수, 자크 데리다, 미셸 푸코, 펠릭스 가타리, 뤼스 이리가라이, 장 프랑수아 리오타르, 앙리 미쇼(Henri Michaux: 벨기에 출생의 프랑스 시인이자 화가—옮긴이), 군나르 올슨(Gunnar Olsson) 그리고 다른 많은 사람들은 내가 공간과 시간에 관한 '점묘주의적' 재현이라고 꼬리표를 붙인 것과 관계를 끊기 위해 노력해왔다(Doel, 1999). 이제 나는 독자들에게 나의 들뢰즈는 '유일한(the)' 들뢰즈가 아님—그리고 결코 그렇게 될 수 없음—을 미리 알려야 하겠다. 그리고 만약 당신이 이러한 열광적인(MAD)-들뢰즈를 좋아하지 않는다면, 분화하고 실현될 무한히 더 많은 들뢰즈, 그의 이름을 담지하고 보증하는 짐 싣는 동물(pack-animal)로부터 일관성을 빌리게 되는 들뢰즈가 있다(Malabou, 1996 참조). 영겁 회귀 속에서, 차이-생산적 반복 속에서, 더듬거리며 띄엄띄엄 말하기 속에서, 이것이-될-수-있었던-것과는-다른-것이-끊임없이-되기(becoming-other-than-what-it-will-have-been) 속에서, 들뢰즈의 철학은 '모든 것을 위한 사건'을 유발한다. 그렇지만 '각각'이 동일하게 머물 것이라고 기대하지 말라. 영화 〈야곱의 사다리(Jacob's Ladder)〉의 주인공들처럼 모든 것은 진동한다. 들뢰즈는 하나가 아니며 또한 여럿도 아니라, 어떤(a) 다양체, 어떤 다원체, 어떤 리좀이다. 들뢰즈는 비를 내린다는 의미에서 어떤 폭풍이다. 많은 새김과 흐릿한 자국, 이들의 각 성분은 유일한 조합 또는 단수성(singularity)이 된다. 아래에서 들뢰즈는 지리학에 비를 뿌렸다(Doel, 1996). 왜 이러한가? 이는 철학의 과제가 개념의 창조이며, 들뢰즈에게 창조는 이질적인 조각과 부분, 차이적 관계의 특정한 환경에 일관성을 부여하는 것과 분리될 수 없기 때문이다. '공간화' 없이 사유할 수 없으며, '사유하기' 없이 공간화할 수 없기 때문이다. 이렇게 하는 것은 지철학적 유물론이며 내재적 표현주의의 요점이다.

불변성(constancy)이 이화(異化)되고, 해체되고, 면제될 때, 남겨지는 것이 일관성(consistency)이다. 차이의 반복은 사물을 열어제친다. 주어진 것 또는 현실적인 것(the actual)에게 잠재적인 것(the virtual)에 관한 경험이 주어진다. 〔실질적인 것이 실재적(real) 일관성을 그 자신의 것으로 갖게 되는 한, 이는 이상적이거나 상상적인 것과 구분된다〕(Doel and Clarke, 1999). 차이의 반복은 '각각'을 '모든 것'에 관한 경험에 개방한다. 모든 것은 깨어지고, 갈라지고, 분열적이다. 이는 자기-유사성과 긴밀한 중복성(구조주의에 수반되는 사상의 이미지)이라는 점에서가 아니라 자기-부동성(不同性)과 이질적 탈조정(탈구조주의에 수반되는 사상의 이미지)이라는 점에서 그러하다. 전형적으로 불변적인 것으로 취급해야 하는 것이 이제 강제적으로 폐쇄되고 죄여지고 꿰매진 이화, 탈영토화, 차이화의 운동을 갖는 일관성의 부분으로서 기능한다. 결과적으로 사물을 변화할 수 있도록 열어놓기 위해, 들뢰즈는 동일한 것의 반복이 아니라 동일한 것 내에서 작동하는 차이적인 것의 반복(각 '현존' 내에서 '그리고들'; 모든 글렁크에 생기를 불어넣는 분절적 이음-행동)을 행한다. 이런 방법으로, 하나와 모든 다른 것 사이의 공동적-또는-흔해빠진(common-or-garden) 구조적 차이화는 그 자체 내 그리고 그 자체적으로 하나-전부(one-all)의 계산 불가능한 차이화에 길을 양보한다. 그렇다면 안셀-피어슨(Ansell-Pearson, 1997)이 들뢰즈를 "차이의 기술자"라고 칭하거나, 본다스와 올코위스키(Boundas and Olkowski, 1994: 3)가 그를 "말더듬이(stutterer), 국외자(outside)의 사상가"로 칭하는 것은 별로 이상하지 않다. 데리다적 해체의 실천과 공명하는 방식에서, 들뢰즈는 "말하자면 '사물 자체' 내 움직임의 탈안정화"를 따르는 한편, "주어진 것들을 이화"시키고자 한다(각각 Derrida, 1988: 147; Lyotard, 1990: 76). '하나'—정체성, 현존, 존재, 본질, 동일—라는 숫자는 더 이상 결합하지 않는다. 단지 간격·이음 '그리고'만이 서로 결합할 수 있는 한편, 이들이 분절하고 표현하는 것의 탈접합을 유지하고 지지한다(Derrida, 1994 참조). 이런 점에서 불변성은 일관성이 없다. '현존(is)'의 담론은 삭제되는 곳 또는 극히 최소한으로 줄여진 진동이 있는 곳에 자리매김해야 한다.

4 고체, 액체, 기체—흐름의 공간 가운데

물질은 텅 빔 없이, 무수히 통기적이고(porous) 흡수적이며 함몰적인(cavernous) 섬유, 다른 동굴 속에 끊임없이 담겨진 동굴을 제공한다. 아무리 작더라도, 각 몸체는 비규칙적인 통행으로 구멍이 뚫려 있으며, 점점 더 기체적인 유동에 의해 포위당하고 침투된 세계, "상이한 흐름과 물결이 있는 물질의 연못"〔Leibniz〕을 닮은 우주의 총체성을 담고 있다.

(Deleuze, 1993b: 5)

한때 다소 단단하고 튼튼하게 형성된 것처럼 보이는 모든 것은 냉혹하게 해체되고 흩어지는 와중에 있다. 고정성은 유동성에 길을 내준다. 잠깐 동안 지구는 하나의 무정형적 수계(水界)가 될 수 있다. 이는 흐름을 거스르는 흐름, 때로 액체이고 또 다른 시점에는 기체이며 부유 상태에서 떠돌아다니도록 버려둔 불용적이고 비활성적인 물질의 자취와 아마 함께할 것이다. 혹자는 이와 같은 사상의 이미지에 대해 슬퍼할 것이고, 다른 사람들은 흡족해할 것이다. 또 다른 사람들은 많은 중요한 고체(예를 들면 국가)는 해체되기를 지속적으로 거부하거나 또는 어떤 한계적 임계치 아래서 기체성과 액체성은 다시 고체화되고, 흐름은 땅으로 돌아가게 될 것이라고 항변한다(예를 들면, 현대 글로벌 경제 또는 자본 자체의 흐름을 위한 기준점이면서, 잡다한 물적 토대로 결정화된다는 점에서 '세계 도시'). 그럼에도 불구하고 지리학자는 이제 '흐름의 공간'을 되풀이 말하며, 이 공간이 영향을 미칠 힘의 성장을 검증한다. 이는 화폐, 욕망, 자본, 오염, 정보, 자원, 사고, 이미지, 사람 등등의 흐름으로 나타난다.

흐름의 공간에서 공·시간에 걸친 상호 작용의 뻗침 또는 거리화는 외연적이며 또한 집중적이다. 유동적 네트워크는 팽창하고 점점 많은 연계를 설정하지만, 흐름 위에 흐름의 중첩은 전체 체계뿐만 아니라 이 체계가 짜여지는 결절의 복잡성을 고조시킨다. 이러한 복잡성은 특정한 장소가 점차 탈고착화하고, 탈의존적이고, 바람에 흩어질 수 있을 때까지 고조된다. 인본주의자들이 믿었던 것과 달리, 장소와 무장소성(placelessness)은 더 이상 대립하지 않는다. 여기-이후부터(hereinafter) 장소는 지금 여기(NowHere)이며 또한 동시에 어디에도 없음(NoWhere)이다. 자리 잡은 그 장소는 비결정적이고, 벌려짐이다. 공간화와 마찬가지로 장소화(placement)는 뫼비우스(Möbius)의 띠 위에서 이루어진다. 이는 구성 불가능성(incompossibeilities), 매끄러운 것과 홈이 파인 것, 영토화와 탈영토화, 안정화와 탈안정화, 불변성과 일관성 등등의 이중적 접합이다.

이런 복잡한 네트워크 속에서 덜컹거리지 않는 장소, 시간의 경과를 이겨내고 변화의 주체 또는 수단인 장소로서 로컬리티(locality)는 구조가 현재적 편성을 유지하는 한에서만 견뎌낼 수 있는 지구·지방화(glocalization)라는 사고에 길을 내준다. 이런 방법으로, 지구·지방성(glocality)은 더 이상 변화의 주체나 수단이 아니며, 그 자체로 지속적으로 변동한다. 장소는 항상적으로 지속되는 변화가 아니라 미분 방정식, 흐름 위의 흐름, 변동 위의 변동, 차이 위의 차이이다. 지방적인 것과 지구적인 것은 더 이상 종의 차이나 범위의 차이를 나타내지 않으며, 단지 주름과 수축의 정도에서 차이를 나타낼 뿐이다. 지구·지방화는 종이접기〔origami: 접다(お る)와 종이(がみ)의 합성어로, 형체를 만들어나가는 생성 또는 구축을 의미함—옮긴이〕의 효과이다. 그리고 공간을 다루는 '낡은' 방법과 '새로운' 방법—고정적 공간과 유동적 공간, 격자 공간과 네트워크 공간, 절대적 공간과 상대적 겸 관련적 공간, 유클리드적 공간과 비유클리드적 공간, 추상적 공간과 체험된 공간—양자 모두는 한결같이 사상의 비일관적, 비생성적, 버릇없는 이미지, 즉 점묘주의에 의존한다.

5 점 없는 지리학

다시 한 번 간격이 모든 것을 취하며, 간격이 본질이다.

(Deleuze and Guattari, 1988: 478)

공간의 동요 …… 공간은 그 정체성에 당혹해한다.

(Lyotard, 1990: 106)

공간을 명사라기보다 동사로 접근하는 것이 더 좋을 것 같다. 공간하기(to space), 이것으로 족하다. 공간화(spacing)는 행위, 사건, 존재 방식이다. 어떤 것 이면에 있으면서 배경막, 무대 또는 지속적이고 무한한 팽창(절대적 공간)으로 기능하는 공간이란 없으며, 어떤 것 '사이'에 있으면서 소극적인 메움 또는 적극적인 교환 매체(상대적, 관련적, 구별적, 변증법적 공간)같은 공간은 없다. 단지 공간화(차이화)만 있을 뿐이다. '점'―사물, 사건, 용어, 위상, 관계항(relata) 등등―이 공간 위에 그리고 공간에 따라 작동한다고 가정하는 것은 착각이다. 공간은 내재적이다. 공간은 단지 그 자체만을 가진다. 그리고 지리―공간화―의 사건은 다중적이고, 잡다하며, n차원까지 분열된다. 공간화는 무엇이 이루어지는 것, 무엇이 자리를 잡는 것이다. 공간화는 발생한 모든 것 내에서의 차이화 요소이다. 이는 현실성(actuality)의 주름이 잠재성(virtuality)의 펼침 위에서 스스로 열려지거나 스스로를 열어가는 반복적 중계 또는 오래된 끈질김(protracted stringiness)이다. 공간은 주어진 것을 다시 열고, 이화시키는 것이다.

탈구조주의적 공간성에 관한 사유하기는 주어진 공간을 아주 많은 파편으로 깨뜨려 부분들이 더 이상 합쳐질 수 없는 것으로 가정하는 경향이 있었다. 따라서 탈구조주의적 공간성을 비총체화(더 이상 통일된 전체 또는 최종 형태란 존재하지 않는다), 통약 불가능성(더 이상 공통의 척도 또는 동일 원소가 존재하지 않는다), 양립 불가능성(다양하게 분리된 조각은 상이한 영역을 차지한다)으로 특징짓는다. 그렇지 않을 경우, 탈구조주의적 공간성은 주어진 공간―큐비즘에서처럼―을 증식시켜 각 차원, 평면 또는 관점이 급진적으로 과잉 결정적이고 상대화하며, 이로 인해 혼란스럽게 된다고 할 수 있다. 따라서 나아가 탈구조주의적 공간성은 헤테로토피아(heterotopia, 공동 척도가 없는 다원적 공간), 불협화음(조정된 조화로운 편성을 빼앗긴 다중적 성분), 유포(끝없는 분화, 의미의 지연(deferral)과 회부(referral), 가치, 준거, 의도성, 감각)라는 용어로 특징지을 수 있다.

극히 단순하게 말해, 탈구조주의적 공간은 통일된 준거 틀 없이 나누어지는 불연속적 요소로 부서진다. 요컨대 기체화, 먼지화, 카오스모스가 그것이다. 공간은 퍼즐 맞추기가 아니다. 덧붙일 것, 통합할 것, 부정·승화할 것[subl(im)ate]이 없다. 공간은 단지 차이만을 안다. 그래서 의문은 이러한 차이가 양극과 음극으로 극화되어, 그것들이 움직이거나 영향을 받게 될 것인지 여부이다. 따라서 탈구조주의자와 변증법자 간의 논쟁이 있다. 후자는 통합 쪽(많은 것으로부터 하나의 회복)으로 기우는 반면, 전자는 끊임없이 통합을 거절(decline)—어디로부터 구부리기(bending away from)를 뜻하는 de-clinare의 어원적 의미에서—한다. 통합을 거절함으로써 다양체(multiple)는 그 자신이 전체의 일관성—즉 다양성, 하나와 여럿, 총체화와 파편화, 자아와 타자, 보편성과 특수성의 야단법석에 더 이상 의존하지 않는 일관성—을 띠게 된다. 그리고 만약 영구적인 '통합으로부터 벗어남'이 자기-유사성과 관계 중복(affine redundancy)을 피한다는 게 사실이 아니라면, 탈구조주의적 공간은 프랙탈(fractal)—무한한 탈적응, 탈접합, 탈안정화—이다. 그렇지만 이런 모든 것에서 부서지고 열려지는 것, 증식되고 분기되는 것은 점묘적이 아니라 분절적이라는 점을 깨닫는 것이 중요하다. 이리가라이(Irigaray, 1991: 59)는 이 상황을 "앙상블이 결코 이루어지지 않고, 일자(一者)의 체계성이 결코 강요되지 않는 변형(metamorphose)"이라고 깔끔하게 특징짓는다.

따라서 탈구조주의적 공간화의 기반은 매우 간단하게 진술할 수 있다. 최소 요소는 폐쇄되고 하전(荷電)되고 극화된 점이 아니라, 주어진 것이 아니라 개방된 주름(fold)이다. 이는 일자이지만 차이적 관계로서 하나이며, '현존(is)'이 아니라 '그리고'이다. 따라서 "사물의 과학을 위한 모형은 '종이접기' …… 또는 접기(folding)의 예술이다"(Deleuze, 1993b: 6). 공간은 점, 완전체, 동일체를 알지 못한다. 이는 단지 다중체(manifold)를 알 뿐이다. 정확히 말해, 주름은 많은 방법으로 접힐 수 있는 것이다. 이것이 그림은 결코 하나가 아닌 이유이다. 단지 "특이성의 묶음, 다시 차례로 풀리는 묶음"만 있다고 리오타르(Lyotard, 1990: 79)는 말한다. 또는 들뢰즈와 가타리(Deleuze and Guattari, 1988: 350)가 서술한 바와 같이 "우리는 아무런 체계를 갖지 않으며, 단지 선과 운동만을 가진다". 분열증 분석(Schizo-analysis).

이는 들뢰즈적으로 개념을 창조하고, 차이를 만들어내고, 공간을 접는 방법이다(Deleuze, 1990, 1993b, 1994; Deleuze and Guattari, 1994). 플라톤의 티마에우스(Timaeus)—그는 생성으로부터 존재를, 유동적인 것으로부터 영구적인 것을, 퇴화한 사본으로부터 양도할 수 없는 형상을 분리시켰다—에서처럼 세계의 층화는 더 이상 존재하지 않는다. 대신 많은 방법으로 접히고, 펼쳐지고, 다시 접힐 수 있는 내재성의 평면 쌓기로 휩쓸어버릴 수 있다. 다양성 또는 다중성은 평면적이다. 이는 다양성이나 다중성이 동질적이고 획일적인 부피성(volumity)으로부터 분리되었기 때문이 아니라, 그 자신의 차이적 구성 방법으로 모든 이질성과 다양 가능성을 즉각적으로 표현하기 때문이다. 내재성과 일관성의 평면은 비유클리드적이고 균열된 표면이며, 그 자체 위에 접혀진 표면에 어떠한 보충적 차원도 허용하지 않는다. 근본, 본질, 가능성 또는 이상적 형태로 기여하는 '표면 밑'의 차원이나 '표면 위'의 차원도 존재하지 않는다. 내재성은 초월적 패러다임, 질료형상론(hylomorphism), 코라(Khora: 이성적 언어 작용으로 규명할 수 없는 잉여의 부분—옮긴이)를 제거한다. 만약 내재성의 평면 위, 아래 또는 곁에 맴돌고 있는 그러한 보충적 차원이 있는 것처럼 보인다면, 이는 그 평면에 앞서 주어진 것이 아니다. 반대로, 이는 평면의 어떤 접기에 따른 특정한 효과로서 구성되며, 다양체 내에서 권력의 장악에 상응해 사물의 질서에 따른 특정한 주름은 더 이상 암호(탈주선)를 표현하지 않으며, 명령어[확인, 인식, 규범화의 누빔 점(quilting point)]를 표현할 따름이다. 남근로고스중심주의(phallogocentrism)는 평면을 지배하고 덧코드하기(overcode) 위해 등장할 수 있지만, 이는 결코 그 자신을 분리시키지 못한다. 그뿐만 아니라 이는 자신이 도출된 평면 위로 떨어지는 것을 막지 못한다. 달리 말해, 차이적-반복의 유희 속에 갇힌 채 보충적으로 소속함 없이 참여함으로, 생성 없이 존재함만으로 자신을 사라지게 하는 모든 것은 기만적이다. 여기서 우리는 다시 한 번 데리다적 해체에 매우 근접하게 된다. 이러한 해체는 반대-위상적으로 주어진 것들 속에서 탈주선을 열어가기 위해 보충성의 기만적이고 비결정적인 힘을 채택한다(Doel, 1994, 1995).

따라서 "'다양체 만세'를 외치는 것만으로 충분하지 않다. 물론 그렇게 외치는 것도 어려운 일이지만"이라고 들뢰즈와 가타리는 말한다(Deleuze and Guattari, 1988: 6). "다양체는 만들어져야 한다. 하지만 언제나 상위 차원을 덧붙임으로써가 아니라 오히려 반대로 가장 단순하게, 냉정하게, 이미 우리에게 익숙한 차원의 층위에서, 언제나 n-1에서(하나가 다양체의 일부가 되려면 언제나 이렇게 빼기를 해야 한다)." 요컨대 일관성은 항상성의 해제를 통해 표현된다. 따라서 n-1번째 차원에서 생각하고, 글 쓰고, 행동하라. 이것이 우리가 다중성으로 돌아가는 방법이다.

6 구겨진 지리학―다중적 공간화

우리는 사실 어디에서나 주름을 찾을 수 있다.

(Deleuze, 1995: 156)

당신은 내재적, 지속적 그리고 통제된 변동에 의해 여전히 작동하지 않는 동질적 시스템에 도달하지 못할 것이다.

(Deleuze, 1993a: 210)

공간은 많은 방법으로 접힌다. 공간은 다중적이고 다양체적이다. 공간은 불변성의 점을 갖지 않으며, 단지 일관성을 이루는 주름만을 가진다. 점이나 항상적인 것처럼 보이는 것은 실제 주름 위의 주름이다. "주름은 이런 의미에서 어디에나 있다. 단, 보편자(the universal)인 주름은 없다. 이는 '미분기(differentiator)', '차별 생성'이다"(Deleuze, 1995: 156). 그렇지만 만약 점의 사고에 집착하지 않는다면, 이를 크기가 없는 위치를 나타내는 명사적 용어가 아니라 방향과 지향을 가진 동사적 용어로 생각하는 것이 더 일관될 것이다. 원근적 회화에서 소실점같이 한 점은 그것이 사라지게 되는 것을 가리킨다. 그리고 어떤 공간과 다르지 않게 한 점은 많은 방법으로 접히기 때문에, 이런 방향적 측면은 무한한 복합성과 집중성을 띤다. 점-주름. 점-분열(point-schiz). 점-꼬리표(point-tag). 그리고 한 점이 무한에 근접할 때, 이는 특이성─일자성의 의미에서가 아니라 중지점(break-point)에 관한 수학적 의미(즉 어떤 함수가 무한 값을 띠거나 또는 물질이 무한 밀도가 될 때처럼)에서─이 된다(Clarke, Doel and McDonough, 1996).

특이성은 장(field)에서 (그리고 장의) 모든 변동이 어떤 접근 각도에서 잠재적으로 공출현하는(copresent) 정확한 점들이다. 잠재적 공출현은 외연(extension)에 반대되는 '내포(intension)', …… '잠재성(virtuality)'에 좀더 가까운 …… 절대적으로 실재적인 것이다. 이는 연장의 공간-시간 좌표 어디에도 없다는 점에서 절대적이지만 장의 변동은 어떤 각도에서 그 자체의 공출현이라는 특이성에 대한 접근에서 지속적으로 이루어지기 때문에 관점적이다. 이는 실재적이지만 또한 비실체적(incorporeal)이다.

(Massumi, 1996: 397)

특이한 점들은 잠재적이지만, 현실화에 대한 이들의 조응은 점-주름, 분기점, 점-분열로 나타난다. 그리고 선형적 펼침이 이러한 특이점과 함께 꿰매져 있는 것처럼, 무한소적인 외연적 변동의 연장이 극대적인 내포적 변동의 두 종점에 의해 근접되는 것처럼 보인다면, 이 선은 무한한 수의 특이성으로 구성될 것이다. 정상적인 점들의 연속이란 없으며, 비정상적인 점들의 불연속도 없다. 대신 특이한 점-주름의 이화적 프랙탈, 즉 칸토어 먼지의 연상(reminiscent of Cantor dust: '칸토어 먼지'는 프랙탈의 한 종류로, 이 프랙탈의 자기 반복성은 각 단계에서 주어진 선분을 삼등분해 가운데의 작은 선분을 제거하는 과정에서 이루어진다. 이러한 제거 과정을 몇 단계 지나게 되면, 선분은 '먼지'처럼 쪼개져 남는 것이 거의 없다—옮긴이)이 존재한다. 공간은 무한히 접힌 카오스모스이다—한 생명의 공간 못지않은 한 개념의 공간(Guattari, 1992 참조). 요령은 점들을 잇는 것, 동일성과 통합을 쌓아올리기가 아니라, 다중성에 걸쳐 탈주의 내구적 선을 구축하는 것이다. 따라서 "다양성은 실재적 요소"이며, "내재성은 구성주의"이다(Deleuze, 1995: 146). 접기의 일관성은 항상 이루어지기를 기다리고 있다. 이는 결코 주어지거나, 미리 형성되거나, 기성적으로 만들어지지 않는다. 다행스럽게, 접기의 예술은 모든 계기에도 적용된다. 이는 모든 것을 끌어들이지만, 순수하고 단순한 적응성을 가진다. 초월적 규칙이나 최종 해법을 빼앗김으로써 어떤 한 접혀진 사물은 항상 무한성(의 경험)에 열려 있다.

접기의 각 행동은 헤아릴 수 없는 다양체를 표현하는 동시에 독특한 특이성을 창조한다. 이것이 우리가 부정관사(indefinite article)에 관해 주장해야만 하는 이유이다. 예를 들어, 종이접기에서 우리는 하나의 접힌 종잇조각을 말할 수 있을 것이다. 그렇지만 종이접기 또는 '접기'라는 '사건'은 명백한 외향적(out-turn) 일관성을 부여하는 관계의 실제적 구성—어떤 모자, 어떤 평면, 어떤 토끼 등등—이 아니며, 내재성의 평면에서 난데없는 중지로 멈춘 모든 특이한 구성의 잠재적 다양체도 아니다. 들뢰즈(Deleuze, 1997: 5)는 이를 다음과 같이 깔끔하게 서술한다. "이와 같이 정해지지 않은 생명은 계기들이 아무리 가까이 있다 할지라도 이 계기들을 갖지 않으며, 단지 계기들-사이의 중간 시간(meantime, des entre-tempts)을 가질 뿐이다." 한 사건은 주름들 사이를 통과한다. 이는 사물의 실제 상태가 되는 것 없이 생성적인 실재이다. 이는 일종의 떠다니는 동영상처럼 사물의 표면에 떠 있다. 모든 것은 표면상에, 내재성과 일관성의 평면 위에 (벌려)놀고[(s)played] 있다. 공간은 항상 실재적 잠재성이다. 이는 현실화에 저항하며, 이것이 현실화되는 각 계기에서 전환한다. "이는 운동 중에 있는 지평 그 자체이다"(Deleuze and Guattari, 1994: 38).

요약하면, 공간은 차이이며, 통일하는 요소가 아니다. 역설적으로 공간화는 그것이 이음으로부터 분절하는 것을 배치한다. 물질이 내포적으로든 외연적으로든 공간화하는 한 물질은 항상 장소로부터 벗어나 이동한다. 얼마나 많은 힘과 속박을 적용한다 할지라도, 공간은 완전하게 '결합하지' 않는다. 이는 "접힘과 펼침의 …… 세계이다. 십자로, 다양한 연계성이 전부이다"(Deleuze, 1995: 15). 그렇다면 어떤 한 사건은 "발생하는 모든 것 속에서 그 자신의 현실화를 회피하는 부분"(Deleuze and Guattari, 1994: 156)이라는 주장은 별로 이상하지 않다. 사건은 "일관성을 부여하는 무한한 운동을 유지한다". 이는 "현실적이지 않으면서 실재적인, 추상적이지 않으면서 이념적인 어떤 잠재적인 것이다". 따라서 들뢰즈는 항상 변동을 다시 풀어놓는 '함께-양분된 점-주름'을 활성화시키고자 했다. 이러한 점-주름은 활성화될 경우 가시적으로 안정적이고 침전된 힘들을 나누어 조각내기 시작할 것이다. 〔이것은 조르주 바타유(Georges Bataille)에 의존해 헤겔주의를 독해한 데리다와 공명한다(Derrida, 1978)〕. 아울러 이것은 지반(ground)의 철학 또는 영토의 철학이 아니라, 통행의 철학을 요구했다.

카오스 통과하기. 즉 카오스를 설명하거나 해석하는 것이 아니라 평면, 경관, 좌표를 배치하는 횡단 그러나 배의 뒷면에 있는 바다와 같이 배에 바싹 붙어서 카오스를 버려두는 횡단에서, 가로지를 수 있는 모든 방법으로 통과하는 것이다.

(Nancy, 1996: 112)

그리하여,

하나가 되돌아오면 즉각적으로 다른 하나가 재출발함에 따라, 서로가 서로에게 접히고 서로가 서로에게 포개지는 수많은 무한 운동이 항상 있게 되며, 이에 따라 내재성의 평면은 끊임없이 짜여진다. ……무한의 다양한 운동은 서로 매우 밀접하게 뒤섞여 내재성 평면의 전일(One-All)을 깨뜨리기는커녕 가변적인 곡선, 이것의 오목함과 볼록함, 말하자면 이것의 분열적 속성을 구축한다. 바로 이러한 분열적 속성이 평면태(planomenon)를 어떤 무한한 것으로 만들며, 이 무한은 개념으로서 확정할 수 있는 어떤 표면이나 부피와 항상 구분된다. 모든 운동은 평면 전체를 가로지르며, 동시에 즉각적으로 자신에게 되돌아온다. 각각의 운동은 스스로를 접을 뿐만 아니라 다른 것을 접고 다른 것에 의해 접히며, 무한히 포개지는 이러한 무한성의 프랙탈화 속에서 반사, 연결, 증식을 만들어낸다.

(Deleuze and Guattari, 1994: 38-39)

들뢰즈의 일깨움을 따르면, 공간과학자를 위해 남겨진 것은 이음들의 유희(그리고 …… 그리고 …… 그리고) 외에는 아무것도 없다. 모든 가시적 항상성이 해제될 때, 일관성이 남는다. 남겨진 것은 계산할 수 없는 탈접합에서 상이하게 분리된 조각을 유지하는 것이다―그리고 …… 그리고 …… 그리고. 즉 간격이 모든 것을 가져간다. 존재의 존재론은 넋을 잃는다. 게다가 마틴(Martin, 1996: 19)이 적절하게 표현한 것처럼 일관성의 획득은 "적정한 주행 속도를 발견할 것"을 요구한다. 영화에서처럼 어떠한 오래된 미분학도 이 요령을 행할 수 없다. 즉 이것은 언제나 공간화(spacing)와 속도화(pacing), 빠름과 느림, 리듬과 표현의 문제이다.

'개별성', 사건, 그 자체 내에서 이해되는 비물질적 전환, 모호하지만 엄격한 '유목적 본질', '강도(intensities)의 연속' 또는 상수와 변수를 능가하는 지속적인 변화, 최고점도 주체도 갖지 않지만 근접성 또는 해결 불가능성의 지구 내로 서로를 끌어당기는 생성, 이들 모두는 내재성의 평면에 각인된다. 주름진 공간 내에서 이루어지는 '매끈한 공간'.

(Deleuze and Guattari, 1988: 507)

이 장을 서서히 끝내가면서, 홈 파인 공간과 매끈한 공간 사이를 구분하는 것이 좋겠다. 이런 구분―또는 정확히 말해, 뫼비우스의 나선화(spiral-ling)―은 우리를 닥터 수스의 모자 쓴 고양이 그리고 들뢰즈-가타리적 폭풍의 일깨움 속에서 공간과학의 매듭으로 데려간다. 홈 파인 공간에서 점묘주의가 만연하며, 이는 생성을 정주적이고 수목적인 점들의 분포로 깨뜨려버리는 이항-기계에 의해 반드시 힘을 받는다. "어디서나 점들은 궤적·선·곡선의 끝으로 제시되며, 이것들은 초월적인 조절 원칙을 통해 여정(旅程)을 통제한다"(Martin, 1994: 269). 대조적으로 매끈한 공간에서, 점묘주의적 줄무늬는 이중적 함입(陷入)을 통해 해체된다. 점은 다중체로 돌아간다. 그리고 재구성된 점-주름은 무한하고 분열적이며 카오스모스적인 혼돈으로 이화된다. 달리 말해, 줄무늬를 매끄럽게 하는 것은 간격이 다시 한 번 모든 것을 갖도록 한다. 공간화는 본질 자체가 된다. 이러한 기반 위에서 기관·초월·원리·궁극성(finality)의 구조적, 발생적, 몰적(molar: mole은 분자를 헤아리는 단위―옮긴이), 수목적 평면은 일관성·내재성·계기성·생성의 탈중심화된 변이적, 분자적, 리좀적 평면을 펼쳐놓는다. 항상성은 일관성에 길을 내준다. 일원성은 다양체에 길을 내준다. 그리고 진화적 질료형상론은 '비로이드 생명(viroid life: 바이러스보다 작은 RNA 병원체로서 여러 가지 식물병의 원인임―옮긴이)'에 길을 내준다. 게다가 국가 철학은 수목적인(착근된, 솟아 오른, 분기하는, 위협적인, 남근로고스중심적인 그리고 초월적인) 반면, 유목적 사유는 리좀적(표류하고, 편평하고, 횡단적이고, 삽입되고, 함입되고, 내재적인)이다. 특히 리좀은 두 가지 중요한 기능을 수행한다. 이것은 뿌리를 질식시켜 모든 수목적·정주적 사상의 코드를 빼앗아버린다. 그리고 이것은 통일 없는 다양체의 지속적인 변동을 표현하는 분열적 표면을 예시한다. 중심적인 점-주름을 고정하고 팽창시킴으로써 뿌리는 질서를 이루고, 이로부터 사전적으로 프로그램화하고, 역행할 수 없고, 본질적으로 계층적인 일련의 분기[수목성, 구조주의, 협착주의(stricturalism)]가 발생한다. 대조적으로, 리좀에 있는 모든 점-주름은 연결 가능하고 단절 가능하며, 역행 가능하고 이전 가능하며, 모든 것을 깨뜨릴 수 있거나 또는 작동하도록 설정할 수 있다. 그리고 수목적·정주적 개념과 달리, 리좀적·유목적 개념은 점형(punctiform)이라기보다 분포형이며, 정박된 것이라기보다 분절적이며, 통일적이라기보다 구성적이며, 초월적이라기보다 내재적이며, 본질적이라기보다 개연적이며, 주어진 것이라기보다 잔상적(殘像的)이다. 이런 방법으로, 유목

적 사유는 분열분석적 배전판의 떨림과 차이-생산적 반복의 연속성을 중계한다. 이에 따라,

> 균열은 주요해지고, 그 자체로 점점 커진다. 이는 심지어 진공을 가로질러 서 …… 연쇄를 따르는 문제가 아니라, 연쇄 또는 연합을 제거하는 문제이 다. ……이는 일자의 …… 모든 것을 폐지하는 …… 사이(BETWEEN)의 방법 이다. 이는 그리고(AND)의 방법, ……존재의 …… 모든 것을 폐지하는 '이 것 그리고 그런 다음 저것'의 방법이다. 전체는 변화를 거친다. 왜냐하면 이 것은 구성적인 둘-사이(between-two)가 되기 위해 전일자(One-Being)가 되기 를 중단했기 때문이다. ……전체는 따라서 모리스 블랑쇼(Maurice Blanchot: 프랑스의 작가이자 사상가—옮긴이)가 "외면의 분산(dispersal of the Outside)" 또는 "공간화의 어지러움(vertigo of spacing)"이라고 명명한 것과 혼합된다.
>
> (Deleuze, 1994: 179-180)

마무리를 위해, 카오스모스는 여러 가지 방법으로 접힐 수 있다는 사실을 간단히 지적하고자 한다. 그리고 사실 많은 접힌 그림이 우리에게 기성적인 것으로 주어지는 것이 사실인 반면, 그럼에도 불구하고 접기와 펼치기 그리고 다시 접기에서 미리 설정된 방식이나 양식은 없다. 따라서 지리학자에게 남겨진 일은 주름에 따라 (벌려)놓고, 어떤 맥락의 가변적 일관성에 의해 제거되는 것이다. 이는 사건의 윤리가 될 것이다. 들뢰즈와 가타리(Deleuze and Guattari, 1988: 482)는 이를 간결하게 표현한다. "장소에서의 항해, ……매끈하게 또는 줄무늬 진 항해 그리고 동일한 방법을 생각하라." 결과적으로 탈구조주의적 지리학의 요령은 "비틈이나 접힘을 결코 놓치지 않도록"(Derrida, 1989: 10) 노력할 뿐만 아니라, 주어진 것을 개방하도록, 사건을 개방해 이화시키도록, 카오스모스적 특이성과

다양체를 개방하도록, 이에 따라 무엇인가 다른 것이 일어날 수 있도록 노력하는 것이다. 공간이 자리를 잡도록 하라. 그것이 전부다.

공간이 자리를 잡도록 하자.

이것이 발생하고—지나갔다.

출현이 부재한다: 부재가 출현한다

이제 여기: 어디에도 없기

오직-사라지기-위한-생성.

유령학(Hauntology), 진동학(vibratology)

존재론적 깜빡임.

〔재.〕 ~~~~~~~~~~~~~~~~~~~~~~~~~~~ 〔혼합〕

글렁크 없는 공간과학

(또는 질 들뢰즈가 '대중 지리학'을 수행하다)

··· 그리고 ··· 그리고 ··· 그리고 ··· 그리고 ··· 그리고 ··· 그리고 ··· 그리고 ···

··· 지(geo) ··· 리 서술(graphein) ··· 지 ··· 리 서술 ··· 지 ··· 리 서술

··· 쓰기(writing) ··· 지구(earth) ··· 쓰기 ··· 지구 ··· 쓰기 ··· 지구

··· 리좀 ··· 유목 ··· 정신분열 ··· 무리(swarm) ··· 폭풍(storm) ··· 수증기

··· 카오스모스 ··· 일관성 ···

〔—그리고 또한 치료를 지원하도록 부여된 나무들〕

〔열광적 들뢰즈화〕 ~~~~~~ (···) ~~~~~~ (*x*) ~~~~~~ 〔3.59〕

그렇다면 이 장의 위상은 무엇인가? 나는 반복해서 점묘주의의 환상적 속성에 관해 주장했다. 즉 이것 또는 어떤 다른 우주 속에 항상적인 것은 없다. 단지 카오스모스적 변동의 탈편성적 힘에 의해 쉼 없이 작동하는 일관성의 정도만 있을 뿐이다. '현존들(iss)'은 없으며, 단지 '그리고들(ands)'만 있다. 그렇지만 이 장은 셀 수 없는 '현존들'과 다른 그러한 상수로, 고집스러운 문장과 단단하고-얼어붙은 결과로 뒤덮인 것처럼 보인다. 이는 상상에서 지울 수 없는 글렁크의 자체 편성을 가진다. 그것 속 어디에 일관성이 있는가? 어떤 사람들은 출현의 형이상학의 예시적 계기이며 불변적 존재의 존재론으로서 '현존'은 어떤 남근적 가치를 갖는다는 것을 당연하게 받아들인다. 이것은 크게 똑바로 발기하며, 독자적이고 자기-단정적이며, 다른 사람의 손에 의지하지 않는다. 남근적 일자(一者)는 단지 그 자신만을 가지며, 근원적으로 순수한 확실성이다. 시간이 주어진다면, 서구 형이상학의 개회사(inaugural gesture)로 이러한 남근적 구조화—성적 차이의 어떤 특성화가 어떻게 존재론을 활성화하는가—를 추구하는 것이 가치 있을 것처럼 보인다(Derrida, 1995; Krell, 1997 참조). 그렇지만 발기는 주어진 것이 아니며 항상적인 것도 아님은 자명하다. 이것은 특정한 겉치레 관계에 따라 특정한 맥락에서 이루어지며, 이를 통해 흐르는 것이 압축되고 압박받으며 유지되는 한에서만 지속된다. 사실 유동성과 수증기, 한바탕의 신선한 바람, 외부의 맛에 의해 문제시되지 않는 남근로고스중심주의란 없다. ……게다가 남근적 용어는 자기-애정이나 자기-성적 흥분에 의해서가 아니라, 이러한 구성적 외부를 통해 힘이 주어진다. 흐름의 건전지는 남근적인 것처럼 보이는 모든 것을 활성화하고 힘을 부여하고, 따라서 모든 불변적인 것은 이를 통해 물결치는 흐름의 리듬에 따라 움직이고 진동한다: 리듬 분석. 이것이 남근이 진동기(vibrate)인 이유이다. 존재론은 진동론에 길을 내준다.

따라서 이란 '현존들' 모두와 관련해, 이는 추방이나 액막이(exorcism)—마치 우리가 유령학의 망령으로 할 수 있었던 것처럼—의 문제가 아니다. 항상성은 나쁘거나 잘못된 것이 아니다. 이는 단지 비생성적이며 좋지 않은 방식이다. 항상성은 일관성이 박탈된 것이다. 이것이 전부이다. 존재론은 분명 없어져야 한다. 그러나 '현존'이 탈영토화한 용어가 될 때, 즉 영구적으로 다가와서 우리의 애정을 간청하는 수많은 '그리고들'의 성쇠에 따라—다시 한 번—진동기로서 (벌려)놀도록 하기 위해 일반적인 남근로고스중심적 맥락으로부터 비틀려 잡아떼어질 때, 실재적 일관성은 유지된다. 왜냐하면 모든 신체에는 다양한 생성이 있기 때문이다. 이것이 지구를 움직이고 세계를 흔드는 것이다. 이런 방법으로 리듬 분석은 분열증 분석에 의해 일소된다. 공간과학이 공간이 만들어내는 차별을 진정하게 표현하도록 할 때, 공간과학의 예술은 이와 같다. 심지어 이 페이지의 잉크도 진동한다.

참고문헌

Ansell Pearson, K. (1997) *Deleuze and Philosophy: The Difference Engineer*. London, Routledge.

Boundas, C .V. and Olkowski, D. (eds) (1994) *Gilles Deleuze and the Theatre of Philosophy*. London, Routledge.

Clarke, D. B., Doel, M. A., and McDonough, F. X. (1996) 'Holocaust topologies: singularity, politics, space', *Political Geography* 15 (6 and 7): 457-89.

Deleuze, G. (1983) 'Politics', in *On the Line*, Deleuze and Guattari, trans. J. Johnston. New York, Semiotext(e): 69-115.

Deleuze, G. (1990) *The Logic of Sense*, trans. M. Lester ed. C. V. Boundas. New York, Columbia University Press.

Deleuze, G. (1993a) *The Deleuze Reader*, ed. C. V. Boundas. New York, Columbia University Press.

Deleuze, G. (1993b) *The Fold: Leibniz and the Baroque*, trans. T. Conley. Minneapolis, University of Minnesota Press.

Deleuze, G. (1994) *Difference and Repetition*, trans. P. Patton. London, Athlone.

Deleuze, G. (1995) *Negotiations, 1972-1990*, trans. M, Joughin. New York, Columbia University Press.

Deleuze, G. (1997) 'Immanence: a life…', *Theory, Culture And Society* 14 (2): 3-7.

Deleuze, G. and Guattari, F. (1984) *Anti-Oedipus: Capitalism and Schizophrenia*, trans. R. Hurley, M. Seem, and H. R. Lane. London, Athlone.

Deleuze, G. and Guattari, F. (1988) *A Thousand Plateaus: Capitalism and Schizophrenia*, trans. B, Massumi. London, Athlone.

Deleuze, G. and Guattari, F. (1994) *What is Philosophy?*, trans. G. Burchell and H. Tomilnson. London, Verso.

Deleuze, G. and Parnet, C. (1987) *Dialogues*, trans. H. Tomlinson and B. Habberjam. London, Athlone.

Derrida, J. (1978) 'From restricted to general economy: A Hegelianism without reserve', in *Writing and Difference*, trans. A. Bass. Chicago, University of Chicago Press: 251-77.

Derrida, J. (1988) *Limited Inc*, ed. G. Graff, trans. S. Weber and J. Mehlman. Evanston, Northwestern University Press.

Derrida, J. (1989) 'Introduction: desistance', in *Typography: Mimesis, Philosophy, Politics*, P. Lacoue-Labarthe, ed. C. Fynsk. Cambridge, Harvard University Press: 1-42.

Derrida, J. (1994) *Specters of Marx: The State of the Debt, the Work of Mourning, and the New International*, trans. P. Kamuf. London, Routledge.

Doel, M. A. (1994) 'Deconstruction on the move: from libidinal economy to liminal materialism', *Environment and Planning A* 26: 1041-59.

Doel, M. A. (1995) 'Bodies without organs: deconstruction and schizoanalysis', in *Mapping the Subject: Geographies of Cultural Transformation*, eds S. Pile and N. Thrift. London, Routledge: 227-41.

Doel, M. A. (1996) 'A hundred thousand lines of flight: a machinic introduction to the nomad thought and scrumpled goegraphy of Gilles Deleuze and Félix Guattari', *Environment and Planning D: Society and Space* 14 (4): 421-39.

Doel, M. A. (1999) *Poststructuralist Geographies: The Diabolical Art of Spatial Science.* Edinburgh, Edinburgh University Press.

Doel, M. A. and Clarke, D. B. (1999) 'Virtual worlds: simulation, suppletion, s(ed)uction, and simulacra', in *Virtual Geographies: Bodies, Spaces and Relations*, eds M. Crang, P. Crang, and J May. London, Routledge: 261-83.

Dr Seuss (1957) *The Cat in the Hat.* New York, Random House.

Dr Seuss (1958) *The Cat in the Hat Comes Back.* New York, Random House.

Dr Seuss (1969) *I Can Lick Thirty Tigers Today! and Other Stories.* New York, Random House.

Foucault, M. (1970) *The Order of Things: An Archaeology of the Human Sciences.* Andover, Tavistock.

Guattari, F. (1992) *Chaosmosis: An Ethico-Aesthetic Paradigm*, trans. P. Bains and J. Pefanis. Sydney, Power Publications.

Irigaray, L. (1991) *The Irigaray Reader*, ed. M. Whitford. Oxford, Blackwell.

Krell, D. F. (1997) *Archeticture: Ecstasies of Space, Time, and the Human Body.* Albany, SUNY.

Lyotard, J.-F. (1990) *Duchamp's TRAMS/formers*, trans. I. McLeod. Venice, Lapis.

Malabou, C. (1996) 'Who's afraid of Hegelian wolves?' in *Deleuze: A Critical Reader*, ed. P. Patton. Oxford, Blackwell: 114-38.

Martin, J.-C. (1994) 'Cartography of the year 1000: variations on A Thousand Plateaus', in *Gilles Deleuze and the Theatre of Philosophy*, eds C. V. Boundas and D. Olkowski. London, Routledge: 265-88.

Martin, J.-C. (1996) 'The eye of the outside', in *Deleuze: A Critical Reader*, ed. P. Patton. Oxford, Blackwell: 18-28.

Massumi, B. (1996) 'Becoming-deleuzian', *Environment and Planning D: Society and Space* 14 (4): 395-406.

Nancy, J.-L. (1996) 'The Deleuzian fold of thought', in *Deleuze: A Critical Reader*, ed. P. Patton. Oxford, Blackwell: 107-113.

Tschumi, B. (1994) *Architecture and Disjunction.* London. MIT Press.

미셸 드 세르토의 저작에서 유물, 장소 그리고 쓰이지 않은 지리

1 세르토를 지리학에 위치 지우기

미셸 드 세르토(Michel de Certeau, 1925~1986)는 뒤늦게야 지리적 저술에서 작은 진언(mantra)이 되었다. 그의 이름은 세 가지 점에 권위를 더하기 위해 흔히 거론된다. 도시 이론에 관한 첫 번째 사항은 계획 그리고 고층에서 바라보기와 관련이 있다.

> 세계무역센터 110층에서 맨해튼을 보라. 바람이 휘저어놓은 안개 아래로, 바다 한가운데 어떤 바다 같은 도시의 섬에 마천루가 치솟아 있다. ……수직의 파동. 시야에 순간적으로 사로잡힌 진동. 거대한 덩어리가 눈앞에 버티고 있다. 이는 텍스트학(texturology)으로 전환된다. ……이런 우주를 독해하는 황홀경은 지식의 성애학(erotics)에 빠지도록 하지 않는가? 그 속에 있는 육욕적 즐거움을 취하면서, 나는 '전체를 보며', 아래를 내려다보며, 인간 텍스트의 가장 위대한 부분을 전체화하는 이런 즐거움의 근원을 곰곰이 생각했다.
> (1984: 91-92; 1985a, 1980a에 재수록)

위 문장은 세르토의 에세이 〈도시에서 걷기〉에서 인용한 것이며 계획가의 관점, 공간에 관한 파노라마적 서술과 사회 이론의 암묵적 자부심에 관한 일련의 비판과 연결된다. 많은 지리학자에게 이는 그의 저작과 접할 수 있는 유일한 지점이다. 이러한 그의 첫 번째 시도에서, 세르토는 일반 서민과 길거리 사회 이론의 투사가 되었다. 바로 이러한 모습으로 인해 그는 일부 사람들에게는 성층권적(stratospheric: 귀족적—옮긴이) 이론에 대한 반대자로서 사랑을 받았으며, 또 다른 사람들에게는 대중을 낭만화하는 미시적 이론의 사례로 지탄을 받았다.

두 번째 시도는 소비에 관한 이론가라는 점에서 이루어졌다. 세르토는 걷기에 관한 자신의 견해를 글 읽기에 관한 좀더 일반적인 은유로 확장했다. 위로부터의 텍스트학에 대한 그의 비평은 읽기에 관한 시학으로 통한다. 이는 '임시변통-하기(making do)' 활동에 관한 가장 찬사 받는 문장이다.[1] 여기서 그는 근대적 생활을 위한 은유로서 도시를 이용한다.

자신의 기능을 제한했던 전통적 공동체로부터 벗어난 그들은 즉각적으로 좀더 동질적이고 좀더 광활해진 공간 속에서 어디든 돌아다니기 시작했다. 소비자는 이주자로 전환한다. 그들이 이동하는 체계는 한 장소에 그들을 고정시키기에는 너무 광대하지만, 그들을 이 장소로부터 도망칠 수 있도록 해서 어딘가 출구로 나아가도록 하기에는 너무 제한적이다. 다른 어떤 곳은 더 이상 존재하지 않는다. 그리고 이런 점 때문에 전략적 모형은 또한 마치 그 자신의 성공으로 인해 패배한 것처럼 전환된다. 이는 개념 정의상 모든 다른 것으로부터 구분되는 어떤 '고유한 것(a proper)'에 관한 정의에 기초한 것이다. 그러나 이제 이 고유한 것이 전체가 되었다. 그것은 조금씩 그 자신을 전환시키는 능력을 소진할 것이고, 단지 공간만 구성할 것이다. ……비가시적이고 셀 수 없이 많은 전술(tactic)의 브라운 운동(Brownian movement:

액체 속에 있는 미립자의 급속한 진동—옮긴이) 무대. 따라서 누군가는 사회경제적 제약과 안전의 거대한 틀 속에서 요행적이고 비결정적인 조작의 확산을 가져온다. 거의 보이지 않는 수많은 운동은 점점 더 치밀해진 장소 구성을 이용해, 균형적이고 지속적이며 모든 사람을 위한 적합한 장소를 구성한다. 거대한 도시의 현재는 이미 이러한가, 또는 미래에 이러할 것인가?

(1984: 40-41)

여기엔 차후에 개발될 많은 것이 함의되어 있다. 이는 프랑크푸르트 학파가 묘사한 세계—대량 이용과 통제가 동시에 가능한 세계—에 처한 소비의 모습이다(1997b: 91-92, 107-110; Frow, 1991 참조). 세르토는 권력의 기술에 관한 우리의 연구가 흔히 우리를 효력에 관한 그들 자신의 진술을 믿도록 이끌었다고 말할 수 있는 여지를 열어놓고자 한다. 우리는 이용의 '야행적이고(nocturnal)' 숨겨진 영역을 놓쳐버린다(1997b: 138). 여기서 그는 우리가 흔히 읽기에 비해 쓰기, 소비에 비해 생산에 우월성을 둔다고 주장한다. 그의 특징은 보통 사람들의 인지되지 않고 숨겨진 활동에 관심을 갖는 것이다.

이러한 측면은 우리를 세르토의 마지막 일반적 영감, 즉 그가 전략과 전술의 영역이라는 점에서 분석한 권력 관계로 안내한다.■ 그는 전략을 공간의 규율화와 조직을 통한 권력의 부과로 이해한다. 전술은 세계의 성향(predisposition)을 택해 이를 바꾸는 '책략(ruses)', 즉 이러한 성향을 보통 사람들의 목적을 전환시키는 책략으로 이해한다. 뒤에서 논의하겠지만, 여기서 세르토의 관심은 실천과 사건에 관해 논의하는 것이다. 이러

■ 세르토는 전술(tactics)과 전략(strategy)의 개념을 구분한다. 전략은 권력 제도 및 기관과 관련이 있는 반면, 전술은 권력에 의해 '전략'적으로 통제되는 환경 안에서 통제와 예측이 힘든 '일상생활의 실천'이라는 개별적이고 지역적인 비선형적 운동을 의미한다—옮긴이.

한 영감은 모두 사람들의 공간적 실천에 주목하기 위해 어떤 프로그램을 시작하는 작업을 제안한다. 언어와 관련해 그는 지식의 영역 및 대중의 영역 모두에 관심을 가지며, 고정된 위상으로서 장소와 실천의 영역으로서 공간의 관련성에 흥미를 가지며, 지도의 고정성을 여정(旅程)의 실천과 대비시킨다.

2 지적 고통과 여정

위와 같은 영감은 출발점으로서는 기여를 하지만, 거듭해서 반복됨에 따라 16세기 신학에서부터 라틴아메리카의 민족지학, 문예 이론, 도시 생활에 대한 정신분석학에 이르는 저술의 폭과 풍부함을 완전히 포착하지는 못한다. 지리학은 그의 저작에서 단지 도시 생활에 관한 요인에만 지나칠 정도로 간절하게 집착한다. 이런 점에서 나는 여기서 그의 지적 여정, 또는 최소한 그가 지나간 흔적들을 묘사해보고자 한다.

  미셸 드 세르토는 1925년 샹베리(Chambéry)에서 태어났다. 1950년 예수회에 가입했고, 1956년 성직자로 임명되었으며, 1960년 소르본 대학에서 종교학 박사 학위를 받았다. 그는 근대 초기 종교사의 전문가가 되었으며, 신비주의에 관한 연구를 시작했다. 그리고 1968년의 사건을 겪으면서 진로를 바꾸었다(Certeau, 1997b). 그의 저서는 이질적인 이슈와 독자를 대상으로 현대 사회와 이론에 관한 문제와 이슈를 다루기 시작했다. 그리고 저서의 각주는 인류학자, 역사가, 작가 그리고 심지어 《환경과 계획 A(Environment and Planning A)》에 대한 참고문헌까지 엇갈리는 배열로 이루어져 있다. 여기에 그가 자크 라캉의 프로이트 학교(École Freudienne)가 창립될 때부터 폐교될 때까지 회원이었다는 것을 첨언할 수 있다. 그의

저술의 다양성은 그의 작업의 산물이자 비결이다. 제러미 에이헌(Jeremy Ahearne)이 서술한 것처럼

그의 사상에서 작동하는 비상한 지성은 …… 그의 지칠 줄 모르는 문헌적·문화적·대화적 '여정'의 산물이며, 이는 일생 동안 기독교 신비주의에 관한 벅찬 문헌에 몰입한 데서 '우러나오는' 또는 내밀하게 거리를 둔 결과 이루어진 형식과 결합되었다.

(1995: 2)

그는 1978~1984년에 캘리포니아에서 상근으로 일을 했고, 그 후 프랑스 사회과학고등연구원으로 돌아갔다. 1986년 1월에 사망한 그는 로제 샤르티에(Roger Chartier) 같은 역사학자, 마르크 오제(Marc Augé) 같은 인류학자의 찬사를 받았으며 〈리베라시옹(Liberation)〉에서는 줄리아 크리스테바(Julia Kristeva)의 칭송을 받았다. 그리고 많은 학술 대회의 주제가 되었으며 〈다이아크리틱스(Diacritics)〉 같은 잡지에서는 특집으로 다루기도 했다.

이렇게 생애의 여정을 묘사하는 목적은 이것이 그의 프로젝트 전체를 상징한다는 데 있다. 소요학파 같은 그의 지적 배회는 학문 옮겨 다니기를 통한 학문적 권위의 부정으로 이해해야 한다. 그는 장소화(placement)를 '고유한' 지식에 관한 것으로, 주제의 조화로운 집합으로, 담화 시점에서 제재받고 제한되는 것으로 이해했다(1997b: 123). 다음은 그가 어떻게 그의 지적 실천을 지식의 현재적 질서로부터의 탈출로 이해했는지를 암시한다.

기계와 함께 일하고, 그 파편들을 이용하며, 제도 덕분에 시간을 즐기면서, 우리는 예술과 연대(solidarity)를 표명하는 텍스트적 대상을 만들 수 있다.

상사와 동료가 기꺼이 이것에 대해 '멀어버린 눈을 뜨려' 하지 않을 때 궁지에 몰리게 된다고 할지라도, 우리는 자유로운 교환의 게임을 할 수 있다. 그리고 이러한 방법으로 우리는 과학적 공장에서 …… 창조의 요구와 '주어야 할 의무'를 점진적으로 파괴하는 법칙을 뒤엎을 수 있다. ……이윤이 없거나(이윤은 공장에서 이루어진 작업에 의해 생산된다) 또는 흔히 손실을 본다는 점을 인식하면서, 이들은 그에 관한 '예술가적 업적'을 새기고 그들의 영광에 대한 감사의 글씨를 파 넣기 위해 지식의 질서로부터 어떤 것을 취한다.

(1984: 28)

학문적 경계에 대한 반작용으로, 우리는 대신 다양한 공간적 실천과 공간을 통해 진정으로 사유하는 사상의 언어를 발견한다. 그래서 나는 세르토를 '사유와 존재의 동일시'(그리고 함의상 변증법)에 대해 회의적인 철학의 전통과 연계시킴에 있어, 아마도 고드지히(Godzich, 1986: vii)와 가까운 어떤 견해에서 그의 저작을 뒤쫓아 가고자 한다. 나는 세르토의 저작이 '존재'를 사유의 범주로 환원하지 않고 그것에 접근하거나 또는 우회하는 시도라고 주장하고자 한다.

이 장은 지식의 윤리, 아메리카에 대한 지식의 공간성, 지식의 실천 그리고—그가 도달했던 곳에서 끝내기 위해—도시에서의 일상적 실천에 관한 그의 저작들을 통해 이러한 가닥을 따라가고자 한다. 이런 과정에서 몇 가지 주의 사항을 언급할 필요가 있다. 첫째, 세르토는 이러한 이론적 서사가 선험적 사고를 내포하는 의사 표시의 총체화—"지식의 서구적 자본화"(1986: 146)—라는 위험을 안고 있음을 우리에게 상기시킨다. 대신 이러한 서사는 그가 불충분성의 누적(piling up of insufficiencies)—'꼭 그렇지는 않을 것'이라는 지속적 느낌, 이야기를 바깥으로 몰고 가는 제스처—이라고 부른 것 속에 함께 모인다. 둘째, 세르토의 저술은 바로 이러한 분산의 수행이다(Conley, 1992). 프랑수아 하토그(François Hartog)는 이를 다음과 같이 요약했다.

그는 이러한 이질적 공간을 발견했지만 측정하지 않았으며, 이 공간을 여행했지만 거주하지 않았다. 그는 어떤 식으로 이 이질적 공간의 고안자이자 역사가가 되었지만 영토 없는 역사가, 새로운 학문의 창립자라기보다 어떤 진행의 선동자였다.

(Giard, 1991: 219에서 인용)

몇 가지 주제로 그의 저작을 끌어 모으는 것은 그의 저작을 거의 곡해하는 것이다. 하토그가 주장한 것처럼 세르토는 "타자의 공간에 그의 저작을 새겨 넣고"서는 "군중의 루머 속으로 사라진다"(Giard, 1991: 219에서 인용). 또는 세르토가 서술한 것처럼

누군가가 '거기에' 함께 있음이라는 안전함에서 벗어날 때 …… 다른 종류의 여정으로 이루어진—좀더 비밀스럽고, 좀더 추상적이거나 또는 '지적'이라고 말할 수 있는—다른 시간이 시작된다. 이것들은 우리가 합리적이고 '학술적인' 경로를 통해 추적하도록 배운 사물의 흔적이다. 그러나 사실 이것들은 우연한 기회, 예기치 않은 만남, 일종의 갑작스러운 일에 대해 아는 것으로부터 분리될 수 없다.

(Terdiman, 1992: 2에서 인용)

세르토는 공간화한 용어들로 자신의 실천(그리고 타자의 실천)을 개념화했다. 이는 인식소적(epistemic) 실천에 대한 단순한 애착이 아니라 철저

함이다. 세르토의 젊은 시절 조언자였던 듀프롱(Dupront)이 지적한 것처럼 그의 《공간과 인본주의(Espace et Humanisme)》(1946)에서 시각(vision)을 통한 집착은 "근대적 지식의 정의를 제공하며, 이러한 근대적 지식의 진보는 공간 읽기 속에서 이루어진다. [근대적 지식은] 여행한 공간으로부터 읽힌 공간으로의 전환 …… 속에서 표현된다"(Giard, 1991: 215에서 인용). 내 목적은 세르토의 저작을 마치 어떤 평판 위에 있는 것처럼 가시적인 것처럼 만들기보다는 떠돌아다니도록 유지하는 것이다.

3 타자의 윤리

고드지히(Godzich, 1986)는 사유를 주체에서 괴리된 진리에 대한 반응으로 이해했던 에마뉘엘 레비나스의 저작과 연계를 주장한다. 레비나스(Levinas, 1989)는 지식의 지형을 동일성의 법칙(law of the Same) 아래 위치 지움으로써 알지 못하는 것을 내재화하고 식민화하고 지배하고자 했던 변증법을 비판했다. 이와 달리 뷰캐넌(Buchanan, 1997)은 실천에 관한 세르토의 사고를 들뢰즈의 초월적 경험주의에 관한 비재현적 논리와 연계시킨다. 양자는 세르토의 저작이 사고와 객체에 관한 헤겔적 변증법에 반대되게, 진리란 재현 가능한 것과 말할 수 없는 것 간의 관련성을 탐구한 통달자가 아니라는 사고—비결정성의 지대(zone of indeterminacy)▪—를 취한 것으로 이해한다. 세르토(Certeau, 1983)는 이것을 세계를 지배하고자 하는 철

▪ 세르토에 의하면 기술관료적 합리성에 대한 민중의 저항에서 중요한 점은 이러한 '비결정성의 가능성' 또는 그 지대이다. 이는 "한 세력이나 이성이 다른 세력이나 이성에 저항하는 것이 아니라 세력화와 합리화 자체를 회피하고 지배 체제에 의해 결정되거나 포획되지도 않으며 다른 이익과 욕망의 술수를 추적하는 것"을 의미한다(장세룡, 〈미셸 드 세르토의 일상과 민중문화〉, 《서양사론》 82, 2004년, 220쪽 참조)—옮긴이.

학이라기보다 세계 속으로 가라앉는 철학, 그리하여 비트겐슈타인처럼 지식이 일종의 일상적 언술 행위와 언어놀이가 되며 그 이상의 어떤 것이 아니게 되는 철학에 비유한다. 따라서 철학적 담론은 텍스트 속에서 끝나지 아니한 채 상처입고 버려진 어떤 (필수적이고 다행스러운) 성질을 갖는 외부성에 의해 종종 시달린다. 철학은 그 객체를 지배하지 못한다. 철학은 이것이 말하는 것에 의해 붙잡혀 있다(1983: 26). 이에 따라 예를 들어 시각은 타자 되기, 즉 객체들 간의 구부러지고 포개지는 관련성이 작동하는 욕망과 차별화의 일반적 영역에 개방적이게 된다.

타자와의 관련성은 따라서 그의 현실적 주제에서뿐만 아니라 그의 사유에서 중심적 관심이다. "세르토가 그와 같은 '타자의 과학'이 구성 가능하다고 생각했는지는 불확실하다. 오히려 이것은 그의 저작이 완전성 속에서 그 자신을 논의하고자 하는 이해 가능성의 지평을 구성했다"(Giard, 1991: 217). 루이스 마린(Louis Marin)은 이를 좀더 시적으로 표현했다. "타자는 항상 체셔 고양이(Cheshire cat:《이상한 나라의 앨리스》에서 시간과 공간의 초월자로 나타나는 이상한 캐릭터—옮긴이)의 퇴화 또는 소멸과 같은 것 …… 의사소통 상실의 필수적 지평을 …… 조건으로 한다"(Terdiman, 1992: 4에서 인용). 실천에 관한 사유의 필수적 일부로서 혼란과 불화의 자국, 이종학의 자국은 그의 저작에서 하나의 주제이다. 그는 사물을 이해 가능하도록 만들기 위해 잊혀야만 했던 것, 즉 "장소의 법칙에 의해 창출된 통어법 속의 착오"처럼 슬그머니 기어 들어오는 또 다른 사유 양식의 잔존자—"이것은 억압된 것의 복귀, 즉 새로운 실체가 사유하도록 하기 위해 어떤 한 계기 때문에 사유 불가능하게 되었던 것의 복귀를 상징화한다"(1988: 94)—를 탐구했다. 그는 "지식의 장소"를 동일성의 논리 아래에서 사물이 투명하고 이해 가능하며 가시적이게끔 되는 것—모든 것이 이론의 응시 이전에 펴져나가고, 서로 상대적인 입지에 의해서만 차별화되는 장소(1987; Castoriadis, 1987: 201)—으로 이해했다(1988: 333). 그는 과학이 "그 자신의 장소를 사회적 전술의 복잡한 지리로 대체함으로써 그리고 그 '인위적' 언어를 일상적 언어로 대체함으로써 우월성과 투명성의 논리를 채택하기 위한 이유를 허용했고 심지어 그 이유를 요구했다"(1984: 22)는 점을 경고하고, 안정적인 중심의 창출 없이 각 양상을 심문하기 위한 것처럼 서술했다. 따라서 우리는 반응적 사유가 결코 아니라 순회를 통해 구성된 사유—텍스트가 만들어내는 것으로 프로이트적 텍스트 읽기(Giard, 1991: 218)—를 하게 된다.

이런 관점에서, 세르토는 16~17세기 신비주의자들을 알 수 없는 것의 흔적을 나타내는 고대 그리스 도시의 경계에 있는 조각상에 비유했다(1992b: 2). 신비주의는 말할 수 없고 인지할 수 없는 절대적인 것과의 접촉을 위한 가시적 수행이었다(1992a: 14). 신비적 지식은 물리적으로 지배하는 장소에서 타자의 억압된 요소를 환영하는 사유의 한 방식을 제공한다(1992b: 47). 유사한 점을 히에로니무스 보스(Hieronymus Bosch)의 그림 〈이 땅의 환희에 찬 정원(The Garden of Earthly Delights)〉에서 찾아볼 수 있다. 여기서 "〈정원〉의 비밀은 이것이 어떤 말할 수 있는 비밀을 갖고 있다고 당신에게 믿도록 만드는 것이다"(1992b: 52). 보스의 그림은 가시적이지만 읽을 수 없는 이야기를 제시한다. 이는 해독해야 하는, 숨겨진 도해를 찾아내야 하는 우리의 필요를 이용한다. 요소의 장소 지우기는 이것들을 연계하는 논리에 관한 사색을 자극한다(Conley, 1992).

4 공간적 만남, 공간적 역사

재현 불가능한 것이 어떻게 상징체계를 망쳐놓는지에 대한 관심은 세르토의 라캉적 배경으로 보면 놀라운 것이 아니다. 그렇지만 이는 라캉을 심원하게 역사화하고 공간화한 견해이다. 나는 지리적 상상력을 고찰하기 전에 역사적 변형을 개관하고자 한다. 역사화는 어떤 저자가 중세에서 현대까지 이를 것으로 기대하는 연대기와 같은 것이 아니라 이중적 변형이다. 첫 번째 변형은 정신분석적 시간성과 연대기적 시간성의 차이를 접합하는 것이다. 역사기록학에서 시간은 연속이며, 그 속에서 과거는 절대적이고 결정적으로 독특하다. 이에 비해 프로이트적 상상에서, 로마의 공간 편성 각각은 손상되지 않은 채 남아서 다른 편성들과 상호 침투하는 것처럼 보인다(1992b: 65). 라캉에게 무의식적인 것이 언어처럼 구성된다면, 세르토에게 언어는 도시처럼 구성된다. 두 번째 변형은 구성적 간극을 남겨놓은 과거 시간을 재구성하기 위해 특정한 현재적 사물(고문서, 기념물)을 통한 현재 역사가의 활동에서 도출된다. 역사는 과거의 가공적 이야기와 현재적 실천에 바탕을 둔 권위의 주장 사이를 맴돈다(Poster, 1992).

　공간적 실천은 마찬가지로 재현과 차이의 경제에 제한을 받는다. 이는 매우 분명하게 두 차원에서 이루어진다. 첫째는 공간적으로 분리된 문화들 간의 만남에 실질적인 초점을 둠으로써, 둘째는 재현의 경제 자체가 공간적 용어를 통해 작동함으로써 이루어진다. 사실 대담하게 해석하면, 새로운 세계와의 만남은 단지 이러한 광의적 경제의 일부일 뿐이라고 주장할 것이다. 분명 이것을 지지하는 진술을 찾을 수는 있겠지만, 나는 그렇게 하는 것은 세르토의 작업 방식을 놓치는 것이라고 생각한다. 역사적으로 뿌리내린 사례는 실천의 진화에서 원형적(prototypical)인 것으로 선택된다. 세르토는 관념론자가 아니었다. 그에게 "객체의 세계는 그곳에 존재하며, 인간의 수정에 저항하는 극히 '실재적'인 것이다"(Conley, 1988: xvii). 그러나 많은 유물론과 달리, 객체는 경험적으로 자명한 것과는 아주 반대된다. 이들의 환원 불가능한 '물성(thinginess)'은 이들로 하여금 재현에 저항하도록 한다(1997b: 141). 이들은 결코 완전히 파악할 수 없으며, 끊임없이 더 해박할 것을 요구하는 한계 또는 간극처럼 보인다. 라캉의 생각에 동의하면, 실재적인 것은 자명한 것이 아니라 담론에서 문제성이 있는 것이다. 불변적 모형은 없다. 위기와 기회의 국면 선택은 변화하는 재현 체계를 조명하는 문제이며, 완전한 낯설음으로서 과거 세계를 현재에 살펴보는 실천이다. 각 실천은 해석 가능성의 현재적 체계와 그때/그곳에서 그것들을 유지했던 체계 간 긴장 속에 있다.

《역사 서술(Writing of History)》은 아메리카를 만난(1625년) 아메리고 베스푸치(Amerigo Vespucci)에 관한 우화적 에칭(etching)으로 시작한다. 여기에 공간적 병렬이 나타난다.

> 항해가인 아메리고 베스푸치가 바다에서 도착한다. 십자군처럼 꼿꼿이 선 채, 몸에는 갑옷을 걸쳤다. 그는 유럽적 의미로 무장을 하고 있다. 그 뒤에는 서유럽으로 가져갈 상자들, 파라다이스의 전리품이 있다. 그 앞에는 인디언 '아메리카인', 해먹에 기대고 있는 벌거벗은 여인, 이름 없는 차이의 출현. 이국적 동식물의 공간에서 잠을 깬 신체가 있다. 취임식 장면. 망연자실의 순간 이후, 길게 늘어선 나무의 점들로 경계 지어진 곳에서 정복자는 타자의 신체를 서술하고, 그곳에서 자기 역사의 흔적을 추적할 것이다.
>
> (1988: xvv)

이러한 접촉의 공간과 시간은 포괄적 모형으로 취해서는 안 된다.˙ 이 장면은 한 세기 후—오늘날 라피토(Lafitau, 1980b)의 저작에서—서구에서 연구에 관한 다른 표지 에칭과 관련한 그의 해석과 대비된다. 다시 한 번 '명상(muse)'은 여성적이며, 고대적 장소와 새로운 세계의 인공물이 저자 주변에 흩어져 있다. 여기서 파편화한 이미지는 폐허의 경관을 형성한다. 연구는 폐허가 무시간적인 민족지적 이론으로 분해되는 사유 실험실이다. 시간은 이론에서 사라지지만, 이러한 인공물 속에서 엿보인다. 접촉의 시간은 이론의 억압된 맥락을 구성한다. "폐허의 자리에 관한 텍스트를 생산하는 법칙이 부과된다. 이에 따라 타자의 잔해로 저술을 하는 것이 필수적일 것이다"(1980b: 50).

이러한 두 가지 우화적 장소 사이에는 긴장이 있다. 주인들과 함께 살아가는 시간은 글쓰기와 지적 수확의 시간 동안에는 망각 속으로 빠져들어가는 경향이 있다(Certeau, 1986: 25). 그렇지만 총체적 망각은 아니다. 어떠한 공간도 타자에 의해 봉인되지 않는다. 글쓰기 장소는 "이러한 서술을 권위화하는 접근 불가능한 외부적인 것/텍스트적인 것〔(t)exterior〕(텍스트의 바깥, hors-texte)에 의해 항상적으로 변경된다"(1986: 69). 타자 내에서 각각의 흔적은 간극을 만들어낸다. 서사를 요청하는 간극. 텍스트는 항해의 변경을 입증하고 언술을 권위화하는 일련의 놀라움과 간격(고전적으로 항해)을 창출한다. 사람들에 관한 비역사적 서술은 이러한 메타-담론적인 공간적 실천에 의해 틀을 형성한다. 예를 들어 "기억 이론(ars memoriae)" 같은 몽테뉴(Montaigne)의 텍스트는 모든 현상의 장소로 이루어진 안정적 장소학(topography)이 존재한다는 가정으로 사물들을 장소 지우고자 한다(1986: 70; Yates, 1968; Carruthers, 1990 참조). 그렇지만 이는 불

▪ 장세룡, 〈미셸 드 세르토의 역사서술론: '타자'에 관한 탐구로서 글쓰기〉, 《프랑스사 연구》 9, 2003년, 171쪽 참조. "여기서 여성은 '야만'의 지면을 나타내고, 환유적으로 '생산물'을 표상한다. ……이제 생산물로서 여성은 정복의 대상으로 자리매김되었다. 서구의 관음적 시선 앞에 선 원주민 여성의 벌거벗은 몸처럼, 장차 세계의 몸도 종교와 과학을 표방한 무장한 이단 심문관들 앞에 전라의 모습으로 소환받고, 그녀의 신체는 식민화된 글쓰기의 축적 대상이 될 것이었다. 여기서 우리는 근대사에서 서구의 타자가 겪는 정복과 진압의 고통에 대한 세르토의 윤리적 비탄과 절규를 느낀다. 그 우울함은 한편으로는 서구인의 독단적 윤리학에 맞서 원주민의 장소와 시간을 통해 고유한 정체성을 확보하도록 이끄는 동력으로 작용한다"—옮긴이.

확실한 업적이다. 왜냐하면 그 이야기는 세 가지 종류의 설명으로 구성되며, 이들 각각은 다른 것들에서 간극을 보여주기 때문이다. 상식적 반응은 추론을 결하고, 고대적 설명은 지식을 결하며, 현대적 설명은 너무나 자주 신뢰할 수 없었다. 이것은 그 중심에 부정성을 만들어낸다.

차이가 서구 사상의 공간을 부수어버리는 방식은 세르토에게 매우 중요하다. 이는 우리를 원시적인 것 대 문명화한 것과 같은 이원적 대립이나 안정적 반대를 넘어서도록 한다. 지형학은 이보다도 한결 복잡하다. 따라서 서구적 텍스트는 즐거움을 위한 장소를 형성하는 '저기에 있는(over there)' 공간과 대조되는 시간과 이성을 만들어내는 반면, 그 효과는 즐거움을 표현하기 불가능한 원시적인 것의 말할 수 없는 잔여물로 만드는 데 있다(1988: 227). 안일과 욕망의 형상은 즐거움의 흔적, 타자로부터 되찾은 이익을 남긴다. 이러한 실천은 말할 수 없고 위치 지울 수 없으며 우회적으로 쓰여진 핵심—주변-서술(circum-scription)—을 구성한다.

장 드 레리(Jean de Lery, 1578)의 저술은 문화를 공시적 그림으로 공간화하는 데 기여하면서(1988: 205), 일관성의 표출(appearance of coherence)을 만들어내는 형태의 지식을 제안했다(1997b: 150). 타자에 관한 묘사는 "국지화 또는 지리적 경로에 의해서가 아니라 …… 살아 있는 존재의 분류학에 의해"(1988: 226) 특징 지어진다. 그러나 공간적 분류학의 등장은 여행과 연구의 순환적 실행이 분리된 것처럼 보이는 문화를 얽어 짜는 방식과 상반된다. 이는 한정적이고 불연속적인 장소들의 등장을 만들어내지만, 이것들을 불안정한 집합점으로 변화시킨다(1997a: 91). 그러나 설명의 구조는 타자성(Alterity)과 동일성(Same) 그리고 또한 '저기에 있는'과 '여기에 있는'을 공간적 범주로 구분하도록 한다(그림 6.1). 이는 이론과 실천에서 이중적 위상을 형성한다. 왜냐하면 여기/저기와 동일성/타자성은 상이한 축을 구성하기 때문이다. 따라서 민족지학자가 그렇게 설정하는

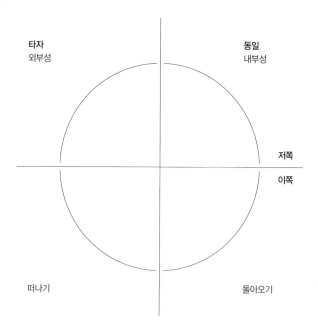

타자
외부성

동일
내부성

저쪽

이쪽

떠나기

돌아오기

그림 6.1 민족-기록(ethno-graphy)
출처: Certeau, 1988: 221.

것처럼 '여기에 있는'의 공간은 타자를 기대하는 반면, '저기에 있는' 공
간은 내향적 굴곡(introflection)과 창조된 내부성의 의미에 의해 표시된다.
서사는 '여기서 되돌아' 발생하며, 반면 '저기에 있는'은 정적 서술에 의
해 특징 지어진다. 상세한 항해 일지에 적혀 있는 여행의 실행은 객체의
공간과는 반대된다.

항해는 지식의 중심, 즉 장소에 타자를 고정시키는 누적의 장소를 창
출하는 순환으로 전환된다. 글쓰기는 공간을 침범하고 시간을 이용하는
기술을 형성하며(1988: 216), 타자의 이름을 빌려 언술에서 전제된 누적을
만들어내고, 그림 6.1에 나타난 원 주변의 운동을 저장 물자(stockpile)로
전환한다. 그렇지만 원은 결코 완전히 닫히지 않으며, 만남의 평균적 변
화에 전환이 발생해 시작점과 종점 사이의 간극이 존재한다. 이 간극, 즉

타자를 통해 창조된 공간은 이를 메우도록 하는 서사를 유도하지만, 이 것들은 단지 잃어버린 것을 재기술할 뿐이다. 뒤의 설명에서 이 과정을 다시 살펴보겠지만, 이에 따라 쥘 베른(Jules Verne)의 여행기《해저 2만리 (20,000 Leagues Under the Sea)》에서 해설자는 전설적 잠수함의 도서실에서 일한다. 그렇게 하면서 베른은 18세기 자료를 위한 도서실의 청소 담당 으로 고용된 조사자 마르셀을 치환된 형식으로 서술한다(1986: 140). 그 결과, 저술과 항해를 오가는 연속 속에서 마르셀과 베른은 다른 텍스트 들을 열심히 읽어 그들 자신 속에 이것들을 묻어둔다. 그 결과는 누적된 파편, 인용의 인용, 폐허의 폐허였으며, 그리하여

서사는 공간에서 앞선 글쓰기를 펼쳐주는 궤적의 증가를 드러내며, 또한 입지의 치환 아래 과거를 묻어버리는 서류의 증가를 드러낸다. 그러나 이 들 모두는 동일한 장소, 책 한 권 혹은 책들의 수집 속에서 발생한다. 이 책 들 각각은 그 특정한 지리 때문에 앞선 책과 다르다—달리 말해 다른 것 '옆에' 있다. 그렇지만 다른 것의 '위' 또는 '아래에' 그 자신을 장소 지움으 로써 똑같이 심원한 효과를 반복한다.

(1986: 143)

이같이 심원한 효과는 누적적 경제이다. 장소 이름의 인용과 대단한 해박함을 통해, 베른은 공간을 텍스트화하고 "공간적 역사"(Carter, 1987) 를 만들기 위해 노력한다. 서로 다른 시대는 텍스트에서의 시간과 공간 의 상이한 관련성과 이것들의 실행—텍스트성(textuality)과 지리의 이중적 양식(Giard, 1991: 213)—에 의해 표시된다. 이에 따라 중세 성인의 언행록, 성인의 삶은 신성한 것의 지리에 사건들이 발생하는 (시간이 아니라) 장소 를 제공한다. 왜냐하면 그들의 시간성은 달력과 축제의 순환의 시간성

이기 때문이다. 순회하는 독자는 성인의 이름이 붙은 장소로 안내받는다 (1988: 280-282). 반면 근대 초기 프랑스에서 지도학적 및 문예적 실천은 개인의 변화하는 모습을 그렸다. 문학은 자아와 주체의 새로운 사고를 위해 새로운 형태를 창조할 수 있는 지도 그리기에 호소했다. "미시-우주적 자아가 거시-우주적 세계의 거울이라고 보는 견해로부터, 독자와 주인공 양자 모두가 모든 인물이 수천의 타자 사이에 고립된 실체로 간주된다는 점을 깨닫는다는 견해로 전환한다"(Conley, 1996: 177). 이러한 후자의 단수화(singularisation)는 사례 사이의 여행에 관해 알 수 없고 파편화한 서술에 반(反)하는 자아의 묘사와 병행한다. 지구형상지(cosmography)의 전체적 도해는 섬들(islands)의 장소를 둘러싸고 조직된 지식으로 대체된다. 이런 국면이 지도와 여행 이야기가 분리되는 시발점이다(Conley, 1996: 193-197).

지도와 이야기 사이의 관련성은 이 분석에서 핵심 부분이다. 지도와 범례 목록은 지식을 등치점의 장으로 만든다(1987). 대조적으로 서사는 움직임에 관한 것이다. 서사의 갈라진 틈은 공-시간적 실천에서 아이디어부터 에피소드에 이르는 경로를 창출한다(Sieburth, 1987 참조). 이는 이야기의 역할이 사물의 자리매김에 관한 것이 아니라, 가장자리와 상호행위의 연극을 창출하는 것, 즉 장소의 주제별 개념 정의가 아니라 장소의 변형에 관한 것이다. 서사는 구조와 사건 사이의 관련성으로, 장소학과 타자성에 의한 이의 변경을 포함한다. 타자성은 시간성을 도입해 "모든 대본이나 이야기가 공간적 질서를 시간적 연속으로 점차 전환하도록 한다"(1986: 22-23).

서사적 전체를 관통하는 타자성은 욕망과 결핍에 관한 라캉적 사고의 수정된 작동—부재를 둘러싸고 구조화한 수행성—이며, 반면 공간화한 접근은 "언어를 사유하기 위한 공간의 일반 이론"(1986: 49)에 관한 라캉

의 세미나로 되돌아가도록 한다. 따라서 글쓰기란

타자 없이 기호의 숲, 부재의 상징 그리고 카발라[kaballah: 고대 유대 신비주
의에서 우주의 창조와 신과 인간에 관한 비밀을 간직한 비교(秘教) 체계―옮긴이]
가 서술하는 것처럼 다른 만남과 다른 공간을 만들어내는 문자를 묶어준
다. 이는 이해하기 시작했음을 나타내는 아이콘으로, 말하기 방식에 불과
했던 '천사'를 닮는 것이라고 지금도 여전히 말할 수 있을 것이다.

(Certeau in Terdiman, 1992: 2)

이러한 사고는 사이드(Said, 1978)가 묘사한 상상적 지리를 예견하는 것
처럼 보인다. 그러나 그들은 글쓰기와 지식을 재현적 체계로서가 아니라
공간적 실천으로 간주한다. 이는 세르(Serres, 1982, 1995) 같은 저자들에 의
해 최근 이루어진 작업에도 반영된다. 전위(displacement)의 사고 그리고
전유되는 것이 아니라 재편되는 속성으로서 소재를 통한 글쓰기는 이미
탈식민주의적 글쓰기에서 준비된 애호가를 만나게 된다(Dhareshwar, 1989:
153). 우리가 살펴볼 것처럼, 이런 점은 세르토로 하여금 재현적 지식에
주의를 기울이도록 만들었는데, 여기서 실천은 어떤 체계에서 그것의 외
부로 간주되는 관찰자로의 이행을 나타내도록 한다(Hetherington, 1998). 그
뿐만 아니라 이런 점은 세르토로 하여금 국지화하고 저항적인 공동체와
장소에 관한 사고를 피할 수 있도록 했다. 대신 그는 "국지적 공간을 국
가적 경계를 넘어선 세계와 연결하는" 생각으로 "공간을 사유하는" 방식
을 제안한다(1997a: 109).

5 지식의 실천과 장소

나는 여태까지 실천을 유동적 작업으로 이해하는 세르토의 사고에 관해 소개했다. 이 절은 그가 어떻게 과학을 공간적 실천으로 이해했는지를 밝히고자 한다. 최근의 많은 논자들처럼 그는 학문적 연구를 그들의 사회적 맥락에 다시 편입시키면서, 발음된 것과 함께 발음의 위치를 포함한다. 이는 언술이 신뢰할 수 있는 권위 메커니즘을 살펴볼 수 있는 매우 확실한 길을 열어준다(1985b). 이것을 좀더 상술하면, 실재 효과는 흔히 그 효과를 창출한 실천을 모호하게 하는 것에 불가피하게 의존하며, 이에 따라 "[재]표현은 그것이 생산된 조건에 관한 기억을 성공적으로 지울 수 있을 때에만, '실재적'이라고 말할 수 있도록 권위화된다"(1988: 208). 기록을 조직하고, 자료를 생산하고, 이를 편집하는 실천은 기록을 실천으로부터 분리시킴으로써, 이들을 재현적 지식의 대상으로 만든다. 이제 최고의 연구는 "유용한 공백"(1988: 72-78)을 만들어내는 것이다. 따라서 과학은 "실천을 '말하도록 만드는' 가설과 모형의 격자 내에서 실천이 이루어지기를 기대함으로써" 그 실천을 행하도록 한다. "많은 사냥꾼의 덫처럼 일련의 질문은 사물의 침묵을 해답으로, 즉 언어로 전환한다" (1980a: 22).

이런 점에서 그는 푸코가 세계를 위한 덫을 미리 너무 자주 설치해, 처음에는 놀라움과 타율성을 자극하지만 그 이후 세계는 놀라울 정도로 다시 질서를 잡게 된다고—실천에 "이론의 검은 태양(black sun of theory)"을 남기면서—주장했다. 한 사물이 제거되고 다른 모든 것을 드러내도록 역전시키는 명료화의 수사는 이론적 입장을 그 자체적으로 감시적인 (panoptical) 것으로 만든다(1984: 44-48; 1986: 187-191). 구조의 선택은 사상의 남겨진 체계의 '산재한 다신 숭배'가 아니라 여전히 규칙성—즉 다른 실천의 연속된 수행이 아니라 인식소(episteme)의 지배적 모형—에 초점을 둔다. 이론의 도구가 어떻게 작동하는지에 관한 인식은 모든 문화적 연구에 관한 그의 이해를 특징짓는다.

> 문화적 집괴의 기능을 묘사하기, 그 법칙을 가시화하기, 그것의 침묵을 듣기, 단순한 반영 이상의 것으로 경관을 구조하기. 그러나 이러한 도구가 중립적이라고 생각하거나, 그것의 응시가 비활성적이라고 생각하거나, 아무 것도 포기하지 않는다고 생각하거나, 모든 것을 파악해야 하며 동일한 해석적 곡해가 창조적이거나 또는 파괴적일 수 있다고 생각하는 것은 잘못일 것이다.
>
> (1986: 135)

그렇다고 우리는 이론의 책략을 인식함에 있어, 이러한 책략이 투명하다는 생각으로부터 이것이 외부 세계를 완전히 제거하도록 한다는 생각으로 옮겨가서는 안 된다. 세르토는 실천과 이론을 관련짓지만, 비트겐슈타인처럼 "우리는 내부에서는 이방인이지만, 그렇다고 외부가 있는 것은 아니다"(1984: 13-14)는 점을 인정한다.

실천은 흔히 비활성적 내용 또는 텅 빈 구조인 것처럼 다루어진다(Brammer, 1992). 이는 이론이 시체와 의사소통하는 "죽음의 아름다움"만 드러낼 뿐이다(1986: 20-21). 세르토는 이러한 입장을 지식의 "마땅한 장소(locis proprii)" 또는 "고유성(propres)"의 창조와 연결시킨다. 이들은 국지화 가능한 대상을 표현할 수 있는 시각을 허용하는 장소이다. "우리 사회는 시각의 암적(cancerous) 성장으로 특징지을 수 있으며, 모든 것을 보여주거나 또는 보여질 수 있는 능력으로 측정하고, 의사소통을 가시적 여행으로 변형시킨다. 이는 일종의 눈의 서사시(epic of the eye)이고 읽기를 촉진하는 것이다"(1984: xxi). 고유성은 역사의 불확실성을 독해 가능한 공간으로 전환함으로써 객체를 창출한다(1984: 36). 고유성은 "자율적 장소의 정초(定礎)를 통한 시간의 지배"이다. 장소는 시간에 적대적이다. 이는 시간을 창조하는 실천에서 자율적인 것, 따라서 비시간적인 것처럼 보인다. 만약 우리가 도시에 관한 개방적 분석으로 되돌아갈 경우, 재현적 예술과 과학은 모든 독해를 자료의 일차 평면(1984: 94)과 "증거의 제국" (1984: 204)으로 중첩시키는 "무시간적인(no-when)" 공시적 체계를 통해 "불투명한 이동성을 투명한 텍스트 속에 고정시킨다". 과학은 이런 의미에서 재현적 지식의 창조이다.

세르토는 문화가 민속적 특이성으로 격하되는 것과 병행해 발생하는 경제적인 것의 테크놀로지화 경향에 대해 관심을 가졌지만(1997b: 134), 특히 그는 '개념 도시(concept city: 세르토에 의하면, 근대 국민 국가를 견본으로 발전론적 기능주의 행정으로 조직된 도시를 의미한다—옮긴이)'에 관한 고유한 전망이 쇠퇴하고 있다고 지적한다. 그는 위대한 전망의 쇠퇴에 대한 우려를 거부했으며, "지식의 성직자들은 항상 전체 우주가 그들의 이데올로기와 위상에 영향을 미치는 바로 그 변화에 의해 위협받는다고 가정해왔다. 그들은 그들 이론의 불운을 불운의 이론으로 변형시킨다"(1984: 95)고 주장한다. 그는 이러한 이론적 가공으로는 실천을 이해하기 불가능하다는 것을 "부재의 무덤 속에서의 애도의 코미디"(1984: 157)—통과 행위도 없이 지나가는 것과 관련한 경로의 시간지리학처럼—에 비유한다. 그가 설정한 의제는 실천의 복수성—일련의 단수성이라기보다 단수성의 수많은 집합으로 구성된—을 강조한다. 이는 이론에 의해 작동하는 원자료를 구성하는 비헤게모니적 체계의 파멸이다. 실천에 관한 산재한 지식은 이론의 응시를 회피한다. 그는 도시란 하나의 의미만을 갖지 않는다는 점에서, 단일한 이론적 설명의 동질성을 대체하고자 했다(1997b:

116). 과학은 궁극적으로 이러한 신데렐라 모두를 공주로 만들지 않는다 (또는 만들지 못한다)(1984: 67). 왜냐하면 과학은 이들을 필수적으로 실천이 아니라 재현으로 환원할 것이기 때문이다. 대신 그는 공간을 차별화하는 여행을 통한 지식의 양식을 제안했다. 왜냐하면 장소에 관한 이야기는 세계의 파편들로 구성된 임시 변통물이기 때문이다(1984: 107). 실천은 그 자신의 장소를 갖지 않으며, 타자의 영역 속에서 움직인다(1986: 202). 이에 따라 우리는 한편으로는 세르토가 사물을 자리매김함으로써 그 사물을 명료하게 만들기를 원하는 지식 그리고 다른 한편으로는 장소 사이의 절대적 차이와 관련성을 갖는 이러한 장소를 이동하는 불명료한 실천 사이의 긴장을 보게 된다. 이들은 들뢰즈와 가타리(Deleuze and Guattari, 1987)가 지칭한 "국가적 과학(Royal Science)"과 같이 지식에 관한 단일한 견해로 고정된 위상이다. 이는 대중을—그 자신의 긍정성 없이—단지 배제에 의해 특징 지어진 존재로 내버려두는 것이라고 주장할 수 있다. 대중은 생명을 이해할 수 없고 단지 살아 있는 문화로부터 분리된 죽은 객체만을 이해할 수 있는 이론의 렌즈를 통해 가시화될 뿐이다(1986; 1997b: 41, Frow, 1991; Morris, 1988; Schirato, 1993).

6 실천과 전술

세르토는 대중을 고유한 지식에서 배제함으로써 규정된 잔여자로 이해하려는 분위기에 위험스럽게—이렇게 하는 것이 매우 위험해 지식의 권위화한 실천보다 더 위험하다고 할지라도—다가갔다(1997b: 134).▪ 그의 저작에서 철학적 동기와 사회학적 동기를 분리함으로써 이러한 비난을 옹호하고자 하는 시도가 있지만(Buchanan, 1997), 원칙적으로 나는 우리가 그의 저작이 단순한 경험적 진술이 아니라 정치적 권유라고 응답할 수 있다고 생각한다(Kinser, 1992). 그의 모형은 모든 시간에 적용할 수 있는 모형이 아니라 과학을 어떻게 세계에 응용하는가에 관한 것으로, 이러한 관심은 베버(Max Weber), 프랑크푸르트학파, 인간주의적 지리학의 메아리를 담고 있다고 하겠다. 세르토는 도구적 지식 체계가 모든 시간으로 확장될 수 있음을 우려한다. 그의 관심은 수단이 되지 않고 행함과 앎의 의미를 회복하는 것이다(1997b: 118). '사회의 합리화' 향상시키기에 대한 그의 해답은 계속되는 위대한 질서는 산재된 실천의 바다 같은 무한성에 맞서도록 설정할 때 거대하지만 또한 이상하게도 미세하다는 것이다— 도시는 "질서-거르기(order-sieve)"(1984: 143)이다. 권력의 응시는 객체를 꼼짝 못하게 하지만, 또한 그 범주에 맞지 않는 사물의 거대한 편재에 대해서는 보지 못한다(1997b: 138). 우리는 그의 저술에 도시성에 관한 서구적 양식에 대한 거의 향수적인 느낌이 있다는 것을 지적할 수 있다(Kinser, 1992. 그러나 Certeau, 1997a: 92-92 참조).[2] 마찬가지로 거대한 힘, 전체화에 관한 초점은 매개적 차원이 없는 단일적인 것으로 이해할 수 있는 권력관, 즉 권력이란 중심 근원으로부터의 일방적 흐름이라는 사고를 의미한다(Frow, 1991: 57-58). 피스크(Fiske, 1989) 같은 저자들은 낭만화한 대중문화를 주장하기 위해 이런 것을 택했지만, 뷰캐넌(Buchanan, 1997)이 주장하듯 이것이 불확실한 실천(전술)에 관한 세르토의 관심을 저항적인 사람들과 실체(대중)로 전환함으로써 그의 사고를 존재론화한다는 점은 사실이다.

■ 이와 관련해, 세르토는 민중문화와 대중문화를 구분했다는 점을 지적할 수 있다. 즉 그에 의하면 양자는 많은 측면에서 중복되지만, 대중문화가 유행을 조장하고 개인과 집단 사이의 획일적 표준화를 추구한다면 민중문화는 도리어 주체와 타자, 타자와 타자 사이의 차이화에 대한 각성을 지속적으로 요구하는 점이 다르다. 대중문화가 지배 문화의 가시적 통제 관리에 종속되는 경향이 있다면, 민중문화는 지배 문화에 일종의 비가시적 구성과 파괴 활동으로 작용하는 차이가 있다—옮긴이.

그는 단순히 사람들을 찬양하지 않으며, 또한 그들의 행동 모두를 찬양하는 것도 아니다. 《일상생활의 실천》에서 암시적인 장(章)들은 역사적 특수성을 결하며, 사실 베닛(Bennett, 1988: 174)이 주장하듯 이들은 신화화한 총칭적 대중 밑에서 모든 '저항'을 다소 위험스럽게 동질화—모리스가 서술한 것처럼 "공동적 타자성에 관한 통합적 신화"(Bennett, 1998: 174에서 인용)—하는 경향이 있다.

세르토는 전술을 마치 아무런 문제없이 안정시킬 수 있는 것처럼 보인다. 우리는 전술적 위반이 어떤 것을 변화시킬 수 있는가에 대해 질문할 수 있다(Frow, 1991). 이에 대한 그의 대답에 의하면, 아마 이러한 위반은 사물이란 그것이 보이는 것, 즉 변화 가능한 미래와 같은 것이 아니라, 현재 존재하는 것에 대한 우리의 사고임을 의미한다는 것이다. 나는 권력의 시각이 제도로 직접 전환되는 것을 의미하지는 않는다고 주장하고자 한다. 권력의 시각은 통제하기와 분류하기로서 아버지 이름의 법칙(the Law of the Name of the Father)에 관한 라캉적 사고와 관련이 있다. 결핍이나 부재의 사고, 시각과 비장소(non-place)의 역할은 언어에 관한 정신분석적 사고를 위한 공간적이고 도시적인 은유를 제공한다. 언어는 도시가 된다. 그러나 경관이 단순히 텍스트가 되는 것은 아니다. 세르토는 텍스트학과 도시 읽기를 권력의 전략과 공범적인 것으로 이해했다. 오히려 도시는 이야기의 무대가 된다. 여기서 서사는 타자성의 흡수가 아니라 출현을 제시한다. 서사화의 이론은 실천과 분리할 수 없으며, 여기서 서사화는 기억으로부터의 갑작스러운 기회주의적 연계 속에서 멋진 타격의 방식으로 전개되며, 과거와 인용 방식에 의해 우회한다(1984: 78-79; 1986: 192). "서사가 이루어지는 구술적 잔재물들(잊힌 이야기의 파편과 불투명한 제스처)은 그들의 관련성을 도외시하고 따라서 싱징적 전체를 구성하는 콜라주 속에서 병렬된다. 이들은 공백에 의해 접합된다"(1984: 143). 이야기는 움직임에 관한 것이 아니라 움직임을 만들어내는 것이며, 객체가 아니라 효과이다. 이야기는 그것이 하고 있다고 그것이 말하는 것을 전환시키고, 행한다. 달리 말해, 실천에 관한 그의 관심은 생산물이 없는 과정에 관한 것이며, 여기서 행동에 관한 열린 의사소통이 이루어진다(1997a: 56). 이는 바로 실천에 함의된 논리로서 그리스어 메티스(metis: '지혜로운 사고'를 의미함. 세르토는 약자가 권력 체계에서 빈틈과 맹점을 이용해 강자를 극복하는 지혜로운 사고라는 점에서 이 용어를 끌어냈다—옮긴이)이다(1984). 이러한 이야기는 그것 자신을 창조함 없이 질서로부터 이득을 얻는 기억을 작동시킨다. 이것은 기회를 이용할 뿐이고, 이것을 창조하지는 않는다. 이것은 비가시적 지리를 합리적인 것의 질서화한 영역과 접하도록 한다.

전략적 권력은 타당한 지식을 구축하기 위해 공간을 통제하고 조직하는 것을 통해 작동한다. 대조적으로, 전술—독서하기 또는 요리하기 같은 행하기의 예술—은 다중적 치환(permutation) 속에서 존재하는 것을 이용한다.■ 세르토의 용어에 의하면, 이들은 공간을 차지하지 않고 지나간다. 버밍햄학파(Birmingham school)의 정형화와 달리, 세르토는 헤게모니적 권력에 의해 포위된 저항적 공간으로서 하위문화의 은유적 이미지를 제시하지 않는다(Bennett, 1998: 176). 대신 이들은 시간에 관한 내기이며, 권력의 균형(저항에 대한 지배, 지배적 글로벌 문화에 대한 국지적 문화 등)에 기초한 것이 아니라 권력의 부재에 기초한 적응 과정과 같다. 전술은 약자의 무기이다. 도시에 관한 이런 종류의 실천적 지식은 공간을 전환하고, 가

■ 세르토에 의하면, 권력의 범주는 시공간의 범주와 연관시켜 이해할 수 있다. 즉 전략은 권력의 소재지인 장소, 전술은 그것을 해체하는 공간으로 특징지을 수 있다. "전략은 공간에서 소외된 강자가 역사적 시간을 지배하는 장소의 승리를 추구하는 것이고, 이는 역사에 대한 시각적 감시와 예측 가능성의 지점을 구축함으로써 성립된다. 이에 반해 전술은 역사적 시간의 사용에서 소외되고, 고유한 장소가 부재한 가운데 활동을 결정하는 계산된 행위이고, 약자가 수행하는 기술이고, 술수이며 책략이다"(장세룡, 〈미셀 드 세르토의 일상과 민중문화〉, 《서양사론》 82, 2004년, 217쪽에서 인용)—옮긴이.

로지르며, 새로운 연계─은유(metaphor)라기보다 환유(metonymy)─를 창조하고, 주시하기(look)와 흘낏보기(glance)에 관한 유동적 지리를 구성한다. 결정적인 샘의 원천은 기억이다. 이는 반박물관(anti-museum)을 구성하며, 여기서 사건을 목록화하거나 자리매김하지 않으며, 파편을 취해 현재로 몰아간다. 시간은 기억의 갑작스러운 전개를 통해 공간에 타자성을 도입한다. 이것이 "이 용어의 고대적 의미로서 '기억'이다. 이는 현재를 시간의 복수성으로 지정하며, 이에 따라 과거에 한정되지 않는다" (1984: 82, 주 7). 타자성은 이러한 기억이 사건을 담을 뿐만 아니라 이들이 도출된 상이한 개념적 체계의 잔여물도 운반한다. 이들은 기계 속에 있는 유령이다. 이들은 즉각적인 것과 수천 년 된 것, 새로운 것과 영구적인 것을 서로 접하도록 한다(1997b: 137). 따라서 걷기는 '비-위치(non-site)', 즉 유령의 지리를 창조하는 것이다.

이제 모형은 문법이 아니라 읽기, 이야기하기, 말하기이다. '보행자의 언설'은 제유(提喩, synecdoche: 일부로써 전체를, 특수로써 일반을 나타내는 표현법, 또는 그 반대를 뜻하기도 함─옮긴이)와 접속사 생략(asyndeton) 같은 환유적 속임수를 통해 도시를 말함으로써, 도시 공간은 팽창하고 축소된다. 한 장소에 관한 사유가 다른 장소에서 이루어지는 방식을 통해, 도시 말하기는 거친 시간적·공간적 도약─갑작스러운 연계와 이행─을 이룰 수 있다. 세르토는 우리가 우리의 공간에서 어떤 장소에 있든 이 장소는 어떤 곳으로부터 그리고 어떤 다른 곳─연속선상의 점들이 아니라 각 지점에 산재해 있는 점들로서─을 지향한다는 점을 제안하기 위해 궤적이라는 용어를 사용했다(1997b: 145). 궤적은 공간을 통한 시간적 이동, 즉 이것이 지나가는 점들의 통시적 연속의 통일체를 의미한다. 이런 의미에서, 공간은 실천된 장소라는 부가절(tag-line)이 뒤따른다. 공간적 전환은 기억을 통해 매개된다.

도시에 관한 행위-중심적 설명의 애호가라고 할 수 있는 사람들에 의하면, 이것은 주체와 행위에 대한 독특한 견해를 남겨준다. 첫째, 주체는 권력에 관한 단일 견해, 즉 근대성에 관한 사회심리학적 견해와는 반대로 구성된 행위자이다. 세르토는 총체성이 실질적 경향과 프로젝트로서 존재한다고 믿었지만, 이들이 전체적으로 결코 성공적이라고 생각하지는 않았다(1997b: 136). 그의 견해는 구조로 가득 차 있다. 이는 결코 자유로운 행위가 아니다. 그러나 둘째, 그의 주제는 정신분석학으로부터 정보를 받는다. 타자성의 역할과 이종학이라는 사고는 타자와의 만남에서 일상생활과의 만남으로 이행했다. 행동하기 위해 기억을 불러오는 주체는 "이질적 계기의 층화로 구축"되며, 이러한 시간의 형태는 "장소에 의해 고정된 정체성의 불가능성"을 초래한다(1986: 218). 특정한 장소와 경로의 역할에 관한 바로 이러한 그의 주장은 사람들의 기억과 상상을 규정하는 공간적 격자에 독자적인 발견적 가치, 즉 한편으로는 사회 체계의 추상화를 넘어서고 다른 한편으로는 개인적 행태를 추적하는 경험주의를 넘어서는, 그 자체적으로 당연한 주제로서 가치를 부여한다(Kinser, 1992). 포스터(Poster, 1992: 102)는 이것은 자유주의적 이론의 통합을 재창출하지 못할 뿐만 아니라 행위의 가능성을 감추지도 못한 주체에 관한 어떤 견해를 제시한 것이라고 논평한다. 도시에 관한 그의 저작은 대신 다음과 같이 제시한다.

이질적 장소 쌓아올리기. 책의 낡은 페이지처럼 각각은 상이한 영토 통일 양식, 상이한 사회경제적 분배 양식, 상이한 정치적 갈등 양식 그리고 상이한 상징체계 확인 양식과 관련이 있다. ……현존하지는 않지만 파괴된 총체성과 여전히 연계되어 있는 부분들로 구성된 전체…….

(1984: 201)

이 점은 주체성에 관해 마찬가지로 열려 있는 견해와 조응하며, 여기서 "기억할 수 있는 것은 우리가 그 터에 관해 꿈꿀 수 있는 것이다. 어떠한 양피지적(palimpsestic: 반복적으로 지우고 다시 쓸 수 있는—옮긴이) 터에서도, 주체성은 존재와 마찬가지로 이를 구성하는 부재와 이미 접합된다"(1984: 144).

7 돌아온 글자

미셸 드 세르토는 복잡하고 매력적인 사상가였다. 그의 저작은 의미의 증식을 주시하지만, 자신의 공간화한 언어를 통해 그는 너무 쉽게 잃어버릴 수 있는 권력의 맥락을 장악할 수 있었다. 권력 이용의 양식성(modality)에 초점을 둠으로써 그는 역사 연구(Chartier, 1987) 및 문화 연구(Frow, 1991; Poster, 1992) 그리고 지리학과 조화를 이루고, 이에 기여하며, 이로부터 재사유할 수 있는 행위의 의미를 제시했다. 행위자는 지식의 아포리아(aporia: 막다른 길 또는 해결하기 어려운 문제—옮긴이) 또는 한계, 즉 언어에서 상징화되지 않은 비담론적 핵심과 연계된다. 실천의 지식은 "따라서 행위의 장소에 있는 표식, 수행의 장소에 남은 유적이다. 이는 이것들의 잔여물, 삭제의 표시에 불과하다"(1984: 35). 그는 타자성이 복수화의 요인이 되는 실천 이론, 진정성의 사고로부터 벗어나는 실천 이론을 제시하기 시작했다(Buchanan, 1997: 175). 서사의 역할, 이 과정의 공간성에 관한 그의 강조, 그의 공간적 이야기는 고귀한 공헌으로 남아 있다. 이는 분명 우리로 하여금 그의 저작을 행위에 관한 설명 또는 도시에 관한 전술적 이용으로 환원하는 것 이상으로 나아가게끔 한다. 그의 저작을 읽으면서, 나는 미셸 푸코를 서술한 방식에서 그가 얼마나 훌륭한 글쓰기를 하고 있는가를 번번이 깨달았다. 그의 글쓰기는 정말 너무도 훌륭해 독자들이 자신을 설득한 것이 무엇이었는가를 회상해보도록 할 정도이다. 그의 학문적 실천 및 자료 수집과 관련해 "기록 보관인으로 가장한 춤꾼"(1984: 80)이었다는 논평 역시 세르토에 관해 많은 것을 시사하는 것처럼 보인다.

주

1. 프랑스어로 이 책의 부제는 'L'art de faire'이다.
2. 정보에 관한 사고를 국지적인 것과 특수한 것의 저항적 불투명에 대해 유해한 투명성을 함의하는 것으로 비판하는 한편, 그는 그럼에도 불구하고 "사회적 환희의 모든 매력으로 치장하고 기술의 어두운 먹구름에 의해 위협받는 환상적 유토피아에 관한 향수"(1997a: 92)를 공격했다.

참고문헌

Ahearne, J. (1995) *Michel de Certeau: Interpretation and Its Other*. Cambridge, Polity Press.

Bennett, T. (1998) *Culture: a Reformer's Science*. London, Sage.

Brammer, M. (1992) Thinking Practice: Michel de Certeau and the Theorization of Mysticism. *Diacritics* 22 (2): 26-37.

Buchanan, I. (1997) de Certeau and Cultural Studies. *New Formations* 31 Summer: 175-88.

Carruthers, M. (1990) *The Book of Memory: A Study of Memory in Mediaeval Cultures*. Cambridge, Cambridge University Press.

Carter, P. (1987) *The Road to Botany Bay: An Essay in Spatial History*. London, Faber & Faber.

Castoriadis, C. (1987) *The Imaginary Institution of Society*. Cambridge, Polity Press.

Certeau, M. De (1980a) On the Oppositional Practices of Everyday Life. *Social Text* 1 (3): 3-43.

Certeau, M. De (1980b) Writing vs. Time: History and Anthropology in the Works of Lafitau. *Yale French Studies* 59: 37-64.

Certeau, M. De (1983) The Madness of Vision. *Enclitic* 7 (1): 24-31.

Certeau, M. De (1984) *The Practice of Everyday Life*, trans. S. Rendall. Berkeley, California University Press.

Certeau, M. De (1985a) The Practices of Space in Blonsky, M. (ed.) *On Signs*. Oxford, Blackwell: 122-45.

Certeau, M. De (1985b) The Jabbering of Social Life in Blonsky, M. (ed.) *On Signs*. Oxford, Blackwell: 146-54.

Certeau, M. De (1986) *Heterologies: Discourse on the Other*, trans. B. Massumi. Manchester, Manchester University Press.

Certeau, M. De (1987) The Gaze: Nicholas of Cusa. (trans. C. Porter) *Diacritics* 17 (3): 2-38.

Certeau, M. De (1988) *The Writing of History*, trans. T. Conley. New York, Columbia University Press.

Certeau, M. De (1992a) Mysticism. (trans. M. Brammer) *Diacritics* 22 (2): 11-25.

Certeau, M. De (1992b) *The Mystic Fable (Vol 1): The Sixteenth and Seventeenth Centuries*, trans. M. Smith. Chicago, University of Chicago Press.

Certeau, M. De (1997a) *The Capture of Speech and Other Political Writings*, trans. T. Conley. Minneapolis, University of Minnesota Press.

Certeau, M. De (1997b) *Culture in the Plural*. trans. T. Conley. Minneapolis, University of Minnesota Press.

Chartier, R. (1987) *The Cultural Uses of Print in Early Modern France*. NJ, Princeton University Press.

Conley, T. (1988) Translator's introduction to *The Writing of History*, M. De Certeau. New York, Columbia University Press.

Conley, T. (1992) Michel de Certeau and the Textual Icon. *Diacritics* 22 (2): 38-49.

Conley, T. (1996) *The Self-Made Map: Cartographic Writing in Early Modern France*. Minneapolis, University of Minnesota Press.

Deleuze, G. and Guattari, F. (1987) *A Thousand Plateaux*. Minneapolis, University of

Minnesota Press.

Dhareshwar, V. (1989) Toward a Narrative Epistemology of the Postcolonial Predicament. *Inscriptions* 5 *(Traveling Theories, Traveling Theorists)*: 135-58.

Fiske, J. (1989) *Reading the Popular.* London, Unwin Hyman.

Frow, J. (1991) Michel de Certeau and the Practice of Representation. *Cultural Studies* 5 (1): 52-60.

Giard, L. (1991) Michel de Certeau's Heterology and the New World. *Representations* 33: 212-221.

Godzich, W. (1986) The Further Possibilities of Knowledge, Foreword to Certeau, M. De *Heterologies: Discourse on the Other.* Manchester, Manchester University Press.

Hetherington, K. (1998) *Expressions of Identity: Space, Performance and Politics.* London, Sage.

Kinser, S. (1992) Everyday Ordinary. *Diacritics* 22 (2): 70-82.

Levinas, E. (1989) *The Levinas Reader.* Oxford, Blackwell.

Morris, M. (1988) Banality in Cultural Studies. *Discourse* 10 (2): 3-29.

Poster, M. (1992) The Question of Agency: Michel de Certeau and the History of Consumerism. *Diacritics* 22 (2): 94-107.

Said, E. (1978) *Orientalism.* London, Routledge and Kegan Paul.

Schirato (1993) My Space or Yours?: de Certeau, Frow and the Meanings of Popular Culture. *Cultural Studies* 7 (2): 282-291.

Serres, M. (1982) *Hermes: Literature, Science, Philosophy.* Baltimore, Johns Hopkins University Press.

Serres, M. with Latour, B. (1995) *Conversations on Science, Culture and Time.* Ann Arbor, University of Michigan Press.

Sieburth, R. (1987) Sentimental Travelling: On the Road (and Off the Wall) with Lawrence Sterne. *Scripsi* 4 (3): 196-211.

Terdiman, R. (1992) The Response of the Other. *Diacritics* 22 (2): 2-10.

Yates, F. (1968) *The Art of Memory.* London, Pimlico.

엘렌 식수

지리학자가 방문한 모든 땅 가운데 아마 학계(Academia)만큼 낯선 곳은 없을 것이다. 세계의 학자들은 서로를 인정하고, 비록 동일한 표면적 언어(프랑스어, 폴란드어, 힌두어) 또는 동일한 중간 언어(물리학, 역사학, 문예 비평)를 말하지는 않지만, 이들은 보통 동일한 깊이에서 학술적 언어로 사유하고 느끼고 의사소통한다. 학계에 거주하는 모든 사람은 귀화한 시민이다. 누구도 그곳에서 태어나지 않았고, 모두는 어떤 다른 곳으로부터 온 난민으로서 대부분의 난민처럼 자신의 새로운 집에 대해 사랑과 혐오를 동시에 가진다. 이 집에서 그들은 안정을 느끼기도 하지만 낯설음이 갑작스럽게 엄습하기도 한다.

엘렌 식수(Hélèn Cixous, 1937~)는 1950년대 후반 이후 학계의 거주자이자 이방인이었다. 만약 자신이 원했다면, 그녀는 관례적인 학문 경력을 가질 수 있었을 것이다. 다언어를 구사하고, 해박하고, 집안이 좋은 식수는 문예 연구나 비판 이론에서 탁월한 인물이 될 수 있었을 테지만, 임시 거주 신분을 강조하는 생활을 계획했다. 그러나 그녀는 분명 학계의 열외자는 아니었다. 식수는 1962년(25세 때) 보르도(Bordeaux) 대학교에서 첫 교수 임명을 받았으며, 1968년 푸코·들뢰즈·세르와 함께 뱅센(Vincennes)에 있는 새로운 대학교를 창립했고, 지금도 이 대학의 문학 교수로 있다. 그럼에도 불구하고 엘렌 식수가 엘렌 식수 이상의 어떤 인물인지 말하기란 어렵다. 식수는 정치 논문·에세이·소설·희곡·문예 비평을 썼지만, 관례와 학계의 방식을 이용해 그런 작업을 하지는 않았다. 식수는 언어를 분열점(breaking point)까지 확장시키기를 바랐지만, 이는 장르의 형식적 관례 안에서는 이루어질 수 없었다. 식수의 소설은 '플롯'이 없으며, 학술적 저술은 거의 인용되지 않았고, 관례적 구조를 무시했다. 식수에 관한 논평(이 장을 포함해)은 식수 자신에 관해서보다 식수에 대한 논평가들의 독해에 관해 더 많이 언급하고 있다. 왜냐하면 식수는 언제나 자신의 사상에 관한 '전문가'로 나서고자 하는 사람들에게서 벗어난 사상가이자 저술가(또는 저술가이자 사상가)이기 때문이다. 식수를 아는 가장 좋은 방법은 식수를 읽고, 그 자신의 독해를 신뢰하는 것이다. 사람에 따라 식수가 말하고자 하는 것에 대한 생각은 근본적으로 다르다. 이는 단순히 해석의 사소한 차이(학계 거주자들이 여러 시간, 여러 해 동안 대화하기를 좋아하는 것과 같은 종류)가 아니다. 바로 식수 자신에 관해 근본적으로 무엇을 생각할 수 있는지에 대한 이해에서 커다란 간극이 존재한다.

수전 셀러스(Susan Sellers)를 읽으면서, 나는 내 발아래로 큰 심연이 열리는 것 같은 감동을 경험했다. 셀러스는 식수에 관한 뛰어난 권위자, 즉 사람들이 자신의 서툰 독해를 뒤집을 수 있도록 하는 관점을 제공하는 권위자로 알려져 있다. 그녀가 "《불안(Angst)》의 관심은 바로 분리 가르치기와 생명 지키기라는 어머니의 이중적 역할이다"(Sellers, 1996: 40)고 거의 논란의 여지 없이 진술했을 때, 내 마음은 텅 비었다. 나는 무장소적 공간을 서술하는 식수의 놀라운 능력에 관한 논문을 발표했는데(Shurmer-Smith, 1994), 이 논문은 내가 확신하기에 임종을 맞은 그녀의 (남성) 연인으로부터 자기 자신을 분리시키는 여성에 관한 《불안》(Cixous, 1977b)에 초점을 두었다. 나는 내 어머니가 돌아가시는 동안 이 책을 처음 읽었다. 이 책이 어머니들에 관한 것이라는 것을 내가 어떻게 주목하지 않을 수 있었겠는가? 만약 이것이 내 눈앞에서 지나가는 것에 '관한' 것이었다면, 이것이 어떻게 나로 하여금 내 과거에 조심스럽게 꾸려두었다고 생각한 소중한 것, 오랫동안 병을 앓다 저 세상으로 간 연인의 죽음을 끄집어내도록 했을까? 두 사람의 독자가 어떻게 책 한 권의 주제에 관해 그렇게 다른 관점을 가질 수 있었을까? 우리 중 누가 잘못되었는가? 사람들은 어떻게 알 수 있을까? 지리학자들은 왜 의미가 그토록 모호한 저자와 싸우기 위해 주의를 기울여야만 하는가?

1990년대 후반, 식수에 대해 냉정해지면서 사람들은 얼마나 다양한 광기가 페이지마다 산재해 있는지 당혹해하기 시작했다. 왜냐하면 그녀의 욕망의 근원, 그녀의 좌절의 본성, 이러한 것들을 다른 여성들과 얼마나 공유했는지에 관해 이해하지 않고서는 식수를 읽는 것이 명목상 불가능하기 때문이다. 식수의 완고한 프로젝트가 주류적 사유하기에 점차 편입함에 따라 그녀의 전략은 점점 더 별나게 보였고, 사람들은 그녀의 계산된 이상함에 경탄했다. 식수는 왜 자기 자신을 만드는 언어에서 자신을 멀리하려 하는가? 왜 이러한 언어는 식수가 처음 그 언어를 사용했을 때 그러했던 것보다 오늘날 그 언어가 '추앙받게 된' 지금 더욱 낯선 것처럼 보이는가? 식수는 오늘날 어떻게 읽힐 수 있는가?

식수는 크리스테바 및 이리가라이와 더불어 '3대' 프랑스 페미니스트 이론가 가운데 한 사람으로 반드시 인용된다. 이 문장을 쓰면서, 나는 의도치 않게 식수가 자신의 경력 전체에 걸쳐 논의했던 문제에 곧장 빠져들었다. 나는 처음 '3인 집권(triumvirate)'으로 썼지만, 이것이 '3명의 통치 남성'을 의미하기 때문에 곧바로 지워버렸다. 그리고 좀더 회화적인 표현으로 '3대'라고 썼다. 나는 회화체적이기를 원하지 않았지만, 사용할 만한 단어가 없었다. 이는 많은 사물에 관해 식수가 쓰길 원했던 권위화하지 않은 단어나 구성이 없었기 때문이기도 하다. 이는 수천 번에 걸쳐 식수가 주변부에서 글쓰기 또는 벽이나 자신의 신체에 글쓰기를 논할 때마다, 그녀가 의미했던 것이다.

다시 시작해보면, 식수는 주요한 프랑스 페미니스트 이론가로 여겨지지만, 이는 그녀가 자신을 이해하는 방식이 아니다. 식수는 특히 영어권 국가에서 자신이 시적 창작보다 초기의 정치적 저술(《Le Rire de la Méduse》, 1975a〔K. and P. Cohen, 1976, 《메두사의 웃음(The Laugh of the Medusa)》으로 영역〕; 《La Jeune Née》, 1975 〔B. Wing, 1986, 《새로 태어난 여성(The Newly Born Woman)》으로 영역〕; 《La Venue à l'écriture》, 1977a〔S. Cornell et al, 1991, 《글쓰게 되기(Coming to Writing)》로 영역〕)로 알려져 있음에 불평한다. 식수는 심지어 '페미니스트'라는 용어도 거부한다. 왜냐하면 페미니즘을 남성적 지배의 왜곡된 언어를 통해서만 사고할 수 있는 잘못된 대립으로 구성된 것으로 이해하기 때문이다. 그러나 식수는 페미니스트 출판사 데 팜(Des Femmes)에서 계속 출판을 했으며, 이 출판사의 사장 앙투아네트 푸크(Antoinette Fouque)를 그녀 자신이 행할 수 없는 활동가 역할을 하는 것으로 이해하고, 그의 덕목을 칭찬했다. 그녀를 어떻게 이름 붙이고자 한다 할지라도 식수는 여성과 여성성(feminine)에 관한 재개념화에서 매우 중요하지만, 이러한 재개념화는 어떤 유형의 관례적인 사회과학을 통해서 이루어진 것이 아니다. 식수는 역할과 지위의 사회적 구성을 언급하지 않았으며, 가부장제가 생산 또는 재생산 양식의 기반인지에 관한 논쟁에도 참여하지 않았다. 사실 식수는 사회적 및 역사적 '사실'에 특히 감동을 받지 않은 것처럼 보인다. 식수는 훨씬 더 광범위한 의제, 즉 사람은 어떻게 살아갈 수 있는가, 어떻게 신체를 살아가게 하고, 정신을 살아가게 하는지 말할 수 있는 의제를 다룬다. 왜냐하면 식수는 발언권을 줌으로써 생명은 의미를 획득한다고 믿었기 때문이다.

식수에게 글쓰기는 단순히 재현의 문제가 아니다. 식수는 자신이 경험한 것, 자신이 믿거나 또는 생각한 것을 의사소통하기 위해 글쓰기를 하는 것이 아니다. 식수는 자신의 존재 양식, 믿음 양식, 사유 양식으로서 글을 쓴다. 식수는 끊임없이 글을 쓰는데(단지 일부만이 출판된다), 그 글쓰기 자체는 의사소통이며, 이는 그 내용보다도 훨씬 더 중요하다. 이러한 깨달음은 항상 식수의 독자들에게 충격으로 와 닿지만, 이는 학계 바깥에 있어서는 안 된다. 왜냐하면 그 내용을 위해 존재하는 유일한 의사소통은 훈련이나 요구의 형태로 이루어지며, 반면 사교적인 의사소통은 내용을 그 전달 수단으로 이용한다는 점을 주장할 만하기 때문이다. ('어떤 것'에 관해 말함으로써 우리는 말할 수 있으며, 문자를 씀으로써 우리는 접촉을 유지할 수 있으며, 텔레비전을 봄으로써 우리는 고립되었음을 느끼지 않는다.) 대부분의 다른 독자들과 마찬가지로, 나는 식수가 끊임없이 자기 자신과 그리고 언어와 대화하면서 글을 쓰고 있다는 점을 깨닫기 전까지, 종종 '그녀는 지금 무엇을 하려고 하는지' 궁금해했다. 식수는 이미지에 관해 명상한다. 진언(mantra)에 관해 묵상하며, 정상적으로 구성된 자신의 마음을 비운다. 식수는 단어들을 가지고 놀면서, 우리가 시에서는 즐기지만 학술 저서에서는 당황하게끔 되는 모호함 속에서 한 단어가 그것과 같은 소리를 내는 다른 단어를 제시하도록 한다.

식수는 프랑스어로 글을 쓰지만, 프랑스인이 아니다. 그녀가 누구이며 무엇을 하는 사람인지는 식수 프로젝트의 주요한 부분이다. '지위성(positionality)'에 관한 관심을 이끌어낼 수 있는 이 프로젝트는 난해하지 않은 것처럼 보인다. 식수에게 지위는 항해에 관한 계기이며, 이는 관점이 아니라 세계에 대한 재빠른 흘끗거림이다. 그리고 식수는 이미지를 하나하나 비추어봄으로써 글을 쓴다. 식수는 자신에 대해 상당히 많이 씀에도 불구하고, 결코 완전히 폭로하지 않는다. 그러나 어떻게든 이러한 부분적 노출은 완전한 여러 자서전보다도 더 많은 친밀감을 준다. 식수는 알제리의 유대인 가정에서 태어났으며, 아버지는 프랑스어를 사용했고, 어머니와 할머니는 독일어를 사용했다. 가정 외부에서는 아랍어를 사용했다. 또한 외부 환경은 프랑스 식민 사회였다.

> 내 어린 시절의 경관은 이중적이었다. 한편으로는 북아프리카, 내가 공유했던 강력한 감각적 신체 · 빵 · 과일 · 남동생의 체취가 있었다. 다른 한편에는 내 어머니의 순백색 경관이 있었다. 그리고 국가들에 걸쳐 항상 전쟁의 현재적 역사가 있었다.
>
> (Cixous and Calle-Gruber, 1994. 영역: Prenowitz, 1997: 196)

그녀의 아버지는 오랑(Oran)에서 유명한 의사였으며, 식수가 어렸을 때 결핵으로 죽었다. 그의 죽음은 식수의 글쓰기에서 현재에 이르기까지 등장하지만, 그의 존재와 그의 언어로 나타난다.

> 유머는 그의 두 번째 언어였다. 그는 모든 것, 가족 구성원, 상황 그리고 무엇보다도 시니피앙(signifier)으로 익살을 부렸다. 그는 마법사였다. 세계는 약간 바뀌었다. 그는 독일 여성과 결혼했고, 독일어를 사용하는 가정을 꾸렸다. 왜냐하면 내 할머니가 도착했는데, 프랑스어를 거의 사용할 줄 몰랐기 때문이다. 그래서 내 아버지는 조이스적(Joycian) 방식으로 독일어로 된 완전한 재담(joke) 체계를 만들어냈는데, 이는 가족 말투의 일부가 되었다. 우리 모두는 재담이 있었다.
> 아마 내 글쓰기에 있는 예술적 기교와 다능한 재능은 아버지로부터 왔을 것

이다. 그는 마치 나에게 열쇠 선물 또는 언어학 선물을 만들어준 것과 같다.

(Cixous and Calle-Gruber, 1994. 영역: Prenowitz, 1997: 196)

《내부(Dedans)》(1969)에서, 식수는 유년 시절을 사로잡았던 주제로 아버지의 죽음에 관해 적었다. 그 주제는 식수 자신에 관한 탐구에서 초점이 될 부재 또는 상실을 다루는 것이었다. 미레이유 칼레-그루베르 (Mireille Calle-Gruber)와의 대화로 서술된 성찰적인 책《뿌리에 관한 사진들 (Photos de racines)》(1994)〔《Root-prints》(1997)로 영역〕에서, 식수는 칼레-그루베르에게 자신의 이력을 출생일로부터 시작하는 것이 아니라, 1948년 2월 12일—아버지의 39세 때 죽음(209쪽)—에서 시작하도록 일러두었다. 식수의 유년 시절 가정은 따뜻했고, 내면적이었으며, 여성 지배적이었다. 홀어머니는 산파 교육을 받았고, 어린 엘렌은 어머니와 함께 출산을 돌보았다. 식수에게 가난한 자의 죽음과 출산은 평생 지적인 것으로부터 신체적인 것을 분리시키는 것이 불가능하도록—그리고 어쩌면 학계라는 땅에서 낯선 이민자가 되도록—만든 어린 시절 경험이었다. 그러나 식수는 또한 책과 단어, 특히 여러 가지 언어의 단어들이 사용되는 사회적 배경에서 성장했다.

유대인의 입학을 수적으로 제한하던 중학교에서, 식수는 학급에서 유일한 유대인이었다. 그 이후 식수는 소년들을 위한 국립 고등학교에 입학했다. 식수는 괴팍스럽게 항상 주변부에서 학교를 경험했다. 대학교에서도 역시 어려서(불과 18세에) 결혼했다는 사실로 인해 주변화되었고, 파리에서의 학창 시절은 남편과 자녀 출산뿐만 아니라 자신의 출생지로부터의 고립감을 감내해야만 했다. 그을린 햇빛을 당연한 것으로 여기며 성장하지 않은 사람은 식수, 카뮈 그리고 수백만 명의 난민을 사로잡은 태양에 대한 향수병을 이해할 수 없다. "J'aime le passé passé. J'aime

avoir perdu. J'aime Oran que je n'ai jamais revue et ne reverrai jamais"
(Ibid.(1944): 106)는 "나는 과거를 좋아한다. 나는 잃어버린 것을 좋아한
다. 나는 내가 결코 다시 볼 수 없었고, 결코 다시 볼 수 없을 오랑을 좋아
한다(I like the past. I like to have lost. I like Oran which I never saw again and will
never see again")는 번역으로 의미가 말살되었다. 여기서 분명 aimer는 '좋
아하다'가 아니라 '사랑하다'이며, le passé passé는 단순한 과거가 아니
라 지나가버린 과거, 문법적으로 완전하려면 유행을 벗어난 과거, 다시
볼 수 없을 뿐만 아니라 …… 결코 역전될 수 없고, 결코 꿈꿀 수 없는(램
프의 요정처럼 결코 유리 주전자로 돌아올 수 없는?) 회복 불가능한 것을 위한 열
정(passion)이다.

엘렌 가족에 관한 이야기는 그녀의 철학에 관한 이야기의 일부이다.
식수의 학문 생애 전반에 걸쳐 거론된 어머니는 알제리—그녀의 가족 전
체가 적극적으로 독립을 지지했던 국가—에서 추방되었을 때 가난하고
무국적이었던 자신의 어머니와 할머니에 해당한다. 식수가 사랑했던 남
동생은 OAS(알제리 용병 출신의 우익 테러 단체—옮긴이)에 의해 알제리에서
사형 선고를 받지만, 보르도(Bordeaux)로 탈출했다. 독립이 되었을 때 그
는 알제리 시민이 되고자 했지만, 새로운 알제리 정부에 의해 수감의 고
통을 겪었다. 다중적 배제에 관한 가족의 경험은 모질었다. 주변성, 차
이, 타자, 고향 상실에 대한 식수의 감정은 깊게 각인되었다. 식수에게
타향성(foreignness)은 여러 번에 걸친 타향성으로 누적되었고, 어딜 가더
라도 무엇을 하더라도 벗어나기 불가능한 것이었다. 식수가 탈구조주의
적 사상에 이끌렸으며, 많은 독자들이 식수의 가장 가치 있는 공헌이 대
립적 범주를 문제시한 것이라는 지적은 거의 전적으로 지당하다(1975. 영
역 1986). "해체는 우리에게 생명이 포위되어 있는 곳으로부터 생명의 살
아 있는 요인을 구출하도록 하는 사상의 양식이다"(1994: 91. 필자 번역).

가장 유명한 것으로, 식수는 여성적 글쓰기(l'écriture feminine: 국내에서 이미 여성적 글쓰기로 번역하고 있으며, 다른 용어를 찾기 어려워 그대로 번역함─옮긴이)─쉽게 '여성적 글쓰기(feminine writing)'로 번역할 수 없는─로 알려진 것에 대해 책임을 다했다. '여성적 글쓰기'는 여성적 사상이 남성적 언어에 속박된다는 가정, 즉 단지 실험을 통해서만 그 언어는 여성성의 표현을 수용하기 위해 확장될 수 있다는 가정에서 출발한다. 〔나는 여기서 신중하게 여성(wonen)과 남성(men)이라는 용어의 사용을 피하고자 한다. 왜냐하면 식수는 남성성(masculine)과 여성성(feminine)을 이런 범주화를 뛰어넘는 것으로 이해하며, 장 주네(Jean Genet)와 카프카로부터 여성적 글쓰기에 관한 주요 사례 가운데 몇 개를 도출하고자 하기 때문이다.〕 우리는 식수가 자신의 아버지에 관해 특별한 감정을 갖고 있다는 점을 알고 있으며, 이는 가부장제에 관해 쉽게 슬로건화할 수 있는 것을 어렵게 만든다. 그리고 식수는 라캉적 남근중심주의에 더 많은 관심을 가졌다. 식수는 일찍이(1977. 영역 1991) 자신이 언어에 의해 구축된 벽, 요컨대 "여러분이 알고 있는 바와 같이 우리를 다른 것과 혼합되지 않도록 하기 위해 할당된 의미의 작은 우리들(cages)"(영역 1991: 49)을 허물기 위해 글을 쓰고 있다고 주장했다. 이러한 실험을 독해하는 것은 붕괴를 목격하는 흥분으로 우선 즐거운 것이지만, 이런 흥분은 시간에 따라 무뎌지며, 언어의 문제화를 주류 경향에 편입시키고자 할 때, 예를 들어 비성차별적·비인종차별적 언어를 사용하는 많은 학술지와 그 밖의 곳에서의 요구에 따르고자 할 때 특히 그러하다.

'여성적 글쓰기'에 관한 식수의 견해는 단어에 관한 재담과 다른 놀이로 가득하다. 이는 식수가 번역하기 어려운 저작을 만들도록 했다(바라건대 내가 이미 보여준 것처럼). 재빠른 번역자 가운데 많은 사람은 한 단어를 한 가지 의미로 고정하지만, 더 많은 의미가 표면 아래 놓여 있거나 슬그머니 들어온다. 그들은 그렇게 하도록 강제되거나 또는 매우 많은 괄호나 각주로 흐름을 해석하도록 강요받는다. 영국의 교육 체계를 경험한 다른 많은 사람처럼 프랑스어에 대한 내 구사 능력은 신뢰하기에 많이 부족하지만, 식수의 대담한 프로젝트는 손에 사전을 들고 번역본을 안내서로 이용하면서 원전을 보도록 나를 이끌었다. 나는 식수의 글쓰기가 무엇을 의미하는지보다 그녀가 무엇을 쓰려 했는지 알기를 원한다. 식수는 아마 자신의 글쓰기를 통해 방법을 모색하고 추정하는 과정을 더 좋아했을 것이다. 사람들은 식수의 저작과 분투할 것이다. 명백한 의미란 단지 거짓에 불과하기 때문이다. 분투한 결과, 깨달음은 때로 한순간에 찾아올 수 있다. 식수의 텍스트는 읽을 만하며, 독자는 읽기에 기여해야만 한다. 프랑스어에서, 재담하기는 우선적으로 불만을 털어놓는 유머를 위한 것이 아니라 의미 어지럽히기, 사람들에게 거의 동시에 두 가지 이상의 사물을 생각할 수 있으며 〔따라서〕 의미들이 서로 혼입되거나 뒤엎어질 수 있음을 깨닫도록 만들기 위한 것이다. 예를 들어, 사람들은 식수가 파도(waves, vagues)에 관해 찬양하고, 심상에 대한 흐릿한 모호성 (indetermination, vagueness)을 번번이 선호하는 것을 읽을 수 있을 것이다. 자신의 논쟁적인 저서 《새로 태어난 여성(La Jeune Née)》(1975. 영역 1986)의 제목〔La Jeune Née는 사전적 의미 이외에 음가적인 측면에서 'la-je-n'est', 즉 '내가 (하나의 주체로) 존재하지 않았던 그곳'이라는 뜻으로도 해석할 수 있다—옮긴이〕에서 식수는 Genet(저자와 식물), la je nais(내가 태어나도록 한 물건), la journée(영국인이 여행하는 하루 일정)을 상기시켰지만, 이 모두는 이 책을 《The Newly Born Woman》(영역: Betsy Wing, 1986)(Conley, 1992: 54 참조)으로 번역함에 따라 사라졌다. 아마 식수의 가장 유명한 재담은 소책자인 《오렌지 살리기(Vivre l'Orange)》에서 찾아볼 수 있을 것이다. 여기서 식수는 이란(Iran)에서의 뉴스 듣기로 시작되는 사고의 흐름, 즉 이란에서 그녀의 어린 시절 장소였던 오랑으로 그리고 오랑의 산물인 오랑인(Orange)으로서의 자기 자신과 오렌지(orange)—단지 과일로서가 아니라 살갗 안에 담긴 오렌지 주스로서 그녀 …… (논리로는 이해할 수 없지만, 시적으로 이해할 수 있는) 이국적이면서 친밀하고, 자연적이면서 구성적인—로 이어지는 명상을 한다.

조직된 담론은 나에게 필요 없다. 물론 내가 행하는 것은 그럼에도 불구하고 문법적이지만. 그러나 일상적 언어는 조직된 담론〔민감함(subtlety)〕에서는 좋지 않다. 이는 심지어 조직된 담론을 위해 나쁘다. 사실 일상적 언어가 있어서 유용하긴 하지만, 영원한 것으로 나아가야만 할 때에도 아주 번번이 일상생활을 벗어나 더 나아가지 못한다.

(Cixous and Calle-Gruber, 1994. 영역: Prenowitz, 1997: 196)

요즘 식수는 자신의 초기 저술을 거부하지는 않지만, 영어 사용권에서 페미니스트 논쟁에 대한 그녀의 기여가 자신의 후기 저작을 모호하게 한다고 유감스러워한다. 식수는 다음과 같이 주장한다.

〔1970년대에〕 …… 한 영역을 구획하기 위해 매우 케케묵고 거의 역사적인 계기에 이러한 에세이를 신중하게 도입했다. 우리가 이 영역에 관한 견해를 완전히 잃어버리지 않고, 어떤 일을 신중하게 하기 위해서 말이다. 사실 이 어떠한지는 여러분에게 이미 말한 바이다! '메두사의 웃음'과 여타 이런 유의 텍스트는 내 입장에서 학생들에게 어떤 성찰을 촉구하고 최소한의 사실을 강조하기 위한 의식적이고, 교육적이며, 설교적인 노력이었다. 상식적으로 …… 나는 긴급한 계기에 의해 '성적 차이'에 관한 일반적 담론에서 이 텍스트를 서술하도록 고쳐되었다. 그 성적 차이가 내게는 혼란스럽고, 생활과 감각의 억압과 상실을 초래할 것처럼 보였다.

(Ibid.)

물론 이 계기는 지나갔다. 성적 차이에 관한 담론은 일상적이고, 저명한 학술지와 승인된 교과목에서도 다루고 있다. 누구도 식수의 젊은 시절, 현재 시점에서 20여 년 전에 인용한 그녀의 단어에 매여 있기를 원치 않는다. 식수는 성장하고 변했지만, 어떤 핵심적인 특징, 특히 시간과 공간에서 어떻게 존재하는가라는 문제에 대한 집착은 항상 남아 있다.

식수는 1970년대부터 연극 각본을 썼지만, 극장을 위한 그녀의 열정은 점차 다른 표현 매체로 옮겨갔다. 이런 점에서 식수는 자신이 매우 칭송했던 마르그리트 뒤라스(Marguerite Duras: 프랑스의 소설가이자 시나리오 작가, 극작가—옮긴이)의 생애와 유사하다. (그러나 내 견해로는 훨씬 뛰어나다.) 극장은 의사소통을 위한 매체로서 이를 통해 저자는 많은 다른 목소리를 취할 수 있으며, 그녀 자신에 관한 또는 그녀 자신과 반대되는 다중적 인물을 창조하는 것이 가능하다. "몸 전체, 존재 전체는 하나의 극장이다"(Ibid.: 103). 극장에서 소리들은 동시에 말할 수 있거나 또는 침묵을 지킬 수도 있다. 공간과 시간은 연극에 도입할 수 있다. 무대에 올리기, 조명하기, 음향, 이들 모두는 동시에 말하고 이해할 수 있다. 극장에서 소리를 자르기, 몰아내기, 희미하게 사라지도록 하기 등은 지면(紙面)에서 그렇게 행하기보다는 어렵지 않은 것처럼 보인다. 분명 글쓰기 흐름을 항상 제한받지 않고, 의미가 지나치게 고정되지 않기를 원하는 식수 같은 사람을 위해 극장은 이상적인 매체이며, 항상 그들 자신의 삶을 다룰 수 있도록 허용한다. 극장에서 이는 단지 배우, 감독, 작가 그리고 일단의 기술자 간 협력의 문제뿐만이 아니다. 청중과의 접촉 가능하고 상호 작용적인 만남이 있지만, 작가는 또한 자신의 청중이 될 수 있다.

나는 (극장에서의) 극적인 경험을 기억한다. 즉 웃으며 몸을 구부리는 청중을 보지만, 이 장면은 내가 매우 비극적 장면을 만들었다고 생각하면서 서술했던 것이다. 이러한 해석을 들으면서, 나는 넋이 나갔다. 무슨 일이람! 우리는 우리가 무엇을 하고 있는지 알지 못한다. 보는 관점의 경험, 듣는 청점(point of hearing)의 경험을 갖는 것, 이는 매우 아름답다…….

극장이라는 텍스트에서 청중은 암묵적이다. 이는 언어의 공간 **속에서** 능동적으로 출현한다. 그 자신, 그녀 자신에게 말해보라. 청중은 모든 캐릭터를 가질 수 있는 성찰적 **자아**이다.

(Ibid.: 101-102. 강조는 원문)

식수는 연극에서 영웅적 주인공을 좋아하지만, 동시에 대규모 웅장한 전개 과정이 지속되는 동안 사소한 사람들 사이의 만남에도 초점을 둔다. 오페라에 상당한 관심을 가졌으며, 사람들은 그녀의 극본에 나타나는 오페라적 특성을 볼 수 있다. 심지어 시인 안나 아흐마토바(Anna Akhmatova: 우크라이나 오데사 출생의 구소련 시인—옮긴이)의 아파트에서 두드러지게 공연한 극본 〈검은 돛, 흰 돛(Voile Noire, Voile Blanche)〉(1994b)은 스탈린 시대 러시아 전체가 피난처를 찾을 수 없는 인물들과 끊임없이 싸우도록 함으로써 국내 등급을 피해갔다. 아흐마토바는 신화적 비극의 여주인공, 파괴의 위기에서 균형을 이루는 취약한 군주, 자신의 단어들을 감히 쓸 수는 없지만 그 단어들을 모든 사람의 기억만큼 펼칠 수 있는 기억을 지닌 한 동료의 마음속에 새겨 넣고자 하는 시인으로 묘사된다. 시(詩)의 정밀한 단어처럼 조그만 어떤 것이 전체 시대를 용서하고 기억하도록 하는 비극을 떠맡는다.

식수는 시간과 공간에서 제거된 중요한 사건—도덕적으로 고결한 사람을 모두 포함하지만 또한 이들로부터 멀리 떨어져 있는 사건—과 자기 자신과의 관련성을 생각하기 위해 연극을 사용한다. 식수는 자신의 연극들을 캄보디아[L'histoire terrible mais inachevée de Norodom Sihanouk, roi du

Cambodge(1985)〕, 인도〔*La Prise de l'école du Madhubai*(1984) 그리고 *L'Indiade ou l'Inde de leurs Rêves*(1987)〕 그리고 신화적 과거〔오페라 대본, *Le nom d'Oedipe: Chant du corps interdit*(1978), *Les Eumenides*(1992), *L'histoire*(*qu'on ne connaitra jamais*) (1994a)〕를 배경으로 설정했다.

식수의 연극 가운데 극히 일부만 영어로 번역되었으며, 그 공연을 볼 수 있는 기회는 프랑스에서조차 흔하지 않다. 영어 독자에게, 식수의 초기 공연에 관한 모라그 시아(Morag Shiagh, 1991)의 논평은 때로 그 공연들이 그런 것만큼 매우 친밀하지만, 시아는 연극의 내용뿐만 아니라 사건의 주변 분위기와 연극 활용에 대한 식수의 뛰어난 대담성까지 포착해내는 훌륭한 감정이입적 논평가이다. 1987년 태양극단(Théatre du Soleil)에서 공연한 〈앵디아드 혹은 그들의 꿈의 인도(L'Indiade ou l'Inde de leurs Rêves)〉에 대한 시아의 설명은 매우 설득력이 있다. 그래서 나는 그 설명을 이 연극에 대한 내 독해, 인도 독립에 관한 내 독서 그리고 인도에 관한 내 다중적 경험과 합쳐 내가 이런 웅대한 공연에 참여한 것 같은 허구적 기억을 만들어냈다. 이 연극은 사치스러운 의상과 휘장, 검과 터번(turban) 등 인도의 이국적 환상(simulacrum)으로 구현된다. 극장 전체는 인도화하며, 인도 음식을 판매하고, 냄새와 소리는 인도를 고취한다. 그러나 '누구의' 인도인가? '그들의' 꿈의 인도. '타자들의' 인도 그리고 타자화하는 인도 그러나 또한 네루, 간디 그리고 일단의 자유 전사들의 꿈을 포착하기 위한 시도. 〈앵디아드〉는 〈일리아드(Iliad)〉를 연상케 하며, 서구 유럽이 아주 오래전에 그 자신의 신화적 과거의 일부로 고대 그리스를 전유하고자 했던 방식으로 인도의 근대 서사시를 붙잡으려 한다. 내 생각에, 극장에서 이국적인 것을 지향하는 식수의 경향에 대한 가야트리 스피박(Gayatri Spivak)의 불평은 유럽적 오리엔탈리즘을 끌어들이고자 하는 식수의 시도에서 핵심을 놓친 것이다.

그녀가 인도 및 인도네시아에 관한 극본을 쓸 때, 이른바 탈식민지적 국가들의 복합성과 혼종성을 취하는 것은 위태위태하다. 태양극단과 관련한 그녀의 작업은 불행하게도 일종의 고취되고 지나치게 찬양적인 민족지와 낭만화한 역사기록학을 지속시키는 것으로 여겨질 수 있다.

(Spivak, 1993: 159)

식수의 배경을 상기하건대 국가 및 문화 사이의 간극에 처해 있을 때 내부적 견해의 불가능성을 드러내는 것보다 더 좋은 방법이 있을까? 식수는 식민화한 '순종(genuine)'이 아니며 또한 식민화하는 '순종'도 아니다. 나는 인도에 관한 식수의 낭만화를 어떻게 불특정적인 타자의 꿈을 더 진정하게 끌어들일 수 있는가에 관한 의문을 자극하는 것으로 이해한다. 그러나 나는 또한 스피박이 식수가 자신의 역사로 간주한 것을 이용하는 데 집착했다는 점을 지적한 것으로 이해할 수도 있다.

아마 식수는 좀더 안전한 기반에서 유럽적 신화를 살펴볼 수 있을 것이다. 1994년 〈이야기(누구도 결코 알 수 없는)[L'histoire(qu'on ne connaitra jamais)]〉을 파리의 테아트르 드 라 빌(Theatre de la Ville)에서 공연했는데, 식수를 어떻게 이해할 것인지를 놓고 초조한 몇 년을 보낸 후, 나는 처음으로 식수의 연극을 직접 경험해보기 위해 일주일 일정으로 파리에 갔다. 나는 이 연극을 신체적 감정 외에 다른 방법으로 인식하는 것이 불가능했기 때문에 이에 대해 개인적 느낌으로 글을 쓴다. 덥고, 습하고, 공기는 무거웠다. 대극장은 시골뜨기 영국인 가슴에 겁이라도 주는 것처럼 파리의 지식인들로 가득했다. 무대는 완전한 거울이었다. 사람들은 물질적인 것과 반영된 것(반영은 반영의 반영이다) 그리고 수직적 표면과 수평적 표면에 의해 쉽게 혼돈되기 시작했다. 의상은 사치스러운 비단으로 늘어졌고, 배우들은 거울의 덫을 통해 등장했다. 이야기의 한 가지 요소가 해결될 듯하다가 또다시 시작했다. 그리고 그것은 거듭거듭 계속되었다. 두 시간 후 한 번 휴식이 있었다. 파리의 지식인들도 상황에 밝은 것처럼 보이지는 않았다. 내가 혼란스러워한 것은 단지 내 불안정한 프랑스어 때문만이 아님을 깨달았다. 사람들은 이것이 실제 휴식인지를 확인하기 위해 프로그램을 살펴보았다. 연극이 끝났는지, 또는 중단했는지에 관한 명백한 단서가 없었다. 공연은 두 시간 더 계속되었고, 자정이 지나서야 청중들은 거리로 비틀거리며 나왔다. 거리는 극장에 유폐되어 있는 동안 우리가 알지 못하는 사이 폭우로 흠뻑 젖어 있었다. 공간, 별, 부드러운 하늘, 맑고 청량한 공기, 모든 것이 엄격하게 정의된다. 분명 식수 자신도 그녀의 드라마에 추가로 더해진 요소들을 불러올 수 없었겠지만, 나는 내가 겪은 경험을 구성하는 부분들을 분리시키는 것이 불가능했다. (지금도 불가능하다.) 바깥의 밤과 공연에서 벗어난 것이 마지막 장면으로 남아 있었다.

연극 자체는 니벨룽(Niebelung) 신화를 실행하고 재실행한 것이지만, 연극의 주제는 제목에서 제시한 것처럼 신화의 친밀하지만 알 수 없는 속성, 즉 신화는 그 본질을 포착할 수 있다는 주장이다. 연극은 설화(tale) 말하기, 충실하게 재현하기 또는 진실로 이해하기의 불가능성에 관한 것이다. 즉 모든 각도에서 사물을 살펴보지만, 여전히 알지 못함에 관한 것이다.

식수가 학문 분야로서 지리학에 유의한 직접적 영향을 미쳤다고 주장하는 것은 비현실적일 테지만(식수의 위상은 영어권 국가보다 프랑스에서 생성된 지리학에서 더욱 낮을 것이다), 나는 그녀가 지리학자들이 범주·경계·인종성에 관해, 체현된 공간에 관해, 감성과 추상에 관해 사유하는 방법에 주요한 기여를 할 수 있다고 생각한다. 식수는 젠더를 유용하게 문제시하면서 모성적 관점을 도입했지만, 나는 그녀가 단지 페미니스트 지리학에만 기여한다고 생각하지 않는다. 식수의 중요성은 이론적 위상의 설정이나 사실의 표현이라기보다 실험에 있다. 식수는 거의 답을 내놓지 않았지만, 존재의 속성에 관한 곤혹스러운 의문을 제기했다. 식수는 추상 속에서 그렇게 하는 것처럼 보이지만, 단지 은유로서뿐 아니라 만질 수 있는 성분으로서 공간을 다룬다.

벽에 대한 그의 지배. 그는 벽을 건설했다. 각 문장은 그의 사람들을 둘러싸고 있는 벽처럼 구성되었다. 각 문장이 나에게 외쳤다. 나는 들었다. 나는 왔다. 벽이 있었다. 그 벽은 그가 방금 만들었다. 나는 그가 극복할 수 없는 어려움을 지니고 있다는 생각의 다른 편에서 그가 숨을 몰아쉬는 것을 들을 수 있었다. 이 어려움을 나는 극복할 수 있는 힘도 욕망도 없었다. 그러나 이 어려움은 내 앞에 등장해 그 무절제한 속성의 어떤 것을 말해주었다.

(Cixous, 1977b. 영역 Levy, 1985: 132)

호너와 즐로스니크(Horner and Zlosnik, 1990)는 여성들의 글쓰기에서 일반적 경관을 잘 고찰했으며 나는 감각적 공간에 관한 이슈를 논의하고자 했지만(Shurmer-Smith, 1994), 사람들이 공간(들)을 느끼는 방식에 관해 고찰해야 할 많은 연구, 단지 사회적으로 구성된 두려움과 불안을 넘어설 필요성이 있는 연구가 남아 있다. 여기서 식수가 즐거움의 경제에 관한 사고 및 '희열(jouissance)'에 관한 사고를 활용한 점, 부성적 이윤이 아니라 모성적 선물에 관해 강조한 것은 환경 및 차이의 스펙트럼과 원만한 관계를 수용할 수 있는 공간과 권력의 재이론화에 많은 것을 제공한다. 구조보다는 네트워크 그리고 행위(agency)의 해방된 생각에 관한 (다소) 새로운 열정은 식수가 그토록 대중화하고자 했던 사고를 자유롭게 다룬다.

베레나 콘리(Verena Conley)는 영어권 독자에게 식수의 저작을 설명하는 데 중요한 공헌을 했으며(Conley, 1992), 페미니스트적 전략으로 '여성적 글쓰기' 프로젝트를 찬양했다. 콘리는 자신의 학문적 경력의 상당 부분을 많은 분량의 식수 저작에 투입했지만, 그녀의 최근 저서《생태철학: 탈구조주의 사상에서 환경(Ecopolitics: The environment in poststructuralist thought)》(1997)에서 우리는 환멸, 즉 살아감 대신 불가해한 글쓰기를 읽기 위해 낭비한 모든 시간에 대한 분노를 찾아볼 수 있다. 콘리(Conley, 1984: 80)는 뱅센에서 열린 식수의 오만한 공연에 관해 서술하며 식수의 스타-기질을 항상 의심했지만,《생태철학》은 마지막으로 식수에게 등을 돌렸다.

1968년 5월의 수다스러운 유토피아주의는 제지당하지 않은 채 진행된 것처럼 보인다. 지난 30년을 지나면서 …… 지구상에서 이루어진 찾아보기 어려운 폭력의 관점에서 어떠한 조건이나 적응도 없었다. 1970년대 여성 작가들에게 주어진 여성적 글쓰기는 일단 글 쓰는 자아가 베일을 벗음에 따라 생산적 자기도취증(narcissism)의 문턱에서 머뭇거리고 있다. 자연의 여신(Goddess Natura), 케레스(Ceres: 로마 신화에서 농업의 여신─옮긴이), 아테나(Athena: 그리스 신화에서 지혜와 예술, 전술의 여신─옮긴이), 데메테르(Demeter: 그리스 신화에서 농업과 풍요, 결혼의 여신─옮긴이) 또는 어머니를 본질화할 수 있는 다른 자비로운 신성의 변형으로서 그것의 새로운 존재를 의인화하는 데 빠져들지 않기 위해 …… 여성적 글쓰기는 그 자신을 '분해하거나' 또는 '분리시켜야' 한다. 생태페미니스트적 정치에서, 글쓰기는 인간-중심화한 특정 이슈뿐만 아니라 주어진 환경에서 특정하게 연계된 요소에 대한 견해와 관심을 동원하기 위한 이슈들과의 대화 속에서 쉼 없이 작업을 해야만 한다.

(Conley, 1997: 138-139)

내가 이 문장을 "우리는 어떤 상식적 이슈들을 끄집어내 근거 없이 이루어지는 많은 본질화 작업에 귀를 기울이기보다 이것들을 정리하기 시작해야 한다"고 읽는다면 옳은가? 이런 모든 일이 발생한 것은 식수와 콘리가 다른 방법으로 나이가 들었고, 각기 다른 새로운 열정을 갖게 되었기 때문이라고 가정한다면 옳은가? 식수가 존재의 문제를 통해 자신의 방식을 모색하기 위해 환경에 관한 사고를 사용한다면, 콘리는 다른 많은 사람과 마찬가지로 환경 그 자체의 우선화, 행동주의 그리고 자아에 관한 신퓨리턴적(neo-puritan) 부정으로 전환했는가?

식수는 이제 자기중심적 정치에 빠진 것처럼 보인다…….
30편 이상의 극본과 소설이 출간되었다. 그리고 그토록 열광적인 격앙 속에서, 어떤 생태주의자나 페미니스트일지라도 행동주의와 식수의 글쓰기와 관련해 신중한 동화에 대한 관심을 구분하기란 불가능할 것이다.
식수가 자기 자신의 여성적 글쓰기 계획을 떠나자 의식은 점차 쇠퇴해졌다.

(Conley, 1997: 139)

피로에 지쳐, 나는 그녀의 스승을 해체하고자 하는 학생, 그녀의 여주인공을 벗어나기 위한 헌신자, 여왕을 살해한 계승자—이번엔 여성성에서 이야기하는 황금 가지(Golden Bough)의 오래된 신화—의 슬프고도 오래된 투쟁을 읽고 있다. 분명 식수는 우리에게 여성성에 관해 논의해야 할 이야기가 훨씬 더 많다는 것을 보여주지 않았던가?

나는 오늘날의 비판지리학 일부에서 최근의 지나간 과거에 관한 지적 문제화로 인한 초조함, 즉 도덕적 확실성(그리고 도덕적으로 높은 수준)과 이슈 및 행동으로 돌아가고자 하는 욕망을 느낀다. 감각(감각성, 감각주의)에 대한 식수의 집착은 시대와 조화를 이루지 않는다. 콘리와 달리, 나는 식수가 '자기중심적 정치에 빠졌다'고 생각하지 않는다. 왜냐하면 만약 우리가 경험하는 자아를 억압한다면, 우리가 총체화 관점을 막을 수 있는 준거점이 존재하지 않게 된다고 나는 생각하기 때문이다. 행동주의적 역할을 하는 식수를 상상하기란 어렵다. 식수는 자기 신체와 '함께' 글을 쓰지만, 그녀는 순수한 지식인이다. 식수는 실험적인 것 영역에서 활동하며, 경험을 재현과 융합시키기 위한 자신의 시도를 한계까지 밀고 나가고자 한다. 이제 식수는 60세가 넘었고, 그녀의 젊은 자아이든 현재 자아이든 식수가 이룩한 많은 것들을 당연히 주어진 것으로 받아들이는 오늘날 더욱 젊은 여성에 대해 쉽게 말할 수는 없다.

나는 앞에서 식수를 프랑스의 '3대' 페미니스트 중 한 사람으로 언급했지만 식수는 사실 들뢰즈, 푸코, 특히 데리다〔"내가 항상 나의 '타자'라고 생각했던 사람들"(1997: 80)〕와 개인적 및 지적으로 더 가까웠다. 이들은 모두 식수보다도 지리학적 상상력에 더 쉽게 편입되었다. 그렇지만 식수는 데리다에 대한 첫인상을 지리적 묘사로 기억하고 있다.

그는 산의 능선을 걸어가고 있었다. ……내가 있는 곳에서 나는 그를 밝은 하늘 위에 분명하게 드러나는 검은색으로 보았다. 그는 가장자리를 걸어갔고, 산의 능선은 얇은 칼날이었다. ……함께 어우러진 산과 하늘 사이의 한계 위에서 그는 나아가고 있었다.

('Quelle heure est-il', undated, quoted in Cixous and
Calle-Gruber, 1994. 영역 Prenowitz, 1997: 79)

자신의 노트에서 식수는 이 기억을 해체에 관한 은유로 확대한다.

그는 두 비탈, 경사, 사면, 측면 사이의 접점에 위치해 있다―올라가고 내려오는 반환점, 욕망이 슬픔으로 또는 슬픔이 삶의 파열로 바뀌는 전환점, 당신이 나로, 그가 그녀로 바뀌는 전환점……

J. D.(자크 데리다의 첫 글자—옮긴이).

만이 살아 있는 언어를 가질 수 있었다. 양면이 그곳에서, 그 사이에서, 그들의 교류에서 공존할 수 있는 장소, 양가성의 공간. 언어, 그 간극(interstitial)을 서술하기 위해 시간을 멈추도록 하고 또한 동시에 작동하도록 하는 (유일한) 매체

간/땅/극(interrestitial: 프랑스어에서 terre는 땅을 의미함—옮긴이).

(Cixous and Calle-Gruber, 1994. 영역 Prenowitz, 1997: 80)

식수와 데리다—주변(margin)의 아이들—는 글쓰기를 시작하면서부터 서로를 알고 있었고, 자신들의 글쓰기와 사유하기의 많은 부분을 대화를 통해 이루었다. 이 대화는 범주, 대립, 교류와 사이성의 공간을 위해 공유한 정염, 연관된 지리학이 결코 무시할 수 없는 정염을 만들어냈다.

참고문헌

Cixous, H. (1969) *Dedans*. Paris, Grasset.

Cixous, H. (1975a) 'Le Rire de la Méduse' *L'Arc* 61: 39-54. Tr. K. and P. Cohen (1976) 'The Laugh of the Medusa', *Signs* 1 (4): 875-93.

Cixous, H. (1975b) 'Sorties', In Cixous, H. and Clement, C. (1975).

Cixous, H. (1977a) 'La venue à l'écriture', in Cixous, H. with Gagnon, M. and Leclerc, A. (1977) *'La Venue à l'écriture'*, Paris Union General d'Editions. Tr. S. Cornell *et al.* (1991) 'Coming to Writing': 1-58. In (ed.) D. Jensen, *Coming to Writing and Other Essays*. Cambridge, Massachusetts, Harvard University Press.

Cixous, H. (1977b) *Angst*. Paris, Des Femmes. Tr. J. Levy (1985) *Angst*. London, John

Calder.

Cixous, H. (1979) *Vivre l'orange* (Tr. A. Liddle and S. Cornell—Bilingual Publication) Paris, Des Femmes.

Cixous, H. (1985) *L'histoire terrible Mais inachevée de Norodom Sihanouk, roi du Cambodge.* Paris, Théâtre du Soleil.

Cixous, H. (1987) *L'Indiade ou l'Inde de leurs Rêves et Quelques Écrits sur le Théâtre.* Paris, Théâtre du Soleil.

Cixous, H. (1994a) *L'histoire (qu'on ne connaitra jamais).* Paris, Des Femmes, Antoinette Fouque.

Cixous, H. (1994b) *Voile Noire Voile Blanche.* Paris, Théâtre du Soleil.

Cixous, H. and Clement, C. (1975) *La Jeune Née.* Paris, *Collection 10/18.* Tr. B. Wing (1986) *The Newly Born Woman.* Minneapolis, University of Minnesota Press.

Cixous, H. and Calle-Gruber, M. (1994) *Hélène Cixous, Photos de Racines.* Paris, Des Femmes, Antoinette Fouque. Tr. E. Prenowitz (1997) *Hélène Cixous, Rootprints: Memory and Life Writing.* London, Routledge.

Conley, V. (1984) *Writing the Feminine: Hélène Cixous.* Lincoln, University of Nebraska Press.

Conley, V. (1992) *Hélène Cixous.* London, Harvester Wheatsheaf.

Conley, V. (1997) *Ecopolitics: The Environment in Poststructuralist Thought.* London, Routledge.

Horner, A. and Zloznik, S. (1990) *Landscape of Desire: Metaphors in Modern Women's Fiction.* London, Harvester.

Sellers, S. (1996) *Hélène Cixous: Authorship, Autobiography and Love.* London, Routledge.

Shiach, M. (1991) *Hélène Cixous: A Politics of Writing.* London, Routledge.

Shurmer-Smith, P. (1994) 'Cixous' Spaces: Sensuous Space in Women's Writing', *Ecumene* 1 (4): 152-170.

Spivak, G. (1993) 'French Feminism Revisited', in *Outside in the Teaching Machine.* London, Routledge: 141-172.

앙리 르페브르:
공간에 관한 사회주의자

1

앙리 르페브르(Henri Lefebvre, 1901~1991)가 얼마 전 영국 텔레비전에 출연했다. 〈자유의 정신(The Spirit of Freedom)〉이라는 쇼는 분명 불면증자들을 위한 것으로, 채널 4(Channel 4)에서 이른 아침에 방송되었다. 모두 4개의 프로그램이었는데 각각 20세기 프랑스 좌파 지성인들의 유산을 재평가했다. 분위기는 철저히 냉소적이고 경멸적이었으며, 이러한 점은 이 시리즈가 좀더 최근의 프랑스 악동 철학자 가운데 한 사람인 베르나르-앙리 레비(Bernard-Henri Levy)가 제작하고 진행했다는 점을 알면 놀랄 일도 아니었다.[1] 내가 지켜본 그날 저녁 카메라 앞에는 백발 노인이 초라한 재킷과 푸른 작업복 셔츠를 입고 앉아 있었다. 시청자에게 그 90대의 노인은 분명 더 오래 살지 못할 것처럼 보였다. 심지어 레비는 그 면담자를 다음과 같이 묘사했다.

그날 오후 그는 피곤해했다. 얼굴은 창백하고, 눈은 충혈되어 있었다. 나는 그가 시작부터 압도되었고, 분명 내 질문에 답하는 것을 지겨워한다고 느꼈다. 그는 어렵게 말했고, 기억이 가물거릴 때는 내가 그에게 상기시키고자 했던 사람에 대해 언급하는 것을 종종 힘들어했다. 그는 나에게 현재와 미래에 관해, 그를 둘러싸고 있는 세계에서 돌아가고 있는 것들에 관해 이야기하고 싶다고 여러 차례 말했다.[2]

레비는 얼마 뒤 "우리는 질문과 답변, 주장과 해명을 나누었다"고 말했다. "나는 그가 어떤 역할을 담당하길 바랐고, 그는 내가 예상하지 못한 선의의 표시로 이 역할을 수행했다. 나는 그가 이를 능숙하고 맵시 있게 했음을 인정한다."

그러나 레비가 앙리 르페브르에게 원했던 "어떤 역할"이란 무엇이었을까? 나는 이 질문으로 이 장을 시작하고자 한다. 왜냐하면 그 답은 르페브르 자신이 프랑스 20세기 지성사에서 담당했던 역할에 관해 많은 것을 밝혀주기 때문이다. 첫째, 그는 20세기 지성사 거의 전 기간에 걸쳐 활동했다. 이는 그의 전기 제목인 《앙리 르페브르와 세기의 모험(Henri Lefebvre et L'Aventure du Siècle)》에서 확인할 수 있다(Hess, 1988). 이 시기 동안 그는 양차 대전에 걸쳐 살았고, 초현실주의자들과 어울려 포도주와 커피를 마셨고, 프랑스 공산당에 가입했다가 탈퇴한 후 다시 가입했으며, 1940년대 초에는 레지스탕스 운동을 위해 투쟁했고, 파리에서 택시를 운전했으며, 프랑스의 많은 대학에서 사회학과 철학을 가르쳤으며, 68세대의 지성적 대부 가운데 한 사람이었다. 그동안 그는 전 분야에 걸쳐 마르크스주의를 저술하고 프랑스에 도입했으며 도시화에 관해, 일상생활에 관해, 공간에 관해 많은 저작을 남겼다. 20세기 전반에 걸쳐 앙리 르페브르는 분명 많은 일을 했고, 많은 것을 보았고, 많은 것을 들었다.

그렇지만 르페브르 자신의 저작만이 레비의 관심사였던 것은 아니다.

레비는 프랑스의 과거에서 다른 인물, 예를 들면 폴 니장(Paul Nizan), 조르주 폴리체르(Georges Politzer) 그리고 알렉상드르 코제브(Alexandre Kojève)에 훨씬 많은 흥미를 가졌다. 르페브르는 이 세 사람에 대해 알고 있었고, 바로 이 점이 레비가 그에게 말해주기를 바랐던 것이다. 레비는 "놀랄 만한 일은 그가 내가 무엇을 원하고 진행하고자 했는가를 이해하고 있었다는 점이다"고 인정했다. 이것이 르페브르의 역할이었다. 레비에게 그는 긴요한 관찰자였고, 보고자였다. 그는 현장에 있었고, 다른 프랑스 지성인들과 친구였으며, 이들 모두보다 더 많이 산 사람이었다. 이제 그는 오래된 이야기를 차례대로 말하고, 지나간 날들의 삶과 죽음의 투쟁을 회상할 수 있었다. 사르트르·카뮈·브르통·니장·말로·알튀세르 등 저명한 동료들과의 관계 속에서 르페브르는 별로 중요하지 않고 비교적 덜 알려진 인물이었다. (심지어 프로그램의 화면 자막도 잘못되었다. 르페브르를 '역사학자'로 소개한 것이다!)

2

프랑스에서 이처럼 별로 중요하지 않은 위상을 가졌다면, 르페브르는 왜 오늘날 영미 지성인 사이에서 그토록 숭배받는 인물이 되었을까? 도시화와 공간에 관한 그의 저작은 프랑스에서 나쁜 평판을 받았는가? 아마 그랬을 것이다. 그가 자신의 생애 후기에 이런 것에 관해 서술하기 시작했을 때, 정통 마르크스주의자들은 어떤 것도 묘사할 수 없었다. 바로 그랬기 때문에 그의 공간적 전환이 그의 명성에 조종을 울린 것일까? 심지어 많은 현대 지리학자와 도시학자가 걸작으로 간주하는 그의 위대한 공간적 저서 《공간의 생산(The Production of Space)》이 1974년 프랑스 서점에 등장했을 때, 사람들은 이 저서를 잘못 이해하고 간과했다. 시기는 더 나쁠 수 없었다. 당시 알튀세르의 명성은 굉장했고, 그의 구조주의적 마르크스주의는 '필수적'이었다. 만약 당신이 알튀세르에 동의하지 않으면서 여전히 마르크스주의자로 남아 있었다면, 당신은 르페브르의 인본주의가 아니라 로제 가로디(Roger Garaudy: 프랑스 좌파 이론가 및 활동가로, 일생을 바쳐 헌신해온 프랑스 공산당으로부터 1970년 출당을 당했다─옮긴이)의 인본주의로 전환했을 것이다. 그런데 공간에 관한 책은 어떠했는가? 어쨌거나 분명 대부분의 사회주의적 급진주의자들이 그것을 정말 바람직하지 못한 일로 생각했던 것처럼 보인다. 1960년대 후반 도시 폭동과 학생 및 노동자 저항 이후 공간적 전환을 취할 때에도, 알튀세르는 여전히 르페브르의 머릿속을 배회하고 있었다. 결국 알튀세르의 마르크스주의는 도시화에 관한 마누엘 카스텔의 매우 영향력 있는 사회학적 연구를 이어받았다. 그리고 카스텔의─과거 조언자였던 르페브르에 대한 공격으로 가득 찬─《도시 문제(La Question Urbaine)》는 《공간의 생산》보다 2년 앞서 출간되었다.

《도시 문제》에서 카스텔은 자기 선배의 인간주의적 편애와 르페브르의 분석 대상에 관한 지적 신뢰성을 즉각 약화시켰다. 대담하게도 카스텔은 '도시'가 타당한 연구 대상인지에 의문을 제기했다. 그에게 '도시 문제'는 무엇보다 도시화하고 있는 자본주의적 생산 양식이 어떻게 기능하고 있는가에 관한 의문이었다. 카스텔의 공간적 우주에서, 도시는 사실상 사회적 및 계급적 관계의 '컨테이너'였다. 그러나 이런 사회적 관계는 어떤 명시적인 '도시적' 또는 '공간적' 범주보다 우위에 있다. 카스텔에 의하면, 르페브르는 자신의 공간 물신화에 관해 단지 약간 해이해져 있었다. 카스텔은 심지어 공간 물신성의 조짐이 계속되는 것을 발견했다. 그는 감동을 받지 않았다. 르페브르는 돌이킬 수 없을 정도로 벗어났다. 도시 현상에 관한 마르크스주의적 분석을 발전시키고자 하면서, 그는 "다소 이상한 지적 진화를 통해 조금씩 조금씩 더 가깝게 마르크스주의적 문제성에 관한 도시주의적 이론화로 다가갔다"(Castells, 1977: 87)고 카스텔은 주장했다. 어떠한 경의도 없었다. 이는 1970년대 동안 르페브르의 저작에 대한 상대적 무시를 확신할 수 있도록 해준 가혹한 비평이었다.[3]

르페브르가 여기에 대응해 카스텔이 공간을 이해하지 못했다—"그는 공간을 무시했다"고 르페브르는 말했다. "그의 도해는 여전히 매우 단순한 마르크스주의적 도해이다"[4]—고 언급하는 동안, 1973년 데이비드 하비는 처음으로 르페브르를 소개해 영어권 독자의 주목을 끌게끔 했다. 그러나 《사회 정의와 도시(Social Justice and the City)》에서, 하비가 언급한 르페브르는 르페브르의 '일부'에 불과했다. 요컨대 이 프랑스 마르크스주의자는 위의 책 '결론과 성찰' 장에서 작은 역할만 했을 뿐이다. 그러나 독특하게 '도시 혁명'이 '산업 혁명'을 대체하고 있으며, 이러한 도시 혁명이 어떠하든 공간적 혁명이라는 르페브르의 사고는 비판적 도시화와 지리학에 깊고 지속적인 공명—유효 기간이 1980년대 중반 정도까지였던 카스텔 자신의 도시 연구보다도 더 오래 지속된—을 일으켰다. 곧 하비는 르페브르에 관한 활용을 심화했다. 예를 들어 1974년 출판한 탁월한 에세이 〈계급 독점 지대, 금융 자본 그리고 도시 혁명(Class-Monopoly Rent, Finance Capital and the Urban Revolution)〉에서, 하비는 볼티모어의 공간 조직과 주택 시장이 금융 제도에 의해 어떻게 구조화되었는지를 조명하기 위해 르페브르를 활용했다. 그럼에도 불구하고 그는 또한 르페브르의 논제는 "그 함의가 놀라우며, 분명 채택하거나 거부하기 전에 신중한 고찰이 필요하다"(Harvey, 1974)고 독자들에게 경고했다. 그다음 몇 년 동안, 르페브르를 원용한 소규모 작업(cottage industry)이 번창하기 시작했고,

그 가운데 일부는 하비의 도전을 뒷받침했다.

이런 맥락에서, 나는 영미 지리학에 영향을 미친 르페브르보다는 다른 우회적인 방법을 제안하고자 한다. 아마 영미 지리학과 도시화는 르페브르의 지친 공간적 경력을 복원하고 그의 좀더 최근 주장이 명성을 갖도록 자극했을 것이다. 데이비드 하비, 에드워드 소자(Edward Soja), 프레드릭 제임슨(Fredric Jameson), 마크 고트디엔너(Mark Gottdiener), 데릭 그레고리 등의 헌신적인 중개가 없었다면, 어떻게 그의 저작이 그토록 잘 알려질 수 있었을까 궁금할 것이다. 또한 우리는 《공간의 생산》을 영어로 볼 수 있을지 궁금해했다. 17년이면, 아마 충분히 긴 시간일 것이다. 〔알튀세르의 《마르크스를 위하여(For Marx)》가 1965년 프랑스어로 출판되고, 2~3년 후 영어 서가에 꽂힌 것과 아주 달리.〕그렇지만 르페브르에 대한 관심이 영미 급진 지리학 거의 전반에 확산된 것은 놀랍지 않다.[5] 그리고 이런 확산과 더불어, 르페브르의 저작과 이름은 더 많이 알려졌고, 역설적으로 그는 시장성 있는 출판 상품이 되었다. 그에 따라 최근 수년 동안 번역물이 쏟아져 나왔다.

한때 상황주의자였던 도널드 니콜슨-스미스(Donald Nicholson-Smith)가 꼼꼼하게 번역해 바질 블랙웰(Basil Blackwell, 하비의 오래된 출판사)에서 1991년 출판한 《공간의 생산》은 여기서 가장 큰 기폭제였다. 어떤 의미에서 이 책의 출현은 1990년대 비판적 인문지리학에서 사건이었다. 이제 더 이상 간접적으로 이용하지 않아도 되었다. 르페브르를 인용하는 대가들이나 다른 프랑스 학자에게 귀를 기울이지 않아도 된 것이다. 영어권 독자와 공간적으로 사유하는 학자는 이제 그들 자신의 말을 갖고, 그들 자신의 의견을 구축하며, 르페브르의 감질나게 하는 엉성하고 장황하고 에피소드적인 스타일에 대해 논쟁할 수 있게 되었다. 이에 따라 오랜 기다림 끝에, 누구나 20세기의 가장 독창적인 마르크스주의 사상가 가운데 한 사람에게 접근할 수 있게 되었다. 여기에 《공간의 생산》이 있으며, 이는 대서양 양안(영국과 미국─옮긴이)에서 사회 및 공간 이론에 관한 철저한 재평가를 점화시켰다. 최소한 르페브르는 아주 귀에 익은 이름은 아니라 할지라도, 사후에 명성을 얻었다. 그렇다면 도대체 이런 소동은 무엇에 관한 것인가?

3

《공간의 생산》에 관한 탐구는 극히 박학다식한 한 지성인에 대한 탐구이다. 그러나 이런 박학다식한 지성인은 또한 70세의 프랑스 마르크스주의자였다. 이 책의 강점과 단점은 이런 조명 아래서 고찰해야 한다. 물론, 평범하고 낡은 마르크스주의보다 훨씬 더 많은 것이 진행되고 있다. 요컨대 종종 헤겔이 등장하고, 내가 다른 곳에서 주장한 것처럼 니체의 정신을 감지할 수도 있다(Merrifield, 1995 참조). 낭만주의 시(詩)와 근대 예술 및 건축에 관한 르페브르의 정통한 이해는 과시할 만하다. 반면 르페브르는 서구 철학사를 마치 어린이 작품처럼 대강 훑어버리기도 한다. 그럼에도 불구하고 《공간의 생산》은 어떻든 전형적으로 마르크스주의적이며, 사회주의적이고 근대주의적이며, 내 생각엔 잊혀선 안 되는 텍스트이다.

이 책은 "현재 저작의 계획(Plan of the Present Work)"[6]으로 시작한다. 이런 시작 전략은 일관성 측면에서 놀라우며, 그 주장을 상당히 분석적으로 견고하게 전개한다. 즉각적으로 우리는 공간의 개념에 관한 압축된 설명을 볼 수 있으며, 이 개념이 서구 사상에서 어떻게 훼손되었는지에 대해 들을 수 있으며, 르페브르 자신이 이렇게 잡다한 상태에서 어떻게 연구하고자 하는지 알 수 있다. 표면상 이는 세계를 거의 바꿀 수 없는 무기력한 철학적 딜레마처럼 들린다. 그러나 《공간의 생산》을 통해 르페브르를 따라가다 보면, 우리는 그것의 근본적 중요성을 곧 알게 된다. 조만간 "일관된 공간 이론"을 위한 그의 시도가—비판적이며 현란하게— 전개된다. 그가 주조한 프로젝트는 '공간론(spatiology)'이며, 이는 다른 것들 사이의, 즉 '물리적' 공간(자연) 및 '정신적' 공간(공간에 관한 형식적 추상화) 그리고 '사회적' 공간(인간 행동과 갈등 그리고 '감각적 현상'의 공간) 사이의 조화를 포함한다. 르페브르가 생각하기에 이런 상이한 공간의 '장 (field)'은 많은 철학자, 과학자, 사회과학자의 손에 의해 고통을 받았다. 적지 않게 이것들을 분리된 영역으로 이해했기 때문이다.

《공간의 생산》은 모든 것을 여기서 '폭발시키고자(detonate)' 한다. 왜냐하면 르페브르는 파편화와 개념적 혼란을 특정한 이데올로기적 목적에 기여하는 것으로 이해하기 때문이다. 분리는 동의를 보장하고, 오해를 지속시키며, 더욱 악화한다. 이는 현상태(status quo)를 재생산한다. 따라서 공간에 관한 이런 상이한 양상을 단일 이론 안에 함께 모음으로써, 르페브르는 공간을 '드러내고' '해독하고자' 하며, 이를 통해 도시화하고 있는 근대 자본주의에 관해 분석하고 또한 이에 저항해 싸우는 모든 곳의 사회주의자들에게 힘을 불어넣고자 했다. 그러나 싸워야 할 주요 개념은 '생산'이다.

물론 생산에 관한 강조는 마르크스 자신이 이를 강조했던 급진적 방식과 일치한다. 마르크스는 급진적이게 되는 것은 "사물의 근원에 다가가는 것"이라고 주장했음을 상기하라. 그리고 생산에 관한 그의 집착은 그렇게 하기 위해—자본주의 사회의 근원에 닿기 위해, '은폐된 곳'을 탐사하기 위해, 관찰 가능한 표상의 물신성 이면으로 가기 위해 그리고 그 처참한 참상 속에서 '내적 역동성'을 전체적으로 추적하기 위해—설계된 것이다. 따라서 르페브르는 그것들의 다양한 외피와 연막 속에서 그 내적 역동성과 발생적 계기를 추적함으로써 자본주의적 사회 공간을 탈신비화하고자 한다. 여기서 발생적이란 '적극적'이고 '창조적'인 것을 의미하며, 창조란 "사실상 하나의 **과정**이다"(POS: 34. 강조는 원문)고 르페브르는 말한다. 따라서 공간의 이러한 발생적 측면에 도달하는 것은 공간이 어떻게 적극적으로 생산되는지에 관한 탐구를 필요로 한다. 여기서도 또한 마르크스와 같이 르페브르는 설명을 위한 이론적 탐구의 과정적 사고를 정치적으로 이용한다.[7] 이제 르페브르의 손에 의해 공간은 죽어서 활력이 없는 사물이나 대상이 아니라 유기적이고 유동적이며 살아 있는 것으로 재서술된다. 공간은 맥박을 가지며, 고동치며, 흐르고, 다른 공간과 부딪친다. 그리고 이런 해석은—상이한 시간성과 더불어—서로 중첩되어 현재 공간을 창출한다. 각각의 현재 공간은 그 자체로서 "많은 측면과 많은 흐름의 기여로 이루어진 과정의 산물"(POS: 110)이다. 그러나 이런 것 모두는 어떤 문제를 드러낸다. 가장 큰 문제는 "대상〔현재 공간〕으로부터 이를 생산 또는/및 창조했던 활동으로 소급하기가 결코 쉽지 않은"(POS: 113) 점이라고 르페브르는 말한다. 일단 "구축을 완료하면, 발판은 해체된다. 마찬가지로 저자의 거친 초안은 찢어져서 버려지는 운명을 맞이한다"(Ibid.). 따라서 해야 할 일은 "그것의 발생 과정과 그 의미의 발달을 재구성하는 것"이다.

여기서 우리는 《자본론》 1권에서 상품 물신성에 관한 마르크스의 유명한 분석의 공간화한 표현을 볼 수 있다. 이는 상품이 일단 시장에서 교환되면 소원한 '사물-같은' 성격을 가정하게 된다는 인식에 의존했다. 시장에서, 간주관적 관계는 근본적으로 객체로서 사람을 인식하게 된다고 마르크스는 말한다. 마르크스의 단어로, "사람들 사이의 일정한 사회적 관계는 그들의 눈에 사물 간 관계의 환상적인 형태를 가정한다"(Marx,

1967: 1장 4절, 72). 마르크스는 이러한 가면 효과를 "물신성"이라고 부르며, 이는 상품에 특이한 "신비적"이고 "안개로 둘러싸인" 성질을 부여한다. 교환—부르주아적 경제학자들의 분석에서 전통적 초점—단계에서는, 생산적 노동 과정에서 발생하는 사회적 관계 및 활동과 착취를 결코 완전히 이해할 수 없다고 마르크스는 말한다. 따라서 르페브르의 전환, 즉 '공간에서의 사물' 인식으로부터 실제적인 '공간의 생산' 자체에 대한 인식으로의 전환은 마르크스가 '교환에서의 사물'로부터 '사회적 생산 관계'로 개념적 및 정치적으로 이행한 것과 같다. 여기서 르페브르의 전환에 대해 좀더 상술해보자.

> 공간에 잠재된 사회적 관계(계급 관계를 포함해)를 밝히지 않는다면, 우리의 주목을 공간의 생산과 여기에 내재한 사회적 관계—생산에 특정한 모순을 도입하며, 이에 따라 생산 수단의 사적 소유와 생산력의 사회적 성격 간 모순을 반영하는 관계—에 집중하지 않는다면, 우리는 공간 '그 자체', 그 자체로서의 공간을 다루는 함정에 빠진다. 우리는 공간성이라는 점에서 사유하며, 오래된 상품 물신성을 회상하는 방법으로 공간을 물신화한다. 이런 물신성에 의해 교환에 함정이 만들어지고, '사물'을 고립적으로, 즉 '사물 그 자체'로 다루는 오류에 빠진다.
>
> (POS: 90)

이제 공간의 생산은 다른 모든 종류의 제품(merchandise), 다른 모든 종류의 상품(commodity) 생산에 비유할 수 있다. 또한 이제 우리는 아마 르페브르의 사고가 카스텔의 사고와 어떻게 다른지 이해할 수 있을 것이다. 카스텔에게 도시 문제는 재생산의 문제였음을 상기하라. 그에게 도시 위기는 소비의 구조적 위기였다. 카스텔의 드라마에서 모든 행동은 생산 영역보다는 재생산 영역에 삽입된다. 알튀세르에게 지적 영향을 받았다는 점에서, 이는 별로 놀라운 일이 아니다.[8] 다른 한편, 르페브르는 공간을 훨씬 더 적극적으로 이해한다. 물론 공간은 상품 거래와 노동력의 재생산이 모두 '이루어지도록' 허용한다. 카스텔의 저작은 이를 충분히 유의해서 제시한다. 그러나 르페브르가 주장한 것처럼 그의 저작은 많은 것을 누락시키는, 즉 공간 '그 자체'를 다루는 함정에 빠지는 것을 방치했다. 그 이유는 이제 공간이 자본주의적 축적 전략의 일부로서 적극적으로 생산되기 때문이라고 그는 말한다. 그리고 중요하게, 공간은 이것이 재생산되기 전에―비록 재생산이 분명 그다음 생산을 위한 필수적 조건이라고 할지라도―생산된다.

따라서 공간―도시 공간, 사회 공간, 물리적 공간, 경험적 공간―은 재생산적 요구의 무대가 아니라, 배역(cast)의 일부로서 배역의 중요하고 생산적인 구성원이다. 데이비드 하비의 영민한 단어로 말하면, 공간은 자본주의의 팽창과 재생산에서 "적극적인 계기"이다. 공간은 식민화하고 상품화하며, 판매하고 구매하고, 창조하고 파괴하며, 이용하고 오용하며, 투기하고 투쟁하는 현상이다. 이 모든 것은 공간에서 함께 이루어진다. 공간은 근대 자본주의의 모순을 내재화한다. 자본주의적 모순은 공간의 모순이다. 여기서 하비와 르페브르는 대체로 합의점을 발견한다. 공간이 무엇을 어떻게 내재화하는지는 어떤 것을 어떻게 더 잘 생산할 것인지를 배우는 것이며 다른 도시, 다른 공간, 사회주의를 위한 공간, 사회주의의 공간을 어떻게 생산할 것인지를 배우는 것이다. 생활을 바꾸는 것은 공간을 바꾸는 것이다. 공간을 바꾸는 것은 생활을 바꾸는 것이다. 건축인가 혁명인가? 어떤 것도 피할 수 없다. 이는 르페브르의 밝은 꿈, 구체적 유토피아에 관한 그의 위대한 전망이다. 이러한 꿈이 《공간과 생산》을 지지한다.

4

비판적 지식은 사유 속에서 공간 생산의 실제 과정을 포착해야 한다. 이것이 르페브르가 제시하는 메시지의 요지이다. 이론은 감각에 인지 가능하며 또한 인지 불가능한 공간의 지적 성질을 표현해야 한다. 이는 경험적 연구 및 이론적 연구 양자 모두에 필요한 과제이며, 본연적으로 어려운 과제이다. 또 의심할 바 없이 세심한 굴착과 재구성을 포함하며, 귀납과 연역을 필요로 하며, 구체적인 것과 추상적인 것 사이, 국지적인 것과 지구적인 것 사이, 자아와 사회 사이, 가능한 것과 불가능한 것 사이의 여행을 요구한다. 이론은 어떻게 해서든 생산에 내포된 갖가지 지각 불가능한 과정을 해부하고 해독함으로써 공간 자체—건축물, 기념물, 이웃, 도시 전체, 세계—의 실제적으로 역동적이고 복잡한 상호 작용을 추적해야 한다. 많으면 많을수록 좋다. 그러나 이것을 어떻게 이룰 수 있는가?

르페브르는 복잡한 발견적 장치를 구축함으로써 이러한 딜레마를 해결하기 위해 노력한다. 그는 이를 "공간적 삼원론"이라 일컬으며, 이것이 《공간의 생산》의 핵심적인 인식론적 기반을 형성한다. 불행하게도—또는 다행스럽게—그는 단지 예비적 형식으로만 이를 묘사한다. 즉 그는 우리에게 살을 덧붙이고, 이를 우리 자신의 논문이나 연구 의제의 일부로 재서술하도록 남겨두었다. 게다가 르페브르는 이 삼원론이 우리가 《공간의 생산》에서 '거듭거듭' 마주치는 어떤 중요한 것이라고 제시하지만, 첫 장을 넘어서면 그 표현은 명시적이라기보다 암묵적이며, 확정적이라기보다 가정적이다. 왜 그럴까? 이것은 그가 여기서 우리에게 유산으로 남겨놓고자 하는 기계적 틀 또는 유형화가 아니며, 유동적이고 생동적이며, 실제 생활의 맥락에서 각 계기는 다른 계기를 어지럽고 모호하게 하는 변증법적 단순화이기 때문이다. 그럼에도 불구하고 세 가지 계기, 즉 공간의 재현, 재현적 공간 그리고 공간적 실천을 확인할 수 있다. 이들 각각을 좀더 자세히 살펴보자.

(a) 공간의 재현은 개념화한 공간, 즉 다양한 전문가와 관료에 의해 구축된 공간과 관련이 있다. 이 목록에는 계획가, 공학자, 개발업자, 건축가, 도시학자, 지리학자, 그 밖에 과학적 성향의 여타 사람이 포함된다. 이 공간은 이러한 주체나 행위자에 의해 사용되고, 생산된 여러 가지 불가해한 기호, 은어, 암호화, 객관화한 재현들로 구성된다. 르페브르는 이것이 항상 고안된(conceived) 공간이며, 이데올로기·권력·지식은 반드시 이 재현에 체현된다고 말한다. 이는 어떤 사회의 지배적 공간이다. 왜냐하면 "이는 생산 관계 및 이 관계가 부여하는 '질서', 따라서 지식·기호·부호 그리고 '전면적(frontal)' 관계와 긴밀하게 결합되어 있기"(33쪽) 때문이다. 르페브르는 이 공간이 자본의 공간이라고 생각하기 때문에, 공간의 고안된 재현은 "공간의 생산에서 실질적인 역할과 특정한 영향"(42쪽)을 행사하며 산, 탑, 공장, 사무 지구 그리고 "억압적 공간에 내재한 관료적 및 정치적 권위주의"에 관한 "객관적 표현"을 찾고자 한다(49쪽).

(b) 재현적 공간은 직접적으로 체험된(lived) 공간, 즉 일상적 경험의 공간이다. 이는 그곳의 '거주자'와 '사용자'의 복잡한 상징과 이미지를 통해 경험하는 공간이며 "물리적 공간에 중첩되며, 그 대상의 상징적 이용을 추구한다"(39쪽). 재현적 공간은 사회생활의 음성적이고 은밀한 측면과 연계되며, 일관성이나 응집성의 법칙에 따르지 않을 뿐만 아니라, 지나치게 많은 '두뇌력'을 포함하는 것도 아니다. 이는 생각이라기보다 느낌이다. 간단히 말해 체험적이다. 체험된 재현적 공간에는 그곳(there) 이상의 것이 있다.

체험된 재현적 공간은 말을 한다. 이는 감정적 알맹이 또는 핵심을 가진다. 요컨대 에고(ego), 침대, 침실, 거주, 주택 또는 광장, 교회, 묘지 등이 그것이다. 이것은 열정·행동·체험된 상황의 장소를 포함하며, 따라서 즉각적으로 시간을 함의한다. 결과적으로 이것은 다양한 방법으로 정성화된다. 이것은 방향적, 처재적 또는 관련적이다. 왜냐하면 이것은 근본적으로 질적이고, 유동적이며, 역동적이기 때문이다.

(POS: 42)

체험된 공간은 파악하기 어려운 공간이며, 사실 매우 파악하기 어렵기 때문에 사고와 개념화는 항상 이를 전유하고 지배하고자 한다. 체험된 공간은 고안되거나 질서화한 공간이 개입하고, 합리화하고, 궁극적으로 찬탈하고자 하는 경험적 영역이다. 전체적으로 건축가, 계획가, 개발업자, 그 밖에 사람들은 이를 다짜고짜 추구하려 한다.

(c) 공간적 실천은 르페브르가 "비밀스러운" 사회의 공간이라고 말하는 실천이다. 실천은 변증법적 상호 관계 속에서 이 공간을 제시하고 가정한다. 공간적 실천은 공간을 '해독함'으로써 밝혀질 수 있으며, 세계에 관한 사람들의 인지에서 그들 세계의 인지된(perceived) 공간, 특히 그들의 일상적 현실 및 그 공간과 긴밀한 유사성을 가진다. 따라서 공간적 실천은 일상적 현실과 좀더 광범위한 사회적 및 도시적 현실을 구성하며 노동, 놀이, 여가를 위해 제쳐놓았던 장소를 연결하는 상호 행동의 경로, 네트워크, 유형을 포함한다. 이러한 실천은 생산과 재생산, 구상과 실행, 고안된 것과 체험된 것 양자 모두를 포괄하며, 어떻게 해서든지 사회적 결속, 지속성 그리고 르페브르가 "공간적 능력"(33쪽)이라고 부른 것을 보증한다. 그럼에도 결속성은 응집을 의미하지 않는다. 르페브르

는 공간적 실천이 고안된 것과 체험된 것 사이를 매개하는 정확한 방법에 관해 그리고 공간적 실천이 어떻게 공간의 재현과 재현적 공간을 함께 그러나 별개로 유지하는지에 대해 모호한 입장을 취했다. 그렇지만 그가 한 가지 좀더 확신한 것은 여기에 두 가지가 아니라 '세 가지 요소'가 있다는 점이다. 이는 체험된 것과 고안된 것 사이의 단순한 이원성에 관한 것이 아니라, "삼원적 결정"에 관한 것이라고 그는 말한다. 각 단계는 다른 단계를 통해 의미를 내면화하고 받아들인다.

고안된 것, 인지된 것, 체험된 것 간의 관계는 결코 안정적이지 않으며, 역사적으로 규정된 속성과 내용을 드러낸다. 따라서 만약 르페브르의 삼원성을 단지 추상적으로만 취급한다면, 이는 그 정치적 및 분석적 반향을 잃는 것이다. 이는 실제 살과 피 그리고 문화, 실질적 생활 관계와 사건으로 체현할 필요가 있다. 그러나 르페브르는 생활 속에서 그리고 국립중앙학문연구소 및 도시사회학연구소의 연구원으로서 많은 것을 경험했으며, 억제되지 않은 자본주의는 항상 어디서나 고안된 영역에 우선성을 부여한다는 것을 깨달았다. 르페브르는 예를 들어, 체험된 경험의 사회적 공간은 추상적인 고안된 공간에 의해 짓밟히고 정복당한다는 점을 아주 잘 알고 있었다. 달리 말해, 우리 사회에는 체험된 것과 인지된 것은 고안된 것과 비교해 부차적 중요성을 가진다. 고안된 것은 보통 '객관적 추상', 억압적인 객관적 추상이며, 이는 체험된 경험의 의식적 및 무의식적 수준 모두에 덜 유의하도록 한다. 고안은 때로 선을 위해, 그러나 더 빈번하게는—사회 구조가 주어진 경우—우리에게 해가 되게끔 우리의 생활을 통치한다.

여기서 '추상'에 관한 르페브르의 강조는 분명 마르크스적 함의를 갖는다는 점을 지적해야 할 것이다. 추상적 공간은 추상적 노동에 관한 마르크스의 사고와 매우 닮았다. 그러나 르페브르는 마르크스보다 훨씬 더 나아갔다. 마르크스에게 '추상'은 여전히 주로 시간적 현상으로 작동한다. 마르크스는 부르주아 체제 아래서 질적으로 상이한 (구체적) 노동 활동은 어떤 양적 척도, 즉 돈으로 환원된다고 주장한다. 상품 관계가 모든 곳, 모든 사람을 식민화함에 따라 이 표준은 모든 것을 위한 공통분모가 된다. 마르크스는 이러한 노동을 추상적 노동, 즉 노동 일반이라고 명명했으며, 이러한 추상적 노동은 가치 법칙, 즉 사회적으로 필요한 노동 시간과 본질적으로 결합한다. 물론 '추상'은 정신적 추상화가 결코 아니다. 교환 가치와 가치 형태 그 자체가 그러한 것처럼 추상적 노동은 매우 실질적인 사회적 존재이다.

　같은 맥락에서, 추상적 공간은 매우 실질적인 사회적 존재이다. 이는 상이한 건축물, 장소, 활동 그리고 공간 위(over) 또는 공간을 통한 사회적 상호 교류의 양식에서 객관적 표현을 획득한다. 그러나 그 근원적 역동성은 질적 차이에는 '실질적' 관심이 없는 논리에 영향을 받는다. 그것의 궁극적 중재자는 오직 가치뿐이다. 가치, 화폐(가치의 보편적 척도) 그리고 교환 가치(가격) 모두는 기어코 추상적 공간의 구조적 개념화라는 성향을 설정한다. 따라서 가치 명령(value dictates)은 고안된 공간을 인수한다. 여기서 은행의 긴급사태, 경영 센터, 생산적 집괴, 정보 네트워크, 법과 질서 모두는 최고로 군림하거나 또는 그렇게 하고자 한다. 추상적 노동이 진정한 구체적 노동을 부정하는 것처럼 추상적 공간은 진정한 구체적 질적 공간을 부정한다. 이는 르페브르가 "차별적 공간"—피상적으로는 차이가 없는 것처럼 보이지만, 바로 그 핵심에서 차이가 있는 공간—이라고 명명한 것의 일반화를 부정한다. 이 공간은 독특하게—신체적으로 및 경험적으로—이루어지기 때문에 차별적이다. 따라서 추상적 공간은 부르주아의 억압적인 경제적 및 정치적 공간만이 아니다. 이는 또한 탑과 마천루의 '남근적 발기', 힘의 상징, 남성 번식력의 상징, 남성적 폭력의 상징에서 그 재현을 찾아볼 수 있는 억압적 남성 공간이라고 르페브르는 주장한다. 추상적 공간이 형식적, 동질적, 양적인 한 이는 신체에서 기원하는 모든 차이(성과 인종성)를 소거하거나 또는 그 자신의 양적 목적으로 이들을 구체화한다. 진정한 차별적 공간은 귀찮은 짐이다. 권력은 차별적 공간이 번창하도록 허용할 수 없으며, 허용해서도 안 된다. 차별적 공간은 축적과 성장에 수용 불가능한 요구를 부여한다.

5

이에 대응해, 르페브르는 고안된 것보다 체험된 것과 인지된 것에 호소했다. 또는 아마 좀더 정확히 말해, 근대 자본주의 아래서 이것들의 인위적인 분리를 초월하고자 했다. 이런 점에서, 《일상생활 비판: 1권(Critique of Everyday Life: Volume One)》(1947년 집필, 1991년 영역 출판)에서 처음 상술한 소외와 일상생활에 관한 르페브르의 초기 독설(Lefebvre, 1991a)이 논쟁을 일으켰다. 여기서 르페브르는 일상생활의 변증법적 속성을 강조했다. 일상생활은 상품에 의해 식민화하고 이로 인해 신비화의 모든 방식으로 감춰진 영역이라고 그는 말했다. 동시에 일상생활은 의미 있는 사회적 저항의 근본적인 자리로 남아 있다. 따라서 일상생활은 "가능성의 실현을 위한 불가피한 출발점"(Lefebvre, 1971: 35)이 되었다. 달리 말해, 일상생활은 르페브르의 공간적 삼원성의 세 가지 계기를 모두 내면화한다. 이는 "지혜, 지식 그리고 권력을 판단할"(Lefebvre, 1991a: 6. 또한 Lefebvre, 1958 참조) 수 있도록 하는 공간─유일한 공간─이다.

인간 실천의 상이한 영역 간 구획화는 르페브르가 일상생활의 "약탈"

이라고 명명한 것을 유도한다. 이는 다시 마르크스가 《경제학-철학 수고(The Economic and Philosophical Manuscripts)》에서 사용한 용어, 곧 "일면적 개체성"을 경험하는 인간을 초래한다. 르페브르에 의하면, 일면성(one-sidedness) 극복은 "진정한 인본주의(veritable humanisme)"의 회복을 의미한다. 여기서 중요한 것은 생각하기와 생활하기, 머리와 가슴, 이론과 실천, 르페브르가 보는 것과 그가 원하는 것 간의 화합이다. 비판적 사상에서 공간화한 신체에 관한 거듭된 주장은 이러한 화합을 향한 첫 단계이다. 따라서 청년 마르크스처럼 르페브르는 "인본주의적 자연주의"를 긍정했다. "공간은 지적 재현의 투사로 구성되지 않으며, 가시적-가독적(visible-readable) 영역에서 발생하지도 않는다. 이는 무엇보다도 듣고 행한—물리적 몸짓과 운동을 통해—것 모두이다"(POS: 200).

데카르트와 데카르트적 사상의 전통은 신체와 정신 사이의 소모적 분리를 처음 발굴해냄으로써 이러한 단절을 시작했다. 그리고 데카르트적 로고스의 단점은 르페브르에게 사회생활의 기술화와 관료화의 성장을 통해 드러났다. 이런 프로그램화는 1950년대 후반 이후 유럽과 미국에서 급속히 진행되었는데, 이는 오늘날 우리 모두가 "보살피고 돌보며, 어떻게 더 잘 살 것인가, 어떻게 유행에 따라 옷을 입을 것인가, 우리 집을 어떻게 단장할 것인가, 요컨대 어떻게 존재할 것인가를 말하는"(Lefebvre, 1971: 107) 정도에 따라 확산되었다. 근대적 계획과 신도시 운동은 로고스의 공간적 체화에 불멸의 명성을 부여했다. 르페브르는 이것의 프랑스식 변형을 프랑스 남서부, 그의 집이 있는 나바렝스(Navarrenx) 부근의 신도시 모레(Moureux)에서 직접 눈으로 목격했다. 그곳에서 "근대성은 나에게 그 페이지를 펼쳐 보였다"고 그는 주장한다. "모레에 갈 때마다 나는 두려움을 느낀다"(Lefebvre, 1995: 119, 118)고 그는 슬퍼했다. 다른 신도시와 교외 개발처럼 모레에서도, 르페브르는 골칫거리가 오래전부터 도

사리고 있다고 믿었다. 이곳의 자발적인 생명력과 창조성은 그곳의 주민과 공간으로부터 억지로 짜낸 것이다. 모레의 황량한 공간은 정신의 황량함으로 이어졌다. 이러한 질서 잡히고, 폐쇄되고, 통제된 세계에서 르페브르는 사람들이 틀에 박힌 일에 압도당한다고 느꼈다. 이제 아무런 모험이나 전율이 없다. 모든 것은 데카르트적 '종합 계획'의 예측 가능한 수학적 정밀성에 지배를 받는다. 이는 장 뤽 고다르(Jean-Luc Godard)의 영화 〈알파빌(Alphaville)〉(1965)에서 멋지게 풍자한 세계이다. 이런 공간에서 르페브르는 낭만과 불확실성의 끝을 목격했다. 그는 또한 정신의 조종(弔鐘)을 들었다.

나바렝스에서는 그렇지 않았다. 그곳은 아름다운 중세 도시이며, 르페브르는 이 도시에 대한 다정함을 감출 수 없었다. 그러나 여기서 그의 향수는 회고하기 위한 것이 아니다. 그의 모형은 진정성과 선량한 생활에 대한 하이데거적인 기본 감정적(atavistic) 모형이 아니다. 르페브르의 향수는 전적으로 미래를 위한 것이고, 그는 과거를 단지 앞으로 나아가기 위한, 비판적 사고와 지각의 더 높은 평면을 향한 수단에 불과한 것으로 이용한다. 따라서 르페브르의 철학은 평범한 철학이 아니며, 그는 평범한 철학자가 아니다. 그의 철학은 메타–철학(meta-philosophy)이며, 그는 메타–철학자이다. 이런 사람은 추상적 체계를 만들지 않으며, 대신 "철학으로부터 비판적 의식을 생성시킬 수 있는 사고, 우리가 살고 있는 세계에 관해 좀더 높으면서 또한 좀더 심원한 의식을 향해 나아가는 사고를 도출하고자 한다"[9]고 그는 주장한다. 메타–철학의 목적은 "철학의 한계를 보여주고 이를 능가하기 위해 철학이 과거 그러했던 특성, 그 언어와 목적을 밝히는 것"(POS: 405)이다. 메타–철학은 해독제이다. 이는 분리와 격리를 극복하고, 추론적 철학과 비판적 이론을 정치적 행동을 통해 통합하고자 한다. 이는 비판적이며 자기비판적인 지식을 추구한다.

메타-철학만이 실질적 초월이라는 이름으로 엉터리 초월을 까발릴 수 있다. 메타-철학은 단지 혁명, 개인적 및 집단적 혁명—한 사람의 머릿속에서 그리고 다른 사람들과 함께 거리에서의 혁명—에서만 승인받을 수 있다.

6

르페브르는 이런 점에서 훌륭한 마르크스주의자이다. 왜냐하면 그의 마르크스주의는 아주 나쁘고, 아주 이단적이기 때문이다. 마르크스가 숭배한 영웅은 프로메테우스였다. 프로메테우스가 신에게서 불을 훔쳤기 때문에 고통을 받았다는 것을 상기하라. 바로 그가 자본에 얽매인 프롤레타리아의 고매한 가면을 쓰고 나타났다. 프로메테우스적 원칙은 용감함, 창의성, 생산성이다. 마르크스는 이를 전유하고 거기에 의해 고취되었다. 그러나 르페브르는 프로메테우스적이지 않다. 그의 이상은 오르페우스 또는 심지어 나르시스와 더 많이 닮았다. 그들은 분투하거나 명령하지 않았으며, 뒤돌아 서 있었으며, 비생산적이었고, 노래를 부르고 듣기도 했다. 르페브르의 급진주의는 이런 점과 '디오니소스적 생활', 즉 술 마시고 춤추며, 비웃고 빈정대는 세계에서 드러난다. 이 노선은 정당(Party)의 노선을 끌지 못했다. 이는 그림자 속에서 움직이고, 바깥쪽에 머물러 있다. 아무도 르페브르가 다음에 무엇을 할 것인지 알지 못했다. 왜냐하면 르페브르 자신이 다음에 무엇을 할 것인지 결코 알지 못했기 때문이다. 이것이 다루기 어렵고 문제 있는 정당인(Party man)을 만들었다. 그는 신뢰받을 수 없었다. 그의 의제는 합리적 지식이 아니라 성애적 지식을 중심으로 이루어졌다. 그의 마르크스주의는 5개년 계획이라기보다 사랑이나 삶과 더 많은 관련이 있다. 그의 마르크스주의는 자유주의적 아나키즘처럼 더 잘 들린다.

그의 마르크스주의는 모호하고, 즐겁고, 도시적인 것이었다. 마르크스와 나란히, 우리는 헤겔을 발견한다. 헤겔과 나란히, 우리는 프로이트를 발견한다. 프로이트와 나란히, 우리는 니체를 발견한다. 르페브르는 프로이트 속에서 무의식을, 헤겔 속에서 의식을, 마르크스 속에서 실천적인 의식적 활동을, 니체 속에서 언어와 권력을 발견한다. 도시 속에서 르페브르는 이들 네 사람 모두를 위한 공간을 만들었다. 그러나 도시 속에는 무의식적 욕망과 열정이 초현실적인 것 내에 잠복, 즉 실재적인 것 표면 이면에 잠복해 있다. 이들은 심판의 날, 즉 이들이 현실의 의식적 생활 속에서 실현될 날을 기다리고 있다고 르페브르는 생각한다. 그리고 마르크스는 옳았다. 정치경제적 힘이 이러한 무의식적 욕망과 정열을 형성할 뿐만 아니라 제약한다. 경제력은 정열을 억제하거나 그렇지 않을 경우 새로운 허위적 정열을 창출하며, 이것들은 신비화와 물신화의 모든 방법에 뒤덮인다.

그러나 신비화 대신, 르페브르는 도시가 억압을 풀어주기를 원한다. 그는 도시가 "자유 연대적" 표현을 위한 수단을 제공하고, 희열의 장, 즉 열정적으로 감각적이고 성적인 즐거움과 흥분의 장이 되기를 원한다. 그는 일상적 생활과 일상적 공간―도시의 재현적 공간―이 그 자체를 위해 재생되기를, 결정적으로 "체험된 계기"로서 재생되기를 원한다. 체험된 계기는 어떻게 해서든 일상생활을 탈소외화해야 한다. 이들은 저항의 집단적, 개인적 예식을 포함한다. 이들은 심각하면서도―때로 끔찍스럽게 심각하면서도―쾌활할 것이다. 사실 이들은 빛나는 "사람들의 축제"여야 한다.

축제는 관료주의 지배와 질서의 참된 반명제이다. 축제일은 "무절제의 날이다. 무엇을 해도 괜찮다. 이와 같이 넘치게 먹고 마시기의 즐거움은 한계가 없고, 규칙이 없다"(Lefebvre, 1991a: 202; Lefebvre, 1958: 216)고 르페브르는 말한다. 물론, 여기서 그가 고취하고자 하는 것은 시골 축제이다. 시골 축제는 "인간적 재희열(réjouissances humaines)"과 관련이 있다고 그는 생각한다. 이런 축제는 분명 그에게 오랜 인상을 남겼다. 의심할 바 없이, 이들 축제는 무심결에 기억을 활성화하고, 낙원에 대해 어린아이와 같은 생각을 떠올리며, 차 속에 담긴 프루스트의 마들렌 같은 맛을 낸다. 그러나 성숙한 축제는 또한 "사회적 연계를 치밀하게 하고, 동시에 집단적 규율과 일상적 작업의 필요성에 의해 갇혀 있던 모든 욕망을 자유롭게 한다"(Lefebvre, 1991a: 202; Lefebvre, 1958: 216)고 르페브르는 말한다. 사실 이들은 "일상생활과 극단적으로 대조적이다". 그러나 "**축제는 일상생활과 분리되지 않는다**"(Lefebvre, 1991a: 207. 강조는 원문)는 점이 중요하다. 반대로, 축제는 "일상생활 자체 속에서 그리고 이를 통해 천천히 축적된 힘의 발산이라는 점에서 일상생활과 다르다".

고전적 마르크스주의 관점에서, 이런 모든 것은 엉뚱하고 수상하며 부질없는 소리이다. 그렇지만 르페브르는 축제에 관한 그의 사고와 노동자의 자주적 관리에 관한 마르크스 및 레닌의 사고 사이에 어떠한 필연적 모순을 느끼지 않는다. 게다가 "과거의 혁명은 축제였다—잔혹하다는 점은 인정하지만, 축제에 항상 잔혹하고 야만적이며 폭력적인 것이 없었다고 할 수 있는가?"(Lefebvre, 1971: 36) 이제 르페브르는 이러한 사고를 약간 추가적으로 변형시켜 근대 도시적 맥락에 투사하고자 한다. 이제 그의 견해는 일종의 무대로서 거리를 상정한다. 여기서 드라마는 베르톨트 브레히트(Bertolt Brecht: 독일의 극작가이자 시인—옮긴이), 앙토냉 아르토(Antonin Artaud: 프랑스 마르세유 출신의 배우이자 연출가—옮긴이) 또는 찰리 채플린(Charlie Chaplin)이거나 심지어 프랑수아 라블레가 쓴, 서사적이거나 우스꽝스럽거나 또는 둘 다인 것일 수 있다—누가 말해줄 수 있겠는가? 이는 결국 자발적이게끔 의도된 것이다. 어떤 행사에서도 거리 행동과 시위는 도시 시민의 축제가 될 수 있으며, 재생산과 생산, 저항과 작업장, 총파업과 더불어 혼합적인 지대(rent) 파업을 함께 연마하고자 하며, 줄곧 소란스러운 카니발 같은 정신을 지속적으로 유지—그러나 단지 정당하게—하고자 한다.

이런 사고는 1968년 5월 저항 운동의 생명력을 형성했으며, 르페브르는 다니엘 콩방디(Daniel Cohn-Bendit: 1968년 5월 혁명 당시 학생 운동 지도부의 일원이었으며 무정부주의자, 독일 녹색당원, 유럽연합 의원—옮긴이)를 포함해 많은 저항가에게 강의를 했다. 또한 동시에 그의 사고는 상황주의자들의 파괴적 급진주의를 보완했다. 당시 르페브르는 1963년 신랄한 언쟁으로 갈라서기 전까지 기 드보르(Guy Debord: 프랑스 파리 출생의 작가이자 정치이론가. 1967년 《스펙터클의 사회》를 출간했고 상황주의자의 중심인물로 1968년 5월 혁명에도 참여했다—옮긴이)를 가르쳤고, 이 운동의 여러 구성원과 함께 작업했다. 그 이후 르페브르는 도시 혁명과 축제에 관한 상황주의자들의 사고, 특히 1871년 파리 코뮌에 관한 그들의 해석을 베낀 표절자로—아마 잘못되게—비난받았다. 르페브르와 상황주의자들은 코뮌을 비길 데 없는 "공간적 혁명"으로 찬양했다. 르페브르는 이를 "현재까지 유일한 혁명적 도시화의 실현"이라고 불렀다. 파리 코뮌의 이슈는 영토적이고 도시적이었다고 그는 말한다. 코뮌 지지자들은 일상의 언어로 말했으며, 자유와 자주적 결정을 요구했고, 부르주아적 권력과 권위의 상징을 파괴했고, 거리를 점거해 "도시에 대한 권리"를 외치고 노래 부르며 죽었다고 그는 말한다. 이는 "인간적 현실의 방도이며 규범으로서 도시를 건설하고자 하는 웅대한 최고의 시도"라고 르페브르는 생각했다. 97년이 지나서 이 선언은 파리의 거리에 부활했다.

코뮌은 5월의 도취된 날들을 예시했다. 그러나 프랑스 공산당은 5월의 거리 행동를 비난했다. 르페브르는 그들을 칭송하고, 비판하고, 이해하고자 노력했다.[10] 그에 의하면, 이는 가능성의 계기적 실현이었다. "상상이 힘을 갖게 되었다." 한동안 파리는 추상적 공간의 바다에서 해방된 차별적 공간의 섬으로 존재했다. 그곳에는 약함과 더불어 강함이 함께 드러났다. 르페브르의 마르크스주의와 아나키즘은 문제가 있지만 창조적 긴장으로 서로를 고조시켰다. 1871년과 1968년 모두에서, 우리는 새로운 유형의 대격변, 도시 혁명, 공간 그 자체를 위한 공간의 부활, 인간 발전을 위한 공간과 시간을 경험했다. 이는 오래 지속되지 못했다. 선동가들은 15분간만 유명했다. 1968년에 그들은 마르크스와 코카콜라의 어린이였다. 두 가지 격변 모두 어렴풋한 변명을 제시했다. 공간의 사회주의자, 르페브르는 분명 무언가를 잘 알고 있었다.

7

오늘날 우리는 여전히 르페브르를 우리 자신의 도시로 그리고 그 도시의 공간으로 가져올 수 있다. 도시에 관한 그의 견해는 여전히 우리에게 많은 것을 말해준다. 그의 사고는 도시의 미래에 관한 현대적 논의를 위해 중요한 준거점으로 남아 있다. 축제에 관한 그의 사고 역시 놀랄 만한 공명을 일으키고 있다. 우리는 직접적 행동을 의사(quasi-) 아나키스트적 축제와 결합시키려 하는 '거리를 복원하자(Reclaim the Streets)' 같은 단체에 주목하기 위해, 오늘날 영국에서의 정치적 경관을 둘러보아야 한다. 지난 몇 년에 걸쳐 이런 활동은 런던 북부와 남부 그리고 중앙에서 공적 공간을 점거하고, 거리에서 춤을 추고 외쳤으며, 모든 배경의 남녀와 어린

이들을 뭉치게 했으며, 교통을 정지시키고, 도시에 대한 보행자의 권리를 요구했다. 르페브르처럼 이 사람들은 도시는 살기 위해 즐거운 장소여야 할 뿐만 아니라 도시 정치 역시 매우 즐거울 수 있다는 예리한 감각을 갖고 있다. 르페브르가 1968년 선배들과 함께했던 것과 매우 흡사한 방법으로, 이런 유형의 저항과 관련한 상상력은 이해하고, 이용하고, 유의하고 결속한 급진적 정치로, 특히 투표함 의회 정치로부터 소외된 젊은이들을 정치화하는 데 놀라운 능력을 부여할 수 있도록 옮겨갈 필요가 있다. 우리 도시의 운명에 관심을 갖는 학자, 도시 계획가, 그 밖에 모든 사람은 도움을 줄 수 있다. 우리의 도시를 살 만할 뿐만 아니라 흥미롭게, 윤리적일 뿐만 아니라 심미적이게, 무질서할 뿐만 아니라 질서 있게, 관리받지만 상당히 자발적이도록 만들기 위해 해야 할 일이 많다. 그러나 학자로서, 공적 영역의 도시와 공간에 관해 서술하는 자로서 우리는 이 같은 책을 통해 많은 것을 도울 수 있다. 그러나 단지 우리가 르페브르의 사고와 좀더 가깝게 친숙해질 때만 그러하다.

학계에서 일하는 학자나 지식인으로서 우리는 우리 자신의 도시들이 르페브르가 수년 전에 탈신비화시키고자 했던 것과 같은 상품화에 의한 폭력 아래 놓여 있으며, 점점 더 그 속에 파묻혀 살아가고 있음을 발견한다. 우리의 공간―우리의 학술적 공간, 우리의 학과, 우리의 논문―은 자본주의의 또 다른 추상적 공간이 되어가고 있으며(이미 되었으며?) 우리 자신은 범죄자, 생산 관계 그리고 이것들이 부여하는 '질서'와 냉혹하게 연계된 새로운 종류의 재현 형성자(formulator)이다. 우리 자신의 일상적 실천 속에서, 우리는 점점 더 우리 자신뿐만 아니라 학계 밖에 있는 다른 사람들의 체험된 경험과 동떨어진 사회의 추상적 재현과 성문화를 다루게 되었다. 따라서 우리가 오늘날 일상생활에 관해 서술할 때, 우리는 우리가 누구의 일상생활을 말하고 있는지에 대해 매우 조심스럽게 생각해보아야 한다. 공간에 관해 서술할 때, 우리는 마찬가지로 우리가 누구의 공간을 의미하는지에 대해 생각해보아야 한다. 앙리 르페브르 같은 급진적 지식인에 관해 서술할 때, 우리는 급진적 지식인으로서 우리 자신의 역할을 생각해보아야 한다.

물론 우리는 르페브르적 비판과 자기비판을 필요로 한다. 그러나 이제 우리는 이것을 우리 자신에게로 돌려서 우리의 일상적 삶과 공간을 분석해야 한다. 이빨 없는 늙은 말 같은 학자로 남아 있기보다는 우리 자신을 부양한 손이라도 물어뜯는 것이 낫다. 낙인 없는 송아지 같은 르페브르의 자유정신은 우리의 작업과 삶 속에서 우리 자신을 고취시킬 수 있다. 그리고 우리는 승진이 소란을 부추기고 거짓이 명목상 진실로 자리 잡은 곳, 학문 시장의 유혹과 더불어 대학 생활에서 점점 증대하고 있는 합리화와 전문화에 저항하기 위해 이러한 고취를 필요로 한다. 이에 따라 우리는 우리 자신의 공간을 교정함으로써, 동시에 시민들을 위해 우리 도시의 공간을 교정하는 데 도움을 줄 수 있다. 그렇지만 상상이 권력을 다시 장악하기 전에, 우리는 먼저 우리 자신의 상상을 개발할 필요가 있다. 우리는 우리 자신을, 우리의 사상과 우리의 도시를 자유롭게 할 수 있는 공간을 상상할 필요가 있다. 어쨌든 나에게는 그것이 바로 '공간적 사유'가 진실로 어떠해야 하는지를 말해주는 것이라고 하겠다.

주

1. 전체 시리즈를 녹취하여 《자유로 가는 길에서의 모험(Adventures on the Freedom Road)》이라는 영어 제목을 가진 단행본으로 번역 · 출판되었다.
2. Levy(1995: 131). 르페브르와의 인터뷰는 "'A Group of Young Philosophers': A Conversation with Henri Lefebvre"라는 제목이 붙어 있다.

3. 마셜 버먼(Marshall Berman)은 개인적으로 나에게 1970년대에 걸쳐 르페브르를 번역하기 위해 여러 출판사와 논의했으나 전혀 소용이 없었다고 말했다. 버먼은 이를 '절망'이라고 표현했다.

4. Burgel et al.(1987)에서 인용. 도시화와 도시 사회 운동에 관한 연구에서, 카스텔의 생동감 없는 해석 역시 1976년 파리에서 박사 논문 심사를 받을 때 논란의 축을 형성했다. 르페브르는 심사위원 가운데 한 사람으로, 젊은 박사 학위 지망자에게 명백히 준엄한 심사를 했다. (이런 이야기를 나에게 해준 데이비드 하비—격식을 갖추고 그 심사에 참석했던—에게 감사한다.)

5. 르페브르는 1969년 이래—좀더 일반적인 다른 영어권 급진 지리학처럼—번창한 급진 지리학 학술지 《안티포드(Antipode)》에서 열렬한 환영을 받았다. 예를 들어 1976년 《안티포드》는 르페브르의 "'Reflections on the Politics of Space"(8, 2: 30-37)을 게재했다. 이 에세이는 뒤에 리처드 피트(Richard Peet)가 편집한 〈급진 지리학(Radical Geography)〉(1977)에 재게재되었다.

6. 이후에 나오는 참고문헌의 쪽수는 도널드 니콜슨-스미드의 영역본(본문에서는 POS라고 인용함—옮긴이)에 따른다.

7. 이것의 이점과 함정에 관한 더 깊이 있는 논의로는 Merrifield(1997) 참조.

8. 알튀세르의 언명, "생산의 궁극적 조건은 따라서 생산 조건의 재생산이다" 참조. Althusser(1971). 《도시 문제》에서 카스텔은 "도시 체계로, 나는 노동력 **'재생산'**의 (공간적) 단위 안에 사회 구조 층위의 특정한 접합을 의미한다"(Castells, 1972: 237. 강조는 필자)고 인정했다.

9. 'Leszek Kolakowski and Henri Lefebvre—Evolution or Revolution (Interview)', in A. Naess (ed.) *Reflexive Waters—Basic Concerns of Mankind*. London, Condor Books: 202에서 인용.

10. 구체적인 세부 사항에 관해서는 Lefebvre(1969) 참조.

참고문헌

Althusser, L. (1971) *Lenin and Philosophy*. London, New Left Books.

Burgel, Gailia *et al.* (1987) 'An Interview with Henri Lefebvre', *Environment & Planning D: Society and Space* 5: 27-38.

Castells, Manuel (1977) *The Urban Question*. London, Edward Arnold.

Harvey, David (1973) *Social Justice and the City*. London. Edward Arnold.

Harvey, David (1974) 'Class-monopoly rent, finance capital and the urban revolution', *Regional Studies* 8: 239-255.

Hess, Remi (1988) *Henri Lefebvre et L'aventure du Siècle*. Paris, A. M. Métailié.

Lefebvre, Henri (1958) *Critique de la Vie Quotidienne* I. Paris, L'Arche Editeur.

Lefebvre, Henri (1969) *The Explosion: Marxism and the French Revolution of May 1968*. New York, Monthly Review Press.

Lefebvre, Henri (1971) *Everyday Life in the Modern World*. Harmondsworth, Penguin.

Lefebvre, Henri (1974) 'Leszek Kolak in Naess, A. (ed.) (1974) *Reflexive Waters—The Basic Concerns of Mankind*. London, Condor Books.

Lefebvre, Henri (1976) 'Reflections on the Politics of Space', *Antipode* 8 (2): 30-37.

Lefebvre, Henri (1991a) *Critique of Everyday Life—Volume One*. London, Verso.

Lefebvre, Henri (1991b) *The Production of Space*. trans. by Donald Nicholson-Smith. Oxford, Basil Blackwell.

Lefebvre, Henri (1995) *Introduction to Modernity*. London, Verso.

Levy, Bernard-Henri (1995) *Adventures on the Freedom Road*, London, Harvill Press.

Marx, Karl (1967) *Capital I*. New York, International Publishers.

Merrifield, Andy (1995) 'Lefebvre, Anti-Logos and Nietzsche: An Alternative Reading of "The Production of Space"', *Antipode* 27 (3): 294-303.

Merrifield, Andy (1997) 'Between Process and Individuation: Translating Metaphors and Narratives of Urban Space', *Antipode* 29.

Peet, Richard (ed.) (1977) *Radical Geography*. New York, Maaroufa Press.

자크 라캉의 이차원적 주체성

자크 라캉(Jacques Lacan, 1901~1981)은 20세기의 정신분석학자로, 무엇보다도 인간 주체성의 형성에서 시각적 동일화(identification)의 역할을 강조했다. 우리가 인간이라고 부르는 것이 되는 과정은 우리가 거울 속에 있는 것처럼 우리 자신을 모형화하는 이미지와의 관계를 통해 이루어진다고 그는 이론화했다. 분명, 그의 통찰력은 이미지-중심 사회의 20세기 주체에 비판적이다. 텔레비전 앞에서 성장하고 세계와의 관계뿐만 아니라 가시적 미디어를 통해 우리의 정체성 구조를 발견하는 대부분의 서구 사회에서, 우리의 정체성이 이차원적 거울과의 관계에서 형성되는 과정과 관련한 라캉의 강조는 20세기 주체성의 생산에 관해 많은 것을 시사한다(Ewen and Ewen, 1992; Boorstin, 1961; Postman, 1986 참조). 그렇지만 시각적인 것을 우선하는 것은 주체를 이차원으로 와해—라캉이 주체 형성 일반에서 '불가피한' 것으로 독해한 와해—시키는 것이라고 우리는 주장한다. 이 이론가에 관한 공간적 분석을 통해, 우리는 그가 정체성 형성에 관한 이차원적 설명에 얼마나 빠져 있었는지를 예시할 뿐만 아니라, 이차원적 주체의 보편화가 그에게 어떻게 핵가족의 무분별한 부르주아적 질서를 보장하는지 예시하고자 한다. 게다가 라캉의 이론, 특히 '거울 단계'에 관한 이론은 주체 형성과 동일화에 관한 오늘날의 비판적 논의에 엄청난 영향을 주었기 때문에, 우리는 지리학자들이 라캉으로부터 (또는 라캉을 자료로 삼아) 무엇을 취할 수 있는지를 고찰하기 위해 그의 이론의 '공간 적' 한계를 고찰하고자 한다.

우리는 주체 형성에 관한 라캉의 세 가지 등록소(register), 즉 실재계 · 상상계 · 상징계에 관한 설명에서 시작해, 인간 주체에 관한 라캉의 사고 와 관련해 이들의 공간적 결과라는 점에서 이것들을 논의하고자 한다. 라캉의 등록소는 실재계를 신체, 상상계를 에고(ego) 그리고 상징계를 언 어적 및 문화적 질서—우리를 사회적 주체로 조직하는 질서—와 동일한 것으로 본다. 우리는 특히 주체성에 부여된—특히 주체가 공간적인 것 속에서 그리고 이를 통해 등장함에 따라—한계, 진술되지 않았지만 그럼 에도 불구하고 다루기 어려운 한계에 관심을 갖는다. 프랑스 사회학자 앙리 르페브르가 라캉에 의한 주체의 공간적 와해를 길게 비판했기 때문 에, 우리는 우리의 비판을 위한 발판으로 르페브르의 비평을 인용하고자 한다.

르페브르는 라캉이 체험된 경험과 주체성을 이론화하면서 공간적인 것에 대해 시각적인 것에 우선성을 두었다고 비판했다. 〔본문에서는 여기 에 관한 주 또는 참고문헌을 명시하지 않았지만, 아래 글들에 근거하면 Lefebvre(1991: 특히 35~36쪽)를 참고한 것으로 추정된다—옮긴이.〕 라캉의 주체는 이미지와 언 어의 장(arena)에서 배타적으로 생산되며, 결과적으로 신체는 이차원으로 와해된다고 르페브르는 단언한다. 본래부터 이차원적 이미지의 효과 그 리고 기표(언어)의 영역을 통해 진행되는 과정으로 인해, 삼차원적 신체 는 라캉에 의해 붕괴된다. 라캉이 이론화한 유일한 '삼차원', 즉 타자성 (alterity)을 발견하고 매개하는 차원은 남근〔phallus: 라캉의 남근(男根)은 남자

성기(penis)와 달리 육체의 일부가 아니라 상징적인 욕망의 대상, 욕망을 낳는 결여 그 자체의 기표를 의미한다—옮긴이)—기의가 없는 기표—이다. 이는 의미 생산 도구와 관련되지 않고서도 세계에서 모든 의미를 생산하고 유지한다. 남근은 결코 위치 지어지지 않는다. 사실 르페브르가 지적한 것처럼 이는 라캉적 남근 경제가 기능하기 위해 억압되어야만 하는 신체로부터 (문자적으로뿐만 아니라 구상적으로) 분리된다. 신체의 이러한 억압에 관한 가장 명확한 예시는 상징적 남근과 신체적 성기의 구분에 대한 라캉의 주장이라는 것을 우리는 밝히고자 한다. 우리는 이제 신체 거부하기가 그의 의미화(signification) 체계에서 얼마나 중요한지 이해하기 위해 '실재'에 관한 라캉의 이론을 탐색해보고자 한다.

1 실재 어머니

'실재'는 가장 파악하기 어려운 라캉의 개념 가운데 하나이다.[1] 어떤 방식에서는 프로이트적 충동 세계와 유사하지만, 실재에 관한 라캉의 설명은 상징적 질서에 앞선 주체와 그 내부의 주체 간 차이를 강조한다. 따라서 실재는 좀더 근본적으로 정신의 상징계와 대조되는 신체의 등록소이다. 라캉의 암묵적 이원론, 즉 "결여의 결여는 실재를 만들며, 이 실재는 코르크(cork)처럼 단지 그곳에서 나타난다"고 라캉은 적고 있다. "이 코르크는 불가능이라는 단어에 의해 지지를 받는다. 그리고 우리가 실재에 대해 약간이나마 알고 있는 것은 모든 진실-같은-것(verisimilitude)에 대한 이율배반을 보여준다"(1978: ix). 라캉의 등록소 이론에서 실재의 역할에 관한 브루스 핑크(Bruce Fink)의 논의는 아마 현재에 이르기까지 가장 훌륭한 것이라고 하겠다. 핑크는 실재의 두 가지 형태를 구분한다. 첫째는 전상징적인(presymbolic) 것, 달리 말해 선언어적인 유아의 세계이다. 이 세계는 주체-형성 전에 경험한 실재계이다. 라캉에게 주체 되기는 상징계에의 통합을 의미한다. 이는 구분, 차이, 계층적 경험 그리고 주체가 항상 분리된 정체성을 새겨 만드는 것과 관련한 현상 창조하기를 의미한다. "외부성과 내부성을 고려해 이 점을 상기하라—이런 구분은 실재 수준에서 전혀 의미가 없다. 실재는 균열이 없다"(Lacan, 1988: 97). 처음에는 환경과 혼란 없이 융합된 것으로부터 유기체의 의식적 분리는 주체 되기의 필수적 부분이다. 우리가 물질적인 것과 실재적인 것의 암묵적 연계를 고려함에 따라 이는 실재의 중요한 측면이 된다.

두 번째 실재계는 후상징적(postsymbolic) 주체라는 관점에서의 실재이다. 이는 상징체계에 통합되지 않은 채 남아 있는 실재로, 주체성의 가장자리에서 출몰하는 것이다. 라캉적 정신분석학은 주로 이 통합되지 않은 실재를 지탱하기 위해 상징적인 것을 가져오는 것, 즉 주체화라고 일컫는 과정에 관한 것이라고 핑크는 주장한다. 라캉은 실재란 '현실(reality)'에 관한 소박한 사고를 '제외한' 어떤 것이라고 주장했지만 실재계는 자연(Nature)과 현저히 닮았다. 이 양자가 문화(Culture)에 반대되고 함축적으로 모성적인 것—특히 모성적인 것에 관한 유아적 관점—과 연계되는 방식에서 그러하다. 실재가 전상징적인 것의 계(order)가 되는 정도에 따라, 주체성은 모성적 세계—여기서 유아의 경험은 신체적 필요의 근원적 관리에 지배를 받는다—를 필요로 하는 것과의 유아적 연계 초월하기를 통해 달성된다. 뤼스 이리가라이는 이러한 이중적 속박에 관해 라캉을 길게 비판했다. 선상징계(presymbolic)는 존재하지만, 이에 관해 말할 수 있는 것은 아무것도 없다. 왜냐하면 이는 주체의 계에 앞서고 그 밖에 있기 때문이다.[2] 전상징적인 것은 여성성과 암묵적으로 연계된다고 이리가라이는 지적한다.[3]

이리가라이는 라캉이 단지 여성적 성애성을 무시한다고 주장하는 한편, 라캉은 오히려 모성적인 것을 주체에 대한 강력한 위협—심지어 주체이고자 하는 위협—으로 표현한다.[4] 라캉이 실재를 지칭한 "결여의 결여"는 상실된 (그리고 분명히 환상적인) 충만, 세계(어머니)의 제공과 유아의 필요 간 완전한 연속성이다. 라캉에게 이는 모성적 기능의 핵심에 있는 기만(deception)—분리되지 못한 주체를 정신병적으로 만들고자 위협하는 불쾌한 유혹—이다. 아버지의 법(father's Law: 부성적 은유, 라캉이 '아버지의 이름'이라고 부른 것)에 의해 제거되지 않은 정신병적인 것은 아마 두 번째 실재계라고 할 수 있는 곳에서 분명히 살아가며, 상징계 '내에서' 그 또는 그녀의 위상으로부터 상징계를 거부하는 주체이다. 부성적 질서의 법칙, 즉 근친상간 금기와 거세(castration)에 의한 결과적인 처벌에 머물기는 어린이(항상 남성이라고 가정한다)가 의미화의 상징적 연쇄에 들어가는 것을 보장한다. 사실 유아의 욕망을 얽매고 이를 어머니로부터 돌려놓기 위한 기표의 이런 유지 기능이 없다면, 인간의 모든 의미화 체계(예를 들어 친족, 사법 체계)는 붕괴된다. 그렇게 되면 타자성은 어머니의 신체 포기를 통해 만들어진다.

르페브르가 지지한 것처럼 모성적 신체의 이러한 포기는 라캉의 정신 경제로부터 신체 그 자체의 억압(금지/추방)을 유도한다. 이러한 신체 '청사진'은 어머니의 신체이다. 다음 문장에서, 르페브르는 라캉이 문명의 초석으로서 근친상간 금지의 재현을 통해 모성적인 것을 경멸할 필요가 있었음을 지적한다.

〔즉 여기서 이중적 금지란〕 근친상간을 금했기 때문에 (남자) 어린이를 그의 어머니에게서 분리시키는 금지 그리고 의식을 구성하는 언어가 신체의 비매개적 통합을 파괴하기 때문에—달리 말해서 (남자) 어린이는 상징적 거세

를 견뎌야 하며 또한 그 자신의 남근이 외적 현실의 일부로서 자신에게 객체화되어야 하기 때문에―어린이를 그 신체에서 분리시키는 금지. 이에 따라 어머니 그리고 그녀의 성(sex)과 피는 저주받은 것 그리고 성스러운 것―황홀할 뿐만 아니라 접근 불가능한 것으로 표현된 성적 쾌락과 더불어―의 영역으로 추방당한다.

이러한 논제에서 문제는 이 논제가 공간에 대한 언어의 논리적 · 인식론적 · 인류학적 우선성을 가정한다는 점이다. 달리 말해, 이 논제는 생산적 활동이 아니라 금지들―그중 근친상간에 대한 금지―을 사회의 기원으로 설정하고 있다. 〔르페브르는 라캉의 이런 '금지'에 관한 사고를 그 자체로서 비판하기 위한 것이라기보다는 자신이 제안하고자 하는 '사회 공간(social space)'의 개념을 서술하는 과정에서 이를 비평한 것이다―옮긴이.〕

(Lefebvre, 1991: 35-36)

사실 르페브르가 지적한 것처럼 금지를 설립적 계기로 설정한 사회 체계는 신체가 '언어'에 기초한 '한층 높은' 질서―'법'의 질서―로 상상하는 것에 종속되기를 요구한다. 정신이상(psychosis)에 관한 라캉의 세미나에서, 그는 '언술 질서의 개입'을 단호히 강조한다.

오이디푸스 콤플렉스(Oedipus complex)는 근친상간적이고 갈등적 관계에 있는 상상계가 갈등과 파멸로 운명 지어지는 것을 의미한다. 인간이 관계들 가운데 가장 자연적인 것, 즉 남성과 여성 간 관계를 형성하도록 하기 위해서는 제삼자―즉 성공적인 어떤 것의 이미지, 어떤 조화의 모형―가 개입해야 한다. 이것만으로는 결코 충분하지 않다. 법, 사슬, 상징계, 언술 질서, 즉 아버지 질서의 개입이 있어야만 한다. 자연적 아버지가 아니라, 아버지라고 일컫는 것. 상황 전체의 충돌과 폭발을 막아주는 질서는 이런 아버지의 이름이라는 존재 위에 구축된다.

(Lefebvre, 1993: 96)

여기서 '아버지'의 중요성은 어머니와 (남성으로 가정되는) 어린이 사이에 개입하는 제삼자로서 현장에 나타난다는 점이다. 그러나 어머니-어린이라는 이원일체에서 획득할 거라고 여겨지는 장소를 취하는 것은 남근, 아버지의 절단된 부분(어머니의 욕망을 괴롭히는 남근)이다. 아버지의 자연적 신체와 그의 사회적 형태 간 이러한 분리가 동질이상적으로(polymorphously) (근친상간적으로) 욕망하는 신체의 통제 불가능한 충동을 억압하는 만큼 사회적 실체로서 아버지, 특히 아버지의 이름은 전체 질서를 감독한다.

전형적으로 라캉은 한 번 꼬아서 신체를 여성과 그리고 정신을 남성과 연계시킨다. 라캉의 사회적 질서가 합리적으로 기능하기 위해, 어머니 신체에 의해 위협받는 정신이상을 회피하기 위해, 주체는 이차원적 이미지와의 동일시를 통해, 즉 처음에는 거울 단계(상상계)를 통해 그다음에는 언어 질서(상징계)를 통해 사회적 존재가 되어야만 한다. 실재·정신이상·근친상간 간 연계가 주어지면, 사람들은 실재가 근친상간이 발생할 수 있는 곳인지에 대해 의문을 가질 수 있다. 더 중요하게, 어머니의 신체에 자리 잡은 금기가 부성적 법을 통해 강화된다면, 실재는 모성적인 것의 장소인가? 라캉의 실재는 분명 어머니와 관계를 맺은 유아가 경험하는 미분화된 전체성의 상태와 직접 동일시할 수 없는―다양한 정신분석가들[5]이 제시한 이론―반면, 사람들은 왜 근친상간 금지(상징계의 초석) 실패가 실재에 있는 주체를―그의 어머니와 함께―좌초시키는 처지가 되는지 궁금해한다. 어머니(여기서 정신이상에 대한 위험한 유혹으로 나타남)는 왜 법에, 상징계에, 문화에 대응하는 자세를 취하는가? 그렇지 않으면, 어머니는 자연인가? 어머니는 심지어 죽음일 수도 있는가?[6]

　라캉의 모성은 상징계, 실재 영역에서 모성적인 것에 대한 원초적 위협을 구성한다. 실재의 여성화(그리고 모성화)가 바로 공간적인 것 그리고 그가 상징계라고 정형화한 것의 탈체현화한 설명을 유도한다.

2 이차원성과 '가시적인 것의 문턱'

르페브르와 라캉 모두에게, 모성적 영역으로부터 정신적 및 육체적 분리는 차이와 주체성의 구성을 위한 기반이 된다(Blum and Nast, 1996 참조). 두 이론가는 이 분리가 어떻게 발생하는지를 설명하기 위해 '거울'의 수사(trope)에 의존한다. 라캉에게 주체성은 '거울 단계', 즉 유아가 6~8개월 사이에 있을 때 전형적으로 발생하는 전환기 동안 촉진된다. 이 단계의 특징을 간략히 말하면 다음과 같다. 어린이는 그 자신의 외부, '저 바깥(out there)'의 어떤 이미지와 동일시함을 통해 그 자신을 인식하고 이에 따라 자신을 위치 지운다. 라캉은 유아가 동일시하는 어떤 이미지를 패러다임적으로 나타내기 위해 거울 이미지의 수사에 의존한다. 요점은 거울 안에서 어린이가 자신의 윤곽을 발견하게 된다는 것이 아니라, 주체 형성의 과정은 반영하기(mirroring)라는 것이다. 라캉에게 이는 '자아'의 환상적 총체성을 위한 기반 모형이다. 거울-이미지는 유아가 되기를 기원하는 이상적 또는 총체화된 에고(ego)이다. 라캉은 인지된 이미지와 아직 주체는 아니지만 인지하는 유아 간 관계의 환상적 성질을 강조하기 위해 이렇게 내면화한 거울 이미지를 '이마고(imago: 자아 이상이 대상에 투영된 이상적 타자―옮긴이)'라고 부른다. 어린이가 이미지를 정신적으로 내면화한 결과, 에고는 기초를 다진다. 주체성은 공간적으로 그리고 존재론적으로 '탈중심적'이다. 주체는 말 그대로 '내적 외부(outside in)'에서 형성된다. 결정적으로, 상호 구성적인 주체성과 타자성 모두는 어린이가 갖는 '자기 자신의' 이미지와의 관계 속에서 발생한다.

게다가 거울-이미지를 통해 형성된 타자성의 느낌은 복잡하게 타협된 것이다. 한편, 이는 근본적으로 오인(misrecognition)에 기초한다. 거울-이미지 '저 바깥'은 어떤 의미에서 '나'이다. 다른 한편 이는 '저 바깥'에 존재하며 따라서 내가 아닌 것(not-me)이다. 마찬가지로 중요한 점은 이미지 '저 바깥'은 신체적 지각과 파편화에 관한 유아의 감정을 능가하는 전체의 게슈탈트(Gestalt: 지각의 대상을 형성하는 통일적 구조―옮긴이)를 만들어낸다는 사실이다. 동시에 이 전체성은 유아로 하여금 이것이 파편화되어 있고(아직 전체가 아니고) 따라서 거울-이미지와 상황적 경쟁 관계 속에 있음을 알도록 하는 것이다.

거울 단계는 그 내적 추진력이 불충분에서 기대감으로 촉진되는 드라마이다. 이 드라마는 공간적 동일시의 유혹, 즉 파편화한 신체-이미지에서 내가 정형적이라고 부르고자 하는 총체성의 한 형태로 확장되는 환상들의 연속에 사로잡힌 주체를 만들어낸다.

(Lacan, 1977b: 4)[7]

라캉은 '불충분'을 처음 기기 시작한 유아의 체감된 운동적 비연동화(the felt motor uncoordination)와 관련짓는다. 라캉에게 '기대감'은 유아가 그것과 동일시하는 동등화된 유동적 거울-이미지에서 얻는 '미래'에 대한 감지(glimpse)를 의미한다. 라캉이 지적했음에도 불구하고 개발되지 않은 채 남아 있는 것은 반영하기가 수많은 '공간적' 분리를 어느 정도 수반하는가이다. 첫째, 나(여기)는 '저기'(거울-이미지 안에 있는)이다. '저기'(거울-이미지)는 '여기'(에고)이다. 둘째, 이미지 자체는 이차원적이며, 따라서 이차원적 주체를 이룬다. 셋째, 이미지는 방관적 신체의 비대칭적 역전이다. 거울이 방관적 어린이로 하여금 두 지위를 동시에 차지하도록 허용한다는 점은 주체와 이미지 간 거리, 차원성의 차이, 비대칭이 환상적으로 붕괴함을 의미한다. 거울 단계와 연계된 공간적 혼란은 라캉이 제시한 눈(eye)과 시선(gaze) 간의 구분과 관련이 있으며, 이 구분은 또 다른 공간적 틈으로서 젠더 정체성을 중요하게 구조화한다.

라캉이 제시한 것처럼 이와 같은 거울 이미지와의 관계를 통한 '나'의 형성은 '가시적 세계의 문턱'이다. 프로이트(Freud, 1923)가 신체-에고(body-ego)라고 부른 것에 따라, 신체는 에고가 되는 것을 위한 청사진이라는 점에 대해 라캉은 동의한다. 이 신체-에고는 '전체적인 자아'가 된다고 느끼는 것으로 내면화하지만, 라캉에 따르면 실제로는 이것이 바로 에고—거울 단계의 여러 오인을 통해 형성된 한정적인 정신적 작인(agency)—이다. 신체-에고, 그다음 에고로서 '나'의 등장에 앞선 가시적 세계는 무차별적이다. 가시적 세계는 반영하기의 이차적 효과—즉 주체 형성의 나르시시스트적 유형—로서 '나'로부터 차별화된다. 달리 말해, '가시적 세계'는 동일화의 나르시시스트적 형태를 통해 주체의 자격으로(qua subject) 주체의 등장에 이를 종속시킴으로써 구성된다.

그렇다면 오인의 시원적 과정에 종속한 것처럼 보이는 가시적 세계는 주체의 투사를 위한 단순한 스크린이라는 것을 의미하는가? 라캉이 이 주제에 관해 언급하고자 한 것을 고찰해보자.

거울 속에 있는 이미지는 무엇인가? 거울에 반사된 광선은 우리에게 현실 속 어딘가에 있는 객체를 어떤 상상적 공간에 위치 지우도록 한다. ……모든 사람이 세계에서 사라졌다고 가정해보자. 나는 당신이 의식에 부여한 높은 가치 때문에 '사람들(men)'을 말한다. 의문을 제기하기에는 이미 충분하다—거울에 무엇이 남아 있는가? 그러나 여기서 나아가 모든 생명체가 사라졌다고 가정해보자. 단지 폭포와 샘—천둥과 번개 역시—만 남았을 뿐이다. 거울 속의 이미지, 호수 속의 이미지, 이것들은 여전히 존재하는가?

(Lacan, 1988: 46)

라캉은 계속해서, 이들은 존재하며, 이들의 존재는 광학적 장치 덕분이라고 주장한다. 이러한 통찰력은 눈과 시선 간의 그의 구분을 유도한다. "모든 생명체가 사라졌음에도 불구하고, 카메라는 호수 속 산의 이미지 또는 완전한 황야에서 폐허가 된 카페 드 플로르(Cafe de Flore: 파리의 유명한 노천카페—옮긴이)의 이미지를 기록할 수 있다"고 그는 적고 있다. 어떠한 인간 주체도 이들의 어떤 것도 볼 수 없다 할지라도 기록 도구, 즉 카메라의 고안 덕분에 이들 모두는 '존재한다'고 라캉은 단언한다. 19세기 광학적 장치의 발전에 관한 탁월한 논의에서, 조너선 크래리(Jonathan Crary, 1990: 136)는 "새로운 카메라는 목격자의 완전히 독립적인 장치(이다). 그렇지만 이것은 관찰자와 세계 간의 투명하고 비신체적 매개물인 것처럼 가장되었다"고 주장한다.

라캉의 통찰력을 확인하면서, 크래리는 독립적 목격자로서 카메라의 배치를 지적한다. 카메라는 그 통합적 눈을 통해 시각의 장을 함께 끌어당긴다. 우리는 이것을 의식의 탓으로 돌린다. 카메라가 찬탄하는 경치의 집합은 우리가 되고자 하는 집합—우리가 동일시하는 집합—이다. 따라서 라캉이 서술한 것처럼 우리는 "어떤 그림"(1978: 106)이 된다. 주체성은 이러한 효과로부터 나타난 시선과의 관계 속에서 발생한다. "시선을 통해 나는 빛에 들어가고, 시선으로부터 나는 그 효과를 얻는다. 따라서 시선은 빛이 체현되는 도구이며—만약 여러분이 내가 흔히 그렇게 하는 것처럼 파편화한 형태의 단어를 사용하도록 허용한다면—내가 '사진-찍히는(photo-graphed)' 도구라는 점을 알 수 있다"(1978: 102).

각 주체는 단지 전체의 부분을 감지한다고 주장하면서, 라캉은 눈과 시선을 구분한다(1978). 가시적인 것의 영역에서, 눈은—'보이는' 것(시선)과 대조적으로—각 주체가 갖는 자동적으로 제약받는 관점의 특수성을 위치 지우는 기관이다. 타자의 시각 영역을 통해 누군가를 이미지화하는 것은 시선을 구성하는 것이다. 그 자신에게서 볼 수 있는 것과 볼 수 없는 것의 이러한 구분, 즉 제한된—한 사람의 정체성의 잔여물이 발생하는 시각의 전체 영역과 관련해보면, 그 사람의 가시적 영역은 제한된다 —가시적 영역의 경험된 부적합성은 가시적으로 접근 가능한 것을 통한 통제와 세력화에 과도한 관심을 쏟는 문화에서 점차 중요해진다. 푸코(Foucault, 1980: 153)가 관찰한 바와 같이 17~18세기에 사회적 통제 유형에서 의미 있는 전환, 즉 시각적 감시 체계의 등장 그리고 과거의 어두운 장소를 조사하는 데 따른 개방에 대한 관심의 증대가 있었다. 사회의 이탈적 구성원을 '확인하거나' '호명하는(name)' 능력은 정체성-형성 그 자체, 동일시 과정과 혼란스럽게 연계되어 있다. 루이 알튀세르는 개인들이 이데올로기의 주체가 되며 또한 여기에 종속되는 과정을 길게 서술했다. 그는 이 과정을 "호명(interpellation: "우리가 일상에서 언어와 이미지로 전달되는 이데올로기에 의해 스스로 구축되는 과정"을 의미한다—옮긴이)"이라고 부른다. 개인들은 어떤 의미에서 문화에 의해 칭송받거나 또는 동일시된다. 이 문화는 (우리를 호명하고/위치 지움으로써) 우리를 주체로 전환시킬 뿐만 아니라 우리를 호명하고 위치 지울 수 있는 문화의 실행에 '종속되도록' 한다. 자아를 확인하는 것은 타자와 동일시하는 것이며 또한 동시에 탈동일시하는 것이다(Althusser, 1971).

어떤 의미에서 그/그녀 자신의 정체성으로부터 단절된 이러한 주체(항상 가시적 영역을 능가하거나 또는 바깥에 있는)는 단지 이차원 속에서만 인지하는 주체이다. 눈은 동일시의 기관이 되며, 시선은 주체화 과정이 된다. '깊이'가 없는 텔레비전 화면이나 어떤 동물이든 무차별적으로 만드는 거울 이미지처럼 일단 그곳에서 실현되면, 그 '이면'에는 아무것도 없다. 라캉의 주체는 항상 다른 '화면'과의 동일시를 통해 깊이를 추구하는 이차적 화면이다.

눈은 시각 기관인 반면, 시선은 가시적인 것을 만들고 가시적인 것이 되는 과정을 강조한다. 정신분석론에서 '보이지 않는 것(the not-seen)'은 거세(castration) 이론과 혼란스럽게 얽혀 있다. 왜냐하면 여성 성기(genital)의 경우 보이지 않는 것은 부재하거나 빠진 것으로 해석되기 때문이다. 프로이트적 이론에 따르면, 남성 성기 보기에 대한 반작용으로 어린 소녀는 자신이 거세되었다고 믿는다. 마찬가지로 여성 성기를 본 결과, 어린 소년은 거세를 두려워한다. 프로이트(Freud, 1923, 1931, 1933) 이후, 정신분석학계에서는 어린 소년이 여성의 신체에서 '빠진' 것과 공포스럽게 만나는 것이 그 이후 계속 거세 불안으로 내면화한다는 것을 당연한 것으로 간주한다. 따라서 가시적 영역으로부터 빠진 것으로 해석되는 모든 것은 거세와 환유적으로 연계된다. 달리 말해, 모든 신체의 보이지 않는 것은 여성 신체에만 투사되며, 여성의 성기로 페티시화된다(fetishized). 라캉은 언어학적 무대에서 (해부학적 무대와는 대조적으로) 여성적 성애성의 누락을 강조한다. 이에 따라 여성적 성애성에 관한 유명한 앙코르 세미나에서, "그녀의 것(à elle), 존재하지 않으며 어떠한 것도 의미하지 않는 '그녀(elle)'에 속하는 희열(jouissance)이 존재한다"(1985a: 74)고 그는 서술한다. 언어에서 여성은 단지 자신의 어떤 우선적인 성적 정체성 없이 남성과의 관계에서만 존재하기 때문에, 그녀 자신은 언어적 실체가 아니다. 따라서 여성의 성적 기관에 대한 추정적 불가시성은 그녀의 성애성의 침묵이 된다. 이러한 언어적인 것에 대한 강조를 통해, 라캉은 성기의 가시성/부재에 관해 과거와 동일한 가정을 하지 않은 것처럼 꾸밀 수 있었다. 거만하게도 삼차원 신체에 대한 자신의 공언된 무관심을 통해, 그는 성적 차이에 관한 프로이트의 남성주의적 재현을 항상 유지한다.

파일(Pile, 1996: 128)은 눈과 시선에 관한 라캉의 차별화에 입각해 이러한 분리의 공간적 결과와 거세 불안 및 성적 차이의 가시적 기반에 관한 공간적 속성을 지적한다. 그가 서술한 바와 같이,

눈과 시선의 분리는 어떤 대가 없이 달성한 것은 아니다. 왜냐하면 이는 불안—거세 위협(이는 성의 해부학적 차이에 대한 어린이들의 이해에 관한 프로이트의 해석과 관련이 있을 뿐만 아니라 남근의 우세를 설명한다)—에 의해 제도적으로 만들어지기 때문이다. 시선은 이러한 불안에서 달아나며, 의식을 벗어난다. 정신의 이런 공간적 장소학(topography)에서, 시선은 항상 이해의 이면 또는 너머에 놓여 있다. 반사적(specular) 이미지와 주체와의 관련성은 그 장소를 근본적으로 인지-하지-못함에 따라 이루어진다는 사고를 다시 한 번 고취한다.

파일은 따라서 눈과 시선의 구분이 어떻게 공간적으로 분할된 인간 주체성을 구성하는지에 관한 중요한 분석을 제시한다.

그럼에도 불구하고 유년기에 관한 다른 정신분석적 설명에서,[8] 불안의 가장 이른 형태 가운데 하나는 어머니로부터의 분리 불안—거세 불안이 아니라—이다. 거울 단계의 어린이에 관한 라캉의 이론에서 남겨진 것(그리고 시선/눈 분리에 관한 파일의 공간적 정교화)은 어린이가 남겨둔 유일한 장소로서 어머니의 신체이다. 이 장소는 어린이가 라캉이 지칭한 "조각들로 이루어진 신체(body in pieces)"—신체를 함께 되돌려놓기 위해 거

울 이미지를 살펴보는 "운동적 비연동화(motor uncoordination)에 빠져 있는"—가 되기 전에 어린이를 온전하게 만든다. 따라서 시원적으로 '모두-보기(all-seeing)'의 장소는 어머니이다. 어머니가 보지 못할지라도, 그녀가 보지 못한다는 바로 그 가능성이 어린이에게 어머니 사랑의 상실에 대한 관련적 가능성을 열어놓는다. 이는 어머니의 '보기(look)'가 그녀의 보살핌과 관심을 유의하게끔 하는 것이기 때문이다. 이들 간의 공간이 일단 열리면, 항상 그녀의 '보기'를 갖는 것은 필히 의문에 빠진다. 어머니의 잠재적 무관심이 공간적으로 표시될 뿐만 아니라, 만약 그녀가 보기를 멈추면 어린이는 존재하기—그녀의 욕망의 대상으로—를 중단할 것이다.

그러면 어린이는 어머니의 신체로부터 신체적 및 가시적 치환을 통해 그 자신의 '장소'를 찾는다. 어머니의 신체로부터 어린이의 분리 이동은 어린이를 과거 그러했다고 여겨지는 곳이 아닌 것으로 어린이를 공간적으로 구성하는 것이다. 어머니 신체로부터 멀어짐에 따라 그녀는 많은 장소 가운데 한 장소가 되며, 동시에 공간적인 것이 유아에게 나타난다. 그렇다면 우리는 주체가 차이 속으로의 공간적 추락을 통해 나타나며, 이러한 추락이 한 어린이로 하여금 개인적 정체성을 가정할 수 있도록 한다고 말할 수 있을 것이다. 어린이가 어머니로부터 기어 나옴으로써 체현된 이러한 '추락'은 어머니로부터의 분리와 거울 이미지에서 '자기 자신' 찾기 '사이의' 이야기이다.

라캉이 거울 게슈탈트에서 그 교정 수단을 찾고자 하는 "조각들로 이루어진 신체"에 관한 이야기에서 빠뜨린 것은 신체가 모습을 갖추고, 어머니의 신체와 그 신체의 도착점—신체가 되돌아가기 전, 또는 어머니가 신체를 구하기 위해 돌진하기 전에 도착하는 최종 장소—사이의 흔적에 따라 하나의 신체로서 그 자신을 찾는다는 점이다. 기어 나오기 이후의 각 단계는 조형적이며(신체에 의해 '발견된' 새로운 장소) 또한 임시적인(다음 단계에 도착함에 따라 뒤에 버려두게 될) 공간과의 관계를 설정한다. 어린이가 '나'에 깃들임을 통해 인지적 주체로서 자신을 발견한 이후에는, 어머니의 보기는 어린이를 돌보기 위해 더 이상 필요하지 않다. 어린이는 어린이가 그 자신의 보기를 이양받기 전까지는 어머니로부터 진정하게 분리될 수 없다.

우리의 논의는 우리로 하여금 라캉이 거세 불안(가시적으로 등록된)을 분리 불안(공간적으로 등록된)과 중첩시켰다고 결론지을 수 있도록 한다. 정확히 바로 이 중첩이 라캉으로 하여금 기어가는 유아의 공간적 궤적을 거울 속으로 와해시키도록 한 것이다. 이 와해는—어린이가 거울 이미지의 정점에서 그렇게 하는 것처럼—어린이가 여행을 통해 그 자신을 찾게 된다는 사실을 부정한다. 분리의 신체적 경험을 (어머니와 남근 모두의) 부재와 출현의 가시적 등록소 속으로 전환하는 것은 어머니의 신체로부터 어린이가 벗어나는 경로의 흔적을 지울 뿐만 아니라 궁극적으로 버릴 신체가 없는 것처럼, 슬퍼할 장면이 없는 것처럼 가장하게 된다.

우리는 라캉의 발전적 시나리오를 체현된 삼차원적 주체성이라는 관점에서 재사유하기를 권한다. 공간적인 것은 어머니의 신체에서 거울로 가는 바로 그 경로에서 (가능한 한 구체적으로) 설정된다. 이것이 주체이며, 그 정체성의 형성은 가시적인 것을 능가한다. 그렇지만 라캉의 거울 단계에서 발생하는 것은 세계 속의 신체(body-in-the-world)가 공간과 공간적 관련성의 이차원적 이미지에 의해 대체된다는 점이다. 라캉은 왜 이와 같이 결정적인 (체현된) 전환을 빠뜨렸을까? 이를 설명하기 위해, 우리는 어머니에 관한 라캉의 설명으로 돌아가야 한다. 그러나 이번의 어머니는 거울 단계에서 기능하는 어머니이다.

3 이성애와 관람

라캉에게 어머니는 거울 단계에서 핵심적 역할을 한다. 여기서 어머니는 유아기 전체에 걸쳐 어린이에게 가장 일관되고 근접한 배려자, 따라서 어린이의 최우선적 또는 지배적인 '타자'로 가정된다(Lacan, 1977c). 이런 의미에서, 어린이는 어머니를 통해 세계를 먼저 알게 되거나 타협하게 된다고 여겨지며, 이는 라캉이 상상(imaginary)이라고 지칭한 것을 알게 되는 이원일체적 방식이다.[9] 그러나 여기서 '타자'는 중재되지 않으며, 따라서 부성적 법과 언어 바깥에서 소박하게 경험된다. 오히려 어머니-모습은 이미 제한받고, 부성적 법에 의해 규정되고 구조화한 것이며, 이런 이유에서 그녀는 또한 어머니/타자[(m)Other]이다(Bowie, 1991: 138 참조). 라캉이 서술한 바와 같이,

> 아버지가 법이라는 이러한 권위의 기원적 대표자로 간주된다는 사실은 우리에게 타자, 즉 어머니의 장소를 차지하도록 실제적으로 이끄는 주체를 넘어서 그가 유지되게끔 현존 양식을 특권화하는 것이 무엇인가를 상술하도록 요청한다.
>
> (Lacan, 1977a: 311)

부성적 규율과 조절을 어린이에게 수행적으로 가져다줌으로써 어린이에게 아버지 세계를 소개하는 사람은 바로 어머니/타자이다.

어린이의 발달에 관한 라캉의 설명에 대해 열거할 수 있는 여러 가지 반대가 있다. 첫째, 라캉은 단지 핵가정의 부르주아적이고 이성애화한 위상에서만 설명을 도출했다. 즉 부르주아적 이성애(최소한 19~20세기 중반에 존재했던 견해)가 정신적 성애성(psycho-sexuality)에 관한 라캉의 이론화

를 유지하고 정보를 제공한다. 시간과 계급 측면에서 그렇게 자신을 한정 지움으로써, 라캉은 남성성의 사회적·정치적 기원에 관한 의문을 이론적으로 억압한다. 정신분석학이 남성성의 사회적 기원을 어떻게 억압했는지에 관한 탁월한 설명에서 존 브렌크먼(John Brenkman, 1993: 57)이 서술한 것처럼,

남성 어린이는 아버지를 거세자이며 '법-수여자(law-giver)'로서 지칭하는 지배와 상징의 소리로 자기 욕망을 제한하는 법과 만나게 된다. 그러나 아버지 속에서 그 자신을 인지하는 과정을 통해 어린이는 남성성과 이성애를 배운다. 어린이가 남성성과 이성애로 사회화할 경우에만 어머니와의 관계는 오이디푸스적이 '된다'.

게다가, 앙리 르페브르가 지적한 것처럼 반영하기에 관한 라캉의 사고는 비공간적이고 탈형체적이다. 명시적으로 라캉을 지칭해 르페브르는 반영하기란 어떤 이차원적이고 비정치적인 거울 면에서 그 자신을 수동적으로 위치 지우는 탈체현된 에고에 관한 것이 결코 아니라고 주장한다. 또한 반영하기는 이미지-이상(image-ideal)이 수동적으로 나르시시스트적으로 투사되는 백지 상태(tabula rasa)로서 기여하는 탈체현된 에고에 관한 것도 아니라고 르페브르는 주장한다. 게다가 이는 인간 형태 그리고 두 개인 간 또는 개인과 이미지 간 이원일체적이고 반사적 관련성에 관한 것도 아니다.

르페브르는 대신 반영하기란 물질적 및 정치적 세계를 모호하게 하는 능동적 과정이라고 주장한다. 르페브르에게 반영하기는 궁극적으로 실질적 노동을 요청하는 사회적 실천이다. 끊임없이 바라보기(viewing)를 위해 세계를 스펙터클로 와해시키는 것은 물질적 방심과 집착에 관한 특

권화한 부인을 통해서만 가능하다. 결국, 반영하기는 '자기-기만'에 관한 것으로, 여기서 기만이라는 단어는 암묵적으로 비판과 일종의 책임성을 제기한다. 르페브르는 반영하기 과정을 정치적 및 공간적으로 다시 상황 지우기—이 과정을 차원적으로나 물질적으로 다른 방법을 통해 재구성 함으로써—위해서만 거울에 관한 라캉의 사고를 허용하는 범위 내에서 자신의 주장을 제시한다. 르페브르는 먼저 (라캉과 마찬가지로) 우리에게 '거울'을 바라보는 주체를 제시한다. 그러나 라캉과 달리, 거울은 인간적 형태나 이미지가 아니라, 복잡한 정신적 및 사회적 경관이다. 경관을 바라보는 주체는 세계 위에 그/그녀 자신의 환상적 일관성(fantasmatic coherence)을 투사함으로써 이를 창조한 것이 그/그녀라고 상상한다. 르페브르가 서술한 바와 같이 경관은 "주체(에고)가 **놀라운 자기 기만의 계기** 동안 그 자신의 것으로 주장할 수 있는 창조적 능력에 관해 진실이면서 동시에 허구적인 이미지를 모든 민감한 관찰자에게 제공한다"(1991: 189. 강조는 필자).

이에 따라, 라캉과 대조적으로 르페브르는 우리에게 세계와 물질적 관련성을 가진 주체를 제시한다. 게다가, 주체는 자기-기만적이다. 이런 의미에서 반영하기는 "단지 유리에 있는 자신을 꼼꼼히 살펴보고, 그 자신을 발견하거나 또는 나르시시즘에 빠져드는 에고의 놀람으로 환원할 수 없다"(1991: 89). 위에서 인용한 문장은 또한 인간적 민감 가능성의 상이한 정도를 제시한다. 즉 모든 사람이 동일하게 미혹되는 것은 아니다.

중요한 점은 르페브르가 반영하기에 관한 그의 서술에서 자기-기만을 특권화한다는 것이며, 그 이후 자기-기만이 사회적 및 정치적으로 어떻게 유용화되는지를 논의한다. 그는 또한 이와 같은 기만의 정신적 및 물질적 효과를 규명한다. 경관의 반사적 내삽(introjection)을 통해, 권력과 일관성에 관한 에고의 느낌은 강화된다. 더욱 중요하게, 세계를 '그림'으로 환원시킴으로써 주체는 그 자신 혼자 경관을 자신의 '작업'으로 창조했다고 믿게끔 미혹된다.

> 경관은 또한 모든 그림의 미혹적 권력을 가지며, 이는 특히 그 자체를 즉각 하나의 작업으로 부여하는 …… 도시 경관에서 사실이다. 비록 관람객은 단지 어떤 지방이나 시골을 지나가면서, 매우 수동적 방식으로 그 이미지를 받아들임에도 불구하고 이러한 작업에 참여하며 이를 완전히 이해한다는 원형적인 관람적(archetypal touristic) 망상에 사로잡힌다. 구체적 현실 속에서 이러한 작업, 그 작업의 산물, 그 작업에 포함된 생산적 활동은 모두 모호해지고, 사실상 망각 속으로 넘겨진다.
>
> (Lefebvre, 1991: 189)

따라서 르페브르는 작업(노동, 신체, 장소 읽기)의 지속적 제거에 의해 형성된 주체성은 첫째 자유로운 바라보기(disengaged viewing)를 통해 이루어지며, 둘째 본연적으로 격렬하다는 점을 명백히 한다. 게다가, 타자의 노동을 다루면서 르페브르는 관전하는(spectating) 주체를 능가하는 다른 주체성—그 주체는 결국 다른 주체성이 "망각 속으로 넘겨진다"는 사실을 의문시한다—을 지적한다.

어떤 경우라도, 르페브르는 관전하기를 관람객들의 작업과 은유적으로 연결한다. 비록 그렇다 할지라도, 물질적 세계를 스펙터클로 완전히 환원하는 것은 결국 불가능하다. 모든 사람이 관람객이 될 수 있을 정도로 여유롭지 못하며, 게다가 어떤 장소로부터 완전한 신체적 자유로움 또는 '스쳐지나침(passing through)'은 결코 온전하게 달성할 수 없다. 신체와 경관은 남아서, 그 자체로 스펙터클한 '망상'을 파괴하고자 위협한다. 르페브르는 특히 '에고'에 관한 이야기를 할 때 잉여-신체(body-in-excess)에 관심을 둔다.

'에고'가 미지의 지방이나 도시에 도착할 때, 그/그녀는 자기의 신체 각 부분을 통해―그의 후각과 미각을 통해 그리고 (**만약 그가 자동차 안에 남아서 이를 제약하지 않는다면**) 그의 팔과 다리를 통해 ―이를 우선 경험한다. 그의 듣기는 소음과 소리의 질을 받아들이고, **그의 눈은** 새로운 인상에 **공격을 당한다**. 왜냐하면 공간은 신체를 수단으로 인지하고, 체험하고―생산하기―때문이다.

(Lefebvre, 1991: 162. 강조는 필자)

여기서 다시 "만약 그가 자동차 안에 남아서 이를 제약하지 않는다면"과 "그의 눈은 공격을 당한다" 같은 문장은 세속적 집착(worldly engagement)에서 라캉의 거울 이론화가 담을 수 없는 책임성과 복잡성의 차원을 제시한다. 나르시시즘은 어떤 경우 작동하겠지만, 이는 항상 우리가 우리 자신을 그 속에서 발견할 수 있는 물질성에 그리고 다른 주체성에 항상 공격을 받는다. 르페브르에게 반영하기에 관한 라캉의 분석에서 결여된 것은 가시적 영역을 능가하는 물질적·정치적·공간적 힘의 인식이다(1991: 185).

4 허위적 희망

라캉은 남근에 관한 그의 이론을 통해 거울 단계를 넘어서는 삼차원 세계를 묘사하고자 한다. 인간 주체성과 관련해 젠더화한 공간 질서에 관한 완전한 이해를 위해 남근적 상징체계에 대한 라캉의 설명을 좀더 탐구하는 것이 좋겠다. 우리는 주체성에 관한 라캉의 이차원적 설명은 젠더 차이를 재현하고자 하는 그의 노력뿐만 아니라 상징적·합리적·부성적 질서로부터 추락의 모든 위험을 물질적 신체에 투사하고자 하는 그의 노력에 본질적으로 한정된다고 주장한다. 궁극적으로, 우리는 어머니는 신체(실재, 충동과 세계의 표현 간 비매개적 관계)의 장소에 있으며, 또한 욕망의 장소임을 밝히고자 한다. 어머니 자신이 체현된 욕망의 무대, 근원 및 대상인가, 또는 어머니는 단지 어린이의 생성적 욕망을 위한 유형으로서만 기능하는가를 둘러싼 혼돈이 발생한다. 그렇다면 의문은 어머니와 욕망은 은유적 관계에 있는가, 또는 환유적 관계에 있는가이다. 우리는 남근에 대한 어머니의 욕망을 기원적 객체인 어머니 신체와 어떻게 조화를 이루도록 할 것인가? 이와 관련해 라캉이 프로이트에서 벗어난 점을 특히 다루어볼 가치가 있다.

프로이트의 견해에 의하면, 어머니는 욕망의 기원적 객체이다. 그는 또한 인간 문화와 문명이 번창하기 위해 이런 근친상간적 객체를 금지해야 한다고 요구한다. 마찬가지로 충동(신체)은 주체가 문화 속으로 들어가는 것을 위험하게 한다. 프로이트적 관점에서 보면, 쾌락 원칙은 현실 원칙에 복종해야만 한다. 게다가 최우선적 배려자 역할을 지닌 어머니는 신체의 성욕적 지대를 활성화하도록 하는 책임을 갖는다. 프로이트는 신체적 충동이 심각한 신경이상(문명화한 도덕성 그리고……)의 위험을 무릅쓰지 않고서는 완전히 억압될 수 없다고 주장하는 반면, 라캉은 신체 자체가 주체 형성에서 항상적으로 등장하는 위험임을 암시한다. 사실 프로이트 저서의 많은 부분은 본능적 충동 억압하기의 위험을 지적하며, 자신의 환자를 흔히 신체적 충동과 문화적 규정력 간 격차의 희생물이라고 주장한다(Freud, 1905; Dora). 게다가 프로이트는 어머니에 대한 어린이의 욕망을 성적 주체가 되기 위한 과정에서 결정적 단계라고 주장한다. 프로이트와는 매우 대조적으로, 라캉은 어머니와의 연계를 미생성적 주체의 가장 원초적 층위로 위치 지운다. 라캉은 (충만과 관련한) 유아의 기원적 (실재) 어머니를 생성적 욕망의 후기 어머니와 혼합한다. 바로 이러한 혼돈이 어머니를 주체에 대한 우선적 위협으로 위치 짓도록 한다.

게다가 라캉이 말하는 것처럼 만약 어린이가 어머니를 위해 남근 되기를 원함에서 남근 갖기를 원함으로 나아간다면, 어머니 역시—항상 남근인 것처럼 가장하는 여성 신체의 형태 속에서—어린이의 정신적 경제에서 남근 갖기에서 남근 되기로 이행해야 하는 것 아닌가?(Lacan, 1977a). 상상적 등록소에서 이미지/어머니의 비매개적 동일시는 제삼자, 남근, 즉 주체성을 유발하는 분할과 욕망이라는 기표의 간섭과 갈라서게 된다. 우리가 논의할 것처럼 이는 어머니로부터 어린이의 인지적 및 공간적 분리에서 생겨나 거울 단계를 통해 지속되며, 이어서 실질적으로 언어를 통해 제거되는 오랜 과정이다. 언어 속으로 들어가는 것은 주체에서 상징적 영역을 설정하는 것이다. 가장 중요하게, 타자성('타자'인 어머니로부터 분리와 성적 차이 인정)에서 생겨나고 또한 이를 표현하는 기표로서 남근은 라캉에게 의미화의 구조로 편입된다.

라캉에게 남근은 욕망에 어떤 종말을 부여하는 것—궁극적으로 주체에 의해 도달할 수 없는 것—을 위한 욕망의 기표이다. 어떤 것도 라캉이 "기의(signified) 없는 기표"라고 지칭한 것을 충족시킬 수 없기 때문이다. 남근을 위한 욕망은 언어적 치환과 대체의 고리를 따라 인간 주체를 속인다. 모든 객체는 기원적이고 불가능한 것을 대신한다. 라캉은 남근은 "그 기표로 출현함으로써 그러한 모든 효과를 조건 지움에 따라 기의가 존재하는 효과를 전체적으로"(Lacan, 1985b: 80) 나타낸다고 서술한다. 이는 남근의 효과가 더욱더 심원하고 흔들리지 않는다는 것은 사실이 아니기 때문이다. (라캉은 이것을 기관과 동일시할 수 없다고 주장한다.) 재클린 로즈(Jacqueline Rose, 1985: 49)가 서술한 것처럼

라캉에게 남성과 여성은 단지 언어 속에만 있다. ……모든 말하는 존재는〔남근과의 관계에서 발생하는〕분할의 한쪽 편 또는 다른 편에 자신을 줄 세워야 하

지만, 누구나 그 줄을 가로질러서 해부학적으로 운명 지어진 것 반대편에 그 자신을 등록할 수 있다. 이것은 이거나/또는(either/or) 상황이지만, 그 환상적 속성은 라캉에 의해 끊임없이 반복되는 상황이라고 우리는 말할 수 있다.

신체적 성기는 상징적 남근의 압도적 질서와 무관하다고 라캉은 우리에게 말한다. 프로이트는 인간의 충동을 여성 성기에 위치 지우는 것처럼 보이지만, 라캉은 그 기관을 신체에서 단절시키고(문자적으로 또한 도해적으로), 이에 따라 역설적으로 프로이트가 상술했던 바로 그 본능적 주체를 탈체현화한다. 실재적 및 상징적 성기/남근 간 이러한 분리는 라캉이 '실재' 신체를 발견한 것이 얼마나 불쾌한 것인가를 우리에게 경고하는 것이다. 그는 궁극적으로 매우 현명하게도 프로이트적 이론의 가장 체현된 측면을 탈체현화한다.

한 단계에서, 신체는 성적 차이와 상징계의 등장에 관한 라캉의 설명에서 부차적이거나 때로 완전히 배제되는 것처럼 보인다. 어떤 의미에서, 정체성을 언어에 위치 지운 것(신체로부터 떨어져)은 그가 1950년대 중반 번성한 탈프로이트적 생물주의(biologism)를 반대했다는 점에서 이해해야 한다. 그렇지만 라캉의 반생물주의, 남성성과 여성성의 육체적 생득성과 불가피성[10]에 대한 그의 암묵적 비판은 그를 반대편에 있는 극단으로 이끌었다. 그는 주체성을 완전히 언어 속에 위치 지운다—여기서 신체는 단지 하나의 효과가 될 뿐이다. 상징계는 인간 주체에 선행한다는 라캉의 단언은 주체성이 신체를 완전히 벗겨낸 대가로 이루어진다는 것을 의미한다. 신체에 대한 라캉의 생략은 그러나 완벽히 이루어지지 않았으며, 그는 자기 이론의 많은 부분을 유지하기 위해 본질화한 해부학에 의존한다. 재클린 로즈가 증언한 것처럼 그는 우리가 언어를 통해 해부학적 운명을 초월해야 한다고 주장하겠지만, 그의 언어는 역설적으로 '해부학적' 차이와 연계되어 있는 것처럼 보인다. 성적 차이는 단지 "말하는 존재에서"만 이루어진다는 라캉의 유명한 진술(Lacan, 1985b: 138)은 기관의 차이와 부르주아적 이성-가부장적(hetero-patriarchal) 어린이 키우기 실행에 관해 마찬가지로 오래된 남근 중심적(phallocentric) 이야기에 대한 그의 관심으로 상쇄된다.

해부학적으로 젠더화한 신체를 전통적인 가족적 역할에서 분리시키고자 하는 명시적 노력에도 불구하고, 그의 이론은 여성을 우선적인 배려자로 위치 지우고 남성을 초가정적 영역과 동일시하는 것에 의존한다. 게다가 모성적인 것은 어린이가 주체성을 달성하기 위해 탈출할 필요가 있는 것으로 특징 지어진다. 탈출은 남근의 추구를 통해 촉진된다. 따라서 남근은 어린이를 모성적 늪에서 끌어내 '바깥의' 상징적인 부성적 질서의 고상함에 이르도록 하는 것이다. 성기 질투에 관한 정신분석학의 문헌적 이해를 경청하면서, 라캉은 어머니를 정신-성적 발달의 경제에서 기원적으로 욕망하는 (성기의) 주체로 만든다. 어머니-어린이 관계에서 욕망의 역동성은 어머니의 욕망하는 주체성을 무시할 뿐만 아니라 욕망하는 주체, 즉 어린이를 출산하는 데서 그녀의 중추적 역할을 간과한다. 라캉은 욕망의 질서가 어머니를 통해 전개되는 한 어머니는 타자의 장소를 차지한다고 강조한다.

> 아버지가 법이라는 이러한 권위의 기원적 대표자로 간주된다는 사실은 우리에게 타자, 즉 어머니의 장소를 차지하도록 실제적으로 이끄는 주체를 넘어서 그가 지속되는 현존 양식을 특권화하는 것이 무엇인가를 상술하도록 요구한다.
>
> (Lacan, 1977a: 311)

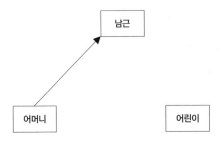

그림 9.1 '남근에 대한 동경'

　어린이는 자신이 더 이상 어머니 세계의 중심이 아니라는 것, 즉 자신만으로 어머니의 세계를 완전하게 할 수 없다는 것을 이해할 때, 어머니에게서 돌아선다고 한다. 라캉은 어머니와 어린이의 관계는 "그녀의 욕망을 위한 욕망에 의해 구성되며, 어머니 자신이 남근으로 어린이를 상징화하는 한 어린이 자신을 이 욕망의 상상적 객체와 동일시한다"(1977c: 198)고 말한다. 어머니의 관심이 아버지, 다른 어린이, 역할(job)을 지향하는지 여부와 무관하게, 어린이로부터 어머니 욕망의 이탈 구조는 중요하다. 이는 어린이를 주체성 속으로 몰아넣으며, 또한 동시에 주체성은 그것이 생성된 것에서 분리함으로써 특징 지어진다. 이러한 대상관계는 라캉에 따르면 그림 9.1과 같다.

　이것이 내가 이를 묘사한 상황이다―여기는 상상계, 즉 어머니 입장에서 남근에 관한 욕망이며, 저기는 우리의 중심으로서 어린이이다. 어린이는 이것, 즉 모성적 대상에서 결여를 능가하는 발견을 이루어야만 한다. 이는 최소한 가능한 산물 가운데 하나이다. 어린이가 상황에 빠져드는 방식을 발견하고 그 상황을 가능한 것으로 인지하면서 빠져나오는 그 시간부터, 상황은 그를 둘러싸고 변한다.

　우리는 어린 소녀 그리고 또한 어린 소년의 환상에서 결과적으로 무엇을 발견하는가? 어린이를 둘러싼 상황이 변하기 때문에, 어린 소녀는 어린이가 있는 그곳에서, 그 너머(beyond), 그녀에게 어린이를 줄 수 있는 그(he)에게서—프로이트의 말에 의하면, 아버지에게서—실재 성기를 발견한다.

(Lacan, 1994: 202)¹¹

어린이의 욕망은 자신이 어머니 욕망의 유일한 대상이 아니라고 인식—심원한 상실감을 초래하는 인식—함으로써 시작된다. 어머니가 욕망하는 어린이-보다-다른(other-than-the-child) '어떤 것'은 라캉이 남근—(만약 어린이가 이것을 소유한다면) 어머니와 전체성의 기원적 관계를 회복할 수 있는 대상—이라고 해석한 것이다. 어머니의 욕망을 어린이에게 드러내는 것은 그녀가 남근적이지 않으며(즉 거세되었으며), 어린이의 정신 경제에 '부재'의 가능성을 도입하는 그녀의 '결여'이다. 어린이의 결과적인 신체-이미지는 그렇게 함으로써 파편화와 상실에 의해 체질적으로 그리고 지속적으로 위협받는다. 어린이는 결과적으로 어머니의 생활에서 중심적 장소를 회복해 어머니가 원하는 것, 즉 남근을 가짐으로써 그 상실을 극복하기 위해 노력한다. 라캉(Lacan, 1985a: 83)이 서술한 것처럼

만약 어머니의 욕망이 남근이라면, 어린이는 남근이 되어 이 욕망을 충족시키길 원한다. 따라서 욕망에 내재하는 분할은 이미 타자의 욕망 속에서 그 자신을 느끼게 된다. 왜냐하면 분할은 주체가 타자에게 이 남근에 상응하는 것을 실제로 '갖는' 어떤 것을 제시함으로써 만족하는 것을 중단시키기 때문이다. 그가 남근이어야 함을 요청하는 사랑과 관련한 그의 요구에 관한 한 그가 갖고 있는 것은 그가 갖지 아니한 것보다 더 가치 있는 것이 아니다.

남근은 동시에 분할 및 초월과 관련이 있다. 이는 어머니의 욕망을 어

린이로부터 떼어놓는 것이며, 물질적인 것과의 재구성된 연계 가능성을 보류해두는 것이다.[12] 이 연계는 대체물, 즉 언어의 질서를 통해 간접적으로 추구해야 한다. 의미 있게도, 단지 소년의 신체만이 남근-선물, 즉 성기를 전달하거나 포기할 수 있는 것으로 영원히 표시된다.[13] 선물의 육체적 위치 지우기는 다시 육체성과 언어 간 라캉의 추정적 구분, 즉 성기와 남근 간 구분을 다시금 훼손한다. 우리가 이해할 수 있는 것처럼 그의 정신-성적인 틀은 어머니-아들 이원일체의 이성애적 패러다임—근친상간 금기에 의해서만 제한받는 잠재적으로 초월적인 단위—에 구조적으로 기초한다. 이는 단지 소년만이 각인시키고(성적 행동으로 그리고 더 일반적으로 생산의 형태로 세계에 그 자신을 각인시키고) 유의한 행동(부여하는 형태로)을 할 수 있기 때문이다. 이러한 추론은 남성적 지위를 소유한 주체만이 의미화의 우선적 행동을 할 수 있음을 암시한다.

동시에 여성 주체는 자신이 남근적 기능과의 관계에서 "모든 것이 아니다(not-all)"는 점을 부성적 법칙을 통해 알게 된다. 그녀는 줄 수 있는 대상을 갖지 못하며 세계에 각인할 것, 등록할 것이 아무것도 없다. 그녀는 상징적 영역으로 들어가지만, 법의 주체로서 단지 남성이 창조한 상징적 영역을 재순환시킬 수 있을 뿐이다. 그녀는 의미화의 우선적 행동을 할 능력이 없다.

결국, 정신-성적 발전에 관한 라캉의 보편화한, 탈육체화한 그리고 문화적으로 탈맥락화한 설명은 성적 정체성의 정치적 착근성을 부정함으로써 정치적 변화를 앞지른다. 그는 부르주아적 핵가족 내에서 욕망을 이론화함으로써 가족적 및 사회적 다양성을 제한할 뿐만 아니라 타자성과 욕망을 자연화한 해부학적 차이 안에 바탕을 두도록 한다. 그는 결과적으로 우리의 의견을 가부장적 동일성의 기능주의적(구조주의적) 반복에 묶어둔다. 라캉이 인식할 수 있는 유일한 차이는 어린이를 어머니로부터 구분 짓는 차이라고 할 수 있다. 남근을 모성적인 것에서 탈출할 수 있는 유일한 수단으로 설정하도록 하는 처방을 우리에게 강제함으로써, 그의 '가족 로맨스(family romance)'는 자연-어머니의 약탈적 장악으로부터 어린이를 구제하는 문화-아버지를 찬양한다. 사실 우리가 라캉의 남근이 모성적인 것으로부터의 탈출을 대변하는 것이라고 주장하는 한 어머니는 신체 그 자체의 물질성과 암묵적으로 동일화된다. 그녀는 '신체'가 된다. 결과적으로 라캉적 도해에서 의미화의 모든 행동은 모성적인 것/신체로부터 기원적 분리를 재생산한다. 우리는 신체로부터 벗어나는 우리의 길을 이야기한다. 언어는 은유적으로 라캉적 이론을 통해 속박된 신체의 규정력으로부터 그리고 동시에 어머니의 장악으로부터의 해방이다.

5 결론

인간 주체성에 관한 자크 라캉의 분석에는 다음과 같은 몇 가지 결함이 있다. 첫째, (일반적으로 정신분석학처럼) 이 분석이 의미를 갖도록 하기 위해 정상적인 이성애에 의존하고 있으며 둘째, 이 분석이 세계를 그 자체의 이차원적 기호로 환원하기 때문이다. 그럼에도 불구하고 라캉의 작업은 근대성, 상품화, 생활의 탈체현화와 이미지 및 언어(이차원적 기호)로의 공간적 환원 그리고 정상적인 이성애적 핵가족 생활에 관한 사회적 처방의 효과를 서술한다. 그 자체로, 그의 작업은 반영하기와 남근이 어떻게 성과 '공간'을 구조화하는지 유용하게 서술한다. 그렇지만 단지 르페브르만이 근대성의 압박 이면의 공간적 폭력을 위치 지우고 설명한다. 라캉은 그가 단지 존재하는 것만을 서술하고 있다고 주장함으로써 가부장적 관계를 재생산하는 자신의 입장을 부인하겠지만, 시작부터 그의 설명은 거울과 남근의 폐쇄된 체계에 의존한다. 그 자체로서 그의 분석 체계는 단지 구조적 동일을 더 많이 재생산할 뿐이다.

그럼에도 불구하고 라캉은 지리학자들에게 중요한 이론적 도전을 제시한다. 한편으로, 그는 지속되고 있는 과정, 즉 이성-가부장제의 구조적 재생산과 사람과 사물을 그 자체의 기호로 환원하는 것에 대해 서술한다. 그렇다면 어떤 의문을 제기할 수 있다. 지리학자들은 그 속에서 어떤 결함을 찾아내기 위해—거울과 환원주의가 이성-가부장제와 공간적 억압을 분쇄할 수 있는 방법으로 재타협 가능한지를 보여주기 위해 그의 통찰력을 이용함으로써—그의 분석을 어떻게 파악해야 하는가? 르페브르의 저작(Lefebvre, 1991)이 제시하는 것처럼 우리는 거대한 혁명적 전진을 기대해야 하는가, 또는 내부에서부터 기력을 꺾기 위해 수많은 문화적 전선에서 작동하는—이미 존재하거나 또는 행동하기를 기다리고 있는—다른 종류의 공간적 실천이 있는가? 신체에 관한 우리의 경험은 육체적인 것이 언어적인 것에 종속됨으로써 단지 기표의 효과로만 다루어진다. 이러한 종속 행위의 결과로, 여러 단계의 공간적 붕괴가 동시적으로 발생한다. 우선 공간 그 자체는 의미를 창조하거나 그 자체로서 의미를 갖는 존재로서 역할을 하는 대신 기표의 효과로 환원된다. 달리 말해, 공간은 신체 간의 공간이 내적 경험의 투사에 불과한 사람들 사이의 관계를 통해 창출된 환상의 일부가 된다. 궁극적으로 공간적인 것을 우선적으로 의미화한 사건으로 부정하는 것은 신체를 또한 특권화한 언어적인 표면적 실체의 반영 또는 모방으로 전환하도록 유도한다.

주

1. 실재에 관해 파악하기 어려운 것은 라캉의 이론가들이 실재를 해석하는 상이한 방식에서 보면 분명하다. 예를 들어 Malcolm Bowie(1991: 106)는 실재가 "바깥인가, 안인가? 이는 텅 빈 공간(vacuum)인가, 충만한 공간(plenum)인가?"라고 질문한다. 그는 이 의문을 프로이트가 물질적 현실〔바깥〕과 정신적 현실〔안〕 간을 분절시키고자 했던 구분 그리고 실재는 서구 문화 상징계의 (그렇지 않을 경우 순수할) 교직에서 균열인가, 또는 물질적 세계와의 완전하고 직접적인 연계인가라는 의문과 관련시킨다.

2. 줄리아 크리스테바는 전상징적인 것〔그녀가 기호적인 것(the semiotic)이라고 일컫는 것〕이 항상 생산적 방식으로 상징계를 위태롭게 한다고 주장한다.

3. 이는 이리가라이가 여성적 성애성에 대한 설명에서 라캉을 혹평한 이유이다. 그녀는 라캉이 여성적 성애성을 이해하기 불가능하다고 주장한 앙코르 세미나(Encore Seminar)에 초점을 둔다. 왜냐하면 이는 상징계를 통해 진행될 수 없기 때문이다. "그들은 그것에 관해 말할 수 있는 게 아무것도 없다"고 라캉은 단언한다.

4. 모성적 영역에 관한 라캉의 혼란을 이해하는 것은 특히 분석가―예를 들면 영국의 객체-관계 분석가 D. W. Winnicott(1986)의 '현상 유지적 환경(holding environment)'―로의 모성적 전이를 고취시키는 정신분석학의 형태에 관한 그의 비판을 많이 설명하지는 못한다.

5. 예를 들어,《유아의 사람들 간 세계(The Interpersonal World of the Infant)》(1985)를 쓴 대니얼 스턴(Daniel Stern).

6. 다른 곳에서, 실재는 우리의 책동(machination), 상징화, 고안과 무관하게 우연의 형태로 또는 동화 불가능한 것(즉 정신적 트라우마)과 죽음의 형태로 우리와 불가피하게 직면한다고 라캉은 주장한다(Lacan, 1978: 55). 예를 들어 우연적인 사건은 주체성의 상징적(문화적) 구성물을 (심지어 순식간에) 탈안정화시킨다.

7. 중요하게 이 파편화는 소급적으로, 즉 일관되게 통합된 이미지 같은 전체 되기(becoming whole)라는 기대와 관련해 경험하는 어떤 것이다. 그 자체로서 반영하기(mirroring)는 시간의 문화적 구성을 위한 심원한 함의를 가진다. 특히 거울을 통해, 유아의 과거는 '조각들로-이루어진-신체(body-in-pieces)'로서 회고적으로 재현됨과 동시에 미래는 이상화한 이미지 되기 과정으로서 틀을 형성한다. 이게 바로 라캉이 "과거와 미래 모두 …… 환상에 뿌리를 둔" 에고(ego)를 위한 원초적 "연대 서술의 위반(violation of chronology)"으로서 위치 지운 동시성이다(Gallop, 1985: 81).

8. 1950년대에 존 볼비(John Bowlby)가 창안한 애착 이론(attachment theory)은 어린

이의 정신분석에 핵심적이다.

9. 라캉은 '상상'을 이미지가 현실을 혼동케 하는 정신적 등록소와 관련짓는다.

10. 예를 들어, 여성적 마조히즘과 여성의 모성적 운명에 관한 Helene Deutsch(1930)의 저술 참조.

11. 이 문장은 필자들이 번역한 것이다. 원본 텍스트는 다음과 같다.

> Voyez la position telle que je la dessine—ici l'imaginaire, c'est-à-dire le désir du phallus chez la mère, là l'enfant, notre centre, qui a à faire la découverte de cet au-delà, le manque dans l'objet maternel. C'est au moins une des issues possible—à partir du moment où l'enfant trouve à saturer la situation et à en sortir en la concevant elle-même comme possible, la situation pivote autour de lui.
>
> Que trouvons-nous effectivement dans le fantasme de la petite fille, et aussi du petit garçon? Pour autant que la situation pivote autour de l'enfant, la petite fille trouve alors le pénis réel là où il est, au-delà, dans celui qui peut lui donner l'enfant, à savoir, nous dit Freud, dans le père.

12. 어머니가 욕망하는 것을 갖는 데 소녀와 소년은 서로 다르게 타협한다. 아버지적 질서와 동일시함에 있어 남자 어린이는 자신을 어머니와 재연계시키는 남근을 갖기를 원한다. 어린 소년의 성기는 어머니를 안전하게 하는 것과 동일시된다. 그러나 이는 근친상간 금기와 결합된다. 따라서 어린 소년은 아버지같이 되기를 결심하며, 생애 후기에 자신이 남근-선물을 줄 수 있고 그녀를 완전하게 만들 수 있는 어머니-대체자를 찾기 위해 기다린다. 대조적으로 어린 소녀는 어머니의 욕망과 관련한 기표를 몸에 지니지 않기 때문에, 대신 환상적으로 자신을 신화적인 선추론적 완전성(prediscursive integrity)으로 복원시킬 수 있는 고리가 된다.

13. 프로이트적 성기(penis)와 라캉적 남근(phallus)의 구분에 관한 훌륭한 설명으로는 Jean-Joseph Goux(1992) 참조.

참고문헌

Althusser, L. (1971) *Lenin and Philosophy and Other Essays*. Trans. Ben Brewster. New York. Monthly Review Press.

Blum, V. and Nast, H. (1996) 'Where's the Difference?: The Heterosexualization of

Alterity in Henri Lefebvre and Jacques Lacan', *Environment and Planning D: Society and Space* 14: 559-580.

Boorstin, D. (1987) *The Image: A Guide to Pseudo-Events in America.* New York, Atheneum, Rpt. 1961.

Bowie, M. (1991) *Lacan.* Cambridge, Harvard University Press.

Brenkman, J. (1993) *Straight Male Modern: A Cultural Critique of Psychoanalysis.* New York, Routledge.

Crary, J. (1990) *Techniques of the Observer: On Vision and Modernity in the Nineteenth Century.* Cambridge, MA, MIT Press.

Deutsch, H. (1930) 'The significance of masochism in the mental life of women', *International Journal of Psycho-Analysis* 11: 48-60.

Ewen, S. and Ewen, E. (1992) *Channels of Desire: Mass Images and the Shaping of American Consciousness.* Minneapolis, University of Minnesota Press, Rpt. 1982.

Fink, B. (1995) *The Lacanian Subject: Between Language and Jouissance.* Princeton, Princeton University Press.

Foucault, M. (1980) *Power/Knowledge: Selected Interviews and Other Writings, 1972-1977.* ed. Colin Gordon. Trans. Colin Gordon, Leo Marshall, John Mepham, and Kate Soper, New York, Pantheon Books.

Freud, S. (1905) 'Fragment of an Analysis of a Case of Hysteria', *Standard Edition of the Complete Works of Sigmund Freud.* ed. James Strachey 7: 7-122, London, Hogarth Press.

Freud, S. (1918) 'From the History of an Infantile Neurosis', *Standard Edition of the Complete Works of Sigmund Freud.* ed. James Strachey 17: 1-71, London, Hogarth Press.

Freud, S. (1923) 'The Ego and the Id', *Standard Edition of the Complete Works of Sigmund Freud.* ed. James Strachey 19: 13-66, London, Hogarth Press.

Freud, S. (1931) 'Female Sexuality', *Standard Edition of the Complete Works of Sigmund Freud.* ed. James Strachey 21: 225-43, London, Hogarth Press.

Freud, S. (1933) 'Feminity', *Standard Edition of the Complete Works of Sigmund Freud.* ed. James Strachey 22: 112-35, London, Hogarth Press.

Gallop, J. (1985) *Reading Lacon.* Ithaca, Cornell University Press.

Goux, Jean-Joseph (1992) 'The phallus: masculine identity and the "exchange of women"', *Differences: A Journal of Feminist Cultural Studies* 4: 40-75.

Irigaray, L. (1985) *This Sex Which Is Not One.* Ithaca, New York, Cornell University Press.

Kristeva, J. (1984) *Revolution in Poetic Language.* Trans. Margaret Waller, New York, Columbia University Press.

Lacan, J. (1977a) 'The Subversion of the Subject and the Dialectic of Desire in the Freudian Unconscious', in *Ecrits: A Selection.* Trans. Alan Sheridan, New York, Norton: 292-325.

Lacan, J. (1977b) 'The Mirror Stage as Formative of the Function of the I as Revealed in Psychoanalytic Experience', in *Ecrits: A Selection.* Trans. Alan Sheridan, New York, Norton: 1-7

Lacan, J. (1977c) 'On a Question Preliminary to any Possible Treatment of Psychosis', in *Ecrits: A Selection.* Trans. Alan Sheridan, New York, Norton: 179-225

Lacan, J. (1978) *The Four Fundamental Concepts of Psycho-analysis.* ed. J. Alain-Miller. Trans. A. Sheridan, New York, Norton.

Lacan, J. (1985a) 'The Meaning of the Phallus', in *Feminine Sexuality.* eds J. Mitchell and J. Rose, New York, Norton: 74-85

Lacan, J. (1985b) 'God and the "Jouissance" of Woman', in *Feminine Sexuality.* eds J. Mitchell and J. Rose, New York, Norton: 137-148.

Lacan, J. (1988) *The Seminar of Jacques Lacan: Book I, Freud's Papers on Technique 1953-1954.* ed. Jacques-Alain Miller. Trans. John Forrester, New York, Norton.

Lacan, J. (1993) *The Seminar of Jacques Lacan: Book III, The Psychoses 1955-1956.* ed. Jacques-Alain Miller. Trans. Russell Grigg, New York, Norton.

Lacan, J. (1994) *Le Seminar: La Relation d'Object.* Livre 4. ed. J. Alain-Miller, Paris, Editions du seuil.

Lacan, J. (1998) *The Seminar of Jacques Lacan: Book XX, Encore 1972-1973; On Feminine Sexuality, The Limits of Love and Knowledge.* ed. Jacques-Alain Miller. Trans. Bruce Fink, New York, Norton.

Lefebvre, H. (1991) *The Production of Space.* Oxford, Basil Blackwell.

Pile, S. (1996) *The Body and the City: Psychoanalysis, Space and Subjectivity.* London, Routledge.

Postman, N. (1986) *Amusing Ourselves To Death: Public Discourse in the Age of Show*

Business. New York, Penguin.

Rose, J. (1985) 'Introduction—II', in *Feminine Sexuality.* New York, Pantheon Books.

Stern, D. (1985) *The Interpersonal World of the Infant: A View from Psychoanalysis and Developmental Psychology.* New York, Basic Books.

Winnicott, D. W. (1986) *Holding and Interpretation: Fragment of an Analysis.* ed. M. Masud and R. Khan, New York, Grove.

푸코의 지리학

1 서론: 푸코, 역사, 지리학

그러나 이와 같이 수많은 가시적 사물은 끝없는 선으로 줄짓는 속성(상호
관련적이며 또한 동시에 모순적인 속성)을 갖는다. 전적으로 가시적인 것은 결
코 그 완전성을 보여주지 않는다. 이는 보여주도록 요청한 것 외에 어떤 다
른 것을 항상 보여준다. 그것에 대한 목적은 없다. 아마 본질적인 것은 결
코 보여주지 않거나 또는 오히려 그것이 보이는지 또는 끝없는 증식 속에
서 여전히 다가오고 있는지 알 수 없을 것이다.

(Foucault, 1986a: 110)

루셀은 어떤 방식으로 이들을 이들 자신의 수준에서 유지하며 그리고 기계
를 북 치는 토끼에서 시작해 점차 복잡하게 만들지만, 다른 등록소 또는 차
원으로 넘어가지 않고 항상 동일하게 남도록 한다.

(Foucault, 1986a: 179; Charles Ruas와 인터뷰에서)

이 논문의 목적은 내가 "미셸 푸코의 지리학"이라고 지칭하는 것에 대한 몇 가지 측면을 고찰하는 것이며, 그렇게 하면서 나는 역사에 관한 미셸 푸코(Michel Foucault, 1926~1984)의 견해가 '공간' 및 '장소'가 이러한 역사와 풀 수 없을 정도로 혼란스럽게 묶여 있는 방식을 탁월한 민감성을 가지고 확실히 보여주는가에 관한 논의를 개관해 제시하는 것이다. 여기서 '거짓 겸손'에 관한 보닛(Bonnett, 1990)의 언급에도 불구하고, 내 욕심은 사실 조심스럽다. 왜냐하면 공간이 어떻게 사회생활의 구성에 들어가는지에 관한 어떤 인상적인 푸코적 이론을 창출하는 것은 가능하지 않을 것이며, 또한 푸코의 주장을 종합해 그가 사회와 공간에 관한 다른 위대한 이론가들이 그렇게 (가정적으로) 했듯 많은 것에 대해 논의한 것처럼 보이도록 하는 것도 가능하지 않기 때문이다. 그리고 나는 이런 사회 사상의 실천적 선각자가 어떤 이해(understanding)를 위해 다른 곳에서는 얻기 어려운 열쇠를 지니고 있다고 주장하는 것도 원하지 않는다. 왜냐하면 나는 세계의 '지리'에 관한 별로 닮지 않은 결론들을 (뒤에서 약간 다룸) 장 보드리야르, 실존주의 전통, 기어츠적(Geertzian) 인류학자 그리고 여러 페미니스트 작가(이들은 '포스트모더니즘'과 '탈구조주의' 같은 제목 아래 최근 논란이 되었던 많은 주제를 페미니스트 사상에 위치 지었다) 같은 다양한 '다른' 출처로부터 추출될 수 있다는 것을 의심하기 때문이다. 이는 "방어하기 위한 또 다른 지적 기반을 창출하기"[1]의 문제가 아니라, 최근 풍부한 '지리학적' 논쟁 속에 다른 목소리를 자극하기의 문제이다. 이는 내가 이론적 성찰과 본질적 노력을 위해 지속적으로 찾고자 하는 영감적 문제이며, 또한 내가 기존의 인문지리학 문헌에서 다소 잘못 제시했다고 느끼는 문제이다. 푸코의 저서는 지리학자들에 의해 읽히고 쓰이는 것처럼 분명 자유롭게 그 저자를 벗어날 수 있겠지만, 푸코와 지리학에 관해 거론한 '이야기'가 나에게는 너무나 빨리 단순하게 합의된 것처럼 보인다.

푸코는 인문지리학 입문에서 오랫동안 논의의 초점이었다고 여겨지며, 그레그슨(Gregson, 1989: 236, 주 6)은 "기든스와 푸코는 인문지리학에서 최근 상당 기간 동안 관심을 끌고 있는 근대 사회이론가이다"고 단정하기에 이르렀다. 많은 지리학자가 푸코적 관심이 살아 있는 주제들에 대해 실질적인 연구를 진행하기 시작했다는 것은 사실이다. 그리고 여기서 나는 상이한 또는 '다른' 인구를 관리하는 데 있어 제도적 및 정주적 공간의 역할을 다룬 사람들을 생각한다(예를 들어 Driver, 1985a, 1985b, 1990; Ogborn, 1990; Philo, 1989a; Robinson, 1990). 또한 공간, 영토성 그리고 사회적 재생산에 관해 좀더 분명한 이론적 설명을 하기 위해 푸코를 거론하고 있다는 점도 사실이다(예를 들어 Sack, 1986; Wolch and Dear, 1989 전체에 걸쳐 있는 문장 참조). '권력-지식'에 관한 그의 정교한 논의와 더불어 푸코의 저작 많은 부분에 함의된 합리성에 관한 역사적 비판은 이 학술지에서 다루는 것과 같은 논쟁을 유의하게끔 할 것이라는 조짐도 있다. 그러나 나는 기든스가 그러한 것처럼 푸코가 지리학 잡지 지면에 그토록 많은 분량을 가질 만큼 여전히 어떤 매력을 끌고 있는지 의문스럽다. 그리고 나는 놀랍게도 이론적으로 관심을 갖는 지리학자 입장에서 푸코에 관해 어떤 입증된 이론적 집착이 현재까지는 없었다는 점을 주장하고자 한다. 물론 이런 관점에서 분명 한 가지 예외가 있으며, 이는 소자의 중요한 책 《포스트모던 지리학(Postmodern Geographies)》(1989)의 서장에서 찾아볼 수 있다. 여기서 그는 "비판적 사회 이론에서 공간을 거듭 천명하고자 하는" 소망의 방향을 나타내는 것으로서 푸코의 "양면적(ambivalent) 공간성"에 대해 고찰한다. 그 결과로 푸코의 지리학을 풍부한 상상력과 많은 호기심으로 소개한다.

비판적 인문지리학의 발전에 대한 푸코의 공헌은 고고학적으로 도출해야만 한다. 왜냐하면 그는 자신의 엉성한 공간적 전환을 역사적 통찰력의 찬란한 수레바퀴 속에 묻어버렸기 때문이다. 그는 포스트모던 지리학자로 일컫는 것에 대해 의심할 바 없이 반대하겠지만, 그럼에도 불구하고 그는 《광기와 문명(Madness and Civilization)》(1967)에서 《성의 역사(The History of Sexuality)》(1979)에 관한 그의 마지막 저작에 이르기까지 그러했다.

(Soja, 1989: 16)

여기서 소자의 추론 방향―그리고 이는 그가 르페브르에서 존 버거(John Berger)에 이르는 여러 다른 사상가에 관해 말하고자 한 것과 유사하다―은 공간적 관계에 관한 푸코의 세심함을 뽑아내, 푸코를 '포스트모던 지리학자'로 부르는 것이다. 소자가 이렇게 주장하는 이유는 푸코에 의하면 포스트모더니즘의 '본질'(나는 이런 모순적인 문구를 신중하게 사용하고자 한다)은 바로 인간 사회를 불가피하게 유형화하는 어떤 중요한 것으로서 공간을 재발견하는 데 있기 때문이다. 나는 여기서 소자가 포스트모더니스트로 서술한 어떤 위상에서―공간을 모든 개인의 사회생활의 핵심에, 그리고 모든 자본주의 사회의 기능의 핵심에 나타나는 '본질'로 만드는 대범한 일반화를 제시하기 위해―그렇게 한 것처럼 그가 추론하는 것이 적절한지 여부에 대해 의문을 제기하면서 소자에 대해 훨씬 더 폭넓은 비판을 하고자 한다(또한 Gregory, 1990 참조). 그리고 이어서 나는 '총체화하는' 이론적 노력에 대한 푸코 자신의 공격이 소자의 책 《포스트모던 지리학》에서 여전히-매우-위대한 그의 야심으로 쉽게 되돌아갈 수 있었음을 암시하고자 한다.

그렇지만 좀더 정확히 말해, 내가 주장하고자 하는 것은 푸코의 지리학이 실제 소자가 허용한 것보다 훨씬 더 포스트모던하며, 따라서 인문

지리학에 관한 소자 자신의 견해보다 '포스트모던 지리학'이라는 서술에 훨씬 잘 맞는다는 점이다. 그리고 여기서 내 주장의 요점은 푸코가 "총체적 역사(total history)"라고 지칭한 것에 대한 그의 공격이 사람들이 단지 "산개의 공간(space of dispersion)"만을 이해할 수 있는 세계를 살펴보는 지리학적 방법을 환기시킨다는 점을 다소나마 자세히 밝히는 것이다. 여기서 산개의 공간이란 사물이 서로 동일한 '수준'—선진 자본주의와 북 치는 장난감 토끼(후진국—옮긴이) 중 하나가 다른 하나에 비해 더 중요하거나 더 근본적인 계층적 관계로 더 이상 존재하지 않는 어떤 수준—에서 그리고 '본질적인 것'이 보인다면 그 수준을 결코 결정할 수 없는 (단지 보일 수 있는 '본질적인 것'이 없기 때문이거나 또는 그러한 것이 존재하더라도 우리가 이것이 드러났는지 알 수 없기 때문에) 뒤범벅된 방식으로 증식하는 공간을 의미한다. 이것은 푸코 지리학에 대한 이단적 독해이며, 이는 《지식의 고고학(The Archaeology of Knowledge)》(1972) 앞쪽의 자료와 《죽음과 미로(Death and the Labyrinth)》(1986a)에서 레이몽 루셀(Raymond Roussel: 프랑스의 시인이자 소설가, 극작가, 작곡가—옮긴이)의 문학 연구에 관한 푸코의 해석 사이의 대립에서 주로 발생한다. 이 두 저서는 지리학자와 다른 사회과학자가 거의 참고하지 않았던 것들이다. 내 독해에 관한 명백한 이견은 인용한 부분이 역사, 문학 또는 그 밖에 어떠한 것이든 이들에 관한 연구로 접근할 수 있는 새로운 종류의 지적 경로를 묘사하기 위해 그가 공간적 은유(metaphor)를 사용한 것 이상을 설명할 수 없다는 점이다. 그러나 내 견해로는, 이런 연계에 관한 그의 사유는 《광기와 문명》 이후 그의 역사적 저작에서 다룬 실질적 문제 속에서, 이들을 통해 그리고 이들 주변에 번잡스럽게 많이 존재하는 경험적 공간과 장소를 포용하기 위해 은유의 영역에서 넘쳐 나온 것이라고 생각한다.

소자의 약점 가운데 하나는 실질적 문제에 관한 이러한 역사적 처리를 좀더 세밀하게 보지 못했다는 점이다. 어떤 점에서 이는 이번 연구에서도 역시 제대로 수행하지 못한 점(푸코의 '일반적 역사'가 요구하는 세부 사항(detail)에 대한 주목을 따라야 한다는 내 주장이 옳다면 이러한 잘못은 좀더 심각해진다)이지만, 나는 이러한 처리에 관한 몇 가지 관찰을 통해 푸코의 광기와 관련해 '공간적 역사'에 대한 일련의 검토를 다른 곳에서 제시할 수 있었다(Philo, 1992b). 소자는 《규율과 처벌(Discipline and Punish)》(1977)에 담겨 있는 공간적 관계에 관한 설명—소자(Soja, 1989: 21)가 푸코의 "권력의 도발적 공간화"라고 일컬은 것—을 푸코의 나머지 저작이 공간과 (이론적으로 또한 실질적으로) 만나게끔 효과적으로 투사하지 못했다는 점에서 한계를 갖고 있다. 바로 이러한 전략으로 인해 소자는 푸코를 권력의 작동이 제도, 취락 그리고 (함의적으로) 전체 사회가 '땅 위에서' 편성되는 방법에 관한 시공간 기하학을 통해 침투하는 방법에 우선적으로 관심을 가진 학자로 잘못 표현한다. 이는 분명 푸코의 지리학에서 이런 중요한 차원을 부정하는 것은 아니다. 오히려 이는 소자가 여기서 푸코의 포스트모던 지리학의 '본질'을 찾아야 한다고 주장함으로써 그리고 결과적으로 푸코의 지리학에 관한 그 자신의 견해를 포스트모더니즘에 대한 그 자신의 견해와 결합함으로써, 결국에는 지리학 및 포스트모더니즘 양자 모두와 관련한 푸코의 독특한 지위에 대해 다소 잘못된 진술을 하고 끝냈음을 주장하기 위한 것이다. 따라서 푸코의 역사가 어떻게 점차 지리학이 되는지에 관한 앞선 논의를 통해 나는 '진실로' 포스트모던 지리학의 깃발을 흔드는 (비록 그 가능성을 결코 소진시키지 않으면서) 학자로서 푸코에 관한 대안적 설명을 제시하고자 한다. 우리는 포스트모던 지리학을 좋아하지 않지만 푸코를 기든스, 르페브르, 마이클 만(Michael Mann) 또는 누구든지 간에 이들과 결합시키고자 하는 우리의 프로젝트—푸코를 '동일한 인물(즉 공간을 강조하는 사회이론가—옮긴이)'로 전환시키고자 하는 프로젝트—를 잠시 멈추고, 대신 지리학과 포스트모더니즘에 관한 그의 견해의 '타자성'을 지리학자로서 행동하기 위한 현재의 모든 방식에 비해 실질적으로 아주 '낯선' 어떤 것으로 인정해야 (그리고 아마 감탄해야) 할 것처럼 보인다.

2 지리학에서 푸코의 역사: 이론적 전략

나는 푸코의 지리학에 대한 '이론적' 투입이라고 칭할 수 있는 것(아마 약간의 잘못을 무릅쓰고)을 확인할 수 있다고 주장하며, 여기에 포함된 이론적 전략을 다소 상세하게 고찰하고자 한다. 이는 푸코가 공간, 장소 그리고 지리에 관한 자신의 개념화를 의식적으로 또는 체계적으로 검토했음을 의미하는 것은 아니며, 우리가 그의 실질적 역사 탐구 수행을 알려줄지도 모르는 어떤 일관된 그러나 진술되지 않은 원칙을 추출할 수 있음을 의미하는 것도 아니다. 그러나 내가 주장하고자 하는 것은 역사에 관한 푸코의 주장에 대한 세심한 독해는 사회생활이 어떻게 '작동'하는가에 관한 견해—특정한 용어(흔히 공간화한 용어)가 특정한 존재론(마찬가지로 공간화한 용어)을 포착하기 위해 채택하는 견해—즉 과거의 연구자들에게 그들이 말하고자 노력하는 이야기에서 공간·장소·지리의 중요성을 심각하게 받아들이도록 아주 명백하게 주장하는 견해를 제안한다는 점이다. 부분적으로 이는 푸코가 역사의 현상, 사건, 과정 그리고 구조(우리가 이것들을 어떻게 정의하든)는 항상 지리에 의해, 즉 상이한 장소들에서 다소간 서로 다르게 변화하는 사물들의 복잡한 현실에 의해 파편화된다는 간단한 그러나 유효한 '사실'을 인식하고 있었기 때문이다. 그리고 이 문제—'총체적 역사'에 관한 그의 비판과 '일반적 역사'에 관한 전폭적 지지에 중요하지만 다소 암시적인 차원—에 대처하고자 하는 푸코의 시도는 필수적으로 그에게 역사가 실제적으로 그런 것에 관한 공간화한 견해, 즉 그가 때로 '산개의 공간'에 대한 민감성이라고 묘사한 견해를 포용하도록 했다는 생각을 떠올리게 한다. 역사적 이야기꾼에게는 지리의 중요성에 관한 두 번째 주장이 있는데, 나는 이 주장을 이 논문의 3절, 즉 푸코의 좀더 실질적인 관심과 관련해 지리의 역할을 고찰하는 절에서 제시하고자 한다.

2.1 '총체적 역사'에서 '일반적 역사'로

니체는 언젠가 일반적이기 때문에 '최고'라고 열거되는 개념을 첫 번째 자리—마지막 자리 또는 전혀 불필요한 것이 아니라—에 놓아야 한다고 주장하는 지적 경향에 대해 불평했다. 그의 반대 의견에 따르면, 이러한 개념은 보통 최고의 것이 아니라 "가장 비어 있는 것", "가장 얇은 것" 그리고 "사라지고 있는 현실의 마지막 연기"보다도 더 적은 것으로 판명된다(Dews, 1987: 139에서 인용). 선험적 추론 양식에 대한 이러한 공격은 전적으로 새로운 것은 아니다. 물론 지리학 같은 학문에서 경험적 연구를 도출할 수 있는 안전한 철학적 및 방법론적 기초 바탕—공간적 법칙에 관한 실증주의적 믿음, 공간적 형태를 좌우하는 사회적 관계에 관한 마르크스주의적 믿음, 사람의 주체성이 장소의 형상을 만든다는 인본주의적 믿음, 행위와 구조 간 결합의 시공간 구성에 대한 구조주의자들의 믿음—에 대한 최근의 집착에서 보면 매우 불편하지만 감사해야 할 것이다.[2] 그렇지만 특히 우리가 곧 알아볼 것처럼 지리적으로 다양한 현실이 이런 특정한 추론 양식에 대한 유일한 도전이라고 한다면, 지리학자들은 분명 선험적인 것에 대한 비평을 익혀둘 필요가 있다.

이런 영역으로의 유용한 접근 경로는 사실 푸코가 방향을 제시했다.

푸코는 철학적·사회 이론적·역사적 연구 노선을 결합하기 위해 아마 누구보다도 많은 작업을 한 유명한 프랑스 사상가로, 특히 여기서 관심은 '총체적 역사'라고 칭한 것에 대해 그가 제시한 비평이다.

> 총체적 역사라는 프로젝트는 문명의 전반적 형태, 사회의 물질적 또는 정신적 원칙, 한 시대의 현상 모두에 공통된 유의성, 현상의 응집력을 설명하는 법칙—은유적으로 한 시대의 '얼굴'이라고 일컫는 것—을 재구성하고자 하는 것이다.
>
> (Foucault, 1972: 9)

이어서 그는 총체적 역사의 실행과 관련한 존재론적 및 방법론적 전략의 종류를 묘사하고자 한다. 즉 총체적 역사는

> 잘 규정된 공간–시간적 지역의 사건 모두 사이에, 그 흔적을 발견한 현상 모두 사이에, 동질적 관계의 체계, 요컨대 이들 각각으로부터 도출 가능한 인과성의 네트워크, 이들이 서로를 어떻게 상징화하는가 또는 이들 모두가 어떻게 하나의 동일한 중심 핵을 표현하는가를 보여주는 유추의 관계를 설정하는 것이 가능해야만 한다고 가정한다. 이는 또한 역사성의 유일하고 동일한 형태가 경제 구조, 사회 제도와 관습, 정신적 태도의 관성, 기술적 실행, 정치적 행태 등에 작동하며, 이들 모두를 동일한 종류의 전환에 종속시킨다고 가정한다. 마지막으로 역사 자체는 그 자체에 그 자신의 응집 원리를 담고 있는 큰 단위—단계 또는 국면—로 접합한다고 가정한다.
>
> (Foucault, 1972: 9-10)

이 인용문은 여러 학자, 즉 선험적이고 때로 웅장한 역사적 전망을 '잘–

규정된 공간–시간적 지역'의 구체적 현상과 사건에 부여했던 학자들—휘그 당원(Whig), '위인(Great People)'의 역사가, '정신사학자(psychohistorian)', 헤겔주의자, 마르크스주의자, 아날학파(Annaliste),[3] 그 밖의 사람들—의 이론적 설득을 통해 추구된 추론에 대한 감추어진 준거를 드러내는 극히 압축적 문장이다. 그러나 푸코에게 이러한 부여(선험적이고 때로 웅장한 역사적 전망을 '잘–규정된 공간–시간적 지역'의 구체적 현상과 사건에 부여하는 것—옮긴이) 모두는 의문스럽다. 왜냐하면 이들은 특정 시간 그리고 특정 장소에서 역사의 세부 사항 및 차이와 동떨어진 것으로 주장할 수 있는 질서의 수단을 도입하기 때문이다. 푸코가 이러한 질서화 경향을 경멸했다는 것을 이해하기란 어렵지 않다. 왜냐하면 이렇게 하는 것은 '실질적인'—강력했든 그렇지 않든 마찬가지로—역사적 인물에 의해 이루어졌던 삶의 '소재'의 특수한 혼돈, 모순, 갈등을 불가피하게 부드럽게 만들기 때문이다. 따라서 푸코는 총체적 역사는 '중심 핵'—이는 '영웅'의 말과 행동, 문화의 전통, 자본주의의 기계화, 또는 무엇이든 이들을 보호하는 중심으로서, 이로부터 '관계의 동질적 체계'가 퍼져 나와 모든 사물을 지배한다고 여겨진다—을 사회적 세계에 위치 지움을 통해 작동한다고 단언한다. 그리고 이러한 중심의 위치 지움은 "아무것도 근본적이지 않으며, 이런 것이 사회 분석에서 흥미로운 것"(Foucault, 1982: 18)이라는 그 자신의 믿음과 정확히 반대되는 것이라는 점은 명백하다. 그러나 여기서 푸코의 주장은 오늘날 공통적으로 포스트모더니즘이라고 일컫는 더 넓은 사상의 조류와 같은 선상에 있으며, 또한 이를 예측한 것임을 분명히 해야 한다. 이러한 포스트모더니즘 속에서, 기존의 (모더니스트적인) 지적 프로젝트의 확실성—세계에는 근본적인 질서가 있으며, 이러한 질서는 질서 잡힌 합리적 연구 절차에 의해 밝혀질 것이라는 확실성—은 깊은 의문에 빠진다(Cloke et al., 1991: 6장).[4]

총체적 역사에 관한 이런 비판 그리고 포스트모던 사상과의 연계에 관해서는 더 많이 논할 것이 있지만, 나는 여기서 푸코가 어떻게 시간과 공간을 다루며 총체적 역사를 생각했는지 간단히 설명하고자 한다. 우선, 그는 실재 역사적 발생의 흐름을 묵직하게 시간적으로 '큰 단위'로 쪼개는 관행에 의심할 바 없이 불편했을 것이다. 그리고 그는 분명 여러 주장을 하는 역사가들이 채택하기 쉬운 엄격한 시기 구분과 논쟁하기를 원했다. 그리고 둘째―이 설명에 관해 그렇게 명확하지는 않지만―그는 역사가들이 사건과 현상의 동질성을 강조하면서 사회 세계가 드러나는 지리에 무감각하며, 또한 이들이 공간적으로 '큰 단위'(대륙 또는 국가) 내에서의 결정을 가정하고 좀더 작은 지역적 차이와 분포를 가진 현실을 무시한다고 비판한다. 이러한 쌍생적 비판은 지속성(continuity) 구축에 대한 집착을 뒤집어엎고자 하는 간절한 바람에 의해 명백히 뒷받침된다. 역사가들은 이러한 지속성을 분리된 사건, 현상 그리고 가정된 결정을 지배적인 역사적-지리적 총체로 함께 묶어주는 것으로 생각한다. 또한 이런 역사가들은 지속성을 흔히 하나의 시간적-공간적으로 '큰 단위'를 그 전 단위뿐만 아니라 그 후의 단위와 묶어주는 것으로 생각한다(Foucault, 1972: 8-9). 그리고 분명 푸코는 지속성과 총체성이 개념적 구성을 상호 재강화하는 것으로 이해한다.

　총체적 역사에 관한 푸코의 비평은 '일관성 옹호'에 관한 다른 비난과 전혀 다를 바 없지만, 매우 암시적인 것―최소한 이 글을 읽는 독자에게―은 그의 비평이 총체적 역사의 유혹을 부정하기 위해 제시한 전략이며, 따라서 이와 연계해 일반적 역사에 관한 그의 대안적 개념화를 고찰해보는 데 좋다는 점이다.

　오늘날 제기되고 있는 문제―그리고 일반적 역사의 과제를 규정하는 문제一는 이렇게 다른 연속들(series) 사이에 어떤 형태의 관계를 정당하게 서술할 수 있는가, 이들은 어떠한 수직적 체계를 구성할 수 있는가, 이들 간에 어떠한 상관관계와 지배 관계가 상호 작동하는가, 이행과 상이한 시간성 그리고 다양한 개조의 효과는 무엇인가, 특정한 요소가 어떠한 독특한 총체성 속에서 동시적으로 나타나는가, 요컨대 단지 어떤 연속인가뿐만 아니라 어떤 '연속의 연속'인가一달리 말해 어떤 '표(table)'를 작성할 수 있는가一를 결정하는 것이다. 총체적 서술은 모든 현상을 단일 중심一하나의 원칙, 하나의 의미, 하나의 정신, 하나의 세계관, 하나의 전반적 형태一으로 이끈다. 대조적으로, 일반적 역사는 '산개의 공간'을 펼쳐나가는 것이다.

(Foucault, 1972: 10)

이는 또 다른 어려운 설명이다. 한정된 프로젝트가 역사에 대한 고전적인 아날학파적 접근의 재진술 이상을 설명할 수 있는지 여부는 당장 명백하지 않다.[5] 그러나 만약 그의 단어들 이면에 위대한 역사적 전망의 도구(paraphernalia)一선험적 목적론과 존재론, '중심화하기'와 '동질화하기'一가 전복되는 역사를 서술하고자 하는 욕망이 놓여 있음을 상기한다면, 푸코의 시도에서 특이성은 쉽게 파악할 수 있다. 따라서 허천(Hutcheon, 1988: 98-99)은 "통일성과 연속성의 모든 중심화하는 힘에 관한 단언" 뿐만 아니라 이러한 힘의 '가장된' 속성을 폭로하고자 하는 그의 병행된 노력에 관해 서술하면서, "특정적인 것, 국지적인 것, 특이한 것"은 일반적인 것, 보편적인 것, 영구적인 것의 장소에 위치 지어진다一여기서 채택한 용어는 즉각 지리학적 독자의 주의를 끈다一고 주장한다.

그러나 즉시 지적해야 할 것은 푸코가 일반적 역사를 총체적 역사의 정반대 되는 거울 이미지로 인지하지는 않았다는 점이다. 왜냐하면 거울 이미지는 아마 어떤 이론적, 개념적 또는 해석적 계기도 깨끗이 제거하는 철저한 경험주의적 노력을 요구할 것이기 때문이다. 한 에세이에 서 그는 역사—여기서 그는 '계보학'이라고 묘사한다[6]—에 대해 자신이 선호하는 접근은 사실 "어렴풋하고, 세세하며, 끈질기게 자료 기록적인" (Foucault, 1986a: 76) 것이라고 밝힌다. 그러나 그는 또한 어떤 역사가도 순 수하게 경험주의적으로 "무미건조한 사람(Dryasdust)"[7]이 될 수 없음을 완 벽하게 알고 있다. 왜냐하면 연구하기와 서술하기라는 실행 자체가 불 가피하게 경험적 자료에 질서의 외형을 부여하는 것—아무리 인정하지 않거나 원하지 않는다 할지라도—이기 때문이다. 그리고 데리다(Derrida, 1978a: 292-293)가 자신의 철학적 성찰을 통해 제안한 것처럼 어떠한 사회과 학적 노력도 "진리 또는 기원을 해독하고자 하는 꿈"(지적 탐구로 중심을 찾 고자 하는 거대 이론적 및 모더니스트적 꿈)과 "단순히 긍정적인 작업" 또는 혼 돈(순수한 경험주의의 가설적 목적, 태도로서 포스트모더니즘의 궁극적 목적) 사이에 서 둘 모두를 선택하기란 분명 불가능하다. 따라서 푸코가 이런 혼란스러 운 영역을 가로지르기 위해 선택한 경로는 이론적 자료의 층을 연구하고 자 하는 특정한 사건과 현상 위에 놓여야만 한다는 점을 받아들이는 것이 었다. 그러나 경험적 세부 사항 위에 조응하면서 '떠 있는(hovering)' 것이 드러내는 것처럼 알맞게 사용한 개념은 그다지 선험적인—어떤 주어진 시간과 장소의 어떤 특정한 상황에서 무엇이 '진행되고 있는가'를 미리 결정한—성격을 갖지 않음을 인정한다.[8] 주어진 실질적 연구에 관한 좀더 거대한 이론적 진술은 먼저 제시하기보다는 연구를 진행하면서 점차 자 료화해야 한다. 이는 푸코가 다음과 같은 진술을 하면서 도출한 것이다.

계보학은 …… 인내와 세부 사항에 관한 지식을 요구하며, 이는 근거 자료 의 방대한 축적에 의존한다. 이 '거대한 기념물(cyclopean monument)'은 '분 별 있고 명백히 통찰력 있는 진리'로부터 '엄정한 방법에 따라' 구축된다.

이것들은 '거대하고 의미만 좋은 오류'의 산물이 될 수 없다.

(Foucault, 1986b: 76-77)

2.2 '시간은 공간 속에 사라진다'?

내가 주장하고자 하는 것은 푸코의 일반적 역사가 '총체화'의 덫을 뚫고 나갈 수 있으며, 또한 그렇게 하면서 과거 시간에서 사회생활의 파편화한(특정하고, 국지적이며, 특이한) 존재론을 총체적 역사보다 더 충실하게 포착하도록 설계한 많은 전략을 포함하고 있다는 점이다. 그리고 이런 전략에 결정적인 것—푸코 자신이 전적으로 신중하게 성찰한 것은 아닐지라도—은 공간, 장소, 지리를 파편화의 근원으로 심각하게 취하는 것이다. 그리고 더 정확하게 말해, 나는 그가 (그 자신의 용어를 사용하면) "산개의 공간"에 관해 언급한 것들을 고찰함으로써 많은 것을 배울 수 있다고 생각한다. 그러나 이러한 고찰을 시작하기 전에, 나는 푸코의 잘 알려지지 않은 저서 가운데 하나, 즉 《죽음과 미로》(1986a)에서 루셀—세기 전환기 프랑스의 실험적 극작가, 시인, 소설가—의 문학에 관한 해석을 통해 제시한 여러 문장을 논의함으로써 여기에 포함된 이슈 중 중요한 것들을 소개하고자 한다. 푸코(Foucault, 1986a: 185)는 찰스 루아스(Charles Ruas)와 인터뷰하면서 이 저서를 "내 신비스러운 관심사", "일련의 내 책 가운데 자리를 잡지 못한" 것으로 언급했다. 그럼에도 나는 내가 《지식의 고고학》에서 추출한 주장 같은 것들에 관해 푸코가 여기서 루셀의 저술, 특히 그의 1904년 저작 《시각(La Vue)》에 담긴 것에 관해 말하고자 했던 점을 바탕으로 성찰하는 것이 도움이 된다는 것을 발견했다. 이 저작에 관해 애시베리(Ashbery)는 다음과 같이 서술한 바 있다(Foucault, 1986a: xxi에서 인용).

《시각》(1904)은 세 개의 긴 시(詩), 즉 시각(La Vue), 콘서트(Le Concet) 그리고

원천(La Source)으로 구성된다. 첫 번째 시에서 해설자는 펜걸이(penholder)에 새겨진 작은 그림을 믿을 수 없을 정도로 자세히 서술한다. 그 풍경은 루셀이 여름을 보냈던 비아리츠(Biarritz)의 해변을 닮았다. 두 번째 시는 호텔 문구류의 박판에 새겨진 인쇄 문구의 악단 연주회에 관한 서술이다. 세 번째 시에서 해설자는 점심때 음식점에 앉아서 …… 〔그런데 명목상 시는 모두 50쪽이다〕 해설자의 탁자 위에 있는 미네랄 물병의 상표에 그려진 온천에 대해 서술한다.

푸코는 분명 이런 작은 장면들—애시베리가 "흥미 없는 대상에 관해 화가 날 정도로 완벽한 서술"(Foucault, 1986a: xxii에서 인용)이라고 언급한 것—에 관한 루셀의 고심 어린 서술에 매료되었고, 이러한 서술이 우리 앞에 사물의 세계, "명료하고 끈질기며 단순한 사물들의 공간"(115쪽)— 그림의 평면(수준 또는 선)을 따라 서로 연계된 이러한 사물의 무감각한 존재를 기록하기보다 좀더 많은 것을 행할 수 있는 공간—을 진열하는 방법을 포착할 수 있도록 많은 노력을 기울였다.

푸코는 많은 것을 어떻게도 말로 표현할 능력이 없음을 포착하기 위해 노력했으며, (아주 고집스럽게) 이 과정을 매우 자세히 언급하고자 했다.

인쇄 문구의 작은 무늬는 기념 펜에 새겨진 원형 렌즈 또는 거대한 미로 같은 에비앙(Evian) 물병 위의 상표와 같다. 이를 감추는 대신, 이 작은 무늬는 소박하게 사람들의 눈앞에 오솔길과 회양목 울타리의 네트워크, 긴 돌담, 돛대, 물, 똑같이 정해진 보폭으로 사방으로 이동하는 보잘것없이 꼼꼼한 사람들을 장소 지운다. 언어는 무한한 누적을 통해 완벽한 가시성을 재창조하기 위해 이러한 말 없는 그림에 호소할 필요가 있다.

(Foucault, 1986a: 105)

푸코의 이러한 설명에는 분명 실존적 성향이 있다. 여기서 실존적이란 존재의 세계를 넘어서, 모든 형상 · 규모 · 일관성 · 성질을 가진 사물이 세계에 존재한다는 명백한 진리를 넘어서 통찰할 수 있는 더 깊은—또는 최소한 궁극적으로 알 수 있는—'본질'('본질적인 것')은 존재하지 않음을 가정한다는 의미에서 그러하다.[9] 푸코는 루셀의 저작에서 다음과 같은 요구, 즉 장면을 서술하는 '눈'은 "각 사물에 그 존재론적 무게를 〔부여하는〕 …… 존재의 상태"(137쪽)에서 그 내용을 보전해야 하고, "그 존재 덕분에 그들이 '보이도록' 해야 하며"(106쪽), 그렇게 하면서 "존재들의 과잉(a plethora of beings)이 존재들에게 항상 침투하고자"(108쪽) 하는 관찰자로부터 침착하게 벗어나야 한다는 요구를 발견한다. 동시에 루셀의 서술이 주장하는 것은 장면 상의 어떤 사물이 어떤 방식으로든 다른 사물보다 더 의미 있는 것으로 표현되는 우선성의 목록을 설정하는 것—이는 모든 사물을 동일한 등록소 또는 수준에서 유지하는 것을 의미한다—이 아니며, 이러한 사물의 '비계층화'에 대한 한 가지 측면은 크고 작은 사물의 동일한 존재를 존중한다는 것이다.

> 조화가 근본적으로 결여되어 있다. 요컨대 요트의 현창(舷窓), 갑판에서 재잘거리는 여성의 팔찌, 연의 날개 그리고 산책자의 수염이 바람에 가볍게 올라가면서 그 끝부분에 형성된 두 점은 동일한 방법으로 이해된다. …… 조화 없는 이러한 파편화한 공간에서, 작은 대상은 번쩍이는 횃불의 모습을 지닌다. 이것은 이러한 사례에서 그들의 위치가 아니라 그들의 존재 자체를 알리는 문제이다.
>
> (Foucault, 1986a: 106-109)

그리고 아마 여기에 탁월한 점이 있는 것 같다. 즉 사회사상에 "인간적 조화"를 재설정하고자 하는 레이(Ley, 1989)의 주장과 관련해서 탁월할 뿐만 아니라, 세계 속의 사물(그리고 특히 많은 사회적 '타자')에게 높고 낮은 가치를 부여하는 것을 넘어서기 위해 "탈-위계적" 사고와 정치를 요구하는 맥락에서도 탁월하다(예를 들어 Boyne, 1990 참조).

푸코가 루셀의 서술이 결과적으로 '지리적 서술'이 된다는 것을 상당히 길게 언급함에 따라, 그의 해설은 안팎으로 짜이면서 그 자신의 지리학의 의미가 드러나기 시작한다. 이는 루셀의 서술이 결과적으로 '지리적 서술'이 되는 것은 그가—"사물들로부터 〔언어의〕 거리를 …… 제거하기 위해"(Foucault, 1986a: 136) 세부 사항을 충분히 누적시키고자 하는 노력을 넘어서—자신에게 허용한 몇 가지 조직 방법 가운데 하나를 그 장면들에서 묘사한 사물을 둘러싼 자신의 체계적 공간 이동에서 찾고자 했기 때문이다.

그 주변을 둘러싸고 경관이 조직되고 거리가 멀어짐에 따라 점차 희미해지는 어떤 특권화한 점이 존재하는 것은 아니다. 오히려 상호 조화에 관한 고려 없이 서로 인접해 자리를 잡은 유사한 차원의 작은 공간 조각(cell)들이 일련의 연속으로 존재한다. ……이들의 위상은 전체와의 관계에서 규정되는 것이 결코 아니라, 사슬의 고리를 따르는 것처럼 하나에서 다른 하나로 연결된 인접성의 방향 체계에 따라 규정된다. 즉 '왼쪽으로', '왼쪽에 있는 그것들 앞에', '위로, 좀더 높이', '더 나아가', '더 나아가 왼쪽으로 계속', '아래쪽 끝에', '그것들에 충분히 가깝게 가도록', '아케이드의 다른 쪽에서 왼쪽으로 약간 더 나아가서' 등이 그것이다. 따라서 《시각》의 모래는 똑같은 한낮의 태양 아래에서 획일적인 양과 균등한 광채를 갖고 서로 인접해서 연이어 자리를 잡고 있는 불연속적인 낟알들로 펼쳐져 있다.

(Foucault, 1986a: 107)

사물을 둘러싼 경로—동일한 계기에 서로 관련이 있는 공간상의 사물의 실제 배치(편성, 분포), 사물의 서로 가까움 또는 멀리 떨어져 있음, 사물의 '오른쪽' 또는 '왼쪽', 사물의 '위' 또는 '아래'—는 여기서 상당한 유의성을 가진다. 사실 이는 주어진 서술을 구성하는 데 기여하지만, 그 명확한 지리는 또한 사물의 존재에 관한 경험적 주장으로부터 그것들의 본질(그것들의 내적 진리, 그것들의 근본)에 관한 좀더 초월적인 주장으로의 이행 없이 받아들여질 수 있는 면밀한 조사 하에 일단의 사물의 몇 가지 속성 가운데 하나가 되는 것으로 여겨진다. 푸코는 재현 과정에서 이러한 지리의 고귀함이 역사와 관련해 좀더 일상적인 문학적 감수성에 대한 위협을 제기한다는 것을 완전히 알고 있었다. 그는 루셀의 생생한 묘사, 즉 "시간은 공간 속에서 상실된다"(110쪽)는 점 그리고 "공간의 순환적 성격에 의해 시간을 제거하고자 하는 시도"(78쪽)가 있다는 점을 인정한다. 이런 점에서 루셀을 통한 푸코의 책략은 사회사상에서 공간의 역할을 단정함에 있어 그의 공헌에 관한 소자의 주장과 일치한다. 그렇지만 재빠르게 간파해야 할 것은 공간에 관한 푸코와 루셀의 (재)단언은 부분적으로 본질(좀더 깊은 층위, 층면)은 시간을 통해 점진적으로 드러나거나 자신을 드러내는 본질주의적 사고 양식을 우회하기 위해 고안한 것이라는 점이다. 푸코가 지적한 것처럼 사물이 어떻게 시간을 통해 그 자신을 변화시키고 또 시간에 의해 그 자신의 진정한 본질을 드러내는지 묘사하는 "전설적 변형(metamorphosis)의 낡은 구조"는 루셀에게서 "역전되며", "아무런 교훈도 담지하지 못하는 존재들의 결합, 사물들의 단순한 충돌"만을 남겨둔다(1986a: 84).

그러나 이는 '변형'이 죽었음을 선언하는 것은 아니다. 왜냐하면 루셀의 문학에는 시간적 연속이라는 점보다는 공간적 관계라는 점으로 인지할 수 있는 '변형'의 사고—아마 '병렬'이라는 용어가 여기에 내포된 의미를 포착하기에 더 좋은 것처럼 보인다—가 여전히 나타나기 때문이다. 다음 문장에서 푸코(Foucault, 1986a: 80)는 공간적 메타포를 사용하면서—'변형'에 관한 시간적 해석과 공간적 해석 양자 모두를 설명한다는 점에서 다소 잘못된 것(현재 주장의 맥락에서)이기는 하지만—변형에 관한 대조적 사고를 묘사한다.

따라서 서구적 상상이 아주 흔히 탐구하는 두 가지 위대한 신비적 공간의 역학적 모습이 구축되고 종횡으로 교차한다. 하나는 탐험, 귀환, 보물을 둘러싼 엄격하고 금지된 공간[이는 아르고 선원들(Argonauts)의 지리와 라비린토스(labyrinthos: 크레타 섬의 미노스 왕이 미노타우로스를 감금하기 위해 다이달로스에게 만들도록 한 미궁—옮긴이)의 지리이다]이며, 다른 하나는 변형의—의 사소통적, 다형태적, 지속적, 비가역적인—공간, 말하자면 즉각적으로 횡단하는 거리, 이상한 유사성, 상징적 치환 등의 가시적 전환의 공간이다.

첫 번째 경우의 변형은 시간—사물이 '탐험'과 '보물'을 갖고 뒤이은 '귀환' 동안 변화되는 시간—을 통한 변화이며, 두 번째 경우의 변형은 공간상에서 서로 충돌하는 사물의 병렬에서 나타난다. 이 두 번째 변형에서 그리고 명시적으로 공간적인 의미에서, 푸코는 루셀이 독자를 세계를 구성하는 전환에 관한 이해로 안내한다고 보았다. 루셀에게는 시간적 의미에서 "생쥐들이 마부로 전환"하는 것이 아니고, "호박들이 마차가 되는" 것도 아니며(Foucault, 1986a: 81), 오히려 "결합하기 위해 전체의 매개적 범위를 가로질러야만 하는 계층에서 가까이 있지 않은 두 질서의 …… 병렬"(81쪽)이거나 또는 "불연속적 자연의 백주대낮에 발생하는 존재들의 모임"(82쪽)의 병렬이다. 달리 말해, 매우 다른 것처럼 보이는 사물이 어떻게 공존하고, 접촉하고, 서로 융합하는지를 강조하며, 그 결과로 "존재들의 지속성에 관한 낡은 원칙"(81쪽)에 맞지 않는 형식으로 서로 뒤섞인 상이한 ('불연속적인') 사물의 가능성 그리고 '계층적인 것'에 대한 도전의 가능성을 제기하는 '동시성'을 주장한다.

여기서 이해해야 할 마지막 사항은 푸코가 루셀의 지리학적 서술에서 "이런 무한히 수다스러운 경관"(115쪽), 세속적 공간의 아주 작은 조각들에서 이루어지는 사물의 무한한 증식에 필적하기 위해 분투하는 단어들의 이러한 증식 그리고 그것들의 가장 내밀한 진실을 포기하기를 완강히 거부하는 이러한 사물의 참을 수 없는 '침묵' 사이에서 이상한 역설을 탐지한다는 것이다. "[루셀의] 언어는 사물을 향하며, 언어가 항상적으로 전면에 내세우는 엄밀한 세부 사항은 객체의 침묵 속에 조금씩 조금씩 재흡수된다. 이는 단지 지루하게 그들의 침묵 방향으로 이동한다"(105쪽). 그리고 다시,

절대적 언어의 세계는 일정한 방식으로 깊이 침묵한다. 모든 것을 말했지만 그 언어의 깊은 곳에 무언가가 침묵으로 남아 있다는 인상을 받는다. 얼굴, 움직임, 몸짓, 심지어 사상, 비밀스러운 습관, 마음속의 열망은 한밤의 배경 막에 표시된 무언의 기호처럼 나타난다.

(113쪽)

심지어 훗날 루셀은 탄산음료의 병을 장식한 그림에 관해 50쪽의 글을 썼다. 심지어 나중에는 자신이 그곳에서 볼 수 있는 모든 사물을 그 지리를 포함해 서술했으며, 묘사한 장면에 고착된 개인적 삶에 관한 이야기와 사람들의 사고를 꾸며냈다. 우리는 사실 단지 '사물의 표면'(위에서 많이 논의한 《죽음과 미로》에 나오는 한 장의 제목)에 남아 있을 뿐이고, 이러한 표면 너머에 있는 어떤 것이든 침묵한다는 이상한 기분이 여전히 존

재한다. '신비한 원'(펜걸이, 편지지 인쇄 문구 또는 병에 있는 작은 그림) 안에서 설명하고 서술한 수많은 사물은 "이들이 마치 …… 관계의 가장 초보적인 규칙을 파기하는 존재론적 완고함을 부여받은 것처럼 끈질기고 자율적인 존재로 나타난다.[10] 이들의 출현은 하나의 표지석처럼 자기 충족적이고 어떤 관계로부터도 자유롭다"(106쪽).

이는 물론 이러한 장면을 서술하는 실존주의에 관한 앞의 주장으로 되돌아온 것이다. 그러나 내가 여기서 강조하고자 하는 것은 이러한 침묵의 수용은 좀더 깊은 본질, 진리 또는 세계에서 사물의 결정된 '존재성(isness)'을 넘어선다고 여겨지는 어떤 것도 아마 존재하지 않는다는 것을 기대하고, 또한 그렇다고 말하는 것은 실제 사실이 아님을 갈망한다는 것을 알리는 데 있다. 여러 차례에 걸쳐 푸코와 루셀은 '사물의 표면'에 관한 단어의 증식―이러한 증식은 서술된 사물의 총체적이고 유일한 '실체'를 전적으로 이해 가능하도록 매우 깔끔하게 포착한다―바깥에 아무것도 존재하지 않는다는 점을 분명히 받아들였고, 이런 측면에서 "이것들을 세부적으로 서술하는 담론은 궁극적으로 이것들을 설명하는 담론"(111쪽)이라고 주장했다. 이 경우, 좀더 '본질적인' 문제에 관한 사물의 침묵은 완전히 이해 가능하다. 왜냐하면 루셀이 일단 자신의 서술을 마치고 나면, 더 이상 말할 것이 없기 때문이다. 그러나 아마 이는 《죽음과 미로》의 기본 주제라고 할 수 있다. 푸코와 루셀 두 사람에게 "침묵의 사회적 공간"(Olsson, 1987)에서 말해지는 단어를 듣고 싶은 기대, 희망, 욕망, 의지―결국 말할 것이 여전히 있다는 점 그리고 이렇게 더 말할 것은 더 실질적으로 우리에게 사물, 존재, (그리고 그 이면의) 본질, 창조의 '비밀'을 풀 수 있도록 해주는 '열쇠'를 제공한다는 점을 발견하고자 하는 열망―는 항상 남아 있을 것이다. 사후 출판된 책 《나는 내 책들을 어떻게 쓰게 되었는가(How I Wrote Certain of My Books)》(1935)는 루셀이 자신의 더 잘 알려진 몇 권의 저작―《시각》은 포함하지 않는다―의 구성을 규정했던 원칙에 대해 밝히고 있다. 이 원칙(공통의 문구, 책의 제목, 시의 구절과 유사하게 들리는 운율과 일련의 혼합된 단어의 사용과 관련이 있음)은 전혀 알려지지 않았고, 관련된 저작에서도 '침묵'을 지키고 있다. 푸코는 단지 루셀의 다른 책에서 볼 수 있는 논리뿐 아니라, 그리고 모든 문학적 구성 일반뿐 아니라, 이 지구상에 있는 인간적 현실의 모든 유형화를 모양 지우는 '저기 바깥(out there)'에 비슷하게 주목받지 못하는 규칙, '침묵하는'―그리고 상술되기를 기다리는―규칙이 실제로 존재하는지 여부를 심사숙고했다. 그렇지 않다면 '그의 비밀'에 관한 루셀의 뒤늦은 폭로는 우리에게 단어의 궁극적 '비밀스러움' 또는 '알 수 없음(unknowability)'을 뼈저리게 느끼도록 하기 위함이라는 것, 단지 '비밀스러움'과 침묵만이 존재할 수 있다는 것―루셀이 그 자신의 작품에 관한 '거울'을 마지막으로 비추어보는 것은 단지 우리가 '사물의 표면' 아래 무엇이 놓여 있는지 의문을 제기할수록 '거울은 비밀 속으로 더욱 빠져들 것'이라는 우리의 깊은 우려를 확인하게끔 한다는 것―을 알려주기 위함이라는 것은 유감스럽게도 사실일까?(Foucault, 1986a: 2 참조).

2.3 '산개의 공간'과 '산개의 체계'

우리는 루셀에 관한 푸코의 논의에서부터 그의 지리학에 대한 관점을 포착하기 시작한다고 나는 주장한다. 특히 나는 《지식의 고고학》에서 그가 산개의 공간과 관련해 의미하고자 했던 것에 관한 체계적 재현으로 관심을 돌리면 그의 "잡다한 경관"의 "작은 공간적 구획"을 둘러싼 루셀의 방식에 대한 그의 설명을 새겨듣는 데 도움이 된다고 생각한다. 나는 이 논문의 주요 서술로 돌아가, 푸코가 일반적 역사의 '작동'을 어떻게 직시했는지 알아보는 한 가지 방법은 위의 인용문 가운데 하나에서 도입한 사고, 즉 '산개의 공간'을 전개하는 사고를 고찰하는 것이며, 이는 아마 푸코(Foucault, 1972)가 담론 분석에 관한 논의에서 도입한 두 번째 사고, 즉 '산개의 체계'와 연계되어 있을 것이라고 주장한다.[11] 푸코가 여기서 제안한 것은 실질적 연구와 유관한 모든 사건과 현상이 산개된 가정적 공간 또는 평면의 상상을 통해 이루어지는 공간적 존재론의 한 형태라고 할 수 있다. 그리고 최근 나 자신의 연구와 밀접한 관련이 있는 사례를 제시하면, 이는 영국의 19세기 '정신병자 사업(mad-business)'에 관한 연구에서 연구자가 정신병원, 고지(高地) 환경, 더러운 도심, 열렬한 개혁가, 1807년 선발위원회(1807 Select Committee), 존 코널리(John Conolly: 영국의 정신과 의사―옮긴이), 〈어사일럼 저널(Asylum Journal)〉, 국회 논쟁, 시골 산책 그리고 제러미 벤담(Jeremy Bentham)의 '원형 감옥' 등―이들 모두는 이용 가능한 공간에 산재되어 있다―을 직시하게 되는 것을 의미한다. 이 전략은 처음부터 매우 쉽게 역사적 탐구를 총체화하면서 사전적으로 질서를 정하는 경향에 대한 도전적 시도라는 점에서, 이 목록에 있는 항목들의 계획적인 뒤섞임―사물에 대한 상이한 범주의 장난스러운 병렬, 유형적인 것과 무형적인 것, 자연적인 것과 인간적인 것, 집합적인 것과 개별적인 것, 지속적인 것과 일시적인 것의 혼합―을 강조해야 한다.[12] 달리 말해, 이러한 개념적 '림보랜드(limboland: 검색 엔진 이름과 텔레비전 연속물의 제목으로 알려져 있으며, limbo는 기독교에서 천당과 지옥의 사이를 뜻하기도 한다―옮긴이)'에서 첫 움직임은 관련 구성 요소를 동질화하기 위한 것이 아니며, 이들을 하나의 중심적 혼합물로 몰아넣는 것도 아니며, 이들의 세부 사항과 이들 간의 차이를 보전하고 두드러지게 하기 위한 것이다. 이러한 추상적 책략은 푸코가 다른 곳에서 채택한 것처럼 보이는 사고의 '수준(level)', 즉 역사를 "많은 상이한 수준―인식론적 수준, 의료적 수준, 정치적 수준, 교육적 수준, 심리적 수준, 경제적 수준 등등―에서 움직이는 것"(Lemert and Gillan, 1982: 43)으로 이해하고자 한 푸코를 알 수 있도록 하는 사고의 수준보다도 더 급진적이라고 할 수 있다. 수준에 관한 그의 매우 상세한 서술은 사회생활을 경제적 · 정치적 · 사회적 · 문화적 층위로 적절하고 산뜻하게 구분하는 것을 여전히 수용하지 않음을 보여주며,[13] 또한 각각의 '고고학적' 수준은 다른 수준과 다른 어떤 자율성을 부여받지만 '수준 모형'은 여전히 사건과 현상의 어떤 한 범주가 다른 범주보다 어떻게 해서든—경험적 탐구의 결과를 예단하는 방식으로—더 근본적인 것으로 자리매김하는 위험을 안고 있다는 점을 드러낸다. 요컨대 다른 것 위에 어떤 것을 포개어놓는 것보다 평면을 가로질러 산개된 것으로 무수한 사물을 가시화하는 것은 푸코가 추구하고자 했던 일반적 역사를 위한 훌륭한 출발점을 구성한다.

그러나 산개의 공간 직시하기는 세계의 모든 것이 연구자가 감탄하는 것 외에 아무것도 할 수 없는 혼란 상태에 있음을 말하는 것은 아니다. 왜냐하면 푸코는 분명 산개 속에는 발견되기를 기다리는 어떤 질서가 있지만, 이 질서는 사물 그 자체 내에 엄격하게 존재하며, 없는 것(without)으로부터 이론적으로 부가되는 어떤 질서 속에 존재하는 것은 아니라고 분명 가정하기 때문이다. 이는 연구자가 '사물의 질서'를 다룸에 있어 이론적 상상력이 필요 없음을 의미하는 것이 아니며, 또한 앞선 사례를 분석하는 동안 밝혀지지 않은 어떤 발견물을 찾아내겠다는 희망으로 어떤 사례를 다루는 것이 가치 없다고 부정하는 것도 아니다. 이는 사물이 어떻게 구성되는지에 관한 초월적 논리를 실질적 연구의 핵심에서는 발견할 수 없음을 주장하는 것이다. 사실 이 연구는 차이의 지역을 드러낼 것이며, 이런 차이 내에 어떤 구분 가능한 질서나 '체계'가 존재할 것이라는 광의적 주장을 넘어,[14] 푸코는 드레퓌스와 레비노(Dreyfus and Rabinow, 1982: 55)가 "국지적이고 가변적인 규칙"이라고 일컬은 것을 상술하는 것보다 더 많은 것을 하기란 불가능할 것이라고 생각한다. 이 저자들은 '진술'과 '담론 형성'에 관한 푸코의 연구를 고찰하면서 다음과 같이 서술했는데, 나는 여기서 해설한 원칙이 좀더 광범위한 일반적 역사의 프로젝트로 확장 가능하다고 생각한다.

> 구조주의자는 무의미한 요소의 치환이 가능한 한 이루어지도록 총체적 공간을 규정하는 횡(橫)문화적, 비역사적, 추상적 법칙을 찾아야 한다고 주장하지만, 〔푸코적인〕 고고학자는 단지 어떤 주어진 시기에 특정한 담론 형성에서 동일하게 의미 있는 진술로 간주되는 것을 규정하는 국지적이고 가변적인 규칙을 찾아낼 수 있을 뿐이라고 주장한다. ……진술의 체계를 지배하는 규칙은 진술이 실제로 관련을 맺고 있는 방식에 불과하다.
>
> (Dreyfus and Rabinow, 1982: 55)

이는 푸코가 혼란이 아니라 변화무쌍한 질서의 연계성을 직시하고 있음을 의미하며, 결론은 그가 산개 속에서 그렇게 많이 흥청거릴 게 아니라 이러한 산개를 어떤 조심스러운 분석―즉 준비된 경험적 자료에 근거하지 않은 채 선험적 고안물로 총체적으로 후퇴하는 것으로부터 자유로운 분석―의 대상이 되게끔 하는 연구 경로를 알려주는 데 있다.[15] 푸코의 일반적 역사에서 중요한 것은 연구하고자 하는 많은 사물 간의 관찰 가능한 관계를 특정한 시간과 장소에서 지배하고, 어떤 의미에서 그 관계 자체인 "국지적이고 가변적인 규칙"을 발견하는 것이다.

그러나 이에 더해 말할 수 있는 것은 일시적 질서에 관한 이러한 규칙은 공간과 관련이 있으며, 아마도 한층 더 많이 관련이 있을 수 있다는 점이다. 이러한 규칙은 공간적 산개 속에 있는 유형, 즉 연구하고자 하는 사물이 가정적인 평면―사물 간의 거리(이들이 함께 있는지, 가까이 있는지,

멀리 떨어져 있는지 여부)는 이들이 서로 다름의 정도를 나타낸다—을 가로 질러 어떻게 산개되어 있는가에 관한 지리이다. 그리고 푸코는 연구자가 탐구하고자 하는 사물이 어떻게 연계되어 있는지에 관한 질서의 척도 (measure)를 파악할 수 있도록 하는 "인지 가능한 기하학"이 있다고 분명 가정한다. 그렇지만 이는 유클리드적이든 다른 어떤 것이든 고정된 기하학이 아니다. 이는 사물 자체의 덧없이 무상한 특성으로 돌이킬 수 없도록 설정된 순간적 기하학이며, 공간과학자가 그 자체의 국지적 시간과 장소에 뿌리내리는 것에 대해 거의 관심을 갖지 않았던 기하학이다. 여기서 제안했듯이 산개의 공간에 대한 푸코의 민감성은 단지 우리가 총체적 역사의 덫을 뚫고 나아가는 것을 도와줄 수 있도록 설계된 개념적·은유적 장치인 것처럼 보인다는 점을 즉각 인정해야 한다. 그러나 나는 망설임 없이 이 장치를 푸코가 공간상에 분포한 유형적 장소의 실체적 역사에서 제공하고자 했던 방식과 관련짓고자 한다. 사실 푸코가 과거의 사회 세계를 응시했을 때, 그는 계급투쟁의 노선을 결정하는 (이를테면) 생산 양식의 질서를 본 것이 아니며, 경제가 어떻게 기능하는지부터 가장 아름다운 벽화가 어떻게 그려졌는지에 이르기까지 모든 것을 생동시키는 세계관의 질서를 본 것도 아니다. 오히려 그는 연구하고자 하는 사물이 경관 위에 펼쳐져 있고, 단지 그 지리를 통해 서로 관련된 산개의 공간을 본 것이다. 서로 가까이 있음 또는 멀리 떨어져 있음, 특정 입지에 위치 지움 또는 특정 환경 유형과 관련됨, 특정 방법으로 배치되어 있거나 또는 특정 외형에 소유되어 있음에 의해 분간할 수 있는 유일한 질서는 이들의 계획과 건축에 기인한다. 부분적으로, 발견될 "국지적이고 가변적인 규칙"은 관련된 사물이 "바탕 위에서" 서로 전개하는 실체적 공간 관계에 관한 자세한 서술을 포함하고 있어야 하며, 이러한 서술은 관계와 차이에 관해 좀더 추상적인 규칙의 상세한 서술과 병행하며, 이를 알려주어야 한다. 물론 푸코가 '외적 공간(external space)'이라고 명명한 것을 다루는 방식 그리고 이런 지점에 도달한 방식에 관해서는 이러한 측면에서 좀더 논할 필요가 있다. 이제 이러한 문제를 좀더 직접적으로 다루는 것이 적절한 것처럼 보인다.

3 역사에서 푸코의 지리학: 실체적 전략

이제 공간과 장소가 어떻게 광기와 수용소, 질병과 임상, 범죄와 감옥, 성애성과 참회실에 관한 그의 역사적 탐구에서 바로 '재료'가 되었던 현상, 사건, 사람, 사고, 제도와 풀 수 없게끔 뒤얽혀 있는지에 관한 푸코의 해명(요컨대 '사회적 타자성'의 역사를 서술하고자 하는 그의 시도)에서 제시된 좀더 '실체적인' 전략에 대해 고찰해볼 때다. 다음에서, 나는 푸코에 의한 역사 속 지리 파악과 관련해 가능한 두 가지 논평을 제안하고자 하는데, 이 둘은 그의 지리학에 관한 '이론'과 그 현실적 '실천'에 놓인 부조응의 요인을 나타내는 임계선을 갖는다. 그러나 나는 또한 이러한 비판적 논평을 넘어서 내가 "실체적 지리학(substantive geography)"의 고취라고 일컫는 것에 관한 좀더 긍정적인 해석을 살펴보는 것이 가능하다고 주장하고자 한다.

3.1 권력의 역사에서 기하학적 전환
푸코의 실체적 역사 탐구를 무심결에 한 번 보기만 해도, 공간에 대한 정교하게 연마된 충고 또는 더 정확히 말해 공간적 관계가 항상 연구하고자 하는 역사적 과정에 깊게 함의되어 있음을 알 수 있다. 《광기와 문명》에서, 그는 예를 들어 자신이 "유령의 장소(haunted place)의 지리"라고 칭한 것에 관해 다양한 결론을 도출하는 한편,[16] 《임상의 탄생(The Birth of The Clinic)》(1976)에서는 질병분류학, 병리적 연구의 실행 그리고 의료 시설 또는 '치료 센터'의 제공에 내포된 '공간화'의 세 가지 상이한 형태를 다룬다.[17] 또 다른 방식으로 《규율과 처벌》에서 그는 "규율은 공간상에 개인의 배치로 진행된다"(141쪽)는 사고를 탐구하며, 또한 벤담의 악명 높은 '원형 감옥'에서 공간적 관계의 조작을 통해 달성되는 개인에 대한 물리적 및 심리적 통제를 자세히 서술한다(지리학 논문들로는 Dear, 1981; Driver, 1985a, 1985b; Philo, 1989a 참조). 이러한 저작 모두에서 푸코는 담론, 지식 그리고 (중요하게) 권력의 복합적 작동에서 공간적 관계가 담당하는 역할을 경험적으로 자세히 보여주며,[18] 이를 통해 잘 알려진 인터뷰에서 권력의 역사는 동시에 "공간(이 두 용어의 복합적 의미에서)에 관해 쓰여진"(Foucault, 1980a: 149) 역사에 해당한다고 주장한다.

여기서 푸코의 프로젝트를 특징짓는 한 가지 방법은 공간적 관계에 대한 그의 민감성이 '사회적 타자성'의 역사에 기하학적 전환을 도입했다는 점에서 드러난다. 우리는 그의 연구를 미친 것, 슬픈 것, 나쁜 것에 관한 역사적 경험을 구조화한 권력의 기하학 발굴과 우선적으로 관련된 것으로서 묘사하는 여러 논평을 찾아볼 수 있다. 사실 보드리야르(Baudrillard, 1987a) 같은 저자들은 푸코가 논의한 권력의 정교한 모세관, 권력을 구성하고 확산하는 것으로 여겨지는 미시적 공간에 관해 길게 이야기했다.

이제 우리는 어떤 완전한 우주, 권력을 전파하지만 또한 금이 가 있는—깨어졌지만 함께 붙어 있는 바람막이 유리처럼—어떤 공간 속에 있다. …… 권력은 분포적이다. 권력은 벡터처럼 중계와 전이를 통해 작동한다. …… 푸코를 따라가며 자세히 살펴보면, 권력은 물리적 및 수학적 공간의 최근 개념화만큼이나 새로운 사회적 공간의 개념화와 이상하게도 닮았다. 이는 들뢰즈가 최근 자신이 과학 덕분에 눈이 갑자기 멀게 되었다고 말하는 것과 같다. ……오랜 역사를 갖는 권력의 준거는 신체의 격자, 통제의 분기적 (分岐的) 유형으로 산개되고 깨어진 권력의 수준에서 푸코에 의해 오늘날 다시 논의되고 있다.

(Baudrillard, 1987a: 37, 42, 34, 38).

위의 인용문에서, 보드리야르는 푸코의 저작을 사회사상에 침투하기 시작했다고 여겨지는 자연주의(naturalism)의 새로운 형태, 베르너 하이젠 베르크(Werner Heisenberg)의 불확실성의 원칙에 의해 창안된 '새로운 물리학' 그리고 모나드(Monad)의 유전자 코드에 의해 창안된 '새로운 화학'과 드러나게 연결시킨다. 이런 점에서, 공간적 관계에 관한 자연과학적 사고의 변화라는 관점에서 푸코를 명시적으로 해석한 마요르-포츨(Major-Poetzl, 1983), 푸코의 저작을 들뢰즈의 "욕망의 분자적 위상학"과 등치시킨 보드리야르에 관해 논의하는 것이 적절하겠다. 보드리야르(Baudrillard, 1987a)에 의하면, 한편으로는 사회과학으로부터 다른 한편으로는 자연과학으로부터 다양한 지적 전통이 이상하게도 함께 도래하는 것을 확인할 수 있다. 이 두 전통의 "흐름과 연계는 유전적 시뮬레이션, 미(微)세포적 추진력, 코드 조작자의 임의적 촉진으로 조만간—만약 이것들이 이미 그렇게 되지 않았다면—수렴할 것이다"(35쪽).

이에 따라 우리는 권력의 결정과 통로—권력을 생성하는 고정된 결절과 권력을 전파하고 모으는 왕복 통로—를 통해 공간적으로 구성된 사회 세계의 이미지를 갖게 되었다. 바로 이런 이유에서 푸코는 "권력의 기하학자"라고 적절히 일컬을 수 있었고, 또한 바로 이 이유에서 푸코는 구성적 기하학을 지배하는 '과학적' 법칙을 단순히 작성함으로써 사회생활 (취락의 유형에서 인지적 과정에 이르는 모든 것)을 설명하고자 한 공간과학자와 그다지 멀리 떨어져 있지 않은 사회적 설명의 한 형태로 빠져들었다고 여겨진다.

이러한 주장의 노선은 푸코의 실질적 탐구에 관한 특성을 고찰함으로써 좀더 자세히 제시할 수 있지만, 여기서 나는 내 관심을 푸코의 첫 번째 주요 저서인 《광기와 문명》에서 제시된 기하학적 전환에 관한 일단의 주장에 한정하고자 한다. 이런 측면에서 적합한 인용은 미셸 세르가 이 특정 저서에 관해 제시한 해석을 재론한 마요르-포츨(Major-Poetzl, 1983)에서 찾아볼 수 있다.

〔세르는〕 내포와 배제에 관한 푸코의 범주화를 공간적 관련성으로 해석하고, ……비이성(unreason)에 관한 푸코의 개념을 '부정성의 기하학'으로 이해한다. 전(前)고전적〔1600년대 이전〕 시대는 광기가 세계와 많은 접촉점을 갖는 시원적으로 혼돈된 공간으로 상상할 수 있다고 세르는 주장한다. 대조적으로 고전적〔1600~1800년대〕 공간은 이원적으로, 요컨대 이성의 공간(사회, 특히 가정)에 대한 부정적 이미지로 기능하는 비이성의 공간〔종합병원(또는 감옥—경범죄 노역소) 그리고 그 이후의 수용소〕으로 이루어졌다.

(Major-Poetzl, 1983: 120)

이곳은 《광기와 문명》의 지리를 상세하게 고찰하기 위한 자리는 아니지만—다른 곳에서 나는 이러한 고찰을 제시했다(Philo, 1992b)—위의 인용문이 지적하는 것은 푸코의 저서 전반에 걸쳐 나타나는 기본적 서사는 서유럽 역사에서 노동, 휴식, 놀이의 '정상적' 범위로부터 미쳤다는('발광적', '정신이상적', '정신질환적'이라는) 딱지가 붙은 사람을 격리하기 위한 사회적 및 공간적 충동이 등장했으며, 이는 흔히 이런 사람들이 비전문적인 감금소(경범죄 노역소, 감옥)와 전문적 감금소(수용소, 정신병원, 정신보건소)

에서 남은 삶을 마감하는 결과를 초래했다는 점이다.[19] 세르는 이러한 감금소를 '비이성의 공간'을 구성하는 것, 공경하는 가정이나 공동체의 행복한 집과 거리에서 발견할 수 있을 것으로 추정되는 '이성의 공간'의 부정적 거울 이미지로 서술한다. 그리고 그는 《광기와 문명》에서 특정 인구 집단이 낙인찍혀 그 사회의 상호 작용이 이루어지는 '정상적' 장소들로부터 사회 공간적으로 배제되는 사회적 기하학—이른바 '부정성의 기하학'—에 대한 이야기를 효과적으로 찾아낸다. 다른 곳이 아니라 서구 광기의 역사에 투사된 '포섭'과 '배제', '내부'와 '외부'의 단순 기하학은 도시 외곽에 위치한 사회적 비정상—중세 도시 외곽에 있던 나환자 부락부터 근대 초기 및 19세기 도시 지역 외곽에 있던 종합병원과 전문 수용소에 이르는—의 역사적 지속성에 관한 푸코의 설명보다도 한층 명백하다. 이런 방식으로 독해할 경우,《광기와 문명》은 총체적 역사의 많은 덫에 빠질 것처럼 보인다. 이 덫들은 특정 현상(광기)이라는 이야기 속에서 분명한 역사적 단계 위치 지우기, 기본 주제와 지속성의 확인 등을 포함한다. 또한 공간에 대한 민감성은 그 텍스트에서 매우 많이 서술한 것처럼 보이지만, 이 이야기에 대한 기하학적 보완물로 거론되는 총체적 이야기에 도전하기 위해 그렇게 많이 서술한 것처럼 보이지는 않는다. 게다가 데리다(Derrida, 1978b; Boyne, 1990도 참조)는 푸코가 '이성의 언어' 안에 위치 지어진 그 자신의 불가피한 위상에서 '비이성의 언어'를 듣고 부분적으로 이를 서술하고자—그 '진실'을 드러내고 이 진실이 어떻게 타협되었는지를 입증하고자—했다고 비판한다. 이는 이 논문의 광의적인 요점이라고 할 수 있다. 푸코가 입증하고자 한 모든 것은 광기를 '구금하기' 위해 실제 행동하는 합리성이라는 엄밀한 관례에 의존해 광기에 관한 담론을 제기하는 것이다. 따라서 데리다가 주장한 것처럼 광기에 관한 푸코의 역사에서 기하학적 전환—간단한 공간적 범주와 사실상 이원론적인 대립을 역사적 자료에 부가하고자 하는 욕망—은《광기와 문명》같은 저서에서조차 이성(그리고 아마 모더니즘)의 지속적 헤게모니와 결탁했다고 주장할 수 있다. 이러한 주장은 중요하며, 푸코의 실체적인 역사 탐구 모두(또는 많은 부분)에서 나타나는 기하학, 이성, 모더니즘의 초기 방정식에 관한 광의적 비판으로 확장할 수 있다. 그러나 나는 이러한 비판이 푸코가 과거의 광기, 일탈 등에 대한 자신의 연구에서 공간을 어떻게 다루었는지에 관한 완전한 그림을 그려준다고 생각하지는 않는다. 나는 왜 내가 현재 그렇다고 생각하는지 설명하고자 한다.

3.2 '의문의 공간 정확히 하기'?

푸코의 지리학과 관련한 두 번째 양상이자 또한 아마 문제가 되는 것은 그의 실체적 역사 탐구에서 장소를 다루는 방식에서 발생한다. 이는 나에게—공간적 관계에 초점을 두는 그의 기하학적 전환에도 불구하고 또는 아마 그 때문에—푸코가 그의 역사적 서술의 많은 부분에서 특정 현상이 경험적 상술과 차이의 중요성을 이론적으로 강조하지만, 이러한 이론적 강조가 예상할 수 있는 특정한 물질적 장소·환경·경관과 갖는 관계에 대해서는 관심을 보이지 않았다는 점을 떠올리게 한다. 그의 역사 탐구에서 이런 약점이 주목받지 않은 것은 아니다. 1976년 프랑스의 급진적인 지리학 학술지《에로도트(Hérodote)》와 가진 인터뷰를 살펴보자.

당신의 저서에서 시기화(periodisation)에 관한 엄격한 관심을 찾아볼 수 있지만, 이는 당신의 공간적 구획(demarcation)의 모호함 및 상대적 불확정성과는 대조적입니다. 당신의 준거 용어는 선택적으로 기독교계, 서구 세계, 북유럽과 프랑스 등과 같이 실질적으로 정당화되거나 정확하게 특정 지을 수 있는 준거의 공간이 없습니다. ……[그러나 그다음 대담자들이 질문한 것처럼 이러한 불확정성은 푸코의 복잡한 시간-기반적 '불연속성의 방법론'과 어떻게 조화를 이루는가?) 그러한 불연속성의 방법론을 공간과 공간적 양의 크기를 연구하기 위한 것으로 인식하는 것이 가능하며, 심지어 필수적입니다. 당신은 모호하거나 또는 유목적인 공간적 구획을 희생하면서 시간 요인에 임시적 특권을 부여하며, 이런 공간적 구획의 불확실성은 시간·시기·연대에 관한 구분을 짓고자 하는 당신의 배려와 대조적입니다.

(Foucault, 1980b: 67)

이에 대한 반응으로, 푸코는 지리적으로 산개된 기록소의 자료로부터 하나의 분석을 이어 맞추기의 어려움에 관한 언급부터 시작했다. 그러나 그는 곧 "사실, 어떤 과정이 어디서 중단되었는지, 넘어설 경우 어떤 것이 발생하는 한계는 무엇인지 논의하면서, 의문의 공간을 정확히 해야 할 과제가 있으며, 이는 집합적이고 학제적으로 수행해야만 할 것이라는 점"에 관해 대담자들의 의견에 동의했다(68쪽). 그러나 이러한 인정을 한 상황에서도, 푸코는 "의문의 공간을 정확히 해야 한다"는 그 자신의 조언, 그의 역사가 이러한 탐구에 전반적인 손상을 가져다주는 특정한 맥락적 특징으로 특정 장소를 다소 자세히 상술해야 한다는 조언을 거의 따르지 않았다는 점을 지적해야만─세부 사항과 차이에 기울인 그의 전적인 관심 때문에─한다.

다른 한편, 레머트와 길런(Lemert and Gillan, 1982)은 동일한 일단의 이슈에 관해 다소 다른 관점을 제시했는데, 이들은 푸코가 자신의 역사와 관련해 물질적 맥락에 충분히 주목하지 못했다는 점에서 그에게 효과적으로 도전하고자 했다. 사실 이들은 푸코가 시간에 대해 갖고 있던 민감성을 강조하는 것부터 시작했다. 이러한 민감성은 푸코에게 특정한 사건의 날짜를 확인하도록 하고 또한 특정 시기와 결부될 수 있는 상이한 시간적 한계 속에, 현실의 상이한 '고고학적 수준' 간 차이를 만드는 시간성 속에(본문 373~374쪽 참조) 그리고 상이한 수준에서 발전 사이의 연대기적 상응의 공통된 결여 속에 내재한 '역사적 시간'의 복잡성을 인식하도록 했다. 이는 시간에 기반을 둔 푸코의 '불연속성의 방법론'이다. 레머트와 길런(Lemert and Gillan, 1982: 11)은 이런 방법론은 역사를 앞선 사건이 뒤의 사건을 초래하는 단순한 연속이 아니라 "물질적, 경제적, 사회적 힘의 접합"에 위치 지어진 것으로 간주하는 페르낭 브로델(Fernand Braudel) 같은 아날학파의 성향에 의해 분명 고취된 것이라고 주장한다. 그리고 또한 이 논평가들은 아날학파처럼 푸코에게 있어 "역사는 시간을 통해 이루어지는 것이 아니라", "공간화한" 시간의 관계들로부터 만들어진다고 주장한다. 푸코와 아날학파 간의 이러한 연계를 묘사한 후, 이들은 푸코가 시간을 공간화함에 있어서는 브로델 등을 따르지만, 그 자신의 역사적 연구는 실제 브로델의 "지역사(geohistory)"에 중심적인 "공간과 시간의 변증법"을 폭넓게 취하는 데 실패하는 난점을 가지고 있다고 주장한다(Lemert and Gillan, 1982: 97-98). 부분적으로 이는 푸코가 브로델이 얼마나 심각하게 시기화(dating), 시기 구분, 시간성(추상적 의미에서 시간의 공간화를 유도하는 것)의 복잡성을 고려했는가라는 점뿐만 아니라 상이한 현상이 평야, 계곡, 산지 등과 같은 유형적 공간을 가로질러 퍼져나가는 비율의 차이를 더 실체적으로 인지했다는 점을 이해하지 못했음을 의미한다. 그 결과, "시장의 발달과 쇠퇴, 도시의 입지, 문명의 성장 등을 설명하기 위해 공간의 확장을 가로지르는 사건의 경과로서 시간을 포용하는 것이 어쩔 수 없게"(Lemert and Gillan, 1982: 97) 되었다.[20] 그리고 레머트와 길런(Lemert and Gillan, 1982: 97-98)이 설명하고자 한 것처럼 문제는 이것으로 끝나지 않았다.

공간과 시간의 변증법은 푸코의 역사적 서술에 들어 있지 않다. 공간화한 시간은 담론적 구성, 지식(savoir), 권력 같은 개념의 도입을 가능하도록 했다. 그러나 담론적 구성, 지식, 권력은 입지, 의사소통 체계 또는 경제적 경로 및 시장 등과 연계된 문화적 네트워크와 결부되지 않았다. 브로델의《지중해(The Mediterranean)》, 마르크 블로크(Marc Bloch)의《봉건 사회(Feudal Society)》, 르 루아 라뒤리(Le Roy Ladurie)의《랑그독의 농부(The Peasants of Languedoc)》, 조르주 르페브르의《1789년의 대공포(The Great Fear of 1789)》 등은 권력이든, 언어든, 지식이든 어떤 것이든 지리와 분리될 수 없음을 보여주었다. 이들은 권력과 지식의 문제성에는 인식소적(epistemic) 전략 이상의 어떤 것이 있다고 주장한다. 농촌과 도시 사회에서 작동하는 것과 같은 권력과 지식은 무역로, 계곡과 고지, 산과 하천이 교차하는 공간 속에서 이루어진다.

이 주장은—푸코에게 있어 "권력과 지식은 지리의 공간이 아니라 신체의 공간에서 작용하지만"—레머트와 길런(Lemert and Gillan, 1982: 98)에게 있어 "역사 속의 신체는 육로나 해로, 도시의 계획과 입지, 기후와 지형 같은 익명적 구조의 일부"임을 인식하는 것이 기본적이다. 이러한 인식은 결국 푸코가 "의문의 공간을 정확히 설정"하지 못했다는 위의 불만을 드러내지만, 또한 그 이상을 드러낸다. 즉 이는 담론, 지식, 권력의 작동은 이름을 부를 수 있는 장소의 토양, 특정한 환경과 경관, 지역과 국가의 물질적 맥락과 긴밀하게 관련되어 있음을 강조한다. 이는 주목해야 할 주장으로, 사실상 역사 '속에서' 지리의 실체적 중요성을 지적하는 것이다. 이는 장소 간의 차이가 불가피하게 역사적 '거대 서사'의 논리를 파편화하기 때문에 지리를 심각하게 고려해야만 한다는 주장을 능가한다. 그런 과정에서 이는 지리적 역사(geographical history)—즉 담론, 지식, 권력을 포함하는 역사적 과정(그리고 비푸코적 용어로 개념화할 수 있는 다른 과정을 모두 포함해)이 항상 "무역로, 계곡과 고지, 산과 하천이 교차하는" 실세계적 공간 속에서 작동하고 이것에 의해 형상화되는 방식을 통해—에 관한 연구의 필요성을 재인식하도록 하는 가능성을 열어놓고 있다.[21] 이는 여러 가지 방법으로 확장할 수 있는 가치 있는 주장이다. 그러나 또한 나는 이런 비판적 목소리가 푸코가 자신의 실체적 역사 탐구를 수행한 방식 전체를 묘사하는 것은 아니라고 생각한다.

3.3 푸코의 '실체적 지리학'

1985년 실재론적 인문지리학의 잠재력에 관해 서술하면서, 그레고리 (Gregory, 1985: 70-73; Cloke et al., 1991: 161-164도 참조)는 사회적 현실의 상이한 '수준'과 관련한 공간 구조의 개관적 형태를 제시하기 위해 피터 하겟 (Peter Haggett)의 《입지 분석(Locational Analysis)》(1965)에 관한 기하학적 기호법—"결절, 이동, 네트워크, 계층, 면"—에 의존했다. 그러나 그는 이어서 "저기서 **형식적 기하학**(formal geometries)으로 나타난 것이 여기서는 **실체적 지리**로 나타난다"(강조는 필자)고 주장한다. 그레고리가 주장하고자 한 것은 사회생활은 분명 어떤 기하학을 포함하지만 우리는 단순히 점, 원, 선, 육각형, 경향면 등을 그리는 것을 뛰어넘어야만 한다는 점이다. 사실 우리는 우리가 이러한 형상과 관계를 추상적으로 나타내기 위해 사용하는 형식적 기하학 언어들이 '지표 위'에 있는 이들의 현실에 관한 모든 결과를 말해주는 것으로 여겨야 하며, 처음부터 이러한 기하학을 완전한 실체—전적으로 실체-담지적인 것—로 간주해야 하며, 따라서 점 A와 점 B 간의 '동질적 평면'을 가로지르는 직선거리가 아니라 예를 들어, 코넬리우스 애시워스(Cornelius Ashworth)의 오두막집과 핼리팩스(Halifax)에 있는 지방 의류 시장 사이의 험난한 산지 통로로 이루어진 거리로 이해해야만 한다(또한 Gregory, 1982 참조). 그레고리(Gregory, 1985: 73)가 지적한 것처럼 "내용은 발견의 항상적이고 창조적인 과정의 매 수준마다 탐구 속으로 진입하게 되며" 내용에 관한 이런 지속적인 주목은 기하학이 '살아 있고', 또한 사람들이 생산·재생산·소비의 (흔히 실제로는 별 도움이 되지 않는) 지리를 둘러싸고 그 방법을 타협하고자 할 때 직면하는 현실의 일상적 투쟁에 의해 생동하게 된다. 어떤 의미에서, 이러한 측면에서 그레고리의 야심은 공간적 구조가 사회생활의 행동에 중요한 차이를 만든다는 어렵게 얻은 통찰력을 버리지 않고 기하학으로부터 지리학을 구제하고자 하는 것이라고 할 수 있다. 그리고 내 생각에 이런 전략은 형식주의, 자연주의 그리고 그의 일반적 역사의 전형에 대한 안티테제적 모더니즘으로 빠지는 실수로부터 푸코의 기하학적 전환을 구제하기 위해 만들 수 있는 것과 유사하다.

따라서 나는 사회적 타자성에 관한 푸코의 역사 전반에서 논의한 공간적 관계는 형식적 기하학으로서가 아니라, (말하자면) 광기의 역사에서 도시-시골 관계의 기하학 또는 범죄성의 역사 속 감옥 계획의 기하학이 사람, 문제, 이데올로기, 사건, 저항 등등으로 가득 찬 것으로 즉각 예상할 수 있는 실체적 지리학으로 가장 잘 이해할 수 있다고 생각한다. 예를 들어《광기와 문명》이나 관련 텍스트의 세밀한 독해는 특정하게 미친, 나쁜, 슬픈 인간 집단이 어떻게 상이한 시간에 상이한 장소에서 매우 상이한 방법으로 확인되고, 범주화되고, 낙인찍히고, 우상화되고, 일상생활에 포함되고, 구금소에서 배제되는지에 관한 특이성을 발견하기 위해서는 우리가 '부정성의 기하학(geometry of negativity)'에 관해 대충 서술한 설명을 넘어서야만 한다는 것을 쉽게 알 수 있다. 1600년경 이후 서유럽에는 정신적으로 이상한 사람들을 격리시키고자 하는 어떤 충동이 있었지만, 비이성(unreason)이 항상 어디에서나 사회생활의 '외부'로 배제되는 선험적인 기하학적 모형을 제기하는 것은 특정한 사람들이 특정한 경제적 · 사회적 · 정치적 그리고/또는 문화적 이유로 특정 제도와 관련되었던 과거 상황의 현실과 직접 결부되기 전에 있었던 예비적 단계에 불과했다는 것은 분명하다. (물론 격리가 실제 선호하는 해법이지 않은 상황도 많이 있었다.)[22]

그리고 마찬가지로 《규율과 처벌》 및 관련 텍스트에 대한 세밀한 독해는 '파놉티시즘'에 관한 선험적인 기하학적 모형—규율 제도의 모든 방식이 제러미 벤담의 '파놉티콘'(panopticon)의 '감시 원칙'을 만족하도록 설계되었다고 가정하는 모형—을 제기하는 것은 감옥, 수용소, 노역소, 부랑자 거주지 등에 관한 역사 지리를 서술하고자 할 때 단지 우선적 바탕으로 고려할 수 있음을 나타낸다. 이들 가운데 많은 것은 '파놉티콘' 모형과 전혀 달라서 다른 상황에서는 다른 논리를 따랐다(Driver, 1985b, 1990; Philo, 1989a). 따라서 푸코는 기하학에 완전히 기대지 않는 공간을 다루었고, 하겟 같은 공간과학자가 분명 그렇게 했을 것 같은 초월적 공간 법칙에 관한 사고로 연구를 수행하지 않았다. 그리고 이에 더해 그의 역사적 연구에 관한 세밀한 검토는 또한 정확한 입지와 내용의 상술에 대해 내가 앞서 비평한 것이 의미하는 것보다 더 주의 깊게 장소를 다루었음을 드러낸다. 따라서 우리는 《광기와 문명》에서 두 가지 매우 특이한 장소를 묘사하는 것을 볼 수 있다. 그중 한 장소는 프랑스 파리이다. 파리는 1656년 첫 번째 종합병원을 설립했고 1796년 필리프 피넬(Philippe Pinel)이 비세트르(Bicetre)에서 미치광이의 사슬을 제거했던 곳이다. 그리고 다른 한 장소는 윌리엄 투크(William Tuke)가 전문 수용소인 '리트리트(Retreat)'를 설립했던 영국의 요크이다. 이들 장소의 외관상 인간적인 관리 체제는 뒤이은 시기에 세계 전반에 걸친 수용소 건설의 모형을 입증한다. 그리고 이러한 장소는 푸코의 역사에서 단순히 우연적인 것 이상이라는 사실이 판명되었다. 근대 초기 파리의 도시 지리—흔히 불결하고 더럽고 질병에 걸린 도시 건조물과 결합한 인구적·경제적·사회적·정치적 특성—는 미치광이와 그 밖의 일탈자에 대한 제도적 책임을 틀 지우는 데 핵심 역할을 했다(미치광이를 종합병원과 뒤이어 생긴 전문 수용 시설에 수용하기). 그리고 18세기 후반 요크 주변 지역의 농촌 지리—투크의 '리트리트'를 찾은 한 방문자가 지적한 것처럼 "비옥하고 화목한 시골"(de la Rive, Foucault, 1967: 242에서 인용)—는 도시 생활의 혼란스러운 광경과 소리를 자연 환경 및 농업 노동의 건전성으로 신중하게 대체했던 치료 체제 형성에 핵심적인 역할을 했다. 프랑스의 메트레 소년감화원(Mettray reformatory colony) 주변 지역같이 푸코의 다른 역사적 탐구에서 묘사하는 특정 장소에 대해서도 유사한 주장을 제기할 수 있겠지만, 여기서 이런 점을 더 상술할 필요는 없을 것이다.

의심할 바 없이 사회적 타자성에 관한 푸코의 역사에서, 그가 공간과 장소를 다루는 데는 문제가 있다. 즉 구체적 장소라는 의미 위에서 추상적 공간의 의미를 효율적으로 고취하는 그의 기하학적 전환에는 위험이 존재한다. 그러나 내 견해에 의하면, 지리학과 관련한 그의 실천은 그것이 단순히 형식적 기하학에서 작동되는 것을 막을 수 있도록 충분히 내용을 그림 속에 그럭저럭 넣을 수 있었다. 또한 내가 덧붙이고자 하는 점은 푸코를 '권력의 기하학자'라기보다 끈질긴 '실체적 지리의 고고학자'로 이미지화하는 것이 그 자신의 견해와 외형적으로 어울린다는 것이다. 특히 푸코가 실재적이고 세계적인 공간, 즉 모든 것이 공간적 관계를 통해 함께 뒤범벅되고 서로 관련되어 있는 실체-담지적 사물(사람, 동물, 삼림, 하천, 구릉, 건축물, 도로, 철도: 이에 대한 목록은 무수히 열거할 수 있다)로 가득한 공간에 깔끔하고도 조화로운 접근의 가치를 부각시켰을 때 그러하다.

우리가 살고 있으며, 우리를 우리 자신으로부터 끄집어내고, 그 속에서 우리의 삶, 우리의 시간, 우리 역사의 침식(경과)이 이루어지는 공간, 우리를 할퀴고 뜯는 공간은 역시 그 자체로 이질적 공간이다. ……우리는 허공 속에서 살아가지 않는다. ……우리는 서로에게로 환원할 수 없고 또한 절대 서로에게 중첩해서 부여할 수 없는 위치를 윤곽 지우는 일단의 관계 안에서 살아간다.

(Foucault, 1986c: 23)

그렇다면 앞서 시사한 것처럼 이제 우리는 산개의 공간에 관한 푸코의 개념적-은유적 느낌에서 실체적 지리학에 관한 좀더 유형적인 느낌으로의 전환에 도달한다. 이는 기하학적 전환이 "위치를 윤곽 지우는 관계"에 주어진 관심에서도 여전히 명백히 나타난다는 사실을 뒷받침하기 위한 징조이며, 우리는 여전히 이러한 위치의 기하학을 직시할 수 있다. 그러나 또한 강조해야 할 것은 푸코가 우리와 무의미하게 대면하는 종잇조각 위의 일련의 점과 선 같은 공간이 아니라 "우리를 할퀴고 뜯는" 이러한 "이질적 공간"의 풍부한 내용물을 어떻게 즉각적으로 인식하게 되었는가라는 점이다. 더욱이 위의 인용문에서 푸코가 위치의 '비환원성'과 '중첩적 부여 불가능성'을 강조한 점은 의미가 있으며, 이런 주장은 역사와 사회생활의 작동에 중대한 맥락적 영향을 미칠 뿐만 아니라 한 사물과 다른 사물의 차이를 만드는 것으로 항상 간주되는 장소에 관한—특정한 장소, 환경, 경관에서 '자리를 차지하는' 세부 사항에 관한—진정한 관심으로 해석할 수 있다.

4 '사물의 지리'

지진 관련 용어로 말하자면, 우리는 아마 지각 변동 이론에서 유동 판(plate) 모형을 개발할 수 있었을 것이다. 지진은 준거 대상물의 미끄러짐을 나타 내는 우리의 방식이다. ……유동적 이동 외에 아무것도 매우 강력하고 희 귀한 사건을 고취시킬 수 없다. 우리는 더 이상 혁명 또는 상부구조에 영향 을 주는 사건을 일으킬 수 없고, 단지 미끄러지며 차원 분열적인 구역(fractal zone)―그 속에서 사물이 발생하는―에 비밀스러운 영향을 주는 사건을 일 으킬 수 있을 뿐이다. 판 사이의 대륙은 서로 잘 맞질 않으며, 서로 위아래 로 미끄러져 들어간다. **사물의 지리**에 무엇이 발생했는지 우리에게 말해줄 수 있는 준거 체계는 더 이상 존재하지 않는다. 우리는 단지 지구-지진적 (geoseismic) 견해를 가질 수 있을 뿐이다.

(Baudrillard, 1987b: 125-126. 강조는 필자)

이 인용문에서 보드리야르는 자신이 지칭한 "사물의 지리"라는 관점 에서 사회 세계를 가시화한다. 이런 관점은 사물-영역(다른 사람을 포함해, 이론의 통로를 능가하는 모든 객체의 영역)의 '지속성'을 나타내기 위해 적합한 이론적 시도 능력에 대한 깊은 회의에서 생긴 것이며, 이에 따라 이 사 물-영역은 연구자의 주관성으로는 그 작동을 알 수 없는 상태로 항상 남 아 있는 심원한 "지구-지진적" 논리 및 힘과 유사한 그 자신의 규칙을 따르는 것으로 추정된다. 나는 다른 연구에서 '보드리야르 지리학'의 이 러한 측면과 다른 여러 측면을 고찰하기 시작했지만(Philo, 1990), 이 논문 을 끝내기 위해 여기서―즉 사회 세계를 안으로, 아래로, 위로 서로 미끄 러져 들어가는 "판", "대륙" 또는 "차원 분열적인 구역"의 어지럽고 (연 구자의 눈에는) 무질서한 지리로 설명하는 데 있어―우리가 산개의 공간에 관한 푸코의 이론적 경고와 더불어 실체적 지리에 관한 그의 실체적 관심과 병행해 이를 보완하는 견해를 만날 수 있다는 점을 제안하고자 한다. 그리고 내가 주장하고자 하는 견해는 루셀이 믿기 어려울 정도의 세부 사항과 차이로 가득 찬 이러한 작은 조각들을 묘사하고 또 이것들과 연계된 사람과 장소에 관해 표현한 것처럼, 그가 일단의 이야기를 하면서 자신의 조그만 그림에 있는 '작은 공간 조각'의 지리를 추적하는 방식과 많은 공통점이 있다는 점이다. 보드리야르와 푸코 두 사람은 '최고' '최대'의 개념에 우선성을 부여하는 지식인이 관행적으로 가정하는 질서·일관성·진리·이성에 관한 분명한 확실성에 의문을 제기한 결과, 사회 세계를 고찰하는 이러한 지리적 방법에 도달했다는 점을 깨닫는 것이 중요하다. 그리고 이에 따라 그들은 사회 현실(이것을 경제적, 심리적 또는 어떤 것으로 인식하든)에서 덜 근본적인 층위를 설명하기 위해 더 근본적인 층위를 요구하는 이른바 심층적 설명이라고 일컫는 것을 폐기하고, 대신 세계의 사물이 모두 동일 층위(이것이 선진 자본주의이든 장난감 토끼이든)에 놓여 있는 것으로 이미지화되는—계층적 사유하기에서 벗어날 수 있는 방식으로—표면적 설명이라고 일컬을 수 있는 것으로 옮겨간다. 그리고 심층적 설명에 대한 이러한 비판과 여기에 부수된 표면적 설명으로의 이동은 보드리야르와 푸코가 포스트모더니즘적 태도라고 간주할 수 있는 총체적 이론에 제기되는 의심과 분명 같은 선상에 있다는 점을 이해하는 것은 어렵지 않다(또한 Cloke et al., 1991; Gregory, 1989a, 1989b; Ley, 1989의 주장 참조). 또한 바로 이런 이유에서 나는 근대적 확실성이 의문에 처한 후 남겨진 파편화와 혼돈에 대처하기 위해 이 두 학자의 쌍생적 시도와 긴밀하게 연관된 이론적·실체적 지리학으로서 '포스트모던'을 서술하고자 했다.

이 연구에서 나는 푸코의 지리학에 집중했고, 그다음 역사에 관한 그의 재이론화가―총체적 역사에 대한 대안으로서 그의 일반적 역사가 산개의 공간이라는 관점에서 사유하기에 어떻게 의존하는지를 보여주기 위해―공간, 장소, 지리에 대한 민감성을 어떻게 필요로 했는지 보여주고자 했다. 그리고 나는 이러한 민감성은 단지 개념적-은유적 고안물이 아니라, 사회적 타자성에 관한 그의 역사적 탐구 전반에 걸쳐 한층 실체적인 '등록소'에서 나타난다고 주장했다. 이 후자의 주장은 푸코의 역사적 저작에서 드러난 지리에 관한 직접적 또는 예비적 고찰로 이어졌으며, 여기서 내 결론은―실제로는 공간을 과장하고 장소는 과소평가하는 위험을 지닌 기하학적 전환으로 인한 문제가 발생할 수 있긴 하지만―푸코가 "내용이 〔사실상〕 항상적이고 창조적인 발견 과정의 모든 층위에서 연구에 충만하게 되는"(Gregory, 1985: 73) 실체적 지리를 복원했다는 명백한 증거가 있다는 것이다. 또한 끝으로 푸코가 여기서 제시한 것은 진정한 '포스트모던' 지리학의 청사진이라고 할 수 있다. 이 포스트모던 지리학에서는 세부 사항과 차이, 파편화와 혼돈, 본질과 이질성, 겸손과 존경심이 모든 전환을 특징짓고, 공간과학의 형식적 기하학에 대한 회상이라기보다 사물의 지리에 관한 지속된 관심을 필수적으로 유발하는 사회생활에 관한 설명이 이루어진다. 《차이나타운(Chinatown)》3부에 관한 에세이에서 그레고리(Gregory, 1990)는 그가 "기하학적 상상력"이라고 명명한 것을 강조했으며, 이는 소자의 《포스트모던 지리학》(1989)에도 스며들어 있다. 그리고 그레고리의 핵심적인 주장은 "사회 이론에서 공간에 관한 〔포스트모던적〕 재평가"의 이점을 뒤엎을 수 있도록 이러한 기하학적 전환을 허용하는 것을 경고하기 위한 것이다. (그리고 이는 실재론적 인문지리학에서 공간 구조에 관한 매우 기하학적인 독해에 반대하는 그의 경고와 유사성이 있을 것이다. 본문 382~390쪽 참조.) 이런 유의 경고는 또한 푸코의 지리에 관한 기하학적 학습과의 관계에서도 적절하다. 이런 점에서 그레고리는 미국의 사막에 관한 보드리야르의 기하학적 재현을 소자의 이른바 포스트모던 지리에 관한 기하학과 잠재적 모더니즘에 반영된 렌즈로서 받아들였다. 그러나 푸코의 지리학에 반영된 좀더 적절한 렌즈는 애리조나의 삭막한 사막 경관에 대한 반응으로 쿠오니엄(Quoniam, 1988)—'지리학자이자 화가'—이 만들어낸 단어와 그림의 조밀하고 혼란스러워 보이는 (비록 유의미하고 해석 가능하지만) 혼합에서 찾아볼 수 있다고 주장할 수도 있다. 이런 대안적 렌즈는 형식적 기하학이 아니라 실체적 지리학을 암시하며 반모더니스트, 포스트모더니스트 또는 단순히 '다른' 그리고 범주를 능가하는 것으로 서술할 수 있는 사유 방식을 은근히 보여준다.

감사의 글

데릭 그레고리, 다그마르 라이헤르트(Dagmar Reichert) 그리고 제니퍼 로빈슨(Jennifer Robinson)의 조언과 비평에 감사하며, 나이절 스리프트에게도 감사한다. 이 연구는 《사회와 공간》에 실릴 때 비판적이면서도 공정한 논평을 해준 심사위원들로부터 도움을 받았다.

주

1. 이 문장은 이 논문의 심사위원 가운데 한 사람으로부터 취한 것이다. 그는 푸코에 관한 내 강조에 대한 성찰로, "우리는 한 탁월한 인물의 사상을 지나치게 훑는 반면, 많은 소리, 즉시 역시나 가치 있는 사고를 가지고 있는 '다른' 목소리를 무시할 수 있다"고 지적한다. 나는 이런 감정에 전적으로 동의하면서, 이 논문의 목적은 정확히 지리학자들이 무시하지 않도록 또는 (내가 더 그럴 것이라고 느끼는 것처럼)

단지 그 자신의 언어가 아닌 언어로 번역되지 않도록 하기 위해 푸코의 말이 갖는 '다른' 목소리를 (가능한 한) 정확하게 나타내기 위한 것이라고 대답하고자 한다.

2. 기조 논평가 가운데 한 사람(Dear, 1988)은 인문지리학(학문)의 파편화가 '포스트모던 도전'에 의해 촉진된 것에 우려를 제기했다. 필자는 이런 점이 매우 특정한 주제를 연구하면서 철학과 방법론의 문제에 대해 '무엇을 해도 괜찮다'는 태도를 취하는 대다수 지리학자들을 이끈다고 느낀다. 따라서 적합한 대응은 "인문지리학을 사회 이론의 주류와 재조정함으로써 인문지리학을 재구성하는 것"(271쪽)이라고 제안하는 것이다. 그리고 여기서 목적은 학문(즉 지리학—옮긴이)을 "거대 이론을 위한 연구"에 사로잡히도록 하는 것이 명백히 아니지만, 지리학자들은 무엇보다도 먼저 선험적 이론의 영역에 제기된 의문에 관심을 가질 때에만 진보를 이룰 수 있다고 주장하려 한다.

3. 푸코의 타깃은 전적으로 프랑스 역사학자들의 아날'학파'—이 연구자들을 흔히 총체적 역사의 참여자들로 언급하지만—가 아니었다는 점을 인식해야 할 것이다. 오히려 그에 대한 비평가 가운데 일부는 이 '학파'에 속하지만, 일반적 역사에 관한 그 자신의 프로젝트가 브로델 같은 아날학파의 덕택인 것은 사실이다. 베이커(Baker, 1984: 10)가 "푸코는 …… 총체적 역사 위에 자신이 일반적 역사라고 칭한 것을 건설함에 있어 역사적 전환의 특징에 관한 아날학파의 사고를 통합하고 확장한다"고 주장하는 것은 옳다. 그러나 이러한 관찰은 푸코의 목적이 그가 실제 총체적 역사라고 의미한 것에 명확히 반대하는—그리고 어떤 의미에서도 그 위에 건설하고자 하지 않았다—입장에서 일반적 역사를 형성하기 위한 것이라는 사실을 모호하게 해서는 안 된다.

4. 총체적 역사에 대한 푸코의 거부는 많은 '탈구조주의적' 또는 누군가가 그렇게 말할 것처럼 분명 '포스트모던' 사상가들(보드리야르, 들뢰즈, 데리다, 리오타르 그리고 여러 영미 문화 및 문예 이론가를 포함해)이 준비한 반(反)총체화 논문과 같은 편에 서 있다. 이러한 효과는 실제 마르크스주의를 위해 사실을 재진술하고자 한 한 저자(Callinicos, 1982: 112)에 의해 산뜻하게 표현되었다.

사물들의 기원으로 단일 본질의 가능성을 부정하고, 복수성의 우선성을 주장하는 차이의 철학 입장에서—'진정 본질적인 것, 본질 그 자체는 복수성'이라고 들뢰즈는 서술한다—그의 체계가 절대 정신(Absolute Idea)의 차이를 은폐해버렸다는 점에서, 헤겔은 격퇴해야 할, 파괴해야 할 적이다.

5. Lemert and Gillan(1982: 11) 참조. 이들은 아날학파처럼 푸코에 있어서도 "역사의 인과성은 인간적 사건 간의 관계로 이루어지는 것이 아니라 물질적, 경제적, 사회적 힘의 접합으로 이루어진다"고 주장한다. 그러나 자신의 일반적 역사를 서술하기 위한 푸코의 단어―요소, 연속, '연속의 연속', 시간성에 관한 그의 참조―는 브로델 같은 아날학파의 단어를 상당히 반영한다는 점에서 유사성은 점점 더 깊어진다.

6. 푸코의 이른바 '계보학적' 탐구―니체가 고취시킨 바와 같이―는 대체로 권력, 다중적 힘의 충돌 그리고 사회의 규율화와 관련한 그의 후기 저작(특히 Foucault, 1977, 1979 참조)을 포괄하기 위해 받아들여진다. 그러나 '계보학'을 자신의 접근 방법으로 처음 도입한 저서(Foucault, 1986a)에서, 푸코는 실제 그의 주요 '고고학적' 저서(Foucault, 1972) 도입부에서 나타나는 것과 매우 유사한 일련의 주장을 제시한다. 이는 두 저서를 거의 동시적으로 준비했다는 점에서 아마 놀라운 일은 아닐 것이다. 그러나 이는 푸코에게 계보학과 고고학 간 개념적 거리가 흔히 생각하는 것처럼 그렇게 크지 않음을 보여준다.

7. Trevelyan(1948: viii-ix)이 채택한 것처럼 토머스 칼라일(Thomas Carlyle)의 환기적(evocative) 문장, 즉 가장 '무미건조한' 역사가는 실제 모호한 경험적 근거의 상상적 초월을 파악하고자 하는 '시인'이라는 점을 주장하면서 사용한 것이다.

8. 이런 주장은 단지 푸코에 의해서뿐만 아니라, 인류학자들이 어떻게 이론적 자료를 경험적 세부 사항과 관련지어야 하는지에 대한 기어츠(Geertz, 1973: 27-28)의 다음과 같은 주장에 의해서도 고취된다.

> 학계에서 만든 매우 일반적인 개념과 개념 체계의 레퍼토리는 …… 단순한 발생에 과학적 설득력을 부여하고자 하는 희망에서 일단의 매우 서술적인(thick-descriptive) 민족지로 엮인다. 그 목적은 작지만 매우 빽빽하게 엮인 사실들로부터 큰 결론을 끌어내기 위한 것, 즉 집단적 생활의 구성에서 문화의 역할에 관한 광범위한 주장을 복잡한 특수성과 정확히 결합함으로써 이런 주장을 지지하기 위한 것이다.

9. 나는 푸코가 "본질에 앞서는 존재"를 가정하면서 사르트르(Sartre, 1948: 28)를 따른다는 점 그리고 세계의 사물에 대한 그의 태도가 "밤나무 뿌리의 검고 마디가 많은 덩치"를 살펴보면서, "[그리고] 크고 억센 발(paw)에 부딪쳐 무지든 지식이든 중요하지 않다는 점, 설명과 추론의 세계는 존재의 세계가 아니라는 점을 깨닫는"(Sartre, 1964: 185) 《구토(Nausea)》의 로캉탱(Roquentin)과 닮았다고 확신한다.

10. 비록 공간적 관계의 '원초적(primitive)' 규칙과의 연계는 아닐지라도 [가까움과

멈, '오른쪽으로'와 '왼쪽으로', '위(aboveness)'과 '아래(belowness)' 등].

11. 이와 관련해 푸코(Foucault, 1972: 37)는 다음과 같이 주장한다.

> 따라서 이러한 산개 자체를 서술하기라는 사고, 즉 점진적으로 연역적 구조로서 분명 조직되지 않았을 뿐만 아니라 집단적 주체의 **작품**(oeuvre)으로도 조직되지 않은 이러한 요소['말해진 사물들' 또는 '쓰여진 사물들'의 **내용**] 사이에서 사람들이 그들의 연속적인 표출에서 어떤 규칙성, 어떤 질서, **동시성 속에 있는 상관관계, 공동의 공간(common space)에 배당할 수 있는 위치**를 인식할 수 있는지 없는지를 발견하고자 하는 사고(강조는 필자).

Philo(1989b)를 통해 나는 《지식의 고고학》 안에서 그리고 이 저서를 둘러싼 '담론'에 관한 푸코 사유하기의 특성을 상당히 길게 논의하며 본 연구에서 내 주장과 관련이 있는 여러 관찰(담론에 대한 민첩성이 인문지리학에서 어떻게 입지적 의사결정에 관한 연구를 조명하는지에 대한 숙고와 더불어)을 수행했다.

12. 여기서 이렇듯 신중하게 혼합된 존재론과 푸코(Foucault, 1970: xv)가 보르헤스의 "어떤 중국 사전"에서 얻은 즐거움 사이의 연계가 이루어질 수 있다. 이 중국 사전에 나오는 매우 이상한 동물 범주화는 "사고의 친숙한 표식"을 박살내며, 이를 통해 "모든 질서화한 표면 그리고 우리가 기존 사물의 거친 혼합(wild profusion)을 순화시키는 데 익숙해진 모든 평면을 파괴하고자" 위험한다.

13. 따라서 몇몇 사람은 이러한 '수준 모형(levels model)'이라는 사고 양식을 포기하는 것이 어떤 함의를 갖는가에 대해 고찰하는 것조차 중단했지만, 많은 지적 노력―아날학파, 마르크스주의자, 구조주의자, 실재론자 그리고 그 밖에 사람들―이 오늘날 사회 세계와 관련해 이 모형을 다루고 있다(Darnton, 1985 참조).

14. 어떤 의미에서, 이런 주장―항상 차이가 있으며, 이러한 차이는 항상 이해할 수 있는 방식으로 유형화된다는 주장―은 차연(différance)에 관한 데리다의 개념화에서 서술된 것이다. 데리다(Derrida, 1982: 21-22)가 서술한 바와 같이 차연은 "차이의 생산", 특히 "의미화"와 "개념성"의 행위를 가능케 하는 단어, 개념, 사물 간의 이러한 차이의 생산을 뒷받침하는 원칙이다. 그러나 데리다는 "이는 아무리 탁월하고, 독특하고, 원칙적이고 또는 초월적이라고 할지라도, 현재적 존재가 아니다. 이는 아무런 것도 지배하지 않으며, 아무런 것에도 영향을 미치지 않으며, 어디에서도 권위를 행사하지 않는다"고 덧붙였다. 달리 말해, 차연의 '동기(motif)'는 세계의 차이들 안에 '체계'의 어떤 확인 가능한 질서가 '있을' 테지만, 특정 상황에

서 이의 발견에 앞서 이 질서에 관해 말할 수 있는 것은 거의 없다고 선언한다.

15. Dreyfus and Rabinow(1982: 56)는 푸코가 '요소'와 '규칙'[또는 세부 사항과 차이 그리고 진술(또는 사물)의 범주 간 연계 그리고 이들의 맥락-의존적 전환]을 다룬다는 점에서, 여전히 분석을 수행하고 있다고 선언하지만, 이는 다른 여러 과학적 탐구와 비교할 때 매우 낯선 것처럼 보인다.

16. 이런 '유령의 장소'는 도시 담장을 넘어서 제도화한 공간으로, 중세 시대에는 나환자들을 위탁하고, 좀더 근세에는 모든 방식의 '부적응자들(misfits)'—'미친 사람'을 포함해—을 위탁한 공간이다.

17. 이 저서는 "이 책은 공간에 관한 책이다"라는 진술로 시작한다(Foucault, 1976: ix). 그리고 그 첫 장은 '공간과 계급'이라는 제목을 붙였다. 의학 지식과 실행의 '공간화'에 관한 푸코적 설명에 기반이 되었던 의료지리학은 어떻게 구성될 것인지 숙고해보는 것도 흥미롭다.

18. 여기서 담론, 지식, 권력은 기어츠의 "학계에서 만든 매우 일반적인 개념"(주 8 참조)과 동일하며, 푸코는 단지 이러한 개념이 "압축적으로 교직된 사실" 영역과의 결합을 통해서만 그를 위해 작동하도록 했다고 나는 주장하고자 한다.

19. 푸코가 여기서 말하는 '큰 이야기'—이론적 및 경험적 바탕에서 심각하게 비판받았으며, 이 때문에 그가 정당성을 부분적으로 인정하지 않았던 것—란 서구 사회의 역사 전반에 걸쳐 광기의 점진적 '침묵화(silencing)'가 있었던 방법과 관련이 있다. 이는 이런저런 방법을 통해 정신적으로 '다름'이 확인된 사람들이 사회적 집단 안에 "포함되었던"—묵인하고, 환영받았으며, 심지어 존경받았던 그리고 다른 모든 사람과의 '대화'를 허용했던—시기(고대부터 중세 시대까지)부터 이러한 개인이 사회 집단으로부터 배제당한 시기(초기 근대 시기 이후부터)에까지 점차 진행되었다. 푸코는 이 후자의 상황은 광기의 '타자성'에 대한 도덕적·의학적 두려움, 즉 '비생산적' 및 '의존적'인 것처럼 보이는 인구에 적대적인 자본주의적 질서와 관련해 물질적 어려움과 연계된 두려움 때문에 발생했다고 주장한다. 그리고 그는 또한 이런 두려움은 전문적 보호 시설, 정신병원 그리고 정신건강-요양 시설에 있는 정신적으로 착란된 사람들의 감금을 통해 시현되었다고 주장한다. 게다가 푸코에게 프로이트와 그 추종자들에 의한 20세기 정신분석학의 혁신은 광기의 소리가 침묵화하는 과정의 강화에 불과하다. 그는 분석가들이 환자가 제시하는 그들의 삶과 경험에 관한 설명을 가시적으로 청취함에도 불구하고, 마지막 '분석'에서는 정신분석적 이론의 선험적 용어, 개념, 모형이 특정한 상황에서 특정하게 고통받는 자들이 말하거나 느낀 특정한 사물에 대해서는 거의 주목하지

않은 채 인위적인 설명 틀을 부여함으로써 끝을 맺는다고 주장한다.

20. 브로델과 르페브르 모두에게 "역사적 시간은 확장된 시간이며, 공간화한 시간성" (Lemert and Gillan, 1982: 97)이라는 부가적 진술에 주목하라.

21. Philo(1992a)에서 나는 사회적 세계의 작동을 지역 환경의 자연적 특징에 대한 준거로 설명할 수 있다고 생각하는 환경 결정론의 덫에서 '지리적 역사'의 프로젝트를 회복하고, 대신 그 모든 복잡성 속에서 공간과 장소가 모든 역사적 '이야기'〔봉건제에서 자본주의로의 전환에 관한 '큰' 이야기든, 다트무어(Dartmoor)의 주석산업 쇠퇴에 관한 '작은' 이야기든〕를 만들어가도록 하는 실질적 차이에 민감한 유형의 역사 연구를 정형화할 필요가 있다고 주장한다.

22. Philo(1992b)에서, 나는 《광기와 문명》에서 거론한 해설에 관해 좀더 자세하고 미묘한 측면을 추적해 중세 시기부터 19세기 후반까지 잉글랜드와 웨일스에서 미친 사람들을 감금시키고자 한 점진적 이행 과정을 길게 고찰했다.

참고문헌

Baker, A. R. H. (1984) 'Reflections on the relations of historical geography and the *Annales* school of history', in *Explorations in historical Geography*. eds A. R. H. Baker and D. Gregory, Cambridge, Cambridge University Press: 1-27.

Baudrillard, J. (1987a) 'Forget Baudrillard', in *Forget Foucault*. J. Baudrillard, New York, Columbia University Press: 7-64.

Baudrillard, J. (1987b) 'Forget Baudrillard: an interview with S. Lotringer', in *Forget Foucault*. J. Baudrillard, New York, Columbia University Press: 65-137.

Bonnett, A. (1990) 'Key words', *Praxis* 19: 10-12.

Boyne, R. (1990) *Foucault and Derrida: The Other Side of Reason*. London, Unwin Hyman.

Callinicos, A. (1982) *Is There a Future for Marxism?* London, Macmillan.

Cloke, P. Philo, C. and Sadler, D. (1991) *Approaching Human Geography: An Introduction to Contemporary Theoretical Debates*. London, Paul Chapman.

Darnton, R. (1985) *The Great Cat Massacre and Other Episodes in French Cultural History*. Harmondsworth, Middx, Penguin Books.

Dear, M. (1981) 'Social and spatial reproduction of the mentally ill', in *Urbanisation and Urban Planning in Capitalist Society*. eds M. Dear, and A. J. Scott, Andover,

Hants, Methuen: 481-497.

Dear, M. (1988) 'The postmodern challenge: reconstructing human geography', *Transactions of the Institute of British Geographers: New Series* 13: 262-274.

Derrida, J. (1978a) 'Structure, sign and play in the discourse of the human sciences', in *Writing and Difference*. J. Derrida, London, Routledge and Kegan Paul: 278-293.

Derrida, J. (1978b) 'Cognito and the history of madness', in *Writing and Difference*, J. Derrida, London, Routledge and Kegan Paul: 31-63.

Derrida, J. (1982) *'Différance'*, in *Margins of Philosophy*. J. Derrida, Hemel Hempstead, Herts, Harvester Press: 1-27.

Dews, P. (1987) *Logics of Disintegration: Post-structuralist Thought and the Claims of Critical Theory*. London, Verso.

Dreyfus, H. L. and Rabinow, P. (1982) *Michel Foucault: Beyond Structuralism and Hermeneutics*. Hemel Hempstead, Herts, Harvester Press.

Driver, F. (1985a) 'Power, space, and the body: a critical assessment of Foucault's *Discipline and Punish*', *Environment and Planning D: Society and Space* 3: 425-446.

Driver, F. (1985b) 'Geography and power: the work of Michel Foucault', unpublished typescript, Department of Geography, Egham, Surrey, Royal Holloway and Bedford New College.

Driver, F. (1990) 'Discipline without frontiers? Representations of the Mettray Reformatory Colony in Britain, 1840-1880', *Journal of Historical Sociology* 3: 272-293.

Foucault, M. (1967) *Madness and Civilization: A History of Insanity in the Age of Reason*. Andover, Hants, Tavistock Publications.

Foucault, M. (1970) *The Order of Things: An Archaeology of the Human Sciences*. Andover, Hants, Tavistock Publications.

Foucault, M. (1972) *The Archaeology Knowledge*. Andover, Hants, Tavistock Publications.

Foucault, M. (1976) *The Birth of the Clinic: An Archaeology of Medical Perception*. Andover, Hants, Tavistock Publications.

Foucault, M. (1977) *Discipline and Punish: The Birth of the Prison*. London, Allen Lane.

Foucault, M. (1979) *The History of Sexuality: Volume 1, An Introduction*. London, Allen Lane.

Foucault, M. (1980a) 'The eye of power: conversation with J.-P. Barou and M. Perrot', in *Power/Knowledge: Selected Interviews and Other Writings, 1972-1977, by Michel Foucault.* ed. C. Gordon, Hemel Hempstead, Herts, Harvester Press: 146-165.

Foucault, M. (1980b) 'Questions on geography: interview with the editors of *Hérodote*', in *Power/Knowledge: Selected Interviews and Other Writings, 1972-1977 by Michel Foucault.* ed. C. Gordon, Hemel Hempstead, Herts, Harvester Press: 63-77.

Foucault, M. (1982) 'Interview with Michel Foucault on space, knowledge and power', *Skyline* (March): 17-20.

Foucault, M. (1986a) *Death and the Labyrinth: The World of Raymond Roussel.* London, Athlone Press.

Foucault, M. (1986b) 'Nietzsche, genealogy, history', in *The Foucault Reader.* ed. P. Rabinow, Harmondsworth, Middx, Penguin Books: 76-100.

Foucault, M. (1986c) 'Of other spaces', *Diacritics* (Spring): 22-27.

Geertz, C. (1973) *The Interpretation of Cultures: Selected Essays.* New York, Basic Books.

Gregory, D. (1982) *Regional Transformation and Industrial Revolution: A Geography of the Yorkshire Woollen Industry.* London, Macmillan.

Gregory, D. (1985) 'People, places and practices: the future of human geography', in *Geographical Futures* ed. R. King. 343 Fulwood Road, Sheffield S10 3BP, Geographical Association: 56-76.

Gregory, D. (1989a) 'Areal differentiation and postmodern human geography', in *Horizons in Human Geography.* eds D. Gregory and R. Walford, London, Macmillan: 67-96.

Gregory, D. (1989b) 'The crisis of modernity? Human geography and critical social theory', in *New Models in Geography, Volume Two.* eds R. Peet and N. Thrift, London, Unwin Hyman: 348-385.

Gregory, D. (1990) '*Chinatown* Part Three? Soja and the missing spaces of social theory', *Strategies* 3: 40-104.

Gregson, N. (1989) 'On the (ir)relevance of structuration theory to empirical research', in *Social Theory of Modern Societies: Anthony Giddens and His Critics.* eds D. Held and J. B. Thompson, Cambridge, Cambrige University Press: 235-248.

Haggett, P. (1965) *Locational Analysis in Human Geography*. Sevenoaks, Kent, Edward Arnold.

Hutcheon, L. (1988) *A Poetics of Postmodernism: History and Fiction*. Chapman and Hall, Andover, Hants, Routledge.

Lemert, C. C. and Gillan, G. (1982) *Michel Foucault: Social Theory as Transgression*. New York, Columbia University Press.

Ley, D. (1989) 'Fragmentation, coherence and limits to theory in human geography', in *Remaking Human Geography*. eds A. Kobayashi, and S. Mackenzie, London, Unwin Hyman: 227-244.

Major-Poetzl, P. (1983) *Michel Foucault's Archaeology of Western Culture: Towards a New Science of History*. Hemel Hempstead, Herts, Harvester Press.

Ogborn, M. (1990) '"A lynx-eyed and iron-handed system": the state regulation of prostitution in nineteenth-century Britain', unpublished typescript, Department of Geography, Salford, University of Salford.

Olsson, G. (1987) 'The social space of silence', *Environment and Planning D: Society and Space* 5: 249-261.

Philo, C. (1989a) '"Enough to drive one mad": the organisation of space in nineteenth-century lunatic asylums', in *The Power of Geography: How Territory Shapes Social Life*. eds J. Wolch, and M. Dear, London, Unwin Hyman: 258-290.

Philo, C. (1989b) 'Thoughts, words and "creative locational acts"', in *The Behavioural Environment: Essays in Reflection, Application and Re-evaluation*. Chapman and Hall, Andover, Hants, Routledge: 205-234.

Philo, C. (1990) 'A letter to Derek Gregory on *Chinatown* and post-modern human geography', unpublished typescript, copy available from the author.

Philo, C. (1992a) 'History geography and the "still greater mystery" of historical geography', in *Rethinking Human Geography: Society, Space and the Social Sciences*. London, Macmillan.

Philo, C. (1992b) *The Space Reserved for Insanity: Studies in the Historical Geography of the English and Welsh Mad-business*. PhD thesis, Department of Geography, Cambridge, University of Cambridge.

Quoniam, S. (1988) 'A painter, geographer of Arizona', *Environment and Planning D: Society and Space* 6: 3-14.

Robinson, J. (1990) "'A perfect system of control?" State power and "native locations" in South Africa' *Environment and Planning D: Society and Space* 8: 135-162.

Sack, R. D. (1986) *Human Territoriality: Its Theory and History.* Cambridge, Cambridge University Press.

Sartre, J.-P. (1948) *Existentialism and Humanism.* Andover, Hants, Methuen.

Sartre, J.-P. (1964) *Nausea.* New York, New Directions.

Soja, E. W. (1989) *Postmodern Geographies: The Reassertion of Space in Critical Social Theory.* London, Verso.

Trevelyan, G. M. (1948) *English Social History: A Survey of Six Centuries, Chaucer to Queen Victoria.* London, The Reprint Society.

Wolch, J. and Dear, M. (1989) *The Power of Geography: How Territory Shapes Social Life.* London, Unwin Hyman.

피에르 부르디외

1 서론

피에르 부르디외(Pierre Bourdieu, 1930~2002)는 프랑스 서남부에서 예로부터 베아른 지방으로 불렸으며 그 이후 바스-피레네 데파르트망(오늘날의 피레네-아틀란티크)의 수도가 된 포(Pau)에서 북서쪽으로 15킬로미터 정도 떨어진 작은 마을 당겡(Denguin)에서 태어났다. 1950년대 초반 철학으로 학문적 경력을 시작했으며, 훗날 프랑스 고등교육 체계에 관한 그의 세부적인 연구의 주제가 된 엘리트 '그랑제콜(grandes écoles)' 가운데 하나인 파리의 에콜 노르말 쉬페리외르(École Normale Supérieure: 고등사범학교— 옮긴이)에서 철학 교수 자격시험 과정을 수료했다(Bourdieu, 1996). 주립 고등학교에서 1년간 가르친 후, 1956년에는 군대에 징집되어 프랑스 식민주의에 반대하는 치열하고 잔인한 전쟁 기간 동안 알제리에서 프랑스군으로 복무했다(1954~1962). 알제리에서의 경험은 좁은 의미의 철학에서 벗어나 인류학과 사회학으로 진로를 전환하도록 했으며, 1958년 첫 번째 저서 《알제리의 사회학(Sociologie de l'Algérie)》을 출판했다(Bourdieu, 1962).

군복무를 마친 후, 프랑스로 돌아오기 전까지 알제리에 남아 알제리 대학교(University of Algiers)에서 교육과 연구를 수행했다. 파리-소르본(Paris-Sorbonne) 대학교와 릴(Lille) 대학교에서 자리를 잡고 가르친 후에는 1964년 프랑스 고등연구원의 연구소장이 되었다. 1981년에는 저명한 콜레주 드 프랑스(College de France)의 사회학 학과장으로 임명되었다. 부르디외의 연구 활동 가운데 많은 부분은 그가 1968년 설립한 유럽사회학센터를 통해 수행되었으며, 학술지《악트(Actes de la Recherche en Sciences Sociales: 사회과학 연구 기록—옮긴이)》에 논문을 발표했다.

부르디외가 출판한 결과물은 방대하고 광범위하다. 그의 글쓰기는 밀도 있고 복잡하며, 그의 저서는 정교한 사회 이론을 매우 자세하고 때로 대대적인 사회 조사를 통해 도출한 경험적 증거와 결합했다. 아주 최근까지 영미 사회과학에서 그의 저술은 인류학, 교육 연구 그리고 그 이후 문화 연구 분야에서 큰 영향을 미쳤다. 지리학을 포함한 다른 학문에서, 그의 저작은 주로 무시당하거나 또는 어떤 깊이 없이 스쳐 지나가는 정도로만 참조되었다. 부르디외의 사고에 관한 이런 불균등한 평판은 그의 주요 저술의 특정 주제 때문이라고 할 수 있다.

부르디외의 저술에 관한 인류학자들의 관심은 1950년대 후반 알제리에 대해 쓴 그의 저작에서 연유한다. 알제리의 사회학에 관한 그의 초기 저작(Bourdieu, 1962; Bourdieu et al., 1963; Bourdieu and Sayad, 1964)을 어느 비평가는 "평범하다"(Jenkins, 1992: 24)고 평가했는데, 이 저작들은 부르디외 자신의 준거점으로 남아 있지만 그의 후기 저작을 특징짓는 개념적 깊이를 거의 드러내지 못했다. 대조적으로 마그레브(Maghreb: 북아프리카의 모로코·알제리·튀니지에 걸친 지방—옮긴이)의 카빌〔Kabyle, 베르베르(Berber) 인종 집단의 한 분파〕에 관한 부르디외의 민족지적 연구는 그 후 그의 이론적 저작의 많은 부분을 예견하며, 그의 사고에서 인류학적 관심의 많은 부분을 설명한다. 카빌에 관한 그의 저작은 다양한 학술지와 단행본을 통해 수년 동안 발표되었다. 아마 가장 중요하고 폭넓게 인용된 것은 1963년 저술한 카빌의 전통 주택에 관한 구조주의적 설명이겠지만, 이는 1970년이 되어서야 발표되었다(Bourdieu, 1973). 알제리에서 돌아온 후, 1960년 부르디외는 자신의 고향인 베아른 지방 사람들의 결혼에 관한 민족지적 저작을 수행했으며, 이 저작 역시 그의 사고 발달에 영향을 미쳤다는 점에서 중요하다(Bourdieu, 1972).

그의 경험적 연구의 많은 부분이 사회적 집단 특히 사회 계급의 형성과 재생산에서 교육의 역할에 초점을 두었기 때문에 그리고 교육(매우 넓은 의미에서)은 문화 자본, 상징적 폭력, 아비투스(habitus)와 장(field)(아래 참조)에 관한 사고를 포함해 그의 여러 핵심 이론적 개념에서 중심 역할을 하기 때문에, 교육주의자들은 부르디외의 저술에 매료되었다. 《후계자(The Inheritors)》(Bourdieu, 1979)와 《교육, 사회, 문화에서의 재생산(Reproduction in Education, Society, and Culture)》(Bourdieu, 1977)에서, 부르디외는 프랑스 교육 체계를 통해 문화적 특혜의 재생산 그리고 이 재생산을 보장하기 위한 '상징적 폭력'의 역할을 고찰하기 위해 조사, 사례 연구, 통계 자료를 이용했다. 《호모 아카데미쿠스(Homo Academicus)》(Bourdieu, 1988)와 《국가 귀족(The State Nobility)》(Bourdieu, 1996)〉에서 그는 문화적·정치적 엘리트를 생산하고 재생산하는 프랑스 상류 교육 제도의 역할과 이것들을 통해 작동하는 문화적 메커니즘을 고찰했다.

가장 최근에 부르디외의 저작은 문화 연구의 영역에 관심을 가졌다. 이 역시 문화적 생산의 장(사진, 예술, 문학, 스포츠에 관한 연구를 포함해)에 관한 그의 강조에서 일부 도출되며, 또한 일부는 그의 이론적 접근에서 '문화'의 개념이 담당하는 광범위한 역할에서 도출된다. 이러한 관심은 《구별 짓기(Distinction)》에서 가장 분명히 드러나는데, 여기서 부르디외는 한편으로는 사회적 집단과 사회적 지위 사이의 관련성을, 다른 한편으로는 '좋은' 취향과 '나쁜' 취향에 관한 가치 판단이 계급, 부, 권력의 사회적 구분과 깊이 결합되어 있음을 보여주기 위해 의복, 음식, 가구, 소일거리, 음악 등에서의 취향을 자세히 분석한다.

그의 저작에서 이 같은 특정한 경험적 초점을 고려해보면, 영어권에서 부르디외의 저작이 이런 세 가지 분야에서 가장 큰 관심을 불러일으켰다는 것은 놀라운 일이 아니다. 그러나 아무리 매우 정교하다 할지라도 '단지' 교육과 문화에 관한 사회학자로 그를 이해하는 것은 실질적으로 핵심을 벗어나는 것이다. 내가 암시한 것처럼 부르디외가 이런 주제에 초점을 맞춘 것은 임의적인 사례 연구로서 또는 그가 이런 분야에서 우연히 전문가였기 때문(한 역사가는 특정 시기에 관해 전문화된다는 점에서)이 아니라, 교육과 문화가 사회생활 전반을 이해하기 위한 부르디외의 개념적 접근에서 바로 핵심이었기 때문이다. 이는 그의 사고가 원칙적으로 영어권 연구에서 현재까지 이루어진 것보다도 훨씬 더 광범위하게 응용될 수 있음을 의미한다. 이 장에서는 공간과 공간적 관계를 이해하기 위해 이것이 함의한 내용을 고찰할 것이다. 우선 부르디외의 이론적 접근에서 주요 개념에 관해 간단히 개관할 필요가 있다.

2 핵심 개념

2.1 주관주의와 객관주의 넘어서기

부르디외의 이론적 접근 전체를 뒷받침하는 것은 그가 서구 사상에서 매우 오래된 개념적 이원론 가운데 하나, 즉 주관주의와 객관주의를 넘어설 필요를 절박하게 느꼈다는 점이다. 부르디외는 '주관주의'를 사회적 행태의 우선적 원인을 개인적 자유 의지, 의식적 의사 결정, 체험한 경험에 두고 인간 생활과 행동에 접근하고자 하는 모든 것과 관련지었다. '객관주의'란 "개인적 의식 및 의지와 무관한 객관적 규칙성(구조, 법칙, 관련성의 체계 등)을 설정하고" 사회생활을 그러한 현상으로 설명하고자 하는 접근을 의미한다. 그의 접근을 가장 잘 개관한 《실천의 논리(The Logic of Practice)》(Bourdieu, 1990)에서, 부르디외는 객관주의와 주관주의를 차례로 비판적으로 고찰했다. 부르디외에 따르면, 구조주의에 의해 가장 명백하게 사례화할 수 있는 객관주의적 전통은 결함을 갖고 있다. 왜냐하면 이는 사회 세계를 객관적으로 다루고자 하지만, 동일한 객관적 시각을 그 자체에 되돌리는 데는 실패했기 때문이다. 결과적으로, 객관주의는 객관적 관찰자의 주관성에 의존하는 가정된 객관적 구조 또는 세계의 규칙성을 가진 관념주의(idealism)의 형태로 끝난다. 부르디외에 의하면, 유사한 역설이 합리적 행위자 이론에서 예시할 수 있는 주관주의적 전통도 훼손한다. 합리적 행위자 이론은 인간 행위의 원인을 개인적 의사 결정 수준에 위치 지우는 것처럼 보인다. 그러나 행위는 합리적으로 동기화하는 것으로 간주되기 때문에 주관적 의사 결정의 산물이 결코 아니며 제한적, 즉 객관적 합리성의 표현이라는 것이 판명된다. 달리 말해, 객관주의와 주관주의에 관한 부르디외의 내재적 비판은 각각의 입장이 다른 입장과 중첩되는 결과를 낳는다.

2.2 실천과 아비투스

객관주의와 주관주의 사이의 부절적한 이원론을 대신해서, 부르디외는 '실천 이론(theory of practice)'을 제시한다. '실천'은 일상적 사회생활을 풍부하게 하는 인간 활동의 지속적 혼합과 관련이 있다. 부르디외에 따르면, 사회적 실천은 무대 이면에서 작동한다고 추정되는 객관적인 사회적 법칙의 작용을 나타내지 않으며, 인간의 독립적인 주관적 의사 결정에서 연유하는 것도 아니다. 대신 그는 실천이 '아비투스'의 작동에서 발생한다고 주장한다. 아비투스는 부르디외의 저작에서 절대적으로 핵심적인 개념이지만, 이는 또한 파악하기 어렵다. 이는 객관적인 사회 구조와 개인적 행동 사이의 매개적 연계이며, 개별 행위자 안에서 사회적 규범체·이해·행태 유형의 체현과 관련이 있으며, (객관주의적 모형에서처럼) 행동을 전적으로 결정하지 않는 반면 개인이 다른 방법보다는 특정한 어떤 방법으로 더 자주 행동하도록 보증하는 것이다. 게다가 아비투스는 사회를 집단과 계급으로 구분하는 창출자이며 또한 그 산물이다. 아비투스는 유사한 사회적 신분을 가진 사람들에 의해 공유되지만, 상이한 사회 집단에 걸쳐 다양하다. 부르디외의 다소 추상적인 정의는 다음과 같다.

> 존재 조건의 특정한 계급과 관련한 조건화는 아비투스를 만들어낸다. 이는 지속적이며 전환 가능한 성향의 체계로, 구조를 구조화하는 기능을 하게끔 하는 경향이 미리 주어진 구조된 구조, 즉 목적의 의식적 추구 또는 이를 달성하기 위해 필요한 작동의 명시적 숙달을 전제함 없이 그 산물에 객관적으로 적응할 수 있는 실천과 재현을 만들어내고 조직하는 원칙이다. 어떠한 방법으로든 규칙을 준수한 결과가 아니면서 객관적으로 '규제되며' 또한 '규제하는' 이 조건화는 행위자의 조직적 행동의 산물이 아니면서도 집단적으로 조화로울 수 있다.

(Bourdieu, 1990: 53)

이런 정형화에 관한 존 톰슨(John Thompson, 1991)의 설명은 특히 도움이 된다.

아비투스는 행위자들이 어떤 방식으로 행동하고 반작용하게끔 하는 일단의 성향(disposition)이다. 성향은 어떤 '규칙'에 의해 의식적으로 조정되거나 지배받음 없이 '규제하는' 실천, 인지, 태도를 만들어낸다. 아비투스를 구성하는 성향은 되풀이 강조되고, 구조화되며, 지속적이고, 생성적이며, 전환 가능하다. 이것들에 대해서는 각각 간략한 설명이 필요하다. 성향은 일찍이 어린 시절 경험이 특히 중요한 깨우침의 점진적 과정을 통해 획득된다. 식탁 습관("곧은 자세로 앉아라", "입안 가득 음식을 넣고 먹지 마라" 등)의 깨달음에 내포된 성향처럼, 훈련과 배움의 무수한 일상적 과정을 통해 개인은 신체를 문자 그대로 형성하고 이차적 본성이 되는 일단의 성향을 획득한다. 이렇게 생성된 성향은 또한 이를 획득한 사회적 조건을 불가피하게 반영한다는 점에서 구조화된다. 예를 들어 노동 계급 배경을 가진 한 개인은 중간 계급 환경에서 자란 개인이 획득한 성향과는 어떤 점에서 다른 성향을 획득할 것이다. 달리 말해, 개인 존재의 사회적 조건을 특징짓는 유사성과 차이는 아비투스에 반영되며, 이는 유사한 배경을 가진 개인 간에는 비교적 동질적일 것이다. 구조된 성향은 지속적이다. 성향은 개인의 생애사를 통해 유지되는 방식으로 신체 깊이 스며들어 있으며, 선(先)의식적이기 때문에 의식적 반성과 수정에 의해 쉽게 고쳐지지 않는 방법으로 작동한다. 끝으로 성향은 다른 장(field)보다 그것을 처음 획득한 장에서 실천과 인지의 증식을 만들어내기 쉽다는 의미에서 생성적이며 전환 가능하다. 지속 가능하게 설정된 일단의 성향으로서 아비투스는 실천과 인지, 작업과 이해를 만들어내는 경향이 있으며, 이는 아비투스 자체가 산출되는 존재 조건과 일치한다.

(Thompson, 1991: 12-13)

아비투스는 개인들에게 특정한 상황에서 지속적으로 완전히 의식적 결정을 하지 않더라도 어떻게 행동하도록 하는 감각을 부여한다. 바로 이러한 '실천적 감각(practical sense)'은 흔히 '게임을 위한 느낌'으로 서술되기도 하며, 부르디외의 실천 이론이 이해하고자 하는 것이다.

2.3 문화 자본과 상징 자본

매우 광범위하게 받아들이고 있는 부르디외의 사고 가운데 하나는 '자본'의 개념을 경제적 용어로서뿐만 아니라 지식과 신분 같은 다양한 다른 자원에도 응용 가능한 것으로 이해해야 한다는 점이다. 이에 따라 그는 일단의 자본 형태를 구분했으며, 그중 네 가지가 가장 중요하다. '경제적 자본'은 물질적 부와 관련이 있으며 정치경제학자들이 사용하는 전통적 의미의 자본에 대체로 해당하지만, 부르디외는 자본에 관한 엄격한 마르크스주의적 정의보다 다소 느슨한 형태로 자본을 이해한다. '사회적 자본'은 사회적 네트워크나 접촉 덕분에 개인 또는 집단에게 생기는 권력 및 자원과 관련이 있다. 이는 엘리트 집단의 구성원이라는 점에서 엄격하게 이해할 수 있지만, 원칙적으로 모든 종류의 사회 집단화에 응용된다. '문화적 자본'은 초기 사회화 또는 교육을 통해 획득하는 지식 및 기능과 관련이 있다. '상징적 자본'은 자본의 다른 형태의 재현과 상징적으로 관련이 있으며 "자본의 여러 종류가 정당하다고 인지되고 인정받을 때 이러한 자본의 종류가 가정하는 형태"(Bourdieu, 1989: 17)이다. 부르디외의 핵심적인 통찰력 가운데 하나는 자본의 각 형태가 다른 형태로 전환할 수 있다는 점이다. 예를 들어, 교육의 질이 그 소유자에게 좋은 직장을 보장할 때, 문화적 자본은 경제적 자본으로 전환할 수 있다. 그러나 자본의 각 형태는 또한 다른 형태와 독립적인 각각의 영역 내에서 전환이라는 요구 없이 사회적 투쟁을 위한 자원을 제공한다. 예를 들어, 상징적 투쟁은 경제적 투쟁으로부터 자율성을 가진다.

2.4 장과 전략

자본의 상이한 형태에 따른 능률성 및 자율성의 가능성은 경제적 장, 예술적 장, 정치적 장 등과 같은 장(field)과 세부 장(subfield)들로 사회 세계를 조직하는 과정에서 부분적으로 실현된다. 게임에 유추해보면, 장은 게임이 이루어지는 놀이의 장 또는 무대로 간주할 수 있다. 장은 또한 전략과 사회적 투쟁의 자리(site)이다.

부르디외에 의하면, 모든 사회는 그들의 재생산을 확보하기 위해 그들의 이해관계를 최대화하고자 하는 집단 그리고/또는 계급, 계급 분파 간의 투쟁으로 특징지을 수 있다. 사회 구성은 위계적으로 조직된 일련의 장들로 이해할 수 있으며, 여기서 인간 행위자는 지식의 장, 교육의 장, 경제의 장 등 어떤 장에 특정적인 사회적 자원에 대한 그들의 통제를 최대화하기 위한 특정한 투쟁에 종사하게 되며 또한 사회적 행위자의 지위는 상관관계에 있다. 달리 말해 이 장에 특정한 힘을 가진 선들(lines)의 총체성에 의해 결정되는 이행적 지위로 이해할 수 있다.

(Garnham and Williams, 1980: 215)

이런 점에서 장은 상관관계를 맺고 있는 개념이며, 지위의 구조된 공간으로서 다양한 형태의 자본의 불균등한 분배에 의해 결정된다.

분석적 의미에서, 장은 지위 간 객관적 관계의 네트워크 또는 편성으로 규정할 수 있다. 이러한 지위는 다른 지위와의 객관적 관계에서뿐만 아니라, 그것을 점유한 사람이나 행위자 또는 기관에 부여한 존재와 결정 속에서 그리고 여러 종류의 권력(또는 자본)—이에 대한 소유는 장에서 성패가 달려 있는 특정한 이익에 대한 접근을 통제한다—의 분배 구조 속에서 현재적 및 잠재적 상황에 의해 객관적으로 규정된다.

(Bourdieu and Wacquant, 1992: 97)

　실천 또는 실천적 감각이라는 좀더 유동적이고 동태적이며 체현된 사고와 대조적으로, 부르디외는 흔히 한층 정적이고 결정론적인 방식처럼 보이게끔 장의 개념을 사용한다. 이들 장 안에서 사회적 지위에 대한 접근은 경제적·사회적·문화적·상징적 자본의 소유에 따라 결정되며, 각각의 장은 그 자체의 '논리'를 가진다(Bourdieu and Wacquant, 1992: 97). 객관주의적 접근에 대한 부르디외의 완강한 거부에도 불구하고, 장의 제도적 성분뿐만 아니라 그 속의 인간 신체를 모양 짓는 장의 논리에 관한 설명에는 객관주의적 선호가 분명 내재되어 있다.

　어떤 제도, 심지어 경제도 특정 장의 사물—논리상 개별 행위자를 초월하는—내에서뿐만 아니라 신체, 즉 장에 내재한 요구를 인정하고 동의하는 지속적 성향 내에서 내구적으로 객관화할 경우에만 완전하며 온전하게 실행 가능하다.

(Bourdieu, 1990: 58)

　장의 개념은 위에서 언급한 자본의 개념과 긴밀하게 연계된다. 부르디외가 서술한 것처럼 "장과 관계가 없다면, 자본은 존재하지 않으며 기능하지도 않는다"(Bourdieu and Wacquant, 1992: 101). 개인은 아비투스의 체현된 성향과 그들이 축적한 자본의 재고를 장으로 가져간다. 상이한 형태의 자본의 권력은 장의 속성에 따라 다양하다. 예를 들어, 경제적 자본은 종교의 장에서보다 경영의 장에서 더 강력하다. 장은 "〔그 장의〕 힘의 편성을 보전하거나 또는 전환하고자 하는"(Bourdieu and Wacquant, 1992:

101) 사회적 투쟁의 터전이다. 부르디외는 흔히 이러한 투쟁을 게임에 비유한다.

> 우리는 선수가 갖고 있는 특정 종류의 자본에 따라 각기 다른 색깔의 동전 무더기를 앞에 놓고 있는 각각의 선수를 묘사할 수 있다. 이에 따라 게임에서 선수의 상대적 힘, 놀이 공간에서 선수의 지위, 게임에 대한 선수의 전략적 지향, ……선수가 행하는 움직임은 …… 동전의 총 개수뿐만 아니라 선수가 갖고 있는 동전 무더기의 구성, 즉 선수가 지닌 자본의 양과 구조에 좌우된다.
>
> (Bourdieu and Wacquant, 1992: 99)

게임에 대한 사고는 발견적 고안(부르디외의 저작에서 되풀이되는 것일지라도)에 불과하지만, 이러한 정형화를 좀더 구조주의적인 설명이나 또는 다른 방식으로 보면 계산적인 행위자가 게임에서 그들의 객관적 지위에 대한 합리적 평가에 바탕을 두고 놀이를 행하는 합리적 행위자 모형(부르디외가 철저히 거부한)과 거의 구분되지 않는 것처럼 보인다.

게임에 대한 유추는 부르디외의 분석 틀에서 다른 핵심적 개념, 즉 '전략'과 연계된다. 부르디외에게 전략은 합리적 계산의 산물이 아니라, 어떤 목적을 지향할 수 있다. 이 지향은 '게임을 위한 느낌'에서 발생한다. 어떤 선수가 게임에 대한 한층 직관적인 느낌을 갖는 것처럼 어떤 행위자는 한층 성공적인 전략을 수행한다. 전략은 따라서 어떤 목적을 지향하는 일련의 행위와 실천이지만, ('전략'이라는 용어의 관례적 사용과 달리) 신중하거나 의식적이지 않다. 목적-지향적 실천은 개인 의지의 행동이 아니라, 특정한 장 안에서 체현된 성향이나 아비투스의 작동을 통해 발생한다.

2.5 권력과 상징적 폭력

자본은 상이한 형태를 취할 수 있으며 각 형태는 그 소유자에게 자원을 제공한다는 인식에 기초해, 부르디외의 권력 이론은 권력이 취할 수 있는 다양한 형태를 강조한다. 특히 부르디외는 권력의 문화적 및 상징적 측면을 예리하게 강조한다(부분적으로 권력을 탁월하게 정치적 또는 경제적인 것으로 이해하는 경향을 가진 이론을 바로잡기 위해). 모든 장은 개인과 집단이 상이한 형태의 자본의 불균등한 분배로 인해 지배와 종속의 관계로 존재하는 '권력의 장'이 된다. 한 집단이 일단의 의미·아이디어·상징을 다른 집단에 부여할 때(예를 들어 교육 체계에서 또는 식민지 상황에서 지속적으로 이루어지는 것처럼), 이는 상징적 폭력의 행사와 관련이 있다.

3 지리학에서의 부르디외

인문지리학자들에 의한 부르디외 저작의 활용은 사회과학 일반에서 그의 저작을 수용하는 것과 마찬가지로 불균등하다. 이것은 두 가지 함의를 가진다. 첫째, 지리학자들은 교육학, 인류학, 문화 연구에서 그들의 동료가 보여준 열정으로 그의 사고를 받아들이지 않았다. 둘째, 지리학자들이 그의 저작에 관심을 가진다 할지라도, 이는 예를 들어 정치지리학이나 경제지리학이 아니라 문화지리학, 사회지리학 분야에서 (약간의 예외는 있지만) 응용되었다. 부르디외는 지리학자들이 흔히 인용하는 사회이론가 중 한 사람이지만, 어떤 깊이를 지니고 인용된 것은 거의 없었다. 이는 아마 그의 사고가 사회과학적 (그리고 인문지리학적) 사유에서의 구분 가운데 많은 것(구조와 행위, 주관주의와 객관주의처럼)을 극복할 수 있다는 확신을 준 것처럼 보인 반면, 그의 사고가 집약적이고 어려운 문장

표 11.1 부르디외의 핵심 저작 인용

	저서명을 인용한 것으로 SSCI에 올라간 논문의 수	
	모든 학술지	지리학 학술지
《실천 이론 개요》 (1977년 영어 초판 발행)	1196	76
《구별 짓기》 (1984년 영어 초판 발행)	1089	87
《실천의 논리》 (1990년 영어 초판 발행)	189	8

출처: 사회과학인용지수 조사, 1997년 5월.

으로 표현되어 있기 때문에 실질적인 연구 맥락에서 이것들을 응용하는 작업은 모호한 전망을 보일 수밖에 없다는 사실로 설명할 수 있다. 사회과학인용지수(SSCI)는 지리학적 연구와 저술에 대한 부르디외의 영향에 관한 결정적이면서도 시사적인 지표를 제공한다. 표 11.1은 부르디외의 세 가지 핵심 저작에 대한 인용 조사 결과를 나타낸 것이다.

이런 양상은 하나의 집단으로서 사회과학자들이 좀더 추상적인 《실천 이론 개요(Outline of a Theory of Practice)》에 약간 더 많은 관심을 가진 반면, 지리학자들은 좀더 실질적인 《구별 짓기》에 다소 많은 관심을 가졌음을 보여준다. 그러나 이러한 조사는 부르디외의 저작이 실제 지리학자들에 의해 어떻게 이용되는지에 대해서는 거의 아무것도 말해주지 않는다. 논문 자체에 대해 좀더 자세히 조사해보면, 위의 세 가지 저작에 대한 지리학자들의 인용 대부분은 지속적인 논평이나 깊이 있는 고찰이라기보다 간략한 참고였음을 알 수 있다. 특히 지리학자들은 빈번히 아비투스라는 시사적 개념을 스쳐가듯 인용하지만, 지리학적 이론과 연구를 위해 그 함의를 자세하게 탐구하지는 않았다. 최근 이런 소홀함은 개선되고 있다. 지리학 연구에서 완전한 부르디외 학파가 등장할 것 같지는 않지만 (그리고 아마 바람직하지도 않지만), 많은 지리학자들이 부르디외의 사고를 이용하고 채택하기 시작했다.

3.1 실천과 사회적 행동의 지리학

돈 파크스(Don Parkes)와 나이절 스리프트는 인문지리학에서 부르디외의 저작을 가장 먼저 이용한 사람들에 속한다. 《시간, 공간 그리고 장소(Times, Spaces and Places)》에서, 파크스와 스리프트(Parkes and Thrift, 1980: 91-93)는 모든 차원에서 시간에 민감한 인문지리학적 접근을 개발했다. 〔이 책의 부제는 '시간지리학적 관점(A Chronogeographic Perspective)'이다.〕 카빌인들의 민족지학에 의존해, 두 사람은 자신들이 "소규모 사회"라고 칭한 곳에서 사회적 시간의 특성을 밝히기 위해 부르디외의 저작을 이용했다. 스리프트(Thrift, 1983)와 앨런 프레드(Allan Pred, 1984)는 사회생활을 비환원적으로 공간과 시간에 체현된 것으로 이해하는 데 따른 중요성을 강조한 파크스와 스리프트를 더욱 발전시키고자 했다. 위의 두 논문은 당시 인문지리학자 사이에서 구조화 이론에 지대한 관심을 갖도록 하는 인상을 주었다. 스리프트는 이어서 구조화 이론을 다룬 자신의 논문 일부는 "단지 그 당시까지 내가 읽은 것들에 대한 주석"(Thrift, 1995: 529)이며, 그의 주요 관심은 실천에 관한 이론과 주체에 관한 이론에 있다고 주장했다. 이에 관한 최근의 설명에도 불구하고, 스리프트의 1983년 논문은 분명 부르디외를 "구조화주의 학파"의 일원으로 간주했다(그러나 Thrift, 1996: 61, 주 1 참조). 이 논문은 부르디외의 사고를 결코 잘못 표현하지 않았지만, 많은 영어권 지리학자들의 마음속에 부르디외를 앤서니 기든스의 구조화주의적 프로젝트와 지나치게 직접적으로 연계시키는 의도치 않은 결과를 초래했다. 학문적 분위기가 변함에 따라 그리고 구조화 이론이 지리학자들 사이에서 대중성을 상실함에 따라, 부르디외를 프랑스 구조화 이론가의 일종으로 표현했던 가정은 지리학자들이 그를 상대적으로 소홀히 대하게끔 하는 데 기여했을 것이다.

스리프트는 좀더 최근에 두 편의 에세이에서 부르디외를 간략하게 재론한다. 한 에세이는 스티브 파일(Steve Pile and Thrift, 1995)과 함께 쓴 것으로, 체현되고 간주관적이며 맥락에 위치한 '행동의 쉼 없는 흐름'으로서 실천·행동·전략에 관한 이론을 개발하는 것에 대한 부르디외의 관심을 강조한다. 두 번째 에세이(Thrift, 1996)는 실천에 관한 부르디외의 이론을 '비재현적' 사회 이론을 개발하고자 하는 스리프트의 관심과 명시적으로 관련짓고자 한다. 여기에 대해서는 뒤에서 다시 논의할 것이다.

부르디외와 마찬가지로, 실천 또는 실천적 행동 이론은 스리프트의 최우선 관심이었지만, 스리프트(Thrift, 1995: 528)가 이 이론으로 "무장할 것을 요구"하는 서술을 했음에도 불구하고 극히 소수의 지리학자들만이 공간적으로 민감한 실천 이론을 개발하는 데 도전하고자 했다. 그렇지만 이런 이론화는 부르디외의 사고와 더 철저하게 결합함으로써 미래에 성과를 올릴 수 있는 영역임이 분명하다. 예를 들어 데이비드 하비(Harvey, 1986)는 도시화를 통한 자본의 순환과 축적 그리고 '도시 경험'에 관한 개인적 및 계급적 의식 간 복잡한 관련성에 대한 자신의 고심 찬 고찰에서 명시적으로 아비투스라는 사고를 채택한다. 이러한 관심은 그의 《포스트모더니티의 조건(The Condition of Postmodernity)》(Harvey, 1989a)에서—데릭 그레고리는 부르디외를 일방적으로 독해하는 과제에 하비를 끌어들였지만(Gregory, 1994: 406-410)—더욱 발전했다.

그레고리(Gregory, 1994: 383-384)도 카빌의 주택에 관한 부르디외의 분석을 간략히 논의한다. 파크스와 스리프트는 카빌의 시간성에 관한 부르디외의 저작을 참고한 반면, 그레고리의 관심은 이 주택의 공간성에 관한 것이었다. 그는 이 주택이 전통 사회에서 공간의 재현은 유추적(analogical) 공간에 지배받는다는 앙리 르페브르의 주장을 정확히 보여준다고 말한

다. 이 유추적 공간에서,

> 거주의 물리적 형태와 취락 자체는 인간 신체의 투사인 신성한 신체를—때
> 로 왜곡되거나 또는 과장된 형태로—전형적으로 재현하고 재생산한다.
> 〔……카빌 주택의〕 내부 공간은 형체화한 것이며 또한 젠더화한 것이다.
>
> (Gregory, 1994: 383)

아비투스 및 실천과 관련한 부르디외의 저작에 대한 이런 지리학적
활용 모두는 흥미롭고 시사적이지만, 그 가운데 누구도 지리학자들이 다
른 많은 사상가의 사고에 집착했던 것과 같은 정도로 깊이 있게 관심을
갖지는 못했다. 그렇지만 아비투스와 실천의 개념을 한층 체계적으로
원용한 지리학적 저술에 관한 두 가지 사례를 들 수 있다. 첫째, 현대 지
리학에서 매우 폭넓은 논쟁 주제 중 하나에 대한 최근 고찰에서, 주디스
거버(Judith Gerber, 1997)는 서구 사상에서 문화와 자연 간 이원론을 논의
했다. 그녀는 정신세계·사회 세계·자연 세계 간 삼중적 구분을 극복
해야 하며, 이 구분은 새로운 언어를 요청한다는 다른 논평가들의 의견
에 동의한다. 거버가 제안한 언어의 일부는 아비투스와 실천에 관한 부
르디외의 개념을 통해 제시된다. 아비투스는 체현된 성향을 재현하기
때문에 자연적이며 또한 동시에 정신적이다. 아비투스는 실천을 생성하
고 또한 실천에 의해 생성되기 때문에 또한 사회적이다. 거버의 설명은
다소 도식적이지만, 이는 부르디외의 접근이 지리학적 저작에 응용될 수
있음을 시사한다. 나는 다른 곳에서(Painter, 1997) 아비투스, 장, 실천의 사
고가 개별 정치적 행위자의 행태를 좀더 넓은 제도적 및 정치적-경제적
과정과 연계시키는 방식으로 도시 정치를 해석하기 위해 어떻게 사용할
수 있는지를 제시했다.

3.2 구별 짓기의 지리와 문화적 및 상징적 자본

실천에 관한 부르디외 이론의 매우 한정적인 이용과 대조적으로, 지리학자들은 문화 자본과 상징 자본에 관한 사고 및 이와 관련 있는 구별 짓기에 관한 사고에는 약간 더 지속적인 관심을 보였다. (실천과 자본에 대한 사고는 서로 긴밀하게 관련되어 있지만, 여기서는 편의적으로 분리해서 고찰한다.) 지리학 학술지에 실린 최근의 두 연구가 이러한 경향을 예시한다. 두 논문은 모두 도시 내부 지역의 재활성화(gentrification)를 고찰하기 위해 《구별 짓기》를 참조하지만, 그 방식은 다소 다르다. 드렉 웨인과 저스틴 오코너(Derek Wynne and Justin O'Connor, 1998)는 맨체스터 도심의 새로운 주거 재개발에 초점을 두고, "포스트모던 문화는 새로운 중간 계급, 즉 이른바 새로운 '문화적 중개자들(intermediaries)'의 등장과 밀접하게 연관"되어 있으며, 이러한 사회문화적 집단이 재활성화의 추동력이라는 주장을 검증하기 위해 정량적으로뿐만 아니라 정성적으로 경험적 연구를 수행했다(Wynne and O'Connor, 1998: 844-845). 이들은 그런 논증이 부르디외가 《구별 짓기》에서 개발한 취향, 사회적 신분, 문화 자본이라는 사고에 최소한 암묵적으로 기반을 두고 있다고 주장한다. 이는 논쟁이 될 만하다. 왜냐하면 《구별 짓기》가 기초하고 있는 경험적 자료는 새로운 중간 계급이 등장하고 포스트모던 문화 형태가 폭넓게 전파된 것으로 여겨지는 시기보다 다소 앞선 1960년대 및 1970년대 초와 관련이 있기 때문이다. 역으로, 부르디외는 "표현과 재현을 포함해 모든 직종(판매, 마케팅, 광고, 공공 관계, 패션, 장식 등)과 상징적 재화와 서비스를 제공하는 모든 기관에서 존재하게 된" "새로운 프티부르주아" 범주를 발전시켰다(Bourdieu, 1984: 359).

웨인과 오코너의 방법론적 접근은 부르디외와 어떤 측면에서는 유사하다. 그들은 문화적 소비와 관련한 104개 항목에 대해 응답을 요구했으며, 자료 분석은 개인의 표현된 문화적 선호, 생활양식 선택 그리고 취향의 판단에 있어 유형 간 상응 관계의 조사를 포함했다. 이들의 분석은 표본이 된 개인들 사이의 취향과 문화 활동이 상당히 겹치지만, 이러한 중첩은 "엘리트적" 문화 선호라기보다 "평범한 지성인(middle-brow)"을 드러낸다고 주장한다. 이는 웨인과 오코너로 하여금 재활성화가 문화 자본의 수준이 매우 높은 새로운 중간 계급의 존재 여부에 좌우되는 것으로 이해하게끔 하는 널리 알려진 가정에 도전하도록 이끌었다. 부르디외에 대한 이들의 비판 일부는 잘못된 것처럼 보이지만(예를 들어, 부르디외 자신은 1960년대 후반 프랑스의 사례를 성찰하기 위해 1990년대 중반 맨체스터의 계급과 문화적 취향 사이에 연계된 독특한 유형을 예상하지 않았다), 이 연구는 지리학적 문헌에서 《구별 짓기》에 사용된 경험적 연구 방식을 채택하고자 한 소수의 시도 가운데 하나로서 흥미를 끈다.

줄리 포드모어(Julie Podmore, 1998) 역시 재활성화한 생활양식―여기서는 몬트리올―을 고찰하기 위해 《구별 짓기》에 의존했지만, 웨인과 오코너와는 다소 달랐다. 재활성화에 관한 문헌에 대한 포드모어의 비판은 이것들이 문화를 자본의 도구로 보는 경향이 있다는 점이다. 이는 오래된 산업용 빌딩의 상당히 많은 재고 또는 경제에서 강력한 문화 산업의 영역이 없는 도시를 포함해 상이한 많은 도시에서 '로프트 생활(loft living)'▪의 심미성과 생활양식을 폭넓게 채택하고 있다는 점을 설명하기 어렵게 한다고 그녀는 주장한다. 공간에 걸친 로프트 생활양식의 전파는 이러한 생활양식이 표현하는 심미적 취향을 선호하는 어떤 사회 · 문화적 집단 내에서 공유한 성향에 좌우된다―달리 말해 아비투스에 좌우된다―고 포드모어는 주장한다.

▪ 로프트란 원래 창고나 작업장으로 활용하던 높은 천장의 공간을 주거 목적으로 개조한 공간을 의미한다. 안락하고 고풍스러운 분위기를 풍기는 이러한 주거 공간은 도심 주변에 주로 조성되었다―옮긴이.

만약 우리가 어떤 사회 집단이 아비투스로서 로프트를 이용하는지 고찰한다면 매체의 중심성, 산업 도시 내부의 물질적 환경과 물리적 입지, 소호(SoHo) 로프트의 초지역적 질은 분명해진다. 그들이 예술가이든 기업 임원이든 로프트 거주자는 일반적으로 높은 수준의 문화 자본을 가진다. 이들은 문화적 엘리트로, 특이한 도시 환경에 물리적으로 입지해 있지만, 대중 매체와 다른 통신 기술을 통해 공유한 성향과 사회적 실천의 지구적 아비투스와 한층 폭넓게 연계된다. 자신들을 전후(postwar) 교외 중간 계급과 구분함으로써, 이들은 도시 내부의 입지를 사회적 입지와 더불어 구별 짓기의 한 형태로 이용한다.

(Podmore, 1998: 286-287)

포드모어는 몬트리올을 사례로 이용하면서, 로프트 생활에 포함된 상징주의 속성과 구별 짓기의 형태 그리고 이것을 보급하고 아비투스를 구성하는 문화적 메커니즘을 훨씬 더 자세히 서술하고자 한다.

3.3 호모 지오그래피쿠스?

현대 영어권 지리학 문헌에서, 부르디외의 사고를 수용하는 데 있어 마지막 범주는 지성적 및 학술적 활동 자체의 문화와 사회학에 관한 그의 저작과 관련이 있다. 《호모 아카데미쿠스》는 1988년 영어로 출판되었다. 이 책은 사회학적 응시는 사회학자와 사회학적 연구 및 교육의 실천에 대해 성찰적으로 관심을 가져야 한다는 그 자신의 칙령을 실천하고자 하는 부르디외의 시도를 재현한 것이다. 이 저서에서 부르디외는 그 자신이 살아가는 세계, 즉 프랑스 대학 체계에 관한 비판적인 사회적 및 문화적 분석을 제시한다. 젠킨스(Jenkins, 1992: 120)에 따르면, "학문이 규정하는 외래적 표식의 기준에 의하면 이는 실제 인류학이 아니라고 하겠지만, 이는 최고의 부르디외 인류학으로 판명될 것이다". 지리학에 관한 이런 유형의 성찰을 위해 분명 많은 방법이 있을 것이다(일부는 지리학이 이미 이런 저작과 상당한 공유를 하고 있다는 점에 반대하겠지만). 필립 크랭(Philip Crang)은 예를 들어 지리학적 저술에서 '다음적(多音的, polyphonic)' 텍스트 전략의 유행은 부분적으로 지적 및 학술적 자본에 관한 부르디외의 개념에 준거함으로써 이해할 수 있다고 제안한다. 따라서 전문가 또는 유기적(organic) 지식인은 실제로는 학술적 저자를 그들의 과거 권력 지위로부터 분리시키는 반면,

> 텍스트 구성 작업에서는 그의 텍스트를 정교하게 만들고 서사를 구성하면서 작가가 된다. 그리고 더 일반적으로 '새로운' 문화지리학에서 애버리저널(Aboriginal) 예술('문화화한' 예술) 또는 맨체스터 댄스 뮤직 무대의 지리('최신 유행에 근접한' 지리)에 관해 알게 됨에 따라 부여되는 불가피한 문화자본이 존재한다.
>
> (Crang, 1992: 546)

키스 바셋(Keith Bassett, 1996)은 지식인과 대학의 위상을 성찰하기 위해 부르디외의 사고를 활용한다. 《호모 아카데미쿠스》에서 제시한 설명이 프랑스에 매우 특정적임을 인식하는 한편, 바셋은 이 설명을 한층 폭넓게 응용할 수 있다고 주장한다. 부르디외의 접근에서 두 가지 특성이 바셋의 주목을 끌었다. 첫째, 학계는 다른 영역과 마찬가지로 하나의 장이며 문화적·상징적·학술적 및 지적 자본을 위한 권력과 힘 그리고 투쟁의 관계로 이루어진다는 부르디외의 주장이다. 이에 따라 바셋은 다음과 같이 주장한다.

현재 진행되고 있는 영국 대학 체계의 재구조화는 업적 순위화를 위한 경쟁의 새로운 형태와 문화 자본을 축적하기 위한 새로운 메커니즘을 중심으로 한 놀이 장의 변화라는 점에서 분석할 수 있다. 경쟁의 새로운 형태가 새로운 학문 세대에 의해 새로운 성향과 실천으로 내면화함에 따라, 이러한 분석은 또한 학술적 아비투스의 본성 변화에 초점을 둘 수 있을 것이다.

(Bassett, 1996: 522)

둘째, 학계는 또한 합리적 대화의 추구(항상 성찰적이고 역사적으로 처재적인)를 보장받을 수 있는 자율적 공간을 제공하는 잠재력을 갖고 있기 때문에 다른 장들과 아주 다르다는 부르디외의 주장이다.

부르디외는 '과학 도시', 즉 합리적 대화와 왜곡되지 않은 의사소통을 위한 제도적 조건이 발달하고 보호받을 수 있는 장으로서 대학이라는 사고를 기획한다. 대학은 "가장 공언할 수 없는 의도도 과학적 표현으로 승화해야 하며" 그리고 "가장 나쁘고, 미천하고, 평범한 참가자도 시대의 흐름 속에서 과학성의 규범에 따라 행동하도록 요구받는"(Bourdieu and Wacquant, 1992: 178) 장소가 되어야 한다. 이러한 기반에서 지식인은 심지어 지배하는 사람들에게 개입하고 영향을 미칠 수 있는 독립적인 정치적 · 도덕적 힘으로서 '예술가와 과학자의 인터내셔널'을 구축하기 시작할 수 있다(Wacquant, 1993: 38).

(Bassett, 1996: 521)

바셋의 설명은 여전히 도식적이다. 예를 들어, 그는 자신의 논문에서 제안한 영국 학계의 구조, 실천, 아비투스의 변화에 관한 분석을 발전시키지 못했다. 게다가 그는 부르디외의 접근에 광의적으로 공감한 반면, 거기에서 몇 가지 문제를 발견했다고 밝힌다. 이런 문제에는 자율성과 계약 사이의 정확한 관련성에 대한 자세한 설명의 부족, 학부 교육에 대한 주목의 부족, 한편으로는 문화 자본의 불균등한 분배와 투쟁을 둘러싸고 구조된 학계에 관한 부르디외의 개념화 그리고 다른 한편으로는 이러한 힘들로부터 합리적 대화를 추구할 수 있는 공간으로 "도피할"—바셋의 용어로—가능성이 있다는 그의 주장 사이에서 생각할 수 있는 "근본적인 모순"이 포함된다. 그럼에도 불구하고, 바셋의 논문은 학계를 이해하기 위해 부르디외의 접근을 이용한 지리학적 문헌에서 희귀한 시도이다.

4 부르디외의 공간성

부르디외의 주요 저서가 영역본으로 출간됨에 따라 그의 저작이 지리학자들의 상당한 관심을 끌었고, 아비투스나 문화 자본 같은 용어가 지리학 사전에 포함되었다. 그렇지만 지리학자들이 이러한 사고를 참고한 주된 이유는 주로 가식적이고 기껏해야 도식적일 뿐이다. 지리학적 문헌에서 해석적이든 또는 응용적이든 부르디외의 저작을 지속적으로 천착하는 사례는 거의 없다. 그러나 이는 부르디외에게 "공간적 사유"에 관심을 갖는 학자들이 고찰할 정도로 가치 있는 개념적 틀이나 경험적 연구가 별로 없음을 의미하는 것은 아니다. 반대로, 부르디외의 저작은 공간과 공간성에 관해 매우 풍부한 사고의 근원을 제공하는 잠재력을 갖고 있다. 이 결론 절에서는 부르디외의 사고와 지리학 사이에 좀더 지속적인 대화를 발전시킬 수 있고, 또한 그의 저작에서 공간 개념의 이용과 관련한 문제를 부분적으로 지적할 수 있는 여러 가지 방법을 제시하고자 한다.

부르디외 자신의 저작은 이미 공간성에 관해 상당한 (다소 제한된) 실질적 분석을 포함하고 있다. 가장 잘 알려진 것은 카빌 주택의 공간적 조직에 관한 구조주의적 독해이다(Bourdieu, 1973). 훌륭하게 서술한 이 설명에서, 부르디외는 카빌 사회의 조직이 어떻게 주거의 미시적 지리로 전환하는지를 1990년 번역본에서 인용한 다음과 같은 사례에서 잘 보여준다.

여성이 남성에 대조되는 것처럼 주택의 낮고 어두운 부분은 높은 부분과 대조된다. (공간 조직의 구분과 동일한 원리에 기초한) 성별 노동 분업은 예를 들어 물, 땔감, 거름 나르기같이 주택의 어두운 부분에 속하는 일 대부분에 대한 여성의 책임감을 부여할 뿐만 아니라, 높은 부분과 낮은 부분 사이의 대조는 주택의 내부 공간 안에서 내부와 외부, 여성의 공간—주택과 정원—과 남성의 공간 사이의 대조를 재생산한다.

(Bourdieu, 1990: 273-274)

이런 종류의 명시적으로 공간화한 해석은 부르디외의 연이은 저술에서 전형적이지 않지만, 또한 실질적인 공간성에 관한 이슈가 전적으로 없는 것도 아니다. 예를 들어, 부르디외가 흔히 인정하는 것처럼 프랑스 사회에 관한 그의 경험적 연구는 매우 지리적으로 제한된 토대를 두었으며, 근대 프랑스, 특히 교육적·학문적·예술적 생활과의 관계에서 공간에 관한 확장된 민족지학으로 읽힐 수 있다. 또한 프랑스 내에서는 지리적 편차의 유의성에 관해 매우 잦은 논의가 있었다. 한 가지 예는 지방적 특이성에 매우 민감한 베아른 사람들의 결혼 전략에 관한 그의 초기 인류학적 연구이다. 전체적으로 인류학 영역에서 사회학 영역으로 옮겨감에 따라, 부르디외는 프랑스를 분화되지 않은 전체로 다루면서, 단지 매우 간헐적으로 국가 내의 하위 지리적 편차에 관해서만 논의했다. 이러한 논의는《구별 짓기》(Bourdieu, 1984: 363-364)에서 나타나는데, 여기서 그는 파리의 프티부르주아 내 문화 자본의 분배를 프랑스 지방에서 동일한 계급 분파의 문화 자본 분배와 비교했다.

새로운 프티부르주아가 담지하는 성향은 단지 파리에서만 그 완전한 발전의 조건을 찾았다. 문화적 허식(pretension)은 그것에 의해 그 효력을 재강화하는 교육과 더불어 의심할 바 없이―문화적 재화의 좀더 집약적인 공급, 문화적으로 선호하는 집단과의 접촉에 의해 주어지는 소속감 및 인센티브 등과 같은―문화적 가치의 중심에 대한 근접성과 관련한 이점을 전유하게끔 하는 요인 가운데 하나이다. 결과적으로 파리 사람과 지방 사람 간의 체계적 차이가 한층 명료해지는 또 다른 범주는 없다. 이러한 체계적 차이는 합법적인 실천(박물관 방문 등)의 집약도와 능력(예를 들어 음악에서)이라는 범위에서의 차이, 다른 것들이 동일할 경우 더 두드러질 그림과 음악의 세계에 대한 국외자라는 느낌과 더불어 합법적인 문화와의 관계에서 지방 사람들 간의 차이 그리고 무엇보다도 재치 있는 견해―흔히 그것들에 대해 알지 못하면서―를 인식할 수 있는 능력에서의 차이 등을 포함한다.

(Bourdieu, 1984: 363)

실체적 지리에 관한 이런 제한된 취급과 더불어, 부르디외는 또한 다소 길게 "사회적 공간"이라는 개념을 발전시켰다. 그에 따르면, 사회적 집단은 "사회적 공간"(Bourdieu, 1985) 속에서 형성되고 분포한다. 그러나 그는 사회적 공간이라는 개념을 발견론적으로 사유 속의 공간〔"사회 세계는 공간으로 **재현할** 수 있다"(Bourdieu, 1985: 723. 강조는 필자)〕으로 이해하며, 자신이 명명한―그가 사회적 공간과 명확히 구분해야만 한다고 말한― "지리적 공간"으로 즉각 전환할 수 없는 것으로 간주했음이 분명하다.

우리는 사회적 공간을 지역으로 분할되는 지리적 공간과 비교할 수 있다. 그러나 이 공간[즉 사회적 공간]은 이 공간 안에 처해 있는 행위자, 집단, 또는 기관이 더 가까울수록 더 많은 공통적 속성을 갖는 방식으로 구성된다. 그리고 이들이 더 멀수록 더 적은 공통적 속성을 가진다. 공간적 거리—종이 위의 거리—는 사회적 거리와 일치한다. 이런 점은 실질적 공간[즉 물리적 공간]에서는 사실이 아니다. 오히려 사실 사람들—사회적 공간에서 서로 가깝기 때문에 선택적이든 필수적이든 지리적 공간에서 서로 가깝게 위치하는 경향이 있는 사람들—은 거의 모든 곳에서 공간적 분화의 경향을 보인다는 것을 관찰할 수 있다. 그럼에도 불구하고, 사회적 공간에서 서로 아주 멀리 있는 사람들은 물리적 공간에서 단지 짧고 간헐적일지라도 서로 만나서 상호 행동을 할 수 있다. 상호 행동은 …… 이들 속에서 실현되는 구조를 드러낸다. 이는 가시적인 것, 즉각적으로 주어진 것이 이를 결정하는 비가시적인 것을 은폐하는 사례 가운데 하나이다.

(Bourdieu, 1989: 16)

여기서 세 가지 논평을 제시할 수 있다. 첫째, 이는 부르디외(다른 많은 사회이론가와 공통적으로)가 공간화한 용어를 사용하기 때문에, 그의 저작이 필수적으로 지리학자들이 이해하는 바와 같은 의미에서 실체적 공간성을 다루어야 한다는 가정에 대해 조심하도록 경고하는 데 기여한다. 둘째, 사회적 공간과 지리적 공간에 대한 부르디외의 비교는 지리학이 사회적 관계의 실질적 속성을 감춘다는 가정에 기초한 것처럼 보인다. 그의 저작 다른 곳에서 볼 수 있는 매우 주의 깊은 맥락화와 대조적으로, 여기서 함의하는 것은 연구자가 사회적 권력의 진정한 분배를 이해하기 위해서는 공간적 근접성과 거리의 개연성에 의존해야 한다는 점이다. 이는 부분적으로 프랑스에서 제도화된 학문 분과로서 지리학에 대한 부르디외의 적대감을 반영한 것이라고 할 수 있다. 셋째, 지리적 공간에 관한 부르디외의 이해는 현대 지리학자 대부분이 받아들이는 것보다 한층 제한적이라는 것이다. 지리적 공간은 분배, 거리, 편성이라는 점에서 배타적인 것처럼 보이는 경향이 있다. 공간에 관한 이런 제한적인 견해는 그의 '사회적 공간'에 관한 은유에도 역시 영향을 미친다. 이는 장(field)에 관한 사고에서 특히 말하는 방식으로 이해할 수 있다. 우리는 이미 장개념에 관한 부르디외의 정형화가 어떻게 인정받지 못한 결정론이라는 점에서 비판받을 수 있는지를 이해했으며, 이제 이 비판을 공간에 관한 그의 이해와 관련시킬 수 있다.

> 장의 역동성 원칙은 그 구조의 형태, 특히 서로 대치하는 **힘들 간의 거리, 간극, 비대칭성**에 놓여 있다. ……잠재적 및 실제적 힘의 공간으로서 장은 이러한 힘의 편성을 보존하거나 또는 전환하고자 하는 **투쟁의 장**이기도 하다. ……행위자들의 전략은 **장에서 그들의 위치**, 즉 특정한 자본의 분배에서 그들의 위치에 **'의존하며'**, 또한 장 위에서(on) 그들이 지니는 관점, 즉 이들이 장 내(in) 한 점에서 취한 견해에 따라 지니는 장에 관한 인식에 의존한다.
>
> (Bourdieu and Wacquant, 1992: 101. 강조는 필자)

만약 공간을 우선적으로 거리·분포·분리라는 것으로 인식한다면, 행위자들을 개별화되고 (다소간 분리되고) 또한 놀이의 장을 가로질러 서로 마주 보는 것으로 이해하는 경향이 존재한다. 이러한 유형의 재현은 개별적이고 계산적인 행위자로 구성된 사회생활의 합리적 행위자 모형—부르디외가 부정하길 원한다고 주장한 모형—을 상기시키는 의도치 않은 결과를 낳는다. 게다가 비판가들은 문화 자본 및 상징 자본에 관한 부르디외의 개념이 문화적 관계를 시장 경쟁의 다른 형태로 전환시킴으로써 사회생활을 경제화하는 효과를 가진다고 주장했다. 이러한 인식 역시 자본의 공간적 분포라는 점에서 장의 공간을 이해함으로써 뒷받침된다. 이것이 함의(부르디외의 게임 유추에서 명시적으로 제시한 함의)하는 것은 행위자들이 장에서 위치를 점유하고, 장의 공간에 걸친 자본의 양적 분포에 의해 결정된 전략을 추구한다는 점이다. 지리적 공간에 관해 더 미묘하고 역동적이며 관련적인 개념화는 장에 관한 은유적 공간을 함양함으로써, 이를 통해 부르디외의 분석 틀에서 이 요인에 관한 좀더 결정론적이고 경제주의적인 모습을 부분적으로 완화시켜준다.

이러한 모습은 또한 다른 방식으로도 지리학/공간성과 관련지을 수 있다. 의도적이든 그렇지 않든 부르디외의 경험적 저작은 흔히 고등교육 체계처럼 집약적으로 위계화하고 엄격하게 규제된 프랑스 사회의 문화와 집단에 우선적으로 초점을 둔다. 부르디외는 이러한 연구에 기초한 이론적 분석 틀은 일반적으로 응용 가능성을 지닌다고 주장했다. 그럼에도 불구하고 이처럼 현저히 신분-의식적이며 규칙-제한적인 문화적 세계의 특정한 모습은 부분적으로 부르디외의 더 일반적인 이론적 주장 속으로 삽입되어 지리적 기원으로 특징 지어지는 반면, 그가 주장한 것처럼 그렇게 항상 광범위하게 응용 가능하지는 않게 된다. 역으로, 세르토(Certeau, 1984)는 실천에 관한 부르디외의 이론은 이국성(exoticism), 즉 아비투스의 사고를 가장 특징적으로 뒷받침하는 '타자'에 관한 연구에 의존한다고 주장한다. 게다가 세르토(Certeau, 1984: 55)에 의하면, 실천과 전략에 관한 부르디외의 개념은 자본(물질적 및 상징적)의 극대화와 신체의 발달(아비투스 획득을 통해) 양자 모두 "부르디외가 이것들을 고찰한 폐쇄된 공간 그리고 이것들을 관찰한 방식에 매우 독특한" 것이 되는 "적정한 장소의 경제"에 의해 제한받고 지배당한다.

이것이 제시하고 또한 스리프트(Thrift, 1996: 15)가 지적한 것처럼 부르디외에 대한 세르토의 비판은 명시적으로 공간적 측면에서 고안된 것이며, "부르디외를 공간적으로 사유하기"는 그의 분석 틀의 어떤 직접적인 "지리학적 전환"보다도 그의 저작(어떻게 보이든 간에)에 대한 비판적 천착을 요구할 것임이 분명하다. 앞으로 전개될 매우 훌륭한 방법 가운데 하나는 아마 진정하게 맥락적인 사회 이론의 세련화를 위해 부르디외의 사고를 이용하는 것이다(Thrift, 1983, 1996). 아비투스, 실천, 장이라는 개념은 여기서 핵심적이다. 획득된 〔그리고 생물적인(Gerber, 1997)〕 성향의 체현으로서 아비투스는 사회생활의 공간적 및 시간적 뿌리내림을 이해하기 위해 잠재적으로 유용한 방법을 제공한다(Friedland and Boden, 1994). 우리가 이해한 바와 같이 시사적인 성질에도 불구하고, 지리학적 서술에서 현재까지 아비투스에 관한 사고를 참고하는 것은 주로 형식적이었다. 극히 일부 학자들만 이 개념을 진정 깊이 있게 이용했다. 사실 어느 정도 이용어는 시금석이 되어 많은 서술에서 설명되지 않은 설명적 요소—그자체로 이해되거나 또는 설명할 수 없는 일종의 데우스 엑스 마키나(deus ex machina: 다급할 때 나타나서 돕는 신 또는 위급함에서 벗어나게 해주는 기적—옮긴이) 또는 독립 변수—로 기능하고 있다. 여기서 다시 세르토는 "부르디외의 텍스트는 분석에서 매력적이고, 그 이론에서 공격적이다. ……실천과 그 논리를 꼼꼼하게 검토해보면 …… 텍스트는 최종적으로 신비한 현실, 즉 '아비투스'로 환원시켜 재생산의 법칙으로 가져간다"(Certeau, 1984: 59)고 주장한다.

부르디외 이론의 핵심에서 이러한—실질적 또는 가시적—신비로움은 단순히 무턱대고 아비투스에 의존하는 것으로는 전혀 충분하지 못하며 단지 설명의 외형을 제시할 뿐임을 의미한다. 세르토가 제시한 것보다 한층 공감적인 독해는 아비투스의 속성을 파악하기 위한 부르디외의 노력을 "비재현적 사유"(Thrift, 1996: 6)에 내재된 일반적 문제와 연결시키는 것이다. 스리프트에 의하면, 실천은 재현을 허용하지 않으며, 실천에 관한 적합한 이론은 비재현적 앎의 양식을 추구해야만 한다. 실천, 실천적 느낌, 실천적 의식, 이들 모두는 우리의 "이 세계 속에서 살아감"에 관한 것이며, 어떤 의미에서는 말로 나타낼 수 없는 것이다. 일단 이들을 언어로 포착하면(재현하면?), 이들은 죽게 된다. 아마 바로 이런 점 때문에 부르디외의 저작은 실천에 정확히 도달하지 못한 채 실천의 계기를 맴돌면서 접근하고자 하는 분위기를 설명한다고 하겠다.

장은 또 다른 잠재적으로 잘못된 지리학적 은유로, 실재 공간화한 것으로 이해할 수 있다. 즉 권력이 사회적으로뿐만 아니라 공간적으로 분포함을 의미하는 것과 흡사하다. 물론 이는 새로운 주장이 아니지만, 내가 제시한 것처럼 지리학자 가운데 이것의 함의를 깊이 있게 추구한 사람은 거의 없다. 부르디외가 장 개념과 장의 자본과의 관계를 이용하고자 했던 것에 대해 위에서 제시한 비판적 논평을 인정한다면, 지리학자들이 부르디외가 이용한 지리적 공간의 개념을 더 폭넓게 이해하면서 장에 관해 덜 결정론적인 사고를 세련화할 가능성이 생길 것이다. 장에 대한 사고는 좀더 복잡한 공간성을 둘러싼 많은 어려움 없이 재구성할 수 있고 불연속성, 파편화, 모순을 강조하는 공간 이론을 포함할 뿐만 아니라 다중적이고 중첩적인 공간, 네트워크 접근 등을 포함할 것이라고 나는 생각한다. 또한 지리학자들은 부르디외의 저작에서 (은유적) 사회적 공간과 (물리적) 지리적 공간 간의 명시적 구분을 모호하게 할 수 있다. 만약 사회와 공간을 상호-구성적이라고 이해한다면, 장은 사회-공간적(그리고 사회-시간적) 현상이며, 더 철저히 공간화한 실천 이론의 잠재력을 열어가게 될 것이다.

이런 점에서 문화적 및 상징적 자본의 불균등한 사회 공간적 분포에 관한 더욱 깊은 탐구는 또 다른 미래의 연구 방향을 제시한다. 여기서도 우리는 지리적 공간에 관한 부르디외의 다소 협의적인 이해를 확장시킬 필요가 있다. 그가 사회적 공간을 직접 지리적 공간(이 둘은 동질적이지 않다)으로 지도화할 가능성은 없다고 주장한 것은 적절하지만, 지리적 공간을 단지 혼란스러운 장막으로 일축하는 실수를 저지른 것은 분명하다. 만약 실천의 공간-시간적 뿌리내림이 아비투스의 개념이 제시하는 것만큼 중요하다면, 지리학자나 다른 공간이론가들에 의한 부르디외 접근의 비판적 전용은 여러 형태의 자본에 관한 부르디외의 개념을 풍부하게 하고, 또한 현대적 사회생활에 관한 이해를 증진시키는 전망을 제시할 수 있을 것이다.

참고문헌

Bassett, K. (1996) Postmodernism and the Crisis of the intellectual: Reflections on Reflexivity, Universities, and the Scientific Field. *Environment and Planning D: Society and Space* 14: 507-27.

Bourdieu, P. (1962) *The Algerians* (Ross, A. C. M. Trans.) Boston, MA, Beacon Press.

Bourdieu, P. (1972) Les Stratégies Matrimoniales dans le Système des Stratégies de Reproduction. *Annales* 4-5: 1105-27.

Bourdieu, P. (1973) The Berber house. In M. Douglas (ed.) *Rules and Meanings. The Anthropology of Everyday knowledge. Selected Readings.* Harmondsworth, Penguin.

Bourdieu, P. (1977) *Reproduction in Education, Society and Culture* (Nice, R. Trans.) London, Sage.

Bourdieu, P. (1979) *The Inheritors: French Students and their Relation to Culture* (Nice, R. Trans.) Chicago, IL, Chicago University Press.

Bourdieu, P. (1984) *Distinction: a Social Critique of the Judgement of Taste* (Nice, R. Trans.) London, Routledge.

Bourdieu, P. (1985) The Social Space and the Genesis of Groups. *Theory and Society* 14 (6): 723-44.

Bourdieu, P. (1988) *Homo Academicus* (Collier, P. Trans.) Cambridge, Polity press.

Bourdieu, P. (1989) Social Space and Symbolic Power. *Sociological Theory* 7 (1): 14-25.

Bourdieu, P. (1990) *The Logic of Practice* (Nice, R. Trans.) Cambridge, Polity press.

Bourdieu, P. (1996) *The State Nobility: Elite Schools in the Field of Power* (Clough, L. C. Trans.) Cambridge, Polity press.

Bourdieu, P., Darbel, A., Rivet, J.-P., and Siebel, C. (1963) *Travail et Travailleurs en Algérie*. Paris and The Hague, Mouton.

Bourdieu, P. and Sayad, A. (1964) *Le Déracinement: la Crise de l'Agriculture Traditionelle en Algérie*. Paris, Les Éditions de Minuit.

Bourdieu, P. and Wacquant, L. (1992) *An Invitation to Reflexive Sociology*. Cambridge, Polity press.

Crang, P. (1992) The Politics of Polyphony: Reconfigurations in Geographical Authority. *Environment and Planning D: Society and Space* 10: 527-549.

de Certeau, M. (1984) *The Practice of Everyday Life*. Berkley, CA, University of California Press.

Friedland, R. and Boden, D. (1994) NowHere: an Introduction to Space, Time and Modernity. In R. Friedland and D. Boden (eds) *NowHere: Space, Time and Modernity*. Berkeley, CA, University of California Press.

Garnham, N. and Williams, R. (1980) Pierre Bourdieu and the Sociology of Culture: an Introduction. *Media, Culture and Society* 2: 209-3.

Gerber, J. (1997) Beyond Dualism—the Social Construction of Nature *and* Social Construction of Human Beings. *Progress in Human Geography* 21 (1): 1-17.

Gregory, D. (1994) *Geographical Imaginations*. Oxford, Blackwell.

Harvey, D. (1989a) *The Condition of Postmodernity*. Oxford, Blackwell.

Harvey, D. (1989b) *The Urban Experience*. Oxford, Blackwell.

Jenkins, R. (1992) *Pierre Bourdieu*. London, Routledge.

Painter, J. (1997) Regulation, Regime and Practice in Urban Politics. In M. Lauria (ed.) *Reconstructing Urban Regime Theory: Regulating Urban Politics in a Global Economy*. Thousand Oaks, CA, Sage: 122-43.

Parkes, D. and Thrift, N. (1980) *Times, Spaces and Places: a Chronogeographic*

Perspective. Chichester, Wiley.

Pile, S. and Thrift, N. (1995) Mapping the Subject. In S. Pile and N. Thrift (eds) *Mapping the Subject: Geographies of Cultural Transformation.* London: Routledge.

Podmore, J. (1998) (Re)reading the 'Loft Living' Habitus in Montreal's Inner City. *International Journal of Urban and Regional Research* 22 (2): 283-301.

Pred, A. (1984) Place as Historically Contingent Process: Structuration Theory and the Time-geography of Becoming Places. *Annals of the Association of American Geographers* 74: 279-297.

Thompson, J. B. (1991) Editor's introduction. In P. Bourdieu, *Language and Symbolic Power.* Cambridge, Polity press.

Thrift, N. (1983) On the Determination of Action in Space and Time. *Environment and Planning D: Society and Space* 1 (1): 23-57.

Thrift, N. (1995) Classics in Human Geography Revisited: Author's Response. *Progress in Human Geography* 19 (4): 528-30.

Thrift, N. (1996) *Spatial Formations.* London, Sage.

Wacquant, L. (1993) From Ruling Class to Field of Power: an Interview with Pierre Bourdieu on La Noblesse d'Etat. *Theory, Culture And Society* 10: 19-44.

Wynne, D. and O'Connor, J. (1998) Consumption and the Postmodern City. *Urban Studies* 5-6: 841-64.

프란츠 파농의 고통스러운 공간

1 서론: 파농 위치 지우기

다소 안타깝긴 하지만 나는 이 장을 내 고백으로 시작하고자 한다. 나는 프란츠 파농(Frantz Fanon, 1925~1961)을 잘못 해석했음을 인정한다. 나는 그의 일화 가운데 하나가 프랑스보다도 마르티니크(Martinique: 카리브 해에 있는 프랑스의 해외 영토—옮긴이)에서 있었던 일과 관련이 있다고 생각했다. 그렇지만 나는 이런 잘못의 결과를 이 장에서 서술하고자 한다. 즉 어떤 차이가 상이한 장소 또는 공간에 관한 서로 다른 이해를 통해서 이론을 생각하게끔 하는가? 그러나 여기서 더 나아가 한 국가에서 다른 국가로 옮겨간 파농의 이동이 정치를 공간적으로 생각하는 것과 관련해 무엇을 의미하는지 의문이 생긴다. 따라서 이 장에서 논의하고자 하는 의문은 한 장소에서 다른 장소로 옮겨가는 것이 '사유'와 '정치'에 어떤 차이를 만들어내는지에 관한 것이다.

　어떤 면에서 이는 파농에 관한 의문에서 새로운 것은 아니다. 그의 저술은 독자로 하여금 그의 개입에 관한 처재성(situatedness)에 주목하기를 요구한다. 사실상 그는 이를 요구한다. 그러나 파농에 관해 서술한 논평가들은 거의 일관되게 어떤 역설을 재창출하면서 끝을 맺는다. 헨리 루이스 게이츠(Henry Louis Gates)는 이를 다음과 같이 서술한다.

> 따라서 비평가는 모든 담론의 처재성에 관해 인식할 것을 요청하지만, 파농을 진공 속의 지구적 이론가인 것처럼 논한다. 타자의 특이성을 호소하는 과정에서 우리는 타자성에 관한 그의 지구적 이론이 그 자신의 특이성을 소멸시킴을 발견한다. 정체성주의적(identitarian) 사고에 관한 비평 과정에서, 파농은 중요한 관점에서 이데올로기적 반대자로 입증된 어떤 사람과 중첩되기도 한다. 등등.
>
> (Gates, 1991: 459)

식민지 상황에 관한 파농의 분석과 그의 선동적인 혁명적 수사에 관해 처재적 설명을 하는 것은 매우 어렵다는 점이 증명되었다. 게이츠는 파농의 설명이 그의 이론을 '지구화'하는 경향이 있었다고 옳게 주장한다. 그러나 역설적으로 논평가들은 공통적으로 파농에게는 여러 특징(보통은 식민지 정신의학자, 정신분석학자, 외교관, 혁명적 이데올로그, 사르트르적 철학자라는 점에서 흔히 선정한 세 가지 특징을 든다)이 있다고 주장한다. 역설은 이런 방식으로 이루어졌다. 여러 파농이 있다고 제안한 후, 비평가들은 자신이 원하는 파농을 선정할 수 있다고 여기며, 자신이 선정한 파농을 지구적 이론가로 승화시키고자 한다. 이 과정에서 《검은 피부, 하얀 가면(Black Skin, White Masks)》(1952)을 저술한 파농, 또는 《사라져가는 식민주의 연구(Studies in a Dying Colonialism)》(1959)와 《지상의 버림받은 자들(The Wretched of the Earth)》(1961)을 저술한 파농을 구분하는 것이 일반적이다. 파농은 2명인가, 3명인가? 어떤 파농을 선정할 것인가? 아마 선택은 필수적이지 않을 것이다. 대신, 나는 파농을 사상의 지적 전통 안에서 또는 반식민지 투쟁 안에서뿐만 아니라 그의 지리학 속에 위치 지움으로써 시작하고자 한다. 왜냐하면 에드워드 사이드가 지적했듯이 "우리 가운데 어느 누구도 지리 바깥에서 또는 이를 넘어서 존재하지 않는 것처럼, 우리 가운데 어느 누구도 지리를 둘러싼 투쟁에서 완전히 자유로울 수 없기"(Said, 1993: 6) 때문이다. 따라서 논제는 파농이 무엇을 생각했는가라는 점뿐만 아니라 그가 어디서 지리를 둘러싼 투쟁을 하고자 했으며, 그것은 (그에게) 무엇을 의미하는가이다.

프란츠 파농은 1925년 6월 20일, 프랑스령 서인도제도의 마르티니크에 있는 포르 드 프랑스(Fort-de-France)에서 태어났다.[1] 그가 17세일 당시, 마르티니크는 나치 통치 아래 있었으며, 그는 도미니카로 탈주했다. 그곳에서 군복무를 자원해 프랑스군의 군인으로 훈련을 받았다. 북아프리카와 유럽에서 싸웠으며, 무공훈장을 받기도 했다. 전쟁 후, 파농은 마르티니크로 돌아와 한때는 학교 친구였던 에메 세자르(Aimé Césaire)가 마르티니크 의장에 입후보한 기간 동안 선거 운동에 참가했다. 그러나 곧 파농은 프랑스에서 공부할 수 있도록 프랑스 전쟁 퇴역 군인들에게 수여하는 장학금을 받기로 결심했다. 처음에는 치의학을 전공하려 했지만, 대신 정신의학을 선택해 리옹에서 공부를 했다. 당시 리옹은 학생 급진주의와 인종주의 모두의 온상이었다. 1948년 초, 파농은 이미 흑인 학생을 위한 잡지 〈탐탐(Tam Tam)〉 창간호를 편집했다.

데이비드 코트(David Caute)가 말했듯이 "자신의 생애 전반에 걸쳐, 파농은 인종주의와 만남으로써 애를 태웠고 격분했다. 젊은이로서 그는 자신의 교육의 힘과 개인적 능력에 대한 인종적 장애를 부술 수 있다고 믿었다"(Caute, 1970: 8-9).

파농의 저작은 많은 방법을 통해 한편으로는 인종주의에 대한 분노와 다른 한편으로는 사람들이 이성에 귀를 기울 수 있다는 희망 사이의 공간에서 행동하거나 또는 오갔다. 이런 희망은 알제리에서의 경험 때문에 거의 사라졌다. 파농은 1952년 졸업 후 세네갈에서 일하기를 원했지만, 알제(Algiers)에 있는 블리다-주앵빌(Blida-Joinville) 병원의 정신과에 자리가 났다. 1953년 파농이 도착했을 즈음, 알제리는 이미 정치적 혼란에 빠져 있었다. 1954년경, 알제리 독립 전쟁이 본격화되기 시작했다. 파농은 점차 갈등에 휩싸였고, 결국 1957년 더 이상 참을 수 없게 되자 병원에서 퇴직했다. 튀니스에서 잠깐 체류한 후에는 알제리 정부에 의해 가나(Ghana) 대사로 파견되었다.

그러나 파농의 건강은 이미 악화되었다. 백혈병에 걸린 그는 소련에서 짧은 기간 동안 치료를 받은 후 결국 미국 메릴랜드에서 치료를 받다가—매우 싫어했지만—그곳에서 1961년 12월 6일, 36세의 나이로 죽었다. 그의 시신은 알제리의 전장(戰場)에 안치되었다. 이는 파농의 몸이 전장을 표시할 뿐만 아니라 전쟁의 지도이고, 그의 영혼은 투쟁의 터전이라는 뜻만은 아니다. 예외적으로 파농의 저작은 외부의 억압으로부터 영토를 자유롭게 하기 위한 투쟁 그리고 인종주의의 정신적 현실로부터 내적 경관을 자유롭게 하기 위한 필요를 극화했다. 파농 저작의 이러한 측면은 그의 저술 전반에 걸쳐 추구되지만, 상이한 지적 여생을 갖고 있다.[2]

1960년대에 파농의 저작은 세계 전역에서 민족주의 투쟁에 원용되었다. 이 당시, 파농의 혁명적 사고는 학자, 특히 정치 이론과 발전 연구에 종사한 학자들로부터 많은 주목을 받았다. 민족주의와 사회주의를 격정적으로 혼합한 파농의 특이성은 그와 같은 사람들을 고취시켰다. 1980년대 이후, 탈식민주의 이론가들은 파농에게 회귀했는데, 이는 피식민자 사이뿐만 아니라 식민자 사이에서 식민지 행정의 정신-역동성에 관한 그의 분석에 대한 관심 때문이었다. 특히 사람들의 주목을 끈 것은 파농이 식민지 생활의 '규범적' 범주화―'흑인' 또는 '백인', '원주민' 또는 '외국인'―가 진실되거나 안정된 것임을 허용하기를 거부했다는 점이다. 파농의 저작은 그렇게 상이한 영향력을 미쳤다. 하지만 이 장에서 나는 공간을 정치적으로 사유하기 위해 초기 파농과 후기 파농으로부터 예시적 이야기를 취하고자 한다. 초기/후기 구분을 가로질러, 파농의 사고는 정복된 '타자' 사람들에 관한 식민지적 이해는 근본적으로 잘못된 것이고, 외적 권위로든 내적 식민화로든 해방을 위한 기반을 제공할 수 없다는 것을 보여주고자 했다.

스튜어트 홀(Stuart Hall)에 의하면, 파농의 저술은

새로운 주체성, 발어법(enunciation)과 동일화의 새로운 위상을 구성하기 위해 언어와 재현·이미지·소리와 담론에서 '타자화하기'의 구조를 타파하고, 고정된 인종적 유의성의 메커니즘을 역전시키고자 한다. 이러한 새로운 주체성과 새로운 위상이 없다면 민족 해방의 극적인 '혁명적' 계기도 급속하게 탈식민주의로 후진하는 결과로 빠져들게 될 것이다. (알제리는 매우 고통스럽고 비통한 사례 가운데 하나이다.)

(Hall, 1996: 19-20)

만약 파농이 혁명적 주체성이 고정된 정체성으로 굳어지도록 허용하는 것을 거부했다면, 이는 또한 그의 분석적 및 정치적 수사에서 '예외적인 불안정성'을 만들어내는 (많은 논평가들이 절망적으로 거의 그렇다고 생각하는 것처럼) 결과를 가져올 것이다(Gates, 1991: 470). 새로운 급진적 주체성의 생산으로부터 지배와 배제의 실천을 특징짓는 부동적 주체의 위상으로 동결되어가는 과정에 너무나 빠르게 '빠져드는 것'은 나를 당혹스럽게 한다. 파농의 사상에는 해방 운동의 극적인 민주주의가 야만주의로 고

통스럽고 비통하게 빠져드는 것을 막을 수 있는 장소감이나 국가관이 있는가? 이런 의문을 논의함에 있어, 장소와 국가에 관한 상식적 이해를 전환시키는 것이 아마 필수적일 것이다(Massey, 1994에 따르면). 그리고 아마 이는 파농의 사고를 처재화함으로써, 즉 사고의 지구화를 국지화함으로써 달성될 것이다.

이 장에서 나는 파농의 저작에서 두 가지 상징적 문장을 좀더 신중하게 살펴봄으로써 파농의 사고를 처재화하고 국지화하고자 한다. 각 문장은 보편적 양상을 묘사하기 위해 비평가들이 취한 것들인데, 첫째는 식민주의 하에서 흑인들이 체험한 경험이고, 두 번째는 반식민지 투쟁에서 민족의식의 역할에 관한 것이다. 나는 이와 같이 '지구적인' 것처럼 보이는 이야기들이 실제 '국지적' 상황 속에서 탄생했으며, 이 이야기들의 위상 이행이 급진적 정치의 성격을 근본적으로 변화시킨다는 점을 보여주고자 한다. 이는 단지 지리가 중요하다는 점뿐만 아니라, 공간 개념화의 방식이 급진적인 것이라고 생각할 수 있는 종류의 정치를 조절한다는 것을 의미한다.

2 전위: 식민주의의 체험된 경험

그의 첫 번째 책 《검은 피부, 하얀 가면》(1952) 5장에서, 파농은 식민지 상황에서 흑인의 일상적 경험, 특히 '흑인성'은 단지 '백인'과의 관계에서만 명백해진다는 역설에 관해 생각하기 시작한다(110쪽). 이 장, 특히 이른바 "저기, 깜둥이다!"에 관한 부분(111-115쪽)은 현대 탈식민주의적 비평가들 사이에서 가장 많은 주목을 끌었다(Hall, 1996 참조). 나는 이 문장의 위치를 통한 사유가 장소와 정체성의 정치 간 관련성에 관한 추가적 통찰력을 제공한다는 것을 보여주고자 한다.

《검은 피부, 하얀 가면》에서, 파농은 검은 피부는 백인-지배적 세계에서 차이와 열등성의 외형적 모습이자 자리(site)가 된다고 주장한다. 이는 식민지 권력이 피부 색깔에 따라 신체를 등급화하는 육체적 도해를 통해 작동한다는 것을 말하기 위함이다. 이러한 인종주의적인 육체적 도해에서 피, 머리카락, 뼈 등도 또한 (신체를 통해) 피부와 연결된다. 더 흥미롭게, 식민지적 상황은 흑인의 얼굴 위에 거울을 붙여놓고, 그 반영이 흑인에게 자신이 열등하며 타자적이라고 말하게끔 한다고 파농은 주장한다.[3] 그 효과는 광범위하다. 식민화한 사람들은 그들 자신을 단지 (그들 자신에 대한) 타자로서만 인식할 수 있기 때문에 그리고 백인은 명백히 우월하고 이상적이기 때문에, 흑인은 그들 자신의 것이 아닌 대본에 따라 행동하도록, 즉 그들 것이 아닌 가치와 규범에 따라 행동하도록, 이것이 마치 그들 자신의 것인 것처럼 가치 · 규범 · 표준과 동일시하고 그것을 내면화하도록 강제된다. 따라서 파농은 끊임없이 흑인 되기(흑인으로 인정받기)를 원함에도 불구하고, "내 영혼의 가장 검은 부분으로부터, 내 심상의 얼룩무늬를 가로질러 이러한 욕망이 급작스럽게 백인으로 변한다"(63쪽)고 절망한다. 백인의 위상 및 권력과 동일시함으로써—그리고 이를 욕망함으로써—흑인은 그 자신을 '비-백인', '비-주인' 그리고 '어디에도 없는 존재(nowhere)'로 이해하는 것으로 결론을 맺는다. 이런 방식으로 흑인은 그 자신으로부터 소외되고, "식민지 사회에서 일상적 식민지 생활의 괴상한 심리극(psychodrama)"(Bhabha, 1986: 71)에 의해 절대적으로 탈인격화한다. 이 대목의 주장에서 파농의 이론이 우선적으로 흑인의 경험에 관한 것, 즉 남성성과 성애성 그리고 인종의 동시적 구성에 관한 것임을 명심하는 것이 중요하다.[4]

파농에게 식민지 체제에 의한 피부 계층화를 부여하는 것은 신체의 가시성을 규정할 뿐만 아니라 신체를 영토화하는 것이지만, 이는 또한 백인에 의해 "수많은 묘사, 일화, 이야기로"(Fanon, 1952: 111) 엮이는 것이다. 그는 흑인 남성의 정체성은 본연적으로 불안한—두렵기도 하고 원하기도 하는—일단의 동일화에 의해 형성된다는 것을 보여준다. 이러한 동일화는 근본적이지만 허구적인 흑/백 경계를 가로질러—흑인과 백인—자아감을 몰래 들여온다. 흑/백의 표피적 도해는 외부에서 부여될 뿐만 아니라 사람들의 움직임, 그들의 행동 및 사상과 느낌 속에 각인된다. 그러나 흑인은 두려운(fearful)/두려움으로 가득 찬(fear-full) 주인의 '푸른' 눈의 항상적인 감시 아래에서 움직인다.

"저기, 깜둥이다!" 이것은 내가 길을 지나갈 때 나를 가볍게 때리는 외적 자극이다. 나는 딱딱한 웃음을 짓는다.

"저기, 깜둥이다!" 이는 사실이다. 이는 나를 즐겁게 만든다.

"저기, 깜둥이다!" 올가미가 더욱 딱딱하게 죄어온다. 나는 즐거움을 감출 수 없다.

"엄마, 깜둥이 좀 봐. 무서워." 무서워! 무서워! 이제 그들은 나를 두려워하기 시작했다. 나는 눈물이 나도록 웃으려고 마음먹었지만, 웃는 게 불가능했다.

(Fanon, 1952: 111-112)

파농은 웃을 수 없었다. 왜냐하면 어린 소년의 두려움이 흑인 신체의 백인적 생산에 기초해 있음을 알고 있기 때문이다. 파농은 자기 신체의 피부에 의해 외형적으로 가시화되었지만, 그는 실제 대중적 허구와 신화라는 양면성 속에 숨겨져 있다. 그는 가시적임과 동시에 비가시적이며, 표시됨과 동시에 지워짐이며, 확실함과 동시에 불확실함이다. 그는 분명 흑인 신체를 지니고 있지만, 거기엔 무엇인가에 대한 깊은 불확실성이 존재한다(Bhabha, 1990: 44 참조). 그의 신체는 백인 소년에 의해 인종화하고 인종주의적인 육체적 매트릭스 속에 위치 지어진다.[5]

파농은 즐기기를 멈추었다. 그가 세계 속에서 자기 장소를 잃어버렸기 때문이 아니라, 그 자신을 발견했기 때문이다. 그는 말해진 사람, 검은 신체, 백인과 매우 많은 관계를 맺고 있는 신체였다. 그 자신과 아무런 관계도 없는 이러한 함의가 그를 감싼다. 이런 백인 유령 이야기의 등장에 사로잡힌 파농은 아프다. 그는 이런 경험으로 인해 "완전히 전위되었고(dislocated)" "절대적으로 탈인격화되었다". 그는 자기 신체로부터 분리되었으며, 그의 신체와 영혼은 모두 백인의 욕망·환상·두려움의 감옥에 감금되었다. "나는 내 흑인성, 내 인종적 특징을 발견했다―그리고 나는 톰톰(tom-toms: 아프리카 등지의 통이 긴 북 또는 그 소리―옮긴이)에 의해, 지적 결핍에 의해, 주물 숭배(fetishism)에 의해, 인종적 결함에 의해, 노예선에 의해 그리고 무엇보다도, 다른 어떤 것보다도 '바나나를 가지고 있음'에 의해 때려 부서진다"(112쪽. 수정된 번역).

파농은 공포(phobia)와 물신(fetish)으로 분리된다(Bhabha, 1986: 78 참조). 그리고 그는 자기 신체로부터 분리되었다는 것을 알고 있다. 이러한 절단(amputation)은 파농으로 하여금 "검은 피를 가진 내 전신을 철썩거리는 출혈"(112쪽)을 감내하도록 한다. 내장이 적출된 그의 신체는 백인의 신체와 결코 동일하도록 허용되지 않는다. 많은 선(line)을 가로질러 그는 의미, 정체성, 권력의 인종주의적 쇠창살의 격렬한 절단을 감내한다. "내 신체는 그 하얀 겨울날 뻗어버리고, 왜곡되고, 다른 색깔로 칠해지고 덧칠해진 상태로 나에게 되돌아왔다. 깜둥이는 동물이야, 깜둥이는 나빠, 깜둥이는 불쌍해, 깜둥이는 못났어"(113쪽).

폭력, 두려움, 욕망, 혐오는 피부에 의해 표시된 절대적 차이라는 축을 둘러싸고 선회한다. 여기서 '백인'은 타잔과 제인처럼 선한 반면, '흑인'은 비겁하고 야만적이며 방자하고 불경스럽다. 세상을 둘러볼수록 파농은 "백인의 눈, 유일한 실질적인 눈에 의해 해부되는 것"(116쪽)을 느낀다. 이런 눈들에 의해 파농은 장소 속에, 소설화된 자기 신체 속에 고정된다.[6] 이에 따라 체현된 식민지적 거울은 파농을 그 자신의 이미지로부터, 그 자신의 신체로부터 분리시키고, 그를 타자로서 그 자신 앞에 펼쳐놓는다. 이 점에 관해 본질적인 것은 아무것도 없다. 이를 위해 어떠한 이성도 존재하지 않는다. 파농이 기민하게 관찰했듯 "깜둥이는 없다. 백인이 더 이상 없는 것처럼!"(231쪽). 그럼에도 불구하고, 이와 같은 차이에 관한 허구적이고 유동적인 흑/백 범주화는 억압과 압박의 확고한 좌표가 된다. 욕망과 두려움, 동일화와 비굴함은 손을 맞잡고 나아간다.

"저기 저 깜둥이는 잘생겼어⋯⋯."
"저 잘생긴 깜둥이의 엉덩이에 입을 맞추세요, 부인!"[7]
부끄러움이 그녀의 얼굴에 넘쳐난다. 마침내 나는 멍한 상태에서 벗어났다. 동시에 나는 두 가지 일을 했다. 나는 내 적들을 확인했고, 또한 물의를 일으켰다. 대성공. 이제 웃을 수 있을 것이다.

(Fanon, 1952: 114. 수정된 번역)

파농은 자기 적들에게 물의를 일으킴으로써 상황을 해결하고자 한다. 여성은 얼마나 말쑥한지를 말하지만, 그는 자신의 '비열한 타자성'을 그녀의 얼굴에 처바름으로써 그녀를 부끄럽게 한다. 그는 여자에게 그녀의 욕망을 들이대며, 이를 비웃는다. 그러나 인종주의 문제에 대한 해결책을 제시하는 것과 전혀 달리, 이러한 만남은 문제로 가득하다. 어린 소년은 흑인에 대한 두려움을 갖고 여성은 부끄러워하고 심지어 파농은 의 기양양하게 웃지만, 이런 상황에서 우스운 것이라고는 아무것도 없다. 그럼에도 불구하고, 파농은—백인과 흑인 모두에게—인종주의의 일상적 경험을 뒷받침하는 두려움과 욕망의 교체를 주창했다. 이러한 교체는 이야기에 등장하는 인물들에 의해 극화된다. 어린 소년은 흑인성에 봉착해 백인적 놀람과 두려움을 일으키는 반면, 백인 여성은 흑인에 대한 무의식적인 욕망을 공개적으로 표현하고, 파농 자신은 단지 신체일 뿐만 아니라 평등과 인정을 갈망하는 영혼이다.

탈식민주의 이론에서 공통적으로 이러한 일화는 (모든) 식민지적 상황에서 흑인의 일상적 생활에 징후적인(symptomatic) 것으로 받아들여진다. 그 결과는 식민지적 심리극의 핵심에서 구성적 감정 양면성을 이해하는 것으로, 여기서 백인은 흑인을 원하지만 또한 두려워하는 반면 흑인은 백인이기를 원하며 자신의 흑인성을 혐오한다. 정치에 관한 사유는 식민자들이 점유한 영토의 탈식민화뿐만 아니라 신체와 영혼의 내적 경관의 탈식민화도 언급해야만 한다는 결론에 도달한다. 하얀 가면은 벗어던져야 한다. 내가 묻고자 하는 질문은 이런 이야기가 이루어지는 장소가 어떤 차이를 만들어내는지 여부이다. 이야기가 그렇게 전개되면, 상황에 대한 해석이 바뀌는가? 그리고 정치적 함의도 바뀌는가? 다른 위치에서 이 이야기를 상상적으로 재구성하는 것이 가능하다. 파농의 전기를 보면, 이는 마르티니크 · 프랑스 또는 알제리에서도 발생할 수 있다. 나는 이러한 가능성 각각을 차례로 다루고자 한다.

우리는 이런 만남이 마르티니크에서 발생했다고 상상할 수 있다(많은 이론가들이 그렇게 상상하는 경향이 있는 것처럼). 그러나 우리가 이런 것을 상상하기에는 약간 어려움이 있다. 어린 소년이 먼저 흑인의 출현에 놀라야만 하고, 그런 다음 소년은 그게 두렵다는 것을 알아야 한다. 만약 이 소년이 마르티니크에서 자랐다면, 이런 식으로 반응하는 것은 놀라운 일이다. 왜냐하면 소년은 흑인을 보고 만나는 것에 익숙할 거라고 가정할 수 있기 때문이다. 사실 이런 상황에서 백인 우월성은 우리로 하여금 어린 소년이 흑인 여성에 의해 양육되었을 수도 있다고 예상하게끔 만든다. (나는 이런 점이 그 자신으로 하여금 특징적인 양면적 심리극을 만들도록 한다는 것을 덧붙이고자 한다……) 그럼에도 불구하고, 파농은 백인을 위해서 제한된 지역에 나타날 수 있으며, 이것이 그 놀라움과 두려움을 설명할 수 있을 것이다. 따라서 만약 이것이 거리에서의 장면이라면, 흑인은 백인이 흑인을 배제하는 장소를 제외하고 대부분의 공공 공간에서 백인보다 수적으로 우세할 것이다. 그렇다면 파농은 사회적 및 공간적 배제의 백인 경계를 넘어서는 것이 가능하다. 설령 그렇다 할지라도, 이런 상황 어느 것도 반드시 그 소년을 놀라게 하는 것은 아니다. 소년의 두려움은 우리에게 소수 백인만 있는 식민지 상황일지라도 그 소년이 두려워하는 상황의 특이성에 대해 경고한다. 그럼에도 불구하고 백인 보호 구역 설정과 흑인에 의한 '역전된 침입' 가능성은 이 공간에 대한 백인의 통제가 느슨하고 부분적일 뿐만 아니라 식민자들이 정착하지 못하고 쫓겨나가는 것을 드러낸다고 하겠다(이것이 비록 실제로 쉽게 또는 빠르게 이루어지지는 않는다 할지라도). 반식민지 투쟁은 영토 통제 정치, 백인에 반대하는 흑인에 의해 추동되었을 것이다. 백인은 이주하고, 가면은 내던져져 먼지 바닥에 뒹굴 것이다. 백인은 더 이상 존재하지 않을 것이다. 흑인도 더 이상 존재하지 않는다.

다른 한편, 파농의 이야기는 프랑스에서 이루어졌을 것이라는 게 훨씬 더 가능성이 있다. 그러면 이는 결국 식민지에서 일상생활의 한정적인 양면성을 극화하지 않을 것이다. 예를 들어 우리는 파농이 군복을 입고 기차로 여행을 하며, 매우 춥고 눈 오는 날을 생각해볼 수 있다. 이런 상황은 평등, 우애, 자유에 관한 프랑스적 가치를 믿었던 한 흑인이—완전히 성장한 성인의 의식적 심상이라기보다 작은 소년의 무의식적인 상상적 생활 속에서 드러난—갑작스럽게 맹렬한 인종주의에 봉착한 경험을 서술하고 있을 가능성이 매우 높다. "엄마, 깜둥이가 날 잡아먹을 거야"(114쪽. 수정된 번역).

전후 프랑스에서, 소년은 군복을 입은 사람들과 친숙했을 것—심지어 기뻐했을 것—이라고 예상해볼 수 있다. 그러나 흑인의 모습은 완전히 놀라운 것이었다(특히 주요 도시 외곽에서). 파농이 제안한 것처럼 충격 때문에 소년은 타잔 영화, 제국 전시관 또는 심지어 학교 교과서에서 본 것과 같이 식인종에 관해 너무나 친숙한 이미지를 즉각적으로 떠올렸을 것이다. 그러나 소년은 또한 군인의 무서운 모습에 더 놀랐을 것이다. 즉 식인종이 프랑스 군인으로 '잘' 가장했기 때문에 더욱 무서웠을 것이다. 그리고 흑인에 대해 환상을 가진 사람은 비단 소년뿐만이 아니다. 일련의 초-남성적인 성적 고정관념을 자신에게 구현시킨 흑인을 마주한 그 여인은 자기의 가장 내밀한 욕망을 말하도록 유혹당한 것처럼 보인다.

마르티니크에서와 달리, 프랑스에서 파농은 수적으로 압도당한다. 그에게 가용한 주체적 위상—따라서 정치—은 상이하게 억제된다. 마르티니크에서 파농은 하얀 가면을 벗어던질 수 있었겠지만, 프랑스에서는 이것이 제한된다. 하얀 가면을 받아들임으로써, 파농은 백인 경관에서 백인처럼 되고자—또는 최소한 백인에게 드러나지 않도록—한다. 따라서 《검은 피부, 하얀 가면》은 식민지에서의 심리극에 관한 것이 아니라 제국의 심장 지역에서 흑인의 경험에 관해 말했을 가능성이 높다. 프랑스에서 반식민지 정치는 (심지어 프랑스령조차) 식민지에서의 정치와는 다른 모습을 취해야 할 것이다. 여기서 급진적 정치는 사회적 배제와 차별의 공간을 전환하는 방법으로서 인종주의의 내면적 경관을 와해시키는 것이라고 하겠다.

내가 이 이야기를 위치 지우고자 하는 마지막 장소가 있다. 바로 알제리다. 이때, 어린 소년의 놀람과 여인의 욕망은 '장소를 이탈한' 피식민지인을 보았기 때문이 아니라, 한 아랍 국가에 흑인이 등장함으로써 자극을 받는다. 이런 상황은 처음 볼 때에는 그렇게 불가능하지 않다. 전쟁동안 파농이 북아프리카에서 복무한 것을 상기할 수 있을 것이다. 이 당시 그는 백인뿐만 아니라 아랍인에게서도 인종적 학대로 고통을 받았다. 만약 이 이야기가 알제리에서 이루어졌다면, 파농은 백인 및 아랍인 모두로부터 지나치게 검다고 도식화되었을 것이다. 게다가 알제리에서 그의 출현은 식민자 군대의 일부로 등장했다는 점 때문에 복잡해진다. 파농은 식민화하는 군대의 일부였다. 알제리에서 그는 억압자 가운데 한 사람이었다. 이 이야기가 파농이 정신과 의사로 있을 때 이루어졌다 할지라도, 그는 식민 행정을 위해 일하고 있었다. 게다가 프랑스 식민주의가 이식한 이주 유형이 아니었다면, 파농은 알제리에 있을 수도 없었을 것이다. 이제 파농은 중간에 잡혀 있다. 그는 피식민자이며 또한 동시에 식민자이기도 하다. 만약 알제리가 일상적인 식민지 생활의 양면성과 억압으로부터 진정하게 자유로워지려면, 분명 백인과 흑인 모두로부터 자유로워야만 한다. 이야기를 알제리로 옮겨감에 따라, 파농은 식민지 프로젝트, 즉 식민주의의 재생산에 연루된다. 멤미(Memmi, 1971)가 주장한 것처럼 파농의 위상은 불가능하다.

나는 이런 정치적 반응이 이 같은 장소에서 상상할 수 있는 유일한 것이라거나 또는 파농 사상의 기본적 '진리'가 상황 변화에 의해 완전히 타협될 수 있다는 인상을 주고 싶지는 않다. 내 목적은 이런 점보다 훨씬 더 국지적이다. 나는 단지 파농 저술의 입지 변화가 그 입지의 정치를 문제시했음을 보여주고자 할 뿐이다. 만약 상황의 진실을 밝히거나 또는 정치를 각 장소에 배치하는 것이 내 목적이 아니라면, 나는 이 점을 기꺼이 입증할 것이다.

정치적 함의가 어떤 장소가 제공하는 가능성 속에 필수적으로 뿌리를 두어야 한다면, 그 이야기의 입지는 중요하다. 그러나 이렇다 할지라도 이러한 입지들은 서로 관계가 없음을 제시하고자 한다. 그렇지만 파농의 생활은 장소가 서로 다른 역사를 통해, 서로 다른 지리를 통해 연계된다(또는 그렇지 않다)는 것을 보여준다. 파농을 위치 지우는 것은 단순히 그를 한 국가에서 다른 국가로 이동시킴을 의미하거나 또는 이러한 이동이 아무런 차이도 만들지 않음을 가정하는 것이 아니다. 이는 마르티니크, 프랑스, 알제리가 서로 특정한 방법으로 연계되어 있음을 보여준다. 그리고 이러한 연계는 본연적으로 공간적이다. 이러한 공간적 관련성을 추적함으로써 권력 관계가 거리를 둔 채 작동하는 방법을 밝히고, 가정된 보편적 또는 지구적 연계의 부분성을 드러내고, 이런 상이한 입지가 제공하는(그리고 제공하지 않는) 정치적 가능성을 확인하는 것이 가능하다. 만약 여태까지 그 이야기가 단절적이고 분리된 것처럼 보이는—개인적, 정치적, 지리적—입지를 함의한다면, 파농의 생애는 체험된 정치적 공간—항상 다른 것들과 관계를 맺고 있는 공간—의 다른 측면을 극화한다. 이러한 공간은 파농의 사유에서 해결되지 않은 채 남아 있으며, 이것은 다시 재사유할, 즉 사람과 사람 간의 관계를 구성하는 고통스러운 공간을 추적함으로써 재사유할 필요가 있다.

마지막 시나리오에서, 나는 파농을 알제리에 위치 지었다. 그리고 불가능한 상황, 즉 식민자이며 또한 동시에 피식민자라는 상황에 그를 놓아두었다. 영토와 입지가 제한되고, 경계로 보호를 받고, 내적으로 동질적일 때에만 파농이 완전히 '장소를 이탈했다'는 주장을 제기할 수 있을 것이다. 그러나 만약 영토의 선이 이주의 역사에 의해, 접촉의 지리에 의해, 내적 차이에 의해 그어진다면, 파농의 경험은 어딘가에서의 존재가 정체성과 민족의 해방 정치를 위한 자연적 또는 진정한 기반을 제공할 수 있다는 가정을 그릇되게 하는 것이다(Posnock, 1997; Fuss, 1995도 참조. 갈등적인 견해에 관해서는 Memmi, 1971 참조). 대신 지리를 둘러싼 투쟁, 또는 대안적으로 지리를 재건하기 위한 투쟁을 설명하는 것이 필수적이다.

3 토지와 자유: 반식민 투쟁과 민족의식

마지막 저서《지상의 버림받은 자들》(1961) 3장 도입부에서 파농은 과감하게 "역사는 식민주의 반대 전쟁이 민족주의 노선을 따라 곧장 이루어지는 것은 아님을 우리에게 분명히 가르치고 있다"(Fanon, 1961: 119)고 단언한다.

이는 그렇게 이상한 진술처럼 보이지 않지만, 억압자로부터 사람들과 영토를 자유롭게 하고자 하는 반(反)식민 투쟁의 핵심에 어떤 문제를 불러온다. 파농이 확인한 문제는 일단 민족주의적 해방 투쟁이 식민 행정을 제거하는 데 성공한다면 두 가지 함정이 기다리고 있다는 점이다. 첫째, 탈식민 행정에서 권력의 지위를 이양받은 민족주의자들이 스스로 강력한 엘리트가 되며, 이들의 이해관계는 '인민'의 이해관계와 상당히 다를 것이다. 둘째, 탈식민 민족주의 엘리트들은 곧 과거 식민 권력과 협상하는 것이 상책임을 알게 되고, 새로이 자유를 얻은 민족은 급속하게 새로운 종류의 식민주의와 결부된다. 파농은 이 문제의 해법을 제시한다. 즉 모든 민족주의적 투쟁은 또한 사회주의적 혁명이어야 한다(White, 1996 참조). 그리고 주요 논평가들은《지상의 버림받은 자들》을 사회적 및 정치적 전환을 위한 요구로 읽고자 했다. 그러나 나는 파농이 해방 투쟁에서 '민족'의 장소와 공간을 인식한 방식을 좀더 긴밀하게 살펴보고자 한다. 이상하게도 파농은 해방된 민족의 장소에 관해 명백하게 모순적인 평가를 전개하지만, 이들은 공간에 관한 상이한 이해를 통해 민족을 사유함으로써 재고하고 재편성할 수 있다.

파농의 견해에 따르면 식민 억압으로부터 토지를 자유롭게 하기 위한 투쟁은 민족주의 위에서 구축해야 한다. 게다가 자신의 후기 저술에서 그는 또한 진정한 해방 투쟁은 폭력적이어야 한다고 주장한다. 피로 목욕함으로써 토지를 억압자의 손길로부터 정화할 수 있다는 것이다. 그러나 민족주의는 인민이 억압으로부터 자유로워지는 것을 보장하기에 충분하지 않다. 파농은 다음과 같이 서술한다.

민족의식은 전체 인민의 가장 내밀한 희망을 모두 포용하는 결정체가 되는 대신, 인민 동원의 즉각적이고 명백한 결과가 되는 대신, 어떠한 경우에도 과거 그러했던 것과 같은 텅 빈 조개껍데기 또는 조야하고 허약한 모조품이 될 것이다.

(Fanon, 1961: 119)

민족주의는 모든 반식민 투쟁의 필수적 요소이지만, 파농은 흑인 엘리트가 그들 자신의 목적을 위해 민족주의적 이상을 활용하는 것을 막을 수 있는 방법을 찾고자 한다. 파농에게 문제는 해방적 민족주의가 어떠해야 하는가이다. 민족적 엘리트가 그들 자신의 이해관계를 위해 민족통일에 대한 열광적 호소를 활용하고자 한다면, 파농은 민족주의적 이상(ideal)의 회유에 대한 해독제로서 민족의식을 활용하고자 한다. 첫째, 인민이 단지 민족주의적 정당을 위한 권력 기반으로 활동하기보다 민족적 엘리트가 인민에게 봉사해야만 한다고 그는 주장한다. 따라서 반식민 투쟁에서 독립의 목적은 어떤 근원에 의한 지배로부터도—그들 자신의 지도자에 의한 억압으로부터도—모든 인민을 자유롭게 하는 것이다. 둘째, 파농은 국가 경제를 국유화해야 한다고 주장한다. 왜냐하면 이는 생산 수단을 인민의 손에 맡기는 것이며, 자본주의에 의한 재식민화(흔히 민족적 엘리트들이 조정하고 선동하는)를 막을 수 있는 것이기 때문이다. 끝으로 민족의식은 민족주의적 정당 이데올로그들이 외치는 슬로건에 의해서가 아니라 인민 전체의 동원에 의해 이루어진다.

우리가 이러한 사고의 전망을 어떻게 생각하든 이는 민족 국가와 정치 경제의 특정한 이해에 따라 형성된다. 유의하게, 파농은 국가의 경계내에서 어떤 종류의 합의를 이루어 누가 그 시민들인지 그리고 국가의 경계가 어디에 있는지 밝힐 필요가 있다고 가정한다. 그의 추론에서 이러한 가정은 민족의식이 맹렬한 해방 전쟁 과정에서 내적으로 통합된 국가를 형성한다는 의미에 의해 뒷받침된다. 따라서 민족의 자유를 위한 투쟁에서, 파농은 개인적 경험을 좀더 넓은 준거 틀 내에서 이해해야 한다고 믿었다.

민족의 체험적 표현은 인민 전체의 유동적 의식이다. 이는 일관적이고 계몽된 남녀의 행동이다. 운명의 집단적 건설은 역사적 차원에서 책임성을 전제한다. 그렇지 않을 경우 무정부, 억압, 부족적 파당과 봉건제의 부활만이 있을 뿐이다.

(Fanon, 1961: 165)

그러나 인민이 심지어—특히—민족 해방을 위한 치열한 투쟁 한가운데서 공유되고 일관적이며 계몽된 이상으로 이동할 것이라고 믿을 수 있다는 것은 의문스럽다. 따라서 지리를 변화시키고자 하는 투쟁은 국가가 무차별화한 사람들에 의해 점유된 동질적 공간이라고 가정할 필요가 없다. 게다가 식민지 권력은 그들 자신의 지정학적 필요에 따라 지표면에 국가 경계를 그었다. 국지적 및 지역적 상황에 관한 설명을 필요로 하지 않고 인종적·종교적·문화적 특이성에 대한 고려도 없이, 이러한 경계선은 인위적으로 상이한 사람들을 잘라내고, 잘라 넣고, 개조했다. 민족에 특권을 부여함에 있어 파농 자신은 예를 들어, 알제리 사람들 간의 차이를 무시했다고 (다소 부당하게) 비판을 받았다. 그럼에도 불구하고─해방의 필수적 양상이라기보다는─반식민 투쟁 동안 민족의식을 조성하는 것이 실제 특정한 지역적 또는 계급적 엘리트에 의한 국가의 내적 식민화를 가능케 하는 트로이 목마가 될지도 모른다고 이해하는 것이 가능하다.

파농은 분명 민족주의적 무기에 집착한다. 요컨대 민족의식은 인민의 희망과 욕망을 접합하고 구체화해야 한다. 그러나 여기엔 한 인민만 있는 것이 아니다. 그리고 이는 과거 식민 제국에서뿐만 아니라 과거 식민지에서도 사실이다. 민족의 공간에 관한 파농의 사유는 내적 권력 관계를 무시하거나 또는 민족이 뿌리를 두는 좀더 넓은 상황을 무시할 정도로 단색적이지는 않다. 만약 파농이 민족주의는 반식민 투쟁을 위해 필수적이라고 믿었다면, 그는 또한 민족주의는 더 깊은 사회적 및 정치적 목적을 위해 폐기되어야만 한다고 믿었다. 단지 이런 목적만이 인민이 혁명의 손안에 있는 것이 아니라 혁명이 인민의 손안에 있음을 보장할 수 있을 것이다. 이런 의미에서 파농은 사람들 간에는 본질적인 공통성이 있을 것이라고 가정하는 통일에 대한 호소를 의심한다. 사실 그는 자연적인 것처럼 보이는 공간적 규모─지역주의든, 민족주의든, 아프리카주의든─를 통해 투쟁을 기반 지우고 통일하고자 하는 시도를 비난했다.

지리적 규모는 성가신 공간이다. 파농은 모든 형태의 지역적이고 분파적인 교구주의(parochialism)를 비판하지만, 반식민 투쟁을 조성하고 혁명의 주체를 동일시하기 위해 민족적 교구주의에 의존한다. 토지와 인민은 그의 혁명 이론에서 모호하게 자리매김한다. 토지와 인민은 자유로워질 필요가 있는 것들이며, 또한 이를 통해 해방을 규정하고 달성하게 하는 작인(agent)들이다. 역설적으로, 파농은 자신의 혁명 이론에서 민족에 특권을 부여하지만, 민족은 동시에 억압의 규모이기도 하다. 파농의 추상적 변증법에서, 자유는 토지와 인민 사이에서 머뭇거릴 운명에 처해 있다. 왜냐하면 토지와 인민은 별로 일치하지 않기 때문이다. 그러나 '민족'과 '인민'에 관한 상이한 공간적 이해가 가능하다면, 이들 사이의 관련성을 다시금 생각하는 것이 가능할 것이다.

《지상의 버림받은 자들》에서 민족 문화에 관한 논의가 있은 후, 출판사는 파농이 1959년 제2차 흑인예술가·작가회의에서 행한 연설을 수록해 다시 출판했다. 논의를 계속하기 전에, 나는 파농의 저술은 항상 정치적 및 사회적 상황에 대한 개입이라는 점을 지적하고자 한다. 그리고 이런 점에서, 민족주의와 민족의식에 관한 그의 저술 가운데 많은 부분은 인민을 분할하고 영토를 지배하고자 하는 식민 억압자들에 대립해 통합을 요구하는 것으로 읽혀야 할 것이다. 그러나 이 특정한 연설문에서 파농은 다른 종류의 정치를 추구한다. 그리고 인민, 민족, 해방 사이의 관련성에 관한 다른 의미를 읽는 것도 가능하다.

정치적 투쟁 과정에서, 파농은 유연한 전략과 전술을 포함한 게릴라 전투를 채택해야 한다고 인정한다. 그러나 그는 또한 새로운 혁명적 주체성을 형성해야 한다고 일관되게 주장한다. 민족적 전통을 폐기하거나 또는 근대화해야 할 뿐만 아니라, (어떠한 이유에서든) 자신은 투쟁에 속하지 않는다고 생각하는 사람들 간에 새로운 연계를 구축해야 한다. 이런 관점에서 민족은 인민을 함께 묶는 사슬의 첫 번째―궁극적으로 폐기 가능한―고리일 따름이다. 그러나 파농에게 민족은 또한 다른 곳에 있는 사람들 간의 폭넓은 연계를 만드는 고리로서 작동할 수 있다.

개인적 경험은 민족적이기 때문에 그리고 민족적 존재의 사슬에서 한 고리이기 때문에 개별적이고 제한받거나 위축되지 않으며 민족과 세계의 진실을 열어갈 수 있다.

(Fanon, 1961: 161)

민족의식은 사람들로 하여금 자신의 자유를 토지의 자유와 연계시킬 수 있도록 하며, 해방은 또한 사람들과 더 넓은 세계 간의 연계를 열어갈 수 있도록 한다. 만약 내적 경관의 탈식민화가 새로운 형태의 개인성을 포함한다면, 이러한 혁명적 주체성은 민족적 영토 내에 있는 다른 사람들과의 (공간적) 동지애 속에서뿐만 아니라 또한 민족적 경계를 넘어서는 사람들과의 관계 속에서도 탄생할 것이다. 이런 개방성 속에서 파농은 민족적 차이를 지워 없애길 원치 않을 뿐만 아니라 화석화하기를 원하지도 않으며, 서로 다른 인민들이 서로 다른 사람으로 만날 수 있는 방법이 가능하기를 원한다. 그럼에도 불구하고 개인, 다른 사람, 민족, 세계 사이에는 다른 관련성이 있을 수 있다. 파농 자신이 암시하듯

문화에 대한 토착민의 책임성은 그의 민족 문화에 대한 책임성이 아니라— 민족의 문화가 결국 단지 그 민족의 한 측면만을 나타내는—민족의 총체성과 관련한 지구적 책임성이다.

(Fanon, 1961: 187)

이런 측면에서 아마 민족 내부와 민족 간의 차이를 투쟁 동안일지라도 유지할 수 있다는 것, 그리고 급진적 정치는 다른 사람들에 대해 책임

감을 가져야 한다는 것을 확인하는 것이 가능하다. 동질적이고 제한적인 지표면 내의 모든 사람이 동일한 것으로 민족을 사유하는 대신, 민족을 투과적이고 변덕스러운 공간으로 이해하고, 여기서 사람들이 다른 사람들과 연계하기 위한 책임성을 가지면서 그들의 차이를 인정하고 나아가 이것을 즐기기 위한 책임성을 갖는 것으로 이해하는 것도 가능하다. 그리고 이런 사유는 파농이 '지구적 이론가'라는 주장이 의미하는 바를 변화시킬 수 있다. 만약 파농이 어디에서든 파시즘·식민주의·자본주의에 철저히 반대한 것으로 이해한다면, 해방 투쟁은 권력 관계를 생산하고 (권력 관계를 재생산하기 위해) 유지하는 공간(장소와 규모)의 전복으로 확장될 수 있을 것이다. 만약 식민주의가 그것이 통제하고자 하는 민족적 영토를 생산한다면, 경계의 생산 그리고 그 영토 내 사람들의 진부한 내적 동일성을 탈안정화하는 것은 지리를 둘러싼 투쟁의 필수적 요소이다. 그리고 지리를 극복하기 위한 투쟁에서 '둘러싼(over)'에는 많은 의미─가로질러, 바깥으로, 다른 측면에서, 극복하기, 넘어서 등등─가 있을 것이다. 이러한 의미 각각은 정치를 지리적으로 상상할 수 있는 다른 방법, 지리를 재건할 수 있는 다른 방법을 고취할 것이다.

이런 관점에서 지리는 일상생활의 둔감하고, 끈질기고, 불변적인 사실이 아니다. 이는 사람들 사이의 관련성에서 생산된다. 입지, 영토, 식민지, 국가, 세계는 자연적 규모가 아니며, 개인, 집단, 사람들 사이의 힘 관계에 의해 생산된 것이다. 정치적 투쟁은 지리의 표면에서 싸우는 것이 아니라, 그 교직화(fabric/ation)를 통해 이루어진다. 서로를 관련짓는 새로운 방법을 갈구하고, 새로운 형태의 주체성을 추구함에 있어 파농의 혁명 이론은 또한 공간이 상이하게 생산된다는 점을 필수적으로 전제한다. 그리고 바로 이 점에서 나는 이 장을 결론짓고자 한다.

4 결론: 정치 위치 지우기

이 장 도입부에서 나는 누군가의 저술의 처재성에 관해 사유하는 것, 또는 공간에 관한 상이한 개념화를 이용하는 그들의 사상에 대해 사유하는 것이 차이를 만들 수 있는지에 의문을 제기했다. 나는 이 질문을 첫째 "저기, 깜둥이다"에 관한 파농의 이야기를 다른 국가들에 위치 지움으로써, 그런 다음 민족과 민족의식 그리고 반식민지 해방 전쟁에서 이들의 역할에 관한 그의 이해를 살펴보면서 논의하고자 했다. 또한 파농에 관한 대부분의 논평에서는 초기 파농과 후기 파농을 분리하는 게 보통이지만, 나는 이러한 파농의 장소와 공간을 함께 다루어야 한다는 것을 암시했다. 그러나 이보다 앞서 한마디 경고가 필요하다.

고든과 샤플리-화이팅 그리고 화이트(Gordon, Sharpley-Whiting and White, 1996: 6)가 지적했듯 파농은 "여성 혐오적, 동성애적, 반흑인적, 반카리브적, 반아랍적 그리고 프티부르주아적"이라는 공격을 받았다. 이런 많은 비평을 받는 사람은 그에 상응하는 어떤 것을 지녔을 것이라고 주장하기는 쉬울 것이다. 파농이 근본적 문제는 자신의 강경한 이원론적인 계층적 상상력에서 비롯되었음을 인식하지 못하고 또한 시간—그리고 장소—이 변했다는 것을 인정하지 못했다는 점에서, 파농에게 돌아갈 필요가 없다고 말하는 게 좋을지도 모른다. 그렇다면 그의 수사는 기존 상황에 개입하고 이를 전환시키고자 했다는 점을 명심하면서 파농을 재해석하는 게 좋을 것이다. 이러한 상황은 더 이상 어울리지 않는 것처럼 보인다. 다른 한편, 어떤 사물은 그렇게 많이 변하지 않았다는 실체적 증거가 있다. 예를 들어, 로스앤젤레스에서 로드니 킹(Rodney King)에 대한 구타는 "저기, 깜둥이다" 상황과 유사한 내용을 많이 갖고 있다(Gooding-Williams, 1993 참조). 반면 현대의 나이지리아에 관한 타이우(Taiwo, 1996)의 분석은 민족 엘리트에 의한 백인 엘리트 대체 그리고 백인 자본주의의 신식민주의적 회귀에 관한 파농의 예언이 대부분 끔찍하게도 사실임을 주장한다(또한 Watts, 1997 참조).

따라서 게이츠가 제안한 바와 같이 파농의 정치를 위치 지우는 것이 필수적이다. 이 방법으로 그의 저술의 이른바 급진적 불안정성을 이해하는 것이 가능할 것이다. 이런 불안정성을 하나의 문제로 이해하는 것과 달리, 그가 자기 자신을 발견한 걸맞지 않는 공간—그 자신이 만든 공간이 아니라는 점을 지적해야 할 것이다—을 다루기 위해 투쟁하는 한 개인의 고민스러운 개입으로 이런 불안정성을 이해해야만 할 것이다. 파농의 정치적 수사는 그가 위치한 불합리한 세계를 이해하고 이를 바꾸기 위한 시도였다. 나아가 그는 정치적 및 경제적 불평등과 부정의(injustice)의 조건을 생산할 뿐만 아니라 일상적 인종주의—백인을 위한 것이든 혹은 흑인을 위한 것이든—의 괴상한 심리극을 내포했던 사회에서 권력 관계의 근원을 밝히고자 했다. 이야기의 양면—개인적인 면과 정치적인 면—을 제공함으로서, 파농은 세계 속에서 좀더 훌륭한 존재 방식을 찾을 수 있을지도 모르는 새로운 유형의 사람을 느슨하게나마 설정하는 게 가능할 것이라고 생각했다.

만약 정치적 사유가 우리로 하여금 어떠한 장소도 어떠한 공간도 이와 관련이 없다고 결론짓도록 유도한다면, 파농을 지구적 이론가—여기엔 보편화하고, 탈착근되거나 또는 비처재화한 지식을 포함시킬 수 있을 것이다—로 선택한 것은 잘못이라고 할 수 있다. 왜냐하면 파농은 변화의 유일한 (진정한) 행위자가 되거나 또는 저항의 (배타적) 터전이 되는 것을 허용하길 거부함으로써, 사람과 장소 사이 또는 이들 간의 차이를 존중하는 '지구적 의식'에서 자유를 찾고자 분투했기 때문이다. 대신, 파농은 장소에서 사람들 사이의 차이(들)의 생산에 의문을 제기했다. 결과적으로, 장소(국가 같은)와 공간(민족의식 같은) 양자에 관한 새로운 이해를 배치하는 것이 필요하다고 나는 주장한다. "저기, 깜둥이다"와 관련한 그의 만남을 한 장소에서 다른 장소로 이동하는 것은 상황을 전환시킬 뿐만 아니라, 상상할 수 있는 종류의 정치를 바꾸는 것이다. 민족을 공간적으로 사유하는 것은 민족의 장소성(whereness)에 관한 재개념화를 포함할 뿐만 아니라 민족주의적 투쟁에서 쌓아올린 정치적 정체성의 유형을 변화시킨다. 혁명은 특정한 영토 내에서 억압으로부터의 자유를 위한 투쟁만이 아니며, 또한 민족적 경계로 한정된 영토를 둘러싼 통제를 추구하는 전쟁만이 아니며, "타자에 대한 존경으로" 확립한 권리와 책임성을 포함한다.

내 주장과 달리, 파농은 혁명적 투쟁의 적정한 규모라는 점에서 민족에 특권을 부여한다. 그러나 나는 폭력배의 영역 정치에 호소함으로써 해방적 정치를 보장받을 수 없으며 입증할 수도 없다는 점을 주장하기 위해 파농에 반(反)해 파농을 독해해서는 안 된다고 생각한다. 지구적인 것이 도시에서 항상 유일한 게임이지 않은 것처럼 국지적인 것이 항상 옳은 것은 아니다. 대신 사람들이 서로 관계를 맺거나 또는 중요하게 서로 관계를 끊는 방식을 통해 사유하는 것이 필요하다. 마르티니크에서, 프랑스를 통해, 알제리에 이르기까지 파농은 이러한 고민스러운 공간에 함의된 정치적 가능성을 이해하고자 했다. 그는 정체성에 위치해 있든, 장소에 위치해 있든 진정성에 대한 주장을 항상적으로 의심하면서 정체성과 장소의 정치를 고취했다. 여기서 단지 "너는 어디에 있는가"의 정치에 관한 것이 아니라 "네가 어디에 있는 것"이 다른 공간, 다른 장소, 다른 사람과 밀접한 관련을 짓는 방법에 관한 입지의 정치를 다시금 상상할 수 있다.

해방 투쟁에 대한 진정한 기반 없이 그리고 저항의 특권적 자리 없이,

정치적 공동체를 형성할 가능성은 없는 것처럼 보인다. 그러나 이 문제는 정치적 공동체는 "구분된 경계를 가로지르는 연대와 협력" 그리고 내부적 불화에도 불구하고 "공간적 동지애"라는 의식을 포함하는 것임을 인식함으로써 해결할 수 있다(Mohanty, 1991: 4). 이러한 공간적 동지애는 서로 고립된 것으로 여겨지는 정치적 입지에서는 작동하지 않을 것이며 사회적·정치적·개인적으로 서로 간의 관계 속에 위치 지어진 기반에서 작동할 것이다. 따라서 지리를 변화시키고자 하는 투쟁이라는 기반 위에서, 정치적 공동체는 수립될 것이다. 부분적으로 입지·경계·주변·변방·영토 등등에 매우 친숙하게 기반을 둔 사회적 관계에 대한 불신을 통해 부분적으로 정치적 공동체가 그 자체 속에 권력 관계를 쉽게 이식하고 굳힐 수 있기 때문에, 이러한 공동체는 자기-기반적이거나 또는 자기-합리화할 수 없다는 것을 인식할 수 있다.

　나는 파농이 공간적 동지애 의식―여기서 입지의 정치는 세계 속에서 당신의 장소뿐만 아니라 매우 다른 장소에 있거나 또는 실제 같은 공간에 있는 다른 사람과의 한층 폭넓은 연계를 조정한다―으로 서서히 나아갔다고 주장하고자 한다. 이런 관점에서, 파농의 저작은 민족주의적 정치가 불가피하게 반동적이거나 편협적인 것은 아니라고 주장한다. 즉 민족의 정치를 이용하는 것은 민족주의적 엘리트를 권력의 지위에 불가피하게 이식시키는 것이 아니며, 최악의 야만주의적 행동을 정당화하는 기반이 되는 것도 아니라고 주장한다. 대신 파농의 사유에서, 모호한 정치적 공간은 우리에게 해방 활동과 야만주의 활동 사이의 경계는 종이 한 장 차이임을 상기시킨다. 이런 모호성은 정치적 산물의 정의로움이 정치적 투쟁에 앞서 결정될 수 없음을 의미한다. 인간적 정의의 보편적 원칙이 존재한다고 주장하는 것은 유익하겠지만, 이러한 정치적 주장은 상황의 편의주의에 응당 위치 지어진다.[8] 특정한 규모에서의 행동이 다른 규모의 행동보다 더 성공적일 것이라거나, 또는 특정 규모에서의 권력 또는 해방에 대한 사유가 다른 규모에서보다 더 진보적일 것이라고 보장할 수는 없다. 대신 파농의 생애는 사람들이 뒤얽혀 있는 공간적 관계의 망을 도모하는 것이 필수적임을 제시한다. 단지 그런 후에야 고통스러운 공간을 넘어서는 방법을 이해하는 것이 가능할 것이다.

주

1. 파농의 생애에 관한 설명으로는 Caute(1970), Geismar(1971) 그리고 Gendzier(1973) 참조. 파농의 출생일에 대해서는 약간의 의문이 있다.

2. 예를 들어 파농 저작의 측면을 다루는 최근의 편집서는 Gordon, Sharpley-Whiting and White(1996), Read(1996)를 포함한다. 또한 〈프란츠 파농〉(1996)이라는 제목을 가진 아이작 줄리앙(Isaac Julien)의 영화는 역사적 상세함, 연극적 재구성, 정치적 분석 등에서 뛰어나다.

3. '거울'의 유추는 근거가 없는 것은 아니다. 파농은 어린이 발달의 거울 단계에 관한 라캉의 초기 정신분석적 저작에 의식적으로 의존하고 또한 그것을 변경하고자 한다(160쪽, 주 28. 또한 Verges, 1997 참조).

4. 이 설명은 여성 혐오적(misogynist) 및 동성애적(homophobic)인 것으로 묘사된다. 전자에 관해서는 Doane(1991) 및 Young(1996) 참조. 그러나 대조적 관점으로 Sharpley-Whiting(1996) 참조. 후자에 관해서는 Mercer(1995) 참조.

5. 나는 이상하게도 그 이후 작가들이 거의 예외 없이 이 이야기에 등장하는 어린이가 소녀라고 가정한다는 점을 발견했다. 때로는 소년도 자신의 젠더를 빼앗긴다. 예를 들어 영화 〈프란츠 파농〉에서, 만남은 어린이가 화면상에 매우 빠르게 나타나기 때문에 이 아이의 성이 무엇인지 말하는 게 불가능한 방식으로 극적으로 재구성된다. 반면, 화면상의 논평가는 이 소년을 '어린이'라고 말한다. 그러나 파농은 모호하지 않다. 그는 이 어린이를 '어린 소년(le petit garçon)', '예쁜 어린 소년(le beau petit garçon)' 그리고 '어린 백인 소년(le petit garçon blanc)'(1952, 프랑스어본: 117)으로 서술한다. 이런 것들은 찰스 램 마크만(Charles Lam Markmann)에 의해 정확히

번역되었고, 나에겐 이 소년이 탈식민적 논평들에서 왜 여성화되었는지 또는 중성
화되었는지 불명확한 상태로 남아 있다.

6. 이와 같이 신체 속에 고정되는 것—이것이 고정화(fixionalising)인가?—에 관해서
는 또한 Mercer(1989) 참조.

7. 본래 프랑스어본에서는 "Le beau nègre vous emmerde, madame!"으로 되어 있다.
이 문장은 "잘생긴 깜둥이가 당신한테 똥물을 끼얹었어요, 부인!(The handsome
Negro is covering you with shit, madame!)"이라고 번역하는 게 더 좋을 것이다. 흑
인은 백인들에 의해 시종일관 비공식적인 'tu'의 사용으로 언급되는 반면, 파농의
답변에서는 'vous'라는 공식적인 용어가 사용되고 있음을 주목할 가치가 있다. 단
어는 심지어 분노와 혐오의 순간에도 백인과 흑인 간 권력 관계를 표현하고 실행하
는 것처럼 보인다.

8. 이에 관해서는 Harvey(1996) 참조.

참고문헌

Bhabha, H. (1986) 'The Other Question: Difference, Discrimination and the Discourse of
Colonialism', in R. Ferguson, M. Gever, M-h. T. Trinh and C. West (eds) (1990) *Out
There: Marginalization and Contemporary Cultures.* Cambridge, Massachusetts,
MIT Press: 71-87.

Bhabha, H. (1990) 'Interrogating Identity: Frantz Fanon and the Postcolonial Prerogative',
in *The Location of Culture*, 1994. London, Routledge: 40-65.

Caute, D. (1970) *Fanon.* London, Fontana.

Doane, M. A. (1991) 'Dark Continents: Epistemologies of Racial and Sexual Difference
in Psychoanalysis and the Cinema', in *Femmes Fatales: Feminism, Film Theory,
Psychoanalysis.* London, Routledge: 209-248.

Fanon, F. (1952) *Black Skin, White Masks* (1986) London, Pluto Press.

Fanon, F. (1959) *Studies in a Dying Colonialism* (1989) London, Earthscan.

Fanon, F. (1961) *The Wretched of the Earth* (1967) Harmondsworth, Penguin.

Fuss, D. (1995) *Identification Papers: Reflections on Psychoanalysis, Sexuality and
Culture.* London, Routledge.

Gates, H. L. (1991) 'Critical Fanonism', *Critical Inquiry* 17 (3): 457-470.

Geismar, P. (1971) *Frantz Fanon.* New York, Dial Press.

Gendzier, I. (1973) *Frantz Fanon: a critical study*. New York, Pantheon Books.

Gooding-Williams, R. (1993) '"Look, a Negro!"', in R. Gooding-Williams (ed.) *Reading Rodney King/Reading Urban Uprising*. London, Routledge: 157-177.

Gordon, L. R., Sharpley-Whiting, T. D. and White, R. T. (eds) (1996) *Fanon: a Critical Reader*. Oxford, Basil Blackwell.

Hall, S. (1996) 'The After-life of Frantz Fanon: Why Fanon? Why Now?' in Read: 12-38.

Harvey, D. (1996) *Justice, Nature and the Geography of Difference*. Oxford, Basil Blackwell.

Massey, D. (1994) *Space, Place and Gender*. Cambridge, Polity Press.

Memmi A. (1971), 'La vie impossible de Frantz Fanon', *Esprit* (September): 248-73; translated and published in 1973 as 'The impossible life of Frantz Fanon', *Massachusetts Review* 14 (Winter): 9-39.

Mercer, K. (1989) 'Skin Head Sex Thing: Racial Difference and the Homoerotic Imaginary', in *Welcome to the Jungle: New Positions in Black Cultural Studies* (1994). London, Routledge: 189-219.

Mercer, K. (1995) 'Busy in the Ruins of Wretched Phantasia', in R. Farr (ed.) *Mirage: Enigmas of Race, Difference and Desire*. London, Institute of Contemporary Arts/Institute of International Visual Culture: 12-55.

Mohanty, C. T. (1991) 'Cartographies of Struggle', in C. T. Mohanty, A. Russo and L. Torres (eds) *Third World Women and the Politics of Feminism*. Bloomington, Indiana University Press: 1-47.

Posnock, R. (1997) 'How It Feels to Be a Problem: Du Bois, Fanon, and the 'Impossible Life' of the Black Intellectual', *Critical Inquiry* 23 (Winter): 323-349.

Read, A. (ed.) (1996) *The Fact of Blackness: Frantz Fanon and Visual Representation*, London, Institute of Contemporary Arts and Institute of International Visual Arts.

Said, E. (1993) *Culture and Imperialism*. London, Vintage.

Sharpley-Whiting, T. D. (1996) 'Anti-black Femininity and Mixed-race Identity: Engaging Fanon to Reread Capécia', in Gordon *et al.*: 155-162.

Taiwo, O. (1996) 'On the misadventures of national consciousness: a retrospect on Frantz Fanon's gift of prophecy', in Gordon *et al.*: 255-270.

Vergès, F. (1997) 'Creole Skin, Black Mask: Fanon and disavowal', *Critical Inquiry* 23 (Spring): 578-595.

Watts, M. (1997) 'Black Gold, White Heat: State Violence, Local Resistance and the National Question in Nigeria', in S. Pile and M. Keith (eds) *Geographies of Resistance*. London, Routledge: 33-74.

White, R. (1996) 'Revolutionary Theory: Sociological Dimensions of Fanon's *Sociologie d'une Révolution*', in Gordon *et al.*: 100-109.

Young, L. (1996) 'Missing Persons: Fantasising Black Women in Black Skin, White Masks', in Read: 86-101.

3부 현재 공간의 재구성

여행자를 위한 몇 가지 새로운 지침: 브뤼노 라투르와 미셸 세르의 지리학

오늘날 이성은 플라톤의 사고보다도 케이블 텔레비전 네트워크와 더 많은 공통점을 갖고 있다. 분명 광범위하게 순환하지만 빠져나갈 수 없도록—갈래치기, 가입하기, 해독하기를 통한 경우를 제외하고는—잘 만들어진 도량형적(metrological) 네트워크 속에 남아 있는 안정된 객체로서 우리의 법, 우리의 계약, 우리의 논증, 우리의 이론을 이해하기가 과거에 비해 훨씬 덜 어려워졌다.

(Latour, 1993: 119)

1 서론

오늘날 행위자-네트워크(actor-network) 이론은 어디에나 있으며, 이와 더불어 브뤼노 라투르(Bruno Latour, 1947~)와 미셸 세르(Michel Serres, 1930~)의 이름도 그러하다. 이 장은 행위자-네트워크 이론이 어떻게 등장했으며, 이는 무엇인지에 관한 설명(1절), 조정된 여행자의 여정(旅程)으로 공간과 시간을 사유하는 독특한 양식에 관한 설명(2절), 행위자–네트워크 이론의 작동 방법에 관한 사례—즉 라투르와 세르가 스스로 구축한 것(3절)—그리고 매우 간략한 결론(4절)을 제시하고자 한다. 왜 우리는 라투르와 세르를 이 책에 포함해야만 한다고 생각하는가? 세계의 상이한 요소가 흔히 새로운 양식 그리고 고려하지 않았던 조합들과 서로 관련됨에 따라, 라투르와 세르는 추상적 구분이라는 사고에 의해 배제되었던 모든 양상을 드러내기 위해 대신 세계의 이동, 과정 그리고 항상적인 잡음에 초점을 맞추면서 공간과 시간을 되살리고자 했기 때문이다. 달리 말해, 그들은 세계의 '풍요로움'을 재발견하고자 하며,

> 풍요로움을 발견하기 위해 세계 그 자체로, 바람, 거품, 배경의 눈 덮인 산, 항구 뒤의 작은 도시로 관심을 돌려야만 한다. '객관적' 시간과 '주관적' 시간은 세계에 사람을 살게 하는 것에서 거두어들이는 세금과 같아서, 대중이 행하고, 보고, 의미하고, 원하는 모든 것이 아니다. 우리는 시간의 느낌 또는 세계의 구조적 모습 가운데 하나를 영원히 잃어버리는 것을 선택하도록 강요받아서는 안 된다. 과정은 공간 속에 있지 않은 것처럼 시간 속에 있지 않다. 과정은 제삼의 의미이다…….
>
> (Latour, 1997a: 172)

그렇다면 행위자–네트워크 이론은 어디에서 연유하는가? 이 이론은 세 가지 기원을 갖는다고 주장할 수 있다. 첫째는 과학사회학이다. 1980년대에 과학사회학은 강력한 프로그램을 창안했는데, 이는 과학이란 한마디로 사회적 구성이라는 주장을 지향했다. 우선 행위자–네트워크 이론은 자연과학과 사회과학을 '대칭적으로' 다룸으로써 "강력한 프로그램을 서술하는 한층 직접적이면서도 덜 수고스러운 방법"(Latour, 1988a: 23)

으로 제안되었다.

과학을 설명한다는 것은 우리가 이와 더불어 좀더 균등한 관계를 안정화시킬 수 있어야 함을 의미하며, 이러한 안정화는 우리가 과학으로부터 사회에 관해 배우고 또한 우리가 다루고 있는 과학에 몇 가지를 가르치기 위해 우리 자신의 학문을 이용하는 방식으로 이루어져야 한다. 물리학의 경우 이와 같은 프로그램은 우스꽝스럽게 보이겠지만, 이러한 좀더 균등한 상태를 우리의 토대로 삼아야 한다. 이와 같이 새롭게 재정의한 강력한 프로그램에서 설명의 풍성함은 사회적인 것을 연구한 과학의 내용과 '동등해지고', 이것을 속성과 교환할 수 있을 때까지 그에 관한 정의를 변화시키는 우리의 능력에 의해 평가될 것이다.

(Latuor, 1988a: 26)

따라서 라투르는 어떤 '언어', 즉 각각의 과학이 (말하자면) 갖추어지고, 각각의 과학이 수많은 모습—일부는 '기계적이고', 일부는 '사회적이고', 일부는 '허구적인' —으로 구성되었음을 보여줌으로써 자연과학과 사회과학을 '번역할' 수 있는 '하부-물리적(infra-physical)' 언어를 개발하고자 했다. 여기서 행위자-네트워크 이론은 사이를 오가며 사이의 왕복기(shuttle)로서 작동한다. 그러나 점차 라투르는 행위자-네트워크 이론을 구성주의적 접근 반대쪽에 위치 지우게 되었다. 왜냐하면 그에게 행위자-네트워크 이론은 과학에 관한 사고 못지않게 사회에 관한 사고를 의문시했기 때문이다. 따라서 행위자-네트워크 이론은 세계의 개연성이 매우 높음을 강조하는 실재론적 접근, 집합적인 것을 전복하면서 또한 끌어 모으기 위한 언어로 서술할 수 있었다.

두 번째 근원은 프랑스의 지적 문화이다. 과학에 관한 프랑스의 이론은 '인식론'에 기반을 두었다. 가스통 바슐라르(Gaston Bachelard)와 조르주 캉길렘(Georges Canguilhem) 같은 인물은 "과학의 역사적 위치보다는 과학의 인식론적 지위" 즉 합리성, 사상의 단절(rupture) 등과 같은 논제에 "궁극적으로 더 많은 관심을 가졌다"(Bowker and Latour, 1987: 718). 이런 점에서 프랑스 인식론은 "훨씬 풍부한 레퍼토리를 갖게 되었다"(Bowker and Latour, 1987: 726). 그러나 합리성의 규범 그리고 과학적 담론에서 이런 규범의 역사에 관한 강조는 무능해질 수 있다(Rabinow, 1996). 어떤 의미에서, 보커와 라투르(Bowker and Latour, 1987: 740-741)가 지적한 것처럼 이는 매우 이상한 상황이다. 결국,

프랑스는 과학자와 경영적·정치적·지적 업적 사이의 연계가 가장 강한 나라이지만, 모든 나라 가운데 프랑스는 이러한 업적과 과학 사이를 연결하는 과학에 관한 사회적 연구 영역이 가장 발달하지 않은 나라이기도 하다. 이런 점은 그 자체적으로 어떤 단서를 제공한다. 프랑스에서 인식론은 정치를 이야기하고, 우리 모두를 함께 묶고 있는 것을 풀어줄 수 있는 유일한 실질적 방법, 즉 말하자면 '개념'이다. 정치는 어쨌든 합리적이고 보편적이기 때문에, 과학과 정치 양자를 논의하기 위해 합리성과 보편성의 언어를 왜 사용하지 못하겠는가? 특히 인식론이 '상식으로부터의 단절'을 논의할 때, 이는 프랑스에 있는 모든 사람을 위해 인식론이 층위의 맨 위에 있음을 설명하기 위한 훌륭한 정치적 모형을 제공하며, 또한 이는 과학을 정치화하고자 하는 사고가 왜 단지 터무니없는 정도가 아니라 완전히 헛된 것처럼 보이는지를 설명할 것이다.

이는 프랑스인이 과학의 사회적 모습을 더 잘 이해한다는 것을 뜻하는 것이 아니다―아주 반대다. 사실과 원자료를 모양 짓는 것은 그것들을 위한 사회나 문화가 아니라, 어떤 다른 것, 즉 이론이다. 사실의 이론-담지성은

프랑스 과학철학의 주요 산물이다. 이는 그들이 경험주의를 쉽게 물리쳤기 때문에 추가적인 야단법석 없이 이론을 포용할 수 있다고 믿는 것을 의미한다. 사회는 따라서 방해가 된다. 좀더 정확히 말해, 프랑스인은 과학에 관한 사회적 연구에서 모든 현장 조사를 미리 억제하기 위해 경험주의에 반대되는 주장을 이용한다. 왜냐하면 여러분의 자료에 정보를 주기 위해 어떤 이론을 갖는 것이 항상 필수적이기 때문이다. 과학을 생산한 방식에 관한 경험적 연구에서 배울 것은 아무것도 없을 것이다. 왜냐하면 모든 과학적 주장은 어떻든 이론-담지적이기 때문이다. 따라서 사회학보다는 인식론을 행하는 것(최소한 이를 위해 이론을 다루는 것)이 좋다.

라투르의 저작은 정성화된 경험주의를 통해 인식론을 항상적으로 방해하는 언어를 생산함으로써 이러한 전개 방식에 반대하는 일종의 반란으로 이해할 수 있다. 어떤 의미에서, 반란은 미지근하다. 처음부터 라투르는 프랑스 밖(경험주의가 상대적으로 강한 영미 국가—옮긴이)에서는 모든 것이 잘되고 있음을 믿었던 것처럼 보이지 않는다. 경험적 연구의 중요성에 전적으로 집착하지만, 그는 또한 경험주의의 영미적 변형에 대해 단적으로 회의적이었다. (이것이 그가 왜 그토록 많은 시간을 상이한 설명을 제공하기 위해 쏟아 부었는지에 대한 이유이다.) 그리고 그는 특이행동(idiosyncrasy) 같은 어떤 프랑스적 가치를 격리시키고자 한다. "'특이행동적'이라는 단어는 해협 이쪽(프랑스—옮긴이)에서는 긍정적이지만, 다른 쪽에서는 경멸적이다. (따라서 오해의 또 다른 근원을 구성한다.)"(Bowker and Latour, 1987: 730).

행위자-네트워크 이론을 고취시킨 세 번째 근원은 미셸 세르로, 그는 특이행동을 가치 있는 것으로 간주하는 문화에서조차 특이행동적이라고 여겨지는 작가이다(Latour, 1988b; Serres and Latour, 1995). 세르 저작의 문제는 모든 특성화를 거부했다는 것으로, 행위자-네트워크 이론도 어떤 의미에서는 이렇게 하고자 한다. 이는 모든 곳으로 나아가고자 한다. 아주 간단히 말해서, 세르가 그토록 놀랍게 행동한 것은,

> 메타언어(metalanguage)란 존재하지 않는다는 주장을 발전시키고자 한 데 있다. 과학에 대한 종교의 우월성 또는 문학에 대한 과학의 우월성은 존재하지 않는다. 그가 추구한 것은 특정한 종교적, 과학적, 문학적 체계를 분절시키는 구조를 찾는 것 그리고 그것이 어떻게 작동하는지 아는 것이다. 그의 텍스트의 장점은 여러분이 누가 옳은지를 결코 알 수 없다는 점이다. 이는 루크레티우스(Lucretius: 기원전 1세기에 활동한 고대 로마의 시인이자 철학자—옮긴이)이거나 바이블(Bible)일 수도 있다. 이는 그것이 선(先)과학적이고 따라서 경험적으로 잘못이기 때문이 아니라, 갑작스럽게 생물학이나 수학에서의 결과만큼이나 엄밀하고 정확하기 때문이다. 이는 우리가 예상하지 못했던 역전이다. 만약 과학이 물질적·종교적·사회적 차원을 가진다면, 그 진리는 어떻게 해서든 품위가 떨어진다고 영미 학계에서는 가정한다. 세르는 종교와 과학에 대응하는 진리의 시심(詩心)과 아름다움을 보여주고자 한다. 담론에 관한 이러한 재사유에는 여러 양식이 뒤섞여 있다. 요컨대 일화(逸話), 비유, 논증이 혼재해 나타난다.
>
> (Bowker and Latour, 1987: 731)

라투르가 세르에게서 취한 것은 무엇일까? 많은 영향 가운데 네 가지를 지적할 수 있다. 첫째는 세르의 인류학적 성향이다. 세르에 대한 선도적 연구자 가운데 2명은 르네 지라르(René Girard)와 조르주 뒤메질(Georges Dumezil)로, 이들은 비정형적이고 심지어 기인적이라고 알려진 인류학자이다. 그리고 세르가 생산한 것은 일종의 인류학, 특히 담론을 통한 여행의 인류학으로 간주할 수 있다. 둘째는 시간과 공간에 대한 세르의 태도

이다. 예를 들어, 세르는 "시간적 거리에 대해 절대적으로 무차별적"(Serres and Latour, 1995: 44)이다. 그에게 "시간은 선을 따라 흐르지 않을 뿐만 아니라 …… 계획에 따라 흐르지도 않으며, 광대한 복합적 혼합에 따라 흐른다. 따라서 시간은 중단점, 단절, 깊은 우물, 굴뚝, 우레 같은 속도의 분화구(균열, 간극)를 반영한 것과 같다—이들 모두는 임의적으로, 또는 기껏해야 뚜렷한 무질서 속에서 유포된다"(Serres and Latour, 1995: 57). 시간은 "화로 속의 불꽃 춤처럼 다양하게"(Serres and Latour, 1995: 58) 매우 거칠고, 중첩되고, 비틀린 날씨와 같다. 그러나 사람들은 항상적으로 시간과 시간의 측정치를 혼동하고, 이러한 성질을 놓친다. 셋째는 거대 분석적 범주화에 대한 세르의 의심이다. 그의 방법은 범주 사이의 화해와 공명이다.

> 은유는 사실 '교통(transport)'을 의미한다. 이는 헤르메스[Hermes: 신들의 사자(使者)로서 과학·상업·변론의 신—옮긴이]의 방법으로, 그는 내보내기도 하고, 들여오기도 한다, 즉 횡단한다. 헤르메스의 고안은 잘못될—위험하고 심지어 금지된 유추 때문에—수 있지만, 우리는 고안할 수 있는 다른 방법을 알지 못한다. 사자(messenger)의 낯선 인상은 이러한 기여 때문에 생긴다. 즉 교통은 최선이고 또한 최악인, 가장 선명하고 또한 가장 모호한 그리고 가장 미쳤지만 또한 가장 확실한 것이다.
>
> (Serres and Latour, 1995: 66)

이는 빠른 이동 방법, 조화로운 '비교주의(comparativism)'이며, 근접하게 가져가는 접속의 사이 그리고 접속의 공간에 관한 방법이다. 모든 것은 벡터처럼 장소에서 장소로의 이동을 통해 발생한다. "그래서 나는 어떤 '사물'이나 어떤 '작동'에서 시작하는 나의 추상을 만들지 못하지만, 관계(rapport)를 통해서는 그렇게 할 수 있다. 내 책의 독해는 어려운 것처럼 보인다. 왜냐하면 모든 시간을 변화시키고 이동시키기 때문이다"(Serres and Latour, 1995: 104). 넷째는 객체, 특히 산업 혁명 이후 제조된 객체 그리고 이것들이 창출한 새로운 관계의 홍수이다. 세르는 과거 세대가 꿈꿀 수 없었던 권력을 우리에게 부여하는 이러한 객체와의 새로운 '계약(contract)'에 관해 서술하기를 원한다.

그렇다면 행위자-네트워크 이론은 무엇으로 구성되는가? 그 '본질'은 네트워크를 작동시키고 유지하도록 하는 인물들의 인류학을 통해 네트워크의 흔적을 지도화할 수 있는 '하부-물리적' 언어이다. 이런 용어의 각 특성에 대해서는 좀더 서술할 필요가 있다. 모든 '네트워크'—이 용어는 순환하는 실체의 항상적인 전후방 움직임의 이미지를 만들어내기 위해 신중하게 선택한 것이다—는 어떤 종류의 안정된 형태를 만들기 위한 일정 수준의 관리를 요구한다.[1] 이러한 '순환'은 '신입자(recruit)'에게 위임될 어떤 활동을 요구하며, 자신들에 대한 일정 정도의 충실성과 무엇을 실질적인 것(사실)으로 간주하고 무엇을 비실질적인 것(허구)으로 간주해야 하는지에 관한 어떤 사고를 요구한다. 이는 그 존재에서 최소한의 조건이다. 따라서 라투르는 다음과 같이 간주될 과학사를 주장했다.

세 가지 주요 특징을 갖고 있는 흔적의 관리를 통해 성장하는 중심의 역사. 세 가지 특징은 가능한 한 이동적이고, 가능한 한 불변적이고 충실하며, 가능한 한 결합 가능한 것이다. 이러한 '불변적인 이동성'의 전후방 순환은 '네트워크'—즉 중심으로부터 오늘날 문서화한 층위들(lens)로 유도하는 양방향 경로—를 갖는다. 이러한 네트워크는 상응하는 틀을 유지하는 '도량형적 주장'을 유지함으로써 중단 없이 항상적으로 수정된다. 가장 일반적인 방법으로 이러한 중심을 규정하기 위해, 나는 이들을 '계산의 중심'이라고 일컫는다. 그들의 역사의 핵심은—우리가 이러한 세 가지 특징 각각이 어떻게 강화되는지를 지켜볼 때—경제학, 과학, 기술 또는 심지어 예술 사이에 어떠한 구분도 지어서는 안 된다는 점이다.

(Latour, 1988b: 21)

역으로, 이런 기본적인 하부-물리적 분석 틀은 그 분석적 지속성을 통해 우리에게 과거 우리가 개발했던 범주화한 사고방식에 의해 은폐되었던 어떤 것들을 느낄 수 있도록 해준다. 첫째는 규모(scale)이다. 여기서 변치 않는 원칙은 "규모는 사상(事象)의 속성이 아니라, 네트워크와 그 관계의 속성"(Latour, 1988b: 30)이라는 점이다. 아주 오랫동안 우리의 설명은 더 큰 사상은 더 작은 사상을 설명해야 한다는 계층적 가정에 기반을 두고 있었다. 예를 들어 "사회학자들은 항상 사회적 맥락을 첨부하기를 원하며, 사례 연구에서 전체를 설명할 더 큰 규모의 실체가 없을 경우 무언가가 빠졌다고 생각한다"(Latour, 1988b: 30). 그러나

실제 그들의 설명에서 '사회적 구조', '장기(longue)', '기간(durée)', '대규모 영향', '엄청난 관심' 등의 이름으로 제시되는 사상은 그들이 설명하고자 하는 작은 것들에 비해 더 크지 않다. 한 이야기에서 거인은 난쟁이보다 더 큰 인물이 아니며, 단지 다른 것일 뿐이다. 똑같은 면적을 가진 두 개의 프린트(print)는 전장을 나타낼 수도 있고 사과 한 개를 나타낼 수도 있을 것이다. 어느 누구도 첫째가 두 번째 것에 비해 더 크거나 더 포괄적이라고 말할 수 없을 것이다.

(Latour, 1988b: 30)

달리 말해서, 큰 것은 "'실제로' 큰 것 또는 '전반적인 것' 또는 '과도하게 반응하는 것'을 의미하지 않으며 연계적이고, 맹목적이고, 국지적

이고, 매개적이고, 관계적인 것을 의미한다"(Latour, 1999: 18). 둘째는 추상(abstraction)으로, 이 설명에서는 '좀더 높은' 범주의 지적 생산이 아니라 다른 어떤 것이다. 즉 '일상적인' 작업을 구성하는 많은 다른 것과 준거틀을 매개한 결과이다.

'큰 그림'은 하나의 준거 틀에 의해 주어지는 것이 아니라, 네트워크를 통해 하나의 틀에서 다른 모든 틀로 나아가는 과정에서 주어진다. 사유하기·추상하기·그림 그리기와 마찬가지로 작업은 도구 설치하기·장비 정리하기·장대 눕히기 같은 다른 실천적 작업들 위에 있는 것이 아니라, 이들 사이에(in between) 있다. 지적 작업을 서술하기 위해 인지과학 및 사회과학에서 흔히 사용하는 용례는 잘못된 것이다. 추상은 고차원의 형상 표현을 지칭하는 것이 아니라, 한 레퍼토리에서 다른 레퍼토리로의 재빠른 순환을 지칭한다. 이는 심상의 속성이 아니라 준거의 속성이다.

(Latour, 1988b: 35)

다음으로, 우리는 셋째, 라투르가 네트워크에서 행위자들 사이에 강한 구분을 하지 않는다는 점을 이해할 수 있다. "이들은 인물일 필요는 없으며, 어떤 것이든 될 수 있다"(Latour, 1988b: 5). 이러한 '행위자(actant)'는 공간과 시간 이행을 할 수 있는 사물이며, 따라서 행동할 수 있는 능력을 가진다. 예를 들어, 한 사례에서 라투르는 아인슈타인의 저작에서 가장 중요한 행위자의 일부 목록을 제시한다. 큰 까마귀, 기차, 구름, 단단한 장대를 가진 사람, 승강기, 대리석 탁자, 연체동물류 그리고 물론 시계와 통치자 등등(Latour, 1988b: 2-7). 그러나 이런 다양성은 문제가 아니다. 오히려 이런 다양성은 라투르가 재도입하고자 하는 것이다. 범주의 순수한 세계 대신, 그는 혼종들(hybrids)의 이질적 세계를 이해한다.

그리고 이는 네 번째 방법의 원칙을 이끌어낸다. 요컨대 행위자-네트워크 이론은 네트워크를 따르며 "민속방법론(ethnomethodology)의 통찰력에 충실한"(Latour, 1999: 19) 근대 세계의 비교인류학적 분석이다.

일단 그녀를 현장으로 보내면, 매우 합리주의적인 민족지학자일지라도 그녀가 연구하는 신화·민족과학·계보학·정치적 형태·기법·종교·서사시 그리고 사람들의 의식(rite)을 하나의 단행본에 함께 완전하게 모을 수 있을 것이다. 그녀를 아라페시족(Arapesh)이나 아추아르족(Achuar), 한국인이나 중국인을 연구하도록 보내면, 당신은 사람들이 하늘과 그들의 선조를 인지하는 방식, 집을 짓는 방식, 얌(yam)·카사바(cassava)·쌀을 재배하는 방법, 그들의 정부와 그들의 우주관을 구성하는 방법을 함께 짜 맞추고자 하는 단일 서사를 갖게 될 것이다. 해외 인류학자들이 창작한 저작에서 당신은 동시에 실질적이고, 사회적이며 또한 서사적이지 않은 단일 특성(trait)을 발견할 수 없을 것이다.

만약 분석가가 교묘하다면, 그녀는 우리 서구 사회에서 우리가 미생물과 미사일 또는 연료전지를 추구하면서 묘사하는 사회기술적 난맥상과 정확히 같아 보이는 네트워크를 재조사할 것이다. 우리 역시 하늘이 무너지고 있다고 두려워한다. 우리는 또한 에오로졸 스프레이를 뿜는 작은 행동도 하늘과 관련한 금기와 관련짓는다. 우리는 또한 우리의 과학들이 우리에게 대기 상층부의 이상 변화에 관해 말해주는 것을 이해하기 위해 법, 권력, 돈을 설명해야만 한다.

(Latour, 1993: 144)

그러나 근대 세계의 비교인류학을 수행하기 위해서는 '근대 세계'에 관한 우리의 규정을 변경해야 한다. 라투르는 근대성 없는 계몽을 원한다. 세르와 마찬가지로 그는 세계를 아주아주 많은 의사–객체(quasi-object)가 증식하고, 이러한 새로운 '괴물'을 감지하는 것이 현재 무엇이 진행되고 있는지 이해하는 데 결정적인 것으로 간주한다. 우리의 오래된 단절적 사고방식이 우리에게 이해하도록 허용하는 것보다 훨씬 더 많은 '공간'이 있다.

> 매개자들은 스스로 전체 공간을 가진다. 계몽은 마침내 머물 수 있는 장소를 가진다. 자연은 등장하지만, 단지 그 대표자, 즉 자연의 이름으로 말하는 과학자들과 함께한다. 사회도 등장하지만, 단지 태고의 시간부터 사회의 안정감에 기여해온 객체들과 공존한다. ……장소를 갖지 못했던 난맥상과 네트워크는 이제 자신을 위한 온전한 장소를 가진다. 이는 재현되어야만 하는 것들이다.
>
> (Latour, 1993: 144)

세계에 관한 이와 같은 묘사가 공간과 시간을 사유하는 데 어떤 의미를 갖는가? 라투르와 세르의 지리학을 탐구해보자.

2 철학적 지리학을 향해: 세르와 라투르의 공간과 시간

미셸 세르와 브뤼노 라투르에게 '지리학'은 "폭군적(tyrannical)"(Latour, 1997b: 3)이거나 또는 "철학적"(Serres in Critchley, 1996: 3)이며, "환원주의적"이거나 "비환원주의적"(Latour, 1988b)이며, 또한 세계에 폭력을 행사하거나 또는 정의로울 수 있다(Serres and Latour, 1995). 이러한 이원성에 의해 설정된 각 경로를 따라감으로써 얻을 수 있는 것과 잃게 되는 것에 관한 이해는 공간(그리고 시간)에 관한 그들의 개념화를 이해하는 데 핵심적이다(Bingham, 1996 참조).

만약 우리가 세르와 라투르에게 지리학이 얼마나 자주 "폭군적"인지 물어보면, 그 답은 '매우 자주'일 것이 틀림없다. 즉 세계는 매우 자주—암묵적이든 명시적이든—순전히 동질적 공간으로 규정된 인접성-거리, 즉 국지적인 것으로부터 지구적인 것으로의 경로가 항상 언제나 문제없이 주어져 있는 격자 모양 표면으로 이해할 수 있다〔이런 의미에서 '지구화'에 관한 가장 현대적인 서사는 사유와 관련한 오랜 전통의 영도(degree zero: 롤랑 바르트의《글쓰기의 영도(Writing Degree Zero)》(1953)〉에서 기원한 개념으로 '해체'의 글쓰기를 의미함—옮긴이)이다(Thrift, 1995).〕 세르와 라투르가 이해한 것처럼 이와 같이 순수하고 질서화한 견해는 "국지적 현상의 지구적 승리"(Gibson, 1996: 14)의 장기적 결과, 즉 유클리드 기하학과 그 이후 지도학적 지리학의 기반을 이루는 "척도와 교통의 공간"(Serres, 1982a: 52), 모든 것을 복잡성과 혼동 없이 측정하고 계량화할 수 있는 공간의 확장이다.

여기서 공간과 시간은 라투르(Latour, 1997a: 174)가 명명한 "원초적 용어(primitive terms)"로서 작동하는데, 이는 설명적 기반으로서 자연과 사회 간 "대분할(Great Divide)"의 어느 쪽을 선호하는가에 따라 "뉴턴적 감각 중추" 또는 "인지의 형태"를 의미한다(Latour, 1993). 어떤 경우든 이런 보편성은 동일한 상상력을 선험적으로 입증한다. 앤드루 깁슨(Andrew Gibson, 1996: 14)이 세르의 저작을 논평하면서 지적했듯이 "기하학은 공간을 용화시키고, 기간을 동결시킨다. 이는 동일한 것의 반복, 동일성의 법칙을 보증한다". 깁슨이 요약한 사유 양식에 대한 비판에서 등장하는 긍정적 계기는 '철학적' 지리를 고안하기 위한 세르와 라투르의 프로젝트를 활성화하는 것이다. 가장 우선적인 그들의 목적은 근대의 폭정이 그토록 효과적으로 삭제했던 세계의 다중성—"배제된 세 번째"(Serres, 1982b)에 관한 세르의 사고에 따라 라투르가 명명한 "중간 왕국"(Latour, 1993)—을 고려함으로써 실질적 차이를 사유 가능하도록 만드는 것이다.

이는 전적으로 형태 전이(gestalt shift)를 요구한다. 이에 따라, 공간과 시간은 "그 속에서 사건과 장소가 발생하는 흔들리지 않는 준거 틀처럼 독립적으로"(Latour, 1987: 228. 강조는 원문) 존재하는 것으로 더 이상 생각되지 않으며, 역으로 상호 작용의 결과, "신체가 서로 관련되는 방식의 결과"(Latour, 1997a: 174. 강조는 원문)로 생각된다. 공간은 우선적으로 여기에 있는 텅 빈 추상화가 아니라, "우리의 존재를 유지하기 위해 필수적인 많고 다원화한 다른 실체들"(Latour, 1997a: 186. 강조는 원문)이다. 특히 핵심 무대를 이루는 것은 이러한 "다른 실체들" 일부의 순환이다. 라투르 자신이 주장한 바와 같이,

신·천사·천체·비둘기·식물·증기 엔진은 공간 속에 존재하지 않으며, 시간 속에서 나이 들어가지 않는다. 역으로 공간과 시간은 많은 유형의 이동자들의 역전 가능하거나 또는 역전 불가능한 전위(displacement)로 추적할 수 있다. 이들은 이동자들이 이동함으로써 생성되지만, 이러한 이동을 틀 지우지는 않는다.

(Latour, 1988a: 25)

공간과 시간은 주어진 '전위'가 결코 단지 "부드러운 통과"(Latour, 1997a: 175)가 아니기 때문에 생성된다. 한 위상에서 다른 위상으로 뻗치는 것은 항상 엄청난 작업, 모든 유형의 "조각과 부분"(Law, 1994)의 개입을 요구하는데, 여기서 조각과 부분은 충실하게 교통을 잘 수행하는 '상호 매개자들'이라고 하기 어렵다. 이들은 "그들 자신의 입장에서 경로와 운명을 규정하는"(Latour, 1997a: 75; 또한 Latour, 1993) 버릇없는 '매개자들'일 가능성

이 훨씬 높다. 매개를 위한 컨테이너가 아니라 전환의 산물로서, 공간과 시간은 전체 세계의 조합과 재조합의 산물이다.

이러한 이동으로부터 발생하는 재개념화는 위상학적으로 가장 잘 서술할 수 있다. 세르가 "죽음의 정치(thanatocracy)"라고 명명한 것 그리고 우리가 "폭군적 지리학"이라고 부르고자 하는 것에 예속된 "일단의 위험하고 혼돈된 형태학"(Serres, 1982a: 53)은 여기서 (많은) 다른 것들 가운데 단 하나 유클리드적 공간에 의해 되살아난다. 라투르(Latour, 1997a: 178)가 지적한 것처럼 "매개에 의해, 전환에 의해, 재형성에 의해 만들어진 세계에서" 공간과 시간은 증식한다.

〔예를 들어〕 내 신체는 사회, 집단 또는 집합체가 형성되는 만큼 많은 공간 속에서 살고 있다. 요컨대 유클리드적 집, 거리, 이들의 네트워크, 개방 및 폐쇄된 정원, 교회 또는 둘러싸인 신성한 공간, 학교 그리고 고정된 점(point)을 담고 있는 공간적으로 다양한 것들 그리고 언어 · 공장 · 가정 · 정당 등의 흐름도와 관련한 복합체가 그것이다.

(Serres, 1982a: 45)

마찬가지로,

모든 시간은 이러한 시간적 매듭으로 수렴한다. 이러한 매듭은 엔트로피 경향, 비가역적 열 흐름, 낡고 노쇠함, 초기 여분의 소진, 피드백 고리에서 역으로 흐르는 시간, 회오리의 의사적-안정성(guasi-stability), 유전적 핵의 보존적 불변성, 한 형태의 영구성, 우연적 변화의 불규칙한 변화, 모든 비가시적 요소의 철저한 제거, 부정적인 엔트로피적 섬(negentropic islands)을 향한 상류 방향의 국지적 흐름—거부, 재순환, 기억, 복잡성의 증가 등을 포함한다. ……유기체란 무엇인가? 시간들의 한 묶음?

내 신체—또는 이 문제와 관련한 다른 모든 어떤 것—는 엮인 것, 즉 갈가리 찢긴 다중성의 상호 교차이며, 신체는 그 속에 던져져 있다(Serres, 1982a: 45). 또는 달리 말해, 라투르(Latour, 1997a)가 최근 그렇게 한 것처럼 '공간'과 '시간'은 장소-사건이 존재하도록 "접히거나" 또는 "주름 잡히도록" 하는 항상 특이한 "시간화(timing)" 및 "공간화(spacing)" 행동보다 덜 중요하다.

따라서 위상적이다. 왜냐하면 "계량적(metric) 이론"(Serres and Latour, 1995: 102)과 달리, 세르와 라투르가 구축하고자 하는 일종의 "철학적 지리학"에서 우선성은 물질-명사 또는 과정-동사에 주어지는 것이 아니라 그들이 전치사 또는 관계라고 지칭한 것에 주어지기 때문이다. 세르에 따르면, 관계-전치사가 "대상, 존재와 행동을 생산하지, 그 역은 아니다"(Ibid.: 103, 107). 이는 세르가 그의 가장 최근 저작 가운데 하나에서 위상학— "근접성의 과학 그리고 진행 중이거나 단절된 전환의 과학으로서"(Ibid.: 105)—은 분절적으로 표현할 수 있도록 특이하게 잘 위치 지어져 있다고 설명한 것과 같은 상황이다.

이를 수행하기 위해, 위상학은 폐쇄된 것(**내부**), 개방된 것(**외부**), 간격(**사이**), 지향과 방향성(**향해, 앞에, 뒤에**), 근접성과 부착성(**가까이, 관해, 반대해, 추종해, 접촉해**), 몰입(**가운데**), 차원 …… 등등 측정 밖에 있지만, 관계 안에 있는 모든 실체를 채택한다.

(Serres, 1994: 71. Boisvert, 1996: 64의 번역 인용. 강조는 원문)

그리고 만약 세계가 위상적이라면, 그 서술 역시 위상적이어야 한다. 이런 방법으로 세르와 라투르는 세계가 실제 무엇과 같은지(존재론적 의문) 그리고 세계에 관해 실제 무엇을 알 수 있는지(인식론적 의문) 사이의 전통적 구분을 혼합하기 시작한다. 제라르 드 브리(Gerard de Vries, 1995: 3)가 라투르에 관해 서술한 것처럼 세르와 라투르 모두는 "지식이 어떤 역할을 수행하는 세계의 본질을 묘사하고자" 노력했다. 또는 라투르 자신이 행위자-네트워크 이론에 관한 논의에서 지적한 바와 같이,

설명, 해명, 증명은 세계로부터 어떤 것을 빼내는 것이 아니라 항상 세계에 더해진다는 점을 일단 수용하면, 이러한 해법은 상식이 된다. 성찰주의자와 그들의 선(先)상대주의적(pre-relativist) 적들은 사물 자체로부터 지식을 빼내는 것을 꿈꾼다. 행위자-네트워크 이론(ANT)은 사물을 지구에 더하고자 하며, 그 선별 원리는 더 이상 설명과 현실 사이에 조정이 있었는지 여부—이런 이중적 환상은 해체되었다—가 아니라 여행을 했는지 여부이다.

(Latour, 1997b: 8)

여기서 쓰인 여행의 은유는 중요하다. 왜냐하면 만약—세르와 라투르가 제시한 바와 같이—'세계-속의-존재'가 같은 표준으로 잴 수 없는 공간-시간을 연계시키는 것으로 구성된다면, 이는 지식 역시 어떻게 나아가야 하는지를 말해주기 때문이다. 세르가 최근 설명한 것처럼 이는 이 세계를 "모방하거나" 또는 "정당화하기" 위한 것이 아니라, 세계를 "이해하기" 위한 것이다. 〔그리고 필사적으로 이 과정을 어떻게 관리할 것—관리할 수 있을 것—인지를 알기 위한 것이다(Serres and Latour, 1995: 114).〕 이러한 경로, 즉 '양립 가능성(compatibility)'의 경로, "읽기와 여행하기가 동일한 행동이 되는"(Serres, 1974: 14. Harai and Bell, 1982: xxii의 번역 인용) 경로를 따르는

것은 이론적 지형에 관해 우리에게 익숙한 것과는 매우 다른 개념화를 유도한다. 드러나는 '경관'은

구덩이, 단층, 습곡, 평야, 계곡, 우물, 굴뚝, 땅같이 단단한 것들, 바다같이 유동적인 것들을 포함한다. 은유는 여기서 지구물리적이며, 이는 수학적일 수도 있다. 어떤 경우, 모형은 복합적이다. 여기저기서, 국지적으로, 나는 분절과 불연속을, 다른 곳에서는 반대로 관계와 교량을 확인할 수 있다.

(Serres, 1977: 200. Harai and Bell, 1982: xxii의 번역 인용)

대화가 불가능한 가운데 "신화", "문학", "과학"(Ibid.)이 계층화하고, 세계를 재현하는 상호 배타적 방법이라고 주장되는 너무나도-친숙한 판형으로부터, 세르와 라투르는 명백히 낯선 앎의 방식 간 의사소통의 통로—세르(Serres, 1997)가 "북서항로(Northwest Passage)"라고 명명한 것—를 개척하고자 한다. 이런 접근법은 그 가장 순수한 형태에서 백과사전적인데, 이는 "단편들의 철학"(Serres and Latour, 1995: 120)을 향한 현대적이고 궁극적으로 보수적인 경향을 추구한다는 의미에서가 아니라, "섬세한 종합"을 구축하기 위한 용기를 가진다는 의미에서 그러하다. 이런 접근법은—우리가 이해한 바와 같이—이들이 완전하고 복잡한 (주름진) 세계, 즉 사물 자체로서 대상이 빠져드는 직물 조직—상호-정보의 매우 포괄적이고 극히 복잡한 네트워크—을 나타내는 세계로 간주한 것을 정당화하기 위해 가장 좋은 방법이다(Serres, 1972. Harai and Bell, 1982: xxiii 번역 인용).

백과사전적이라고 하지만, 세르와 라투르의 프로젝트는 "빛 또는 태양의 힘이라는 단일 법칙이 지배하고, 태양 아래에서 새로운 것이 없는 투명한 공간"(Serres, 1994: 109. Boisvert, 1996: 65 번역 인용)을 가정함으로써 "명백하고 독특한 지식, 과학적 통일체, [그리고] 이성의 승리"(Serres, 1989:

32)를 제공했던 지난 200년의 근본적인 체계와 아주 다른 종류의 "계몽
(Enlightenment)"의 도래를 알린다. 우리는 다른 방법으로 계몽을 경험할
것이라고 그들은 주장한다.

> 함께 용해되고, 혼합되고, 색조를 띤 광선과 그림자에 의해 만들어진 대비
> 효과를 통해 뚜렷이 사물을 더 잘 볼 수 있도록 허용하는 매우 부드럽고 여
> 과된 빛. ……이는 우리가 구체적인 주변을 우리의 신체적 눈을 가지고 통
> 상적으로, 실질적으로, 일상적으로 보는 방식이다.
>
> (Serres and Latour, 1995: 154)

이는 "임시적 지식"(Serres, 1989: 32)을 동반하는 "섬광(閃光)"(Ibid.)과 같
은 계몽이다.

따라서 세르와 라투르가 묘사한 복수주의적 세계에서, 우리는 "맹목
적 폭로"가 아니라 "인식의 불꽃"(우리의 용어로)을 희망하고 추구해야 한
다. 이러한 목적에서 지리학은 우리가 이해한 것처럼 명백히 철학적이
기 때문에, 철학은 분명히 지리학적이어야 한다. 말하자면, 우리의 가장
좋은 방법은 레이몽 부아스베르(Raymond Boisvert)가 세르의 가장 최근 책
가운데 하나[즉 《아틀라스(Atlas)》(1994년 프랑스에서 출판. 이 글을 쓸 시점까지 영
어로 번역되지 않았음)를 논평하면서 지적한 바와 같이 "지도를 제작하는
것이다"(Boisvert, 1996: 65). 여기서 지도란 미리 주어진 세계의 '거울'로서
지도가 아니라 "우리가 거주하고 있는 구체적 세계로 우리 자신을 접근
시키는 양식, 또는 지향시키는 방법"(Ibid.: 65)으로서의 지도이다. 좀더 특
정적으로, 특히 단어의 이중적 어원론을 고려할 경우, 우리는 '전설/범
례'(legend: legend는 '전설'과 '범례'라는 이중적 의미를 가짐—옮긴이), 즉 그 자체
적으로 이야기로서 전설과 지도 읽기 그리고 세계를 이해하기 위한 보조

자로서의 범례에 관해 말할 수 있다.

분명, "기생물"(Serres, 1982b), "물무당벌레"(Serres, 1982a; Latour, 1993), "다이달로스"(Daedalus: 크레타 섬의 미로를 만든 아테네의 장인—옮긴이)(Latour, 1994) 그리고 "천사"(Serres, 1995) 같은 인물이 세르와 라투르의 저작에 살고 있다는 사실은 우연이 아니다. 모든 경우, 이들은 우리가 매개·전환·순환의 방식으로 전개되는—이 절에서 명확히 하고자 하는 것처럼—세계를 헤쳐 나가는 데 도움을 줄 수 있는 반려자로서, 즉 항상 움직이는 세계와 맞서 싸울 수 있는 방법으로 제시된다. 삶의 작업이 이것에 의해 조직되었던—구조, 내용 그리고 양식이라는 점에서 동시에 조직되었던—전설/범례에 준거해 흔히 그런 것처럼 세르는 이를 훨씬 더 잘 설정한다. 고대 그리스의 의사소통의 신에 대해 말하자면, 이탈로 칼비노(Italo Calvino)가 간단하게 요약한 것처럼

날개 달린 발을 가지고, 가볍게 떠다니며, 민첩하고, 경쾌하며, 융통성 있고, 자유롭고 용이하게 신들 사이에, 신들과 인간 사이에, 보편적 법칙과 개별적 운명 사이에, 세계의 객체와 모든 사유하는 주체 사이에 관련성을 설정했다.

(Calvino, 1992: 52)

세르는 다음과 같이 주장한다.

헤르메스는 그 자신을 항상적으로 경신(更新)함으로써, 우리가 인간인 한 지속적으로 우리의 새로운 신—우리의 사고나 행동 또는 우리의 이론적 추상의 신일 뿐만 아니라 우리 작업, 우리 기술, 우리 경험, 우리 실험과학의 신—이 된다. 사실 그는 우리 실험실의 신이며, ……그는 우리 생물학의 신이며, ……그는 컴퓨터 과학 …… 상업 …… 대중 매체의 신이다. ……헤르

메스는 그의 역할, 그의 인물, 그의 동작을 통해—그러나 이상하게, 개념으로서가 아니라 인간으로서 그리고 토대나 시작점으로서가 아니라 다중적이고 지속적인 교통으로서— …… 〔이러한 상황을〕 이해한다. 우리는 발 위에 날개를 가진 토대(foundation)를 상상해야 한다.

(Serres and Latour, 1995: 114)

3 세련된 여행: 세르와 라투르의 다중적 여정

헤르메스는 '행위자를 따르도록 하는' 라투르의 빈번한 권유(Latour, 1987, 1996a, 1997c)를 체현함으로써, 우리에게 세계를 학습하는 기회를 제공한다. 이와 동일한 '슬로건'을 세르와 라투르 자신들에게 적용할 경우 우리는 무엇을 배울 수 있는가? 희망하건대, 이 절이 보여주고자 하는 것처럼 이는 헤르메스적 방법 그 자체에 대한 분명한 이해이다. 또는 아마—그리고 다음 서술의 많은 부분이 기본적으로 그 대안적 과정이라고할 수 있는 《대화 ……(Conversations ……)》(Serres and Latour, 1995: 43-76) 2장의 제목에도 불구하고—이는 반-방법(anti-method)이어야 한다. 왜냐하면하라이와 벨이 《헤르메스》 영역본의 훌륭한 서문에서 서술한 바와 같이기존의 용어는

문제성이 있다. 왜냐하면 이는 반복과 예측 가능성—누구나 응용할 수 있는 방법—이라는 사고를 제안하기 때문이다. 방법은 또한 통제와 폐쇄를 함의하며, 이 양자는 고안을 저해한다. 반대로, 세르의 방법은 고안한다. 이는 따라서 반-방법이다.

(Harai and Bell, 1982: xxxvi)

이러한 (또는 사실 어떤 다른) 진행 방법에 관해 정말로 흥미롭고 특이한 것에 성공적으로 도달하기 위해 그 자체적으로 상당한 고안이 요구된다. 분명, 라투르(Lotour, 1988b)가 어떤 모습이나 형태든 "위대한 인간" 이론에 호소하면서 루이 파스퇴르(Louis Pasteur)에 대한 관례적 설명을 뒷받침했던 위인전(偉人傳)을 폐기한 후, 우리 자신의 설명을 위한 "위대한 인간" 이론은 다소 어리석어 보이게 (이렇게 보이는 것이 옳다) 되었다. 대신 우리는 다시금 해설의 은유를 선호하고(Latour, 1997c: 72, 주 15), 세르와 라투르가 구성했던 〔우리 모두와 마찬가지로 "위상적이며 시간적인"(Ibid.: 148)〕 "접촉, 이웃, 만남, 관계"(Serres, 1997: 144)에 관한 적지만 적절한 사례를 도출하고 추적하고자 한다. 여기서 우리는 기본적으로 여행 창조자의 궤적을 고찰하기 위해(이 두 사례에서는 세르만 관련이 있지만, 우리의 사례에서는 라투르도 역시 관련이 있다) 앞 절에서 소개한 것처럼 이에 관한 용례를 사용함에 있어, 한편으로는 하라이와 벨(Harai and Bell, 1982)을, 다른 한편으로는 폴 해리스(Paul Harris, 1997)를 따른다. 양자는 우리를 위해 해리스(Harris, 1997: 37)에 의해 "순회(itinerant) 이론가"라는 칭호가 붙었다. 이는 시작점이나 종착점이라는 점에서 사유의 중요성이 그렇게 크기 때문이 아니라, 문장이 소통되는 "산책로"(Gibson, 1996: 16) 그리고 어떠한 "통행"일지라도 함께하는 이질성의 의미 때문에 그러하다.

이런 순회를 통한 사유를 좀더 돕기 위해, 우리는 《프랑스의 파스퇴르화(The Pasteurization of France)》(1988b)에 관해 앞서 언급한 라투르의 연구에서 몇 가지 사고, 특히 "한 사람(man)은 그 자신을 위해 많은 일을 할 수 없다. 그러나 그가 할 수 있는 것은 이동하는 것이다"(Ibid.: 67)는 문장〔그 진리는—아마—이 저서에 나타나는 성칭(gendering)을 넘어서 유지된다고 할 수 있다〕에 얽혀 있는 세 가지 함의를 구걸하고, 빌리고, 훔치고자 한다. 어떤 면에서 위험스러운 접근—"어떤 방법을 반복하기-게으름"(Serres, 1997: 100)—

이지만, 우리 느낌으로는 비교를 허용하는 유사성과 차이 모두 이 방법이 이러한 맥락에서 도움이 되리라는 것을 의미한다.

세르와 라투르의 이동과 관련한 첫 번째 측면은 파스퇴르 연구의 틀이 그 주변 환경과 관련해 그 자신을 위치 지우고 재위치 지우는 방법을 전면에 내세운다는 것이다. "파스퇴르주의자들이 내가 서술한 위생학의 힘과의 관계 속에서 그들 자신을 아주 특수한 방법으로 위치 지운 것과 같이"(Latour, 1988b: 60), 세르와 라투르가 20세기 후반의 지적 경관을 조직하는 학문적 전문화를 통해 만든 연계의 유형과 수는 이들을 어떤 다른 사람의 기준에 의해서도 예외적인 것으로 구분하게끔 한다. 그러나 위생학자들의 사례에서 "전략"이라는 단어가 이 경우 "문제의 작동을 설명하기에는 지나치게 합리적"(Ibid.: 60)이라고 라투르가 서술한 것처럼 여기서도 "'전위'에 관해 말하는 것으로 충분하다"(Ibid.: 60). 예를 들어, 세르의 경우 우리는 그의 훈련에 포함된 전위에 관해 말할 수 있다.

철학자 교육을 받은 세르는 자신이 플라톤의 권유대로 기하학 연구에서 출발했다고 말한다. 그 후, 그는 좀더 구체적인 영역, 즉 물리학·생물학 그리고 인간에 관한 과학 영역에서 연구를 계속했다. 마지막 영역에서, 그는 특히 인류학, 좀더 세부적으로 말하면 종교사에 흥미를 갖게 되었다. ……이에 따라 세르는 세 가지 위대한 지식의 양식, 즉 철학적·과학적·신화적 지식을 포괄하는 백과사전적 여정을 보여주었다.

(Harai and Bell, 1982: xv)

또는 그 자신의 작품 가운데,

세르는 분자생물학, 과학 소설, 위상학과 회화(painting), 언어학과 인류학을 포함한 여러 분야에서 노력했다. 자신의 저술에서 그는 고대 로마부터 재앙적인 챌린저(Challenger)호 발사, 나일 강의 범람원부터 북서항로의 유빙에 이르기까지 섭렵했다. 그는 오이디푸스의 운명적 교차로를 통과했으며, 맨홀을 통해 혼돈의 거품 속으로 사라졌다.

(Harris, 1997: 37)

또는 심지어 한 저서에서,

예를 들어 《아틀라스》는 혼돈 이론, 교역, 가상현실, 벨기에의 만화책 《틴틴(Tintin)》, 신화학, 대중의 정치적 창조, 종교사, 고전적 기계학, 상호 작용적 컴퓨터 네트워크, 기모노(kimono), 원격 교육 그리고 천문학에 대해 논의한다.

(Boisvert, 1996: 63-64)

라투르의 여행이 비교적 신중한 것처럼 보인다면, 이는 단지 상대적으로만 그러하다. 철학자 및 인류학자로서 훈련을 받고, 아프리카와 캘리포니아에서 현장 연구를 한 후, 그는 쉼 없이 실험실(Latour and Woolgar, 1979)에서 회화(1988a)로 옮겨갔으며, 현대의 이른바 "과학 전쟁"(1997d)의 메마른 기반을 드러내기 위해 고대 그리스 철학의 활용을 대수롭지 않게 생각했다. 그는 또한—《우리는 결코 근대인이었던 적이 없다(We Have Never been Modern)》(1993)에서—이러한 전위(그 자신뿐만 아니라 세르의 전위)의 가톨릭주의는 면죄부와 전혀 다르게 정화와 비판에 관한 우리 문화를 뒷받침했던 "근대적 헌법"의 파괴에 매우 필요한 대응이었다는 점을 아마 가장 명확하게 표현한 학자이기도 하다. 그가 최근 서술한 바와 같이 "전체적인 해결을 그 모든 구성 요소, 즉 존재론 · 인식론 · 윤리학 · 정치학·신학 등에서 논의하지 않는다면, 진보는 이루어지지 않을 것이다"(1997c: xii). 경계는 넘어서야 한다.

그러나 넘어야 할 경계는 많이 있으며—우리가 이미 지적한 것처럼—자신의 관점에서 그렇게 할 수 있는 매우 많은 '한 사람'(또는 두 사람)이 있을 뿐이다. 따라서 세르와 라투르 두 사람이 논증하고 우리의 분석에 도움을 준 이동의 두 번째 측면에서 사유할 필요가 있다. 파스퇴르에게, 이는 "그로 하여금 사람들의 원(circle)을 그의 이동으로 전환하고 바꾸어 놓을 수 있도록 하는 특정 유형의 전위"(1988b: 67)였다. 라투르에 따르면, 파스퇴르는 "이동하면서 자기편을 얻었으며" 또한 "그 자신을 이동의 근원이 되게끔 했다"는 점에서 "천재"였다(Ibid.: 7). 그러나 세르에 의하면, 모든 것이 거꾸로 중심과 관련되게끔 하는 이런 유형의 '제국-건설'은 단순한 선택이 아니며, 이런 유형의 이동은 그가 탈출하고자 한 바로 그런 비판의 모형이 기능하는 것과 긴밀하게 관련되어 있다(Koch, 1995: 11). 그가 자신의 '규칙' 가운데 하나를 서술한 바와 같이,

항상 모든 성원 의식(membership)을 포기하라. 모든 압력 집단뿐만 아니라, 지구적 및 사회적 전투에서 국지적이고 학식 있는 캠퍼스이든 또는 과학적 논쟁에서 파벌적 참호이든 지식의 규정된 전공 분야를 피하라. 스승도 아니고, 무엇보다 제자도 아니다.

(Serres, 1997c: 136)

이러한 위상, 특히 《대화 ……》 전체에 걸쳐 더욱 명확해지는 위상이 주어지면, 우리는 도널드 웨슬링(Donald Wesling, 1997: 198)이 훌륭하게 표현한 생각, 즉 세르의 많은 개념적 발명—이들 가운데 몇 가지는 우리가 이미 논의한 바 있다—은 "이제 부루노 라투르와 관련한 그의 발명에 부

차적인 것으로 보인다"는 점에 동의해야 할 것이다. 웨슬링에 의하면, 라투르는 세르의 "해설자, 면담자, 급진적 행위자"가 되는 "성향이 이미 주어져"(Ibid.: 199) 있었다. 분명 변환과 전환의 이동-작업을 한층 기꺼이 수행함으로써 라투르는 여러 의미에서, 특히 이해해야 할 (또는 관심을 가져야 할) 당사자라는 점에서 세르를 확장시켰다. 사실상 파리 종합이과대학교의 혁신연구센터(CSI)에 있으면서—세르가 거의 시간을 내지 못했던 사회과학에 확고한 (다소 은유적이지만) 관심을 가지고—라투르는 자신에게 명백히 매우 심원한 영향을 미쳤던 사람의 사고를 위한 어떤 매개자로서 기능할 수 있었다. (이는 그의 창조적 기여를 과소평가하기 위한 서술이 결코 아니다.) 그 자신의 저작(저술한 출판물뿐 아니라 그가 항상 수행하고자 했던 구술 표현), CSI 내부 및 외부 동료들과의 공동 연구(예를 들면 Latour and Woolgar, 1979; Callon and Latour, 1992; Akrich and Latour, 1992; Latour and Hennion, 1995; Teil and Latour, 1995; Strum and Latour, 1987) 그리고 물론 그와 인터뷰한 책(1995)을 통해, 라투르는 세르의 좀더 급진적인 통찰력 일부를 매우 믿기 어려운 배경에도 원용하고자 했다. 이 장이 존재한다는 바로 그 사실이 그의 공동-고안(inter-vention)(사이에서 이루어진)의 효율성에 대한 입증을 여러 가지 방법으로 나타낸다. 즉 이 장은 세르-라투르 네트워크의 현재적 확장[그렇지만 비록 '파스퇴르' 네트워크처럼 '전체 세계'를 포괄하지는 못했다 할지라도(Latour, 1988b: 69)]뿐만 아니라 동일한 네트워크가 라투르에 의해 '모여든' 독자들이 세르에게도 거슬러 올라가도록 하는—이를 통해 그가 처음 갖고 있던 훨씬 더 광범위한 (분명 영미 배경에서) 독자를 세르에게 제공하는—방식의 예시라고 할 수 있다.

이 모두는—특히 어느 정도의 마키아벨리즘(Machievellianism)을 매우 불공정하게 라투르에게 돌림으로써—세르와 라투르의 다중적 경로를 내적 일관성과 진보를 어떻게 해서든 동시에 드러내는 단일하고 넓은 고속도로로 환원시키는 것이다. 그러나 그들이 무언가를 가르쳤다면, 이는 어떠한 여행도 이와 같이 단순하지 않으며, 따라서 노선을 다소 복잡하게 하기 위해 우리는 이 대목에서 파스퇴르의 형식을 통해 이들에게 공통적인 이동의 마지막 측면을 다시금 도입하고자 한다. 이는 라투르가 방금 폐기했던 것보다도 사람들에게 더 흥미 있는 어려운 문제에 대처하기—이에 따라 "그가 '상당히 성공한' 새로운 학문을 매번"(1988b: 68) 구성하는—위해 자신이 세르의 "갓길 걷기(stepping sideways)"라고 서술한 것에서 포착할 수 있다. 이제 이러한 설명은 분명 우리가 이미 언급한 것처럼 많은 독특한 주제-영역 그리고 흔히 (파스퇴르처럼) '응용된' 문제를 '근본적인' 문제로 전환시키는 방법을 통해 세르와 라투르를 사로잡았던 전위와 어떤 공명을 이루게 된다(1988b: 68 참조). 그러나 파스퇴르에게 이러한 갓길 이동은 우리가 앞서 언급한 제국-건설 프로젝트의 통합적 부분이었지만, 세르와 라투르에게 이와 같은 종류의 이동은 네트워크를 늘리는 것처럼 네트워크 안에 자신들의 위상을 불안정하게 하는 것과 많은 관련이 있다.

이것이 의미하는 바는 부분적으로 세르가 《대화 ……》에서 그의 논평이 "다른 것들과 어떤 차이가 있는지"에 관한 라투르의 질문에 답하면서 해결되었다.

> 내가 흔히 비평하고자 한 논평은 …… 모든 문과 창문을 열기 위해 한 개의 열쇠를 사용했기 때문에 제국주의적이라고 일컬을 수 있었다. 그들은 정신분석적, 마르크스주의적 또는 기호학적 등등으로 일컫는 열쇠를 사용했다. ……그러나 나에게는 특이성, 단일한 열쇠로는 충분하지 않은 국지적 세부사항이 중요하다. 반대로, 과거 필요했던 것은 문제에 적용하는 도구였다. 이 도구 없이는 아무런 작업도 이루어질 수 없었다.
>
> (Serres and Latour, 1995: 91-95)

라투르는 자신이 "새로운 주제를 다룰 때마다 분석의 도구를 개조하고 재편할 필요를 쉽게 이해"(Ibid.: 92)할 수 있으며, 세르를 따라 그렇게 함으로써 네트워크—우리가 이미 이해한 것처럼 그는 네트워크를 확장시키는 것을 매우 중시했다—에 대해 "책임질 수 있다"는 주장을 피하기 위해 노력했다(파스퇴르와 반대로)고 대답한다. 이는 많은 집단이 그의 명성과 동의어로 이해하는 행위자-네트워크 이론과 관련해 가장 주목할 만한 점이 되었다. '몇 가지 해명'을 기꺼이 제시하는 한편(Latour, 1997b), 라투르는 또한 최근 "현재 이동 중(now moving on)"의 필요성을 강조했다. 행위자-네트워크는 "우리가 고안하고, 사용했으며, 잠시 후에 폐기한 많은 단어 가운데 하나"(Latour in Crawford, 1993: 262-263)이다. "[이질적 네트워크는] 본질, 도덕화와 더불어 구조에 반대하는 데는 강력하지만, 정책을 제공하거나 판단을 승인하거나 또는 안정된 양상을 설명하도록 요구받을 때는 공허해진다"(Latour, 1996b: 304). 우리는 행위자-네트워크 이론 "이후(after)"에 있다(Latour, 1997b). 또다시 갓길로 이동하면서, 라투르는 다른 시기로 나아가기 위해 그 자신이 스스로 정한 통로—"어떤 [비비판적인(acritical)] 유형의 고안"과 한층 완벽하게 조화를 이루는 통로(Serres and Latour, 1995: 100. 또한 Crawford, 1993; Koch, 1995 참조)—에서 세르를 따르기 시작한다.

이 절에서의 여정과 이동을 요약하면서 결론을 내리자면, 우리는 세르와 라투르에 관해—라투르가 [프랑수아 다고네(Francois Dagognet: 프랑스의 의사-철학자의 계보를 잇는 중요한 인물—옮긴이)를 통해] 파스퇴르에 관해 말한 것처럼—이들은 "함께 연계함으로써 혁신을 이루었다"(Latour, 1988b: 69)고 말할 수 있다. 그렇지만 이렇게 말하는 것은 무엇이 '세르적'인지 또는 '라투르적'인지, 그들의 특정한 기여는 무엇인지를 예시하기에 충분한가? 우리 모두는 모든 시간 동안 함께 연계함으로써 혁신을 이루지 않았는가? (그리고 이것이 세르와 라투르의 핵심이지 않은가?) 아마 우리는 이를 "스타일이라는 용어로" 포착함으로써〔다시 한 번 파스퇴르에 대한 라투르(Latour, 1988b: 94)의 의견에 따라〕 이러한 규정이 무엇을 의미하는지 더 잘 이해할 수 있을 것이다. 규정하기는 매우 어렵지만 이런 논의와 유관한 것으로 (Serres and Latour, 1995: 100; Deleuze, 1973; Massumi, 1997), 이 사고를 통해 사유의 생산적 방법은 라투르가 최근 명명한 "위임 레짐(regime of delegation)" (Latour, 1996b: 304)이라고 하겠다. 이는 "불명확한 수의 실체들"이 서로를 포착하는 "한정된 수의 방법들" 가운데 하나이다(Ibid.). 이 양식을 표현하는 가장 좋은 방법으로, 우리는 그 사람 자신(또는 그들 가운데 한 사람)에게 과제를 위임할(매개자를 통해서) 것이다. 세르가 최근(1996년) "절차적인 것" 이라고 지칭한 것을 요약하면서, 마르셀 에나프(Marcel Henaff)는 다음과 같이 서술한다.

'절차적(procedural)': 이 용어의 어원은 걷는 행위 또는 한 걸음 한 걸음 앞으로 나아간다는 뜻의 'procedo(라틴어―옮긴이)'이다. 이는 또한 위치와 조건의 특정성 사이를 나아가는 것을 뜻한다. 이러한 모형에 기반을 둔 사유 방식을 규정할 수 있는가? 이런 모형은 특정한 철학을 경험주의라고 비판하는 것이지 않는가? 그렇지 않다고 할지라도, 여행의 끝에 결국 경험주의는 그 시작에서는 제기하지 않았던 보편적인 것과 결합하고자 한다. 우리는 여기서 아주 다른 어떤 것을 다루려 한다―즉 위치의 특수성, 상황의 예측 불가능성, 경관의 불균등한 유형, 생성의 위험스러운 속성 등을 심각하게 다루기. 요컨대 또다시 질문하게 된다. 국지적인 것을 어떻게 사유할 것인가? 이 질문이 의미하는 바는이렇다. 즉 특수한 것의 과학은 존재하는가?

(Henaff, 1997: 72)

4 간략한 결론

행위자-네트워크 이론에 대한 비판이 있다는 점은 놀라운 것이 아니다. 비평은 여러 종류가 있다. 하나는 행위자-네트워크 이론이 실제 새로운 종류의 총체화 이론, 즉 근대성에 관해 매우 명확한 이론을 갖고자 하는 비근대적인 것에 관한 '이론'을 아주 온건한 장식으로 감싸는 이론이라는 점이다(Rabinow, 1999). 또 다른 비평은 사건의 들끓음, 즉 라투르와 세르 모두가 존경한다고 고백한 저술가, 질 들뢰즈에서는 매우 명백하게 나타나는 위기 사태(conjuncture)의 아찔한 (그리고 흔히 체현된) 힘이 누락되어 있다는 점이다(Thrift, 1999). 그렇지만 또 다른 비평은 행위자-네트워크 이론이 "희생화(victimisation)의 아주 실질적인 효과성"(Wise, 1997: 39)을 무시한다는 점이다. 이 이론은 신중하게 중립적이며, 그 결과 불평등한 힘에 관한 의문을 간과한다.

이러한 비평의 힘이 어떠하든 행위자-네트워크 이론은 한 가지 일을 했으며, 그 일을 아주 잘 수행했다고 할 수 있다. 이 이론은 닫혔던 공간을 열어젖혔다. 순환을 따름으로써, 이 이론은 항상적으로 이행하는 모든 종류의 공간은 공존하며, 중첩되며, 혼종하며, 함께 움직이고, 또 따로 움직이는 부분적 연계의 세계라는 의미를 만들어냈다. 라투르와 세르는 우리가 이를테면 유클리드적 공간처럼 한 공간적 및 시간적 틀을 다른 공간적 틀, 예를 들어 상대주의적 공간으로 대체해야 한다고 주장하지 않는다. 그들의 세계에는 매우 멀리 매우 빠르게 나아가는 도량형적 구축으로서의 틀을 제외하고는 이와 같은 틀이 전혀 존재하지 않는다. 그들의 세계는 유동적이다.

다음으로, 내리 덮치며 뛰어드는 공간(swooping and diving space)의 다중성이라는 의미는 또한 우리에게 장소를 재편하도록 허용한다(Hetherington,

1997; Thrift, 1998). 왜냐하면 장소는 공간의 흔적을 추적할 뿐만 아니라, 그 활동 속에 각인된 적극적인 역할을 갖기 때문이다. 다원적 차이 속에서 장소는 혼종이 혼종으로서 서로를 드러내며, 그들의 차이의 수행을 허용하면서 변화를 맞이하는 수단이다.

주

1. 라투르(Latour, 1999: 15)는 이제 이 용어를 유감스럽게 생각한다.

> '네트워크'라는 용어를 들뢰즈와 가타리의 용어인 리좀(Rhizome)처럼 처음 도입했을 때, 〔이는〕 분명 사회 이론의 전통적 용어 가운데 어떤 것으로도 포착할 수 없었던 일련의 전환(transformation)―번역(translation), 번안(traduction)―을 의미했다. 네트워크라는 단어의 새로운 대중화와 더불어, 이제 이것은 변형(deformation) 없는 교통(transport) 그리고 정보의 모든 부분에 대한 즉각적이고 직접적인 접근을 의미한다. 이는 우리가 의미했던 것과 정확히 반대된다.

참고문헌

Akrich, M. and Latour, B. (1992) 'A Summary of a Convenient Vocabulary for the Semiotics of Human and Non-Human Assemblages', in Bijker, W. and Law, J. (ed.) *Shaping Technology/Building Society: Studies in Sociotechnical Change.* Cambridge, MIT: 259-264.

Bingham, N. (1996) 'Object-ions: From Technological Determinism Towards Geographies of Relations', *Environment and Planning D: Society and Space* 14 (6): 635-657

Boisvert, R. (1996) 'Remapping the Territory', *Man and World* 29: 63-70.

Bowker, G. and Latour, B. (1987) 'A Blooming Discipline Short of a Discipline: (Social) Studies of Science in France', *Social Studies of Science* 17: 715-748.

Callon, M. and Latour, B. (1992) 'Don't Throw out the Baby with the Bath School!: a

Reply to Collins and Yearley', in Pickering, A. (ed.) *Science as Practice and Culture*. Chicago, Chicago University Press: 343-368.

Calvino, I. (1992) *Six Memos For The New Millennium*. London, Jonathan Cape.

Crawford, T. H. (1993) 'An Interview with Bruno Latour', *Configurations* 1 (2): 252-263.

Critchley, S. (1996) 'Angels in Disguise: Michel Serres' Attempt to Re-Enchant the World', *TLS* 19 (1): 3-4.

De Vries, G. (1995) 'Should We Send Collins and Latour to Dayton, Ohio?' *EASST Review*. http://www.chem.uva.nl/easst 14 (4): 1-8.

Deleuze, G. (1973) *Proust and Signs*. London, Allen Lane.

Gibson, A. (1996) *Towards a Postmodern Theory of Narrative*. Edinburgh, Edinburgh University Press.

Harai, J. and Bell, D. (1982) 'Introduction: Journal à Plusiers Voies', to Serres 1982a: ix-xl.

Harris, P. (1997) 'The Itinerant Theorist: Nature and Knowledge/Ecology and Topology in Michel Serres', *SubStance* 26 (2): 37-58.

Henaff, M. (1997) 'Of Stones, Angels, and Humans: Michel Serres and the Global City', *SubStance* 26 (7): 59-80.

Hetherington, K. (1997) 'In Place of Geography: the Materiality of Place', in Hetherington, K. and Munro, R. (eds) *Ideas of Difference*. Oxford, Blackwell: 183-199.

Koch, R. (1995) 'The Case of Latour', *Configurations* 3 (3): 319-347.

Latour, B. (1987) *Science in Action*. Cambridge, Harvard University Press.

Latour, B. (1988a) 'Visualisation and Reproduction', in Fyfe, G. and Law, J. (eds) *Picturing Power: Visual Depiction and Social Relations*. Oxford, Blackwell: 15-38.

Latour, B. (1988b) *The Pasteurization of France (with Irreductions)*. Cambridge, Harvard University Press.

Latour, B. (1993) *We Have Never Been Modern*. London, Harvester Wheatsheaf.

Latour, B. (1994) 'On Technical Mediation: Philosophy, Sociology, Genealogy', *Common Knowledge* 4: 29-64.

Latour, B. (1996a) *Aramis: Or the Love of Technology*. Cambridge, Harvard University Press.

Latour, B. (1996b) 'Social Theory and the Study of Computerised Work Sites', in Orlikowski, W., Walsahm, G., Jones, M. and DeGross, J. (eds) *Information*

Technology and Changes in Organisational Work. London, Chapman and Hall: 295-307.

Latour, B. (1997a) 'Trains of Thought: Piaget, Formalism, and the Fifth Dimension', *Common Knowledge* 6 (3): 170-191.

Latour, B. (1997b) 'On Actor-Network Theory: A Few Clarifications', http://www.keele.ac.uk/depts/stt/stt/ant/latour.htm.

Latour, B. (1997c) 'A Few Steps Towards an Anthropology of the Iconclastic Gesture', *Science in Context* 10 (1): 63-83.

Latour, B. (1997d) 'Socrates' and Callicles' Settlement—Or, the Invention of the Impossible Body Politic', *Configurations* 5 (2): 189-240.

Latour, B. (1997e) 'Stengers' Shibboleth', Foreword in Stengers I, (1997) *Power and Invention*. Minneapolis, University of Minnesota Press.

Latour, B. (1998) 'A Relativist Account of Einstein's Relativity', *Social Studies of Science* 18: 3-44.

Latour, B. (1999) 'On Recalling ANT', in Law, J. and Hassard, J. (eds) *Actor Network Theory and After*. Oxford, Blackwell: 15-25.

Latour, B. and Hennion, A. (1995) 'A Note on Benjamin', *Stanford Humanities Review*.

Latour, B. and Woolgar, S. (1979) *Laboratory Life: The Social Construction of Scientific Facts*. London, Sage.

Law, J. (1994) *Organising Modernity*. Oxford, Blackwell.

Massumi, B. (1997) 'The Political Economy of Belonging, and the Logic of Relation', in Davidson, C. (ed.) *Anybody*. New York, Anyone Corporation: 174-188.

Rabinow, P. (1996) *Essays on the Anthropology of Reason*. Princeton, Princeton University Press.

Rabinow, P. (1999) *French DNA: Trouble in Purgatory*. Chicago, University of Chicago Press.

Serres, M. (1972) *Hermes II: L'Interférence*. Paris, Minuit.

Serres, M. (1974) *Jouvences: Sur Jules Verne*. Paris, Minuit.

Serres, M. (1977) *La Naissance de la Physique Dans la Texte de Lucréce*. Paris, Minuit.

Serres, M. (1982a) *Hermes: Literature, Science, Philosophy*. Baltimore, Johns Hopkins University Press.

Serres, M. (1982b) *The Parasite*. New York, Johns Hopkins University Press.

Serres, M. (1989) 'Literature and the Exact Sciences', *SubStance* 18 (2): 3-34.

Serres, M. (1994) *Atlas*. Paris, Juilliard.

Serres, M. (1995) *Angels: A Modern Myth*. Paris, Flammarion.

Serres, M. (1996) *Eloge de la Philosophie en Langue Française*. Paris, Fayard.

Serres, M. (1997) *The Troubadour of Knowledge*. Ann Arbor, University of Michigan Press.

Serres, M. and Latour, B. (1995) *Conversations on Science, Culture and Time*. Ann Arbor, University of Michigan Press.

Strum, S. and Latour, B. (1987) 'The Meanings of the Social: From Baboons to Humans', *Social Science Information* 26: 783-802.

Teil, M. and Latour, B. (1995) 'The Hume Machine: Can Association Networks Do More Than Formal Rules?' *SEHR* 4 (2): 1-15.

Thrift, N. (1995) 'A Hyperactive World', in Johnston, R., Taylor, P. and Watts, M. (eds) *Geographies of Global Change*. Oxford, Blackwell: 18-35.

Thrift, N. J. (1998) 'Steps to an Ecology of Place', in Massey, D., Allen, J. and Sarre, P. (eds) *Human Geography Today*. Cambridge, Polity Press.

Thrift, N. J. (1999) 'Afterwords', *Environment and Planning D. Society and Space* (2000) forthcoming.

Wesling, D. (1997) 'Michel Serres, Bruno Latour, and the Edges of Historical Periods', *Clio* 26 (2): 189-204.

Wise, J. M. (1997) *Explaining Technology and Social Space*. London, Sage.

에드워드 사이드의 상상적 지리

우리 가운데 누구도 지리 밖에 또는 이를 넘어 존재하지 않는 것처럼, 우리 누구도 지리를 둘러싼 투쟁에서 완전히 자유로울 수 없다. 이 투쟁은 복잡하고 흥미롭다. 왜냐하면 이는 단지 군인과 대포에 관한 것만 아니라 사고, 형식, 이미지와 상상하기에 관한 것이기 때문이다.

(Edward Said, 1993b: 7)

1 지리 재사유하기

나는 지리적 상상력이 절대적으로 필요한 몇몇 비평가 가운데 한 사람인 에드워드 사이드(Edward Said, 1935~2003)로부터 위의 제목을 빌렸다. 그는 언젠가 "내가 스스로 하고 있는 것이 무엇인지 알아보니 지리 재사유하기였다"고 선언했다. 오늘날 비교문학 교수들은 보통 이렇게 말하지 않겠지만, 사이드가 "……우리는 오늘날 흥미롭고 상상적인 방법으로 지리를 둘러싼 투쟁을 살펴보고자 하는 새롭고 활기찬 느낌을 계승하고 있는 것 같다"고 제안하고자 했을 때, 이제 우리를 위해 그가 마음속에 무엇을 품고 있었는지 고찰해볼 시점이 되었다고 나는 생각한다(Said, 1994a: 21).

지리학은 사이드의 저술에서 되풀이되는 주제이며, 우리 자신의 학문 분야(지리학을 의미함—옮긴이)보다도 다른 분야의 논평가들이 공간과 공간성에 관한 그의 깊은 관심을 인정했다. 인류학에서, 우리는 "지리의 창조—상징적 영토의 인식과 이해—는 사이드의 저작에서 핵심적"이며, 심지어 그가 추상적으로 서술할 때에도 "사이드는 지리적 상상력을 활용하고자 했다"는 점을 깨닫게 된다. 사회학에서, 그는 "시간에 관한 유럽-모더니스트적 흥미를 공간과 공간성에 관한 대등한 이해"로 보완하는 지리적 상상의 구성을 밝히면서 "정체성의 지도학"을 구축한 것으로 이해할 수 있다(Fox, 1992: 144).[1] 그렇지만 만약 사이드의 저작을 영국, 프랑스 그리고 미국 제국주의 내의 색인된 권력, 지식 그리고 지리의 배열 변화—내 문장이 아니라 사이드의 문장임(Said, 1995b: 215)—를 도식화하고자 한 것으로 해석할 수 있다면, 그의 프로젝트가 특히 우리 자신의 학문에서는 거의 주목을 받지 못했다는 것은 사실이라고 하겠다(그러나 Driver, 1992; Rogers, 1992 참조). 사이드 자신은 오리엔탈리즘과 더 넓은 제국주의 문화에서 지리의 복잡성에 거듭 주목했지만, 이와 동일한 논제를 언급할 수 있는 비판적 역사기록학이 우리 학문 내에서 등장한 것은 아주 최근의 일이다(Said, 1995b: 215-218; Driver, 1992; Livingstone, 1993; Godlewska and Smith, 1994). 이러한 분란을 오래된 먼지 쌓인 자료에만 한정하기를 거부함으로써, 이와 같은 일단의 저작에—사이드의 비판과 같은—비판적 날을 부여할 수 있다. L. P. 하틀리(L. P. Hartley)와 더불어 "과거는 낯선 국가이다. 그들은 그곳에서 다르게 일한다"라는 것을 믿는 게 편할 것 같다. 그러나 이는 또한 철저히 기만적이다. 식민지 과거에 관한 가정 가운데 많은 것들이 여전히 신식민지적 현재에 널리 퍼져 있다. 조지프 콘래드(Joseph

Conrad: 폴란드 태생의 영국 소설가―옮긴이)가 언젠가 그렇게 부른 것처럼 "호전적 지리학(geography militant)"은 예를 들어 닐 스미스(Neil Smith)가 "첫번째 GIS 전쟁"이라고 일컬은 1990~1991년 걸프전에서 말할 수 없을 정도로 분명하게 드러났다. 또한 일종의 땅-서술(earth-writing)로서 지리학에 대한 식민적 투자는 왕립지리협회가 영국지리학회와의 통합을 축하하면서 아랍 세계 부분을 가로질러 새로운 회원 카드에 서명을 갈겨쓰면서 보여준 좀더 평범한, 그럼에도 다소 놀라운 오만함에서 명백히 드러났다 (Smith, 1992).

그러나 지리학은 지도를-향한-의지(will-to-map)로 가장된 권력을-향한-의지 이상의 어떤 것이며, 나는 이것의 비판적 억양을 강조하고자 한다. 좀더 특정적으로, 나는 사이드의 지리학적 상상력, 즉 그 기반, 그 구성, 그 함의 그리고 그 침묵에 관한 구성적 탐구를 시작하고자 한다. 내 논의를 관통하는 것은 '토지(land)'와 '영토(territory)' 간의 변증법일 것이다. 이 두 단어에는 정치적이며 동시에 문화적인 다중적 의미가 부여되었으며, 사이드는 이 용어들을 대체로 지리학에서는 상식적이지 않은 방식으로 사용했다. (혹은 때로 이 용어들을 매우 좋아했다.) 그러나 그의 전개는 대단히 창조적이라고 나는 생각한다. 결과적으로, 그는 장소와 정체성이 탈영토화하고 재영토화하는 일련의 지도화를 때로는 부조화스럽게 때로는 조화롭게 도면화했다. 그는 말 그대로 탈장소화하고 재장소화한 식민적 · 제국적 권력의 추상적 교직을 나타내는 경관과 문화를 서술하고, 이러한 배열이 착취 · 지배 · 경쟁의 자리가 되는 방식을 예시한다. 이는 포괄적으로 그리기 위한 것이지만, 나는 오리엔탈리즘 · 식민주의 · 제국주의의 역사적 강탈에 관한 사이드의 연구 그리고 오늘날 팔레스타인 사람들의 곤경에 관한 그의 저술은 권력 · 지식 · 지리가 실제 물리적 방법으로 함께 도출되는 동일한 각인 과정의 겉면과 이면임을 보여주고자 한다. 호미 바바(Homi Bhabha)처럼 나는 사이드의 정치적-지적 궤적은 서안 지구(West Bank)와 좌안 지구(Left Bank) 사이의 이동으로 특징 지을 수 있다고 생각한다. 나는 한 가지 단순한 의문을 고찰하기 위해 이 두 자리를 함께 사유하고자 하며, 이들 간의 뒤얽힘을 유지하고자 한다. 사이드의 지리학은 어디서 왔는가?

2 팔레스타인과 탈취의 정치

첫 번째 답은 전기적 또는 내가 이렇게 말하는 것을 그가 좋아할지 모르 겠지만, 경험적이라는 점이다. 에드워드 사이드는 1935년 예루살렘 서 쪽에 있는 팔레스타인의 탈비야(Talbiya)에서 태어났는데, 이곳은 세계에 서 가장 오래된 가톨릭 공동체 중 하나이다. 그의 어린 시절은 틀림없이 성공회 전통의 규율에 의해 형성되었을 것이다. 그는 예루살렘에 있는 성공회 미션스쿨인 세인트 조지(St. George) 학교의 학생으로서 같은 교구 에서 침례를 받았다. 사이드가 태어났을 때, 팔레스타인은 15년 동안 영 국 행정부 치하에 있었다. 제1차 세계대전과 오스만제국의 붕괴 이후, 국제연맹은 새롭게 독립한 아랍 국가들을 영국이나 프랑스의 위임 통치 아래 두었다. 제22조에서 이들 국가를 "근대 세계의 격렬한 조건 하에서 스스로 설 수 있는 능력이 없는 사람들이 거주하는" 것으로 간주했기 때 문이다. 1947년 가을, 6개월 안에 위임 통치를 마감할 것이라는 영국의 단독 선언에 따라 팔레스타인은 혼란 속에 빠졌다. 유대주의적 하가나 (Zionist Haganah: 1920~1948년에 활동한 팔레스타인의 유대인 지하 민병 조직—옮긴 이)와 이르군(Irgun: 1931~1948년에 활동한 유대인 우익 지하 운동 조직—옮긴이)이 영토를 차지하기 위해 아랍인들과 싸움에 따라 발발한 유혈 전쟁 과정에서, 60만~90만 명에 달하는 팔레스타인인이 고향을 떠나야 했다.[2] 이들 가운데는 사이드와 그의 가족도 있었다. 난민 대부분은 이집트, 요르단, 레바논에 정착했다. 사이드는 카이로에 있는 빅토리아 대학에서 교육— 본질적으로 또 다른 영국적 제도—을 계속 받았으며, 그 이후 1951년 중등 교육을 끝내기 위해 미국으로 이주했다. 이어 프린스턴 대학교에서 영어와 역사를 공부했으며, 하버드 대학교에서 비교문학으로 박사 과정을 이수했고, 그곳에서 또 다른 탁월한 유배자 조지프 콘래드에 관한 논문을 서술했다(Said, 1966).

사이드가 그 후 서양 법전에 관한 비판적 평가에 저술 생애의 많은 부분을 헌신했음은 분명 놀라운 일이 아니다. 왜냐하면 내 간략한 설명에서 함의한 것처럼 그 역사는 부분적으로 그의 이야기이기 때문이다. 실제로 그는 그람시(Antonio Gramsci)를 따라 자신이 "흔적의 무한성"이라고 지칭한 것, "그 지배가 모든 동양인의 생애에 강력한 요인이 되었던 문화"를 통해 그에게 남겨진 "오리엔탈 주체(Oriental subject)"의 목록을 수집했다(Said, 1995b: 25). 그러나 그는 또한 그의 식민지 모국의 청중에게 그들 자신의 문화적 역사를 재사유하고, 그들의 '소유권'을 인정하며, 그 특혜와 억측(assumption)을 식민주의와 제국주의의 빈번한 교류와 연계시키도록 요구했다.

물론 사이드의 '항해하기'는 그가 다른 문화적 짐을 방치했음을 의미하는 것은 아니다. 그러나 한편으로는 영국과 미국, 다른 한편으로는 팔레스타인 간의 거리 마찰은 이 짐을 되찾는 것을 매우 어렵게 했다.[3] 팔레스타인에서 벗어나는 것이 사이드에게 어떤 영향을 미쳤는지 주장하는 것은 나에게 당치 않은 것처럼 보인다. "내가 어린 날들에 관해 회상할 수 있는 것 대부분은 내가 직접적으로 거의 연계되지 않았던 사람들의 고통에 오랫동안 노출되어 있던 소년 시절의 흐릿한 기억이다"고 그는 서술한다. 일단 팔레스타인을 떠난 후에도, 그는 "카이로에서의 부와 안전에 의해 격리되어" 있었음을 인정한다. 그는 자말렉(Zamalek) 섬에서 부모와 함께 살았다. 이 섬은 "나 자신과 가족이 살았던 실제 유럽적 고립지(enclave)로, 레반트적(Levantine: 지중해 동부 지역 여러 국가의 사람과 문화─옮긴이), 식민지적, 소수적, 특혜적이었다"(Said, 1986: 115). 이는 그가 단지 집단적 암기[즉 탈장소화한 공동체의 산개된 상상력─그가 "방랑하는 이야기 가수의 계보처럼 우리 사이에 돌아다니지만 돌이킬 수 없도록 상실한 과거의 친밀한 추억거리"라고 부른 것─과 베네딕트 앤더슨(Benedict Anderson)이 "상상된 공동체"라고 명명한 섬식 고리(island chain)안에서 작동하는 일련의 불연속적 수행]를 통해서만 그의 본토에서 일대기와 역사 간 연계를 복원할 수 있음을 의미한다(Said, 1986: 14; Wicke and Sprinker, 1992: 222).[4]

이와 같은 프로젝트는 구원(redemption)과 '미완성(incompletion)' 간의 괴로운 변증법에 의해 작동한다. 일대기와 역사에 관한 그의 (재)구성적 의미가 팔레스타인의 풍비박산된 인문지리에 얼마나 깊게 뿌리를 내리고 있는지 인식하지 않고서는, 팔레스타인인의 삶에 대한 장 모르(Jean Mohr)의 사진에 관한 사이드의 명상록, 또는 1992년 여름 그 자신의 '팔레스타인-이스라엘' 방문에 관한 그의 감동적 설명을 읽는 것은 불가능하다.

2.1 마지막 하늘 이후

그와 모르의 공동 작업을 위한 기회는 특히 교훈적이다. 1983년 사이드는 팔레스타인 문제에 관한 국제회의의 컨설턴트였다. 그는 제네바 회의장 입구 홀에 걸어놓을 일련의 팔레스타인 관련 사진을 선정하는 데 모르(사이드는 존 버거와 공동 제작한 그의 초기 저작을 매우 칭찬했었다)를 위촉하도록 유엔 후원자들을 설득했다. 그 의도는 참가자들에게 '팔레스타인 문제'가 원격적인 상투적 규정으로 해결할 수 있는 어떤 추상적 수수께

끼가 아니라 특정한 장소에 있는 특정한 사람들에 의해 만들어진 의미의 교직을 둘러싸고 짜여진 격렬한 실천적 문제임을 상기시키기 위한 것이었다고 나는 생각한다. 모르가 돌아왔을 때, 그와 사이드는 전시에 조건이 부가되었음을 알았다. "당신은 이것들을 걸어놓을 수 있고, 우리에게 말을 할 수는 있지만 이것들에 관한 설명은 전시할 수 없습니다." 만약 지리학이 정말 일종의 서술—말 그대로 '지구에 관한 서술'—이라면 팔레스타인의 시인 마흐무드 다르위시(Mahmud Darwish: 팔레스타인 시인으로, 단순하면서도 일상적인 언어로 고향을 잃은 팔레스타인 민족의 아픔을 대변하는 시를 썼음—옮긴이)가 그의 초기 시집 가운데 한 곳에서 설명한 것처럼 이런 금지는 가증스럽도록 적절한 것이다.

우리는 단어들의 국가를 가진다. 말하라, 말하라. 그러면 나는 돌의 돌 위에 내 길을 만들 수 있을 것이다.
우리는 단어들의 국가를 가진다. 말하라, 말하라. 그러면 우리는 이러한 여행의 종점을 알 수 있을 것이다.

다르위시는 저항 시인 중 한 사람으로, 놀라운 일은 아니지만 '땅-서술하기' 금지는 그의 고국에서도 역시 강제되었다. 이들 가운데 많은 사람은 체포되거나 강제로 추방당했지만, 그들은 탈취의 분노를 직접 표현하는 시집을 계속 발표했다. 사이드는 모르와의 공동 작업 제목을 다르위시의 다른 시—〈우리는 마지막 전선 다음 어디로 가야 하는가?〉—에서 차용했다. 즉, 새들은 마지막 하늘 이후에는 어디로 날아가야 하는가? 그리고 마침내 모르의 사진들에 부기하기 위해 저술한 책에서, 그는 '땅-서술하기'의 전략적-전복적 연계를 인정했다. 어떤 형태든 단일한 팔레스타인 지리는 가능하지 않으며, 심지어 허용되지도 않는다. 사이드는 다음과 같이 말하고자 한다. "우리는 '타자'이며 반대자로, 재정착과 집단 이주(exodus)의 기하학에서 한 흐름이다."[5]

《마지막 하늘 이후(After the Last Sky)》에서 사이드는 영토의 지리와 토지의 지리 간 긴장에 의해 찢긴 팔레스타인으로 거듭거듭 되돌아온다. 이는 서안 지구에 대한 이스라엘 정착의 평면적 기하학과 팔레스타인 마을의 유기적 뿌리내림 사이를 이동하는 모르의 이미지 3부작에서 투영되며, 사이드 자신의 좀더 일반적인 성찰에서 재등장한다.

지리의 안정성과 토지의 연속성—이들은 내 생애, 모든 팔레스타인인의 생애에서 완전히 사라졌다. 만약 우리가 경계에서 중단되지 않는다면, 새로운 캠프들로 무리 짓지 않는다면, 재입국과 거주를 거부당하지 않는다면, 또는 한 장소에서 다른 장소로의 여행을 저지당하지 않는다면, 우리의 토지는 더 많이 약탈당하고, 우리의 삶은 임의적으로 간섭당하고, 우리의 소리가 서로에게 닿는 것을 방해받고, 우리의 정체성은 순수 행정의 임상실험적 전문 용어에 의해 소독되는 우월한 군사력의 불친절한 환경의 무서운 작은 섬들에 감금당할 것이다.

이로 인해 팔레스타인인의 생활은 흩어지고 끊어지며, 또한 간섭당하거나 제한된 공간의 인위적인 부가적 편성에 의해 그리고 혼돈된 시간의 전위와 비동시화한 리듬에 의해 특징 지어진다. ……집에서 고향, 학교, 성숙(maturity)으로 나아가는 똑바른 선이 없는 곳에서, 모든 사건은 우발적이고, 모든 진보는 탈선이며, 모든 주거는 추방이다.

그렇다면 팔레스타인적 조건에 적절한 지리를 어떻게 서술할 수 있는가? 관리된 공간의 냉혹한 격자 속 '결함'과 균열은 팔레스타인에 적합한 지리를 어떻게 억압하는가? 이 글에서 사이드의 대응은 그가 오리엔탈리즘의 헤게모니적 담론의 특성으로 간주한 서사성과 체계성의 완곡한 반전 속에서, 팔레스타인의 현재를 지도상에 재기술하기 위해 혼종적이고, 파괴되고, 파편화한 형태를 보여주는 재현의 공간을 주장하는 것이다(Said, 1986: 19-21, 38).[6]

그러나 이러한 지리를 서술하기란 이중적으로 어렵다. 아주 직접적으로, 모르의 사진을 그 자신의 책에 끼워 넣고자 했던 사이드의 시도는 팔레스타인에서 강제 추방당함으로써 좌절되었다. 사실 그는 팔레스타인에 순응하도록(enframe)—하이데거가 이 용어를 사용한 것과 같은 무기력한 의미에서—요구받았다. 말하자면 사이드는 모르와 동행하거나 또는 그의 궤적을 따라가는 것이 금지되었기 때문에 창유리를 통해 팔레스타인을 보기 위해 애썼다. "나는 나를 위해 그들을 목격한 유럽의 사진작가를 통하지 않고서는 사진에 찍힌 실제 사람들과 만날 수 없었다"(Said, 1986: 12). 물론 사이드의 곤란은 순전히 개인적인 것이지만, 이것이 바로 핵심이다. 다른 공감적 논평가들은 서안 지구·난민 캠프 공동체·국경을 넘은 도시를 방문할 수 있었고, 이들은 팔레스타인인과 말하는 것이 허용되었다. 예를 들어, 영국 텔레비전 작가 조너선 딤블비(Jonathan Dimbleby)와 사진작가 도널드 맥쿨린(Donald McCullin) 간의 유사한 공동 작업은 역사적 기록에서 탈취당한 급변하는 얼굴과 목소리들을 7년 일찍 발간했다. 이미지와 텍스트는 팔레스타인인의 고통에 관한 비범하게도 직접적이고, 위엄 있고, 열정적인 진술들로 합체되었지만, 여기에 사이드의 분노 어린 산문을 특징짓는 매개된 회상과 명상은 없었다(Dimbleby, 1979). 사이드가 주로 행한 모든 것은 모르의 이미지에 일련의 그럴듯한 주석을 제시하는 것이었다. 그의 각인은 내가 앞서 서술한 집단적 암기의 계기였지만, 기억의 이러한 공유와 모르의 렌즈를 통해 포착한 사람과 장소의 특이성 간 간극이 항상 존재한다. 효과는 불연속적으로 일반화한 일런의 독해로 이상하게 추상화된다. 그러나 《마지막 하늘 이후》의 통렬함은 바로 이러한 주체 목소리의 강제된 부재로 인해 그 힘의 많은 것들을 도출한다.

내가 방금 인용한 문장—"나는 나를 위해 그들을 목격한 유럽의 사진작가를 통하지 않고서는 사진에 찍힌 실제 사람들과 만날 수 없었다"—에서의 슬픔은 곧 시간과 공간상에서의 더 넓은 일단의 매개와 전위 속으로 휘돌아 들어간다. 예를 들어, 다음은 채소를 상자에 포장하는 난민노동자들의 사진에 관해 사이드가 논평한 것이다.

> 런던과 파리에서 내가 바야라(bayarat, '과수원')와 내 유년기 들판에서 키웠지만 지금은 이스라엘 수출 회사가 내놓은 자파(Jaffa) 오렌지나 가자(Gaza) 채소를 보았을 때, 우리가 한때 알았던 매우 모호한 '그곳성(thereness)'과 유럽의 허기진 입으로 들어가는 생산물의 체계적 수출 간 대비는 고약한 정치적 메시지를 가지고 나를 때린다. 토지와 농부는 그 생산물이 항상 다른 사람에게 중요한 의미를 갖는, 즉 다른 곳에서 소비되도록 운명 지어진 것처럼 보이는 작업을 통해 함께 연계된다. 카멜(Carmel) 상자와 조심스럽게 포장한 계란 판들은 팔레스타인의 넓게 펼쳐진 비옥토와 근면한 사람의 노동을 지배하는 권력의 표상이기 때문만이 아니라, 여기 떨어진 나와 저기 실제 간의 불연속성이 팔레스타인에 관한 내 희미한 기억과 경험보다 훨씬 더 강력하기 때문에 이러한 관찰은 힘을 가진다.
>
> (Said, 1986: 28)

이동은 유기적 통일체의 분열을 가져온다. 사이드의 신중한 산문에서, 자신의 토지를 경작하는 팔레스타인 농부의 이미지로 재현된 정체성과 착근성에 관한 깊은 중첩—어떤 의미에서, 오리엔탈주의적 담론의 무시간성의 '유용(détournement)'—은 분열된다. 그러나 이는 상품 자본주의의 시공간적 압축보다 더 중요한—데이비드 하비가 언젠가 주장한 것처럼 우리의 아침 식사가 어디에서 오는지에 대해 생각해보도록 하는 것보다 더 중요한—의미를 가진다. 왜냐하면 사이드는 관점을 뒤집었기 때문이다. 사실, 그는 다음과 같이 묻는다. "팔레스타인은 어디로 가버렸는가?"[7]

사이드는 떠난 지 45년이 지난 후, 마침내 팔레스타인을 방문하게 된 것을 기록한 에세이에서 그 자신의 질문에 답하고자 한다. 캐나다에 살고 있는 그의 사촌은 기억 속에서 사이드의 고향 마을 지도를 그렸고, 두 시간 후 사이드는 이제는 가톨릭 근본주의자 조직이 점유한 그 가족의 집을 찾는다.

어떤 다른 것보다도 내가 들어가지 않았던, 내가 들어갈 수 없었던 집은 그 늘진 창문 너머에서 내가 건널 수 없다는 것을 알고 있는 엄청난 심연을 가로질러 나를 쳐다보고 있는 역사의 섬뜩한 종말을 상징했다.

이는 자서전의 상식, 세월이 지난 후 낯설게 된 어린 시절의 세계로 돌아가는 성인의 상식이 아니다. 오히려 이는 장소에, 경관에, 영토에 색인된 집단적 기억의 우울함이다. 사이드와 그의 가족이 해변을 따라 운전할 때, 그는 모든 야외 공간—"축구장이든, 과수원이든, 공원이든"—이 철조망으로 둘러싸여 있는 것에 주목했고, 이러한 구획화와 폐쇄화의 느낌이 "끝난, 포장된, 다른 곳에 자리 잡은 역사 ……"에 관한 느낌을 고양시켰다. 그는 가자 지구까지 운전했으며, 밤에는 잠기는 문을 통해 들어가 6만 5000명의 난민이 지내는 집인 자발라야 캠프(Jabalaya Camp)를 방문했다. "포장되지 않고, 구멍 파인 혼란스러운 작은 거리를 가득 메운 수많은 어린이는 어른들의 얼굴에 얼어붙은 슬픔과 끝없는 고통의 표현 과는 전혀 다르게 눈에 활기를 띠고 있었다." 이러한 슬픔과 고통스러움 은 토지의 얼굴에도 쓰여져 있다. 사이드에 의하면, 다른 많은 것들처럼 팔레스타인의 고통의 핵심은 지리이다(Said, 1994c).

뒤에서 이런 모든 것에 내재한 완고한 물질성을 강조할 기회가 있겠 지만, 이러한 상황에서 사이드가 그람시를 매우 존경했음은 놀라운 일이 아니다. 그의 설명에 의하면, 그람시는

> 지리학적 용어로 사유했으며, 《옥중 수고(Prison Notebooks)》는 근대성에 관 한 일종의 지도이다. 이는 근대성의 역사가 아니며, 그의 수고는 군사 지도 처럼 모든 것을 위치 지우기 위해 실질적으로 노력했다. ……영토를 둘러 싸고 진행되는 투쟁이 항상 존재했다.
>
> (Said, 1993a: 12-13)

영토(territory)는 어원적으로 불안정하다. territory의 어원은 terra(earth, 지구)와 terrere(to frighten, 놀라게 하다)에 있으며, 따라서 territorium은 "사람 들이 놀라 달아나는 장소 ……"라는 의미를 지닌다(Bhabha, 1994: 99-100). 고고학적 및 인류학적 기록은 넋을 잃게 하는 공포와 꼴사나운 테러에 의해 초래되는 전위의 끝없는 사례를 제시한다. 근대성의 지도에서, 영 토는 푸코가 법-정치적 장(juridicopolitical field)이라고 명명했던 것을 함축 하며, 팔레스타인에 관한 사이드의 저술이 푸코를 매우 실제적으로 모방 한 구획과 폐쇄―"단순 행정의 냉혹한 허튼소리에 의해 소독되는"―의 상상으로 가득 찬 것은 분명 우연이 아니다. 이러한 영토감은 사이드 자 신의 프로젝트가 드러내고, 의문시하며, 차례로 탈장소화(dis-place)하고 자 하는 권력·지식·지리 간의 연계적 규정력을 설정한다.

2.2 전복적 군도

나는 내 첫 의문에 대한 두 번째 답변을 열기 위한 방법, 즉 사이드의 지리 역시 문화 이론 및 사회 이론의 공간화에서 도출되었음을 제안하는 방법으로 그람시와 푸코를 불러왔다. 그러나 나는 이러한 지적 계보학을 사이드의 일대기와 역사 사이의 상호 교차와 분리하고 구분해서 해석하는 것을 원치 않는다. 그는 팔레스타인을 둘러싼 투쟁에 대한 그의 집착에서 분리될 수 없는 방법으로 이런 사상가와 그 밖에 인물들의 사고를 읽고 재구성하고자 하며, 팔레스타인 문제에 관한 그의 지속적인 관심은 이러한 사고에 의해 틀을 갖췄다.[8] 나는 좌안 지구에 관한 이런 지적 프로젝트의 뿌리를 지명 연구적(toponymic) 속기록으로—그 이상이 아닌—위치 지었지만, 전후 프랑스의 지적 문화와 좌파의 일반화한 정치적 프로젝트를 직접 담고 있는 사이드의 저술에서 두 가지 이론적 갈래를 풀어내고자 한다. 나는 이러한 사이드의 전용이 어떤 의미에서 직접적이라기보다 리좀적이라는 것을 즉각 말하고자 한다. 이 두 갈래는 재작업하기와 이식하기, 그가 다른 곳에서 "음악적 세련화"라고 서술한 것과 개념적으로 대등한 것이다. 아마 이런 이유에서 양 갈래는 논쟁적인 것으로 판명되었다. 일부 비평가는 그들이 사이드의 저술에서 확인한 탈구조주의의 흔적에 대해 고심한 반면, 다른 비평가들은 그가 사적 유물론과 일정한 거리를 두고자 한 점에 반대했다. 그러나 이들 모두는 완고하게 관례적 (선형적) 방법으로 사이드를 읽었으며, 반면 나에게 사이드 저작의 힘은 공간적 편성에 관한 그의 깊은 느낌, 조화롭지 못한 이론적 전통의 창조적 병렬에서 우러나오는 것처럼 보인다. 피터 흄(Peter Hulme)이 사이드의 저작을 "전복적 군도(subversive archipelago)"—즉 식민적 담론의 실천을 의문시하는 동시에 '대륙적 이론'의 판을 분쇄하는 분산되었지만 연계된 일련의 개입—라고 서술할 때, 그는 내 마음속에 있는 어떤

것을 포착했다고 하겠다(Hulme, 1990).⁹

흄은 사이드의 저작이 푸코와 마르크스를 결합함으로써 그렇게 한다고 제안하지만, 이는 순전히 이론적 프로젝트가 아니며(아무리 접합이 그렇지 않은 것처럼 보인다 할지라도), 나는 특히 팔레스타인의 분산된 지리에 관한 마지막 문장과 사람들을 담고 있으면서 이들을 분할하는 정치·군사화한 지표면을 갈라놓기 위한 사이드의 용기 있는 시도의 반향—최소한 상상적 지리와 공간의 재현—을 잃지 않으려 애쓰고자 한다. 나는 흄과 마찬가지로 동일한 지적 접합을 고찰하고자 하지만, 추상적 방법으로 그렇게 하기를 원치 않는다. 내가 이 점을 강조하는 이유는 사이드의 프로젝트에 대한 가장 공통적인 반대 가운데 하나는 식민주의와 제국주의의 정규적 문화와 매우 직접적으로 관련된 후기 저술에서 그가 원문고집주의(textualism)에 빠졌다는 것 때문이다. 닐 스미스는 이 점을 아주 간결하게—그리고 아주 도발적으로—지적한다.

사이드 후기 저작의 많은 부분에는 그의 문학적 텍스트에서 발굴된 이미지화한 지리와 그가 다시 얽어매고자 하는 역사적 지리 간에 상당히 불일치한 부분이 남아 있다. 후자는 결코 완전히 전자 속으로 녹아 들어가지 않는다. ……사이드에게는 지리학적 양면성이 〔존재한다〕. 지리학에 대한 영감은 이 지리학의 추상성이 드러나기 전까지는 사이드의 텍스트성에 생동적인 정치적 기반을 제공하는 것처럼 보인다.

(Smith, 1994: 492-493)

이어지는 서술의 많은 부분은 이러한 주장을 고찰하는 것이다. 나는 팔레스타인 문제를 둘러싼 그의 개입에서 매우 생생하게 제시된 물질성을 재강화하기 위해 사이드의 주제론(thematics) 일부를 재작업하고자 한다.

그러나 나는 내 근거를 조심스럽게 선정했으며, 두 가지 정성화가 필요했다. 첫째, 내가 주장을 예시하기 위해 사용하는 소품—나폴레옹의 《이집트 묘사(Description de l'Égypte)》(1809년부터 1829년 마지막 권을 출간할 때까지 계속된 일련의 출판물로, 이집트의 자연 및 고대와 근대 역사를 종합적 과학으로 서술했음—옮긴이) 그리고 베르디(Verdi)의 오페라, 〈아이다(Aida)〉의 카이로 첫 공연—은 사이드가 일상적으로 이동하는 것에 비해 그를 도서관에서 훨씬 더 멀리 나아가도록 했다. 이런 텍스트에 관한 논의에서, 사이드는 식민주의의 물질문화와 조화를 이루지 못한 경관에 더욱 깊은 관심을 가졌다. 식민 모국적 프랑스 문화에서 《이집트 묘사》는 이집트의 군사적 점령에 관한 아주 의미 있는 유산 가운데 하나이다. 그러나 사이드가 강조한 것처럼 이런 생산물은 또한 텍스트화와 소유 취득 간의 긴밀한 연계를 드러낸다. 프랑스 군대와 동반했던 학자와 과학자의 저작은 이성의 햇불뿐만 아니라 화포의 화염에 의해 조명되었고, 사이드는 텍스트적 폭력이 물리적 폭력을 낳는 방식을 강조했다(Said, 1995b: 80-87; Said, 1993b: 33-35). 마찬가지로 〈아이다〉에 관한 그의 에세이도 실체 없는 악보나 대사가 아니라 생산과 수행의 물리적 특성, 즉 사건으로서 문화를 주제로 삼고 있으며, 고급문화에 관한 그의 '세계화(worlding)'는 여기서 오페라 하우스라는 무대에서 식민지 권력의 소란스러운 입장을 통해 전개된다(Said, 1993c). 그렇지만 이런 두 가지 상황의 물질성이 사이드의 저작에서 유별나다고 할 수 있지만, 이는 사물에 관한 좀더 폭넓은 도해에서 보면 별로 예외적이지 않을 것이다. 오리엔탈리즘의 텍스트적 실행은 어떤 비판적 연구에서도 전략적 계기로서 복구해야 할 유형성과 물리성에 의해 특징 지어졌다(Gregory, 1995). 마찬가지로 공연은 사이드가 말한 것처럼 "극단적인 경우, 일상을 능가하는 어떤 것"이라고 할 수 있다. 특히 이집트에서 베르디 오페라의 초연은 의심할 바 없이 상례를 벗어난 것이다. 그러나 문화는 그 자체로 생산이며 공연이고, 그 완고한 일상성은 오리엔탈리즘이라는 비판 속에 통합된다. 사이드가 지적한 바와 같이 우리는 "제국주의 미시물리학"의 일부로 "일상생활의 역동성에서 권력의 일상적 부과"를 기록해야 한다(Said, 1991: 17; Said, 1993b: 109).

둘째, 내 사례 연구 모두는 이집트를 무대로 하고 있다. 그러나 많은 비평가와 달리, 나는 《오리엔탈리즘》에 관한 사이드 비평의 강점 가운데 하나는 이른바 '중동(middle east)'에 근거를 둔 데 있다고 생각한다. 역으로 《문화와 제국주의(Culture and Imperialism)》 사이의 연계적 규정력에 관한 그의 권위 있는 설명의 중요한 약점 가운데 하나는 그 지리적 산만성이다. 〈아이다〉의 카이로 초연에 관한 그의 에세이가 이 책에서 가장 성공적인 독해 중 하나라는 점은 우연이 아니다. 나는 이것이 잘못된 이해이지 않기를 바란다. 나는 오리엔탈리즘의 담론이 단지 또 다른 국지적 지식을 함의하는 것이 아니며, 또한 권력·지식·공간성에 관한 그 편성이 (상당한) 재작업화 없이 다른 식민적 또는 신식민적 상황으로 전환될 수 있다고 생각하지도 않는다. 오리엔탈리즘을 단순히 식민적 담론과 동의어로 간주하는 과대 해석에 반대하는 것이 우선 중요하다. 오리엔탈리즘을 다른 장소에서 다른 식민적 권력의 실행을 알려주는 담론과 묶어버리는 반향, 연계성, 체계성이 있다. 또한 이를 다른 식민적 진리 체제와 차별화하는 굴절, 보완, 역전이 있다. 중동을 보여주기 위해 사용한 상상적 지리는 예를 들어 남아시아, 사하라 이남의 아프리카, 남아메리카를 보여주기 위한 상상적 지리와 달랐다. 그리고 이러한 재현의 힘— 식민적 실행을 고안하고, 알려주고, 정당화하는 데 따른 효율성—은 식민 모국적 주장 이상의 어떤 것에 의해 보장되었다.[10] 사이드가 거듭 강조하듯 식민적 담론은 단지 우아한 유럽적 환상이 아니다. 식민적 담론에는 필수적으로 근거가 있다. 나는 이들 모두를 신중하게 다원적으로 서술했음을 첨언하고자 한다. 사이드는 리사 로우(Lisa Lowe)가 그에 대해 주장한 것처럼 그렇게 모순적인 담론적 지형으로 오리엔탈리즘을 다루지 않았지만—실제 이슈가 되는 것은 어떤 추정적 총체화라기보다 모순의 부재이다(Lowe, 1991)[11]—그가 제안한 독해는 결코 동질적이지 않다. 그의 저술에서, 플로베르는 네르발이 아니며, 루이 마시뇽(Louis Massignon: 이슬람과 그 역사에 정통한 프랑스 학자—옮긴이)은 에른스트 르낭(Ernest Renan: 프랑스 철학자이자 작가로, 초기 가톨릭에 관한 영향력 있는 저작과 정치적 이론으로 잘 알려져 있음—옮긴이)이 아니며, 데이비드 허버트 로런스(David Herbert Lawrence: 영국의 시인, 소설가. 기계 문명에 위축된 정신세계와 특히 성적 에너지의 회복을 주장했음—옮긴이)는 리처드 프랜시스 버턴(Richard Francis Burton: 영국의 탐험가, 인류학자, 작가, 외교관—옮긴이)이 아니다.

그러나 분별력 있는 지리학이 필요하다면, 결연한 지리학 역시 필요하다고 하겠다. 이러한 이유로, 사이드와 마찬가지로 나는 19세기 유럽 학자와 예술가들이 만든 이집트의 상상적 지리에 관한 고찰을 통해 내 주장을 계속하고자 한다. 사이드의 우선적 관심사였던 탈계몽적 유럽이라는 지리학적 상상력 속에서, 이집트는 유럽·아시아·아프리카 사이에 추축적 위상을 점하고 있었다. 이집트는 고대 문명의 요람이며 동시에 구약성서의 기원적 경관 가운데 하나였다. 이집트는 인도와 극동으로 향하는 정치적 및 상업적 관문이었으며, 또한 '아프리카의 심장'으로 들어가는 주요 통로였다. 이러한 상호 교차는 이집트를 '중동'에 위치한 문지방 지대(liminal zone)로 만들었고, '근동(near east)'에 관해 가정된 친밀성과 근접성으로부터 '극동(far east)'의 위험과 원거리로 향하는 유럽적 상상력 속에서 심리지리적(psychogeographical) 지역을 추적했다. 존 바렐(John Barrell)은 '중동'은 "일종의 순회 장애물이거나, 또는 아마도 포섭 가능한 것과 어떤 희생을 치르더라도 배제해야만 하는 것 사이의 완충지"(Barrell, 1991: 16)였다고 주장한다. 그러나 이 막은 전혀 단단하지 않았고, 항상 모호하고 모순적이었다. 유럽의 상상적 지리라는 스크린에 일련의 이원적 대립을 투사하고자 하는 모든 시도에서, '이집트'는 "단순히 타자로서"(Lant, 1992: 98) 위치 지어질 수 없었다.

3 지리 묘사(상상)하기

《오리엔탈리즘》에서 사이드는 이러한 상상적 지리를 권력 · 지식 · 지리의 수많은 삼각 측량으로 다루었으며, 그의 설명의 개념적 구조는 미셸 푸코의 공간적 분석학에서 도출된다. 사이드와 푸코의 결합은 무비판적이지 않고 또한 변화가 없는 것도 아니지만, 자신의 저술 전체를 통해 사이드는 푸코의 공간적 민감성에 상당한 존경을 잊지 않았다. "사물에 대한 푸코의 관점"은 본연적으로 "공간적"이라고 그는 말했으며, 이러한 "사물의 관점"이 사이드의 지리학 역시 모양 지었음을 나는 보여주고자 한다(Said, 1986b).[12]

하지만 그렇게 함에 있어 나는 두 가지 논제를 고려 밖에 두고자 한다. 첫째, 여러 논평가들은 사이드의 인간주의를 푸코의 반인간주의와 연계시키기 어려운 점에 집착하고, 이것이 《오리엔탈리즘》의 핵심에서 개념적 비일관성—좋게 말해, 동요—을 만들어낸다고 주장한다. 딜레마는 대체로 비판적 실천에 관한 사이드의 윤리, 특히 지적 책임성에 대한 그의 의연한 책무의 산물로 인해 발생한 것이라고 나는 생각한다. 그러나 이런 종류의 불평은 푸코의 후기 저작에서 자아의 윤리로 이행하는 과정에서도 유사한 문제가 재등장한다는 점을 특히 간과하고 있다. 두 경우 모두에서 어려움은 이론적 정화(purification)로 풀릴 수 없다.[13] 둘째, 사이드를 가장 질책하는 비평가 가운데 한 사람은 오리엔탈리즘에 관한 그의 표현이 초역사적이기 때문에 본질적으로 비푸코적이라고 반대한다. 아이자즈 아흐마드(Aijaz Ahmad)는 사이드가 오리엔탈리즘을 "유럽적 정체성과 사상의 단절 없이 통합된 역사" 속으로 가져왔으며, 이러한 통합된 역사에 따른 해석적 연계는 푸코적 역사가 고대 그리스와 19세기 유럽 사이에 설정했을 듯싶은 모든 불연속성을 가로막힘 없이 연결시킨다고 주장한다. 나는 이런 반대가 경험적인 것인지―아흐마드는 사이드가 제기한 연속성을 부정하는가?―또는 아흐마드가 지적 신앙주의(fideism)에서 이탈한 사이드에게 실망했는지 여부에 대해서는 확신하지 못하겠다 (Ahmad, 1994. 특히 165-166 참조).[14] 어떤 경우라도, 이는 충격적이리만큼 무분별한 독해이다. 왜냐하면 사이드의 분석의 힘은 오리엔탈리즘 형성에서 명확하게 '근대적인' 측면에 분명 반대하는 쪽으로 향하기 때문이다. 수많은 학자들이 보여준 것처럼 '오리엔트 타자화하기'는 유럽 사상에서 오랜 역사를 갖고 있으며, 사이드도 예외는 아니다. 그는 사실 유럽이 오리엔트의 꼭두각시에 대한 꼭두각시―주인으로 스스로를 성격 지운 오랜 습관을 보여주기 위해, 아이스킬로스(Aeschylus: 고대 그리스의 비극 시인―옮긴이)와 에우리피데스(Euripides: 고대 그리스의 비극 시인―옮긴이)를 상기시켰다. 그러나 나는 지속성―역사의 통로 속에 갇힌 오리엔탈리즘의 정체된 공기―을 도식화한 설명과 시간 및 장소에 따라 이런 상황을 가로막는 역경을 인정하기 위해 덧문을 열어젖히고자 하는 설명 사이에서 선택을 해야 할 이유는 없다고 생각한다. 사이드 역시 그러지 않았다. 그는 19세기 말 프랑스의 이집트 점령은 특정적으로 권력 · 지식 · 지리의 근대적 편성을 개시한 것이었음을, 즉 이러한 점령이 "근대적 오리엔탈리즘을 위한 권능적 경험"이었음을 명시적이고 솔직하게 주장한다(Said, 1995b: 57, 122. 또한 42-43, 76, 87, 120, 201 참조. 오리엔탈리즘의 전근대적 계보학에 관해서는 Hentsch, 1992 참조).

이러한 두 가지 논제를 고려 밖에 두긴 하지만, 나는 이 논제들이 오리엔탈리즘 및 이의 공간의 재현과 무관하다고 생각하지는 않는다. 그러나 나는 푸코와 사이드의 상상적 지리 간 연계―그들의 "사물에 관한 공간적 관점"―를 서술하고자 한다. 왜냐하면 이러한 유사성이 어떤 다른 부정합보다도 훨씬 더 유의하다고 생각하기 때문이다.

3.1 공간의 시학과 정치

사이드는 일반적 주장으로 시작한다. 레비스트로스가 "구체적인 것의 과학"이라고 명명했던 것―사이드가 "객체와 정체성의 경제"라고 명명한 것―은 질서 있고 체계적이며 차별화한 장소 할당에 좌우된다. 사이드는 이러한 장소적 은유성은 마음속에서 "우리의 것"은 친숙한 공간이고 "그들의 것"은 "우리의 것"을 넘어서는 낯선 공간이라고 설정하는 보편적 실천을 통해 정체성을 조작하기 위한 전달자라고 주장한다(Said, 1995b: 54). 사이드는 이를 직설적 의미로 제시한다. 바슐라르를 따라, 그는 '공간의 시학'으로서 실천을 서술한다.

집이라는 객관적 공간―집의 구석, 복도, 천장, 방―은 이 공간에 시적으로 부여된 것보다도 훨씬 덜 중요하다. 이것은 보통 우리가 이름을 부르고 느낌을 갖는 상상적 가치 또는 비유적 가치를 지닌 성질이다. 따라서 집은 유령이 나오거나, 가정 같거나, 감옥 같거나 또는 신비적일 수 있다. 그래서 공간은 일종의 시적 과정에 의해 감정적이고 심지어 합리적인 의미를 획득한다. 이러한 시적 과정에 의해 거리의 텅 빈 또는 익명적인 뻗침(reach)은 여기에 있는 우리에게 어떤 의미로 전환된다.

(Said, 1995b: 55; Bachelard, 1969)

만약 이것이 부당하게 추상적인 것으로 보인다면, 탈비야에 있는 자기 가족의 집으로 사이드가 되돌아간 계기를 생각해보라. 이 자리는 상상적으로 '가정-같은 것'에서 '감옥-같은 것'으로 전환했으며, 정체성의 한 장소지(topography)가 다른 장소지로 전위된 것이다. 그러나 이는 상상적 전환, 조작과 작시(poesis) 과정이며, 따라서 이런 첫 번째 어림짐작으로 사이드는 상상적 지리를 효과적으로 탈자연화한다.

그렇지만 이러한 상상적 지리의 생산은 일반화한 실천이다. 사이드는 "정체성의 구성은 반대자와 '타자'의 설정을 포함하며" 또한 이는 "**모든 사회에서 개인과 제도를 포섭하려는 경쟁으로 이루어진다**"(Said, 1995a. 강조는 필자)고 주장한다. 이런 종류의 주장은 여러 가지 방법으로 발전할 수 있다. 예를 들어, 헬가 가이어-라이언(Helga Geyer-Ryan)은 사이드의 주장을 라캉적 용어로 재정형화한다. 그녀의 주장은 신체와 공간 간 층화된 중첩은 추방과 이민의 전위(displacement)에 취약하고 사실 그것에 의해 손상되는―상상계와 상징계 속에 불안하게 구성된―정체성의 의미를 모양 지운다(Geyer-Ryan, 1994).[15]

물론 불안·욕망·환상이 상상적 지리의 생산으로 투입되는 방법을 이해하는 것이 긴요하지만, 이러한 욕망의 장소지에 대한 사이드의 방심으로 인해 오리엔탈리즘에 관한 그의 설명에는 뚜렷한 공백이 있다.[16] 그러나 나는 가이어-라이언(그리고 다른 사람들)이 제시한 초월적 주장과 오리엔탈리즘의 특정한 편성에 의해 설정된 신체와 공간 사이 조화의 역사지리학적 특이성 간 긴장을 유지하는 것이 필요하다고 생각한다.

다른 한편, 내가 지적한 바와 같이 사이드 자신은 역사적 주장보다 초월적 주장에 덜 관심을 가졌으며, 공간의 시학보다도 공간의 정신분석학에 훨씬 덜 관심을 가졌다. 만약 공간의 시학을 통한 정체성의 구성이 일반화한 실천이라면, 그는 이러한 정체성의 구성이 또한 '경쟁'이라는 점, 즉 이것이 권력의 확고한 양식으로부터 분리될 수 없음을 매우 분명히 하고자 했다. 이런 이유에서, 사이드는 식민적 담론 분석을 위해 가장 적합한 모형은 언어적인 것—대부분의 정신분석적 이론이 의존하고 있는—이 아니라 전략적이거나 "지정학적"인 것이라고 주장한다.[17] 따라서 두 번째 어림짐작에서, 그는 "어떤 기표가 어떤 장소를 차지하게 되는 힘"에, 즉 권력–지식의 담론적 체제 속에서 특정한 장소로의 개체의 할당에 주목하기 위해 공간의 시학을 푸코적 용어로 재정형화한다. 이렇게 볼 경우, "푸코의 감옥 체계와 오리엔탈리즘 사이의 유사성이 두드러진다"(Said, 1984: 219-222)고 그는 주장한다.[18]

3.2 관찰 레짐

나는 권력, 지식, 지리의 지도에 세 가지 점을 설계함으로써 푸코의 '감옥 체계'와 사이드의 《오리엔탈리즘》간 유사성을 서술하고자 한다.

3.2.1 구분

푸코와 사이드 두 사람은 배제적 지리의 담론적 구성을 서술한다. 푸코의 연구 핵심에는 "타자성의 감정을 나르는, 다양하게 체현된 사고", 즉 푸코가 서술하는 것뿐만 아니라 그가 이에 관해 서술하는 방식을 모양 지우는 사고가 있다고 사이드는 진술한다. 따라서 "그의 글쓰기에서 집에 있는 것처럼 편안한 것은 없다"(Said, 1988b: 5). 푸코의 핵심적 주장 가운데 하나는 사회가 구분, 배제, 반대의 체계로 효과를 발휘하는 일련의 규범적 판단을 통해 담론적으로 구성된다는 것이다. 그는 광기, 감옥과 처벌, 성애의 역사에서 이러한 과정을 추적한다. 이러한 서사 모두는 이성의 궤적을 서구에 제한하지만, 나는 《오리엔탈리즘》을 서양과 동양 간 푸코의 "대분할"의 역사에서 빠진 것을 재구성하고자 하는 사이드의

표 14.1 옥시덴트와 오리엔트

'옥시덴트'/'동일'	'오리엔트'/'타자'
합리적	비합리적
역사적	영구적
남성적	여성적

시도로 읽을 수 있다고 생각한다. 따라서 그의 프로젝트는 부분적으로 오리엔탈리즘의 상상적 지리의 일차적 모눈도(graticule)를 형성하는 칸들을 지도화하기 위한 것이다.

《오리엔탈리즘》에서 이러한 이원적 대립에 대한 사이드의 처리는 매우 불균등하다. 특히 그는 오리엔탈의 성애화(sexualization)와 성욕화(eroticization)에 대해서는 거의 아무 말도 하지 않는다(Said, 1995b: 186-188, 207-208). 자신의 후기 저술에서 그는 대립을 완전히 중단하고 치환하고자 한다. "부분적으로 제국 때문에 모든 문화는 상호 개입되었고, 어떠한 문화도 유일하고 순수하지 않으며, 모든 문화는 혼종적이고 이질적이다"(Said, 1993b: xxv). 그러나 대구(對句)를 이렇게 경직되게 설정함으로써, 도해적 형태는 오리엔탈리즘의 담론이 '오리엔트'를 근본화시켰을 뿐만 아니라 또한 '옥시덴트(Occident)'도 근본화시켰다는 것을 보여준다. 따라서 그에 대한 비평가들 가운데 많은 사람과 반대로, 나는 사이드가 해부한 오리엔트와 옥시덴트 양자의 전략적 근본주의는 그 자신의 순수한 고안물이 아니며, 오히려 오리엔탈리즘 자체의 구성적 기능이라고 생각한다.

사이드는 이러한 구분을 보편화할 뿐만 아니라 차별화하는 권력의 격자망에 연결시키고, 그렇게 하면서 푸코의 독창적 논제를 확장한다. 그는 푸코가 "역사란 동질적인 프랑스어권 영토가 아니라 불균등한 경제, 사회, 이데올로기 간의 복잡한 상호 작용이라는 사실에 흥미를 갖지 않았던 같다"고 애석해한다. 일부 비평가들은 푸코의 인종중심주의가 사려 깊지 못하다는 의미는 전혀 아니라며, 사이드가 역설한 것처럼 푸코는 "유럽과 세계의 다른 부분 간 관련성"을 포함하는 "훨씬 더 넓은 그림" 안에 자신의 연구를 위치 지우지 못했다고 주장한다. 사이드는 "담론과 규율의 사고는 유럽적이라고 단언"하지만 "일단의 세부 사항(그리고 인간)을 다루기 위한 사고로서 규율이 비유럽 세계 거의 전체를 관리하고, 연구하고, 재구성하기―그리고 이어서 점령하고, 통치하고, 착취하기―위해 어떻게 사용되었는지"(Said, 1984: 222) 보여주고자 했다.

3.2.2 세부 사항

둘째, 이러한 주장과 긴밀하게 연관해 푸코와 사이드 두 사람은 이런 구분의 역사(history of division), '담론과 규율'의 역사는 또한 동시에 세부 사항의 역사(history of detail)라고 주장한다. 푸코는 이를 재구성하는 것은 18세기 말, "세부 사항의 세계"라고 명명한 것을 꿈꾸고 이를 조직하고자 했던 나폴레옹에게 우리를 데려간다고 주장한다. "그는 자신이 지배하는 국가에서 발생하는 매우 작은 사건들까지 이해할 수 있도록 자기 주변에 권력의 메커니즘을 배치하기를 원했다"(Foucault, 1979: 140-141). 사이드에 의하면, 또한 오리엔탈리즘의 권력은 세부 사항의 규율로서 그 구성에서 도출된다.

무엇보다도 오리엔탈리즘은 세부 사항의 규율, 아울러 오리엔트적 생활의 모든 미세한 측면이 표현하는 오리엔트적 본질을 증명하도록 하는 세부 사항의 이론이며, 바로 이러한 오리엔탈리즘이 오리엔트를 지배하는 명성·권력·긍정적 권위를 가졌던 것이다.

그리고 그는 나폴레옹, 무엇보다도 나폴레옹의 권위 아래 수행된《이집트 묘사》가 특히 유의하다고 생각한다. 《이집트 묘사》는 드니 디드로(Denis Diderot)의《백과사전(Encyclopédie)》이 18세기 프랑스에 관한 해부적 서술에서 전개한 것과 같은 많은 시각적 전략에 의존해, 다른 국가에 의한 한 국가의 전례 없는 텍스트적 전유를 제시한다. 사실 이는 앤드루 마틴(Andrew Martin)이 명명한 "텍스트적 제국(textual empire)"을 구성했으며, 그 속에서 "한 국가의 정복이 문서적 요새화에 의해 보완되었음"(Martin, 1988: 81)을 의미한다. 해외 파견군의 철수는 이러한 포부를 다른 형태로 치환하도록 했지만 축소시키지는 않았다. 이집트를 "프랑스어 학습 지역"으로 전환시키고, "〔이집트를〕 완전히 개방하도록 하고", "보이는 모든 것을 구분하고, 열거하고, 도해화하고, 도표화하고, 색인하고, 기록하기" 위한 시도를 통해 현지 조사자와 학자 그리고 파리의 저자와 인쇄업자들은 세부 사항의 학문적 규율을 미묘하게 마무리했다(Said, 1995b: 80-95).[19] 사이드는 (여러 가지 의미에서) '기념적 서술'의 이러한 계보는 독특한 근대적 오리엔탈리즘을 모양 지우기 시작했고, 계속 그렇게 했다고 주장한다. 이에 따라 그는 1836년 출판한 에드워드 레인(Edward Lane)의 고전적 기록서《근대 이집트인의 예절과 습관(The manners and customs of the modern Egytians)》을 "이집트와 이집트인을 완전히 가시화하고, 그의 독자에게 아무것도 감추려 하지 않고, 이집트인을 깊이 없이 얕고 세세한 것으로 인도하고자 하는" 시도로 읽었다. 비슷하게, 사이드는 1849~1850년《동방 항해(Voyage en Orient)》일기를 쓰느라 분주했던 구스타브 플로베르가 자신이 본 것 그리고 자신이 보는 방법 모두에 도취했으며, 그에게 "문제는 세부 사항을 꼼꼼하게 정확히 묘사하는 것"이었다고 주장한다(Said, 1984: 223; 1995a: 162-185).

3.2.3 가시성

셋째, 앞선 문장에서 암시한 것처럼 푸코와 사이드는 세부 사항의 규율은 "구성된 가시성의 공간"에 좌우된다고 주장한다. 내가 인용하고자 하는 존 라이크만(John Rajchman)은 구분과 세부 사항에 관한 푸코의 역사는 또한 공간의 생산이 중심적 역할을 담당하는 "가시적이지만 생각되지 않은 것"의 역사라고 주장한다. 즉 푸코는 공간이 특정한 방법으로 사물을 보여줄 수 있도록 하기 위해 어떻게 설계되는가에 특히 관심을 가졌다(Rajchman, 1991. 또한 Flynn, 1993 참조). 사이드 역시 권력과 푸코가 명명한 "응시의 제국(empire of the gaze)" 간 뒤얽힘을 강조했다. 그러나 사이드는 여기에 아주 다른 의미를 부여했다. 그는 오리엔탈리즘의 식민적 각인은 파노라마식으로 구성된다고 주장한다. "오리엔탈주의자는 그 앞에 펼쳐진 파노라마 전체를 장악할 목적으로 위로부터 오리엔트를 조사했다." 이 문장은 질리언 로즈(Gillian Rose)가 "권력의 어색한 즐거움"과 동일시한 것, 즉 남성주의적 구경꾼의 관찰적 생식성(scopic virility) 앞에 누워 있는 여성과 오리엔트를 인지적으로 동일시한 것을 제시하는 듯싶다(Rose, 1993).[20] 그러나 오리엔탈리즘의 가시적 레퍼토리는 파노라마적인 것에 한정되지 않는다. 오리엔트의 성욕화 이상의 어떤 것이 이성애적 상상에 한정된다. 즉 응시의 제국에 함축된 성적 정치는 오리엔탈리즘과 남성주의 간 단순 등치보다 한층 복잡하고 불안정하다. 조지프 분(Joseph Boone)은 오리엔탈리즘의 동성애는 흔히 예를 들면 동성애에 대한 서구적 혐오와 부딪치면서 흔들렸으며, 이러한 상상적 지리의 신중한 독해는 성적 고정관념과 식민주의적 수사(修辭) 간 충돌에 의해 발생하는 모호성과 모순을 인정해야 한다는 것을 설득력 있게 보여준다(Boone, 1995).

그러나 이는 사이드의 프로젝트가 아니다. 대신, 《오리엔탈리즘》의 핵심적인 장(章)들에서 사이드는 19세기를 거치면서 일종의 마술 극장,

즉 풍부하고 이국적인 세계의 우화적 소설화를 상연하는 "유럽에 부속된" 무대로서 오리엔트를 묘사한 유럽적 재현이 어떻게 오리엔트가 회화(tableau)·박물관·학문적 모체로 묘사된 재현에 의해 완전히 치환되거나 또는 중첩되었는지를 보여주고자 한다. 그의 연대기는 르네상스적인 것, 고전적인 것, 근대적인 것에 대한 푸코의 인식론적 구분을 반복하기도 하고 저지하기도 했다. 예를 들어, 연극의 언어와 르네상스 시대 유럽의 지리학 간에는 밀접한 파생 관계가 있었으며, 오리엔탈리즘은 반쯤 상상되고 반쯤 알려진 세계를 불러내기 위해 이러한 장치들을 동원했다(예를 들어 Gillies, 1994; Lestringant, 1994 참조). 그러나 동양을 보여주는 회화, 《이집트 묘사》가 "이상야릇한 희열"이라고 명명한 회화는 연극적 상상을 계속했으며, 동시에 심원하게 근대적인 전시감(sense of exhibition)을 심어주었다. 사이드가 제시한 것처럼 이것과 "대등한 활용"은 "아케이드와 근대 백화점의 카운터"에서 찾아볼 수 있다. 마찬가지로, 문화적 파편을 재조합하고 일람표적 오리엔탈리즘의 범주로 할당하는 "벽이 없는 상상적 박물관"으로 오리엔트를 재현하는 것은 구획화—푸코의 고전적 18세기 분류학을 상징하는 텍스트적 명세서—의 전혀 다른 질서를 고취한다. 끝으로, 사이드가 "벤담류의 원형 감옥"이라고 서술한 것에 오리엔트를 틀 지우는 것은 회화와 일람표를 넘어서 응시의 제국으로 이동해 "오리엔탈적인 것들"을 정밀 조사·연구·판단·규율 또는 지배를 위해 학급·법정·감옥 또는 소책자 위에 위치 지우는 권력–지식 체계를 예측하기 위한 것이다. 이는 '전시–로서의–세계(world-as-exhibition)'의 식민화 장치 속에서 각인된 규율적 권력을 위한 예비 행위이며 버팀목이다(Said, 1995b: 63, 103, 127, 166. '전시–로서의–세계'에 관해서는 Mitchell, 1988, 1992 참조).

3.3 이집트 묘사하기

이러한 설명을 여러 방법으로 확장하고 변형하는 것이 분명 가능하겠지만, 나는 오리엔탈리즘의 관찰 레짐(scopic regime)이라고 일컬을 수 있는 것에 대한 사이드의 관심을 강조하고자 한다. 사실 오리엔트주의적 텍스트에 각인된 가시적 수사, 기술, 전략에 대한 그의 항상적 강조는 가시적 예술 자체에 대한 그의 무관심만큼이나 주목할 만하다.[21] 사이드가 지리를 묘사(상상)하는 방법에 관한 내 주장을 견고히 하기 위해, 나는 《이집트 묘사》 초판의 속표지 그림에 관한 세 가지 독해를 제시하고자 한다(그림 14.1).[22]

이 이미지는 양식화한 신전의 정문을 통해 고대 이집트의 기념화한 경관을 담은 광경을 보여준다. 여기서는―이집트 당대 주민들의―삶에 관한 모든 표식이 지워졌다.[23] 이 위치에서 시선은 그림 전면에 있는 나일 계곡의 알렉산드리아부터 멀리 떨어진 필레(Philae) 신전에 이르는 기념물의 뻗침을―한 번으로는 불가능한 눈짓으로―조망한다. 파노라마 또는 데니스 코스그로브(Denis Cosgrove, 1985)가 "보기 양식(way of seeing)으로서의 경관"이라고 명명한 것의 특징은 가시적 영역에는 장면을 끌어들인 감시적 눈이 없다는 점이다. 그러나 이 경우 이런 불가능한 전망을 가능케 하는 장치는 파노라마를 틀에 맞추는 패널(panel)을 가로질러 승리의 행진을 하고 있다. 위의 패널은 프랑스군이 자신의 상징인 독수리의 환유적 모습과 아마도 나폴레옹을 나타내는 〔그리고 고대성(antiquity)의 정당한 유산자를 함의하는〕 로마 영웅을 사이에 두고 피라미드에 있는 이집트 노예 기병들(Mamelukes)에게 일제 사격을 하는 모습을 보여준다. 이들 뒤에는 원정에 동반해 《이집트 묘사》를 위한 조사에 착수한 학자를 나타내는 풍유적 인물들이 있다. 패배한 이집트 노예 기병들은 아래쪽 패널에 다시 나타나 무기를 내려놓고, 뱀으로 둘러싸인 나폴레옹의 봉

그림 14.1 《이집트 묘사》의
속표지 그림

인―불멸의 상징―의 중심성을 인정하고 있다. 옆쪽의 패널은 이집트에
서 수여한 프랑스 전투 훈장으로 장식하고 있다. 이들 모두에서, 나는 권
력-지식이 해체 불가능하게끔 결합되어 있다고 결론지을 수 있다고 생
각한다. 사실 장 바티스트 조제프 푸리에(Jean Baptiste Joseph Fourier)가 《이
집트 묘사》 서문에서 서술한 바와 같이,

> 이 위대한 작품은 우리 고국의 영광에 관한 것이다. 우리는 우리 전사들의
> 노력 덕분에 이를 얻을 수 있었다. 이는 과학과 군사력 간의 결합에 기원한
> 다. 이는 이들의 연합에 대한 증명이며 또한 그 결과이다.

그러나 이는 또한 분명 권력, 지식, 지리의 결합이다. 왜냐하면 이는 기념화한 경관이며, 그 감독자들은 프랑스의 이름으로―심지어 내 생각으로는, 프랑스의 일부로―이집트를 응시하고 정복한 권력과 탁월함의 지위를 갖도록 새겨졌기 때문이다.

학자들이 세운 공헌은 현장 관찰에 기반을 둔 경험과학에 집착했다는 점에서 대단한 독창성을 가지며, 《이집트 묘사》는 무엇보다도 그 재현의 매우 세세함으로 특징지을 수 있다. 고대 이집트를 서술하기 위해 할애한 부분(volume)―초판과 재판의 핵심―에서, 데이비드 프로차스카(David Prochaska)는 이러한 이미지가 파노라마적인 것에서부터 세부적인 것으로 관점의 계층적 연속으로서 조직되었음을 보여주었다. 이는 전시-로서의-세계의 근대적 틀 지움에 의해 함의된 "관점의 조직"과 완전히 일치하는 것이다. 그러나 이 특정한 경우, 지형학(topography)과 서술적 기하학은 사실 이집트의 지리-서술하기(geo-graphing)를 제공했으며, 그 권력은 텍스트의 여러 부분에서 탁월한 통일이 이루어지도록 했다. 각 위치에서 각 명세서는 (말 그대로) 독수리 눈의 관점에서 시작한다. 지형학적 지도는 고대성을 위치 지운 다음, 이들을 다시 파노라마적 관점에서 전시한다. 이들은 원근적 관점으로 전환되며, 다시 클로즈업한 양각과 음각의 세부 사항으로 분해된다(그림 14.2). 상호 맞물린 연계는 각 위치에서 반복되며, 제국적 여정은 일종의 원시적 지리 정보 체계(proto-GIS)로 조직된다. 그리고 그 유동적 응시는 남부에 있는 필레 신전부터 북부의 알렉산드리아에 이르는 호(arc) 모양의 나일 계곡을 추적한다. 이러한 여행, 물질적 형태를 띠는 응시의 제국은 속표지 그림에서 되풀이된다(Prochaska, 1994).[24]

이런 자세한 재현 양식은 경험적 권위―우선 《이집트 묘사》의 유럽 독자들을 현혹하고, 이어서 당대의 민족지학에 많은 권력을 부여하는 '거기에 있음'[being there: 하이데거의 '현존재(Dasein)'의 변형―옮긴이]의 의미―

그림 14.2 《이집트 묘사》
에서 관점의 조직

뿐만 아니라 식민적 정당성을 주장하는 방식이다. 이 방식은 학자와 그 연장선상에 있는 그들의 유럽 독자로 하여금 그곳에 있도록 하면서, 그 들의 정신 함양을 위해 이집트를 설정할 수 있는 권능을 갖게 되었음을 함의한다. 내가 이렇게 말하는 이유는 프랑스가 이집트의 고대 기념물 을 묘사하는 평판에 얼마나 자주 개입했으며—오늘날 이집트에 대한 개 입은 이보다 훨씬 적다—서구적 관찰자들이 의도적으로 참여하지 않았 던 이른바 오리엔트주의적인 회화적 문체(picturesque)와 대조되는 점이 두드러지기 때문이다. 자기-기명(autoinscription)의 실행은 이집트에서 짧 은 기간 동안 프랑스의 출현—이들은 1801년 영국에 의해 강제로 철수

당했다—을 지속적으로 기록하기 위함뿐만 아니라 이집트를 프랑스 문명의 요람이며 거울, 즉 "이성이 승리하는 일종의 에덴, 현명한 지배자가 통치하는 완전한 세계"(Laurens et al., 1989: 352-353)로 고취하기 위함이었다.[25] 이성의 횃불이 고대 이집트를 밝혔던 환상-이집트(fantasy-Egypt)는 앤 고들렙스카(Anne Godlewska)가 언급한 것처럼 오리엔탈 전제주의 국가들에 의해 훼손된 비참한 현재보다 어쨌든 "더 진실되고 더 실재적"—합리적이기 때문에—이다. 이에 따라 세 번째 독해에서 고들렙스카는 다음과 같이 주장한다. 속표지 그림은

> ······ 맥락을 무시하고 그림의 전경에 이집트의 모든 탁월한 기념물을 보여준다. 비록 이들 모두는 최근 함께 수집되어 지중해로 항해하는 선박의 갑판에 놓이게 되지만 ······ 이것이《이집트 묘사》의 저자와 편집자들이 매우 포착하고 싶어 했던 이집트, 권리를 주장할 수 있고, 집으로 가져올 수 있는 이집트이다.
>
> (Godlewska, 1995)

이러한 세 가지 독해는《이집트 묘사》에 관한 사이드 자신의 요약적 설명과도 상응한다. "나폴레옹과 그의 원정팀이 발견한 것은 그 고풍적 차원이 프랑스군의 침략과 고대 이집트 사이 어디에서나 나타나는 무슬림, 아랍, 심지어 오스만의 출현에 의해 차폐되는 이집트"였다고 그는 서술한다. 이 차폐막(screen)을 치환하기 위해, 이집트적 고대성으로부터 유럽적 근대성으로 곧바로 이어지는 역사 서술을 전개하기 위해 "근대 이집트인은 없으며 단지 유럽적 구경꾼만 있는 것처럼" 재구성되었다. 고대 이집트는 "제국적 눈을 통해 투사된 대로" 그려지며, 그 물질문화는 결국 "그들의 맥락에서 제거되고 유럽에서 이용할 수 있도록 운반되었

다"(Said, 1993b: 118). 그러나 나는 내 독해가 제국적 프로젝트를 가능케 했던 이러한 재현 속에 각인된 권력, 지식, 지리 간 연계를 사이드의 서술보다 더 분명하게 드러내기를 바란다.

이 점은 좀더 고찰해야만 한다. 왜냐하면 나는 오리엔탈리즘의 상상적 지리의 특이성도 함께 주장하고자 하기 때문이다. 이는 최소한 세 가지 이유에서 중요하다. 첫째, 권력-지식의 식민적 배열 속 장소와 공간의 특정한 중첩을 유지하는 것이 필수적이다. 나는 사이드의 공간적 민감성이 크게 의존하고 있는 푸코의 "기하학적 전환"이 "장소의 구체적 의미 위로 공간의 추상적 의미를 올려놓을" 위험이 있다는 주장에 다소 공감한다(Philo, 1992). 그러나 내가 지적한 것처럼 오리엔탈리즘은 추상적(추상화된) 공간의 강제되고 때로 폭력적인 생산 그리고 이렇게 생산된 공간이 상이한 장소의 특이성 위에 중첩되는 것과 관련이 있다. 이 장소들은 오리엔트주의적 여행자들에 의해 재현된 무시간적이고 근본화한 배경이 결코 아니다. 이집트의 인문지리가 갖는 역사성과 혼종성을 강조할 필요가 있으며, 19세기 동안 이 인문지리의 짜임새는 유럽적 권력-지식의 격자망에 포획당해 재편되었다. 역으로 이러한 장소들의 편입, 즉 사회적 실천의 좀더 넓은 그물망 속의 국지화한 매듭들의 편입은 오리엔탈리즘의 공간을 개편했다. (그리고 그렇게 함으로써 극히 불안정한 그 상상적 지리의 이원적 구분을 만들어냈다.) 이는 사이드가 투영적 기하학의 난폭함과 그 공간의 윤곽 변화를 지도화하기 위해 오리엔탈리즘의 상상적 지리 내에서 이루어진 특정 장소에 관해 일반적으로 말한 것보다 훨씬 더 많은 것을 말할 수 있게끔 한다.

둘째, 이런 추상화한 공간의 생산과 중첩은 유럽을 넘어서는 연장선상에서 권력-지식의 또 다른 양식에 의해 추구된 풍습과 의례(protocol)—이들 또한 유럽 내에서 전개되지만—에 좌우된다. 예를 들어, 부르주아들—19세기 초 《이집트 묘사》의 도판을 바라보고, 그 세기 중반에는 루브르 박물관의 이집트 전시실로 몰려다니고, 그 세기 말에는 나일 강을 여행했던 부르주아들—이 이를 통해 19세기 파리를 이해했던 풍습은 그들이 19세기 카이로에 대해 알게 되었던 풍습과 근본적으로 다르지 않았다.[26] 그러나 유럽 바깥에서 이러한 가시적 풍습은 사이드가 처음 제안한 것처럼(앞의 3.1절 참조) "그들의 공간"으로부터 "우리의 공간"을 단순히 구획할 뿐만 아니라 "그들의" 공간으로 "우리의" 뻗침이 들어가서 상상적으로—그리고 결국 물질적으로—그 공간을 전유하고 이를 "우리의 것"이라고 주장하는 상상적 지리를 만들어내기 위해 식민주의 및 제국주의와 뒤얽힌다. 사이드는 이를 19세기 유럽의 특이하고 재앙적인 업적으로 이해한다. "이것이 식민 본국 유럽을 넘어서 있을 때" 재현의 예술과 학문은 "비유럽적 세계를 재현하고, 이를 더 잘 이해할 수 있고, 이를 정복하고, 결국 이를 장악하기 위해 유럽의 권력에 의존했다"(Said, 1993b: 99-100).

셋째, 역사적으로 이러한 전유가 의존했던 재현의 풍습을 전환함으로써, 이러한 전유에 저항하는 것이 가능하다. 예를 들어, 사이드는 이제 그 자신의 "세부 사항의 규율"을 작동하기 위한 팔레스타인적 지도력을 요구한다. 그는 1993년 오슬로의 원칙 선언(Declaration of Principles) 때 최고점에 달했던 협상에서 사용된 문서와 지도가 모두 이스라엘에 의해 제작되었음을 지적하고, 팔레스타인은 "모든 세부 사항이 전체의 유기적 부분이 되는" 자신의 지도를 고안하고 나아가 지상에서 체계적인 반대 전략을 마련해야 한다고 주장한다(Said, 1994d: 416-417; Said, 1995c). 사이드의 주장은 지도의 해체—비록 그는 지도과학의 중립성에 철저하게 회의적이지만—뿐만 아니라 오리엔탈리즘과 그 연장선상에 있는 유대주의의 상상적 지리의 특이성을 공격했다. 왜냐하면 내가 주장한 바와 같이 만약 세부 사항의 규율이 구성된 가시성이라는 특정 공간의 생산과 얽혀 있다면, 그 가시적 실천의 '탈전유(détournement)'를 실행하는 것은 팔레스타인 사람에게 그들 자신의 토지의 거주자로서 그들 자신의 기반 위에서 다른 방법으로 그들 자신을 이해하고 재현할 수 있도록 하는 것이기 때문이다.[27] 이런 점에서 사이드의 오리엔탈리즘 계보학과 《마지막 하늘 이후》의 끝맺음 발언 사이에는 뜻깊은 연속성이 있다.

나는 우리가 이 사진들에서 보여지고 관찰당하는 사람이 아니라고 생각한다. 우리 또한 우리 관찰자들을 관찰하고 있다. 국가마다 팔레스타인인들에 대한 감시·감금·연구는 우리의 신분을 격하시키고, 우리의 민족적 성취를 저해하는 정치적 과정의 일부—반대하고 불평등하며 항상 방어적인 타자일 경우는 제외하고—이다. 그러나 우리 팔레스타인인들은 우리도 역시 관찰하고 있으며, 우리도 역시 세밀히 조사하고 있으며, 우리도 역시 평가하고 판단하고 있다는 것을 때로 잊어버린다. 우리는 어떤 이들의 단순한 대상이 아니라 그 이상이다. 우리는 어떤 누구든 어떤 이유에서든 우리를 관찰하길 원하는 사람들 앞에서 소극적으로 서 있는 것 이상이다. 만약 우리가 우리에 관한 이런 점을 끝내 이해하지 못한다면, 우리는 실패가 전적으로 우리의 것이라는 점을 우리 스스로 믿지 못하게끔 될 것이다. 더 이상은 아니다.

(Said, 1986a: 116)

4 지리 전위시키기

내가 앞의 절에서 설정하고자 했던 연계—장소와 공간 간 접합, 파리와 카이로 간 변조(變調)―를 해부하고 전략적 반전을 가능케 하기 위해, 사이드는 《문화와 제국주의》에서 그가 "대위법적(contrapuntal) 독해"라고 명명한 것을 향해 나아갈 필요가 있다고 주장한다. 나는 그의 발자국을 따라가되 두 가지 복잡한 발언을 제안하고자 한다. 첫째는 식민주의의 "통합된 전망"에 관한 것이고, 둘째는 식민주의의 "영토 중첩시키기"에 관한 것이다.

4.1 통합된 전망

18세기 말경, 프랑스 작가 루이-세바스티앵 메르시에(Louis-Sebastien Mercier)는 파리 호텔에서 아침 식사를 하기 위해 내려왔다. 린다 콜리(Linda Colley)가 관찰한 바와 같이,

> 〔그는〕 파리식 아침 식탁에 차려진 제국주의를 보았다. 윤기 있는 마호가니 식탁 표면은 김이 나는 커피와 함께 신세계의 식민지를 즉각적으로 상상하게끔 했다. 고급 도자기는 중국에서 무장한 상인이 선적했을 것이라고 그는 판단했다. 설탕은 그에게 카리브 해의 노예들 이야기를 했으며, 향기로운 차는 인도의 플랜테이션을 이야기했다. 유럽인이 약탈한 세계는 더 이상 멀리 있는 기업이 아니다. 이는 그들의 가정생활을 엮고 있는 부분이다. 그렇지만 그가 서술한 것처럼 메르시에는 분명 자신의 명민한 지각력에 스스로 감탄한다. **그는 자기 곁에서 먹고 있는 사람들이 그가 보고 있는 것을 보고 있다는 것을 믿지 못했다.**
>
> (Colley, 1993: 92. 강조는 필자)

가시적 이미지는 놀라우며, 사이드도 비슷한 점을 지적한다. "제국은 19세기 유럽의 많은 것들을 위해 소설에서 성문화한―매우 한정적으로

가시적이긴 하지만—표현처럼 기능하는데", 이는 "지정된 운명, 거의 공부하지 않은 운명, 또는 주어진 운명 이상이라고 하기 어려울 정도로 그들의 일을 당연히 해야 하는 대저택이나 소설 속의 하인과 매우 흡사하다"(Said, 1993b: 63)고 그는 서술한다. 이는 또 다른 가시적 은유를 이용하는 통찰력 있는 발언이라고 할 수 있다. 그러나 이로 인한 착오는 사이드 자신의《문화와 제국주의》로의 전환에 반영되는데, 여기서《오리엔탈리즘》의 중심 장들에서 그토록 탁월했던 가시적 주제화는 외형적으로 빛을 잃게 된다.

그러나 이는 보기보다 한결 복잡하다. 사이드는 본국 문화와 그들의 식민주의 간 관련성을 생각해내기 위해 또 다른 인상적인 가시적 이미지를 제시한다. 이는 그가 기 드 모파상(Guy de Maupassant)이 파리에서 이러한 관련성을 찾아볼 수 없는 유일한 곳이 에펠탑이기 때문에 그곳에서 점심을 먹기로 결정했음을 서술한 데서 알 수 있다(Said, 1993b: 239). 그러나 그 당시 세계는 변해 있었다. 에펠탑은 1889년 파리 박람회를 위해 건설했는데, 이 박람회는 혁명의 중심성을 나타낼 뿐만 아니라 최초로 식민지 도시의 시뮬레이크럼(simulacrum: 위조품을 모사하거나 뉴스거리가 될 만한 사건을 그대로 재연하는 활동—옮긴이)을 구체화하기 위한 것이었다. 특히 식민지 도시에서 "모슬렘의 뾰족탑(Moslem minarets), 캄보디아의 층탑(Cambodian pagodas), 알제리의 모스크(Algerian mosques), 튀니지아의 카스바(Tunisian casbahs)"가 프랑스 식민지를 본국 (그리고 전 세계) 관람객에게 보여주기 위해 특별히 설계되었다(Silverman, 1977).[28] 또한 19세기 마지막 10년 동안 식민적 계획 담론에서는 역으로 식민 본국 문화를 비유럽적 경관 그리고 그 밖에 덜 유용하지만 식민적이라고 할 수 있는 문화적 생산에 투사하고자 하는 관행이 상식화되었다. 세기적 전환기에 아셰트(Hachette) 출판사가 출판한 안내서는 이집트를 다음과 같이 묘사한다. "이집트의 형상은 에펠탑과 정확히 똑같다. 기둥은 상이집트이며, 받침은 델타이다. ……내부 공간은 모두 경작지이다. 그 바깥은 사막이다. 이 둘이 만나는 곳이 카이로이다."(Lamplough, 1908) 경작지(그리고 의미상, 문명)로 둘러싸인 지역은 의심할 바 없이 프랑스의 상징이 된 것 내부에 위치한다. 이를 넘어선 모든 것은 건조하고 황폐하다. 그렇지만 사이드는 이처럼 상상적 지리에 각인된 가시적 문화와 아이코노그래피(iconography: 사회적 및 영토적 통합을 위한 상징물─옮긴이)에 대해 아무런 말도 하지 않았다. 대체로 식민주의와 제국주의의 광학(optics)에 관한 그의 관심은 확고히 은유적인 것처럼 보인다.

사이드의 주장은 양날을 가진다. 한편으로, 그는 유럽 문화에서 제국에 대한 수용성에는 "근본적인 불균형"이 존재했다는 콜리에 동의한다. 영국의 제국 경영 규모로 보면, "분명 주목할 점은 이것이 문학적 문화에 영향을 미쳤어야 했음이 아니라 이것이 미쳤던 것보다 훨씬 더 큰 영향을 미치지 못했다는 점이다". 콜리는 사이드가 이 역설을 직접 다루거나 또는 최소한 이에 관한 설명을 제시하기를 원치 않았다고 주장하지만, 그는 문화와 제국주의 간 연계는 단지 19세기의 마지막 10년 동안 명료하게 전개되었다는 것에 동의한다. 사이드는 "세기 중반 이후 전까지 제국은 해거드, 키플링, 도일, 콘래드 같은 작가들에게 주요 관심 주제가 되었다"며, "유럽 문화가 마침내 제국적 '망상과 탐험'에 관해 마땅한 설명을 하기 시작했을 때" 이는 특징적으로 모더니스트적 태도, 즉 풍자(irony)로 그렇게 했다고 주장한다. 유럽 작가들은 "놀란 사람들, 심지어 그들이 본 것에 충격을 받은 사람들의 회의론과 당혹스러움으로 해외를 보기 시작했다"(Colley, 1993: 94; Said, 1993b: 74, 189).[29] 그러나 다른 한편, 사이드는 또한 식민주의와 제국주의가 훨씬 더 일찍 유럽적 문화 생산을 위한 기반으로서 기능했다고 주장한다.

만약 영어 문헌에서 세계의 제국 지도와 같은 것을 찾아보기 시작한다면, 이 지도는 19세기 중반이 되기 훨씬 이전에 놀랄 정도로 집요하고 빈번하게 발굴될 것이다. 그리고 이러한 발굴은 당연히 주어진 어떤 것을 제시하는 활발치 못한 규칙성으로 이루어질 뿐만 아니라—한층 흥미롭게도—언어적 및 문화적 실행의 교직을 짜면서 그 중요한 부분을 형성한다.

(Said, 1993b: 82-83)

지도학에 대한 호소는 우연이 아니며,《문화와 제국주의》전반에 걸쳐 일정한 간격으로 반복된다. 사이드는 (그의 문구로) "제국의 통합된 전망"은 시간성을 우선하는 관례적인 비판적 실행으로는 밝혀질 것처럼 보이지 않는다고 주장한다. 그는 "우리는 소설의 플롯과 구조가 주로 시간성에 따라 구성된 것으로 생각하는데 익숙하기 때문에 공간, 지리, 입지의 기능을 간과했다"(Said, 1993b: 84)고 충고한다. 텍스트적 비평의 일상적 실천을 보완하기 위해 공간적 연계성과 병렬에 특히 주목하면서 대위법적으로 독해하는 작업이 요구된다. 따라서《맨스필드 파크(Mansfield Park)》와《킴(Kim)》의 독해에서 사이드는 공간의 계층이 식민 본국과의 행동 순환을 그 식민적 기반과 연결시키는 망으로 기능함을 밝히고자 한다. 데이나 폴런(Dana Polan)은 이러한 공간적 기능을 소설에서 나타나는 "현장을 가로지르는 권력의 프로젝트, 이해관계와 경제에 의해 연계된 상이한 상황의 연출"로 서술한다. 폴런의 은유는 식민화 정책의 교활한 공간성과 응시의 제국 간에는 본질적—대부분 말을 삼가고 있지만—연계가 있음을 주장한다는 점에서 심원한 뜻을 가진다. 이러한 식민 본국적 "권력의 반영"에는 주마등처럼 변하는 무엇이 있다. 나는 이 비교를 상품 문화에 관한 벤야민의 비평에서 빌려왔다. 판타즈머고리어(phantasmagoria)는 관객이 자신들이 보고 있는 이미지의 근원을 알지 못하도록 후방 투사를 사용한 마술 환등기로, 19세기 초반 유럽에서 인기를 끌었다. 벤야민은 이를 사용해, 19세기 부르주아적 문화의 이데올로기적 투영을 모양지우고, 그들의 가시적 실행과 "이해의 구조"에서 생략과 회피를 드러내고자 했다(Cohen, 1993). 사이드가 문화적 생산을 "이중적으로 추동된 것"—즉 "역사를 공간화하려는 제국적 이데올로기의 필요에 의해 강제되었지만, 이들이 스펙터클의 보안 속에 숨기고자 하는 바로 그 역사의 흔적을 드러내기 위한 대위법적 독해에 의해 가능해진" 문화적 생산—으로 독해하고 있다는 폴런의 주장에서 이와 같은 것을 얼핏 보는 것은 지나친 공상이 아니라고 나는 생각한다(Polan, 1994: 73, 75).[30]

4.2 영토 중첩시키기

가시성, 공간성, 식민주의에 대한 사이드의 접근의 변화와 밀접하게 관련한 그의 이론적 주목은 《오리엔탈리즘》에서의 푸코로부터 《문화와 제국주의》에서의 그람시로 전환한다. 물론 사적 유물론과 사이드의 관련성은 논쟁적인 만큼 복잡하다. 이는 적지 않게 서구적 마르크스주의의 바로 그 '서구성', 즉 유럽과 북아메리카의 문화를 둘러싼 전형적 폐쇄성이 그로 하여금 초문화적 권역에서 이를 불러오기 어렵게 만들었기 때문이다(Said, 1993b: 278; Young, 1991도 참조).[31] 따라서 그가 주목한 것은 마르크스주의라기보다는 특정 마르크스주의자, 누구보다도 레이먼드 윌리엄스(Raymond Williams)와 안토니오 그람시라고 할 수 있다.

윌리엄스는 《오리엔탈리즘》을 주요하게 고취시킨 사람 가운데 한 명이다. 이는 그가 영국 사상가라는 점에서 이상한 역할을 한 것처럼 보이며, 사이드는 윌리엄스의 저작이 그의 "완고한 영어중심주의"와 "영문학이 주로 영국에 관한 것"이라는 함의로 인해 제한을 받는다고 생각한다(Said, 1993b: 14).[32] 그러나 사이드는 여전히 그에게 엄청난 존경심을 가지며, 그 자신의 프로젝트는 《시골과 도시(The Country and the City)》에 생명을 불어넣은 획득(acquisition)과 재현의 변증법에 특히 영향을 받았다고 말한다. 그는 17세기 영국 시골집에 관한 시들에 대한 윌리엄스의 독해를 비판적 전략—즉 문화적 생산을 그들이 재현하는 것이라기보다 경쟁적인 사회·정치적 관련성의 결과로서 존재하는 것으로 해석하는 전략—의 예시적 사례로 인용한다. 윌리엄스의 모든 저술 가운데 지리학에 가장 큰 영향을 미친 것은 아마도 《시골과 도시》일 테지만, 내가 여태까지 말한 관점에서 보면 사이드의 지리학적 민감성은 경관 그리고 그가 흔히 "일하는 시골"이라고 일컬은 것에 대한 윌리엄스의 깊은 애정과는 크게 다르다는 게 분명할 것이다. 이런 이유에서, 사이드의 초기 저술에 미친 그의 영향은 거의 자극적이지 않았지만, 그 비판적 실천의 형태와 형식은 사이드의 저작을 고무시켰다.

그러나 《문화와 제국주의》에서, 이 책의 기본 골격을 폭 넓게 그러나 다소 완곡한 양식으로 뒷받침한 사람은 그람시이다. 그가 한 주요 기능은 사이드에게 권력, 지식, 지리 간 상호 교차를 지도화하는 또 다른 방법을 제공한 것이라고 나는 주장한다. 그의 특정한 기여는 이중적인 것처럼 보인다. 첫째, 사이드는 권력과 문화가 합류하는 생산성과 긍정성—그가 "정교화(elaboration)" 작업이라고 명명한 것—에 관한 그람시의 강조에 매력을 느낀다. 그는 다음과 같이 말한다. 그람시는

권력의 위대한 중심적 사실과 이런 사실이 어떻게 합리적 동의에 의해 작동하는 행위자의 전체 네트워크를 통해 도출되는지에 관한 시각을 놓치지 않을 뿐만 아니라, 권력이 불가피하게 그 자양분을 도출하는, 즉 권력이 그 일상적 빵을 위해 의존하는 세세한 것—산만한 것, 평범한 것, 비체계적인 것, 우둔한 것—에 관한 시각을 놓치지 않는다. 푸코에 훨씬 앞서, 그람시는 문화

가 억압적이거나 강제적이기 때문이 아니라 긍정적이고 적극적이고 설득적이기 때문에 권위와 궁극적으로 민족 국가에 봉사한다는 사고를 포착했다.

(Said, 1984: 171)

따라서 사이드가 지리적 기호법, "문화적 전망"을 허가하는 "제국적 지도"에 주목하고, "이 양자의 공통점은 권력의 정교화"라 주장할 때, 이는 정확히 그람시적 의미에서 이해해야 한다고 나는 생각한다(Said, 1993b: 48, 59).

둘째로, 서구 마르크스주의의 주류는 철저히 헤겔적이며, 사이드가 인식한 바와 같이 역사(History)와 역사성에 특정한 중요성을 부여했지만, 그람시의 저술은 공간(space)(제국적 대문자 없이)과 공간성에 대조적인 강조를 제시한다. 사이드는 이러한 "명확히 지리적인 모형"을 《옥중 수기》의 서문인 "남반구 문제에 관한 몇 가지 측면"에 대한 그람시의 에세이에서 찾았다. 여기서 그람시는 자신의 야심찬 상대자 루카치가 하지 못했던 방식으로 사회생활의 영토적, 공간적, 지리적 기반에 탁월하게 초점을 맞춘다. 더 특징적으로, 사이드는 그람시가 이율배반이 역사의 목적인(telos) 내에서 해결될 수 있도록 하는 수단으로서 어떤 초월적 논리에 관심을 가지지 않았으며, 대신 "땅 위에서 물리적으로 모순된 현실로서 이것을 이해하는 데"(Said, 1993b: 49) 관심을 가졌다고 주장한다.[33] 벤야민을 따라 일종의 지리적 성운(constellation)으로 이해할 수 있는 것, 즉 한 특정 장소 안에서 거리를 둔 지리의 강력한 접합에 의해 형성된 배열이라는 이러한 의미는 식민주의를 일방적 도로로 간주하는 것에 대한 사이드의 반대와 교차한다.

한편으로 우리는 식민지 영토에서 역사의 훌륭한 부분은 제국적 간섭의 기능에 의한 것이라고 가정하지만, 다른 한편으로는 마찬가지로 식민지 위탁 통치는 위대한 식민 본국 문화의 중심적 활동에 대한 주변적이고 심지어 편심적인(eccentric) 것이라고 확고하게 가정한다.

(Said, 1993b: 35)[34]

사이드는 문화와 제국주의의 상호 침투를 "영토 중첩시키기, 뒤얽힌 역사"(Said, 1993b: 50)로 지도화함으로써 서구적 문화 기록을 활발한 제국적 분할에 의해 마치 지리적으로 파편화한 것처럼 해석하는 것이 가능하다고 생각한다.

그리고 《문화와 제국주의》에서 그람시는 이 텍스트의 주변부와 그늘에 항상 유령 같은 인물로 남아서 행간(interline)에 출현하며, 사이드의 연이은 인터뷰와 논평에서도 거듭 언급된다. 이상하게도 사이드는 그람시의 개념적 장치를 발전시키지 않았을 뿐만 아니라 완전히 배치하지도 않았다. 만약 그랬다면, 그는 별로 일관되지 않은 용어로 식민적 "권력의 정교화"를 다루어야 할 의무를 갖게 되었을 것이라고 나는 생각한다. 말하자면 그는 식민적 담론을 갈라놓은 "텍스트적 간극, 불확정성, 모순"을 인식할 수 있었을 테고, 결과적으로 패리(Benita Parry)가 제안한 것처럼 식민주의와 제국주의의 "통합된 견해"를 찢어놓았던 이러한 저항의 공간―그람시가 명명한 "상호 포위 공격"―을 지도화하는 것이 한층 쉽다는 것을 알았을 것이다(Said, 1993b: 195).[35] 《오리엔탈리즘》과 《문화와 제국주의》 사이의 주요한 차이 중 하나는 사실 사이드가 저항을 위한 공간을 열어가기로 결정했다는 점이다. 이제 그는 푸코 저작의 주요 한계 가운데 하나는 "저항 불가능한 식민화 운동"의 묘사라고 주장한다. "개인은 불가항력적으로 발전해 저항하기가 무망한(hopeless) '권력의 미시물리학' 속에서 해체된다." 그렇지만 집합적 행위의 권력―서벌턴(subaltern:

계급, 카스트, 연령, 젠더, 직위 등 모든 측면에서 종속적인 위치에 있는 층을 가리키며, '하위 주체'로 번역하기도 한다—옮긴이)적 저항과 전위—이라는 그람시의 열정적 의미를 간과하고, 또한 그람시가 식민주의에 대한 어떤 재조명 작업에도 극히 주요하다고 할 수 있는 서벌턴 연구 프로젝트와 관련이 있다는 점은 거의 지적하지 않았다(Said, 1993b: 266, 278).[36]

사이드는 비판 이론과의 어떤 논의를 통해서가 아니라—나는 그가 비판 이론의 제도화, 중립화 그리고 사실 평범화에 대해 경고한 것을 이해한다—음악에서 도출한 은유의 고취를 통해 연구하는 방법을 설명하기로 결심한다. 그는 비교문학의 앞선 사고와 같은 심포니가 아니라 "무조율의 앙상블(atonal ensemble)"에 자신의 저작을 모형화할 것을 제안한다. 사실 그는 복잡하고 불균등한 문화 지형학에 관한 그람시의 지도 그리기를 그 자신의 대위법적 독해의 실천으로 전환한다.

우리가 문화적 기록을 되돌아봄에 따라, 우리는 이를 일의적으로가 아니라 대위법적으로, 즉 서술된 식민 본국의 역사뿐만 아니라 지배적 담론이 반대로 (그리고 이와 함께) 작동하는 다른 역사를 동시에 인지하면서 재독해하기 시작한다. 서구적 고전 음악에 대한 대위선율에서는 어떤 특정 선율에 임시로 우선성이 주어지지만, 여러 선율은 서로 연출한다. 그렇지만 결과적인 다성 음악(polyphony)에는 작품 외부에 있는 엄격한 선율적 또는 형식적 원칙에서 도출되는 것이 아니라 선율 자체로부터 도출되는 구체와 질서, 조직된 상호 작용이 존재한다. 같은 방법으로, 우리는 영국 소설에서 예를 들면 서인도 제도 또는 인도를 다루는 방식이 식민화, 저항 그리고 궁극적으로 토착 민족주의의 특정한 역사에 의해 모양 지어지고 아마도 심지어 결정된다는 점을 읽고 해석할 수 있다고 나는 생각한다.

(Said, 1993b: 51, 318)

음악에 관한 사이드 저술의 대부분은 대위법적 작업에 초점을 두었다. 오페라 같은 형식은 바로 이런 이유에서, 즉 "많은 사물이 동시적으로 진행되는 형식"이라는 점에서 그에게 흥미로웠다. 그는 동일한 음악적 형식으로 《문화와 제국주의》를 구성하는 에세이를 조직하기로 신중히 결정했다고 말한다. 그의 의도는 "일종의 박리적(exfoliating: '한 겹씩 벗겨지는'—옮긴이) 변주곡 구조"(Said, 1993a: 2-3)를 전시하는 것이었다. 따라서 사이드가 대위법적 방법에 관한 가장 명확한 사례로 베르디 오페라 〈아이다〉의 카이로 초연에 대해 설명한 것은 적절하다.[37] 그러나 나는 순전히 방법론적인 이유보다 다른 이유에서 이 에세이를 고찰하고자 한다. 이 에세이의 실질적 유의성은 부분적으로 19세기 후반 유럽의 부르주아적 문화 안에 고전적 오페라가 차지하고 있던 자리 그리고 그 연장선상에서 부르주아의 문화적 구성과 오리엔탈리즘의 문화 사이의 상호 교차에 달려 있다(Adorno, 1993 참조).[38] 그러나 이런 작품에 대한 사이드의 취급을 식민주의와 제국주의의 관찰 레짐 그리고 이들 안에 각인된 진리의 지리와 연계시키고, 그리하여 내가 앞서 제기한 논의를 재개하는 것이 또한 가능하다고 나는 생각한다.

4.3 〈아이다〉와 진리의 지리

〈아이다〉는 이집트의 케디브(Khedive: 1867~1914년까지 터키가 파견한 이집트 총독의 칭호. 여기서는 이스마일 파샤(Ismail Pasha)를 가리킴—옮긴이)가 1870년 초 6개월 동안 일련의 오랜 협상 끝에 의뢰한 것이다. 케디발(Khedival) 극장의 감독 폴 드라네흐트(Paul Draneht)는 처음에는 수에즈 운하의 개통을 특징짓는 축하곡을 작곡하도록 베르디를 설득했지만, 베르디의 정중한 거절이 케디브의 야심을 고양시켜 그는 "순전히 고대적이고 이집트적인 오페라"(Mariette to Du Locle, in Busch, 1978: 11)를 구상했다. 이야기 줄거리는 케디브가 이집트 전역의 고고학적 발굴의 책임자로 임명한 저명한 프랑스 이집트 학자 오귀스트 마리에트(Auguste Mariette)가 초안한 것으로, 이집트군의 장교 라다메스(Radames)와 에티오피아 왕의 딸 아이다 사이의 비극적 애정을 그렸다. 아이다는 포로가 되어 파라오 딸의 저택에서 노예로 일해야 했다. 질투와 배신을 둘러싸고 선회하는 이야기는 군사적 갈등과 침략을 배경으로 전개된다.[39]

〈아이다〉와 관련한 해석의 정치는 극히 복잡하다. 앤서니 아블래스터(Anthony Arblaster)는 어떤 관점에서 "유럽적 제국주의의 정점에서 승리주의적 작품"처럼 보일 수 있다는 점에 동의한다. 그러나 그가 말한 것처럼 이는 또한 유럽적 지정학에 대한 전치된 논평으로 이해할 수 있다. 이런 점에서 사이드는 영국이 이 지역에 대한 프랑스와 이탈리아의 야심을 좌절시키기 위해 암묵적으로 이집트 팽창주의를 고취시켰으며, 이에 따라 "마리에트가 구체화한 프랑스의 관점에서, 〈아이다〉는 에티오피아에서 이루어진 이집트의 성공적인 권력 정치의 위험을 극화했다"(Said, 1993c: 126)고 주장한다. "프랑스의 관점에서" 이는 정확히 그러했다. 그러나 사이드는 베르디 자신은 제국주의 옹호자가 아니었다는 점 그리고 그가 유럽 권력의 영토적 야심을 명백히 증오했다는 것을 깨닫지 못했다. 그는 마리에트의 초안 개요를 발전시키고 대본을 서술하는 데 적극적으로 참여했으며, 그 때문에 아블래스터는 고대 이집트의 호전성과 잔악함에 관한 〈아이다〉의 표현이 프로이센 사람들과의 비교를 강조하기 위해 베르디에 의해 의도된 것이라고 주장할 수 있었다. 베르디는 "프랑스-프로이센 전쟁에서 프로이센의 승리를 유감스러워했으며, 그들의 권력과 야심의 성장을 (올바르게) 두려워했다"(Arblaster, 1992. 또한 Mackenzie, 1994 참조). 그러나 이러한 독해의 장점이 무엇이든 사이드의 핵심적인 주장은 그 작품이 "제국적 지배에 '관한' 것이라기보다 이에 '의한' 것"이라는 점이며,

나는 카이로 작품을 보증하는 진리의 지리를 스케치함으로써 그가 의미하고자 했던 것이라고 생각하는 것을 설명하고자 한다(Said, 1993c: 114).

이는 양면적이다. 한편으로, 케디브는 정확성과 진정성에 전례 없는 프리미엄을 붙였다. 마리에트는 이집트의 신중한 무대가 전혀 낯설지 않았다. 그는 1867년 파리 전시에서 이집트관 설치에 깊숙이 참여했으며, 이를 "고고학에서 생생한 학습"이라고 서술했다. 그 중심에는 필레 신전의 모형이 있었고, 마리에트는 필레에서 수집한 정확한 측량 자료와 사진에서 건축 작품을 얻었다. 많은 타협이 이루어졌지만, 마리에트는 "앙상블과 매우 사소한 세부 사항에 아주 대단한 진정성"(Çelik, 1992: 115-116)을 강조했다.

그리고 오페라는 이집트에 관한 것이며, 이집트에서 세계 첫 상연을 하게 되었지만, 그 이면에는 이집트를 긴밀하게 유럽과 묶어주는 지리의 분명한 전치가 있었다. 따라서 다른 한편, 〈아이다〉는 이탈리아에서 (그리고 이태리어로. 이것이 아랍어로 불릴 것이라는 점에 대해서는 아무런 의문도 없었다) 쓰여졌다. 마리에트는 프랑스 장인과 의상업자들이 작업하는 무대 및 의상 준비를 감독하기 위해 파리로 파견되었다. 극단은 이탈리아에서 선정되었으며, 케디브는 파리 · 밀라노 · 제노아에서 리허설을 하는 것을 허락하려 했다. 이는 거대한 규모의 시공간 압축이었고, 〈아이다〉에 관한 한스 부시(Hans Busch)의 훌륭한 다큐멘터리 역시—사이드 역시 여기에 의존했다—불룩해진 우편 행랑과 유선 전보가 제노아 · 파리 · 카이로 사이를 바삐 오갔음을 보여준다. 1870년 7월, 마리에트는 파리의 번화가에 있었다. "〔케디브가〕 나에게 학술적이고 아름다운 미장센(mise-en-scène: 무대에서의 등장인물 배치와 동작, 도구, 조명 등에 관한 종합적 설계—옮긴이)을 만들라고 한 지시를 지키기 위해 세계 전체가 움직여야만 했다"(Mariette to Draneht, in Busch, 1978: 33-34)고 그는 적었다. 몇 주 후, 그렇게 되었다. 프로이센 군대가 프랑스를 침입하고, 파리를 포위 공격했다. 외부 세계와의 유일한 의사소통은 비둘기와 풍선으로 이루어졌고, 11월 무대와 의상에 관한 모든 작업이 중단되고, 초연은 연기되었다. 계약자들은 다음해 여름까지 일을 재개할 수 없었지만, 마리에트는 터무니없이 그 결과에 만족했다. 그는 드라네흐트에게 보낸 편지에서 "피라미드의 전경이 완성되어 상자로 포장했다"고 썼다. "이는 매우 아름답고, 나는 그로 인해 즐겁다. **커튼을 걷어 올리면, 사람들은 자신이 진짜 이집트에 있는 것처럼 믿을 것이다**"(Mariette to Draneht, in Busch, 1978: 209. 강조는 필자).

그렇지만 물론 사람들은 이집트에 '있게' 될 것이라고 …… 당분간 그렇게 생각해보자. 카이로에 있는 오페라 하우스의 관중은 이집트로 왔다고 "진짜 믿을" 것이다. 이는 그들이 이미 이집트에 있기 때문이 아니라, 즉 믿음에 대한 어떤 연극적 서스펜션(suspension)—오페라에서 항상 어설픈[40]—을 통해서가 아니라, 이집트가 "더 진실되고 더 실재적인"(본문 534쪽) 장면으로 표현될 것이기 때문이다. 이런 이집트는 "좀더 진실되고 좀더 실재적일" 것이다. 왜냐하면 광경을 그렇게 조직하고, 무대를 그렇게 짰기 때문이다. "또 다른 이집트", 오페라 하우스 입구 문에서 저 지당한 이집트는 없다고 가정한다는 점에서, 이는 깊이·관점·일관성—한마디로 말해, 의미—을 가질 것이다(Mitchell, 1988: 12).

마리에트의 감상은 장-루이 코몰리(Jean-Louis Comoli)가 명명한 것처럼 19세기 후반에 폭발한 "가시적인 것의 광란", 그가 주장한 것처럼 "전 세계가 가시적이게 되었으며 동시에 전유 가능하게 된 어떤 계기에 의해 발화되었다"고 나는 생각한다(Comoli, 1980). 식민주의와 제국주의의 문화 속에 있는 전망과 전유의 상호 연계는 우선적으로 중요하다. 왜냐하면 마리에트의 거만한 자랑 이면에 놓여 있는 것, '그의' 이집트에 진실감을 부여하는 것은 일종의 역전적-고고학(archaeology-in-reverse)을 통해 부여된 진실의 레짐이었다. 〈아이다〉의 무대는 《이집트 묘사》에 명백히 기반을 두고 있으며, 학자들이 계획과 관점을 스케치하고 때로 파리로 보낼 유물을 수집하고 포장했던 것과 똑같이, 이제 이들과 똑같은 물건이 파리에서 "진정한 이집트"를 재구성하기 위해 사용되고, 수집되고, 포장되어 이집트로 되돌아가게 되었다. 나는 이 모두를 진리의 지리라고 부르고자 한다. 왜냐하면 모든 유럽적 원칙에서 보면, 정확성과 진정성은 결코 이집트에서 찾아볼 수 없다는 것이 분명했기 때문이다. 마리에트는 '실재적' 오리엔트를 그곳에서 찾아볼 수 없다고 주장한 프랑스 지식인들의 긴 계보에서 가장 최근의 인물이었다. 제라르 드 네르발(Gérard de Nerval: 파리 출생의 프랑스 시인이자 작가, 번역가—옮긴이)은 파리 오페라를 위한 무대로 재생산할 수 있는 카이로의 묘사를 테오필 고티에(Théophile Gautier)에게 제공할 수 있는지에 비관적이었다. "나는 오페라에서 실재 카이로를, 나를 벗어난 오리엔트를 찾을 것이다." 결국, 미첼이 말했듯 "사람들이 파리에서 찾는 오리엔트, 시작부터 일련의 재현이었던 시뮬레이션만을 만족스러운 스펙터클로 제공할 수 있다"(Mitchell, 1988: 29-30; Nerval, 1974: 787-789, 882-883).[41] 그러나 이제 마리에트도 진정성은 파리 아틀리에의 관례적인 가정에서 찾을 수 없다는 것을 알게 되었다. 그는 "무대에서 본 것과 같은 상상적 이집트인"을 삼가기로 결심하고—자신에게 "위대한 환상적 이집트 건축"을 제공할 수 있는 프랑스 설계자들을 알고 있었지만—"그것은 필요한 것이 아니다"라고 확신했다. 진정성은 《이집트 묘사》의 역사 기록에서만 찾을 수 있었을 뿐이다(Mariette to Draneht, in Busch, 1978: 33, 44; Humbert, et al., 1994: 423-428).

결과는 분명 첫 무대의 관객들에게 인상적이었다. 그중 한 사람에 따르면,

〈아이다〉는 일반적으로 그 역사적 취지에 **충실한** 오페라, 의심할 바 없이 세기의 가장 **성실한** 작품 가운데 하나, 웅장하고 **진실된** 장면, 기품 있는 의상과 당당한 음악으로 이루어진 스펙터클, 화면에 떠오르는 전통과 규모 있게 쓰인 역사로 받아들여졌다. 이런 관점에서 이집트학 연구자의 견해에서 보면, 이는 **실용적이고 교육적이며**, 시적 파격을 작곡가가 자유롭게 탐닉한 첫 번째 사례이다. ……그러나 이러한 성공의 모든 명성이 베르디에게 주어진 것은 아니다. 이는 아주 탁월한 이집트학 연구자이며, 의상 준비를 감독하라는 [케디브의] 특별 명령을 받고 파리에 갔던 마리에트 베이와 공유해야 한다. **아주 사소한 수준**에 이르기까지 이들은 고대인의 **인정된** 의상을 모사했다. 무대 장면 역시 **성실하게** 준비했다.

(Southworth, 1875: 45-47. 강조는 필자)

그리고 케디브 역시 매우 고무되어 진실로 웅장한 마지막 전개에서 마지오레(Maggiore) 호수 연안에 있는 빌라 라 스피나(Villa La Spina)—산타 아가타(Sant' Agata)에 있는 베르디의 고향에서 그렇게 멀리 떨어져 있지 않은—를 가져와 〈아이다〉 무대의 환상적 버전의 정원으로 조경했다. 오게비오(Oggebbio)의 호안 마을은 결국 '리틀 카이로'로 알려진 유명한 관광 명소가 되었다(Phillips-Matz, 1993: 570).

그렇지만 내가 앞서 보여준 것처럼 《이집트 묘사》의 이집트 역시 환상적-이집트였다. 그 판화들의 "투시적 웅장함"은 찬양받는 만큼 그렇게 많은 묘사를 보여주지 못했다고 주장하면서, 사이드는 이와 관련한 어떤 의미를 포착했다.

《이집트 묘사》를 대충 훑어보고 넘기면, 여러분은 근대적 이집트인은 없으며 단지 유럽의 구경꾼만 있는 것과 같은 도안, 도표, 무미건조한 그림, 이상적이고 화려해 보이지만 낡고 방치된 파노라마 같은 장소를 볼 수 있다. ……《이집트 묘사》에서 가장 놀라운 페이지는 매우 훌륭한 행동 또는 이러한 행동을 완수하는 명사(personage)를 기원하는 것처럼 보이며, 이들의 텅 빔과 규모는 가득 차기를 기다리는 오페라 무대와 같다. 이들에게 함의된 유럽적 배경은 권력과 지식의 극장이며, 19세기 이들의 실제 이집트 무대는 간단히 사라진다.

(Said, 1993c: 118, 120)

〈아이다〉의 역전적-고고학은 또한 유럽 청중을 겨냥했다. 사이드는 베르디가 "오페라는 결정적으로 파리, 밀라노, 빈이 아닌 어떤 장소를 위해 우선 작곡하고 설계해야 한다"는 점을 인식했고, 이런 점이 부조화와 무정견의 일부를 설명한다고 주장한다(Said, 1993c: 124-125). 그러나 이러한 독해와 달리, 나는 이 오페라는 결정적으로 유럽적인 어떤 장소를 위해 고안하고 공연되었다고 주장한다. 이는 베르디와 관련해 분명한 사실이다. 그는 카이로 공연에 큰 흥미를 갖지 않았으며, 1871년 12월 24일 초연에 참석하기 위해 안달하지도 않았다. 그는 항상 밀라노의 라 스칼라(La Scala) 공연을 훨씬 더 많이 고민했으며, 리허설을 시작하기 위해 1월 초 이곳에 도착했다(Budden, 1992: 183). 그러나 이는 역시 카이로 공연 자체에서도 그러했다. 사이드가 말한 것처럼 〈아이다〉의 카이로 공연은 "오리엔트화한 이집트"를 나타낼 뿐만 아니라, 그 관객 역시 대부분 유럽인이었다. 한 비평가에 따르면, 특별 증기선들이 지중해의 주요 항구들에서 "당시 엄청난 센세이션을 보기 위해 흥분해 있던 아마추어와 예술가를 실어 날랐으며" 첫날 저녁에,

〈아이다〉 초연에 참석하기 위한 이집트 대중의 호기심과 열광으로, 2주 동

안 모든 좌석이 동나고, 마침내 구경꾼은 관람석을 팔아 일확천금을 챙겼다. 내가 이집트 대중이라고 말한 것은, 특히 유럽인을 지칭한 것이다. 왜냐하면 아랍인, 심지어 부자라고 할지라도 그들은 이런 종류의 극장에 관심이 없었다. 그들은 그들 자신의 노래, 탬버린의 단조로운 울림을 좋아한다. ……[그리고] 카이로 극장에서 터키모자(fez)를 보는 것은 완전히 기적이었다.[42]

나는 카이로의 일반 주민들이라면 작품을 어떻게 연출했을지 알 수 없다. 하지만 이와 관련한 일련의 전위되고 산재한 유럽의 지리 역시 〈아이다〉를 이것을 공연한 도시와 관련시킨다. 관객 중 한 사람에 의하면,

무대 커튼은 예술 작품이었다. 오른편에는 낡은 사원 · 피라미드 · 오벨리스크 · 영묘(靈廟)들로 된 오래된 이집트를 나타냈고, 왼편에는 새로운 녹색 평야 · 철도 · 전신 · 근대적 농업을 나타냈다. 이것만으로도 〈아이다〉의 목적, 즉 케디브의 진보적 업적을 광고하고자 하는 목적을 표현한다.

(Southworth, 1875: 45)

이러한 "진보적 업적"은 시골과 도시 두 경관 모두에 각인되었다. 1873년 출판된 존 머리(John Murray)의 개정판, 《이집트 안내서(Handbook for Egypt)》의 편집자는 지난 10년에 걸친 변화로 그 개정판을 정당화했다.

이스마일 파샤의 케디브 취임 이후, 이집트에서 변화 작업은 매우 열광적인 속도로 수행되었다. 수백 마일의 철도를 완성해 전면 개통했다. 전신망은 나라 구석구석까지 깔렸다. 알렉산드리아와 카이로의 많은 부분이 크게 변해 불과 수년 전에 이 도시를 본 사람일지라도 제대로 알아보기 어렵게 되었다.

(Wilkinson, 1873: v)[43]

그리고 자신의 에세이 마지막 단락에서, 사이드는 바깥으로 드러난 반짝거리고, 풍부하며, 바삐 돌아가는 도시를 마주 보기 위해 오페라 하우스의 문을 열었다. 도시는 자본주의적 근대성의 필사적 투쟁에 사로잡혀 있었고—사이드가 이집트 경제의 폭주적 전환에 개입했던 유럽의 상업은행가, 대부업체, 상업적 모험가를 묘사한 것처럼—그는 또한 카이로가 사실 폭풍의 눈에 있었음을 분명히 했다. 그의 서술에 의하면, 알렉산드리아와 달리

　　카이로는 아랍과 이슬람 도시였다. ……카이로의 과거는 유럽과 쉽게 또는 잘 의사소통이 되지 않았다. 그곳에는 헬레니즘적(Hellenistic) 또는 레반트적(Levantine) 교역 회사도, 온화한 바닷바람도, 번잡스러운 지중해 항구 생활도 없었다. 아프리카로, 이슬람으로, 아랍으로, 오스만 세계로 향하는 카이로의 거대한 중심성은 유럽 투자자들에게는 비타협적 장애물로 보였다. 그리고 카이로를 이들에게 더욱 접근 가능하고 매력적이도록 만들고 싶은 희망은 분명 이스마일로 하여금 도시의 근대화를 지지하도록 자극했다. 그가 카이로를 분할하면서 근본적으로 수행한 것이 바로 이 일이었다.

(Said, 1993c: 128)[44]

　　나 역시 오페라와 오페라 하우스의 상징적 중요성이 제2제정 시대의 파리에서 도출되었다는 것에 대해서는 의심한다. 결국, 이집트의 케디브는 왜 특히나 유럽적인 이런 문화 형식에 그와 같은 프리미엄을 주었는가? 사이드는 말하지 않지만, 이스마일이 프랑스 수도를 방문했을 때 웅장한 오페라는 확실한 제국적 제도였고, 그 연출의 사치와 풍요는 제국 왕실의 호화스러움과 부르주아적 문화의 정교함을 반영했다. 가르니에(Garnier)의 새로운 오페라 하우스 건설 작업은 이보다 5년 앞선 1862년

에 시작되었는데, 페넬로프 울프(Penelope Woolf)는 이러한 신축 건물이 "그 시대의 역사적 역설과 급진적 근대성을 성취하고자 ……" 의도한 것이라고 주장한다. 그래서 "……오페라 하우스는 부유함과 번창의 지표로 은행, 시장 홀, 환전소, 상품교환소와 합류했다". 이는 파리 오스망화의 중심부에 위치한다―그리고 어떤 의미에서 오스망화의 찬란한 영광이었다(Woolf, 1988: 219). 이스마일은 분명 오페라에 있는 강력한 공공적 흥미와 이것이 새로운 도시 경관에서 갖는 상징적 중요성을 간과할 수 없었을 것이다.

〈아이다〉연출이 급진적인 근대적 이집트의 문지방을 특징짓고자 의도된 것과 아주 같은 방법으로, 오페라 하우스는 카이로에 이런 아이코노그래피를 부여함으로써 새로운 도시의 경계를 특징지었다―그리고 둘 모두 케디브의 지배를 반영하는 것으로 간주되었다. 카이로 오페라 하우스가 1875년에야 문을 연 가르니에 오페라에 모형의 근거를 두지 않았다는 것은 다행이었다. 대신 카이로 오페라 하우스는 수에즈 운하의 개통을 축하하는 〈리골레토(Rigoletto)〉공연 직전에 2명의 이탈리아 건축가들이 설계하고 겨우 5개월 만에 완성한 라 스칼라를 모형으로 삼았다(Mostyn, 1989). 사이드가 진술했듯이 근대 서구 도시를 직시하기 위해 전통적 동양 도시로 돌아간 것이다. "오페라 하우스 뒤에는 무스키(Muski)의 풍요로운 지구(quarters)인 사야다 자이나브(Sayida Zeinab)가 있으며, 아타바 알 카드라(Ataba al Khadra: 케디브가 파리의 일부로 만들길 원했던 지역―옮긴이)는 오페라 하우스가 보여주는 규모와 유럽적 권위를 약화시킨다." 사이드의 견해에 의하면, 분명 케디브에게 투영된 영광은 유럽의 굴절된 권력만큼 그렇게 크지는 않았다. 이에 따라, 그는 다음과 같이 결론짓는다.

〈아이다〉의 이집트적 정체성은 도시의 유럽적 파사드(façade: 건축물의 중심을 이루는 전면 또는 정면—옮긴이)의 일부로, 상상적인 벽면에 각인된 이들의 단순성과 엄격성은 식민지 도시의 원주민을 제국적 지구들과 분리시킨다. 〈아이다〉는 분리의 심미성을 나타낸다. ……〔그리고〕 이집트 대부분에서 제국적인 사치스러운 물품은 그들의 실질적 목적에 부수적으로 유흥을 즐기는 소수 고객들에 의해 신용으로 구매되었다. ……〔이는〕 거의 배타적으로 유럽 관객을 이간시키고 감동시키기 위해 설계된 제국적 스펙터클이었다.

(Said, 1993c: 129-130)[45]

그러나 이는 파사드 이상의 것이었다고 나는 생각한다. 이는 또한 문화적 전유의 훨씬 더 깊은 과정의 일부였다. 오페라 하우스처럼 〈아이다〉의 오페라적 형식과 역전적-고고학이라는 전통은 이집트 역사의 스펙터클한 전유를 무대화한 것으로, 근대 도시의 친숙한 입지—서구적 호텔, 은행, 서점, 전신 사무실 그리고 1873년부터 세퍼드(Shepheard) 호텔 1층에 자리 잡은 토머스 쿡(Thomas Cook: 영국 침례교 전도사로서 금주 캠페인 집회에 사람들을 끌어들이기 위해 단체 여행을 성사시킨 근대 여행업의 아버지로 일컬음—옮긴이) 사무실—는 서구 방문자들이 전통적인 도시의 이국적 전경을 견학할 수 있도록 발부한 플랫폼이었다.[46]

5 룩소르에서의 교훈

나는 '지리학 재사유하기'에 대한 사이드의 시도를 회상하면서 시작했으며, 그의 상상적 지리가 사실상 행태적 지리 및 환경 인지와 관련한 우리 자신의 학문적 전통에 의해 고안된 심상도와 심상적 이미지와는 다르다는 점을 보여주기를 희망했다. 그의 상상적 지리는 공간의 재현이 권력 관계와 뒤얽혀 있는 근본적으로 이데올로기적인 경관을 보여준다. 이러한 경관의 객관적 고정성은 예를 들어, 과학 기술을 통해 치환되는 "한층 진정하고 더욱 실재적인" 지리로 대치할 수 없다. 왜냐하면 이런 기술은 항상 그리고 어디서나 기술–문화(techno-culture)이기 때문이다. 이러한 경관은 또한 진리의 특정한 레짐(그리고 지리)에 뿌리를 두며, 그 재현은 부분적이고 처재적이다. 그러나 도나 해러웨이(Donna Haraway)가 우리에게 상기시킨 것처럼 처재적 지식은 이를 위한 장애물이라기보다는 바로 그 조건이다. 이와 아주 흡사한 방법으로 그리고 아주 같은 이유로, 상상적 지리를 지도화하는 것은 "감시와 제한의 행사가 아니라 타협된 이해 과정으로 수행할 경우 정체성의 지도학"을 구축한다고 할 수 있다(본문 504쪽 참조). 왜냐하면 '자신에 대해 알기'란 부분적으로 '자신이 어디에 서 있는지를 지도화'하는 문제라고 볼 수 있기 때문이다. 분명—서안 지구와 좌안 지구 모두에서—사이드의 저작에는 이러한 상상적 지리의 공간성과 불확실하고 부분적인 정체성 형성 간의 긴밀한 연계가 있다.[47]

그러나 나는 이러한 연계가 일반적으로 구성되는 방식에 관해 몇 가지 단서를 붙이고자 한다. 첫째, '자신에 대해 알기'와 '자신이 어디에 서 있는지를 지도화'하기 모두 공간이 투명하게 만들어져 있음을 함의하지 않는다. 상상적 지리는 모든 것을-아는(all-knowing) 주체들의 자유롭고 완전히 일관된 프로젝트로서 이해할 수 없다. 무의식적인 것을 추궁하고 지리적 상상 속에 각인된 다중적 공간성을 탐구하는 방법을 찾는 것이 필수적이다. 이러한 포섭은 권력, 지식, 지리의 지배적 편성 속에 담겨 있는 (그리고 흔히 이들에 의해 담겨진) 모순에 관한 분석적 해부를 가능케 한다. 사이드의 대위법적 독해는 이러한 불협화음과 '무조율성(atonality)'을 좀더 명확히 기록하기 위해 필요하지만, 그의 비판적 실천에서 이것들을 차단하는 것은 아무것도 없다. 이런 프로젝트가 상상적 지리들이 사회적으로 구성된 지리적 상상으로 응결되는 방식에 특정하게 주목하는 한, 이는 한편으로 정신분석학적 이론, 다른 한편으로 사회 이론 간 긴장의 신중한 결과 도출을 요구한다. 그러나 내가 지적했듯 정신분석 이론에 관한 사이드의 흥미는 이상하리만큼 크지 않다. 《문화와 제국주의》에서 들뢰즈와 가타리에 대한 의존, '명시적' 및 '잠재적' 오리엔탈리즘에 대한 암시는 훌륭하리만큼 제안적이지만, 근본적으로 개발되지는 않았다. 《문화와 제국주의》에서 파농을 인용할 때, 중심 무대를 차지한 것은 항상 그가 백혈병에 걸렸음을 알고 난 후 겨우 10주 만에 쓴 《지상의 버림받은 자들》에 관한 찬양적인 설명이었고, 《검은 피부, 하얀 가면》—호미 바바가 자주 인용한—은 사이드가 막연히 그의 "초기 심리학적 양식"이라고 불평하는 가장자리나 후주로 빠진다(Fanon, 1986, 1967; Said, 1993b: 267-268, 351n).[48] 그래서 나는 사이드의 유보 사항에 대해 이상하게 생각하기 시작했다…….

첫 번째 클립(clip): 다른 고대 유물과 인물상으로 둘러싸인 책상 위에, 룩소르와 카르낙에 위치한 도시 테베(Thebes: 고대 이집트의 수도—옮긴이)에서 가져온 아몬-레(Amon-Re: 고대 이집트의 태양신—옮긴이)의 조각이 있다. 그리고 람세스(Ramses)에게 봉헌되고 아몬-레와 연관된 아부-심벨(Abu-Simbel) 신전의 칼라 인쇄물이 진찰실 안에 있는 침상에 걸려 있다. 이 아파트는 지그문트 프로이트의 소유이다. 프로이트는 흔히 1900년 첫 출판된 고전 《꿈의 해석(The Interpretation of Dreams)》을 그의 "이집트적 드림-북"으로 묘사했고, 그는 분명 고대 이집트의 예술과 고고학에 매료되었다. 우리는 그의 이러한 집착을 어떻게 생각해야 할까? 가장 분명하게, 고고학은 프로이트에게 정신분석적 실천을 위한 언어학적 모형을 제공했다. '아몬-레'는 이를테면 '숨겨진 것'을 의미하며—그는 때때로 그런 유추에 관해 의구심을 드러냈지만—프로이트는 정신분석을 의사(quasi)

인류학적 발굴과 노출 과정으로 생각했다. 그는 현재에서 과거의 지속적인―예상하지 않고 인정하지도 않았던―출현을 주장했으며, "표면적 의식"으로부터 숨겨지고 은폐된 이러한 사물이 드러날 수 있도록 정신(psyche)의 층화되고 공간적인 모습을 위해 고고학에 의존했다.[49] 그러나 고고학에 대한 의존은 또한 프로이트로 하여금 매우 성공적이고 아주 대중적인 과학을―그렇지 않을 경우 의심스럽고 심지어 믿을 수 없는―정신분석학을 위한 덮개 또는 어떤 의미에서 연극적 외관으로 불러올 수 있게끔 했다.[50] 의심할 바 없이 20세기 초에 고고학은 굉장한 대중적 성공을 거두었다. 하워드 카터(Howard Carter), 카나번 경(Lord Caernarvon) 그리고 1922년 투탕카멘(Tutankhamun) 무덤의 발굴을 둘러싼 야단법석을 생각해볼 수 있다. 그러나 이는 또한 고고학이 제국주의적 정점에 도달한 시기로, 서구 고고학자와 탐험가들이 명성이 자자했던 나일 계곡을 약탈하기 위해 다투었던 시기이기도 했다(Frayling, 1992 참조).[51] 이런 모든 것이 프로이트의 고고학적 은유 그리고 그 연장선상에 있는 그의 사상과 실천에 어떤 영향을 미쳤을까? 그는 가까운 한 친구에게 자신이 "……과학자가 전혀 아니며, 관찰자도 아니고, 실험가도 아니고, 사상가도 아니다"고 고백했다. 그는 "나는 기질적으로 정복자에 불과하다"(Freud to Fliess, 1. February 1900 in Masson, 1985: 398)고 썼다.

물론 정신분석 이론이 지울 수 없고 떨쳐버릴 수 없을 만큼 식민주의적 장식과 관련이 있다고 주장하기 위해 무심코 한 어떤 말을 활용하는 것은 어리석은 짓일 것이다. 여러 가지 탈프로이트적 형식에서, 이는 상상적 지리와 정체성 형성 사이의 관계를 해명하는 데 도움을 준다고 생각하며, 내가 암시한 바와 같이 파농과 바바의 저작은 이러한 사고가 식민주의와 제국주의에 저항하는 투쟁에 포함될 수 있음을 보여준다. 아마 정신분석 이론 역시 이의 식민주의적 징조에 관해 검토해야 할 것이다. 왜냐하면 억압된 과거는 그 비판적 현재로—예상되지 않고 인지되지도 않은 채—들어올 가능성이 최소한 존재하기 때문이다.

그리고 내가 생각하는 유보 사항에서 두 번째는 상상적 지리의 생산—각인과 논쟁—은 고급문화 영역에만 한정할 수 없다는 것이다. 물론 고급문화라도 식민주의의 타락에서 면제되는 것은 아님을 보여주는 것이 중요하며, 사이드는 이 점을 뛰어난 재치와 인내로 수행했다. 그러나 공간성과 정체성 사이의 연계는 특수한 상황 속에서 이루어지는 모든 일상생활의 생산과 연결된다. 이런 주장을 하는 것은 사이드를 추상 또는 텍스트주의로 비판하는 비평가들에 동의하는 것은 아니다. 내가 보여주고자 한 것처럼 오리엔탈리즘의 공간성은 추상이었으며—'추상이며'—이들이 분명하게 표현하는 표준적 텍스트는 유형성과 물질성으로 특징지을 수 있다. 요컨대 사이드의 저작에는 유물론이 존재한다. 즉 그는 스스로 우리가 상품의 세계뿐만 아니라 재현의 세계 속에서 살고 있으며, 이것들은 추상이고 동시에 조밀한 구체적 교직이라고 서술한다(Said, 1993b: 56). 그러나 20세기 후반, 상품과 재현은 한층 복잡한 형태로 서로 얽히게 되었으며, 사이드는 이러한 연계 조직이 고급문화와 대중문화 사이의 (다른) "커다란 분할"에 도전한—전적으로 해체한 것이 아니라면—방식에 대해서는 별로 언급하지 않았다.

두 번째 클립: 룩소르의 피라미드는 사막 바닥에서 가물거리는 푸른 하늘로 350피트 높이 솟아 있다. 입구는 커다란 스핑크스가 지키고 있다. 뒤쪽에는 카르낙 신전에서 가져온 오벨리스크가 공중으로 우뚝 솟아 있다. 투탕카멘의 무덤 내부에는 금제 관, 부적, 가면, 보석 따위가 어둠 속에서 빛나고 있다. 밖에서는 관광객으로 가득 찬 선박들이 나일 강을 따라 순항하면서, 로비에서 엘리베이터와 카지노로 향하는 길을 이어준다. 그 사막은 사실상 모하비(Mojave: 미국 캘리포니아 주에 있는 사막—옮긴

이)이며, 오벨리스크와 무덤은 복사물이고, 나일 강은 인공물이고, 룩소르는 라스베이거스의 스트립(Strip: 라스베이거스에서 카지노가 모여 있는 큰 거리—옮긴이)에 문을 연 최신 리조트 호텔 가운데 하나이다. 이러한 '유흥 메가스토어(megastore)'는 서커스 서커스 엔터프라이즈(Circus Circus Enterprises)가 소유하고 있으며, 개업을 알리는 신문 보도 자료는 "라스베이거스에서 발견된 고대 문명"이라는 제목을 달았다. 룩소르는 마치 고대 이집트의 신비가 내부 전체에서 '발굴' 상태에 있는 것처럼 보이는 '거대한 고고학적 굴착'으로 인식된다. 투탕카멘의 무덤은 카터와 카나번이 '찾아낸 것처럼' 그 장소를 재생산한 것이다. 각 방의 크기는 '정확하게' 측정했고, 인공물은 본래 장인들처럼 '동일한 물질과 방법'을 사용해 재생했으며, 이 모두는 카터가 가지고 있던 기록에 따라 세심하게 배치되었다. 이것을 기획한 사람들의 의도는 불법 이용이 아니라 존경이라고 그들은 주장한다. 다른 종류의 존경이 유행하는 카지노에서, 고대 이집트는 룩소르와 카르낙 신전으로부터 재생되어 '생명을 갖게 되었다'. "세계의 두 번째 불가사의", "광고 문안 작성자가 마음속에 간직한 것", "역사는 재서술하기에 달려 있다" 등으로 광고하면서, 리조트 배들은 피라미드의 내부 경사를 따라 올라가 특대형 객실로 손님들을 안내한다. 모험적 유흥은 "시간을 촉박하게 하고 당신의 현실감을 놀라게 할 것"을 약속하는 영화 〈블레이드 러너(Blade Runner)〉의 특수효과 설계자가 고안했다. 진짜임이 증명된 이집트 고대 유물을 위한 갤러리와 부티크, "파라오를 위해 맞춘 대향연"뿐만 아니라 "나일 강에 위치한 코셔(Kosher)식 조제 식품점(deli)"은 아마 돌아온 야곱의 자손들을 유혹하는 것 같다. 끝으로 피터 잭슨(Peter Jackson)이 고안한 플로어 쇼(floor show)는 '날아가는 미라(The Flying Mummies)'라는 이름이 붙은 리넨 수의(壽衣)로 감싼 꼭두각시 팀, "무절제한 댄스 멤버, 배꼽 춤추기, 손톱을 깨물 정도로 흥미로운 곡에 그리고 독창적인 특수효과"를 포함한다. 제작자는 "오랫동안 잊혀져, 그 휴식 장소가 도둑 무리들에 의해 더럽혀진 파라오"의 이야기를 말한다.[52]

나는 로스앤젤레스의 보나벤처(Bonaventure) 호텔에서 프레드릭 제임슨의 오디세이(odyssey)를 모방할 생각은 없지만, 룩소르 라스베이거스를 《이집트 묘사》에 의해 창안되고 베르디의 〈아이다〉 연출을 통해 계속된 여정 속에 위치 지움으로써, 룩소르의 상상적 지리가 어떻게 식민적 과거와 신식민적 현재를 해석하고자 했는지 보여주고자 한다. 선전용 광고의 고의적인 풍자, 즉 가시화와 전유 간 전시-로서의-세계(world-as-exhibition) 속에 설치된 식민적 연계의 모방적 재현이 있는 것 같지만, 이런 환상적 건축은 특정한 공간성이 포착되고, 전위되고, 공동화되며, 이를 통해 정체성을 모양 지우고, 타협하고, 경쟁하는 물리적 장소를 제공한다.

이런 두 가지 클립—나는 조심스럽게 영화 같은 말투를 사용했다—을 통해 내가 앞에서 서술한 역사 지리는 우리 자신의 현재 속으로 통로를 열어준다는 점을 분명히 하고자 한다. 20세기 후반의 문화 지리에 대한 비판적 독해는 과거로 그 등을 돌릴 수 없을 것이다. 200년 전 프랑스 군대가 피라미드 전투에서 노예 군인들과 교전하기 전, 나폴레옹은 자신의 측근 수행원들을 해산시키면서 "이 기념물들의 높이에서 생각해보라. 4000년이 우리를 쳐다보고 있다"고 훈시했다. 로버트 영(Robert Young)의 《백인 신화: 역사 기술과 서양(White Mythologies: Writing History and The West)》의 탁월한 설명은 책 표지에 뒤로 물러나 피라미드를 응시하고 있는 전 이집트 대통령 안와르 사다트(Anwar Sadat)의 사진을 실었다. 여기에도 지리의 서술 그리고 우리 자신의 상상적 지리의 생산을 위한 교훈이 들어 있다.

감사의 글

1995년 3월 시카고에서 열린 미국지리학회 연례회의에서 발표한 〈Progress in Human Geography〉 강의. 나는 Alison Blunt, Noel Castree, Dan Clayton, Felix Driver, Cole Harris, Jennifer Hyndman, David Ley, Lynn Stewart, Joan Schwartz, Joanne Sharp, Bruce Willems-Braun의 조언에 감사한다. 이 논문은 캐나다 사회과학 및 인문학 연구위원회(The Social Science and Humanities Research Council)의 지원을 받은 연구 프로젝트의 일부이다.

1995년 3월 시카고에서 열린 미국지리학회 연례회의에서 발표한 〈Progress in Human Geography〉 강의. 나는 Alison Blunt, Noel Castree, Dan Clayton, Felix Driver, Cole Harris, Jennifer Hyndman, David Ley, Lynn Stewart, Joan Schwartz, Joanne Sharp, Bruce Willems-Braun의 조언에 감사한다. 이 논문은 캐나다 사회과학 및 인문학 연구위원회(The Social Science and Humanities Research Council)의 지원을 받은 연구 프로젝트의 일부이다.

주

1. Gilroy(1993)는 사이드의 저작을 포스트모더니즘과 암묵적으로 유사한 것으로 간주했으며, 이는 다른 여러 논평가도 공유한 것이지만 잘못된 것이다. 사이드는 모더니즘의 위기에 관한—특히 제국주의와의 중첩에 의해 초래된 전위(dislocation)와 치환에 관한(Said, 1993: 186-190 참조)—어떠한 비밀도 만들지 않았지만, 이런 점이 그를 포스트모더니스트로 만들지는 않는다. 사실, 사이드는 메타 서사에 대한 포스트모던의 공격에 매우 신랄한 비평을 했다. 그는 "지식인의 활동 목적은 인간의 자유와 지식을 향상시키기 위한 것"이라 주장하고, 리오타르와 그의 추종자들이 "해방과 계몽에 관한 거대 서사"를 기각할 때, 이들은 "포스트모더니즘임에도 불구하고" 남아 있는 정치-지식인의 도전과 기회를 인정하기보다는 "그들 자신의 게으른 무능력을 시인하는 것"이라고 주장한다(Said, 1994b: 13-14).

2. 이러한 추정은 불가피하게 논쟁적이다. 유엔, 팔레스타인, 이스라엘의 출처는 모두 다르다. Hadawi(1989), Tessler(1994) 참조.

3. 사이드는 "점진적으로 서구로 들어가서 인정을 요구하는 주변부적, 탈중심적(off-center) 작업"의 생산적 힘을 "항해하기(voyage in)"라고 서술한다(Said, 1993: 216, 239). Robbins(1994) 참조.

4. 에드워드 사이드와의 대담에서. 사이드는 카이로에 관한 그 자신의 '상상적 지리'를 묘사한다. 앤더슨(Anderson, 1991)이 최근 인식한 바와 같이 상상적 지리와 상

상된 공동체 간의 중요한 결합이 있지만, 그의 논의는 산개되고 추방된 민족 공동체에 관한 특별한 고통을 설명할 수 있도록 재구성할 필요가 있다.

5. 탈취와 추방의 문화 및 이것의 지리학적 함의에 관해 좀더 폭넓은 논의(이상하게도 사이드에 관한 언급은 없지만)로는 Parmenter(1994) 참조. 내가 여기서 인용한 시는 "우리는 다른 사람과 마찬가지로 여행을 한다"와 "지구가 우리 위에 밀려온다"로, Darwish(1984)에 재수록되어 있다. 다른 인용들은 Said(1986: 6, 17)에서 발췌한 것이다. 또한 Rushdie(1993) 참조.

6. Rogers(1992: 521)는 사이드의 언어가 포스트모던 조건의 황량함을 풍긴다고 주장하지만, 또한 이 경험은 특정적이지 보편적인 것은 아니라고―"'우리' 모두가 팔레스타인인 것은 아니다"―강조하며, 사이드에게 이러한 추방과 흩어짐은 환영받기보다는 싸워야 할 것이라고 주장한다. 정확히 그러하다.

7. 시카고에서 에드워드 소자는 나에게 이런 의문을 내 발표를 지지하는 것으로 이해했던 '역사주의(historicism)'에 대한 교정 수단으로 성찰할 것을 주장했다. 그러나 역사주의는 보통 역사를 하나의 목적인(telos)으로 보는 견해를 의미하며, 이 용어가 내 주장(또는 사이드의 프로젝트)의 적절한 특징이라고 나는 생각하지 않는다. 소자가 경고하고자 한 것은 지리에 대한 역사의 특권화였지만, 나는 사이드 저작의 힘은 이 둘을 함께 고찰할 수 있는 탁월한 능력에서 도출된다고 생각한다. 그는 분명 역사적 연구의 중요성을 약화시키지 않는다. 그가 예를 들어 "팔레스타인은 기억으로서 또는 더 중요하게 어떤 사고, 즉 정치적이고 인간적인 경험 그리고 일련의 대중적 의지의 행동으로서 존재할 뿐이다"고 결론지었을 때, 그는 분명 현대 정치를 위한 과거의 지속된 특징―상상적으로, 문화적으로―에 관심을 기울였다. Said(1979: 5) 참조. 다른 곳에서, 사이드는 시간적 연속보다는 공간적 대위(countpoint)의 중요성을 강조한다. 그러나 이는 역사성의 유의성을 거의 약화시키지 않는 유사성, 영향, 연계에 관한 주장이다. Said(1993: 81) 참조.

8. 사이드(Said, 1994d: i-xxxiv)는 이런 약속에 관한 자신의 해설을 제시한다. 그는 1977~1991년에 팔레스타인국가위원회의 일원이었다. 평론과 논평에 관해서는 Hovsepian(1992) 참조.

9. '대륙적 이론'으로써 흄은 그 기원과 가정적인(presumptive) 보편성 모두에서 독특하게 유럽적인 마르크스, 니체 그리고 프로이트에 의해 삼각화한 전후 담론 영역을 의미한다.

10. 남아시아에 관해서는 Breckenridge and van der Veer(1993) 참조. 오리엔탈리즘과 남아메리카에 관해서는 Symposium(4-6)에 있는 Mary-Louise Pratt의 경고 참조.

11. 사회 이론과 정신분석 이론의 용례가 제시하는 것처럼 '모순'을 개념화할 수 있는 다양한 방법이 있으며, 나는 여기서 이들 가운데 어떤 하나에 우선권을 줄 의도는 없다.

12. 물론 나는 푸코가 유일한 출처라고 주장하지 않지만, 앞으로 분명히 밝힐 이유 때문에 Brennan(1992)이 푸코를《오리엔탈리즘》에서 '중요하지 않은 인물'로 다룬 것에 대해—그렇지 않았을 경우에는 매력적인 평가이지만—동의하지 않는다.

13. 사이드에 대한 비평으로는 Clifford(1988), Young(1991) 참조. 푸코의 자아 윤리에 관한 비판적 논의로는 McNay(1992) 참조.

14. 아흐마드의 신앙주의—"자신을 마르크스주의자로 선언하지 않는 비평가들에 대한 분노"—에 관해서는 Parry(1993a), Levinson(1993) 참조.

15. 나는 가이어-라이언의 주장의 무게를 바꾸었는데, 그는 추방된 사람—"이들은 매우 참혹한 짐을 지고 있지만"—에게는 관심이 적었고, "이민에 직면해 그들의 타자와의 만남을 통해 상징적 질서의 인위성과 상대성을 경험한 사람들"에게는 더 많은 관심을 가졌다.

16. 사이드의 '현시적' 오리엔탈리즘과 '잠재적' 오리엔탈리즘 사이의 구분은 정신분석적 이론의 가장자리에서 흔들리고 있지만, 이러한 구분은 그의 저작에서 발전되지 않은 채 남아 있다. 이를 정교화한 것으로는 Bhabha(1994: 71-75) 참조.

17. 물론 반대는 불가피한 것이 아니며, 특히 가로드 오투어컬의 저작은 비판적 지정학이 정신분석적 이론에서 정보를 얻을 수 있는 여러 가지 방법을 제시한다.

18. 바슐라르와 푸코 사이에는 중요한 파생 관계가 있지만, 이들은 사이드가 여기서 시도한 계보학이라기보다 푸코의 고고학에 귀속된다.

19. 이집트 조사에 관해서는 Laurens et al.(1989); 파리의 출판 계획에 관해서는 Albin (1980) 참조.

20. 남성주의와 오리엔탈리즘에 관한 논의로는 Kabbani(1986) 참조.

21. 예술사에서 오리엔탈리즘에 관한 문헌은 오늘날 풍부하다. 예를 들어 Nochlin(1989) 참조. 그러나 나는 19세기 사진술이 최소한 두 가지 이유에서 사이드의 주장에 더 중요하다고 어렴풋이 생각한다. 첫째, 사진술은 제국주의와 세부 학문을 함께 끌어가는 방법으로 결정적 진리의 이데올로기를 보호했다. Solomon-Godeau(1991: 155, 159)가 지적한 것처럼 "19세기 중반은 분류학, 조사학, 생리학의 위대한 시기였으며, 사진술은 세계의 사물을 열거하고, 알고, 보유하는 데 탁월한 매체로 이해되었다". 사실 이집트의 잘 알려진 칼로타입 사진사(calotypist) 가운데 한 사람인 펠릭스 테이나르(Félix Teynard)는《이집트 묘사》의 부록으로 이집트 기념물에 관

한 그의 체계적 조사를 선전했다. 둘째, 순전히 기술적 이유에서, 칼로타입 사진사들은 부동적인 장면—특히 건축물 외부—에 초점을 두었고, 이에 따라 그것을 '본질적으로 텅 빈 공간'으로 묘사했다. 세계의 많은 부분을 텅 빈 것으로 보여주는 사진 기록은 팽창적 제국을 정당화하는 데 무의식적으로 동화되었다. Solomon-Godeau(1991) 참조(인용은 이 책의 155, 159쪽에서). 또한 Howe(1994) 참조.

22. 속표지 그림 및 여기에 덧붙인 설명은 Gillispie and Dewachter(1987)에 재수록되었다.

23. 이는 식민지 담론에 관한 상식이다. Pratt(1992) 참조. 그러나 이러한 타협 담론은 이집트에서 특정한 전략을 요구했다. 왜냐하면 이는 단순히 "역사가 없는 사람"으로서 거주자들의 통상적 소개(evacuation)를 통해 진행될 수 없었기 때문이다. 전체 목적은 이집트 역사의 서문이며 또한 일부로서 이러한 (고대) 역사를 재주장하고 복원하기 위한 것이었다. 이는 결국 과거의 인종화로, 이를 통해 고대 이집트 사람은 현대 이집트 주민 대부분과 달리 백인—따라서 유럽인의 원형—이었던 것으로 가정된다.

24. '관점의 조직'에 관해서는 Mitchell(1988) 참조.《이집트 묘사》의 생산에 포함된 지리적 장치에 관해서는 매우 훌륭하고 자세한 설명을 위해 Godlewska(1988, 1994) 참조.

25. Said(1995a: 88)는 동양을 "이들이 태어난 일종의 자궁"으로 간주했던 일련의 유럽 작가들에 의해 생산된 "고도로 양식화한 모조품, 정교하게 가공한 모방"을 확인하면서 이와 같은 점을 많이 언급했다.

26. 19세기 파리를 떠올리기 위해서는 Asendorf(1993), Clark(1984), Green(1990), Prendergast(1992) 참조. 내가 마음속에 갖고 있는 비교 대상은 Behdad(1994), Shields(1994)에서 다루었다.

27. 사이드가《오리엔탈리즘》맨 앞에 사용했던 마르크스의《루이 보나파르트의 브뤼메르 18일(Eighteenth Brumaire of Louis Bonaparte)》에서 발췌한 명언 참조. 즉 "그들은 그들 자신을 묘사할 수 없다. 그들은 묘사되어야만 한다".

28. 전시는 또한 첫 번째 Rue du Caire도 포함했다. Mitchell(1988: 1-4), Celik(1992) 참조. 사실 모파상은 이 전시를 위해 파리에 있는 한 무리의 아랍 무용가, 곡예사, 음악가를 자신의 아파트에서 대접했다. Steegmuller(1950) 참조.

29. 물론 사이드는 일반적으로 그의 문화, 특히 소설에 관해 언급하고 있다. 두 가지 다른 문화적 생산은 상상적 지리의 식민적 구축과 유통을 위해 특히 중요하다. 여행기와 식민주의 사이에 내재적 연계가 있다는 점은 일련의 탁월한 연구에 의해

밝혀졌다. 예를 들어 Blunt(1994), Mills(1991), Pratt(1992), Spurr(1993) 참조. 시네마의 등장과 제국주의 시대 사이의 연계는 많은 주목을 끌지 못했다. 그러나 Browne(1989), Shohat and Stam(1994) 참조.

30. 제국적 이데올로기의 필요에 대한 폴런의 호소는 사이드의 주장이 보증하는 것보다 기능주의적이지만, 본질적인 사항이 드러난다. 사이드와 대조적으로, Behdad (1994: 8)는 자신이 식민지 담론의 "기억상실적 독해(anamnesiac reading)"—"객체가 은폐하고 있는 것을 걷어내고, 이것이 의식 속에서 억압하고 있는 폭력을 드러내는"—라고 부른 것을 주장한다. 그러나 이러한 비판적 전략이 역사성을 특히 강조하는 만큼, 이는 사이드의 주요 관심인 지정학적 폭력을 모호하게 한다.

31. 그럼에도 불구하고 Benita Parry(1993b)는 사이드를 "착취와 강제가 제거된 이상화한 세속적 미래에 영향을 미치는 인간 행위의 가능성에 희망을 불어넣는 사회주의적 프로젝트의 비밀스러운 배포자"로 서술한다. 나는 패리가 아주 그럴듯하게 보았는지는 알 수 없지만, 사이드의 최근 저술은 계몽 프로젝트의 (정성화한) 부활과 진리·이성·해방이라는 가치의 긍정에 의해 구분되며, 이것이 그를 포스트모더니즘·포스트마르크스주의 그리고 아마도 메트로폴리탄 학계의 '탈식민주의'에서 통용되는 것 대부분으로부터 거리를 두도록 한다. 또한 Norris(1994: 67-69, 110-112) 참조.

32. 윌리엄스가 웨일스 출신이라는 중요성을 고려한다면 사이드의 비평 자체는 이상하게 치환되지만, 좀더 폭넓은 주장은 분명 옳다. 또한 Viswanarhan(1993), Radhakrishnan (1993) 참조.

33. 소자(Soja, 1989: 46n)는 그람시의 지리학에 관해 같은 점, 즉 "그람시는 서구 마르크스주의의 다른 창설자들보다도 훨씬 더 공간적임"을 지적한다.

34. 사이드는 이어서 이러한 접합과 치환의 중요성은 20세기 말에 고조되었다고 주장한다. 그러면서 사이드는 비릴리오, 들뢰즈와 가타리, 그 밖에 다른 학자들의 "집에서 내쫓긴(unhoused) 그리고 탈중심화한"—과거와 현재 간 급진적 단절을 제안하는—정치-지성적 정형화와 "그들의 고통이 제국주의의 문화 지도에서 나타난 중첩적인 영토에서 긴장, 무결단, 모순"을 지속적으로 드러내는 수많은 난민, 이주자, 추방자의 조건 간의 대조를 보여준다(Said, 1993b: 332).

35. 패리의 단서는 그녀의 Parry(1993b: 182-183) 및 Parry(1992)에서 찾아볼 수 있다.

36. 사이드는 Said(1988b: v-x)에서 그람시에게 훨씬 더 많은 빚을 졌음을 밝히고 있다. 서벌턴 연구 프로젝트는 사이드의 저작에 관한 고찰에서 특히 유의하다. 왜냐하면 이는 서구적 인본주의, 탈구조주의, 탈식민주의 사이의 관계를 둘러싼 논쟁에서

시금석이 되기 때문이다. 나는 이에 관한 논의의 개요를 Gregory(1994: 183-193)에서 제공받았다.

37. 대부분의 논평가들은 나와 공감했다. 그러나 반대자들도 있었는데, 역사학자 존 매켄즈(John Mackenze)가 가장 그러했다. 그러나 나는 그가 사이드의 주장을 포괄적으로 잘못 표현하고 있다고 생각한다.

38. 오페라는 제작만큼이나 레코딩을 통해 20세기 후반 유럽과 북미에서 폭넓은 청중을 맞이했다. 시카고로 가는 도중에 나는 엘튼 존(Elton John)과 팀 라이스(Tim Rice)가 디즈니(Disney)가 브로드웨이에서 공연하려는 〈아이다〉의 개작(改作)을 위해 최근 협력하고 있음을 알았다. 〈타임〉(1995. 3. 13) 참조.

39. 줄거리에서 마리에트의 역할에 관한 부분은 다소 논쟁적 문제이다. 그는 1866년 상이집트를 통해 고고학적 답사(그 주된 목적은 파리박람회를 위한 유물을 수집하는 것이었다)를 하는 동안 〈아이다〉에 기초한 짧은 이야기를 위해 자료를 수집했다고 주장한다. 그의 아들 에두아르는 훗날 자신이 이야기의 첫 초안을 작성했다고 주장했지만, 대부분의 비평가들은 그것은 불가능하다고 생각한다. 마리에트는 아주 명시적이었다. "〈아이다〉는 사실 내 작업의 산물이다"라고 그는 선언했다. "나는 총독이 그 공연을 지시할 것이라고 확신한 유일한 사람이다. 〈아이다〉는 어떤 의미에서 내 머리의 창작물이다"(Busch, 1978: 186). 문제는 더 복잡해진다. 왜냐하면 훨씬 후에 베르디가 마리에트의 공헌을 가볍게 여겼지만, 이는 아마 임박한 판권에 대한 베르디의 반작용으로 설명할 수 있을 것이다. 더욱 문제가 된 것은 그 개요를 테미스토클레 솔레라(Temistocle Solera)가 작업한 것이라는 주장이었다. 그는 〈나부코(Nabucco)〉—이 두 오페라 사이에는 유사성이 있다—의 대본을 제공했으며, 수에즈 운하의 개통을 위한 축하연을 준비했던 사람이다. "만약 그가 〈아이다〉의 저자는 솔레라였다고 말했더라면, 20년이 넘는 기간 동안 솔레라와 화해하기를 거부한 베르디는 아마 문제를 유발했을 것이다. 솔레라가 저작권 주장에 실패함으로써, 그는 마리에트의 명성을 무너뜨리거나 케디브를 비방하지 않고서는 그렇게 할 수 없었다(Phillips-Matz, 1993: 570-572). 이런 점들과 관련해 어떤 주장을 하든, 내 주장은 줄거리 제작에 마리에트가 참여했는지 여부보다는 미장센에서 그의 역할—여기에 대해서는 의심의 여지가 없다—에 더 많이 의존한다.

40. 나는 2막의 장막이 올라가면서 관객을 '거울 이미지와 같은 것(즉 1872년 라 스칼라에서 오페라의 유럽 주역 여배우의 최초 첫-저녁 관객)'과 마주 대하도록 했을 때, 1981년 프랑크푸르트 오페라의 〈아이다〉 연출을 환영했던 것이 모욕스럽다. Weber(1993: 113)가 지적한 것처럼 이런 방법으로 무대 올리기에 대한 관심을 요

청하는 연출은 또한 오페라에 대한 '개인주의적 태도'를 의문시한다.

41. 파리 오페라는 일련의 동양적 오페라를 무대에 올렸는데, 1827년 로시니(Rossini) 의 〈모세(Moïse)〉(이 작품의 무대 설정은 부분적으로《이집트 묘사》에 바탕을 두 었다), 1850년 오베르(d'Aubert)의 〈방탕한 아들(L'enfant prodigue)〉[이 작품의 무 대 설정과 의상은 샹폴리옹(Champollion)의《누비아와 이집트의 유적(Monuments de l'Egypte et de la Nubie)》에서 도출한 것이다]을 그 예로 들 수 있다. Humbert, et al.(1994: 395) 참조.

42. 오페라 비평가 필리포 필리피(Filippo Filippi)가 밀라노 신문 〈La Perseveranza〉에 쓴 글로, Osborne(1987: 223) 참조.

43. 이 개정판은 1863~1871년 사이에 있었던 일련의 방문에 기반을 두었다.

44. 사이드는 특히 Landes(1958)에 의존하고 있다.

45. 가르니에 오페라도 제2제정 시대의 파리 한가운데에서 분리의 미학을 무대화했는 데, 서부 지구의 풍요와 동부 지구의 빈곤 간 구분을 연극화했다. 한 비평가(Woolf, 1988: 229)에 따르면, 이는 또한 파사드, 즉 "부로 은폐한 시대적 빈곤의 박람회 장"이었다.

46. 나는 이 점을 Gregory(forthcoming)에서 자세히 논의했다. (그러나 그레고리는 이 책을 출판하지 않은 것처럼 보인다─옮긴이.)

47. 이러한 논의를 목적으로, 나는 공간의 재현이 사이드가 서술한 일종의 문화적 특성 에 함의되는 방법에 초점을 두었다. 왜냐하면 이는 그의 주요 관심사이며, 현대 학 문에서 가장 혁신적 작업 일부와 공유되는 것이기 때문이다. Keith and Pile(1993) 참조. 그러나 식민주의와 제국주의에 관한 상상적 지리에 관해 좀더 포괄적인 논 의는 또한 '자연'의 재현이 이러한 문화적 차별화에 들어가는 방법도 고려해야만 할 것이다. 나는 특히 Michael Taussig(1987: 74-92)이 남아메리카의 열대우림에 관해 매우 탁월하게 서술한 경관, 자연, 식민지 정체성 간의 연계를 생각한다. 나 는 예를 들어 19세기에 걸쳐 이집트에 관한 유럽의 상상적 지리는 그 원주민을 사 막과 일치시키는 한편, 시적으로뿐만 아니라 물리적으로 서구는 나일 강을 점령 했고, 이러한 담론적 전략이 정체성의 식민지적·제국적 구성을 작동했다는 것을 보여주는 것이 가능하다고 생각한다.

48. 바바와 사이드(그리고 다른 학자들)에 의한 파농의 대조적인 원용에 관해서는 Gates(1991) 참조.

49. 이 문장은 Spitz(1989), Torgovnick(1990), Forrester(1994)에 의존한 것이다.

50. 나는 이런 제안을 해준 Kuspit(1989)에게 감사한다.

51. 하워드 카터가 처음 무덤에 들어갔을 때, 그는 무심코 "첫인상은 사라진 문명의 오페라 소품실과 같다"(4쪽)고 말했다고 한다. 지난 세기 고고학과 제국 간 연계에 관한 서술로는 Fagan(1992) 참조.

52. 이 서술은 모두 1993년 개막을 위해 룩소르 베이거스(Luxor Vegas)가 제작한 선전 자료들에서 취한 것이다. 또한 Chabon(1994) 참조.

참고문헌

Adorno, T. (1993) Bourgeois opera. In Levin, D. (ed.) *Opera Through Other Eyes*. Stanford, CA, Stanford University Press: 25-43.

Ahmad, A. (1994) *Orientalism* and after: ambivalence and metropolitan location in the work of Edward Said. In *In theory: Classes, Nations, Literatures*. London, Verso: 159-219.

Albin, M. (1980) Napoleon's *Description de l'Égypte*: problems of corporate authorship, *Publishing History* 8: 65-85.

Anderson, B. (1991) *Imagined Communities: Reflections on the Origin and Spread of Nationalism*. London, Verso (2nd edn).

Arblaster, A. (1992) *Viva la Libertà! Politics in opera*. London, Verso:141-44.

Asendorf, C. (1993) *Batteries of Life: on the History of Things and their Perception in Modernity*. Berkeley, CA, University of California Press: 46-47.

Bachelard, G. (1969) *The Poetics of Space*. Boston, MA, Beacon Press.

Barrell, J. (1991) *The Infection of Thomas de Quincey: a Psychopathology of Imperialism*. New Haven, CT, Yale University Press.

Behdad, A. (1994) Notes on notes, or with Flaubert in Paris, Egypt. In *Belated travels: Orientalism in the age of colonial dissolution*. Durham, NC, Duke University Press: 53-72.

Bhabha, H. (1994) *The Location of Culture*. London, Routledge.

Blunt, A. (1994) *Travel, Gender and Imperialism: Mary Kingsley and West Africa*. New York, Guilford Press.

Boone, J. (1995) Vacation cruises, or the homoerotics of Orientalism, homophobia, masochism, *Diacritics* 24: 151-68.

Breckenridge, C. and van der Veer, P. (eds) (1993) *Orientalism and the Postcolonial*

Predicament: Perspectives on South Asia. Philadelphia, PA, University of Pennsylvania Press.

Brennan, T. (1992) Places of mind, occupied lands: Edward Said and philology. In Sprinker (ed.) *Said*: 74-95.

Browne, N. (1989) Orientalism as an ideological form: American film theory in the silent period, *Wide Angle* 11: 23-31.

Budden, J. (1992) *The operas of Verdi. Vol. 3: from* Don Carlos *to* Falstaff. Oxford, Clarendon Press.

Busch, H. (1978) *Verdi's* Aida: *the History of an opera in Letters and Documents*. Minneapolis, MN, University of Minnesota Press.

Çelik, Z. (1992) *Displaying the Orient: Architecture of Islam at Nineteenth-century World's Fairs*. Berkeley, CA, University of California Press.

Chabon, M. (1994) Las Vegas: glitz and dust. *New York Times Magazine* 13 November.

Clark, T. J. (1984) The view from Notre Dame. In *The Painting of Modern Life: Paris in the Art of Manet and his Followers*. Princeton, NJ, Princeton University Press.

Clifford, J. (1988) On *Orientalism*. In *The Predicament of Culture: Twentieth-century Ethnography, Literature and Art*. Cambridge, MA, Harvard University Press: 255-76.

Cohen, M. (1993) *Le diable à Paris*: Benjamin's phantasmagoria. In *Profane Illumination: Walter Benjamin and the Paris of Surrealist Revolution*. Berkeley, CA, University of California Press: 217-59.

Colley, L. (1993) The imperial embrace, *Yale Review* 81: 92-98.

Comoli, J.-L. (1980) Machines of the visible. In de Lauretis T. and Heath, S. (eds) *The Cinematic Apparatus*. New York, St Martin's Press: 122-23.

Cosgrove, D. (1985) Prospect, perspective and evolution of the landscape idea, *Transactions, Institute of British Geographers* 10: 45-62.

Darwish, M. (1984) *Victims of a Map*. London, Al Saqi Books.

Dimbleby, J. (1979) *The Palestinians*. London, Quartet Books.

Driver, F. (1992) Geography's empire: histories of geographical knowledge, *Environment and Planning D: Society and Space* 10: 23-40.

Fagan, B. (1992) *The Rape of the Nile: Tomb Robbers, Tourists and Archaeologists in Egypt*. Wakefield, RI, Moyer Bell.

Fanon, F. (1967) *The Wretched of the Earth*. Harmondsworth, Penguin Books (originally

Published in Paris, 1961).

Fanon, F. (1986) *Black Skin, White Masks*. London, Pluto Press (originally published in Paris, 1952).

Flynn, T. (1993) Foucault and the eclipse of vision. In Levin, D. M. (ed.) *Modernity and the Hegemony of Vision*. Berkeley, CA, University of California Press: 273-86.

Forrester, J. (1994) 'Mille e tre': Freud and collecting. In Elsner, J. and Cardinal, R. (eds) *The Cultures of Collecting*. Cambridge, MA, Harvard University Press: 224-51.

Foucault, M. (1979) *Discipline and Punish*. New York, Vintage Books.

Fox, R. (1992) East of Said. In Sprinkler, M. (ed.) *Edward Said: a Critical Reader*. Oxford, Blackwell: 144-56.

Frayling, C. (1992) *The Face of Tutankhamun*. London, Faber & Faber.

Gates, H. L. Jr. (1991) Critical Fanonism, *Critical inquiry* 17: 457-70.

Geyer-Ryan, H. (1994) Space, gender and national identity. In *Fables of Desire: Studies in the Ethics of Art and Gender*. Cambridge, Polity Press: 155-63.

Gillies, J. (1994) Theatres of the world. In *Shakespeare and the Geography of Difference*. Cambridge, Cambridge University Press: 70-98.

Gillispie, C. C. and Dewachter, M. (eds) (1987) *Monuments of Egypt: the Napoleonic Edition*. Princeton, NJ, Princeton Architectural Press.

Gilroy, P. (1993) Travelling theorist, *New Statesman and Society* 12 February: 46-47.

Goslewska, A. (1988) The Napoleonic survey of Egypt. *Cartographica* 25, monograph: 38-39.

Godlewska, A. (1994) Napoleon's geographers (1797-1815): imperialist soldiers of modernity. In Godlewska and Smith, N. (eds) *Geography and Empire*. Oxford and Cambridge, MA, Blackwell.

Godlewska, A. (1995) Map, text and image: representing the mentality of enlightened conquerors, *Transactions, Institute of British Geographers* 20: 5-28.

Godlewska, A. and Smith, N. (eds) (1994) *Geography and Empire*. Oxford and Cambridge, MA, Blackwell.

Green, N. (1990) *The Spectacle of Nature: Landscape and Bourgeois Culture in Nineteenth-century France*. Manchester, Manchester University Press: 29-31.

Gregory, D. (1994) *Geographical Imaginations*. Oxford and Cambridge, MA, Blackwell: 183-93.

Gregory, D. (1995) Between the book and the lamp: imaginative geographies of Egypt, 1849-50, *Transactions, Institute of British Geographers* 20: 29-57.

Gregory, D. (forthcoming), *Describing Egypt*. Minneapolis, MN, University of Minnesota Press, London, Routledge.

Hadawi, S. (1989) *Bitter Harvest: a Modern History of Palestine*. New York, Olive Branch Press.

Hentsch, T. (1992) *Imagining the Middle East*. Montreal, Black Rose Books.

Hovsepian, N. (1992) Connections with Palestine. In Sprinker (ed.) *Said*: 5-18.

Howe, K. (1994) *Excursions along the Nile: the Photographic Discovery of Ancient Egypt*. Santa Barbara, CA, Santa Barbara Museum of Art.

Hulme, P. (1990) Subversive archipelagos: colonial discourse and the break-up of continental theory, *Dispositio* 15: 1-23.

Humbert, J.-M., Pantazzi, M. and Ziegler, C. (1994) *Egyptomania: L'Égypte dans l'art occidental 1730-1930*. Paris, Louvre.

Kabbani, R. (1986) *Imperial Fictions: Europe's Myths of Orient*. London, Macmillan.

Keith, M. and Pile, S. (eds) (1993) *Place and the Politics of Identity*. London, Routledge.

Kuspit, D. (1989) The analogy of archaeology and psychoanalysis. In Gamwell and Wells (eds) *Freud and Art*: 133-51.

Lamplough, A. O. (1908) *Egypt and How to See it*. Paris, Hachette, London, Ballantyne: 119.

Landes, D. (1958) *Bankers and Pashas*. Cambridge, MA, Harvard University Press.

Lant, A. (1992) The curse of the pharoah, or how cinema contracted Egyptomania, *October* 59: 86-112.

Laurens, H., Gillispie, C., Golvin, J.-C. and Traunecker, C. (1989) *L'Expédition d'Égypte 1798-1801*. Paris, Armand Colin.

Lestringant, F. (1994) Ancient lessons; a bookish Orient. In *Mapping the Renaissance World: the Geographical Imagination in the Age of Discovery*. Cambridge, Polity Press: 37-52.

Levinson, M. (1993) News from nowhere: the discontents of Aijaz Ahmad, *Public Culture* 6: 97-131.

Livingstone, D. (1993) A 'sternly practical' pursuit: geography, race and empire. In *The Geographical Tradition: Episodes in the History of a Contested Enterprise*. Oxford,

Blackwell: 216-59.

Lowe, L. (1991) Discourse and heterogeneity: situating orientalism. In *Critical Terrains: French and British Orientalisms*. Ithaca, NY, Cornell University Press: 1-29.

Mackenzie, J. (1993) Occidentalism, counterpoint and counter-polemic, *Journal of Historical Geography* 19: 339-44.

Mackenzie, J. (1994) Edward Said and the historians, *Nineteenth-century Contexts* 18: 9-25.

Martin, A. (1988) *The Knowledge of Ignorance*. Cambridge, Cambridge University Press.

Masson, J. M. (ed.) (1985) *The Complete Letters of Sigmund Freud to Wilhelm Fliess 1887-1904*. Cambridge, MA, Harvard University Press.

McNay, L. (1992) *Foucault and Feminism: Power, Gender and the Self*. Cambridge, Polity Press.

Mills, S. (1991) *Discourse of Difference: an Analysis of Women's Travel Writing and Colonialism*. London, Routledge.

Mitchell, T. (1988) *Colonising Egypt*. Cambridge, Cambridge University Press.

Mitchell, T. (1992) Orientalism and the exhibitionary order. In Dirks, N. (ed.) *Colonialism and Culture*. Ann Arbor, MI, University of Michigan Press: 289-317.

Mostyn, T. (1989) The finest opera house in the world. In *Egypt's Belle Époque: Cairo 1869-1952*. London, Quartet: 72-82.

Nerval, de G. (1974) *Oeuvres* I. Paris, Gallimard.

Nochlin, L. (1989) The imaginary Orient. In *The Politics of Vision: Essays on Nineteenth-century Art abd Society*. New York, Harper & Row: 33-59.

Norris, C. (1994) *Truth and the Ethics of Criticism*. Manchester: Manchester University Press.

Osborne, C. (1987) *verdi: a life in the theatre*. London, Weidenfeld & Nicholson.

Parmenter, B. M. (1994) *Giving Voice to Stones: Place and Identity in Palestinian Literature*. Austin, TX, University of Texas Press.

Parry, B. (1992) Overlapping territories, intertwined histories: Edward Said's postcolonial cosmopolitanism. In Sponker (ed.) *Said*: 19-45.

Parry, B. (1993a) A critique mishandled, *Social Text* 35: 121-33.

Parry, B. (1993b) Imagining empire: from *Mansfield Park* to Antigua, *New Formations* 20: 181-88.

Phillips-Matz, M. J. (1993) *Verdi: a Biography.* Oxford, Oxford University Press: 570-72.

Philo, C. (1992) Foucault's geography, *Environment and Planning D: Society and Space* 10: 137-61

Polan, D. (1994) Art, society and 'contrapuntal criticism': a review of Edward Said's *Culture and imperialism, Clio* 24: 69-79.

Pratt, M. L. (1992) *Imperial Eyes: Transculturation and Travel Writing.* London, Routledge.

Prendergast, C. (1992) *Paris and the Nineteenth Century.* Oxford, Blackwell.

Prochaska, D. (1994) Art of colonialism, colonialism of art: the *Description de l'Égypt* (1809-1828), *L'Esprit créateur* 34: 69-912.

Radhakrishnan, R. (1993) Cultural theory and the politics of location. In Dworkin and Roman (eds) *Views:* 275-94.

Rajchman, J. (1991) Foucault's art of seeing. In *Philosophical Events: Essays of the 80s.* New York, Columbia University Press: 68-102.

Robbins, B. (1994) Secularism, elitism, progress and other transgressions: on Edward Said's 'voyage in', *Social Text* 40: 25-37.

Rogers, A. (1992) The boundaries of reason: the world, the homeland and Edward Said, *Environment and Planning D: Society and Space* 10: 511-26.

Rose, G. (1993) Looking at landscape: the uneasy pleasures of power. In *Feminism and Geography: the Limits of Geographical Knowledge.* Cambridge, Polity Press: 86-112.

Rushdie, S. (1993) On Palestinian identity: an interview with Edward Said. In *Imaginary Homelands: Essays and Criticism 1981-1991.* Harmondsworth, Penguin Books: 166-84.

Said, E. (1966) *Joseph Conrad and the Fiction of Autobiography.* Cambridge, MA, Harvard University Press.

Said, E. (1979) *The Question of Palestine.* New York, Times Books.

Said, E. (1984a) Criticism between culture and system. In *The World, the Text and the Critic.* London, Faber & Faber: 178-225.

Said, E. (1984b) Reflections on American 'left' literary criticism. In *The World, the Text and the Critic.* London, Faber & Faber: 158-77.

Said, E. (1986a) *After the Last Sky: Palestinian Lives.* New York, Pantheon Books.

Said, E. (1986b) Foucault and the imagination of power. In, Hoy, D. C. (ed.) *Foucault:*

a Critical Reader. Oxford, Blackwell: 149-55.

Said, E. (1988a) 'Foreword' to Guha R. and Spivak G. C. (eds) *Selected Subaltern Studies.* New York, Oxford University Press: v-x.

Said, E. (1988b) Michel Foucault, 1926-1984. In Arac, J. (ed.) *After Foucault.* New Brunswick, NJ, Rutgers University Press: 1-11.

Said, E. (1991) *Musical Elaboration.* New York, Columbia University Press.

Said, E. (1993a) An interview with Edward Said, *Boundary* 2: 1-25.

Said, E. (1993b) *Culture and imperialism.* New York, Alfred Knopf.

Said, E. (1993c) The empire at work: Verdi's *Aida.* In *Culture and imperialism*: 111-32.

Said, E. (1994a) Edward Said's *Culture and imperialism: A symposium, Social Text* 40.

Said, E. (1994b) *Representations of the Intellectual.* London, Vintage.

Said, E. (1994c) Return to Palestine—Israel. In *The Politics of Dispossession: the Struggle for Palestinian Self-determination 1969-1994.* New York, Pantheon: 175-99.

Said, E. (1994d) *The Politics of Dispossession: the Struggle for Palestinian Self-determination 1969-1994.* New York: Pantheon.

Said, E. (1995a) East isn't east: the impending end of the age of Orientalism, *The Times Literary Supplement* 3 February.

Said, E. (1995b) *Orientalism.* Harmondsworth, Penguin Books (1st edn, 1978).

Said, E. (1995c) Symbols versus substance a year after the Declaration of Principles: an interview with Edward Said, *Journal of Palestine Studies* 24: 60-72.

Shields, R. (1994) Fancy footwork: Walter Benjamin's notes on *flânerie.* In Tester, K., *The Flâneur.* London, Routledge: 61-80.

Shohat, E. and Stam, R. (1994) *Unthinking Eurocentrism: Multi-culturalism and the Media.* London, Routledge.

Silverman, D. (1977) The 1889 exhibition: the crisis of bourgeois individualism, *Oppositions* 8: 70-91.

Smith, N. (1992) Real wars, theory wars, *Progress in Human Geography* 16: 257-271.

Smith, N. (1994) Geography, empire and social theory, *Progress in Human Geography* 18: 491-500.

Soja, E. (1989) *Postmodern Geographies: The Reassertion of Space in Critical Social Theory.* London, Verso.

Solomon Godeau, A. (1991) A photographer in Jersusalem, 1855: Auguste Salzmann and his times. In *Photography at the Dock: Essays on Photographic History, Institutions and Practices*. Minneapolis, MN, University of Minnesota Press: 150-68.

Southworth, A. (1875) *Four Thousand Miles of African Travel*. New York, Baker, Pratt, London, Sampson & Low.

Spitz, E. H. (1989) Psychoanalysis and the legacies of antiquity. In Gamwell L. and Wells, R. (eds) *Sigmund Freud and Art: his Personal Collection of Antiquities*. New York, Harry Abrams: 153-171.

Spurr, D. (1993) *The Rhetoric of Empire: Colonial Discourse in Journalism, Travel Writing and Imperial Administration*. Durham, NC, Duke University Press.

Steegmuller, F. (1950) *Maupassant*. London, Collins: 279.

Taussing, M. (1987) *Shamanism, Colonialism and the Wild Man*. Chicago, University of Chicago Press.

Tessler, M. (1994) *A History of the Israeli-Palestinian Conflict*. Bloomington, IN, Indiana University Press.

Torgovnick, M. (1990) Entering Freud's study. In *Gone Primitive: Savage Intellects, Modern Lives*. Chicago, IL, University of Chicago Press: 194-209.

Viswanathan, G. (1993) Raymond Williams and British colonialism: the limits of metropolitan theory. In Dworkin, D. and Roman L. (eds) *Views Beyond the Border Country: Raymond Williams and Cultural Politics*. London, Routedge: 217-30.

Weber, S. (1993) Taking place: toward a theatre of dislocation. In Levin (ed.) *Opera Through Other Eyes*: 107-46.

Wicke, J. and Sprinker, M. (1992) Interview with Edward Said. In Sprinker (ed.) *Said*: 221-64

Wilkinson, John Gardner (1873) *A handbook for travellers in Egypt*. London, John Murray.

Woolf, P. (1988) Symbol of Second Empire cultural politics and the Paris Opera House. In Cosgrove, D. and Daniels, S. (eds) *The Iconography of Landscape: Essays on the Symbolic Representation, Design and Use of Past Environments*. Cambridge, Cambridge University Press: 214-35.

Young, R. (1991) Disorienting orientalism. In *White Mythologies: Writing History and the West*. London, Routledge: 119-40.

'대안적' 영화인가, '타자적' 영화인가:
트린 민하와 더불어 서구 속에서 그리고
서구에 대항하여

1 서론

'비서구'는 현대 지리적 및 정치적 상상력에서 전개된 범주 가운데 가장 파악하기 어려운 것 중 하나이다. 이는 서구가 아닌 장소이다. 물론 단지 어떤 한 장소만을 지칭하는 것은 아니다. 이는 또한 '어떤 (비서구적) 견해' 또는 '어떤 (비서구적) 관점'의 자리이다. 비제국적 눈에는 세계, 그 역사와 그 인물이 다르게 보인다. 이와 같은 감정은 명백하고 또한 동시에 의미 없는 것처럼 보이는 다소 두려운 성질을 지닌다. 이들은 항상 받아들여지지만, 그 신뢰성과 진실성은 주기적으로 의문에 처한다.

우리가 서구와 관계에서 우리 자신을 위치 지우는 방식, 이를 포용하거나 거부하는 방식은 매우 복잡하고 절박한 근대적 딜레마 가운데 하나를 제공한다. 이 장은 영화 제작자이자 작가인 트린 민하(Trinh Min-ha, 1952~)의 작품을 통해 이런 난처한 장면을 다루고자 한다. 특히, 나는 지리적 구축물로서 '서구적인 것'과 '비서구적인 것'이 그녀의 작품에서 작동하는 방식을 탐구하기 위해, 트린의 가장 영향력 있는 영화 가운데 두 편,

요컨대 〈재집합(Reassemblage)〉과 〈벌거벗은 공간(Naked Spaces)〉을 다룰 것이다. 두 영화는 아프리카인에 관한 서구적 사고에 대한 비판으로 구성된다. 두 영화 모두 영어로 되어 있으며, 원칙적으로 서구적 '대안', '예술 극장(art house)', 시네마 무대(cinema mileux)에 배포되었다.[1] 나는 '주변부에서' 영화를 제작하고 영화를 해석하기 위해 타자성의 담론을 택하고자 한 트린의 시도는 그녀의 작품을 최소한 부분적으로 서구적 아방가르드 문화 생산의 친숙한 역사 속에 장소 지우는 역설적 효과를 가진다고 주장할 것이다.

나는 내가 여기서 제시하고자 하는 주장을 우연히 제기하게 되었음을 바로 인정해야 할 것이다. 내 책장의 배치가 중요한 역할을 했다. 책장 한쪽 끝에 나는 내 단편적인 관심 영역, 즉 아방가르드의 이론과 실천—아름답게 제작하고 매우 심미적인 아방가르드 고전 및 실용서와 더불어 초현실주의적 방랑, 상황주의적 슬로건—에 관한 서적을 쌓아둔다. 이 칸에는 또한 아방가르드 영화에 관한 상당수의 작품, 즉 상품 자본주의 이미지를 파괴적으로 편집하거나〔예를 들면 기 드보르의 《스펙터클의 사회(Society of Spectacle)》, 1973; Debord, 1992 참조〕, 또는 일상생활의 기발한 조화를 제공하는 것으로서 아방가르드 '외형(look)'이라는 것을 인지할 수 있도록 거칠고 색다르게 편집하고 음성을 교정한 텍스트와 비디오도 있다. 이러한 문화적 연구와는 본래 많이 떨어져 있는 곳에 나를 항상 매료시키는 다른 영역, 즉 인종에 관한 이론서가 한 꾸러미 있다. 두 분야의 서적은 해가 갈수록 늘어나 이제는 어깨에까지 닿는다. 그러나 1997년 여름 어느날—일련의 열광적인 책 구입 이후—나는 한 분야가 어디서 시작하고 다른 분야가 어디서 끝나는지를 말할 수 없는 난처한 경험을 하기 시작했다. 특히 인종에 관한 내 새 책들 가운데 많은 부분은 아방가르드 분야의 특성을 갖고 있었다. 매우 전형적인 사례는 런던의 현대미술연구소에서 출판한 프란츠 파농에 관한 책들이다(Farr, 1995; Read, 1996도 참조). 이 특별한 저작은 선동적 별칭으로서 '아방가르드 양식'으로 설정된 신비한 사진과 파농에게서 인용한 간결하고 함축적인 글 외에 텅 빈 페이지들로 가득하다. 한 페이지(10쪽)에는 다음과 같은 구절이 쓰여 있다. "오, 나의 신체여, 나를 항상 의문을 제기하는 남자로 만드는구나!" 다른 사례는 트린(Ferguson et al., 1990)이 공동 편집한 책《저기 밖에(Out There)》이다. 이 또한 아트 갤러리(뉴욕의 신현대미술박물관)을 통해 출판되었다. 아울러 많은 페이지의 미술 사진을 담고 있다. 또한 이 책은 지식의 분류에 관한 내 시도를 혼란스럽게 하는 취향—잠언적이고, 심미적으로 편집했으며, 의식적으로 주변적인—을 가진 편집서이다. 이런 일화는 내 입장에서 세계를 분리된 연구 영역으로 통제하고 규제하고자 하는 전형적으로 학술적인 어떤 욕구를 배신하는 것으로 여겨진다. 그러나 이런 지적 범주의 와해는 나에게 '탈식민적 타자'가 역사적 아방가르드의 중간 계급 백인 남성에 의해 한때 점유되었던 심미화한 급진주의와 대항성(oppositionality)이라는 동일한 공간에 따라 틀 지어질 수 있고, 또한 아마 그렇게 분류할 수 있다는 가능성에 관해 생각하기 시작하도록 했다. 달리 말해, 비서구적이고 비백인적인 '타자'는 비판의 인지 가능한 위치, 즉 그 역할이 함의하는 의식적 한계성의 모든 함의를 갖는 아방가르드로서 구축된다. 나는 이러한 '타자'가 단순한 '대안'인지 의문스럽다. 나는 이런 정형화가 탈식민주의적 비평이 발전시키고 있는 다양한 방법을 적절히 논의하기에는 매우 서툴다고—너무 깔끔하고 너무 유럽 중심적이라고—생각한다. 그러나 나는 또한 이런 정형화가 탈식민주의적 문화 생산을 비판적으로 고찰할 수 있는 출발점을 잠재적으로 드러낼 수 있다고 주장한다. 특히, 이런 정형화는 〈벌거벗은 공간〉과 〈재집합〉, 즉 내가 설명하고자 하는 바와 같이 재현의 서구적 전통 속에 있고 또한 동시에 거기에 반대하는 두 영화를 탐구할 수 있는 출발점을 나에게 제공했다.

2 서사성 찢기: 〈벌거벗은 공간〉과 〈재집합〉

〈벌거벗은 공간: 지속되는 삶〉(1985, 135분)과 〈재집합: 불빛에서 스크린으로〉(1982, 40분)는 서구적 인류학의 시선에 대한 비판을 제공한다. 두 영화는 서아프리카의 전통적 시골 공동체에서 나타날 수 있는 일련의 산만한 이미지로 구성된다. 각 영화는 표현하기 어렵고 거의 무표정한 해설에 압도된다. 두 영화 모두 관례적 서사를 제시하는 것이 아니라, 일상생활에 관한 일련의 이미지를 보여주며 특히 주택 · 항아리 · 돗자리 · 피부의 촉각적이고 형태적인 성질에 주목한다. 이러한 심미적 성질은 두 영화 모두에서 리듬, 특히 춤추는 리듬, 음악과 음식 준비에 대한 끈질긴 주목을 통해 고조된다. 두 영화는 또한 음악에 혁신적으로 접근한다. 사실 때로 사운드 트랙은 '꺼지고' 단지 이미지만 남겨둔다. 어느 영화에서도 그 속에서 나타나는 행동이나 장면을 직접 언급하거나 설명하고자 하는 해설은 없다.

　〈재집합〉에서 해설은 토속적 목소리, 인류학적 담론 그리고 영화 제작자 자신의 영화 제작에 관한 설명과 충돌하는 일단의 짧은 진술로 구성된다. 때로 임의적으로 조직된 것처럼 보이지만, 이러한 진술은 일종의 지속적인 우울함을 만들어내는 방법으로 전개된다. 이러한 우울은 영화에 출연하는 사람들이 '말할 수 없는' 감정이 아니라, 이 사람들의 목소리가 단지 지배적인 서구적 오(誤)재현 양식의 맥락에서만 존재할 수 있는 감정이다. 따라서 예를 들어, 카메라가 마을 오두막집, 마을 여성의 가슴, 전통적인 마을 활동(우리는 먼저 베 짜기, 이어서 지붕 이엉 잇기, 야외 화덕

에서 요리하기를 볼 수 있다)에 관한 장면으로 옮겨감에 따라, 해설은 다음과
같이 읊조린다.

무엇에 관한 영화? 내 친구가 물었다.

세네갈에 관한 영화. 그러나 세네갈에서 무엇을?

나는 나 자신을 표현할 필요를 점점 더 느끼지 못한다.

이는 내가 잃어버린 것들인가?

내가 잃어버린 것들?

〔소리: 세레르(Sereer: 세네갈에서 세 번째로 큰 인종 집단―옮긴이)어로 똑같은 대화〕

아프리카에서 영화 만들기는 우리에게 많은 것을 의미한다.

화려한 이미지, 가슴을 드러낸 여인, 이국적인 춤 그리고 두려운 의식(儀式).

이상한 것.

먼저 필요를, 이어서 도움을 창출한다.

민족학자들은 단어를 다루는 방법으로 카메라를 다룬다.

회복된, 수집된, 보전된.

바우만족(Bauman) 바사리족(Bassari) 보보족(Bobo).

당신의 인종은 다시 어떻게 불리는가? 민족학자는 그의 동료에게 묻는다.

(Trinh, 1992: 98)

트린의 주제에서 이런 비환원적 타자성은 번역하지 않은 세레르어를
사용함으로써 아주 강하게 전달된다. 동일한 관심이 서아프리카에서 일
상적 시골 생활의 재현을 비판적으로 해체하고자 했던 또 다른 영화 〈벌

거벗은 공간〉에서도 나타난다. 이 영화는 〈재집합〉보다 한층 야심찬 작품으로, 인류학을 비판할 뿐만 아니라 '서구적' 담론과 '아프리카적' 담론의 상호 작용성, 상호 침투의 전망을 발전시키고자 하는 예정된 시도를 드러낸다. 트린(Trinh, 1985. 또한 Trinh, 1989a 참조)이 설명하는 것처럼 이 영화는 "무의미성의 상태로 빠지지 않고 서사성(narrativity) 찢기"의 행동에 매진한다. 서구적 지식을 혼돈스럽고 상충되게 하면서 해석과 재현의 행동을 투명하게 만들기 위한 관심은 영화 전체에 걸쳐 찾아볼 수 있으며, 가장 분명하게는 사운드 트랙에서 찾아볼 수 있다. 트린이 대본 노트에서 설명한 바와 같이,

세 여성의 소리를 위해 쓰여졌고, 세 유형의 인쇄 문자로 여기에 재현한 텍스트. 낮은 소리〔굵은 글씨체〕, 단호하게 들을 수 있는 유일한 소리는 아프리카 작가들의 단어와 더불어 마을 사람들의 말하기와 진술에서 인용한 것이다. 높은 소리〔일반 글씨체〕는 서구적 논리에 따라 정보를 제공하고 서구적 사상가를 주로 인용한다. 중간 소리〔이탤릭체〕는 일인칭으로 말하며, 인격적 감정과 관찰을 연결시킨다.

(Trinh, 1992: 3)

세 가지 소리는 3명의 다른 여성이 말한 것이며, 일인칭 소리는 트린 자신의 것이다. 〈재집합〉에서처럼 〈벌거벗은 공간〉은 '거칠고', '아방가르드 양식'의 카메라 작업으로 명시된다. 그러나 이 영화는 상당히 길고, 그 긴 시간 동안 아무런 말 없이 카메라는 단지 거의 전적으로 그 대상에만 머물거나 또는 그 주변을 맴돈다. 〈재집합〉의 논쟁적 역동성은 좀더 관조적이고 고요한 분위기 속으로 약해진다. 카메라가 특정한 마을 상황에 한 번에 수분씩 머무르는 동안—관객을 시골 생활의 리듬 속으로

들어가게 하기, 언급한 해설이 어떻게 모두 재현되는지 생각하기로 초대하면서—일생생활의 자연 현실과 아름다움이 겹친다. 사실 〈벌거벗은 공간〉에서 흔해빠진 것들의 리듬적이고 심미적인 성질에 대한 강조는 이를 관장하는 감수성을 제공한다. 생활 속에서 그리고 사물(오두막집, 접시, 신체 등) 속에서 원만성(roundness)이라는 사고는 가시적으로 또한 대본에서 "모든 둥근 것은 접촉과 애무를 불러온다"는 "마을 사람들의 이야기"로 반복적으로 언급된다. 〈벌거벗은 공간〉에 관한 비판에서, 헨리타 무어(Henrietta Moore, 1994)는 이런 장면은 마을 생활의 공간에서 외부적인 것과 내부적인 것, 공적인 것과 사적인 것 사이의 균형을 설정하기 위한 것이라고 주장한다. 이런 주장처럼 영화는 전체적이고 유기적인 지리적 상상력의 어떤 견해를 제시한다. 사람들이 살고 있는 건물, 그들이 이용하는 인공물, 그들이 갖고 있는 사상, 이 모두는 통합되고 분리할 수 없는 문화의 초상화로 혼합된다. 무어는 다음과 같이 주장한다.

〔〈벌거벗은 공간〉에서는〕 건축 또는 물리적 공간과 우주적 믿음 또는 사람들의 '내면적 삶' 사이에 명백한 상동성(homology)을 설정한다. 이런 상동성은 공간을 통한 (즉 주택 내부에서 문틀이나 빛이 모이는 곳을 통해 바깥으로) 촬영을 이용함으로써 그리고 건축 형태, 해체적 모티브, 물질문화의 품목과 인간 신체 부위에서 형상과 유형 사이에 가시적 연계를 설정하는 이미지의 연속을 통해 기술적으로 강화된다.

(Moore, 1994: 119)

약 40분에 달하는 영화 앞부분은 축하 행렬과 춤으로 시작해 음식 준비, 대포를 쏘는 축하 행사에 관한 이미지로 옮겨간 다음, 내부의 어두운 거주 장소에서 밝은 햇빛 속으로 나오는 고정된 카메라 촬영으로 이어진다. 이런 장면이 이어지는 동안 해설은 앞서 언급한 것처럼 세 가지 '소리' 각각에 의존하며 다음과 같이 전개된다.

이 땅의 사람들

서술되지 않고, 알려진 바 없으며, 관심도 없는
소리는 침묵의 표면에서 부글거린다

허위적인, 미신적인, 초자연적인. 문명화한 사람은 현실의 많은 부분을 정성화하지만 허위적이고, 미신적이고, 초자연적인 것을 이해하지 못한다.

진실과 사실
벌거벗은 것과 순수한 것
현명한 도곤족(Dogon: 서아프리카 말리의 종족—옮긴이) 사람은 말하곤 했다

"벌거벗었다는 것은 말문이 막혔다는 것이다."

주제적 접속에 관한 인상은 주로 말이 나오는 사운드 트랙 안에 머물러 있기 때문에 그리고 가시적 형상은 초점을 맞추고 상대적으로 변화가 없는 상태로 있기 때문에 후자, 즉 마을 생활의 장면은 영화와 삶 모두에서 그것이 묘사하는 '실재 재료', 가공하지 않은 본질처럼 보인다. 사실 해설이 의문과 왜곡을 전하면서 뒤틀리고 반전되는 동안, 우리가 보는 표상(imagery)은 착근성 및 애착의 낭만주의적 의미를 전달한다. 이런 효과는 두 가지 사실에 의해 뒷받침된다. 첫째, 트린은 전통적 시골 공동체에서 촬영하는 것을 선택했다. 마을 사람들의 '말하기', 의복, 의사소통 또는 기계 등 어떠한 형태에서든 '근대적' 침투는 거의 찾아볼 수 없다. 둘째, 제시된 세 가지 소리는 전복적 놀이[subversive play: 게임 설계(자)의 의도에 반하는 놀이—옮긴이]만큼이나 많은 보수적 고정관념의 계기를 제공한다. 특히 '말하기와 진술'의 영역에 제한된 마을 사람들의 소리(매우 자주 나오는 '아프리카 작가'의 소리와 더불어)는 시간을 초월한 현명함으로 무겁게 느껴진다. 사실 다른 두 소리— '서구적 논리'의 소리와 '개인적 감정'의 소리—는 서구적 근대성의 낭만적이고 합리주의적 측면에서 서로 관련된 것처럼 보이지만, '마을 사람들의 말하기와 진술'은 흔히 시대착오적이고 기교적인 것처럼 보인다. 영화를 설명하면서, 트린은 세 가지 소리는 한 주체성 안에서 위치를 나타낸다고 지적한다. "벌거벗은 공간에서, 관객은 [소리를] 모순되거나 분리된 실체로서 듣기보다는 동일한 주체성 안의 차이로 듣는다"(1992: 184). 이런 설명은 분명 해설에 대한 관심을 더 하지만, 이는 위에서 확인한 문제들을 거의 언급하지 않는다. 결국 세 가지 소리는 여전히 독특한 전통, 그러나 하나의 의식 안에서 다투는 전통에서 도출하는 것으로 표현된다. 게다가 해설이 '동일한 주체성'에서 도출된다는 점을 이해하면, 누구의 주체성인가라는 의문이 떠오른다. 분명 그 소리는 매우 끈질기게 전통적인 아프리카인들이 아니며, 억압자로 묘사되는 서구 인류학자도 아니다. 오히려, 우리가 일단 세 가지 소리를 하나의 주체성을 표현하는 것으로 듣기 시작하면, 마을 사람들과 '서구적 논리'의 소리는 트린의 핵심적이고 권위적이며 인격적인 소리—그녀 자신의 내면적 묵상의 개인적이고 특이한 성질을 조명하기 위해 설계한 단순하고 상투적인 문구—에 종속된다.

3 (또) 다른 종류의 아방가르드: (또) 다른 종류의 원시주의?

트린의 영화는 대부분 서구의 '예술 극장' 시네마에서 상영되었다. 그리고 타자의 재현에 관한 도전적이고 진정한 영화로 평가받았다. 논의한 두 영화에 관한 평론은 '감촉적 아름다움'에 초점을 두는 경향이 있다. 아마테이지(Armatage, 1985)는 "이미지는 거의 직관적으로 연관된 과정에 의해 편집되었고, 지리적 힘과 이미지의 반복 리듬에 의해 통합된 것처럼 보인다"고 서술한다. 평론은 또한 트린이 베트남에서 태어나 성장했다는 점을 항상 언급한다(그녀의 작품이 지닌 비서구적 지위를 인정하면서).

그러나 트린의 영화 스타일과 이 영화들이 관객을 다루는 방식은 서구적이고 아방가르드적인 영화 제작과 친숙한 형태를 느끼도록 한다. 샌프란시스코 주립대학의 영화학 교수라는 지위 덕분에 트린은 영화 장르와 용어 구사에서 매우 높은 학식을 지니고 있다. 그러나 그녀는 〈벌거벗은 공간〉과 〈재집합〉을 특정한 영화적 전통의 일부 또는 이와 관련한 것으로 위치 지우는 것을 거듭 거부했다. 대신 그 영화들의 형태와 양식이 독창적으로 이루어진 것이라고, 영화 제작 활동과 개인적 응답에서 자발적으로 발전한 것이라고 주장한다(Trinh, 1992). 이러한 주장은 트린이 권위적이고 고정된 정체성의 예술적 관례에 저항해 활동한 존 밀턴 케이지(John Milton Cage: 로스앤젤레스 출신의 미국 작곡가이자 전위예술가—옮긴이), 앙토냉 아르토(Antonin Artaud: 마르세유 출신의 프랑스 배우 및 연출가—옮긴이)와 다다주의자 등의 모더니스트 문화 작가들을 칭송했던 그녀의 첫 번째 책 《현대 미술에 관하여(Un Art sans Oeuvre)》(1981)에서 택했던 입장과는 대조된다. 트린은 이러한 모더니스트 전통으로부터 전환한 것을 학문적 접근에서 개인적 접근으로의 전환이라고 해석했다(Trinh, 1989b, 1991). "내가 초기에 택했던 접근은 내가 오늘날 택한 방법과 다르다. 전자의 경우 '나(I)'는 없다—나는 대안적으로 그리고 익명적으로 내가 논의하는 작품의 목소리를 통해서 말했다"(1992: 237).

트린의 개인적 설명으로의 전환은 부분적으로 그녀의 영화 작품이 갖고 있는 자율적이고 자기 활성적인 속성을 동시에 강조함으로써 가능했다. "나는 항상 여러 전환적 범주의 경계선에서 작업하며, 나를 사물의 한계 밖으로 뻗치도록 하고, 나 자신의 한계와 그 한계를 어떻게 수정할 것인가에 대해 배운다"(1992: 137)고 그녀는 주장한다. 스콧 맥도널드(Scott MacDonald)와 진행한 다음과 같은 뜻깊은 좌담에서 드러난 것처럼 트린은 기성 전통의 일부로 이해되는 것을 원치 않는다.

스콧 맥도널드: 〈재집합〉에는 흔히 일반 영화에서는 완성감을 가질 것으로 여겨지는 모선의 한 가운데에서 카메라의 갑작스러운 이동이나 뜻밖의 중단이 있습니다. 실험적 영상 제작(moviemaking) 영역에서 영화(film)로 옮겨 오면서, 나는 이런 종류의 전술에 친숙함을 느꼈습니다. 당신은 이 나라에서 '아방가르드 영화' 또는 '실험적 영화'라고 일컫는 것에 대해 많이 이해하고 있습니까? 끊임없이 당신을 영화와 관련시키려 해서 미안합니다! 이런 점이 당신을 성가시게 한다는 걸 이해합니다.

트린 민하: 〔웃음〕 나는 그런 점이 흥미로운 문제라고 생각합니다. 왜냐하면 당신은 나를 영화의 전통과 관련해 어딘가에 위치 지우려고 하지만, 나는 실험화란 누군가가 영화에 빠졌을 때 제작 과정과 더불어 발전하는 태도라고 느낍니다. 사람은 점차 발전함에 따라, 무거운 소속감을 무리하게 끌고 가지 않고 무언가를 할 수 있는 다른 방법을 탐구하게 됩니다. '실험적'이라는 용어가 어떤 영화를 '아방가르드' 범주에 '속하는 것'으로 분류하도록 하는 기법 및 단어와 관련이 있다면, '실험적'이라는 그 용어가 의문스럽게 됩니다. ……따라서 기법이 아방가르드 영화 제작자들에게 놀라

운 것이 아니라면, 그 영화는 여전히 그런 영화 제작 세계에 전적으로 속한다고 할 수 없습니다. 그건 아마 다를 것입니다. 왜냐하면 그건 아방가르드 예술의 첫 번째 기준을 구성하는 것으로 흔히 간주하는 시각적 출현과 동시성을 선호해서 초월적 재현을 추구하는 대신 재현의 정치를 드러내기 때문입니다. 하지만 그건 또 다른 면에서 다릅니다. 왜냐하면 〈재집합〉에서 내가 하고자 했던 모든 전략은 이 작품을 규정하는 자료와 맥락에 의해 직접 창출된 것이기 때문입니다.

(Trinh, 1992: 113-114)

이런 대화 속에서, 자료 자체가 자신의 제작을 유도했다는 트린의 주장은 아방가르드, 특히 그들의 자발주의와 심미주의라는 인위적 전략과는 대조적인 것으로 제시된다. 그러나 그녀의 작품을 흔히 인정받는 영화의 전통과 거리를 두고자 하는 시도 그리고 이를 독창적이라고 주장하는 시도가 전적으로 유효한 것은 아니다. 왜냐하면 자신을 자료에 따라가도록 하는 것(자신을 포기하고 우연적으로 만드는 것)은 그 자체로 자발주의의 한 유형이기 때문이다. 게다가 많은 (사실 나는 '대부분'이라고 생각하는데) 아방가르드 영화 제작(예를 들어 장-뤽 고다르와 기 드보르)이 지닌 명백한 정치적 기능은 트린 자신의 작품뿐만 아니라 아방가르드 영화 제작 자체가 단지 심미적인 것으로 범주화될 수 없음을 의미한다. 서구적 전통에 오염되는 것에 대한 트린의 거부는 그녀로 하여금 자신의 작품을 해석하기 위해 독창성, 거부, 탐구의 언어를 사용하도록 요구한다. 역설적으로 이것이 바로 역사적 아방가르드의 언어이며, 이는 타자성과 주변성에 관한 주장에 의존해 작업을 수행하는—대부분 남성이며 대부분 백인으로 구성된—문화 작가들의 넝마 주머니(rag-bag)와 같다.

아마 이런 영역에서 트린의 성찰성 부족이 초래한 가장 해로운 결과는 논의 중인 두 영화에서 원시주의(primitivism: 원시적 습속이나 예술의 소박함을 존중하는 입장—옮긴이)의 작동이라고 할 수 있다. 트린은 원시주의와 다른 식민지 담론을 서구적 구성물로 위치 지우고, 특히 이것들을 서구적 인류학과 결부시킨다. 그러나 식민주의와 원시주의는 인류학에서 수십 년 동안 쟁점으로 제도화되었기 때문에, 이 학문에 관한 그녀의 묘사는 이상하게 오래된 것처럼 보인다. 트린이 이용한 오래된 식민적 인류학이라는 이미지는 그녀의 영화에서 다른 소리들(그녀 자신과 아프리카인들의 소리)의 비서구적 속성을 이루도록 설계된 것처럼 보인다. 따라서 트린이 식민적 인류학자들의 오래된 이미지에 초점을 둔 것은 원시주의가 역시 아방가르드를 활성화시켰던 (그리고 지금도 활성화시키고 있는) 방식을 은폐한다. 후자의 경우, '타자'는 문화적 전복자이고 위반자로서 그 자신의 이미지를 내포하고 발전시키기 위해 이용될 수 있기 때문에 가치를 지닌다. 즉 '타자'는 '대안'이다. 달리 말해, 모더니스트 아방가르드는 그 자신을 서구적으로 문명화한 사회의 바깥에 위치 지우기 위해, 즉 가공되지 않은 자연과 진정한 예술을 재현하는 도전적 힘으로 그 자신을 위치 지우기 위해 '부족적(tribal)'이고 비서구적인 것을 받아들이고 그 자신과 동일시한다. 따라서 한 가지 예만 들면, 다다(Dada)의 창설자 트리스탕 차라(Tristan Tzara)는 "우리는 흑인 · 이집트 · 비잔틴 · 고딕 예술의 전통을 이어가며, 15세기에 뒤이은 혐오의 시대에 우리에게 남겨진 격세유전적(atavistic: 세대를 건너뛴 유전—옮긴이) 감수성을 우리 안에서 파괴하기를 원한다"(1992: 63. 1919년 초판 발행)고 선언했다. '원시적인 것'은 서구의 비판으로 서구 안에서 창출된 것이다. 이는 '부족적' 생활의 자연성과 일상적 리듬의 단순성을 문명화하고 관료적이며 기술적인 서구와 끈질기게 비교하는 비판이다(Jordan and Weedon, 1995). 〈흑인 예술에 관한 노트〉(1992. 1917년 첫 발행)에서 차라를 다시 인용해보자. "내 다른 형제는 순진하고, 착하며, 웃고 있다. 그는 아프리카에서 또는 남태평양 제도에서 먹고 있다. ……어둠에서 빛을 끌어내보자. 단순하고, 풍부하며, 밝은 천진난만함." 원시주의적 잠언에 빠져들면서, 차라는 계속 "시간의 유아기에 예술은 기도이며, 나무와 돌은 진실이다. 사람 속에서 나는 달, 식물, 어둠, 금속, 별, 고기를 본다"(58쪽)고 썼다.

트린은 〈벌거벗은 공간〉과 〈재집합〉이 어떤 인지 가능한 전통 바깥으로 이해되기를 원하지만, 이 두 영화의 주제적 및 형식적 성질은 역사적 아방가르드의 핵심적 자부심을 많이 반영하고 있다. 후자와 달리, 트린의 작업은 문화적 편견과 공동체 또는 모든 민족, 모든 사람의 타자성에 관한 이슈를 전면에 배치한다. 그러나 아프리카 촌락 생활의 무시간적·자연적 성질에 관한 그녀의 끈질긴 재현, 마을의 대상물·주택· '말하기'와 행동의 리듬적이고 원만한 성질에 관한 그녀의 낭만적 고취, 이러한 재현을 그 논리와 합리성에 의해 규정되는 '서구'와 대립하도록 위치 지우는 것 그리고 영화 기술에 관한 그녀의 레퍼토리, 이 모두는 트린이 '아방가르드 전통' 그리고 사실 '서구적 재현' 바깥에 있는 만큼이나 그 안에 있음을 보여준다. 트린은 〈재집합〉의 관점을 '연민적 침투'라는 점에서 "통찰력이 있는 것"(1992: 182)으로 서술했다. 그렇지만 그녀는 아프리카를 그렇게 파고든 첫 번째 인물은 아니다. 아프리카는 그 이전에도 그런 방법으로 사랑을 받았다.

4 결론

트린은 서구 '예술 극장' 관객에게 그녀의 영화가 매력적임을 알고 있다. "주변, 우리의 생존 터전은 우리의 싸움터이며 순례의 자리가 되었다"(1990: 330)고 그녀는 적었다. 그렇지만 이런 정형화는 어떤 자기-낭만주의를 배반한다. '그들', 즉 서구적 관객은 집을 떠나서 '우리', 즉 비서구적 저항의 자리를 방문하기 위해 여행을 해야 한다. 이러한 '자리'가 상호적으로 구성되며, 이러한 주변적·비서구적 지역이 서구의 바깥만큼이나 내부에서도 구성된다는 사실은 트린의 설명을 여과시킨다. 사실 그녀 자신을 주변부로서 자기-위치 지우는 것은 그녀 작품 전체에서 서구의 출현 또는 이용을 이론화하기 어렵게 만든다. 서구를 '인정할' 때, 그 출현은 필수적으로 치환되어야 한다. 따라서 예를 들어, 자기 작품에 충만한 파편적이고 유동적인 정체성에 관한 뚜렷한 포스트모던적 관심을 고려하면서, 그녀는 "만약 내가 롤랑 바르트, 서구의 현대 음악, 페미니즘, 탈구조주의 등에 흥미를 가졌다면, 내가 보기에 이러한 흥미는 대체로 그 사유 방식이 비서구적 사유를 배제하지 않으며 따라서 거기에 더 호소하기 때문이다"(Trinh, 1992: 233)라고 서술한다.

'비서구적 사유', 비서구적 관점의 사고는 이 장에서 내가 논의한 트린의 두 영화에 생기를 불어넣고 이들을 조직한다. 트린은 이러한 사고 양식과 관점을 쉽게 이용할 수 있는 것, 전통적인 인류학적 의미에서 유순한 것으로 제시하지 않는다. 그녀는 이를 돌이킬 수 없는 어떤 것, '파악할 수 없는' 타자로 묘사한다. 그렇지만 이러한 후자의 자부심은 심미적 포장과 일련의 역사적 반향을 고무하고 가능케 한다. 이는 부정적으로 (비서구적으로) 규정될 수밖에 없는 돌이킬 수 없는 타자이며, 주변성의 영역 그리고 이와 결부된 신비적 아름다움과 이국적 차이이며, 원시 자연이 문명화한 세계에 무엇을 잃어버렸는지 상기시키도록 설계된 항상 멀리(always-distant) 있는 자리이다.

트린은 흔히 서구적 재현 양식을 벗어나고 싶어 하는 것처럼 보인다. 〈벌거벗은 공간〉과 〈재집합〉에서 그녀는 타자를 위해 말하고자 하는 욕망이라기보다는 서구적 해석의 친숙한 레퍼토리 속에서 말해지지 않는 것에 대한 욕망에 이끌린다. 그러나 이러한 거부, 이러한 먼 항해 이면에 있는 낭만적 역동성은 서구를 떠나고자 하는 과거의 시도 위에서 최소한 부분적으로 만들어지고 또한 이들에 의해 이데올로기적으로 이끌린다. 트린의 작업은 '서구적 전통'에 의해 필수적으로 규정되거나 또는 그런 전통의 진흙탕 속에 빠진 것은 아니다. 그러나 서구적 재현 양식 그리고 서구적 아방가르드 속에 그리고 이에 대항해 존재한다. 진실된 '자리'는 멀리 떨어져 있는 어떤 '주변'이 아니라 혼란스럽고 모순적인 투쟁의 자리라고 나는 제안하고자 한다.

감사의 글

용기를 북돋우고 도움말을 준 마이크 크랭에게 감사한다.

주

1. 〈벌거벗은 공간: 지속되는 삶〉(1985, 135분, 컬러 필름), 배포처: Woman make Movies (New York); The Museum of Modern Art (New York); Idera (Vancouver); Cinenova (London); The National Library of Australia (Canberra). 〈재집합〉(1982, 40분, 컬러 필름), 배포처: Woman make Movies (New York); The Museum of Modern Art (New York); Idera (Vancouver); Cinenova (London); The National Library of Australia (Canberra); Third World Newsreel (New York); Lightcone (Paris); Image Forum (Tokyo).

참고문헌

Armatage, K. (1985) 'Naked Spaces', review in 'Festival of Festivals' programme, September 5-14th, 1985. Toronto, Festival of Festivals.

Debord, G. (1992) *Society of the Spectacle and Other Films*. London, Rebel Press.

Farr, R. (ed.) (1995) *Mirage: Enigmas of Race, Difference and Desire*. London, Institute of Contemporary Arts/Institute of International Visual Arts.

Ferguson, R. *et al*. (eds) (1990) *Out There: Marginalization and Contemporary Cultures*. Cambridge, The New Museum of Contemporary Art, New York/The MIT Press.

Jordan, G. and Weedon, C. (1995) *Cultural Politics: Class, Gender, Race and the Postmodern World*. Oxford, Blackwell.

Read, A. (ed.) (1996) *The Fact of Blackness: Frantz Fanon and Visual Representation*. London, Institute of Contemporary Arts/Institute of International Visual Arts.

Moore, H. (1994) 'Trinh T, Minh-ha observed: anthropology and others', in Taylor, L. (ed.) *Visualizing Theory: Selected Essays from V.A.R. 1990-1994*. New York, Routledge: 115-125.

Trinh, M. (1981) *Un Art sans Oeuvre*. Troy, Michigan, International Book Publishers.

Trinh, M. (1985) 'Naked Spaces', paper presented at the San Francisco Cinematheque, October 27th.

Trinh, M. (1989a) 'Outside in inside out', in Pines, J. and Willman, P. (eds) *Questions of Third Cinema*. London, BFI: 133-149.

Trinh, M. (1989b) *Woman, Native, Other: Writing Postcoloniality and Feminism*. Bloomington, Indiana University Press.

Trinh, M. (1990) 'Cotton and iron', in Ferguson, R. *et al*. (eds) (1990) *Out There: Marginalization and Contemporary Cultures*. Cambridge, The New Museum of Contemporary Art, New York/The MIT Press: 327-336.

Trinh, M. (1991) *When the Moon Waxes Red: Representation, Gender and Cultural Politics*. New York, Routledge.

Trinh, M. (1992) *Framer Framed*. New York, Routledge.

Tzara, T. (1992) *Seven Dada Manifestos and Lampisteries*. London, Calder Press.

지정학적 공간에 관한 사유: 폴 비릴리오의 저작에서 전쟁, 속도, 시각의 공간성

1932년 파리에서 태어난 폴 비릴리오(Paul Virilio, 1932~)는 제3공화국(1871년 프랑스-프로이센 전쟁 이후부터 1940년 제2차 세계대전 시기 독일군에게 점령당한 후 해방될 때까지의 프랑스 정부—옮긴이) 시대 사람이다. 그의 지적 프로젝트는 공화국을 맹공했던 엄청난 군사적 · 경제적 · 문화적 힘에 여러 가지 방법으로 집중했다. 비릴리오는 1942년 낭트의 파괴를 충격적 사건으로 회상하면서, 전쟁에 의해 괴롭힘을 당했던 어린 시절을 서술한다(Virilio, 1983: 2, 24). 《영토의 불안(The Insecurity of Territory)》 서문에서 비릴리오는 전쟁을 자신의 아버지요, 어머니라고 서술한다. 제2차 세계대전의 정신적 충격 이후에는 알제리 전쟁에 참여하는 프랑스군에 징집됨에 따라, 전쟁과의 익숙한 관계는 지속되었다. 비릴리오는 "전쟁은 내 대학교였다"(1983: 24)고 주장하기도 했다.

비릴리오는 도시 계획가 및 건축가로 교육을 받은 후, 군사 실무 및 무기 기술에 대한 경험을 했는데, 사실 이에 대한 매력이 경관 형태학 및 도시 설계와 관련한 지적 의문에 대한 접근법을 형성하게끔 해주었다. 1958년에는 히틀러의 대서양 벽(Hitler's Atlantic Wall: 제2차 세계대전 당시 1942~

1944년 사이 영국으로부터 예상되는 연합국의 대륙 침입을 방어하기 위해, 독일이 유럽 서부 해안에 건설한 광대한 요새 체계—옮긴이)의 요새 설치를 연구하고 그것에 대한 사진을 찍기 시작했다. 그 결과 산업창조센터에서 조직한 전시회가 열렸고, 1975년 12월~1976년 2월 사이 파리의 장식미술박물관에 출품을 했다. 이 전시에서 《벙커 고고학(Bunker Archaeology)》이 등장했는데, 이는 군사적 공간과 전쟁의 공간성을 조건 짓는 역사적 경향, 제도, 인격성, 심미성에 관한 비릴리오의 꼼꼼한 해석을 곁들인 전시회 사진 수집으로 이루어졌다.

이 시기, 비릴리오는 이미 프랑스 건축계에 잘 알려진 인물이었다. 1963년 클로드 파랭(Claude Parent)과 함께 비릴리오는 '건축 원리(Architecture Principle)' 집단을 창립했으며, 두 건의 중요한 건축물, 즉 1966년 생트 베르나데트 드 느베르(Sainte Bernadette de Nevers) 교구 센터, 1969년 빌라쿠블레(Villacoublay)에 있는 톰슨-휴스턴(Thomson-Houston) 우주연구센터의 건설을 감독했다. 1969년에는 파리의 건축특수학교 교수 겸 워크숍 소장으로 지명되었고, 1973년에는 연구소장 그리고 1990년에는 총장으로 승진했다.

개척적인 《벙커 고고학》을 시작하면서, 비릴리오는 전쟁·기술·인간 정주 형태·통신·대중 매체와 영화에서 초역사적인 경향에 관한 일련의 혁신적이고 제안적인 '해설 기사'을 출판했으며, 이들 가운데 모두는 아니지만 대부분 영어와 다른 언어로 번역되어 있다. 이 저술들의 광범위함과 절충적 성격은 비릴리오를 범주화하기 어려운 지식인으로 만들었다. 그는 동시적으로 전쟁 및 기술과 사진술의 역사가, 건축과 군사 전략 및 영화의 철학자, 역사와 테러리즘 그리고 대중 매체와 인간-기계 관계에 관해 정치적 성향을 가진 주창적 논평가로 활동했다.

그럼에도 불구하고, 1970년대 이후 비릴리오에 대한 논의에서 나타나

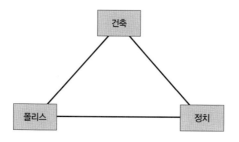

그림 16.1 군사력/지식/기술

는 문제성을 확인하기란 어렵지 않다. 이런 문제성은 두 가지 삼각형으로 인지할 수 있는데, 첫째는 관례적 의미에서 학문적이고 범주적인 것이며(그림 16.1 참조), 두 번째는 좀더 완전히 개념적이고 색다른 것으로, 그의 저술에서 비릴리오를 끌었거나 사로잡았다고 주장할 수 있는 세 가지 매우 중요한 주제를 드러낸다(그림 16.2 참조).

첫 번째 삼각형은 비릴리오의 상이한 전문적 정체성, 즉 건축가·군사전략 분석가 그리고 정치적 성향의 인물들 간 연계를 그린 것이다. 건축가로서 비릴리오는 도시 형태의 속성에 깊은 관심을 가졌다. 도시에 관한 성찰은 그를 폴리스(polis)를 통한 정치로 직접 유도한다. "나에게 도시와의 관계는 정치와의 관계와 직결된다. 게다가 어원적으로 말하면, 도시 전문가(urbanist)와 정치인은 동일하다. 근대 정치 이데올로기는 정치적인 것은 가장 우선적으로 폴리스와 관련된다는 것을 모호하게 한다"(1983: 2-3). '도시 전문가'의 로마적 어원을 그리스의 '정치인'의 어원과 연관시킴으로써 비릴리오는 이러한 언어적 불일치를 중요한 관찰로 전환한다. 만약 폴리스의 학생으로서 도시인 그리고 폴리스 내 행위자로서 정치인이 하나라면, 도시성에 관한 성찰은 또한 불가피하게 정치에 관한 성찰이다. 어원론은 또한 그를 전쟁, 즉 인간의 정주 형태와 도시의 가능성을 항상 모양 지우는 전형적 인간 활동에 관한 성찰로 유도한다.

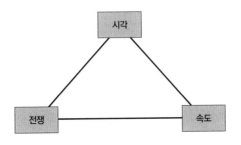

그림 16.2 통합적 관심: 인간-기계의 접속

그가 자신의 저술에서 지적한 것처럼, 어원적으로 도시 전문가는 도시를 방어하기 위해 이를 건설한 사람이다(1983: 86). 자신들의 저술에서 어떤 주요 요소를 공유하는 루이스 멈퍼드와 마찬가지로, 비릴리오는 도시를 부분적으로 전쟁-만들기의 물질적 기대와 그 산물로 재이미지화했으며, 도시 전문가적 추론은 부분적으로 전쟁-만들기를 위해 항상 준비된다(Mumford, 1963, 1970).

첫 번째 삼각형의 세 꼭짓점을 통합한 것이 군사력, 지식과 기술의 문제성이다. 20세기 동안 지식과 기술의 결합된 기능에서 질적 변화와 더불어, 군사력의 속성이 변했다. 군사력/지식/기술의 문제성에 관한 비릴리오의 한결같은 관심은 우리 시대의 가장 복잡하고 도전적인 의문 가운데 일부, 즉 전쟁·속도·시각과 관련한 문제성을 광범위하게 재고찰하도록 유도했다. 이러한 문제성은 20세기 후반의 생활을 틀 지우고, 조건 지우며, 위협하는 기계들에 대한 인간 통제의 한계와 관련한 비릴리오의 지속적인 집착을 통해 심층적 수준에서 통합되었다. 인간-기계 등식에 관한 이런 관심은 물론 비릴리오에게 특화된 것은 아니며, 20세기 후반 프랑스 사상의 지배적 관심으로서 보드리야르, 들뢰즈, 데리다, 푸코, 가타리, 라투르 등의 저작에서 이런 표현을 찾아볼 수 있다.

이 두 번째 삼각형의 기본적 성질은 우리가 이 논문에서 관심을 갖는 것들이다. 더 정확히 말해, 우리는 지정학의 공간적 사유를 위한 전쟁·속도·시각의 기계적 성질에 관한 비릴리오의 사유가 갖고 있는 속성과 여기에 내포된 함의를 고찰하고자 한다. 지정학은 고정적이고 통합된 일단의 작업이거나 노력의 장이 아니라는 점을 지적할 가치가 있다. 오히려 지정학은 병참 기술, 영토적 공간, 지구적 시각, 제국적 전략과 권력 프로젝트에 관한 관심, 즉 권위 있는 특정 지식인들의 저술과 강력하고 헤게모니적인 국가의 실행이 상이한 장소에서 상이한 방법으로 그러나 역사적으로 함께 이루어지는 관심의 배열이다(Matellart, 1994, 1996; Ó Tuathail, 1996). 비릴리오의 저술은 분명 지정학의 배열 속에서 작동하는 것으로 해석할 수 있다. 이 장에서 우리의 가장 큰 관심은 이러한 배열의 기본적인 힘을 어떻게 재지도화할 것이냐이다.

전쟁·시각·속도의 기계적 성질을 고찰하기 전에, 비릴리오의 방법과 서술 방식에 관해 약간 논의하는 것이 좋겠다. 비릴리오는 고대 전쟁에서 "에피소드는 경향보다 더 중요"했지만 "근대 전쟁에서는 경향이 에피소드에 비해 더 중요"하다는 취지로 윈스턴 처칠을 인용하면서, 그 자신은 "에피소드"보다는 "경향"에 우선적인 관심을 갖는다고 서술한다(1983: 11). 이러한 구분은 비릴리오의 저작을 이해하는 데 중요하다. 이는 한편으로 기본적 경향, 궤적, 추세 등을 확인하는 데 초점을 두는 비릴리오의 엄격한 초역사적 시선과 다른 한편으로는 번잡한 경험적 현실에 관심을 갖는 다른 학자들의 좀더 역사적으로 구현된 견해 사이를 중요하게 구분 짓는다. '통찰력'을 창출하기 위해 이러한 시선을 펼치면서, 비릴리오는 탈맥락화한 경향에 관심을 갖는 많은 위대한 전략가와 지정학자의 전통 속에서 연구를 수행한다. 그들은 고대 전쟁에서 가장 현대적 형태의 전쟁에 이르기까지 인간 역사의 기록을 가로질러 고찰함으로써, 모두가 전략에 관한 "무시간적 진실"(Agnew, 1998)을 창출하고자 한다. 경향은 근본적으로 자연화한 초문화적 항상성을 갖는 반면, 에피소드는 문화적으로 개연적이고 역사적으로 현실에 기반을 둔 것이다.

비릴리오의 경우, 이와 같은 쉼 없는 초역사적 시선은 설명보다 제안을 더 가치 있게끔 하는 특정한 생략적 방식과 결합된다. 비릴리오 자신은 그가 설명을 믿지 않는다고 선언하는 그와 같은 자세를 지지한다.

> 도시학자이자 건축가가 되면서, 나는 깔끔한 시스템, 잘 작동하는 기계를 구축하는 데 매우 열중했다. 나는 글쓰기를 하는 일이 이와 동일한 것을 하는 것이라고 생각하지 않는다. 나는 2 더하기 2는 4라는 식의 글쓰기를 좋아하지 않는다. ……나는 계단에서 작업을 한다. ……나는 한 문장을 시작해 그 문장이 충분히 제안적이라고 생각하면, 이 사고에 관한 작업을 마친다. 나는 발전에 대해 신경 쓰지 않고, 다른 사고로 한 단계 건너뛴다. 발전은 에피소드이다. 나는 경향에 도달하고자 애쓴다. 경향은 변화의 차원이다.
>
> (1983: 38-39)

비릴리오와의 대담에서, 실베르 로트링거(Sylvère Lotringer)는 다소 관대하게 그의 저술을 "비상상태에서의 저술", 즉 20세기 후반의 전쟁을 특징짓는 핵 테러(또는 최소한 냉전 시대 동안의 핵 억제)에 관심을 기울이기 위해 진행 중에 있는 전쟁에 관한 저술이라고 묘사했다.

그러나 이는 비릴리오의 제안적 방법과 관련한 심각한 결점을 무시하고 있다. 첫째, 비릴리오의 방법은 수사적 폭탄—즉 역사적 근거에 관한 번잡한 탐구보다 점점 더 명확해지는 도시성, 전쟁, 국가, 속도, 기술 등에 관한 명쾌하고 짧은 선언적 진술—을 퍼붓기 쉽다. 보드리야르와 유사하게, 비릴리오는 속도와 폭력에 관한 주장을 거듭함에 따라 과장적인 진술과 어구를 향하는 경향이 있었다. 그는 사운드 바이트(sound-bite: 뉴스 내용과 직접 관련된 사람의 인터뷰나 간단한 논평 등을 녹음해둔 것—옮긴이) 시간을 위한 사운드 바이트 이론을 만들어내는 경구(警句) 전문가일 수도 있다. 그의 저술은 흔히 단락(paragraph)의 공간에서 한 역사 시대에서 다른 역사 시대로 혼란스럽게 건너뛰는 저널리스트적 묵상에 불과하다. 때로 그의 저술은 슬로건처럼 손자(孫子)가 말한 "속도는 전쟁의 본질이다", 또는 윌리엄 페리(William Perry: 전 미국 국방장관)가 말한 "일단 여러분이 타깃을 볼 수 있으면, 여러분은 그것을 파괴시킬 것을 기대할 수 있다" 같은 본질적 진언(mantra)과 무시간적 진리에 대한 강박적 집착을 보인다. 또 다른 경우, 비릴리오의 저술은 계단에 완전히 걸려 넘어져, 기독교적 주제와 계시록적 세계의 도래설〔예를 들면 죽음 · 베트남과 닉슨(1983: 160-161), 여성 · 가족 · 전쟁(1990: 81), 성적 도착과 사이버 공간에서의 오락(1995: 103-118)〕의 요소와 그 반향들로 이루어진 어리석음이나 신비함 속에 빠지기도 한다.

둘째, 비릴리오의 저술은 거의 편집적인 공상과 결합해, 그가 확인한 경향을 그 가장 순수한 형태, 전적으로 자동화한 전장의 순수한 전쟁 또는 자동적으로 전쟁 선언을 하게 되는 닥터 스트레인지러브(Dr. Strangelove: 같은 영화 제목의 주인공으로서 전면적인 핵전쟁 추진론자를 일컬음—옮긴이)의 순수한 핵전쟁 기계(Doomsday Machine)로 가져간다. 이러한 과대망상적 스타일은 우리에게 많은 것을 드러내주고, 도나 해러웨이(Haraway, 1997) 같은 다른 이론가들에 의해서도 좋은 효과를 가진 것으로 사용되었다. 이러한 계시록적 스타일은 냉전의 유물이며, 1979~1989년에 재발한 미국-소비에트 간 갈등에 따른 이른바 '제2차 냉전' 동안에는 타당성이 없었다. 그럼에도 불구하고 이는 근거가 없거나 심지어 더 나쁘게는 비현실적으로 들리는 대범한 선언으로 이어질 수 있다. 어떤 사람들에게는 또 다른 포스트모던 프랑스 이론가로서, 또 다른 사람들에게는 선견지명 있고 기술적으로 재치 있는 전략가로서 비릴리오의 저술은 항상 그의 독자로 하여금 그들의 상투적이고 관례적인 존재론을 넘어서 추론하도록 촉진한다.

1 전쟁 기계 식민화하기: 전쟁의 공간성

폴 비릴리오에게 모든 인문 지리는 궁극적으로 전쟁의 산물이다. 왜냐 하면 공간은 항상 방어적 장애물의 지역 그리고/또는 공격적 작전의 지역으로 상상되기 때문이다. 군사 지리에 대한 필요는 인문지리학을 위한 가능성과 한계를 설정한다. 근본적으로 전쟁과 그 준비는 발사 속도, 교통의 물류 비율, 정보 수집 능력의 역할을 함으로써 인간 경험의 공간-시간을 만들어낸다. 공간을 인간 정주와 권위의 정치적 단위로 전환하기 위한 영토 조직은 최초의 인간 취락 정주에서부터 중세 도시-국가, 근대 국민-국가 그리고 세계적 규모의 제국에 이르기까지 항상적 경향을 나타냈다. 이들은 군사력, 지식, 기술적 조직의 상이한 질서를 표현한다.

　비릴리오에 의하면, 군사적 지식에는 세 가지 독특한 질서, 즉 전술 · 전략 · 병참술이 있다. 그는 전술을 초기 인간 문명에서 "사냥의 예술"에 귀속시킨다. 이러한 문명은 근대적 의미의 전쟁 없이 존재한다. 상이한 부족 간 충돌은 "소동"을 만들어낸다(1983: 4). 비릴리오는 전략을 그리스 도시국가의 등장에서부터 봉건 유럽의 상업적 도시국가의 발달에까지 관련시킨다. 전략은 요새화해 방어할 능력을 가진 중심에 도시국가를 위치 지우면서 전쟁을 준비하는 무대로 공간을 조직하는 것이며, 이 도시국가가 지원하는 군사-정치 체계는 전쟁을 일으켜야만 한다. 전술은 군사적 지식의 질서로 사라지지 않지만, 단지 전략에 종속될 뿐이다.

그러나 19세기 후반 이후 기계화한 근대 전쟁 경제와 결부된 군사력/지식/기술의 새로운 질서가 총체적 전쟁을 수행하는 무서운 현실 속에서 엄청난 파괴를 일으킬 가능성이 현실화함에 따라, 전술과 전략 모두는 병참술에 의해 점차 대체되었다. 비릴리오에 의하면, 1945년 히로시마에 원폭을 투하할 즈음 병참술은 군사력의 지배적 질서가 되었다. 그는 당시 펜타곤의 성명을 인용하면서, 병참술로 전환하는 것은 "한 국가의 잠재력이 전쟁 시기와 마찬가지로 평화 시기에도 무장한 힘으로 전환되는 절차"(1983: 16)라고 주장한다. 병참술로 인해 평화의 시기와 전쟁의 시기 간 구분이 사라졌다. 단지 전쟁을 위한 영구적 준비만 있을 뿐이다.

많은 학자들처럼 비릴리오는 초기 근대 국가를 전쟁 기계에 불과한 것으로 독해한다(Mann, 1986; McNeill, 1982; Mumford, 1970 참조). 즉 초기 근대 국가는 공간과 인구를 식민화하는 약탈적 조직이다. 근대 국가는 공간을 구획하고, 경계 짓고, 포장하고, 보호하는 영토의 군사적 체계로 조직하고, 또한 인구를 군사적 기계의 기능화와 영속화를 지지하는 일시적 관계로 조직한다. 비릴리오는 봉건제의 준식민지 경제, 즉 "군사적 보호를 통한 부정한 돈벌이는 위대한 근대 국가의 구성적 기반을 형성한다"(1990: 46)고 주장한다. 프랑스 혁명은 군사적 전쟁 기계로서의 국가에 의한 공간과 시간의 질서화에서 질적 변화의 계기가 되었다. 이는 "격동의 국가"(1986: 34)라는 정치적 사고를 촉발했다. 비릴리오에 의하면, 민주 혁명이라는 사고는 "질주적(dromocratic) 혁명", 가속화와 속도의 혁명으로 이해된다. 전쟁-기계-로서-국가(state-as-war-machine)는 운동량을 끌어 모아서 "병참적 요새 구릉지와 가정의 숙박 시설 중간에 고착되어 있던 공동체적 도시-기계(city-machine)의 포위 상태를 국가 영토 전체"(1986: 14)로 확산시켰다. 시간, 공간, 전쟁-기계-로서의-국가의 새로운 질서가 결합되었고, 비릴리오는 이러한 결합을 제유법적으로(synecdochically: 일부로써 전체를 또는 전체로써 일부를 나타내는 비유적 표현법—옮긴이) 폴리스, 경찰, 고속도로 감시로 상술했다(1986: 14).

근대 시기의 속도와 정치에 관한 과장되고 불특정적인 비릴리오의 진술은 시공간적 압축의 논리에 대한 해석으로 잘 알려진 데이비드 하비(Harvey, 1989, 1996)의 변형으로 읽힐 수 있다. 그러나 비릴리오의 주장은 하비의 주장과 결정적으로 다르다. 왜냐하면 그 핵심 원동력은 경제적 자본 축적의 역동성이 아니라, 군사적 무기 축적의 역동성이기 때문이다. 비릴리오가 관심을 갖는 것은 생산 수단이 아니라, 파괴 수단의 진화이다. 군사력/지식/기술 연계에 관한 비릴리오의 주장은 점잖지 않다. 손자(孫子, 1971)도 동의하겠지만 전술적 행동의 기본 목적은 "적이 가로질러야만 하는 공간 또는 그가 살아야만 하는 시간을 재규정하는 것"이다. 이는 전쟁의 실행 가능성, "반복을 통해 적에게 부가할 수 있는 시간과 공간 속에서 고안한 일관된 계획", "역사의 전체주의적 언어의 기원이 아니라 그 수단"을 만들어낸다. 군사적 축적의 역동성은 유럽 국가들에 이어 세계를 소모함으로써, 서구적 군사 정보에 의해 세계 역사를 절대적으로 탈취하는 위업을 달성한다.

"세계 역사의 절대적 탈취"를 실현하는 전쟁 기계로서 국가라는 과대망상적 견해는 비릴리오에 의해 "총체적 전쟁(total war)"과 "순수한 전쟁(pure war)"이라는 개념으로 표현된다. 그는 총체적 전쟁을 군사 활동의 유의한 차원으로서 병참술의 등장으로까지 소급시켜, 그것이 20세기 초의 위대한 해군력에서 처음 시작되었음을 밝힌다. 이는 또한 속도와 기동 가능성이 우선적 가치를 갖는 새로운 공간-시간 질서를 특징지었다. "그것은 처음 바다에서 이루어졌다. 왜냐하면 해군 요새 제방(naval glacis: 유럽의 요새에 사용한 인공적 경사지—옮긴이)은 운송 수단의 세계적 이동에 대해 어떠한 영구적 장애물도 자연적으로 부여할 수 없기 때문이다"(1986: 50).

솜(Somme) 강에서 영국군에 의한 탱크의 도입은 육지에서 속도와 기동 기능성에 혁명을 이루었다. 이는 자동 요새이며, 땅에서의 전함이었다(1986: 56). 비릴리오의 도해에서 또 다른 역사적 시기는 1943년 2월 18일 베를린에 있는 요새화한 스포츠 궁전(Sports Palace)에서 요제프 괴벨스(Joseph Goebbels: 나치 독일의 선동가—옮긴이)가 기존 전투를 크게 강화한 "총체적 전쟁"이 "폭풍우"처럼 폭발할 것이라고 한 선언과 관련이 있다(1994a: 58). 비릴리오는 군사 기술부터 건축 병참술에 이르기까지 유의하다고 간주한 경향 모두를 재현한 역사적 핵심 인물로 알프레트 슈페어(Alfred Speer: 독일의 건축가이자 독일 제3제국의 군수장관—옮긴이)를 꼽았다(1994a: 55-61).

20세기의 총체적 전쟁을 향한 흐름은 20세기 문명의 다중적 결과를 유발했다. 이는 군사적인 것에 의한 사회적인 것의 식민화를 심화시켜 '문명적인' 것과 '군사적인' 것 간의 구분을 모호하게 했다. 시민이 되는 것은 수천만 명의 죽음에서 100만 번째로 "죽을 수 있는 권리"(1990: 79)를 획득함을 의미한다. 이는 또한 환경에 대한 전쟁을 강화한다. 총체적 전쟁은 기술적으로 실행 가능한 생태적 전투—적을 지원하는 건조(建造) 환경 및 자연 환경의 생태계에 대한 전쟁—의 궁극적 차원으로 유도한다(1986: 75). 게다가 이는 정치적 생활 및 전쟁의 역동성에 새로운 전제주의를 가져온다. 이는 거대하게 병참적으로 추진된 전쟁 효과 속에서 사회 전체를 동원하기 때문에, 그 목적은 단순히 적을 패배시키는 것이 아니라 그 자신의 정체성과 영혼을 파괴하는 것이 된다.

전투는 제2차 세계대전의 종결로 질적으로 새로운 특성을 발전시켰다. 히로시마는 핵전쟁의 새로운 시대를 열었다. 그리고 일찍이 런던에 대한 독일의 V-1 크루즈 미사일과 V-2 로켓 발진은 대륙간 전략 미사일의 시대를 선도했다. 이 둘의 기술적 혁신과 관련한 병참술이 더욱 세련됨에 따라, 이들은 지구적 핵 억제의 냉전 체제를 구성하는 데 이바지했다. 비릴리오에 의하면, 지구적 핵 억제 시대는 "총체적" 또는 "절대적" 전쟁이 아니라 "순수한 전쟁"이다.

> 억제는 총체적 평화를 보장하는 무기 능력의 발전이다. 점점 더 세련된 무기류를 가지게 되었다는 사실은 적을 점점 더 저지시킨다. 이 점에서, 전쟁은 더 이상 실행되는 것이 아니라 준비되는 것이다. 전쟁의 준비는 내가 순수 전쟁이라고 부르는 것으로, 이는 반복적으로 실행되는 것이 아니라 무한히 준비되는 것이다. 이러한 무한한 준비, 즉 병참술의 향상은 또한 단지 문명적 소비라는 의미에서 사회의 비(非)발전을 수반한다.
>
> (1983: 92)

순수 전쟁은 전투를 역사적으로 의미 있게 만든 구분에 도전한다. 평화도 아니고 전쟁도 아닌 단지 영구적 병참 투쟁, 즉 전투 준비가 '평화'를 확고히 하기 위해 사회적 및 경제적 관계를 재조직하는 것이다(Luke, 1989). 전략공군사령부(Strategic Air Command)가 말한 것처럼 냉전의 한가운데에서 "평화는 우리의 염원이다". 공격적인 것과 방어적인 것 간의 구분은 더 이상 적실성이 없다(1991a: 131). "전쟁은 선전포고된 갈등, 즉 전장과 더 이상 직접적으로 동일시되지 않으며"(1990: 36), 오히려 핵 운반체의 속도 병참술과 동일시된다.

> 방어-에 대한-의지(will-to-defence) 그리고 권력-에 대한-의지(will-to-power)는 단일 혼합물 속에 무차별적으로 혼합된다. ……폭력의 속도는 능가할 자 없는 속도의 폭력이 되었으며, 빛의 속도는 전쟁의 맥락·본질 그리고 속성에서 표준적 척도가 되었다. 순수 전쟁은 적대자로 하여금 대립 가능 조건을 즉각적으로 역전시킬 수 있도록 유도한다는 점에서, 모든 의

미의 권력의 역전에 기여한다.

(1991a: 138)

순수 전쟁이 이러한 이유는 억제의 시대에 병참술의 논리가 이와 같은 기계적 수준에 도달함에 따라 인간이 전쟁 기계에서 점점 덜 유의한 요소가 되었기 때문이다.

여기서 비릴리오는 핵 전술과 전략, 병참술의 상호 작용이 세계의 대중 매체 시장 속에서 얼마나 철저히 의미론적으로 작동하는가를 인식한다. 사실 텔레비전과 영화는 이들의 사진술적 효과가 극히 빠르고, 명목상 중단 불가능하며, 무한히 재발진 가능하다는 점에서, 핵의 유효 탑재량(payloads)을 전달하는 가장 보편적인 방식으로 이해된다. 비록 대부분의 핵 전략가들은 핵무기의 열/폭풍/방사능 출력이 탈-히로시마 세계체제에서 합리적으로 사용될 수 없음을 인정하지만, 유효 탑재량 전달 운반체는 그 억제력의 사진-사실주의적 힘을 신뢰하도록 하는 방식으로 매일 작동한다(Luke, 1991). 전형적인 과장된 진술을 통해, 비릴리오는 "순수 전쟁은 더 이상 인간을 필요로 하지 않으며, 이것이 바로 전쟁이 왜 순수한지를 설명하는 이유"(1983: 171)라고 선언한다. 그의 편집증적 견해에 따르면 순수 전쟁은 핵무기 기계의 논리, 기술, 시공간적 필요조건의 새로운 수준을 명시한다. 비릴리오는 그의 저서 한 부분에서 "러시아-미국 간 지구적 핵 억제의 실현은 총체적 식민화의 재앙적 과정이다"(1990: 34)고 결론지었다. 군산복합체—이 용어를 만들었다고 알려진 아이젠하워는 비릴리오의 도해에서 또 다른 역사적 인물이다(1983: 14, 93) — 에 의한 사회와 경제의 이러한 식민화는 위에서 언급한 것처럼 비릴리오로 하여금 이런 경향이 경제 침체(비발전)와 제로 성장을 유도할 것이라고 주장하게끔 한다. 당시에는 다소 그럴듯한 예측이었지만, 비릴리오가 영구적 전쟁 경제가 유럽과 여타 지역의 특정 국가를 침체에 빠뜨릴 것이라고 주장한 것은 전적으로 틀린 것은 아니었다(1983: 93). 1970년대 및 1980년대 초 라틴아메리카와 남부 유럽의 군-관료적 독재 정권과 1980년대 후반 소련과 그 동맹국들의 심각한 어려움은 대체로 내적-식민화하는 군사주의에 의해 유발된 경제적·정치적 및 사회적 모순에 기인했다고 할 수 있다.

좀더 선동적인 점은 순수 전쟁으로서 지구적 핵 억제로부터 비릴리오가 추론한 두 번째 결과이다. 지구적 핵전쟁 기계들이 점점 더 기술적이고 기계적인 상호 억제 체제를 세련시킴에 따라, 정치의 공간-시간은 급격히 줄어들었고 압축되었다. 핵전쟁이 점점 더 전자적 결정에 의존함에 따라, 정치의 지속 기간이 줄어들었다. 정치는 경보 억제에 관한 공격 시대에서 발진 암호 입증의 단계로 환원되었다(1991a: 129-130). 논쟁과 외교, 성찰과 숙고의 시간은 사라졌다(1983: 58). 비릴리오는 이러한 상황을 전적으로 부정적인 것으로 고찰한다고 강하게 언급하지만, 그는 보드리야르처럼 '초-정치(trans-politics)'의 조건으로 이를 말하고 있다. "이는 군사적 사상에 의한 전통적 정치사상의 오염이다. 이러한 시대! ……이는 탈정치가 아니며, 정치의 끝도 아니며, 정치의 오염이다"(1983: 144). 마찬가지로, 핵 작전이 "대규모 전자 게임, 즉 전체 영토에서 근대적 전쟁의 다양한 절차와 물질들이 재구성되도록 요구하는 어떤 전쟁놀이(Kriegspiel)의 한 측면으로 간주됨에 따라, 전쟁은 초호전적 게임이 되었다"(1989: 86).

냉전 억제 체제에 관한 1970년대 및 1980년대 초 비릴리오의 주장은 예외적이지 않았을 뿐만 아니라 특이한 것도 아니었다(Sherry, 1996 참조). 영국에서 에드워드 톰슨(Edward Thompson)은 양대 권력 블록의 냉전적 핵 전략에서 그가 지칭한 절멸주의(exterminism)에 대해 좀더 풍부하고, 유물론적이고, 한층 세밀하게 맥락화한 방식으로 유사한 주장을 정교하게 제시했다. 톰슨은 냉전이 그 기원과 합리적인 정치적 의사 결정에서 분리된 냉전 자체의 절멸주의적 논리를 개발했다고 주장한다. 이는 상호 의존적인 양대 군산복합체의 지배를 받는 자기-영속적 체계가 되었다. 이러한 블록 내에서 무기 혁신은 자기-창출적이며, 이를 "근대화하고" 실험하기 위한 추동은 "국제 외교의 성쇠"와 무관하게 지속된다(Thompson, 1982b: 5). 그 결과는 "다중의 절멸을 초래하는 방향으로" 지정학적 적대주의를 몰아넣게끔 위협하는 절멸주의적 문화, 논리, 계기이다(Thompson, 1982b: 20). 톰슨의 주장은 기술적 결정주의라는 타당한 비판을 받았지만, 그 주장이 고취시킨 논쟁은 비릴리오에서 찾아볼 수 있는 것보다 개념적으로 훨씬 더 미묘하다(〈New Left Review〉, 1982; Thompson, 1982a; Kaldor and Falk, 1987 참조).

2 교통 기술에 의해 뒤틀린 영토: 속도의 공간성

비릴리오와 좀더 특정하게 관련된 순수 전쟁의 도발적 결과는 시정학(chronopolitics) 또는 시간의 정치에 의한 지정학의 소멸에 관한 그의 주장이다. 비릴리오는 지정학을 영토의 전략적 가치와 같은 것으로 생각한 반면, 시간 정치를 원격 측량성(telemetricality)의 새로운 전략적 가치와 관련짓는다. 전자의 전략적 가치는 감소하는 반면, 기술 체계의 유의성은 증가했다고 그는 주장한다. 그리고 공간은 "더 이상 지리학에 있는 것이 아니라 전자공학에 있다"고 제안한다.

정치는 물리적 공간에 있는 것이라기보다, 원격 통신에서 고속철도(TGV)를 거쳐 비행기에 이르기까지 다양한 기술에 의해 관리되는 시간 체계에 있다. 거기엔 지(geo-)정학에서 시(chrono-)정학으로의 이동이 있다. 영토의 분포는 시간의 분포가 된다. 영토의 분포는 유행에 뒤떨어지고 최소화된다.

(1983: 115)

다른 부분에서, 그는 이러한 경향을 **지정학적 확장성**에 대한 불신으로 해석하고, 영토적 실체로서 국가의 쇠퇴주의적 함의를 갖는 교류와 의사소통의 **초정치적 집약성**을 선호한다(1991a: 92. 강조는 원문). "실시간 전쟁은 오래전 국가와 사람들의 역사를 조건 지었던 지리적 영토라는 실제 공간에서의 전쟁을 명시적으로 대신한다"(1994a: 206). "영토는 발사 무기들로 인해 그 유의성을 상실했다. **사실, 속도의 비장소(non-place)라는 전략적 가치가 장소의 전략적 가치를 명확히 대신한다.** 시간의 점유에 관한 의문은 영토적 전유에 관한 의문을 되살아나도록 한다"(1986: 133. 강조는 원문). 전쟁 억제 기계(즉 핵무기—옮긴이) 덕분에 지구적 핵전쟁의 "운반체 절멸(vehicular extermination)"에 의해 한계 지어진 세계에서, 장소는 사라진다(1986: 134).

비릴리오의 이런 논쟁적 주장은 분명 과장되었지만, 그 주장을 과소평가해서는 안 된다. 기술·교통·속도에 관한 문제가 항상 지정학적 이론화의 핵심이었다는 점에서 보면, 비릴리오가 지정치를 시정치와 대립시킨 것은 유치하고 잘못된 것이다. 1904년 핼포드 맥킨더(Halford Mackinder)가 자신의 유명한 논문에서 언급한 "역사의 지리적 추축(geo-graphical pivot of history)"의 "추축"은 물리적 지리와 교통 기술 또는 그가 "권력의 이동성"이라고 칭한 것 간의 관련성이다(Mackinder, 1904). 맥킨더에 의하면, 콜럼버스 이전 시대 권력의 지배적 이동성은 말과 낙타에 의존했으며, 유럽에 대한 아시아의 기마 침략과 아시아 대초원의 육지-세력이 우세한 지역에 의한 지배적 드라마를 연출했다. 콜럼버스 시대에, 권력의 지배적 이동성은 광대한 해외 제국을 건설할 수 있었던 매우 발달한 해양-세력 국가들에게 주어졌다. 식민 정복을 위한 마지막 남은 공간이 사라지면서 시작된 탈-콜럼버스 시대에는 권력의 육지-기반적 이동성, 특히 철로가 아마 지배적일 것이라고 맥킨더는 예상했다.

물론 맥킨더의 도해는 조야하고, 묘사적이며, 심각한 결점을 안고 있지만, 이는 이동과 속도의 기술이 어떻게 항상 지정학적 이론화에 중요했던가를 예시한다. 비릴리오가 20세기 병참술에 의해 장소가 대체되었다는 것에 의문을 제기했을 때, 마찬가지로 일관된 그의 추론은 맥킨더의 추론 양식에서 한 단계 더 나아간다.

장소에 관한 의문은 나에게 핵심적인 것처럼 보인다. 어떤 의미에서, 장소는 도전받고 있다. 고대 사회는 영토 배분을 통해 건설되었다. 가족 규모, 집단 규모, 부족 규모 또는 국가 규모든 기억은 땅과 관련이 있었다. 유산은 땅이었다. 정치의 기반은 법을 평판(table)에만 새기는 것이 아니라, 지역 · 국가 또는 도시의 형성에 새기는 것이었다. 그리고 나는 이러한 점이 오늘날 도전을 받고 있으며, 기술과 모순되는 것이라고 생각한다. ……오늘날 기술—질 들뢰즈가 말한 것처럼—은 탈영토화이다. ……탈영토화는 금세기의 종말에 관한 의문이다.

(1983: 142)

총체적 전쟁이 영토의 완전한 편성에 관한 군사적 꿈을 고취하고, 부분적으로 요새와 벙커 경관에서 이러한 꿈을 비록 불균등하지만 실현한 것처럼 순수한 전쟁은 이를 전유하기 위한 새로운 전략적 질서와 경관에 관한 선동적 전망을 가진다. 순수 전쟁의 공간-시간은 "속도의 폭력이 입지와 법, 세계의 운명과 그 목적이 되는"(1986: 151) 전략적 질서이다. 전략적 지식의 영토 중심적 질서를 위한 이름으로서 지정학은 사라지지 않앉지만, 이는 더 이상 전쟁 기계의 핵심에 있지 않다. 좀더 일반적으로 전쟁의 공간-시간 문제성을 위한 이름으로서 지정학은 철저하게 질주학적(dromological)이게끔 되었다. 순수 전쟁의 시대에, 지정학적 공간은 총의 속도로 인해 뒤틀리기 시작한다. 왜냐하면 우리는 시간과 공간을 가속화하는 데 익숙해져 있기 때문이다. "우리는 더 이상 주둔군을 육성하지 않는다. 우리는 시간 경과에 따라 변하는 장소를 육성한다"(1983: 60). 그렇지만 무기와 이데올로기가 시간 속에서 여행한 거리라는 점에서 그 범위를 정함에 따라, 영토는 권력의 측정 단위로 남는다(1986: 116). 이런 점에서 우리는 여전히 그의 시정치적 해탈의 상태에 도달하지 못했다. 왜냐하면 어딘가에 여전히 기능적 공간이 있으며, 이 공간은 여전히 여러 가지 제약을 부여하기 때문이다(1983: 166).

질주학적 사회에서 속도체(speed-body)는 영구적 이동화 조건을 둘러싸고 사회의 구조화 및 문화 변용(acculturation)의 시간/공간을 재구성한다. 신진대사적 속도에서 작동하는 생명체와 이 생명체들의 중첩은 인간을 기술적 속도로 진행되는 다른 사람 및 다른 비생명체와의 효과적 협력의 일부로서 자동 인지, 로봇식 추론, 네트워크화한 지역 사회, 컴퓨터화한 의사소통을 받아들이도록 압박한다(Castells, 1996). 이러한 기술-병참적 초국가주의는 전체주의적이며 본질적으로 불가항력적이다. 이러한 기술-병참술을 통해 태어난 모든 것은 오늘날 거의 모든 인간 생활에서 주인 노릇을 하는 기술-병참적 복합체의 새로운 세대에 의해 지속적으로 그리고 고통스럽게 재탄생한다.

지정학적 공간이라기보다 시정학적 가속화에 익숙해지는 것은 이동의 자유가 아니라 속도의 승리이다. "의사소통의 파괴 수단이 갖는 속도의 맹목성은 지정학적 노예 상태로부터의 해방이 아니라, 정치적 자유의 장으로서 공간의 절멸이다. ……속도가 증가할수록, 자유는 빨리 감소한다"(1986: 142).

일상생활에서, 이러한 속도의 폭정은 새로운 사회적 · 정치적 질병의 과다 증세, 즉 과로 · 신경쇠약 · 멀미 · 정보 과부하 · 지구화의 신속한 흐름에 대한 외국인 공포증적인 민족주의적 '저항' 등을 촉진한다(Barber, 1996; Brook and Boal, 1995; Schor, 1992; Luke and Ó Tuathail, 1998).

3 가상적 통찰력과 지리학: 시각의 공간성

전쟁과 속도의 (공)접합을 고정해야 할 영역은 정보(intelligence)이며, 이 영역에서 지시/통제/의사소통의 가시적 수사(修辭)를 간파하고, 빠른 위협과 느린 문제들 간의 구분이 이루어진다. 비릴리오는 영화 · 텔레비전 · 정보 위성 같은 시각적 기계는 흔히 전쟁과 속도가 점유할 공간을 사전적으로 지도화한다고 주장하며, 시뮬레이션 시대에 모형이 영토에 앞선다는 보드리야르(Baudrillard, 1994)의 믿음을 추인한다. 비릴리오에 의하면, 대중 매체는 궁극적으로 속도와 전쟁의 운반 도구로서 작동한다. 오늘날 전격 전쟁(Blitzkrieg)은 흔히 지구적 매체 시장의 총체적 전투 속에서 '시각 전쟁(Fernsehenkrieg)'으로 이루어진다고 그는 주장한다.

> 오늘날 전체주의적 생활공간(Lebensraum)을 창조하기 위해, 동력화한 교통 수단, 전격 전쟁의 탱크와 슈투카(stuka: 제2차 세계대전 당시 독일의 급강하 폭격기—옮긴이)로 이루어진 비일상적인 침략에 더 이상 의존할 필요가 없다. 새로운 대중 매체, 정보 공격의 일상적 침투를 이용할 수 있기 때문이다.
>
> (1990: 70)

비릴리오의 저작 가운데 많은 부분은 기계화하는, 자동화하는, 가상화하는 지각, 특히 시각의 함의를 탐구한다. 컴퓨터 네트워크에서 디지털 스캐너와 결합한 비디오카메라가 강화되어, 디지털 발견 학습을 통한 망막적 편차로부터의 주체성을 입증하기 위해 사람의 안구를 능가하는 시력 없는(sightless) 시각을 만들어냄으로써 인간의 정체성을 증명할 수 있게 되었다. 이런 세상에서, 시각적 프로젝트는 아주 유의하다. 비릴리오의 통찰력은 "관점의 분열에 관한 철학적 의문, 즉 활동적인 것(살아 있는 주체)과 비활동적인 것(객체, 시각 기계) 간 환경 인지의 공유" 그리고 이러한 의문이 다시금 유도하는 "사실적인 것(또는—다른 용어를 선호한다면—조작적인 것)과 가상적인 것"의 (공)접합으로부터 도출된다. 이들에 의해 초래된 "현실 원칙에 대한 '현실 효과'의 우월성은 이미 다른 곳에서 많이 제기되었다"(Virilio, 1994b: 60).

관점 분열은 또한 역설적으로 위치를 분열시킬 수 있다. 이러한 분열은 살아 있는 주체의 현실 원칙에 의해 노출된 주요한 지물리적/사회문화적 공간에 일상적으로 수여된 것들을 넘어서 그 이면에, 그들 사이 또는 아래에 새로운 공간의 현실 효과를 창출함으로써 이루어진다. 지각을 가속화하고 가상화하는 수단에 의해 추동된 동력화와 컴퓨터화는 그 자신의 과잉-만성적 또는 과잉-주제적 속성을 창출하며, 이들은 핵 억제가 전쟁 활동에 미치는 것과 동일한 방법으로 인간 활동을 "실제적인 것에서 가상적인 것으로"(Virilio, 1994b: 67) 전환시키고 있다. 객체의 실제 공간의 이미지, 주체의 실질적 속성에 관한 자료, 주체와 상호 작용하는 객체의 실시간 행태에 관한 원격측정법(telemetry)은 오늘날 실제 관찰 가능한 것을 가상적 관찰 불가능한 것으로 (탈)장소화/(재)장소화하며, 그 현실 효과는 자료의 연속이나 이미지의 흐름에 포함되지 않은 살아 있는 주체가 경험한 실제 사건보다도 더 실제적이다. 그러나 이와 같은 합성적 환상은 쉽게 사라지지 않는다. 왜냐하면 이러한 가상 환경은 오늘날 동력화하고 컴퓨터화한 주체성이 대부분 점차 거주하는 곳이 되어가고 있기 때문이다.

이란 여객기의 실제 공간은 중립적이며, 그 승객들의 실제 속성은 평화롭고, 이들의 비행에 관한 실제 행태는 위협적이지 않았다. 그러나 이지스함급 순양함 빈센스(U. S. S. Vincennes) 함상의 전투 지휘 본부는 실질적 효과가 비극적 격추를 가져온 전투-관리 데이터 경관(datascape)에서 관찰 불가능한 위협을 감지했다(Der Derian, 1990). 한 가지 차원에서 이는 단지 치명적인 사건이었다고 할 수 있지만, 다른 차원에서는 인포반〔infobahn: 미국이 추진하고 있는 정보 고속도로(information super highway)의 유럽식 용어로, 독일의 아우토반에서 유래—옮긴이〕 교통의 추월선에서 실제적인 것과 가상적인 것 간의 예측 가능한 충돌을 예시한다. 속도가 지배를 하지만, 또한 속도가 살생을 한다. 실제 공간을 통한 과잉-동력화 그리고/또는 가상 공간을 통한 과잉-예속화는 속도에 현실 효과를 부여한다고 비릴리오는 단언한다. 이는 "정상적 인지의 환상적 질서, 정보 도착의 순서"를 벗어나게 한다. "동시적인 것으로 보일 수 있었던 것이 다변화하고 분해된다. ……이러한 개입이 우리가 알고 있는 바와 같이 세계를 파괴한다"(Virilio, 1991a: 100-101). 또한 속도는 여전히 우리가 알지 못하는 상황에서 세계를 재창조하지만, 오늘날 이러한 효과는 "지각의 자동화, 즉 인위적 통찰력의 혁신을 위한 방법을 만들어내고 있으며" 객관적 현실의 다양하고 분해된 차원을 탐구하기 위해 "그 분석을 기계에 위임한다"(Virilio, 1995: 59).

대중 매체는 만인에 대한 만인의 전쟁이 아니라 만인에 대한 일부의 전쟁 그리고 일부에 대한 만인의 전쟁을 고안하고 촉진하고자 노력한다 (Cumings, 1992). 오늘날처럼 세계가 하나의 대중 매체 시장이 될 때, 카메라는 "다중적 고독을 수십억 명의 사람들에게" 확장한다. "(탈산업적, 탈국가적, 탈도시적) 게토(ghetto)의 반(反)문화는 오늘날 지구 전체로 확산되어, 이 우주의 게토로서 그 지위를 떼어놓을 수 없게 되었다"(Virilio, 1995: 11). 급속한 자본주의 질주학에 의해 매체화한 게토 거주자들은 "전쟁의 내 적 행동, 인권 침해의 덫에 갇힌 대중 매체를 흔들어놓는 혼돈—제물과 길고 느린 죽음의 매혹적이고 끝없이 반복되는 스펙터클—이다"(Virilio, 1995: 11). 예를 들어 1997년 2월 노스할리우드 은행 강도의 총격전은 실시 간에 헬리콥터 촬영으로 그 광경을 보고 싶어 하는 장엄한 매혹의 혼돈 된 원격-가시적 의식을 전형적으로 보여주었다. 일을 할 수 없게 된 2명 의 실직 '루저(loser)'가 전신 방탄복을 입고 백주대낮에 은행을 습격했 다. 어설프게 강도짓을 하면서, 이들은 드럼 탄창을 장착한 AK 소총을 가지고 거리에서 배짱 좋게 〈뜨거운 오후(Dog Day Afternoon: 1972년 뉴욕에 서 발생한 실제 사건을 바탕으로 1975년 개봉한 영화—옮긴이)〉를 재연했다. 이들 은 경찰과 행인에게 수천 발의 총탄을 퍼부었다. 지역 총기 상점에서 빌 린 고성능 무기로 제압하기 전까지 8명의 경찰과 20명의 일반 시민이 상 처를 입었다. 흰색 브롱코(Bronco) 자동차에 탄 O. J. 심슨처럼 이 나쁜 녀 석들은 '생방송 카메라'의 실시간 비디오에서 15분간의 소문난 명성을 얻음으로써, 비디오테이프로 녹화한 이들의 길고 느린 죽음은 내부 전쟁 이 어떻게 수일 동안 높은 흥행으로 매체 시장을 달구었는지를 보여주었 다. 텔레비전 생방송에서 경찰의 공인된 총탄이 범죄자들에게 쏟아지는 것을 본 후, 로스앤젤레스 경찰은 연이어 600 M-16 공격용 소총을 가지 고—경찰과 군대를 구분하는 선을 모호하게 하면서—자신들의 원격-가 시적 신뢰성을 회복하고자 했다. 경찰과 군대의 감시 스크린에서, 영토 는 '군대 전쟁과는 다른 경찰 작전'임에도 불구하고 기술-군사적 기 술·방법·화력을 요구하는 극적인 전투 공간이 되었다.

질주학적 체계의 밀도는 그들 자신의 본질(quiddity)을 획득하고, 최종

분석에서 '제3의 자연'의 매체 경관 위에 있는 양상이 된다(Wark, 1994). 이 대목에서, 이들의 물질적 하부구조와 효과적 범위를 지도화하기 위해 완전히 새로운 가상적 지리학이 필요하다. 비릴리오에 의하면, 제2의 자연이라고 할 수 있는 건조 환경—도시와 소읍—은 동력화와 매체화의 원천이 그런 것만큼 풍부하게 확장되지는 않는다.

> 만약 당신이 입증을 원한다면, 단지 프랑스의 자연 지리에 관한 지도를 살펴보면 된다. ……이 지도는 운하, 철도, 항공로, 고속도로 그리고 클로드 샤프(Claude Chappe: 프랑스의 통신 기사—옮긴이)의 시각적 전보(電報)의 가시적 경로에서 전자 시대의 레이더에 이르기까지 통신 네트워크 전체—가시적인 것과 비가시적인 것을 포함해—를 보여준다. 우리는 즉각적으로 지난 200년 동안의 역사에서 프랑스의 자연 지리가 상이한 매체 체계의 복잡한 혼합으로 인해 완전히 사라졌음을 깨닫는다. **탈국지화는** 국지화보다 **영토를 더 점유할 뿐만 아니라, 이는 전체주의적 양식으로 영토를 점유한다.** ……만약 나토 (NATO)가 원하는 것처럼 우리가 모든 통신 체계로부터 공적 서비스의 사고에 따라 여기에 부여된 중립성을 제거하고 체계 전체를 전적으로 기술-병참적인 것으로 만든다면, 당신은 당신의 눈앞에 **근대 전체주의 국가의 진정한 물리적 몸체, 즉 속도체**(speed-body)를 갖게 될 것이다.
>
> (Virilio, 1990: 91-92. 강조는 원문)

질주적 존재는 과잉-만성적 흐름과 과잉-주제적 속도의 영역 안에서 탈국지화하고, 도구화하고, 이동화한 생명체이다. 비릴리오에게 미디어의 총체적 뻗침은 클라우제비츠적 전쟁론의 역전을 나타낸다. 왜냐하면 국가의 속도체는 가상적 원격 측정성으로 그 실제적 영토성을 내적-식민화해야 하기 때문이다. 정치는 이제 다른 수단에 의해 수행되는 전쟁이며, 이러한 인식 위에 기초한 안보 교리는 "속도에 의한 시간과 공간의 침투"를 유도하고, "일상생활을 작전의 마지막 무대, 전략적 예측의 궁극적 장면으로 만들고 있다"(Virilio, 1990: 92). 그리고 이러한 내부 전쟁에서 승리는 완전히 미디어화한 형태로 이루어진다. 사실 **"적을 때리기는 적을 현혹시키는 것만큼 그렇게 쟁탈적이지 않다"**(Virilio, 1995: 14. 강조는 원문). 따라서 근대적 전체주의 레짐의 중화기(重火器)는 친교, 욕망, 권력에 관한 상품화한 상상력 속에서 전체적으로 쏟아져 나오는 광고-기사적(신문 기사 형식을 빌린 광고—옮긴이) 태도와 정보-광고적(몇 분에서 30분 이상에 이르는 긴 시간 동안 정보 전달을 목적으로 하는 광고—옮긴이) 수사에 열을 올린다(이러한 전장을 '충격과 공포'로 개념화한 Ullman et al., 1996 참조).

비릴리오에게 지정학적 공간 사유하기는 기술과학, 특히 신속한 운송 기술에 의해 말살된 근대 지정학적 시선(gaze) 재사유하기이다(Ó Tuathail, 1997). 비릴리오에 의하면, "속도는 다소 분명하게 보기와 인지하기라는 점에 비해 둘러보기라는 점에서 덜 유용하다"(1994b: 71). 현실의 물질성과 실재적 가상성 사이의 분열된 관점은 체험한/체현한 모든 공간-시간을 도피적 기동 훈련이나 유인 효과로 전환시키며, 상대적 조명 원칙(광학적 범위의 생물리학적 시야 또는 지평 넘어/물질을 통해/시간을 거슬러 관찰할 수 있는 라디오-전자적 이미지)을 변화시킨다. 결과적으로,

빛의 시간적 주파수는 현상의 통각 작용(apperception: 대상이나 이념 등이 갖는 의미를 기존의 지식이나 경험에 비추어 인지하는 과정—옮긴이)에서 결정적 요인이 되며, **물질의 공간적 주파수**를 사멸시킨다. ……오늘날 무한히 큰 시간의 전체성에 의존해 작동하는 '확장적(extensive)' 시간은 '집약적(inten-sive)' 시간에 길을 내주었다. 이들 간의 이러한 **상대적 차이**는 새로운 실재적 발생, 즉 빛이 물질을 압도하고 에너지가 비활성체를 압도하는 것처럼 속도가 시

간과 공간을 압도하는 퇴화한 현실을 재구성한다.

(Virilio, 1994b: 71-72. 강조는 원문)

이에 따라 시각(視覺)은 새롭게 도입한 '시각 기계'에 의해 대체된다. 시각 기계의 특징적 성질은 관찰 가능한 것과 관찰 불가능한 것 조망하기를 뛰어넘어 기계적 도시의 더욱 비밀스러운 이미지 에너지 또는 디지털 효과를 감지하는 무조망적(sightless) 시각을 가져다준다. 기계적 센서가 조망과 위치를 재현하기 위해 관찰한 에너지, 이미지 공간 또는 형상적 물질의 지각적 수단을 창출함에 따라, 이와 같은 능동적인 기계적 광학은 산업화, 즉 "**비시선**(non-gaze) **산업화**의 가장 최근 그리고 마지막 형태가 될 것이다"(Virilio, 1994b: 73. 강조는 원문). 따라서 속도의 세계에서, "우리는 지각적 현실의 빛 신호를 '밝음과 어둠' 또는 반사 또는 다른 낡은 속기록과 같은 것이 아니라 집약성, 즉 '속도'의 측면에서 평가하는 것이 긴요하다"(Virilio, 1990: 74).

따라서 비릴리오에 의하면, 공간과 시간의 실체는 투명한 조명 효과에 의해 조명된 현상과 조명되지 않은 현상 간의 상대성이 된다. 시간은 휘어지고, 공간은 뒤틀어지며, 빛이 절대화한 표시 기간을 가로지를 수 있도록 통신 공간의 지역을 남겨둔다. 즉 사진–서술(photo-graphs) 또는 빛의 글쓰기는 이제 땅–서술(geo-graphs) 또는 공간의 글쓰기를 묘사/각인한다. 비릴리오에게는 "만약 빛의 공(空)기호(zero sign)가 나타내는 것처럼 빛의 경로가 절대적이라면, 이는 즉각적인 방출과 흡인의 변환 원칙이 일정한 지연을 여전히 요구하는 통신 원칙을 이미 대체했기 때문이다". 그리고 이와 같이 새로운 형태의 항상적 빛 에너지는 "실질적인 것과 조형적인 것의 정의를 수정하는 데 도움을 준다. 왜냐하면 실체(REALITY)의 의문은 객체(OBJECT) 및 공간–시간 간격의 문제라기보다는 빛 간격의 경로(PATH)가 될 것이기 때문이다"(1994b: 74). 따라서 속도 효과로 이해되는 '시정치', 즉 시간의 권력은 공간적 확장으로 이해되는 '지정학', 즉 공간의 권력을 부정한다.

시각 기계에 관한 이런 해석은 매력적이지만 빛, 속도, 전쟁에서 볼 수 있는 경향을 고정시키는 작업은 거의 물신주의적인 것처럼 보일 수 있다. 비릴리오의 사진물신주의는 때로 거친 과장법으로 누출된다. 예를 들어 자신이 속도의 탁월한 변화로 이해한 것을 강조하기 위해, 그는 우리에게 우주적 원칙을 포기하고, 조명(illumination)을 모든 것을 창조하는 힘으로 받아들이도록 요구한다. 이에 따라, "우주의 중심은 더 이상 지리 중심적 지구 또는 인류 중심적 인간도 아니다. 우주의 중심은 이제 태양(helio) 중심주의 또는 더 좋게 말해 발광(lumino) 중심주의의 광원이다. 특수 상대성은 이 광원을 설치하도록 돕고 있으며, 그 통제되지 않은 야망은 일반 상대성의 목적에서 도출된다"(1991a: 43). 따라서 해야 할 일에 관한 진실된 의식은 "잠재의식적 빛, 즉 그 빛이 세계의 재현을 기원하는 순간에 세계를 밝히는 빛의 속력의 빛"(1991a: 62)에서 일어나며, 따라서 "이 물질-빛, 즉 현대적 우주의 에너지적 지각은 초기 물리학자의 인식이나 형이상학자의 지각을 대체한다"(1991a: 64). 물론 모든 사람이 "태초에 섬광이 있었다"라는 비릴리오의 계시를 받아들일 수 있는 것은 아니다. 이러한 물신화한 사진-어법적(photo-dictive) 차원은 비릴리오가 상상한 것처럼 그렇게 많은 물질적 현실을 바꾸지 않았다. 왜냐하면 종말의 날에도 매우 실재적인 물질적 기계와 담론적 교환 그리고 살아가는 사람들이 여전히 존재하며, 이들은 그가 "세계의 탈실현화"(1991a: 42)라고 기각한 것들로 구성된 번잡한 현실에 대처할 것이기 때문이다.

비릴리오의 과장 속에 함의된 유의미한 점은 속도가 인간의 시각, 성찰, 정상적인 의식의 많은 부분을 잠재의식화한다는 것이다. 미래의 충격은 전반적으로 과잉 근대화를 향해 가속화하는 "세계의 질주시적(dromos-copic) 시각"을 단순화하고 왜곡하는 "여행의 반사경, 자동차 앞면 유리, 텔레비전 또는 컴퓨터 화면에 나타나는 이미지와 기호의 신속성"에 기인하는 운동 병이다(Virilio, 1991a: 86). 권력은 더 이상 단순히 원형 감옥적으로 이해할 수 없으며, 따라서 그 규율적 설계를 강화할 수 없다. 대신 권력은 "미리-보기, 달리 말해, 더 빨리 가기, 앞서 보기 이상이어야 한다"(Virilio, 1990: 87). 위험 평가 · 게임 이론화 · 작전 시뮬레이션 모두는 질주시적 실험으로, 특정하게 기대되는 미래에 국가 기관의 위치를 체계적으로 바꾸어 이 기관이 설계를 예측한 것처럼 그 설계를 수행하도록 한다. 이러한 시간-광학적(chronoptometric) 조작은 보통 실패하지만, 위험 분석가는 그들의 시뮬레이션 시나리오의 긍정적 가능성을 자기 충족적 예언으로 전환하려는 힘을 갖고 모든 것을 수행한다.

4 결론: 우리가 아는 것과 같은 지정학의 종말

영토성은 권력이며 헤게모니는 이를 바탕으로 구축된다는 사고에 여전히 집착하는 지정학 관련 학생들에게, 새롭게 떠오르는 시정학적 주제에 관한 비릴리오의 최근 견해는 국가 · 시민권 그리고 영토에 관한 계승자로서 '옴니폴리타니즘(omnipolitanism)'의 네트워크한 조건을 밝혀준다(1997: 75). 친숙한 주제를 재현하면서, 비릴리오는 사회의 외형은 원격적 외형(teleface)이 되었고, 국가의 정착된 역사는 일시적 미디어 재현의 흐름이 된 반면, 시민권은 동시대성에 의해 압도당하고 극복되었다고 주장한다(1997: 74). 시민들이 빠르게 돌아가는 글로벌 경제의 연결망에서 네트워킹하는 네티즌들의 은신처로 또는 네트워크의 막다른 골목에 갇힌 떠돌이 기술-프롤레타리아들의 쓰레기통으로 분산됨에 따라, 정치는 기술에 의해 압도당했다.

국가 지리의 실질적 공간과 지정학의 세계 공간은 국제적 의사소통의 실시간 및 시간 · 전략적 근접성의 세계 시간에 점차 길을 양보하고 있다 (1997: 69). 오래된 군산복합체는 "다양한 신호를 전달하는 파장의 절대적 속도가 갖는 전능한 힘과 결합된"(1997: 83) 정보적 메트로폴리탄 복합체에 의해 대체될 것이다. 고대 로마에 모형을 둔 코즈모폴리스 대신, 새로운 세계 도시가 전면에 들어 닥칠 것이다. 이는 과잉-연계된 옴니폴리스 (omnipolis)로, 그 주요 규정적 특징은 상호 연계된 지구적 주식 거래이다. 전형적으로 비릴리오의 주장은 상호 연계된 세계 도시 체계의 등장(Sassen, 1991; Taylor, 1996: 186-188)을 고찰한 문헌을 더 극단적이고 기술적으로 변형한 것이다. 도시 지역은 탈국지화한 '비트의 도시(city of bit)'가 되고 있으며, 반면 이를 설명하는 건축은 점차 컴퓨터 · 정보 체계 그리고 네트워크 내에서의 건축이 되고 있다(Mitchell, 1995). 구체적 출현은 인포반, 실시간 비디오 전송, 영속적 통신의 지구적 네트워크에 의해 이루어진 원격 출현에 직면해 의미를 상실하게 된다. "우리가 다가오는 세기에 우려하는 메트로폴리스화는 이런저런 '도시 네트워크'에 대한 인구 집중, 즉 **세계 도시**의 과잉 집중, 모든 도시를 끝장내는 도시, 모든 실질적 도시가 궁극적으로 교외—**그 중심은 아무 곳에도 없고 주변만이 어디에나 존재하는** 일종의 **옴니폴리스** 주변—가 되는 가상적 도시를 그렇게 많이 포함하고 있지 않다"(1997: 74. 강조는 원문).

이런 경향은 비릴리오의 관점에서 보면 극히 위험하다. 왜냐하면 이는 전면적 사고, 즉 주식 시장 붕괴—그는 이를 정보적 체르노빌(Chernobyl) 에 비유한다—같이 저항 불가능한 힘의 탈국지화한 지구적 사건을 유발할 수 있기 때문이다. 옴니폴리스 네트워크에서 부분적 혼란이나 실패는 모든 것에 영향을 미치며, 거의 즉각적으로 전면화하는 기술적·사회적 붕괴의 가능성을 초래한다. 하나의 도시로 결합한 과잉 연계된 세계 도시의 탈지정학적 세계는 컴퓨터 네트워크에서 모든 국가의 중앙은행을 파괴하고 그 최고의 방어벽을 깨뜨릴 수 있는 힘을 가진다. 불확실성은 실시간 네트워크라는 규칙 아래서 국제 정치의 새로운 법칙이 되었다.

비릴리오의 최근 저술은 수십 년 전 그의 저작에서 설정한 주제를 계속 발전시키고 있다. 의심할 바 없이 "지정학의 탈근대화"(Ó Tuathail, 1998)로 서술할 수 있는 것에 관한 창조적 이론가로서 그의 분석은 당혹스럽고 매력적인 호소력을 가진다. 그렇지만 탈근대성의 기술 문화에서 혼란스럽거나 그렇지 않은 경향을 분석하면서, 비릴리오는 또한 디지털 문화의 수사, 그 묵시록적 전망, 사운드 바이트 미래주의, 과장법의 정상화와 깊은 관련을 맺고 있다. 그가 서술하고 비난하는 경향이 무제약적인 것처럼 그의 분석도 흔히 무제약적이다. 지정학의 유의성은 어떤 곳에서는 사라지는 것처럼 보일 수 있다. 그렇지만 보스니아, 르완다, 타이완, 카슈미르 그리고 많은 다른 장소는 지정학의 위압적 힘이 여전히 이 지구를 가로질러 삶과 죽음을 좌우한다는 것을 우리에게 상기시킨다.

감사의 글

이 글은 1997년 4월 2~6일 텍사스 주 포트워스에서 열린 미국지리학회의 정례학술대회 때 처음 발표했다.

참고문헌

Agnew, J. (1998) *Geopolitics: Revisioning World Politics*. London, Routledge.

Barber, B. (1996) *Jihad vs McWorld*. New York, Ballantine.

Baudrillard, J. ([1981] 1994) *Simulacra and Simulation*. Ann Arbor, University of Michigan Press.

Brook, J. and Boal, I. (1995) *Resisting the Virtual Life*. San Francisco, City Lights.

Castells, M. (1996) *The Rise of the Network Society*. Oxford, Blackwell.

Cumings, B. (1992) *War and Television*. London, Verso.

Der Derian, J. (1990) The (s)pace of international relations: simulation, surveillance and speed, *International Studies Quarterly* 34: 295-310.

Haraway D. (1997) *Modest Witness @ Second Millennium. Female Man © Meets Onco Mouse™: Feminism and Technoscience*. New York, Routledge.

Harvey, D. (1989) *The Condition of Postmodernity*. Oxford, Blackwell.

Harvey, D. (1996) *Justice, Nature and the Geography of Difference*. Oxford, Blackwell.

Kaldor, M. and Falk, R. (1987) *Dealignment*. Oxford, Blackwell.

Luke, T. (1989) 'What's Wrong with Deterrence?' A Semiotic Interpretation of National Security Policy, in J. Der Derian and M. Shapiro (eds) *Intertextual/International Relaitons: Postmodern and Poststructural Readings of World Politics*. Lexington, MA, Lexington Books.

Luke, T. (1991) The Discourse of Deterrence: National Security as Communicative Interaction. *Journal of Social Philosophy* XXII: 30-44.

Luke, T. and Ó Tuathail, G. (1998) Global flowmations, local fundamentalism, and fast geopolitics: 'America' in an accelerating world order, in A. Herod, G. Ó Tuathail, and S. Roberts (eds) *An Unruly World? Globalization, Governance and Geography*. London, Routledge.

Mackinder, H. (1904) The Geographical Pivot of History, *Geographical Journal* 23: 421-44.

Mann, M. (1986) *The Sources of Social Power. Volume 1*. Cambridge, Cambridge University Press.

Matellart, A. ([1991] 1994) *Mapping World Communication*. Minneapolis, University of Minnesota Press.

Matellart, A. ([1994] 1996) *The Invention of Communication*. Minneapolis, University of Minnesota Press.

McNeill, W. (1982) *The Pursuit of Power.* Chicago, University of Chicago Press.

Mitchell, W. (1995) *City of Bits: Space, Place and Infobahn.* Cambridge, MA, MIT Press.

Mumford, L. (1963) *Technics and Civilization.* San Diego, Harcourt Brace Jovanovich.

Mumford, L. (1970) *The Pentagon of Power.* San Diego, Harcourt Brace Jovanovich.

New Left Review (1982) *Exterminism and Cold War.* London, Verso.

Ó Tuathail, G. (1996) *Critical Geopolitics.* Minneapolis, University of Minnesota Press.

Ó Tuathail, G. (1997) At the end of geopolitics? Reflections on a plural problematic at the century's end, *Alternatives* 22: 35-56.

Ó Tuathail, G. (1998) Postmodern geopolitics? The modern geographical imagination and beyond, in G. Ó Tuathail and Simon Dalby (eds) *Re-Thinking Geopolitics.* London, Routledge.

Sassen, S. (1991) *The Global City.* Princeton, Princeton University Press.

Schor, J. (1992) *The Overworked American.* New York, Basic Books.

Sherry, M. (1996) *Under the Shadow of War.* New Haven, Yale University Press.

Taylor, P. (1996) *The Way the Modern World Works.* Chicester, John Wiley.

Thompson, E. P. (1982a) *Beyond the Cold War.* New York, Pantheon.

Thompson, E. P. (1982b) 'Notes on Exterminism, the last stage of civilization', in New Left Review (ed.) *Exterminism and Cold War.* London, Verso.

Thompson, E. P. (1985) *The Heavy Dancers.* New York, Pantheon Books.

Tzu, Sun. 1971. *The Art of War.* Oxford, Oxford University Press.

Ullman, H., Wade, P., Edney, L., Franks, F., Horner, C., Howe, J. and Brendley, K. (1996) *Shock and Awe: Achieving Rapid Dominance.* Washington D.C, Institute for National Strategic Studies.

Virilio, P. and Lotringer, S. (1983) *Pure War.* New York, Semiotexte.

Virilio, P. ([1977] 1986) *Speed and Politics.* New York, Semiotext(e).

Virilio, P. (1989) *War and Cinema: The Logistics of Perception.* London, Verso.

Virilio, P. ([1978] 1990) *Popular Defense and Ecological Struggles.* New York, Semiotext(e).

Virilio, P. ([1980] 1991a) *The Aesthetics of Disappearance.* New York, Semiotext(e).

Virilio, P. ([1984] 1991b) *The Lost Dimension.* New York, Semiotext(e).

Virilio, P. ([1976] 1993) *L'Insécurité au Territoire.* Paris, Galilee.

Virilio, P. ([1975, 1991, 1994] 1994a) *Bunker Archeology.* New York, Princeton Architectural

Press.

Virilio, P. (〔1988〕 1994b) *The Vision Machine*. Bloomington, Indiana University Press.

Virilio, P. (〔1993〕 1995) *The Art of the Motor*. Minneapolis, University of Minnesota Press.

Virilio, P. (〔1995〕 1997) *Open Sky*. London, Verso.

Wark, M. (1994) *Virtual Geography*. Bloomington, Indiana University Press.

이것은 '공간'에 관한 책이다. 우리는 일상생활에서 공간이나 이와 관련한 많은 용어—예를 들면 장소, 지역, 도시, 경관, 환경 또는 땅, 대지, 영토, 위치, 거리 등등—를 사용한다. 하지만 정작 이것들이 정확히 무엇을 의미하는지 제대로 규정하지 않은 채 사용한다. 그 의미를 그만큼 우리의 일상생활 속에서 '당연히 주어진' 것으로 간주하기 때문일 것이다. 이로 인해 우리는 이 용어들을 쉽고 친밀하게 사용한다. 달리 말해, 일상생활에서 이루어지는 모든 활동 그리고 이런 활동으로 구성된 사회 체계는 추상화한 진공 속에서 이루어지는 것이 아니라 일정한 공간 속/위에서, 구체적인 공간을 매개로 이루어진다.

그러나 사실 공간 및 이와 관련한 용어는 근대 사회 이론이나 철학에서 무시당하고 소홀히 취급되어왔다. 즉 공간을 현상이나 사물의 위치를 서술적으로 나열하거나 또는 수식하기 위한 보조용어로 사용하거나, 또는 중심인물의 활동·사건이나 현상이 전개되는 무대 또는 배경으로 간주했다. 그렇지 않을 경우에도 공간과 관련한 용어는 한쪽으로 치우치거나 왜곡된 의미로 사용되었다. 사실 '공간'에 관한 책은 흔히 기하학적 공간이나 건축 공간같이 도면이나 그림을 곁들이는 것으로 여겨진다. 그러나 이 책에서 확인할 수 있는 것처럼 공간은 매우 철학적이고 사회 이론적인 개념이다.

이와 같이 그동안 무시당하거나 편협적으로 사용해온 공간적 용어가 최근 철학 및 사회 이론의 담론 체계에서 핵심적 결절이 되고 있다. 도시나 지역에 관한 전통적 연구뿐만 아니라 젠더 연구에서 가상현실에 관한 연구에 이르기까지 공간과 장소에 대한 논의가 증대하고 있다. 공간을 주요 주제로 다루는 기존의 지리학이나 관련 학문 분야에서뿐만 아니라 사회과학이나 철학 전반에서도 공간에 대한 관심이 급증하고 있다. 공간에 관한 이러한 논의와 관심의 증대는 이제 "공간적 전환"이라고 일컬을 정도이다. 반면, 이처럼 공간에 대한 관심이 증대하면 할수록, 공간이란 무엇인가에 대한 의문은 더욱 커지게 마련이다.

이 책은 이러한 의문, 즉 '공간이란 무엇인가?'라는 의문에서 출발한다. 그러나 이 책은 '공간' 그 자체의 개념을 규정하기 위한 시도로 기획된 것은 아니다. '공간'이란 하나의 실체라기보다 항상 그 속에 있는 사물 사이의 관계로 구성되며, 또한 동시에 사물(의 관계나 질서)의 특성을 규정하는 것이기 때문이다. 따라서 엄밀히 말해, 이 책의 원제목 'Thinking Space'는 공간을 하나의 대상물로 설정하고 '공간을 사유하기'보다는 사물의 특성을 공간적으로 사유하기라는 의미에서 '공간적 사유'라고 번역하는 것이 적절하다고 하겠다.

이런 점에서 이 책은 사물의 특성을 설명하기 위해 '공간적으로 사유한' 저명한 철학자와 사회이론가의 사상이나 이론 체계를 분석하고, 이를 통해 '공간이란 무엇을 의미하는가?'를 밝히고자 한다. 이 책에서 논의한 철학자나 사회이론가는 '공간' 또는 이와 관련한 개념이나 이론에 우선적인 관심을 둔 학자들이 아니다. 그럼에도 불구하고 이들의 사상이나 이론 속에서는 공간의 개념이 명시적 또는 암묵적으로 심원하게 자리 잡고 있다. 이에 따라 '공간이란 무엇인가?'라는 의문은 이들의 저술에서 '공간이란 어떤 의미로 사용되는가?'라는 의문으로 바뀐다.

그러나 이 책에서 논의한 저명한 학자들이 공간의 개념에 명시적이고 우선적인 초점을 두고 자신의 이론을 전개하지 않았을 뿐만 아니라 이들 각자의 사상 체계가 매우 방대하고 복잡하기 때문에 그 속에서 '공간이 어떤 의미로 사용되었는지', 이들의 '공간적 사유'가 어떻게 작동하고 있는지를 밝히기란 정말 어려운 과제라고 할 수 있다. 이 책은 이런 과제에 도전하고자 했다는 점에서 '공간적 사유'를 추구하는 철학이나 사회 이론에서 매우 중요한 위치를 차지한다고 평가할 수 있다. 그러나 이런 과제에 대한 도전이 어려운 만큼 그 결과물의 성공 여부를 판단하기란 쉽지 않다.

이 책에서 집중 논의한 16명의 학자는 20세기 이후 현대 철학 및 사회 이론에서 그 영향력을 누구나 인정하는 사람들이다. 이들의 이론이나 사상 체계에서 공간은 단순히 물리적 공간이 아니라 담론이나 텍스트의 공간에서부터 사회적·문화적 공간에 이르기까지 매우 다양한 의미로 사용된다. 또한 이들의 이론이나 사상 체계에서 '공간적 사유'를 밝히기 위해 참여한 연구자도 18명에 이른다. 이들은 주로 지리학자이지만 영문학자나 정치학자도 포함되어 있고, 이들 또한 각자 다양한 관점이나 서술 방식으로 논의를 전개한다. 이런 점에서 책 전반에 걸쳐 어떤 일관된 결론을 도출할 것으로 기대하기는 어렵다.

그뿐만 아니라 이 책은 옮긴이가 번역한 여러 원서 가운데 가장 번역하기 어려운 문체와 단어로 쓰였다. 다른 원서의 경우 웬만큼 어렵더라도 일단 직역을 하고 단어들을 나열한 후 다시 읽으면서 한 문장 한 문장을 다듬으면, 문장 그 자체를 대체로 이해할 수 있다. 하지만 이 책은 이런 과정을 거친 후에도 수많은 문장이 대체 무엇을 의미하는지 파악하기 어려웠다. 물론 이런 어려움은 이 책의 원서 자체가 갖고 있는 특성이라 할지라도, 옮긴이의 능력의 한계에 기인한 것이기도 하다. 이유야 어떻든 이 번역서는 공간에 관한 연구자, 또는 개별 철학자들의 공간적 사유에 관심 있는 이론가라 할지라도 제대로 읽기 어려울 것으로 우려된다.

그럼에도 불구하고 이 책을 번역해 출판하게 된 것은 이 책이 지난 세기 동안 세계적으로 가장 저명한 철학자와 사회이론가들의 사상 체계에 함의된 '공간적 사유'의 작동 양식과 그 내용을 이해하고자 하는 연구자에게 매우 소중한 가치를 지니고 있기 때문이다. 이 책은 이들의 '공간적 사유'에 관한 단순한 윤곽만을 소개하는 지침서를 넘어서 이들의 사상 체계를 배경으로 또는 그 속에서 공간적 사유가 얼마나 중요하게 작동하는지 설명하고 나아가 이들의 공간적 사유에서 드러나는 문제점까지 비판적으로 지적하고자 한다. 이런 점에서 이 책은 현대 철학 및 사회이론에서 '공간적 사유'의 중요성을 명시적으로 드러내고, '공간적 사유'의 주요 내용에 관한 논의를 더욱 풍성하게 하는 데 중요한 기여를 했다고 할 수 있다.

이 책은 부산대학교 한국민족문화연구소가 주관하는 로컬리티의 인문학 연구단의 의뢰를 받아 번역한 것이다. 계약 기간 안에 일단 초안 번역은 완료했지만, 위에서 언급한 것처럼 탁월하고 다양한 학자들의 방대하고 복잡한 사상 체계를 기본적으로 이해할 뿐만 아니라 이들의 저서에서 사용한 주요 용어에 대한 기존 번역을 확인하는 작업이 필요함에 따라 최종 결과물을 제출하는 데 많은 시간이 걸렸다. 귀중한 책의 번역을 의뢰하고 결과물 제출 지연에도 많은 배려를 아끼지 않은 김동철 연구단장과 참여 연구원들께 감사드린다.

그리고 초안 번역 과정에서 주와 참고문헌의 전산 입력을 도와준 윤미령 양에게 고마움을 전하며, 초안 번역 후 일부 장에 대해 꼼꼼하게 원문 대조 교정을 맡아준 박지웅 박사와 그 친구들에게도 감사드린다. 그리고 제출한 번역 초안을 꼼꼼히 읽고 수정 사항을 지적해준 연구단의 심사위원들께도 감사드린다. 이 책의 기획이 함의한 과도한 욕심, 원문 내용의 어려움과 문장 서술의 난해함 그리고 역자의 번역 능력 한계로 인해 이 번역서가 적지 않은 오류와 많은 난독성 문장을 담고 있을 것으로 우려된다는 점을 다시 한 번 밝히고자 한다. 이런 어려움과 오류에도 불구하고 이 번역서가 좁게는 '로컬리티 연구'의 주요한 초석이 되고 나아가 '공간적 사유'를 전제로 한 인문학과 사회과학의 발전에 보탬이 되기를 기원한다.

2013년 5월
최병두

필자 소개

마이크 새비지(Mike Savage): 영국 맨체스터 대학교 사회학과

존 앨런(John Allen): 영국 방송대학(Open University) 사회과학부(지리학)

줄리언 홀로웨이(Julian Holloway): 영국 맨체스터 메트로폴리탄 대학교 지리학과

제임스 닐(James Kneale): 영국 엑서터 대학교 지리학과

마이클 커리(Michael R. Curry): 미국 캘리포니아 대학교 로스앤젤레스 캠퍼스 지리학과

마르쿠스 도엘(Marcus A. Doel): 영국 러프버러 대학교 지리학과

마이크 크랭(Mike Crang): 영국 더럼 대학교 지리학과

팸 슈머-스미스(Pam Shurmer-Smith): 영국 포츠머스 대학교 지리학과

앤디 메리필드(Andy Merrifield): 미국 클라크 대학교 지리학과

버지니아 블럼(Virginia Blum): 미국 켄터키 대학교 영문학과

하이디 네스트(Heidi Nast): 미국 시카고 드폴 대학교 국제연구프로그램

크리스 필로(Chris Philo): 영국 글래스고 대학교 지리학 및 위상과학부

조 페인터(Joe Painter): 영국 더럼 대학교 지리학과

스티브 파일(Steve Pile): 영국 방송대학 사회과학부(지리학)

닉 빙엄(Nick Bingham): 영국 방송대학 사회과학부(지리학)

나이절 스리프트(Nigel Thrift): 영국 워릭 대학교 부총장

데릭 그레고리(Derek Gregory): 캐나다 브리티시컬럼비아 대학교 지리학과

앨러스테어 보닛(Alastair Bonnett): 영국 뉴캐슬 대학교 지리학과

팀 루크(Tim Luke): 미국 버지니아폴리테크닉 주립대학교 정치학과

자로드 오투어컬(Gearóid Ó Tuathail): 미국 버지니아폴리테크닉 주립대학교 지리학과

(논문 게재순/현재 소속이 바뀌었을 수 있음)

* 밑줄 그은 쪽수는 장을 나타낸다. 쪽수 옆 괄호는 주 번호이다.
* 원문의 찾아보기는 명조체로, 옮긴이가 추가한 찾아보기는 고딕체로 표시했다.
* 원문에는 혼합된 인명과 주제 및 기타 찾아보기를 여기서는 구분했다.

343, 345(4), 495, 523~524, 559~560, 566(11, 16~17)

→ 라캉, 프로이트도 참조

정신분석학 315

정신 분열 분석 202

정체성 28, 315

정치 284, 420, 437, 442, 447~450, 452~ 462, 472, 522, 590, 599, 604, 606, 610~611

정체성의 정치 442, 461

정치적 335, 373~374, 388~389, 479

정치적 장 413

정치지리학 416

초정치적 612

혁명적 정치 344, 440~441, 452, 455~ 456, 458, 461

→ 시정학, 지정학, 마르크스주의도 참조

제국적 505, 534~535, 540, 542, 601

제국 전시관 449, 539, 567(28)

제국주의 28, 507, 516, 536

제국주의적 소설 27

젠더 27, 99, 120, 280, 463(5)

성칭 490

젠더화 339, 420

존재론 134~135, 203, 224, 228~229, 357, 364, 371, 373, 604

선존재론 18

실체 255

존재론적 32, 359, 366, 485

종합병원 381

주름 123(6), 204, 215~222, 484, 486

주인-기표 20

주체 40, 136, 316~319, 323~328, 333~ 334, 336~337, 342, 418, 507

주체성(주관성) 32, 51, 113, 315~316, 322~330, 334~335, 337~339, 345(6), 358, 441, 456~457, 587, 617

지구 · 지방화 215

지구화 41~42, 442, 481, 615

세계 도시 624~625

지구적 매체 42, 615

지구적 문화 14

지구적 의식 460

지구적 이론 438, 458, 460

지구적 핵전쟁 610, 612

지구적 현재 113, 118 → 시정학도 참조

지도 5~6, 31, 46~47, 78, 81, 210, 236, 249, 440, 487, 505, 511, 513~514, 532, 536~537, 541, 543, 601, 619

지도 그리기 14, 33, 106, 165, 434, 476, 525, 543, 546, 558

→지도학도 참조

지도학 249, 504, 541

지도적 30, 481

지리적 상상력 503

지배 28

지속성 361

지정학 455, 524, 548, 566(17), 568(30), 597~628

→ 정치학, 시정학도 참조

질주학적 614

로컬리티의인문학 연구단에서 번역총서를 내놓는다. 〈로컬리티 번역총서〉는 고전적·인문학적 사유를 비롯해서, 탈근대와 전지구화의 관점에서 해석되는 로컬리티에 대한 동서양의 다양한 논의를 담고 있다. 로컬리티 연구는 동서양을 막론하고 학문적 교차점, 접점, 소통성을 확보하는 것이 중요한 과제다. 이러한 의미에서 본 연구단에서는 장기적인 계획 아래, 로컬리티 연구와 관련한 중요 저작과 최근의 논의를 담은 동서양의 관련 서적 번역을 기획했다. 이를 통하여 로컬리티와 인문학 연구를 심화하고 동시에 이를 외부에 확산시킴으로써 로컬리티 연구의 저변을 확대하고자 한다.

우리가 로컬리티에 천착하게 된 것은 그동안 국가 중심의 사고 속에 로컬을 주변부로 규정하며 소홀히 여긴 데 대한 반성적 성찰의 요구 때문이기도 하다. 오늘날 로컬은 초국적 자본과 전 지구적 문화의 위세에 짓눌려 제1세계라는 중심에 의해 또다시 소외당하거나 배제됨으로써 고유의 정체성을 잃어가고 있다. 반면에, 전 지구화 시대를 맞아 국가성이 약화되면서 로컬은 또 새롭게 거듭나고 있다. 그동안 국가 중심주의의 그늘에 가려졌던 로컬 고유의 특성을 재발견하고 전 지구화에 능동적으

로 대처하는, 이른바 로컬 주체의 형성과 로컬 이니셔티브(local initiative)
의 실현을 위해 부단한 노력을 기울이는 모습들이 속속 드러나고 있다.

이제 로컬의 현상들을 파악하기 위해 기존의 지역 논의와 다른 새로운
사고가 절실히 필요하다. 지금까지 지역과 지역성 논의는 장소가 지닌
다양성과 고유성을 기존의 개념적 범주에 맞춤으로써 로컬의 본질을 왜
곡하거나 내재된 복합성을 단순화하는 오류를 범했다. 이에 우리는 로컬
을 새로운 인식과 공간의 단위로서 재정립해야 할 필요성을 다시 확인하
며, 로컬의 역동성과 고유성을 드러내줄 로컬리티 연구를 희망한다.

〈로컬리티 번역총서〉는 현재 공간, 장소, 인간, 로컬 지식, 글로벌, 로
컬, 경계, 혼종성, 이동성 등 아젠다와 관련한 주제를 일차적으로 포함했
다. 향후 로컬리티 연구가 진행되면서 번역총서의 폭과 깊이는 더욱 넓
어지고 깊어질 것이다. 번역이 태생적으로 안고 있는 잡종성이야말로 로
컬의 속성과 닮아 있다. 이 잡종성은 이곳과 저곳, 그때와 이때, 나와 너
의 목소리가 소통하는 가운데 새로운 생성의 지대를 탄생시킬 것이다.

우리가 번역총서를 기획하면서 염두에 둔 것이 바로 소통과 창생의
지대이다. 우리는 〈로컬리티 번역총서〉가 연구자들에게 로컬리티 연구
에 대한 기반을 제공해줌으로써 학제간의 경계를 넘나드는 심화된 통섭
적 연구가 이루어지고, 나아가 '로컬리티의인문학(locality and humanities)'
의 이념이 널리 확산되기를 바란다.

부산대학교 한국민족문화연구소
(HK)로컬리티의인문학 연구단